普通高等教育“十三五”规划教材

边坡工程

主　编　吴顺川
副主编　金爱兵　刘　洋

北　京
冶金工业出版社
2024

内 容 简 介

本书系统介绍了边坡工程的概念、稳定性分析方法、工程处治措施及其设计计算方法、稳定性监测等内容，全书分为10章，包括边坡工程与地质灾害、边坡稳定性影响因素、边坡工程设计与分析方法、边坡稳定性极限平衡条分法、结构面控制型边坡稳定性分析方法、边坡稳定性分析图解法、边坡稳定性数值分析方法、岩土体力学参数确定、边坡防护与加固、边坡工程稳定性监测技术等。

本书可作为土木工程、矿业工程、水利工程、交通运输工程、地质工程等专业的本科生和研究生教材，也可供高等学校、科研院所及工程设计、施工单位的技术人员参考。

图书在版编目(CIP)数据

边坡工程/吴顺川主编. —北京：冶金工业出版社，2017.9（2024.7重印）
普通高等教育“十三五”规划教材
ISBN 978-7-5024-7173-6

Ⅰ.①边… Ⅱ.①吴… Ⅲ.①边坡—道路工程—高等学校—教材
Ⅳ.①U416.1

中国版本图书馆CIP数据核字（2017）第212403号

边坡工程

出版发行	冶金工业出版社	**电　　话**	(010)64027926
地　　址	北京市东城区嵩祝院北巷39号	**邮　　编**	100009
网　　址	www.mip1953.com	**电子信箱**	service@mip1953.com

责任编辑　杨　敏　宋　良　美术编辑　吕欣童　版式设计　孙跃红
责任校对　李　娜　责任印制　窦　唯
三河市双峰印刷装订有限公司印刷
2017年9月第1版，2024年7月第8次印刷
787mm×1092mm　1/16；25.25印张；606千字；383页
定价59.00元

投稿电话　(010)64027932　投稿信箱　tougao@cnmip.com.cn
营销中心电话　(010)64044283
冶金工业出版社天猫旗舰店　yjgycbs.tmall.com
（本书如有印装质量问题，本社营销中心负责退换）

序

边坡是人类工程活动中最基本的地质环境之一，也是工程建设中最常见的工程形式。我国幅员辽阔，山区面积约663.6万平方千米，占整个国土面积近70%，全国约有56%的人口生活在山区。我国是一个滑坡、崩塌灾害较为频繁的国家，据不完全统计，近二十多年来，几乎每年都有重大崩、滑灾害事件发生，因地质灾害造成的经济损失平均每年超过200亿元。根据我国《地质灾害防治条例》，六类典型地质灾害类型中，山体崩塌、滑坡、泥石流等三类突发性地质灾害均与边坡密切相关，严重威胁人民的生命财产安全。

如何保障边坡工程的安全可靠，提高边坡工程勘察设计、分析计算、施工技术、安全监测和改造治理水平，一部完整介绍边坡工程稳定性分析及灾害防护技术的高等学校教材显得尤为重要。边坡工程研究的核心问题是边坡稳定性评价，其目的是确定经济合理的边坡结构设计参数并分析既有边坡的稳定程度，为边坡处治措施的确定提供可靠依据。目前边坡稳定性分析的方法较多，每种方法均有各自的适用条件及优缺点，如何结合边坡特性，确定合理的岩土体物理学参数、选择较为合适的稳定性分析方法，是边坡工程学科研究的首要任务。

鉴于此，本书作者基于20余年的交通、矿山行业边坡治理经验和教学实践，在吸收和消化前人理论研究和工程实践的基础上，紧密结合现行国家及相关行业规范、标准，详细介绍了边坡工程的地质勘察、稳定性计算、监测、治理等理论和技术，具有鲜明的特色：

(1) 充分体现内容的新颖性，力求反映边坡工程学科的新理论、新方法、新技术和新规范；

(2) 充分体现内容的科学性、系统性和实用性，力求做到分析方法明确，基础数据翔实；

(3) 严格遵循教学规律，保持完整的教材架构体系，力求体现合理规划知识层次与结构布置。

总之，本书紧密结合国家及相关行业规范，内容新颖、结构严谨、语言简洁、文笔流畅、图文并茂，可作为高等学校本科生和研究生教材，同时可为从事边坡工程研究、设计、施工等的技术人员提供有价值的参考。我深信，本书的出版，对于我国土木工程专业高级人才的培养以及边坡工程的教学改革，将起到积极的推动作用；对边坡工程安全、经济、高效施工与运营，均具有重要意义。

目前，土木工程、采矿工程等学科伴随着材料、设备、计算机与信息技术的快速发展而前行，边坡工程专业教材需要不断完善与更新，寄望全国土木工程、矿业工程等院校从事边坡工程教学的教授、专家们继续努力，编写出更多、更好的创新型专业教材。

中国工程院院士
北京科技大学教授 蔡美峰

2017 年 7 月

前　言

边坡是岩土体在自然重力作用下或人为作用下形成的具有一定倾斜度的临空面，是人类工程活动最基本的地质环境之一，也是工程建设中最常见的工程形式。边坡工程作为岩土工程的重要分支，广泛应用于土木、采矿、水电、公路、铁路和建筑等工程项目。

随着我国国民经济的快速发展，公路、铁路、露天矿山、大坝、排土场、尾矿库等岩土边坡工程数量急剧增加，边坡失稳事故时有发生。近年来，随着大规模工程建设的陆续上马，我国边坡失稳灾害的规模和频度呈逐年增强的态势，仅单项工程处理费用超过千万元的案例就达数十起。作为全球三大地质灾害（地震、洪水、崩塌滑坡泥石流）之一的边坡灾害，正严重危及人类的财产和生命安全。因此，对边坡工程的正确认识、合理设计和有效处治，将边坡失稳造成的灾害降低到最低限度，是岩土工程学者和工程设计人员必须面对的工程问题。

边坡工程是一门应用性和实践性很强的工程学科。本书作者长期从事边坡工程的科研与教学工作，了解该领域近年来的新进展，对该领域的基本理论知识基础扎实。本书以各种类型的边坡为研究对象，以边坡稳定性分析与评价为目标，结合国家及行业现行标准规范的要求，对边坡工程基础知识进行了全面总结，对各类边坡稳定性分析方法的假定、计算推导过程、适用范围等内容进行了系统阐述，并对常用边坡处治措施的作用机理、适用范围及设计过程等内容做了详细叙述。作者通过对边坡工程相关知识全面系统总结和概括，并经多位具有丰富科研教学经验和现场工程实践的教授及专家的审阅指导，几易其稿，终成此书。

在编写过程中，遵循科学、规范、拓展的原则，力求适应教育部“高等教育面向21世纪教学内容和课程体系改革计划”的要求，遵循加强学生的素质教育和基础理论知识教育的宗旨，调整知识结构，拓宽知识面，力求实现培养高质量的智能型、复合型人才的目的。编写过程中，力求贯彻以下四项原则：

（1）实时性：随着现代科技水平的不断提高与发展，与边坡工程相关的学科也在不断进步，传统边坡工程书籍或教材已难以适应当前边坡工程的发展现状。因此，作者在查阅和收集大量文献资料的基础上，将近年来边坡工程领域的新进展、新技术、新规范和新软件的相关内容编入书中，以期读者在阅读本书时能够获得先进的理论知识和工程实践经验。其中，在岩体力学参数的确定过程中，首次引入了对等效岩体技术的介绍。该技术以颗粒流理论为基础，以PFC软件为工具，采用颗粒体模型和光滑节理模型分别表征岩体中的岩块和节理，构建与现场岩体结构几何、力学效应等效的数值模型，是近几年边坡工程和岩土工程领域最新发展的数值试验方法。

（2）完整性：结合作者在北京科技大学讲授“边坡工程”课程所用的历届讲义，总结教学实践中存在的问题和不足，充分吸收其他边坡工程教材的长处，对边坡工程相关知识做了全面系统地总结，从边坡的基本概念、基本理论出发，进而介绍边坡稳定性的影响因素、计算方法、处治措施和工程效果监测等内容，为读者全面展示关键知识点。内容阐述详尽具体，展示方法循序渐进，力求保持知识框架的系统性与完整性。

（3）实践性：边坡工程相关知识的学习与研究，不仅要做到覆盖全面，更要做到重点突出，尤其要突出实践性。本教材编写过程中，作者结合多年从事边坡工程研究的实践经验与成果，将理论与工程案例、国家规范等紧密结合，通过引入最新的规范标准和典型例题，力求做到学以致用，使读者不仅对边坡工程相关领域的知识有全面、扎实的理解和掌握，而且能够从国家、行业规范的角度提高分析问题、解决问题的能力，并初步具备边坡工程处治的设计技能。

（4）实用性：内容编排简明扼要、便于自学，突出教学基本要求所规定的内容，强调基本理论（基本概念、基本公式、基本解法）的阐述，便于读者集中精力学习边坡工程的基本知识；同时，做到突出重点，结合例题阐述具体求解过程，分化和讲解学习难点，并强化边坡稳定性分析软件的使用，且每章安排了学习提示、习题等内容，便于读者抓住重点、理解难点。

本书由昆明理工大学吴顺川任主编，北京科技大学金爱兵、刘洋任副主编，各章节编写分工为：第1~3章由金爱兵编写，第4~7章、第8章第2节、第9~10章由吴顺川编写，第8章第1节由刘洋编写；全书由吴顺川统稿。

本书可作为土木工程、矿业工程、水利工程、交通运输工程、地质工程等专业的本科生和研究生教材，也可作为科研院所和工程设计施工等单位的工程技术人员的专业参考书。

本书的编写和出版，得到了教育部本科教学工程专业综合改革试点项目经费和北京科技大学教材建设基金的资助；在编审过程中，北京科技大学李长洪教授、中勘冶金勘察设计研究院有限责任公司王广和教授级高工、中电建路桥集团有限公司严琼高级工程师、北京科技大学周喻副教授等，在百忙之中对本书进行认真审阅，提出了许多宝贵意见和建议；北京科技大学博士生任义、甘一雄、马骏、熊良锋、郑立夫、赵宇松、韩龙强、杨忠民，硕士生黄小庆、许俊、王磊、丛子杰、高兴、张朝俊、石家瑞、张欢等，为本书的资料收集、编排、绘图、校核等工作付出了长时间、大量的艰辛劳动。在此一并表示衷心的感谢！同时，对本书中引用的文献作者表达谢意，对个别引用而漏标的相关文献作者，表示真诚的歉意！

由于作者水平有限，书中不足之处，希望读者批评指正，以便在本书再版时得以修正和完善。

吴顺川

2017 年 7 月于北京

主要参数符号表

边坡几何参数

α：边坡倾角

α'：边坡视倾角

β：结构面倾角

ψ：坡顶角

χ：边坡坡度

H：坡面（边坡）垂直高度

L：滑面或结构面斜长

L_s：坡面斜长

α_S：边坡面或结构面交线倾向

α_p：结构面倾向

ψ_s：结构面交线倾角

R：滑面圆弧半径

b_i：第 i 个条块宽度

l_i：第 i 个条块底面长度

H_i：第 i 个条块高度

h_i：条间作用力点高度

θ_i：第 i-1 个条块对第 i 个条块的总作用力与水平方向夹角

α_i：第 i 个条块底面与水平面夹角

A：面积

θ：岩体破裂角/圆心角

岩土体材料与力学参数

F：边坡安全系数

F_f：边坡安全系数（力平衡）

F_m：边坡安全系数（力矩平衡）

N_S：坡体下滑力

N_R：坡体抗滑力

M_S：坡体滑动力矩

M_R：坡体抗滑力矩

N_d：条块下滑力

N_f：条块抗滑力

M_d：条块下滑力矩

M_f：条块抗滑力矩

N_i：第 i 个条块底面法向力

T_i：第 i 个条块底面切向力（抗滑力）

E_i：第 i-1 个条块对第 i 个条块作用的条分面法向力

X_i：第 i-1 个条块对第 i 个条块作用的条分面切向力

P_i：第 i-1 个条块对第 i 个条块作用合力

σ（σ_n）：法向应力（正应力）

σ'：有效法向应力

τ：切向应力（剪应力）

K_c：水平地震加速度

J_w：渗透力

Δ：增量，如 ΔE 表示条块间法向力增量

J：锚固力（外力）

J_i：条块作用外力

δ：锚固力（锚杆）倾角

U（U_i）：滑面（条块）底部的水压力

$u(u_i)$：滑面（条块）底部孔隙水压力

V：拉裂缝中的水压力

λ：比例常数

c：黏聚力

c'：有效黏聚力

φ：内摩擦角

φ'：有效内摩擦角

φ_d：等效内摩擦角

τ_f：抗剪强度

W_i：第 i 个条块重量

W：滑体重量或潜在滑体重量

γ：土体重度

γ_w：水重度

γ_{sat}：土体饱和重度

γ'：土体有效重度

目　　录

1 边坡工程与地质灾害

本章主要内容：

本章主要介绍边坡工程的基础知识与概念，详细讲述边坡与滑坡的概念与分类，边坡变形破坏的演化过程与类别特征，总结近年来国内外发生的典型边坡地质灾害以及我国目前边坡灾害概况与防治现状。

学习要点：

了解并掌握边坡工程的基础知识与概念，熟悉边坡变形破坏的演化过程及类别特征，理解并掌握边坡与滑坡的概念与分类。

1.1 基本概念

1.1.1 边坡概念与分类

倾斜的地面称为斜坡或边坡，典型的边坡如图 1-1 所示。边坡坡面与坡顶面相交的部位称为坡肩；与坡底面相交的部位称为坡趾或坡脚；边坡坡面与水平面的夹角称为坡面角或坡倾角；坡肩与坡趾间的高度差为坡高。

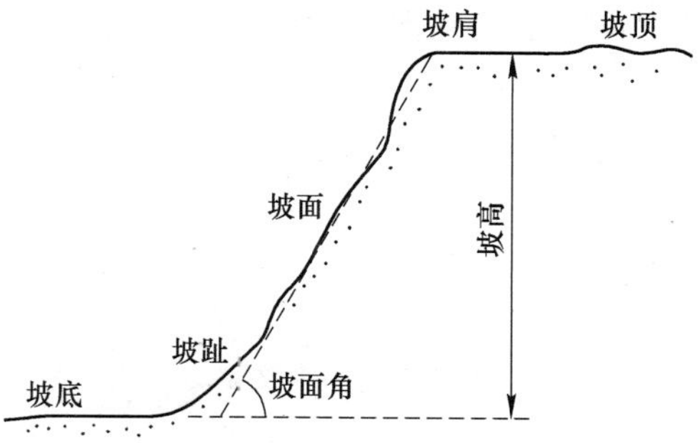

图 1-1　边坡基本概念示意图

边坡按成因可分为两类，即天然边坡和人工边坡。

天然的山坡和谷坡为天然（自然）边坡，此类边坡是在地壳隆起或下陷过程中逐渐形成的，且此种运动当前可能仍在持续。然而，只要边坡位于侵蚀基准面以上，不论成因如何，其即处于被剥蚀和夷平的环境之中，开始了风化、解体以至滑塌的过程，其中较大规模的破坏就是滑坡。

因工程建设开挖或填筑而形成的边坡为人工边坡，开挖形成的边坡称为挖方边坡，填方形成的边坡称为填方（构筑）边坡，水利行业也常称为坝坡。此类边坡的几何参数可人为控制。

边坡按介质组成可分为土质边坡和岩质边坡两类。土质边坡稳定性取决于土体强度，岩质边坡稳定性则主要取决于结构面的空间分布及其强度。因岩、土体结构及其力学行为差异很大，边坡破坏模式有显著区别，其变形破坏特征及灾害实例后文将分别进行叙述。

1.1.2 滑坡概念与分类

在重力及其他因素作用下，边坡岩土体沿下坡方向滑动的现象以及由其引发的地貌特征改变统称为滑坡，图 1-2 为一类典型的滑坡。

图 1-2 2005 年美国加利福尼亚拉龚吉达滑坡

根据边坡失稳机理及边坡属性、特点，可将滑坡分为不同的类型。除“滑坡”外，还有很多诸如“边坡失稳”等其他可表述相同概念的名词或术语，但“滑坡”使用最为广泛，可适用于各种类型和规模的边坡失稳滑动。图 1-3 为典型滑坡的基本构成要素，主要包括滑坡体、滑动面、滑坡床、滑坡后壁、滑坡侧壁、滑坡台地、滑坡台坎、滑坡剪出口、滑坡脚、滑坡趾、横向裂缝、纵向裂缝、放射性裂缝等。

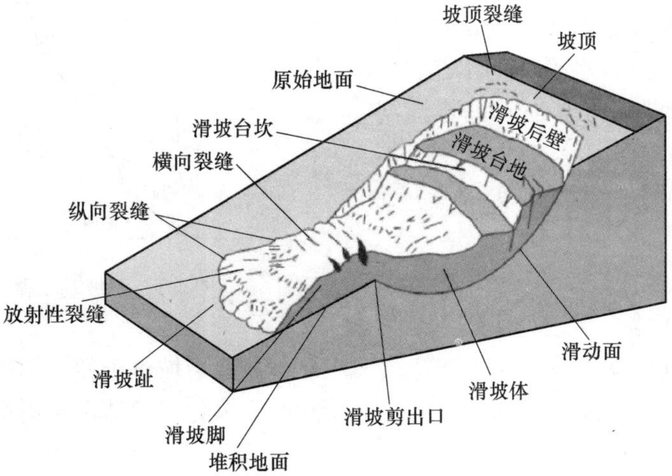

图 1-3 滑坡基本构成要素示意图

（1）滑坡体（简称滑体）：边坡上发生滑动的岩土体。

（2）滑动面（简称滑面、滑带）：滑坡体沿其滑动的界面。

（3）滑坡床（简称滑床）：滑坡体以下的稳定岩土体。

（4）滑坡后壁：滑体下滑后，后缘暴露出的陡壁。

（5）滑坡侧壁：位于滑坡体两侧的陡壁。

（6）滑坡台地和滑坡台坎：由滑坡体的分级滑动而形成的阶状地形，缓倾为台地，陡倾为台坎。

（7）滑坡剪出口：在滑坡体的最前端，滑动面与地表面的交线。

（8）横向裂缝：滑坡体前部因滑动受阻而隆起形成的张裂缝，也称鼓张裂缝。

（9）纵向裂缝：位于滑体中部两侧，滑动体与不滑动体分界处形成的裂缝，也称剪切裂缝。

（10）放射性裂缝：位于滑坡体中前部，尤其在滑舌部位呈放射状展布者，也称扇状裂缝。

通常情况下，根据滑面形状，滑坡类型可分为平面剪切滑动和旋转剪切滑动。

（1）平面剪切滑动。平面滑动的特点是滑体沿着平面滑移，因该平面抗滑力小于下滑力所致。此类滑动常发生在地质软弱面走向平行于坡面、产状向坡外倾斜的区域。根据滑面的空间几何组成，平面滑动存在简单平面剪切滑动、阶梯式滑动、三维楔体滑动和多滑块滑动等 4 种破坏模式（图 1-4）。

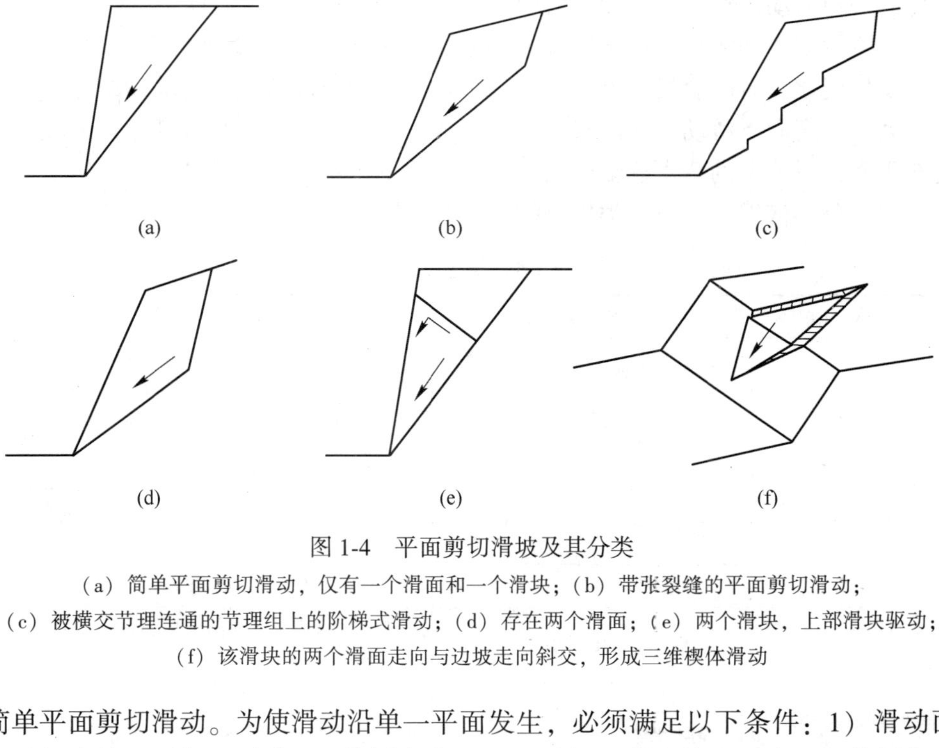

图 1-4　平面剪切滑坡及其分类

（a）简单平面剪切滑动，仅有一个滑面和一个滑块；（b）带张裂缝的平面剪切滑动；
（c）被横交节理连通的节理组上的阶梯式滑动；（d）存在两个滑面；（e）两个滑块，上部滑块驱动；
（f）该滑块的两个滑面走向与边坡走向斜交，形成三维楔体滑动

简单平面剪切滑动。为使滑动沿单一平面发生，必须满足以下条件：1）滑动面走向与坡面平行或接近平行（约在 20°范围之内）；2）破坏面在边坡面露出，即其倾角必须小于坡面倾角；3）破坏面倾角大于该面的摩擦角；4）边坡岩土体中存在对滑移仅有较小阻力的结构面，其决定了滑动的侧面边界。

阶梯式滑动。阶梯式滑动面由两组节理相交而成，该类滑坡失稳概率通常比简单平面剪切滑动高很多。

三维楔体滑动。在滑坡中单一平面破坏较为少见，原因是产生平面破坏的全部几何条

件在实际边坡中仅少量存在，而工程中楔体滑动破坏则较为常见。当两个不连续面的走向斜交坡面，其交线在坡面上出露时，如果此交线的倾角显著大于摩擦角，则这两个不连续面形成的楔体将沿交线下滑，产生空间楔体破坏。

多滑块滑动。两个乃至更多的弱面可形成组合滑动面，此类滑动只有当滑块分解为两个以上块体时才可能发生。另外，这些块体可组成一个滑体在单一弱面上滑动，上部块体推压下部块体，有时会引起下部块体发生旋转。

（2）旋转剪切滑动。旋转剪切滑动的滑面通常呈弧形，岩土体沿此弧形滑面滑移（图 1-5）。在均质岩土体介质中，易产生近圆弧形滑面，当岩土非常软弱（土质边坡）或岩体节理十分发育甚至已破碎（废石堆）时，破坏也常常表现为圆弧状滑动。但在非均质边坡中，因受层面、节理裂隙的影响，滑面很少为圆弧状。

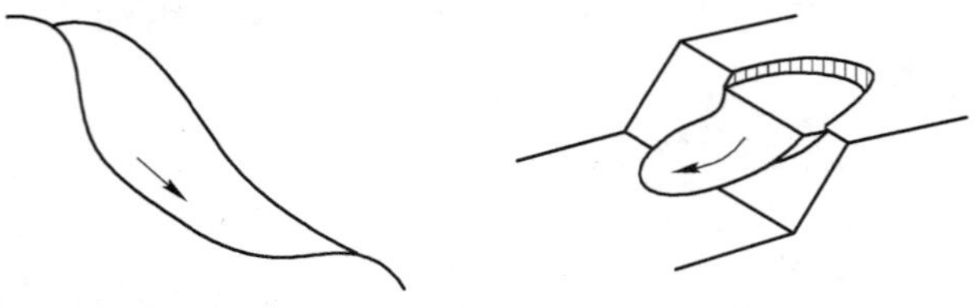

(a) (b)

图 1-5 弧形滑面旋转剪切滑动

（a）弧形滑面剖面示意图；（b）旋转剪切滑动空间示意图

边坡的失稳滑动过程有长有短、有快有慢，但一般均可分为三个阶段。初期是蠕动变形阶段，此阶段坡面和坡顶出现张裂缝并逐渐加长和加宽，滑坡前缘有时出现挤出现象，地下水位发生变化，有时会发出响声；第二阶段是滑动破坏阶段，滑坡后缘迅速下陷，岩土体以较大的速度向下滑动，该阶段往往会造成巨大危害；最后是逐渐稳定阶段，疏松的滑体逐渐压密，滑体上的草木逐渐生长，渗出的地下水由浊变清等。

按不同的分类依据，滑坡的类别可按表 1-1 划分。

表 1-1 滑坡的分类

划分依据	名称类别	特征说明
滑坡物质组成	堆积层滑坡	各种不同性质的堆积层（包括坡积、洪积和残积），体内滑动，或者沿基岩面的滑动
	黄土滑坡	不同时期黄土层中的滑坡，并多群集出现，常见于高阶地前缘斜坡上
	黏性土滑坡	黏性土本身变形滑动或者与其他土层的接触面或沿基岩接触面滑动
	岩层滑坡	软弱岩层组合物的滑坡等
滑动面通过各岩层的情况	同类土（均质）滑坡	发生在层理不明显的均质黏性土或者黄土中，滑动面均匀光滑
	顺层滑坡	沿岩层或者裂隙面滑动，或沿坡积体与基岩交界面及基岩不整合面等滑动，大部分在顺倾向的山坡上
	切层滑坡	滑动面与岩层相切，滑坡床多呈折线状、多分布在逆倾向的山坡上
滑动体厚度	浅层滑坡	滑坡体厚度小于 6m
	中层滑坡	滑坡体厚度介于 6~20m 之间
	厚层滑坡	滑坡体厚度大于 20m

续表 1-1

划分依据	名 称 类 别	特 征 说 明
引起滑坡的力学性质	推移式滑坡	上部岩层滑动挤压下部产生变形，滑动速度一般较快，多具楔形环谷外貌，滑体表面波状起伏，多见于堆积物分布的斜坡地带
	牵引式滑坡	下部先滑导致上部失去支撑而变形滑动。滑动速度一般较慢，多具上小下大的塔式外貌，横向张性裂隙发育，表面多呈阶梯状或者陡坎状
成因	工程滑坡	由工程施工引起，包括工程新滑坡和工程复活古滑坡
	自然滑坡	由自然地质作用而产生的滑坡
发生后的活动性	活动滑坡	发生后仍在继续活动的滑坡
	死滑坡	发生后已经停止发展，一般情况下不能复活，山体植被茂盛
滑体体积	小型滑坡	$<5000\text{m}^3$
	中型滑坡	$5000\sim50000\text{m}^3$
	大型滑坡	$50000\sim100000\text{m}^3$
	巨型滑坡	$>100000\text{m}^3$

1.1.3 边坡工程分级

针对不同类型的边坡工程，应根据工程规模及其重要性进行具体划分。通常边坡级别确定应考虑以下因素：(1) 对建筑物安全和正常运营的影响程度；(2) 对人身和财产安全的影响程度；(3) 边坡失事后的损失大小；(4) 边坡规模大小；(5) 边坡所处位置；(6) 边坡服务年限；(7) 社会和环境因素等。

目前，不同边坡工程规范因考虑和侧重评价的因素有所差异，故边坡工程级别的划分方法不尽相同。

建筑边坡工程通常根据其损坏后可能造成的破坏后果（如危及人的生命、造成经济损失、产生社会不良影响）的严重性、边坡类型和坡高等因素进行边坡级别划分。《建筑边坡工程技术规范》(GB 50330) 将建筑边坡工程划分为三级，见表 1-2。

表 1-2 建筑边坡工程安全等级（GB 50330）

边 坡 类 型		边坡高度 H/m	破坏后果	安全等级
岩质边坡	岩体类型为 Ⅰ或Ⅱ类	$H\leqslant30$	很严重	一级
			严重	二级
			不严重	三级
	岩体类型为 Ⅲ或Ⅳ类	$15<H\leqslant30$	很严重	一级
			严重	二级
		$H\leqslant15$	很严重	一级
			严重	二级
			不严重	三级

续表 1-2

边　坡　类　型	边坡高度 H/m	破坏后果	安全等级
土质边坡	$10<H\leqslant 15$	很严重	一级
		严重	二级
	$H\leqslant 10$	很严重	一级
		严重	二级
		不严重	三级

注：1. 单项边坡工程的各段，可根据实际情况采用不同的安全等级；
2. 对危害性极严重、环境和地质条件复杂的边坡工程，其安全等级应根据工程情况适当提高；
3. 很严重：造成重大人员伤亡或财产损失，严重：可能造成人员伤亡或财产损失，不严重：可能造成财产损失；
4. 破坏后果很严重、严重的下列边坡工程，其安全等级应定为一级：由外倾软弱结构面控制的边坡工程、滑坡地段的边坡工程、边坡塌滑区有重要建（构）筑物的边坡工程。

对于非煤露天矿边坡工程，其安全等级参照《非煤露天矿边坡工程技术规范》（GB 51016），按表 1-3 划分，其中边坡危害等级的规定如表 1-4 所示。

表 1-3　非煤露天矿边坡工程安全等级（GB 51016）

边坡工程安全等级	边坡高度 H/m	边坡灾害等级
Ⅰ	$H>500$	Ⅰ、Ⅱ、Ⅲ
	$300<H\leqslant 500$	Ⅰ、Ⅱ
	$100<H\leqslant 300$	Ⅰ
Ⅱ	$300<H\leqslant 500$	Ⅲ
	$100<H\leqslant 300$	Ⅱ、Ⅲ
	$H\leqslant 100$	Ⅰ
Ⅲ	$100<H\leqslant 300$	Ⅲ
	$H\leqslant 100$	Ⅱ、Ⅲ

表 1-4　非煤露天矿边坡危害等级

边坡危害等级		Ⅰ	Ⅱ	Ⅲ
可能的人员伤亡		有人员伤亡	有人员受伤	无人员伤亡
潜在的经济损失/万元	直接	≥100	50~100	≤50
	间接	≥1000	500~1000	≤500
综合评定		很严重	严重	不严重

《岩土锚杆与喷射混凝土支护工程技术规范》（GB 50086）建议边坡工程的安全等级按表 1-5 确定。

表 1-5　锚固设计边坡工程安全等级（GB 50086）

安全等级	岩土类别及岩质边坡结构类别	边坡开挖高度 H/m	破坏后果
一级	岩体结构为Ⅰ类或Ⅱ类	$H>30$	很严重
	岩体结构为Ⅲ类	$H>20$	
	岩体结构为Ⅳ类	$H>15$	
	土质	$H>15$	

续表 1-5

安全等级	岩土类别及岩质边坡结构类别	边坡开挖高度 H/m	破坏后果
二级	岩体结构为Ⅰ类或Ⅱ类	$20<H\leqslant 30$	严重
	岩体结构为Ⅲ类或Ⅳ类	$10<H\leqslant 20$	
	土质	$10<H\leqslant 15$	
三级	岩体结构为Ⅰ类或Ⅱ类	$H\leqslant 20$	不严重
	岩体结构为Ⅲ类或Ⅳ类	$H\leqslant 15$	
	土质	$H\leqslant 10$	

注：1. 一个边坡的各段，可根据实际情况采用不同的安全等级；
2. 复杂重要边坡可根据专门研究论证确定安全等级。

针对水利水电工程边坡，可参照《水利水电工程边坡设计规范》（SL 386），边坡级别根据相关水工建筑物的级别及边坡与水工建筑物的相互关系，并对边坡破坏造成的影响进行论证后，按表 1-6 的规定确定。

表 1-6 边坡级别与水工建筑物级别的对照关系（SL 386）

建筑物级别	对水工建筑物的危害程度			
	严重	较严重	不严重	较轻
	边坡级别			
1	1	2	3	4、5
2	2	3	4	5
3	3	4	5	
4	4	5		

注：1. 严重：相关水工建筑物完全破坏或功能完全丧失；
2. 较严重：相关水工建筑物遭到较大的破坏或功能受到比较大的影响，需进行专门的除险加固后才能投入正常运用；
3. 不严重：相关水工建筑物遭到一些破坏或功能受到一些影响，及时修复后仍能使用；
4. 较轻：相关水工建筑物仅受到很小的影响或间接受到影响。

若边坡的破坏与两座及其以上水工建筑物安全有关，应分别按照表 1-6 的规定确定边坡级别，并以最高的边坡级别为准。

对于长度大的边坡，应根据不同区段与水工建筑物的关系和各段建筑物的重要性，分区段按表 1-6 的规定分别确定边坡级别。

对仅施工期临空，当相关水工建筑物建成后没有发生破坏或超常变形的边界条件的临时边坡，其级别最低可定为 5 级。

对于与水工建筑物安全和运行不相关的水利水电工程边坡，应考虑水利水电工程的特点，进行技术、经济比较论证后确定边坡级别。

1.2 边坡变形与破坏

1.2.1 边坡变形破坏的形成演化阶段

边坡形成过程中，由于应力状态的变化，边坡岩土体产生不同方式、不同规模和不同程度的变形，并在一定条件下发展为破坏。边坡破坏系指边坡岩土体中已经形成贯通性破坏面时的变形。而在贯通性破坏面形成之前，边坡岩土体的变形与局部破裂，称为边坡变形。边坡中已有明显变形破裂迹象的岩土体，或已查明处于进展性变形的岩土体，称为变形体。被贯通性破坏面分割的边坡岩土体，可以多种运动方式失稳破坏，如滑落、崩落等。破坏后的滑落体（滑坡）或崩落体等被不同程度地解体，但在特定的自身或环境条件下，还可继续运动，演化或转化为其他运动方式，称为破坏后的继续运动。边坡变形、破坏和破坏后的继续运动，分别代表了边坡变形破坏的 3 个不同演化阶段。

1.2.2 边坡破坏形式及分类

边坡岩体中出现了贯通的破坏面，使被分割的岩体以不同的方式脱离母体，称为边坡的破坏。

自然边坡的形成过程往往比较缓慢，在坡体中应力的改变也是渐变的，所以在发生破坏之前总要经过松动、蠕动等变形阶段，而人工边坡由于坡体应力的变化和附加载荷的施加可能较快，因此可能出现两种情况：一是当迅速形成的坡体应力超过坡体极限强度，足以构成贯通性破坏面时，边坡破坏即迅速发生，蠕动时间极短暂；二是若应力小于坡体极限强度，而大于长期强度，在发生破坏之前将经过一段较长时间的蠕动过程。此外，自然营力对坡体破坏的影响也很大，当某些营力（如地震、孔隙水压力）突然加剧，可使一些原来并无明显蠕动迹象的边坡突然破坏。

边坡破坏的分类，国内外已有多种不同方案。20 世纪 90 年代，国际工程地质协会（IAEC）滑坡委员会建议采用瓦恩斯（D. Varnes）的滑坡分类作为国际标准方案，该分类综合考虑了边坡的物质组成和运动方式，按物质组成分为岩质和土质边坡，按运动方式分为崩落（塌）、倾倒、滑动（落）、（侧向）扩离和流动等 5 种基本类型，还可组合成多种复合类型，如崩塌碎屑流、滑坡-泥石流等。

瓦恩斯的分类实际上是将边坡变形、破坏和破坏后的继续运动三者综合在一起。如分类中的“流动”包括了边坡岩土体的蠕变、碎屑流和泥流等，显然前者属于边坡变形，实际上边坡发生滑坡、崩塌等破坏之前，都可能经历过蠕变，后两者作为与边坡破坏相联系的现象，则大多是由崩塌或滑坡体在继续运动过程中发展而成的运动方式；又如分类中的“倾倒”，实际上也是一种变形方式，其最终破坏可表现为崩塌或滑坡。

瓦恩斯的运动方式分类本质上再现了边坡的运动过程，因此，可将崩落（塌）、滑落（坡）和（侧向）扩离作为边坡失稳过程的 3 种基本破坏方式，如表 1-7 所示。就岩质边坡破坏机制而言，崩塌以拉断破坏为主，滑坡以剪切破坏为主，扩离则主要由塑性流动破坏所致。

表 1-7 边坡破坏（失稳）基本类型

破坏类型	岩质→土质	继续运动中可能转化的运动方式
崩落（崩塌）I	 (a) (b) (c) (d)	碎屑流

续表 1-7

破坏类型		岩质→土质	继续运动中可能转化的运动方式
滑落（滑坡）Ⅱ	平滑面型 $Ⅱ_1$	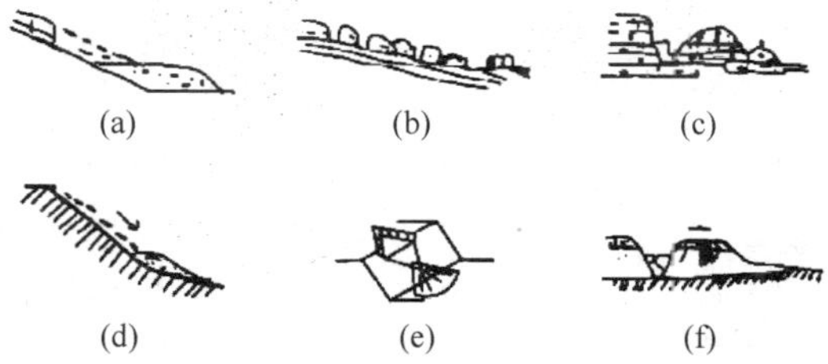	碎屑流或泥流（土爬）
	弧形滑面（旋转型）$Ⅱ_2$	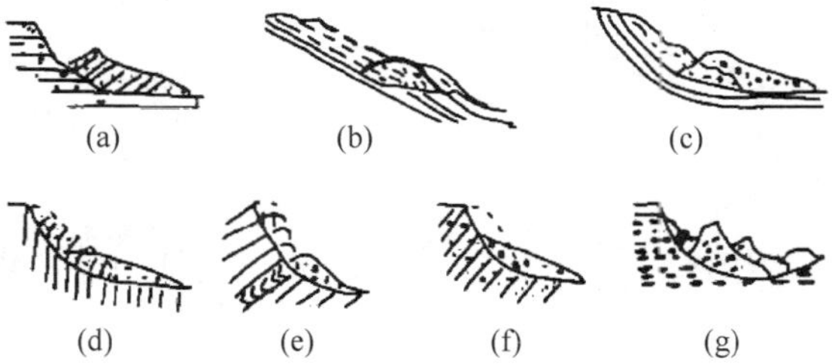	
（侧向）扩离Ⅲ		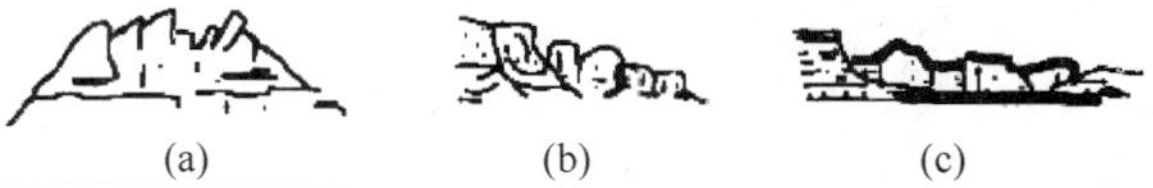	

（1）崩塌。崩塌是边坡岩土体以张性破裂为主的边坡破坏，包括了小规模块石的坠落和大规模的山（岩）崩。崩塌体通常破碎成碎块堆积于坡脚，形成具有一定天然休止角的岩堆，一定条件下，可在继续运动过程中发展为碎屑流。

（2）滑坡。滑坡是边坡岩土体以剪切破坏为主的边坡破坏，边坡岩土体沿剪切滑动面向下滑落，可按滑动面或破坏面的纵剖面形态划分为平滑型（顺向）滑坡、弧形或转动型（切层）滑坡两种类型，滑面形态还可能是平面与弧形面组合形式或更为复杂。滑体的变形和解体状况往往更为复杂，有的可在滑动中被粉碎成碎块或碎屑状，可称其为滑塌，在坡前形成与崩塌产物类似的岩堆；在一定条件下，可在继续运动过程中发展为碎屑流或泥流等，由于已转化为流动状态，其堆积形态明显区别于块体滑动和岩堆。

（3）（侧向）扩离。扩离是边坡岩土体因下伏平缓产状的软弱层塑性破坏或流动引起的破坏，软层上覆岩土体或作整体，或被解体为系列块体，向坡前临空方向“漂移”。下伏塑性流动状态的软岩可因块体自重压缩而被挤入被解体的块体之间，造成块体“东倒西歪”的现象，这是其区别于一般滑坡的重要特征。

综上所述，将边坡岩体结构类型与变形破坏方式对照情况汇总如表 1-8 所示。

表 1-8 边坡岩体结构类型与变形破坏方式对照表

类 型	主 要 特 征		主要模式	可能破坏方式
	结构及产状	外形		
均质或似均质体边坡（Ⅰ）	均质的土质或半岩质边坡，包括碎裂状或碎块体边坡	取决于岩土体性质或天然休止角	蠕滑-拉裂	转动型滑坡或滑塌

续表 1-8

类　型	主　要　特　征		主要模式	可能破坏方式
	结构及产状	外形		
层状体边坡（Ⅱ）	平缓层状体边坡Ⅱ$_1$	$\beta<\alpha$	滑移-压致拉裂	平推式滑坡、转动型滑坡
	缓倾外层状体边坡Ⅱ$_2$	$\beta\approx\alpha$	滑移-拉裂	顺层滑坡、块状滑坡
	中倾外层状体边坡Ⅱ$_3$	$\beta\geqslant\alpha$	滑移-弯曲	顺层-切层滑坡
	陡倾外层状体边坡Ⅱ$_4$	$\beta\geqslant\alpha$	弯曲-拉裂	崩塌或切层转动型滑坡
	陡立-倾内层状斜体边坡Ⅱ$_5$		弯曲-拉裂（浅部） 蠕滑-拉裂（深部）	崩塌、深部切层转动型滑坡
	变角倾外层状体边坡，上陡，下缓Ⅱ$_6$	$\beta\leqslant\alpha$	滑移-弯曲	顺层转动型滑坡
块状体边坡（Ⅲ）	可根据结构面组合线产状按Ⅱ类方案细分		多为滑移-拉裂	
软弱基座体边坡（Ⅳ）	平缓软弱基座体斜坡Ⅳ$_1$	一般情况上陡下（软弱基底）缓	塑流-拉裂	扩离、块状滑坡
	缓倾内软弱基底体斜坡Ⅳ$_2$			崩塌、转动型滑坡（深部）

注：α—边坡坡角；β—软弱面倾角。

1.3　边坡地质灾害类型与实例

1.3.1　土质边坡中的常见滑坡

1.3.1.1　天然边坡

在天然边坡中发生的山体滑移，通常无人类活动、降雨、地震等明显触发因素，此类滑坡多呈渐进性破坏，触发滑坡的主要因素为滑带土由峰值强度过渡到残余强度。

在高山峻岭中通过的河道，通常为滑坡提供了理想的临空面，因此在天然边坡的滑坡中，河道滑坡所占比例较大。

1983 年 3 月 17 日发生于甘肃东部黄土高原洒勒山的滑坡是一个典型实例，如图 1-6 所示。滑带由临夏组黑灰色黏土岩演变的厚 5～20cm 的夹层组成，矿物成分以蒙脱石为主。滑坡在无明显触发因素的情况下于 1979 年 9 月起动，当时在北坡发现宽约 10cm 的东西向裂缝，自 1982 年 10 月至 12 月开始进入挤压滑移阶段，最终于 1983 年 3 月进入剧变和滑动阶段。滑坡体积约 5000m^3，摧毁 4 个村庄，造成 227 人死亡。

2005 年 5 月 9 日，山西省吉县吉昌镇桥南村水洞沟发生特大山体滑坡，坍塌的黄土将通往乡宁县的 209 国道阻断，大量黄土瞬间从陡峭的边坡上滑落，依山而建的数排窑洞

图 1-6 洒勒山滑坡

共 11 户农家约 24 人被埋在数十米厚的黄土下，如图 1-7 所示。此次滑坡滑体长度 250m、高度 80m、土方量约 65 万立方米，属严重自然地质灾害。

(a)

(b)

图 1-7 山西吉县山体滑坡

(a) 黄土边坡坍塌；(b) 房屋被掩埋

1.3.1.2 人工边坡

滑坡是土木、水利、交通、矿山等建设工程中常见的事故和灾害，工程开挖和填筑是导致滑坡的两大主要原因。

A 挖方边坡

2002 年 7 月 25 日，陕西省延安市吴旗镇宗湾子村发生黄土滑塌，滑塌体高约 20m、宽 15m、平均厚约 2m、体积约 $600m^3$，砸毁窑洞 3 孔，造成 17 人死亡。由于人工开挖坡脚，盲目削坡，此处形成高约 25m、坡度约 80° 的高切坡，加之 2002 年 7 月 24 日至 25 日的连续降雨，坡顶边缘排水渠集水及降水入渗，最终诱发边坡滑塌，如图 1-8 所示。

图 1-8 陕西省延安市吴旗镇宗湾子村黄土滑坡

铁路、公路边坡由于大部分为明挖，滑坡通常是路堑开挖的重要制约因素，图

1-9 为 1992 年宝成铁路 K190 段滑坡，属较为典型的一处由工程开挖导致的滑坡灾害。

B　填方边坡

在饱和软黏土上修建堤坝，当施工速率较高时，经常会发生滑坡。图 1-10 为 2001 年长江大堤江西省马湖段软弱地基上发生的一处滑坡。饱和黏土通常压缩性大而渗透系数小，填土增加的地基应力要完全转化为有效应力，必须将地基中的水充分挤出，如果施工速率过快，则孔隙水压力无法及时消散，土体无法在上部荷载作用下快速固结，因而诱发滑坡。

为了保证在软基上修筑堤坝的稳定性，常需要采取一定的工程措施，例如通过砂井、塑料排水板或真空预压等技术，加速水压力消散。

图 1-9　宝成铁路 K190 段滑坡

图 1-10　长江大堤江西省马湖段滑坡

1.3.1.3　地质环境边坡

将滑坡与工程地质环境直接相关的边坡称为地质环境边坡，包括地震诱发、古滑坡、特殊土等 3 类。其中，地震诱发的滑坡多集中于岩质边坡，而土质边坡滑坡中以古滑坡和特殊土两类地质环境尤为典型。

A　古滑坡体和堆积体边坡

古滑坡体和堆积体的复活作为土质边坡中的常见滑坡，通常和人类活动有关。

我国南方地区普遍发育坡崩堆积体，此类物质与漫长地质历史中发生的山体不稳定活动有关，在堆积体和基岩之间一般存在夹泥层。许多卧于基岩面上的第四纪堆积物可能是古滑坡体或坡崩堆积体，无论何种类型，这类第四纪物质形成的边坡多处于临界状态。

降雨和工程活动都可能触发此类山体滑坡，即使没有明显的外界触发因素，边坡也会发生渐进性破坏。在进行工程建设时，当怀疑某第四纪覆盖层是由坡崩堆积体构成时，则需要通过各种勘探手段（如钻探、平硐、物探等），了解第四纪堆积体与基岩接触面的几何形态，查明接触面的物质组成和抗剪强度指标，以正确评价降雨和工程活动对此类潜在不稳定边坡的影响。

四川省甘孜藏族自治州丹巴县县城坐落于大金河右岸的狭窄河谷地带，高程 1864m，城区规划面积为 2.5km^2，城区人口约 1.1 万。2002 年 8 月，丹巴县城后侧高 200m、平均坡度 32°的高陡斜坡出现变形；2004 年 10 月，变形明显加剧；2005 年 1 月至 3 月，出现 4 次变形加速期，整体下滑迹象日趋明显；2 月 3 日位移量由原来 6mm 增大到 8mm；2 月 22 日，日均位移量增至 17～33mm；3 月 8 日，主滑面日位移量达到 18mm；3 月 14 日，斜坡变形再次加速并发生局部崩滑，前缘外推和鼓胀，多处房屋被摧毁，造成1066万元的经济损失，此时，斜坡累计变形量已达70~80cm，最大点接近1m，边界裂缝已基本贯通和圈闭，总体积$2.20\times10^6m^3$的丹巴滑坡基本形成。如果该滑坡再次发生远距离整体滑移，将直接危害到10余个企事业单位以及1071间房屋，涉及人口4620人、资产上亿元。如果滑体堵塞大金河河道，后果将不堪设想，如图1-11所示。

图1-11　四川丹巴滑坡（古滑坡复活）

丹巴处于青藏高原东部，新构造运动以强烈抬升为特点，大金河的强烈下切形成高差大、坡度陡的地形，为滑坡发育奠定有利的地貌条件。区内多年平均降水量605.7mm，降雨集中，虽暴雨次数少，但降雨强度大。滑坡区基岩为志留系茂县群第四岩组石榴石二云母片岩及少量黑云母变粒岩，盖层由古滑坡堆积层、崩坡积层和冰水堆积层组成。地下水埋深较大，勘探钻孔中未见稳定水位，滑坡区附近无地下水出露。

丹巴滑坡正是属于古滑坡复活引发的滑坡，复活原因包括多个方面。首先，厚度较大的古滑坡堆积叠置在相对稳定的变质岩高陡斜坡上，由于两种介质在物理、水理及力学行为方面的巨大差异，堆积层本身就具有沿基岩面滑移的趋势。其次，人类活动加速了古滑坡复活的进程，1998年以后，随着丹巴县城的发展，大量房屋沿斜坡脚或依坡而建，部分挖方削坡，增大了斜坡前缘的临空面，引起边坡变形；2003年边坡变形明显加剧；2004年3月至10月，建设街大规模改建，大量削坡使原本就已陡峭的斜坡临空面进一步增大，造成坡脚支撑力减弱，导致斜坡向临空方向挤压蠕动变形、滑移，坡体结构破坏松弛，强度不断降低，从而在古滑坡前缘坡脚形成剪切蠕滑。

B　特殊土边坡

由黄土、膨胀土等特殊土构成的边坡可能导致特殊的边坡稳定问题。

黄土具有颗粒粗、土质结构疏松、遇水崩解、湿陷等特点，在微结构方面，多呈垂直裂隙形态，遇降雨后，水很容易在垂直方向渗入边坡底部，同时黄土边坡经常受到河谷冲沟侵蚀切割，临空条件远比其他边坡明显。

我国西部黄土通常下卧一层不透水的红层黏土，一旦渗流达到此层后即开始滞水，导致湿陷和浸润线大范围抬高，最终导致滑坡。我国西北地区黄土高原是黄土边坡崩塌和滑坡的多发区，但规模一般较小。

2015 年 11 月 13 日，浙江省丽水市莲都区雅溪镇里东村发生山体滑坡，如图 1-12 所示。山体滑坡塌方量 30 余万立方米，导致 27 户房屋被埋、21 户房屋进水。虽然雅溪镇当晚平均降雨量只有 6～8mm，但之前的降水量较大，近 24 小时平均雨量 36mm，多处站点超过 50mm。加之边坡土体为颗粒粗、土质结构疏松、遇水易崩解的黄土，遇降水后，水极易在垂直方向渗入边坡底部，造成边坡土体失稳破坏。

(a) (b)

图 1-12 浙江丽水山体滑坡（黄土滑坡）

（a）山体滑坡正面图；（b）灾害救援现场

1.3.1.4 水环境边坡

水是诱发滑坡的主要因素，由水环境触发的滑坡，大致可分为以下几种。

A 暴雨触发的滑坡

暴雨是导致滑坡和泥石流的主要触发因素，我国西南地区是泥石流多发地区。1982 年 7 月，四川万县地区普降暴雨，仅云阳县就发生滑坡 2 万多处，并形成数百处较大规模的裂缝，忠县在此期间形成滑坡及崩塌达 3 万多处，其中大中型滑坡 30 余处，暴雨诱发的滑坡仅云阳县就毁坏房屋数万间，总方量超过 1 千万立方米的滑坡有 10 余处。

1989 年 7 月 10 日，由特大暴雨触发的四川华蓥山溪口滑坡是 20 世纪 80 年代末期中国最大的崩滑地质灾害事件，导致 221 人死亡，直接经济损失达 600 多万元。1989 年 7 月，溪口所在地区遭受历史上罕见的特大暴雨袭击，月降雨量达 222.9mm，7 月 10 日记录到的最大小时降雨量达 88.6mm。7 月 9 日上午，溪口北侧斜坡地势低洼地带出现了“土爬”，10 日中午暴雨强度增大，斜坡上有块石滚下并击中农舍，此后不久，滑源区前部传出“隆隆”的地鸣声，随之地面鼓胀，山体从马鞍坪村村后坡脚倾斜而下，沿北偏西方向直接扑向长约 300m 的马鞍坪村平台，此后，滑坡体转化为泥石流沿溪口沟奔流而下，高速冲向溪口镇北角。整个滑坡事件从启动到停积历时约 60s，摧毁溪口水泥厂、川煤 12 处、红岩煤矿、溪口粮库和沿途的数个村庄，造成重大人员伤亡和经济损失。

滑坡后缘最高点和剪出口之间的滑源区高程为 848～655m，其中 848～790m 段为次级滑坡的断壁，790～695m 段为主断壁。主断壁平面呈梯形，上、下底宽分别为 75m 和 110m，倾向 NW，倾角 47°。滑裂面从强风化碳酸盐岩进入第四系崩坡积层后，呈缓弧形剪出，剪出口高程为 655m。整个滑面形似“匙”状，上部裸露滑床长 210m，下部滑面长约 165m，主、次滑体体积分别约为 $1.80\times10^5m^3$ 和 $2.0\times10^4m^3$。滑坡纵剖面具有上硬下软的双层结构，上部由寒武系、奥陶系碳酸盐组成，两者以 F7 断层为界，该套地层总体的强度较高，从滑坡侧壁可看出，上部滑面沿强、弱风化带的界面发育。下部为志留系页岩、泥岩及粉砂岩，其强度总体较低，滑面沿泥页岩上覆崩坡积物中发育。根据岩体结构特征，可将滑源区分为 6 个区域，如图 1-13 所示。

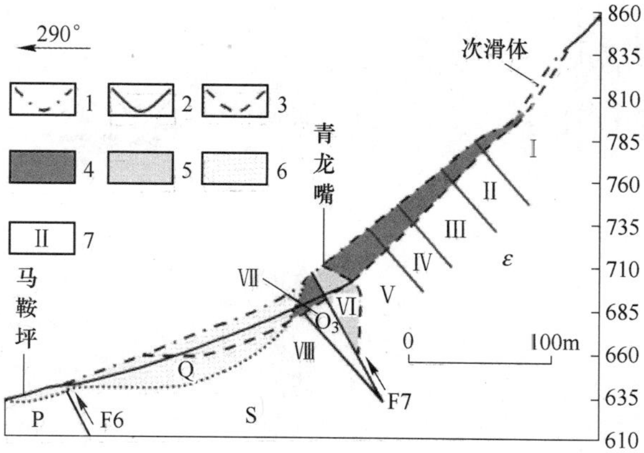

图 1-13　溪口滑坡源区地质结构示意图

1—初始地形线；2—滑后地形线；3—滑动面；4—强风化带；5—钙质角砾岩；6—第四系崩坡积物；7—岩体结构分区；Ⅰ—层状块裂结构；Ⅱ—厚层状结构；Ⅲ—层状结构；Ⅳ—层状碎裂结构；Ⅴ—碎裂结构；Ⅵ—角砾状结构；Ⅶ—奥陶系层状灰岩；Ⅷ—志留系泥、页岩；ε—寒武系地层；S—志留系地层；P—二迭系地层；Q—第四系地层

滑坡的发生首先与该地区上硬下软的地质结构环境条件有关，由于 F7 断层角砾岩起到承担、阻止上部坡体变形的锁固段作用，这一部位存在显著的应力集中，下部软弱基座的持续蠕变又使应力集中程度逐渐提高。在长时间特大暴雨的持续作用下，软弱基座变形加剧、上部强风化带重量骤增、锁固段失稳，从而最终导致高速滑坡——泥石流灾害的发生。

四川宣汉天台乡特大滑坡则是另一例典型的由暴雨触发的滑坡。从 2004 年 9 月 3 日开始，四川省宣汉县普降大到暴雨，3～5 日的降雨量分别达到 15.9mm、122.6mm 和 257.0mm，强度之大前所未有。5 日 15 时，天台乡义和村渠江支流前河岸坡上的南樊公路出现开裂，随后路边房屋开始垮塌坠入河中，此后，斜坡前缘一直处于缓滑阶段，变形区范围由前向后逐渐发展扩大，当日 23 时滑坡体前部的主滑体启动冲入前河，后部滑块紧紧跟进、接连开始滑动并逐步发展为天台特大滑坡。此次滑坡灾害摧毁屋舍 1736 间，1255 人无家可归，公路交通中断，通信线路受损。此外，由于滑体前部滑入前河，形成高 23m 的堆石坝，堵塞河道 1.2km，导致前河断流 20h。河水形成的堰塞湖库容约 $6.00\times10^7m^3$，汇水长达 20km，水位上涨 20～23m，上游 2 个乡镇被淹，造成 1 万多人无家可归，如图 1-14 所示。

失稳斜坡地形坡度 10°～33°，山顶高程 1100m 左右，前缘近河谷部分为 30～40m 的陡坎，河谷高程 356m，宽 80～100m。由南向北发育的余家河、麻柳树、凉水井及大河 4 条天然冲沟构成斜坡的天然排水沟，沟道纵比降 15.3%～19.7%。斜坡由侏罗系中统遂宁组紫红色粉砂质泥岩、泥质粉砂岩和紫灰色、青灰色细粒石英砂岩组成，总体产状 110°～

(a)

(b) (c)

图 1-14 四川宣汉天台乡特大滑坡

（a）滑坡全貌；（b）堰塞湖淹没上游村镇；（c）滑坡剪出滑入江，形成滑坡坝体

120°∠5°~10°，岩层与岸坡走向近于一致，属顺层岸坡。

天台乡滑坡的滑裂面为泥岩、砂岩接触带，主滑方向 97°~107°，滑床为遂宁组底部的青灰色细粒石英砂岩，岩质坚硬，风化较弱；滑床倾角 8°~10°，横向起伏不大；滑带土为可塑-软塑状态的棕红色粉质黏土，厚度一般为 20~30cm。后部滑体主要由紫红色泥岩形成的碎裂岩体及块碎石夹粉质黏土组成，前部滑体则以粉质黏土为主。滑坡平面上呈“圈椅”状，后缘高程 520~570m，后缘断壁高 10~30m。滑坡体纵向（EW 向）长 350~1100m，横向（SN 向）宽 1100~1500m，滑体厚 15~35m，体积约 $2500\times10^4m^3$。前缘剪出口高程 380~424m，高出原河床 30~35m，基本沿岸边砂岩陡崖顶部剪出。滑坡体上地表变形严重，绝大部分房屋坍塌，地面分布大量张裂缝，贯通长度 30~70m，可见深度达 2m，宽度 0.2~1.2m。多级滑块之间形成下错滑壁陡坎，坎高 10~30m。

天台乡滑坡具有以下典型特征：（1）滑面倾角缓，仅 7°~10°；（2）厚度较小，两侧为 10~20m，中部为 20~30m；（3）分块特征明显；（4）变形和破裂过程较长（9 月 5 日 15~23 时），但下滑时间很短；（5）滑后原始地形坡度变化不大；（6）运动方式特殊，虽然总体方向具有一致性，但各块的速度、方向差异性较别的滑坡更为明显；（7）具有波浪式推进的特征。

高强度降雨是天台乡大型滑坡的触发因素，降水大量渗入坡体，对滑坡的形成起到顶托、楔裂和促动的作用。滑坡过程包括“地下水汇聚—顶托、挤入—楔裂和溃裂—滑动”三个阶段。滑坡区基岩构造节理和风化裂隙发育，利于降雨入渗；原始坡体上部为不透水的泥岩层，其结构具有一定的“水密”效应，水主要在砂-泥岩界面和裂隙中流动。高强度暴雨导致汇聚的地下水不能沿界面及时排出，从而在内部形成“承压水盆”，厚度较小的坡体被高水位压力“浮托”，产生“水垫效应”，使摩阻力急剧降低。与此同时，地下水挤入裂隙，并在裂隙中形成高压水流，将坡体沿主要构造裂缝“楔裂”、“撕开”。当裂隙水压力达到一定程度时，坡体迅速溃裂、解体，封存的水压力迅速释放，从而驱动坡体分块向下运动或在运动过程中解体。

B　江河崩岸

我国的主要江河如长江、黄河、珠江等，普遍存在崩岸问题。图 1-15 为江西省江心洲河岸塌崩现象。崩岸的触发因素是河水的淘刷，但最终以崩塌形式完成河岸回缩过程。河流出现弯道的自然现象也是由江岸不断崩塌、回缩而形成。

图 1-15　江西省江心洲河岸崩塌

以下几个崩岸的实际资料也足以说明崩岸现象的严重性：

（1）湖北省鄂州市粑铺大堤塌崩，1959~1989 年期间，江岸后退 1324m，由于江岸已紧靠铁路和国道，不得不斥巨资对河岸进行加固。

（2）1994 年 6 月 11 日，湖北省荆州市北门口，3km 长的江岸以 55m/h 的速度回缩，同年 10 月 14 日，100m 的河段，3h 回缩了 100m。

（3）湖南省岳阳市荆江门河段，地处长江与洞庭湖之间的陆地，距离只有 13km，但荆江门河段的江岸每年以 33m 的速度回缩，如不治理，长江将会直接进入洞庭湖，导致整个地理生态环境的重大改变。

河流弯道是大自然通过淘刷和滑坡改变地理环境的结果．当弯曲到一定程度后，一次洪水就可以裁弯取直，令河道重新顺直，在 1998 年洪水中发生的湖北排洲湾溃堤即为一例，但人类活动的格局已经不能允许这种重新安排，必须千方百计地保持现状，因此在江河大堤整治工作中，防治崩岸工程建设耗资巨大。

雅砻江唐古栋滑坡同样也是一例典型的江河崩岸的滑坡灾害。1967 年 6 月 8 日，四川省甘孜州雅江县波斯河乡下日村西南约 1km 的雅砻江右岸唐古栋发生大规模岸坡垮塌滑移。滑坡后缘与坡脚高差达 1030m，最大水平长度 1900m，最大宽度 1300m，分布面积 $1.7km^2$，体积达 $6.8\times10^7m^3$。由于地处高寒山区，植被不易恢复，滑坡所形成的巨大“伤疤”在近年拍摄的卫星图片上依然清晰可见。

唐古栋滑坡体在 5min 之内高速滑入雅砻江并冲向对岸，形成一长约 200m，底宽（沿河长）3050m，左、右岸高度分别达到 355m 和 175m 的巨型滑坡坝。此后，坝前水位迅速上涨，回水区末端不断向上游延伸，最终到达距雅江县城不足 30km 的洛昔，回水区长达 53km、蓄水 $6.8\times10^8m^3$，如图 1-16（a）所示；而坝的下游流量则显著减少，甚至出现断流，200~300km 范围内均出现全年最低水位。

6 月 17 日 8 时，库水开始翻坝，当日 14 时大坝溃决，形成非常性洪水。坝体下游

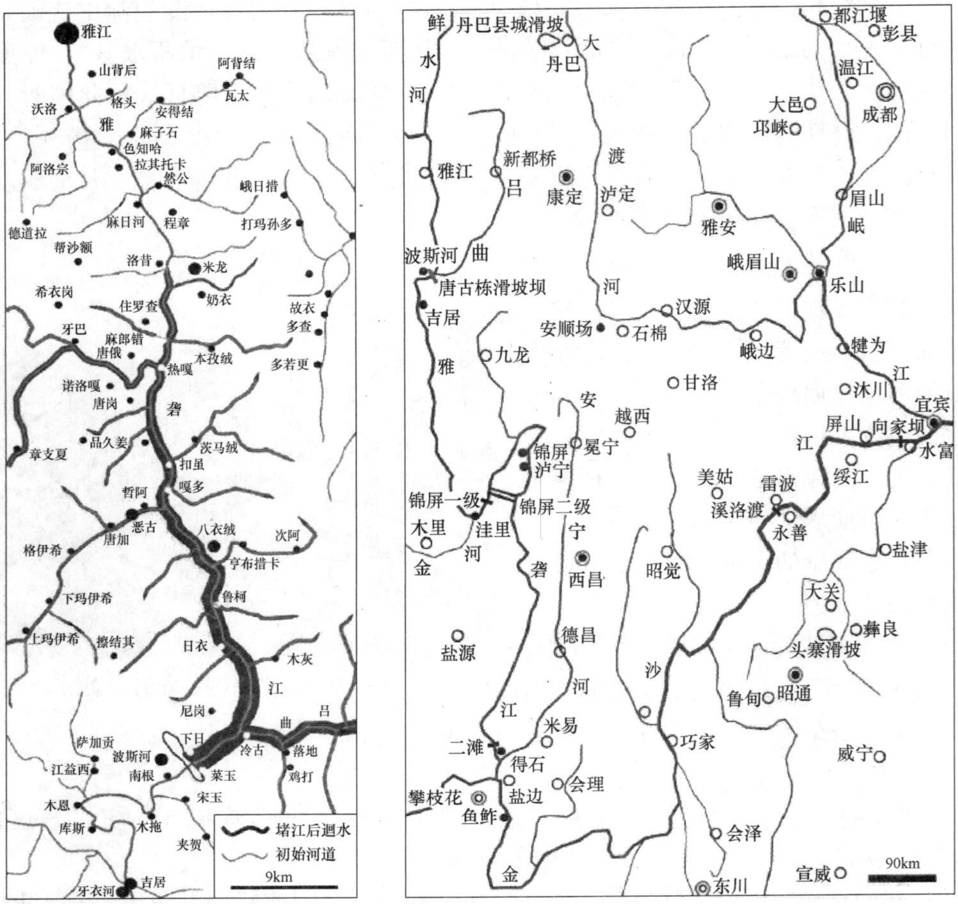

(a) (b)

图 1-16 雅砻江唐古栋滑坡

（a）唐古栋滑坡坝及其回水范围；（b）唐古栋滑坡坝溃坝影响范围

10km 处水位上涨达 48m，盐源县金河的水位（洼里水文站）上涨 30m、泸宁水文站水位上涨 20.4m、雅砻江与安宁河汇合处附近的米易县得石水文站水位上涨 16.6m，影响范围如图 1-16（b）所示。此次溃坝洪水不仅引起雅砻江江水暴涨，而且还波及金沙江干流和长江上游，会理县鱼鲊水文站水位上涨 12.4m、向家坝附近的屏山水文站上涨 6.87m、宜宾水文站上涨 2.86m，下游 1730km 的重庆市寸滩水文站仍有 1.54m 的水位升幅。

由于蓄积水量巨大，滑坡坝溃决不仅引起下游水位暴涨，且下泻流量也十分庞大。唐古栋的最大溃坝流量为 $5.70\times10^4 m^3/s$，下游的洼里、泸宁、得石及屏山水文站的洪峰流量则分别达到 $2.36\times10^4 m^3/s$、$2.31\times10^4 m^3/s$、$1.99\times10^4 m^3/s$ 和 $6.09\times10^3 m^3/s$，整个垮坝过程持续约 12h。

唐古栋滑坡的滑体为三叠系西康群灰黑色泥质板岩与中厚层砂岩，加之风化强烈，斜坡岩体自身质量较差。同时该斜坡恰好处于雅砻江与源于新都桥方向的吕曲汇合处下游附近的凹岸，河流侧蚀及坡脚冲刷强烈，最终导致斜坡失稳。

C 尾矿坝等散粒体边坡

矿山、火电厂在提供产品的同时，每日每时都在生产、堆放大量废弃物质，这些物质通常以细颗粒形式通过水力输送集中堆放在某一地点，年复一年形成了高度和库容都具一定规模的尾矿坝。由于此类建筑物不可能按照很高的标准来修建，失事的风险很大，加之尾矿颗粒极细，因此失事时多以静力和动力液化形式瞬间向下游泄放洪水和废弃材料，其迁移距离达几百米至几千米，破坏力极大。

国际大坝委员会 2008 年针对尾矿坝失稳灾害进行了编录分析，结果显示全球 74%的尾矿坝灾害集中分布在少数国家，例如美国 39%、欧洲 18%、智利 12%、中国 2.7%（不完全统计）。从尾矿坝高度分析，56%的坝高 15m 以上，23%的坝高 30m 以上，但均低于 45m；从诱发因素分析，许多坝体破坏源于综合诱发因素，例如气象因素（强降雨、飓风、快速融雪、坝体冻胀等）、基础失稳和管理失误等。

欧盟对尾矿坝灾害研究的广泛关注源于 2000 年前后几次尾矿坝灾难，目前已建立了尾矿坝滑坡数据库，在全球 147 起尾矿坝失稳灾害中，欧洲各国约占 18%，其中英国数量最多。异常强降雨是最常见的诱发因素，管理缺陷和工程活动是第二诱因，而地震液化诱发的案例很少。尾矿坝相比其他拦蓄工程（例如水坝）发生变形失稳的危险性更高，原因在于：（1）筑坝材料一般就地取材，例如采矿产生的表土、粗废料及尾矿等；（2）早期缺乏专门的尾矿坝设计标准；（3）在尾矿坝选址、建设和运营中，缺乏完善的坝体稳定性管理及持续监测手段；（4）闭矿后的尾矿坝维护成本高，缺乏持续维护。

2004 年 6 月 5 日，重庆市万盛区万东镇新华村一山体由于暴雨形成的山洪冲刷，致使山体和南桐矿务局东林煤矿煤矸石渣场拦堤被冲垮，约 20 万立方米土体及矿渣沿坡地向前推移约 500m，覆盖山脚 14 户村民住房，房屋被压塌，造成人员伤亡，如图 1-17 所示。

(a) (b)

图 1-17　重庆万盛山体滑坡

（a）房屋被冲毁；（b）村民住房被山体、矿渣掩埋

2008 年 9 月 8 日，山西省襄汾县新塔矿业有限公司新塔矿区尾矿库发生特别重大溃坝事故，如图 1-18 所示。尾矿库左岸的坝顶下方约 10m 处，坝坡出现向外拱动现象，伴随几声连续的巨大响声，坝体绝大部分在数十秒内溃塌，事故泄容量达 26.8 万立方米，过泥面积 30.2 万平方米，波及下游 500m 左右的矿区办公楼、集贸市场和部分民宅，造成 277 人死亡、4 人失踪、33 人受伤，直接经济损失达 9619.2 万元。

发生事故的新塔矿区尾矿库，原属临汾钢铁公司塔儿山铁矿，建于 20 世纪 80 年代。1992 年，尾矿库被封闭，先后采取碎石填平、黄土覆盖坝顶、植树绿化、库区上方建设排洪明渠等闭库处理措施。2005 年，新塔矿业公司擅自在旧库上挖库排尾，从而造成尾

(a)　　(b)

图 1-18　襄汾尾矿库溃坝事故

（a）被泥石流掩埋的房屋；（b）被泥石流冲毁的车辆

矿库大面积液化，坝体失稳，引发了重特大溃坝事故。经由国务院调查组调查认定，此次事故是一起违法违规生产导致的重大责任事故。

2015 年 12 月 20 日，广东省深圳市光明新区凤凰社区恒泰裕工业园发生山体滑坡，如图 1-19 所示。此次灾害滑坡覆盖面积约 38 万平方米，造成 33 栋建筑物被掩埋或不同程度受损，事故失联人员总数 77 人。广东省地质灾害应急专家开展了现场应急调查，初步查明深圳光明新区垮塌体是人工堆土，原山体并没有滑动，垮塌地点属于淤泥渣土受纳场，主要堆放渣土和建筑垃圾，虽然事故当天有少量降雨，但理论上并不足以诱发山体滑坡，事发原因初步断定为临时淤泥渣土受纳场违规作业，受纳泥浆漫溢，冲出山体，冲进靠近山体的恒泰裕工业园。由于堆积物料体积较大，且滑坡体位置较高，泥石流势能很大，倾泻的大量泥土压埋和冲倒了十几栋厂房和众多棚户，造成严重破坏。

图 1-19　深圳淤泥渣土受纳场滑坡

1.3.2　岩质边坡中的常见滑坡

1.3.2.1　天然边坡

天然岩质边坡滑坡通常发生于强风化岩体中，其触发因素多为暴雨、地震等，其中也有部分属渐进型破坏，即剪切面材料的抗剪强度从峰值过渡到残余值的过程中，能量迅速释放，形成高速滑坡。

1991 年 9 月 23 日，云南省昭通市东北方向约 30km 的盘河乡头寨沟村发生特大山体滑坡。失稳坡体从斜坡中部高程 2300m 处剪出后，高速滑入头寨沟，并迅速转变为顺沟奔腾而下的土石流，将头寨沟沟谷及沟口的村舍全部掩埋，在与沟谷斜坡发生 3 次大规模高速撞击、改向后，其前缘在高程 1820m 的头寨沟沟口停止下来，最终形成斜长 3000m、平均宽 130m、厚 10m、总体积约 $4\times10^6 m^3$ 的滑坡—土石流堆积，整个过程历时仅 3min。这一重大滑坡灾害事件共造成 216 人死亡，毁坏耕地 $2\times10^5 m^2$，直接经济损失约 1200 万元，如图 1-20 所示。

图 1-20　云南昭通头寨滑坡—土石流堆积

从局部构造上看，头寨滑坡位于北东向展布的盘河向斜北西翼，滑坡范围及附近出露的岩性有上二叠系下段峨眉山玄武岩（$P_2\beta$）、上二叠系上段宣威组砂页岩（P_2x）和三叠系下统砂页岩（T_1），头寨滑坡发生于峨眉山玄武岩中，如图 1-21 所示。

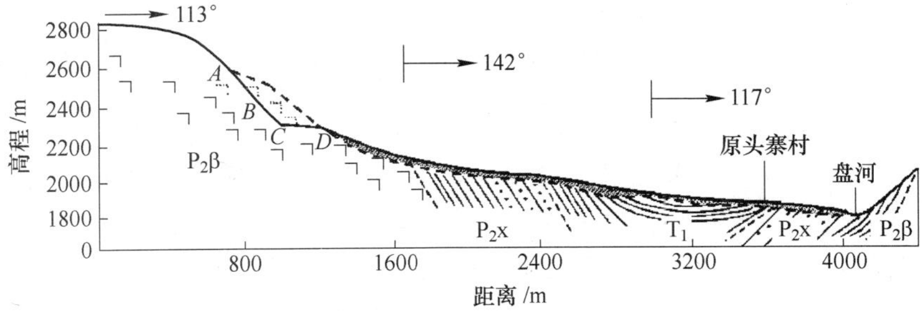

图 1-21　头寨滑坡纵剖面

滑坡源区平面呈长方形，其横向宽约 300m，纵向（滑动方向）水平投影长约 400m，总体积约 $9.00\times10^6 m^3$。后缘断壁沿玄武岩层间滑动面发育，宏观上光滑平整，产状 138°∠48°，表面覆盖有一层厚 1m 左右的强风化玄武岩（滑带），滑带呈土状、散粒状或碎块状。侧壁斜长 560m，多被主滑体滑出后发生的次级滑坡所占据，出露的断壁高度 3~10m，主要出露土层和强风化玄武岩。滑裂面纵断面可分为 3 段：第一段（*AB*）为层间滑动面，其表面残留的滑带为火山凝灰岩强风化产物；第二段（*BC*）表面相对坚硬光滑，产状 110°∠38°，为岩体构造结构面；第三段（*CD*）为锁固段，玄武岩表面粗糙、层状构造清晰，倾角为 5°。

受金沙江区域侵蚀基准面和盘河局部侵蚀面的控制，头寨沟溯源侵蚀强烈，但在遇到强度相对较高的玄武岩后，侵蚀受阻，便在沟头形成三面临空、高约 400m、坡角近 40°的高陡斜坡，为滑坡的发生创造基础条件，同时由于临空条件良好，玄武岩岩体卸荷演化强烈。良好的导水和贮水条件，加上年均降雨量达 1100mm，玄武岩体的化学风化十分强烈，岩体质量进一步劣化为稳定性很差的（准）松散介质，长期蠕变导致锁固段被剪断，形成高速灾难性滑坡。

2000 年 4 月 9 日，西藏自治区波密县易贡乡扎木弄沟发生易贡滑坡，约 $3\times10^7m^3$的岩体从高程 5000m 的山顶崩滑，落距约 1500m 后，以强大的冲击力撞击扎木弄沟内沉积百年的碎屑物质，并迅速转化为超高速块石碎屑流，冲击谷口两侧山体，在短短 2~3min 内，运移 8~10km 后沉积于易贡湖出口处，完全堵塞易贡藏布，形成长达 4. 6km、前沿最宽达 3km、高达 60~110m 的近喇叭状天然坝体，总堆积体积约 $3\times10^8m^3$。此次崩塌滑坡总垂直落差达 3000m，水平最大运距约 8500m，最大速度超过 44m/s，如图 1-22 所示。如此超高速、远距离运移的巨大滑体及滑坡后留下的一些独特现象在中国乃至世界都是罕见的。

(a)

(b)

图 1-22　西藏易贡滑坡

（a）滑坡体从 5500m 坠落，滑床呈楔形；（b）滑坡堆积体后期形成土丘林

易贡特大山体滑坡堵江事件整个过程包括崩塌—滑坡—碎屑流（泥石流）—堵江淹没成湖—湖水溃决—洪水—河谷地形改造—河谷次生崩塌、滑坡，形成完整的地质灾害链，其发生机制和具体过程为：首先是当年较往常偏高的气温导致冰雪超量融化，形成地表径流进入山体裂缝，从而诱发高程 5000m、体积约 $3\times10^7m^3$的楔形岩体突然滑动崩落。骤然失稳的山体，在重力作用下直坠约 3000m，以其巨大的动能，冲击下部沟内沉积百年的松散碎屑物，这种瞬间“超级强夯”和高强度的挤压作用，使沟内基本处于饱水状态的碎屑物质产生瞬间异常超孔隙水压力，并由此发生液化，抗剪强度骤然丧失，从而诱发高速滑坡。这种高速滑坡发生机制被称为“强夯液化机制”。受沟口约束，巨量滑移物质抛射冲出并铲蚀两侧山体，进而转化为高速块石碎屑流，并将扎木弄沟下游参天古树摧毁，将沟外两侧早期堆积物铲移它处，伴随的巨大气浪摧毁边缘森林。在抵达易贡藏布南部陡坎时受到阻碍，部分越过陡坎形成垅后堆积，大部分堆积于易贡藏布沟谷，其余部分则分道而行，分别沿易贡藏布上、下游侧旋、堆积，堵塞易贡河道，形成易贡堰塞湖，从而酿成中国历史上规模罕见的崩塌滑坡地质灾害。

1.3.2.2 工程边坡

地面和地下开挖是导致土木、水利、交通、矿山等基本建设工程中常见事故灾害的两大主要原因。

A 地面开挖致滑

地面开挖是最为常见的滑坡诱发因素。2001 年 5 月 1 日，重庆市武隆县城发生大型滑坡，致使一幢 9 层楼房被摧毁掩埋，79 人死亡、7 人受伤。滑坡体体积约 1.6 万立方米，岩性为三叠系上统须家河组砂岩，夹泥岩互层，为层状碎裂岩体，形成大小不等的分离块体，最大体积达 $10m^3$，如图 1-23 所示。

(a)

(b)

图 1-23 重庆武隆县城“5.1”滑坡

(a)“5.1”滑坡远景；(b)“5.1”滑坡近景

滑坡地段自 1989 年以来，遭受两次开挖切脚。第一次是 1989 年兴建 319 国道，沿乌江河谷开挖斜坡，形成高约 20m、倾角达 60°~80°的陡倾边坡，未支护；第二次是 1997 年被规划为建设用地，形成宽 160m、深 15.5m、高 46.6m 的槽形场地。业主意识到后缘边坡稳定性差，局部采取了浆砌块石挡墙支挡措施，但未能有效发挥作用，从挡墙结构上看，未设置合理的防水反滤层和排水孔等。

1989 年 1 月 7 日，正在建设的云南省大型水电站漫湾工程在开挖左坝肩过程中突然发生高达 100m 的岩质边坡滑坡，总体积约 10.8 万立方米。滑坡发生于强风化流纹岩地区，该边坡岩体存在一组十分发育的顺坡向节理，滑裂面即沿此组节理面发育。该滑坡导致电站推迟一年发电，直接经济损失超过亿元。

图 1-24 贵阳沙冲路滑坡

在铁路、公路建设中，由于边坡开挖造成的滑坡事故更是屡见不鲜，公路中发生的滑坡事故多属此类。

1996 年 12 月 2 日，位于贵阳市沙冲路南段西侧一山体突然发生大面积滑坡，如图 1-24 所示，正在山脚路基上施工的部分工人和几辆行驶车辆，被从山顶下滑的约 27000m^3岩石埋没，造成 38 人死亡、16 人重伤、110m 路基被冲垮的惨痛后果。

贵阳市沙冲路滑坡发生前的原始山体为顺向坡，坡度 41°，前缘岩层面具有一定的临空面，由于人工开挖，使北东面切坡高度累计达 20m，南西面切坡高度 16m。由于临空面的增大，坡体中后缘岩体在长期重力作用下，顺岩层发生缓慢滑移。随着滑移量增大，坡体岩层在克服岩层面摩擦阻力后仍具有较大的下滑推力，而在长时间的时效变形后，其剩余下滑势能逐渐累积于坡体中、下部，尤其是坡体前缘，致使岩层弯曲隆起，同时在坡脚出现剪应力集中带，当积累的能量突破岩层的强度后，前缘附近坡体即会快速下滑。另外，由于弯曲部位岩体强烈扩容，岩体松动加剧进而出现局部滑落，这种坡脚附近的“卸载”又反过来促进斜坡深部岩体的变形和破坏，这种应力状态的快速改变以及能量传递，致使整个滑坡在极短时间内发生。

露天矿边坡、水利水电工程中的料场边坡也是发生滑坡的常见场所，煤矿滑坡是比较典型的一例。抚顺西露天煤田发育于浑河深大断裂带，地层为古近系内陆沼泽相沉积，开挖集中在主向斜南翼，持续百年开采后，形成东西长 6. 6km，南北宽 2. 0km，深约 400m 的矿坑。自 1927 年以来，矿坑发生较大滑坡 90 余次，破坏区面积 $64\times10^4m^2$，滑体总量约 $2100\times10^4m^3$。断层及构造裂隙切割边坡形成楔形体，露天采掘台阶过高，特别在底板帮、煤层台阶坡面切断煤层底板时产生滑坡，井工开采造成边坡岩体破裂，爆破、地下水或地面水入渗促使边坡变形加剧乃至滑坡。

图 1-25 为秘鲁库厄琼露天铜矿滑坡，滑体高达 360m，因矿山已经完成了露天转地下采矿，未造成重大损失。

图 1-25　秘鲁库厄琼露天铜矿大型滑坡

边坡开挖可能导致滑坡，也可能形成边坡弯曲倾倒和大范围的变形，例如位于河西走廊的我国重要镍矿基地金川露天矿上盘西区，其大理岩层面为反倾向，岩体内又存在一组顺坡节理，露天矿在开挖过程中经受了大规模的倾倒变形，1973～1977 年间山体位移达 15m。

B　地下开挖致滑

地下开挖也是诱发岩质边坡滑坡的重要原因，由于地下开挖导致地面沉陷，部分岩体失去支撑，拉裂缝向深部发展，从而诱发滑坡。

地下采矿引发了多类严重地质灾害，主要表现形式有地面沉降塌陷、斜坡变形和水文地质变化，其中，地下煤矿采空引发的地表滑坡灾害在世界各地分布最为广泛，例如加拿大 Frank 滑坡、斯洛伐克 Handlová 采区滑坡、英国 South Wales 采区滑坡等。中国典型煤矿工程滑坡主要包括重庆市武隆区鸡冠岭崩塌和鸡尾山滑坡、陕西省韩城市电厂滑坡等，此外，还包括盐池河磷矿岩崩等其他金属、非金属矿产地下开采诱发的滑坡灾害等。

地下采空诱发滑坡的机理主要取决于坡度、采矿活动和上覆地层中的软弱夹层等因素，其特征主要表现在以下方面：(1) 许多矿山位于褶皱或断裂等强烈构造变形部位，岩体结构破碎，结构面控制滑带或边界特征；(2) 在深部地下采空条件下，上覆地层内部应力场及水文地质变化会诱发大型重力构造式滑坡，诱发因素与降雨等外界因素关系甚微；(3) 中浅部采空多与强降雨耦合，在陡峭山体部位诱发崩塌灾害；(4) 上覆地层的岩溶及裂隙往往是控制滑坡形成的关键结构因素。尽管具有上述共同特征，但国外最具代表性的地下采矿诱发滑坡主要以区域群发性为特色，而国内则以单体崩滑灾害为主。

国内地下采矿诱发灾难性滑坡的研究主要始于20世纪80年代，此类滑坡呈零散分布状态，以单体滑坡灾害为主，滑坡类型较为单一，但致灾效应十分严重。滑坡诱发因素往往不仅是单纯的地下采矿，大都还叠加强降雨等因素。坡体变形过程一般随着采矿活动呈现逐步累积的特征，而最后的失稳破坏在极短的时间内完成。典型的地下采矿诱发崩滑灾害举例如下：

(1) 湖北盐池河磷矿崩塌。高速岩质崩塌—碎屑流，其影响和诱发因素包括：1) 岸坡具有软硬相间的地层结构，采场底板为粉砂质页岩，山体底部为薄层泥质白云岩与砂页岩互层；2) 岩体中北东向和北西向两组节理控制了地表裂缝及其滑面发育特征；3) 地下采空面积大，采用爆破矿柱、崩落顶板的方式释放地压，是导致崩塌的主要工程因素；4) 崩塌前短时降雨约80mm，降雨入渗对垂直节理起到水楔作用，增加了下滑推力，对诱发崩塌起关键作用。

(2) 云南元阳老金山滑坡。由白云岩及灰岩风化带形成的中—深层高速远程滑坡—碎屑流，其影响和诱发因素包括：1) 斜坡位于老金山背斜核部、小寨—金平断裂与小新街断裂之间，优势结构面控制了主滑面和侧边界；2) 源区地层为岩溶风化的层状碎裂—散体状硅质白云岩；3) 滑源区地貌呈"鹰嘴岩"状凸起形态；4) 老金山采区矿硐144个，巷道总长度达120km，部分矿硐上下左右连通，内部岩溶裂隙发育，是导致坡体变形的工程因素；5) 滑坡发生前连续4天有中到大雨，累计降雨137mm，是诱发滑坡的关键自然因素。

(3) 贵州开阳磷矿崩塌。白云岩质崩塌—碎屑流，矿山沿洋水背斜两翼的垂直裂隙带形成大规模崩塌带，其影响和诱发因素包括：1) 磷矿层顶板为厚层白云岩，而磷矿层及底板均为软质岩类，形成上硬下软的坡体结构；2) 厚4~6m的磷块岩矿层采空后形成较大采空区，频繁爆破振动使山体产生较大卸荷裂隙，导致采空区顶板冒顶垮塌。

1.3.2.3 地质环境边坡

通常将滑坡与工程地质环境直接有关的边坡称为地质环境边坡。

A 地震诱发的滑坡

地震是诱发滑坡的重要因素，我国有关地震引起的滑坡可在4000年前的记载中找到。

2008年5月12日在四川省西部龙门山断裂带上发生的里氏8.0级汶川特大地震，是中国内陆近百年来发生在人口密集山区震级最高、破坏性最大的地震。这场强震触发了数以万计的崩塌滑坡，尤其是百余处大型滑坡，一直被国内外地质学家关注。其中，最具代表性的就是大光包滑坡，其以规模巨大、成因机理独特和运动过程复杂而成为国内外专家研究的焦点和热点。

大光包位于四川省绵阳市安县高川乡泉水村西北侧，安县、绵竹、茂县三县交界部位，东距安县县城 32km，图 1-26 所示为大光包滑坡地理位置。大光包滑坡由汶川大地震触发，滑动距离 4.5km，堆积体宽度 2.2km，滑坡—碎屑流面积 10km^2，估算体积 7.5 亿立方米，图 1-27 为地震发生后拍摄的大光包滑坡全貌。

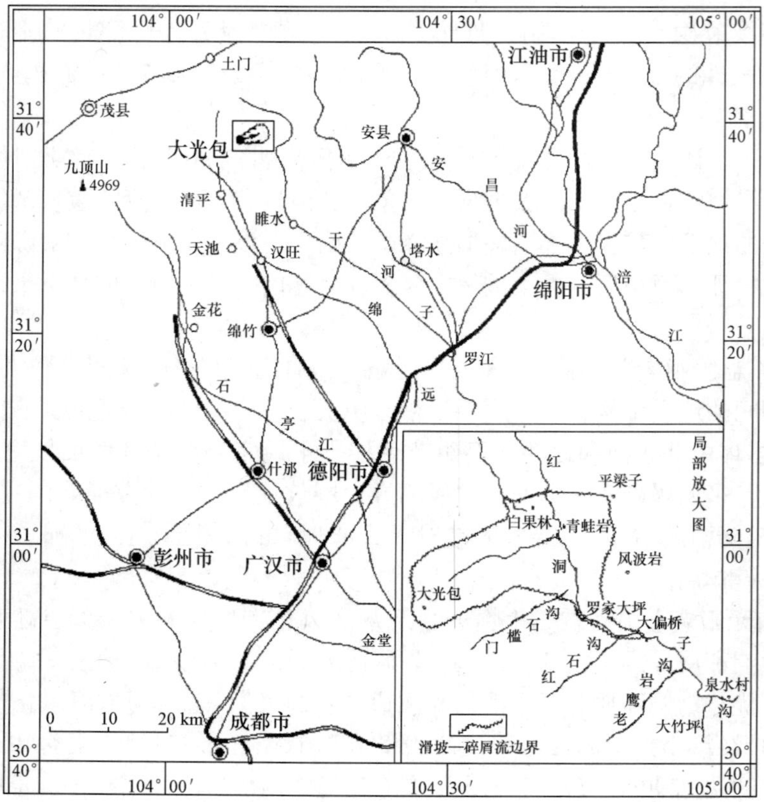

图 1-26　大光包滑坡地理位置图

研究表明，与地震灾区内其他的 178 处特大滑坡相比，大光包滑坡除具有强震拉裂、溃滑失稳、大规模高速抛射和远程运动等显著特征外，其长大滑面规模也非其他滑坡可比。时至今日，全世界体积超过 5 亿立方米的巨型滑坡仅 12 个，就滑坡堰塞坝的高度而言，世界上没有超过 600m 的报道，大光包滑坡是我国已知的最大规模滑坡，其高达 690m 的滑坡堰塞坝则位居世界之冠。

图 1-27　大光包滑坡全貌

结合滑坡堆积体的地貌特征、滑坡植被分布、岩性分布特点和堆积体结构等综合因素，大光包滑坡的运动、堆积过程可分析如下：

（1）地震发生后，由于特定的地形特征，上部山体产生强烈的地震动放大效应，从而导致大光包滑坡后缘和北侧边界沿特定结构面强烈拉张，形成后缘和北侧的拉裂边界。

（2）地震后前缘锁固段被剪断。

（3）巨大的楔形滑体沿南侧层面（实际为层间剪切带）以约 40~45m/s 的速度沿岩层走向偏倾向方向高速滑出。

（4）地震后，高速滑坡体迎面撞上对面干岩窝梁子和独杉树梁子，产生“急刹车”效应。在巨大的惯性力作用下滑坡前部发生碎裂、解体，并沿川林沟向上游方向运动 800~1000m；滑坡主体“急刹车”后保持了较好的原始坡体结构，形成“滑坡核”，并在惯性作用下伴随局部的岩层爬坡、反翘和挤压超覆等现象。

（5）由于前缘滑动受阻，滑体开始向黄洞子沟上、下游产生拆离滑动和流动。上游侧的拆离沿基本结构保持完整的“滑坡核”的层面发生，从而形成巨大的“大光面”拆离滑动面，如图 1-28 所示，下游侧滑体沿黄洞子沟向下游流动了 1.5km，直至老鹰岩滑坡堰塞湖尾部。

(a)

(b)

图 1-28 大光包滑坡局部照片
（a）大光包滑坡正视图；（b）大光包滑坡俯视图

（6）由于滑体在运动过程中的不均匀性和强大的惯性挤压力，滑体内部产生挤压和铲犁作用，导致形成规模巨大的滑坡挤压丘和滑坡沟槽。

（7）主滑体滑出后，由于良好的临空面条件和地震的持续作用，后缘和北侧断壁发生次级解体滑动和崩塌，在主滑体后部形成次级滑体堆积和滑坡平台区。

上述分析可以看出，大光包滑坡的运动和堆积过程极为复杂，尤其是主滑体表现出锁固剪断、高速运动、撞击刹车、前缘超覆、两侧拆离滑动和流动等复杂运动和堆积状态。

B 古滑坡体

在自然界演变的长期过程中，发生过无数次的滑坡，如果滑坡体没有彻底解体，则形成古滑坡体，古滑坡体可能是堆积物，也可能基本保持了岩体的原始结构。古滑坡体在外部触发因素作用下可能复活，地震、暴雨等自然因素和边坡开挖、水库蓄水等人类活动，均可能成为这样的触发因素。准确地判断和定位古滑坡，是预防古滑坡复活灾害的重要工作，在工程建设中，则需重视工程因素可能诱发的古滑坡复活问题。

2010 年玉树地震，虽未引发大型灾难性滑坡，但沿玉树断裂带两侧的多处大型古滑坡遗迹和古崩塌地区因该地震被再次触发，在山体上部发生小型崩塌和在下部发育浅层滑坡，如图 1-29（a）所示。由于这些古滑坡体大多形成时代较为久远，在植被覆盖下基本与周围山体融为一体，但仍可通过一些典型的滑坡地貌标志被识别出来，其中尤以郭烟央宋多的贡巴秀山体和结古镇的德治龙勤高山体两处比较典型。

贡巴秀山体位于宏观震中郭烟央宋多北约 2km 处，高 100～160m，总长约 2. 1km，呈北西走向。从地表调查和遥感影像上能清晰发现，该山体西侧连续发育了一系列大小不等的地震滑坡崩塌体，并且还有一处大规模的古地震滑坡，如图 1-29（b）所示。在山体东侧也发育了十余处滑坡，以碎屑崩塌为主，岩性为片麻岩、灰岩和砂岩，坡度约 40°～65°，最大落石直径约 1. 5m，最大滚动位移约 42m。

德治龙勤高山体位于玉树县城南部，形态呈倒三角状，其北侧地形为凸型，即上缓下陡，坡度约 47°～65°，南西侧地势陡峭、高差小且断层从其下方经过，东侧相比其他两侧地形最为平缓。

德治龙勤高山体发育了多期复合型滑坡，从斜坡后期冲沟发育程度的不同，至少可划分出五期滑坡，如图 1-29（c）所示。最早一期为山体南西侧滑坡地貌，已被全新世暖期所发育的冲沟切割和改造，因此推断最老一期的滑坡可能发生在全新世之前。第二期为山体东部古滑坡地貌和山体西侧发育小冲沟地带，现在仅遗存滑坡后缘陡坎轮廓，下缘大部分基本处于稳定状态，大量居民房都修在其残留滑床上。山体北侧和西南端发育第三期大

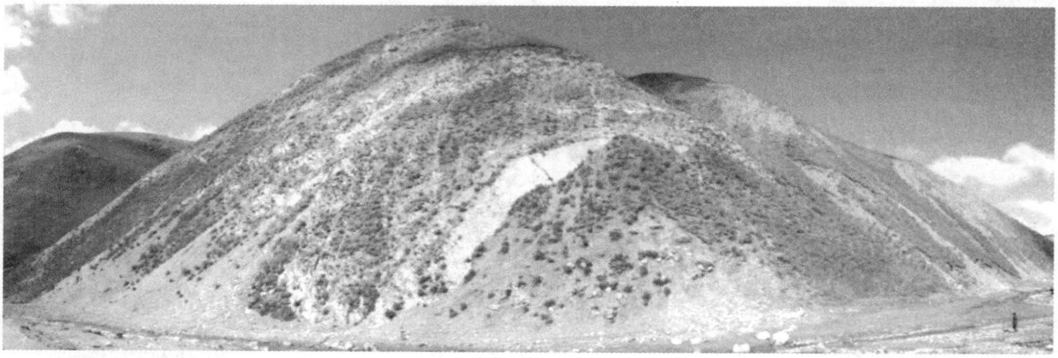

(a)

(b)

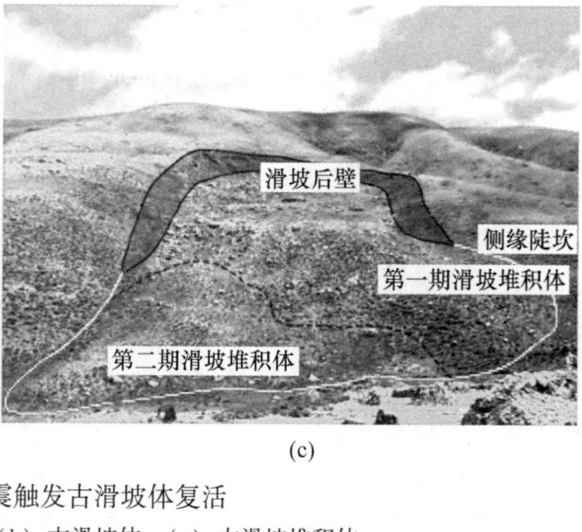

(c)

图 1-29 青海玉树地震触发古滑坡体复活

（a）地震触发小型崩塌和浅层滑坡；（b）古滑坡体；（c）古滑坡堆积体

型滑坡地貌，地貌形态比较明确，冲沟发育程度弱，且顶部可见有大规模弧形裂缝，可以有效圈定出老滑坡范围。第四期滑坡是在第三期大型老滑坡体基础上集中发育的，数量多且规模小，形成了滑坡群地貌。

1.3.2.4 水环境边坡

水是诱发滑坡的主要因素。在岩质边坡中，由水环境触发的滑坡，大致可分为降雨、水库蓄水、泄洪雨雾等因素触发类型。

A 降雨触发的滑坡

暴雨是滑坡和泥石流的主要触发因素。2010 年 8 月 7 日，甘南藏族自治州舟曲县城东北部山区突降特大暴雨，降雨量达 97mm，持续 40 多分钟，引发三眼峪、罗家峪等四条沟系特大山洪地质灾害，泥石流长约 5km，平均宽度 300m，平均厚度 5m，总体积 750 万立方米，流经区域被夷为平地，如图 1-30 所示。

图 1-30 舟曲特大泥石流航拍图

舟曲县城附近的岩性松软破碎，风化严重，易发生滑坂、崩塌和泥石流等地质灾害，加之舟曲县为汶川地震的重灾区之一，地震导致舟曲县周边山体松动、岩层破碎，山体稳定性进一步下降，最终，在舟曲经历了相当长一段时间的持续干旱后，7 日晚遭遇特大暴雨，形成泥石流，直接造成了此次特大山洪地质灾害的发生。

B 水库蓄水诱发的滑坡

在水库蓄水引起的滑坡中，三峡库区的千将坪滑坡是典型的灾难性事故案例。

2003 年 7 月 13 日，位于三峡水库区的湖北省秭归县沙镇溪镇长江南岸支流青干河左岸的千将坪村发生大规模滑坡，如图 1-31（a）所示，高 149~178m，长约 300m 的滑坡坝将青干河完全切断，如图 1-31（b）所示。7 月 14 日，滑坡坝上下游水位差达 3m，此后，由于持续降雨，青干河水位不断上涨，坡坝上下游水位落差最终增加到 12m；20 日，对滑坡坝实施爆破后，断流 7 天的青干河开始通流。此次滑坡造成 14 人死亡，10 人失踪，346 间房屋倒塌，毁坏农田 $71.2\times10^4m^2$，摧毁金属硅厂、页岩砖厂等 4 家企业和宜昌至巴东的省道，广播、输电、国防光缆等基础设施均受到严重破坏，经济损失惨重。

滑坡范围内出露的地层为侏罗系千佛崖组，岩石类型主要有紫红色或黄绿色泥岩、粉砂岩和砂岩；滑体剖面自上而下依次由泥岩强风化形成的碎石土、泥质粉砂岩、泥岩、粉砂岩（主体）、黑色碎石土组成 20~50cm 厚的滑带（原岩为炭质页岩）和构成滑床的砂岩组成，产状 140°∠26°~31°，与坡面产状基本一致；滑坡平面上呈比较典型的圈椅状形态，后缘断壁高 10m，海拔 430m；剪出口位于河床附近，海拔 110m 左右；后缘、前缘的最大宽度分别为 300m 和 800m，纵向最大长度约 1000m，厚度 10~60m，平均 40m，总方量约 $2400\times10^4m^3$；滑动方向 130°、垂直滑距大于 75m。滑坡启动后，由于不同滑块底面形态及相邻块体底面相对标高的差异，滑体迅速解体，加之滑动受阻，滑体上出现一系列滑坡（反倾）平台和纵张裂缝，其中规模较大的平台有三级，分别位于滑体后部、中部和前部，宽 5~10m，后部平台还曾大范围积水，纵张拉裂缝走向 80°~100°，缝宽约 20cm。

(a)

(b)

图 1-31　三峡库区千将坪滑坡

（a）坡前堆积体；（b）阻塞河道形成堰塞湖

千将坪基岩顺层滑坡形态完整、特征突出，其发生机理也相对明确。中生代砂泥岩互层的薄层泥页岩或砂岩与泥岩的界面属于典型的软弱地质界面，因此，单斜形式的顺层斜坡发生滑坡的潜势较大。滑坡发生在三峡水库第 1 期蓄水后 43 天，青干河水水位从原来的 75m 抬升至 135m，剪出口及前缘约 200m×700m 面积的坡体浸泡在河水中，导致稳定性较差的前缘滑体及潜在滑面强度大幅度衰减，坡体前缘支撑逐渐减少。此外，当年 6 月 21 日至 7 月 11 日，当地持续降雨，总量达 162. 7mm，雨水大量渗入滑体，使岩土软化，重度加大，导致滑体自重增加，下滑趋势增大。因此，斜坡特殊岩体结构、水库蓄水浸泡坡脚及强降雨入渗共同促成了千将坪滑坡的发生。

C　泄洪雨雾导致的滑坡

泄洪雨雾诱发的滑坡是在水利水电工程中常见的一种特殊边坡失稳形式。水电工程枢纽常布置于狭窄河谷，通过溢洪道泄放的洪水强度超过自然界暴雨几百倍，承受泄洪雨雾的边坡可能失稳，属重大潜在危险源。目前已发生规模较大的由泄洪雨雾导致的滑坡，均发生于岩质边坡。

龙羊峡水电站（青海省共和县境内）在 1987 年和 1989 年汛期，曾两次开闸泄洪。1987 年第一次泄洪后，受水雾影响，下游右岸虎山坡边坡大范围开裂。1989 年泄洪时，7 月 17 日至 25 日山体发生急剧变形，最终导致 87 万立方米的岩体失稳坠入河床，如图 1-32 所示。位于龙羊峡电站下游的李家峡电站下游的“三一”滑坡，也是一例类似的由泄洪雨雾诱发的边坡失稳灾害。

图 1-32 龙羊峡库岸滑坡

1.4 我国边坡灾害及防治现状

1.4.1 我国边坡灾害概况

20 世纪以来，随着世界人口不断增长、人类活动空间范围逐渐扩展和工程活动规模不断加大，加之受到全球气候变化（如厄尔尼诺）等因素影响，滑坡灾害发生频率越来越高，造成的经济损失和人员伤亡也不断加大。到目前为止，全球范围内凡是有人类居住和工程活动的山岭地区，几乎都有滑坡灾害发生，其已成为仅次于地震的第二大地质灾害。

我国是世界上地质灾害最严重、受威胁人口最多的国家之一，地质条件复杂，构造活动频繁，崩塌、滑坡、泥石流、地面塌陷、地面沉降、地裂缝等灾害隐患多、分布广，且隐蔽性、突发性和破坏性强，防范难度大。特别是近年来受极端天气、地震、工程建设等因素影响，地质灾害多发频发，滑坡灾害也呈逐年加重趋势，已造成严重损失。目前，全国范围内除山东没有发现危害严重的滑坡灾害外，其余各地均有发生，其中以云南、贵州、四川、重庆、西藏、湖北西部、湖南西部、陕西、宁夏及甘肃等省区最为严重。以 2014 年为例，全国共发生地质灾害 10907 起，其中滑坡 8128 起、崩塌 1872 起、泥石流 543 起、地面塌陷 302 起、地裂缝 51 起和地面沉降 11 起，分别占地质灾害总数的 74.5%、17.1%、5.0%、2.8%、0.5%和 0.1%，共造成 349 人死亡、51 人失踪、218 人受伤，直接经济损失 54.1 亿元。虽然与 2013 年相比，地质灾害发生数量、死亡失踪人数和直接经济损失均有所减少，但我国仍属于受滑坡灾害影响较为严重的地区。严重的滑坡灾害不仅给当地居民的生命财产造成了极大损失，而且还摧毁工厂、矿山，并严重影响铁路、公路及水电站等重要基础设施的安全运营。

我国是一个大型滑坡灾害极为发育的国家，其中灾难性滑坡多发，尤其在西部地区，这些滑坡更是以其规模大、机理复杂、危害大等特点著称，在全世界范围内具有典型性和代表性，如 1920 年宁夏回族自治区海原地震滑坡、1933 年四川省岷江叠溪滑坡、1965 年云南省禄劝滑坡、1967 年四川省唐古栋滑坡等。尤其是进入 20 世纪 80 年代以来，我国大型滑坡的发生又进入了一个新的活跃期，相继发生了 1982 年 7 月长江鸡趴子滑坡、1983 年 3 月甘肃省洒勒山滑坡、1989 年 7 月四川省华蓥溪口滑坡、1991 年 9 月云南省昭通头寨沟滑坡、1996 年 6 月云南省元阳老金山滑坡、2000 年 4 月西藏自治区波密易贡滑坡、2004 年 7 月四川省宣汉滑坡、2005 年 2 月四川省丹巴滑坡等 20 余处大型和特大型滑坡，造成了重大损失。2008 年 5 月 12 日四川省汶川县发生 8.0 级特大地震，触发了不同规模崩塌滑坡数万起，具有危害的 6000 余起，形成近百个堰塞湖。汶川地震两年后，甘肃省舟曲特大山洪泥石流、贵州省关岭滑坡、云南省贡山泥石流相继发生，接踵而至的地质灾害夺去了 2000 多人的生命，2010 年成为近十年来我国地质灾害灾情最重、重大灾害事件最多、死亡失踪人数最多的一年。

分析表明，我国大陆大型滑坡发育最根本的原因是特殊的地形地貌和强烈的内、外动力条件（地震、降雨），约 70%的大型灾难性滑坡发生在环青藏高原东侧的大陆地形第一个坡降带范围内；同时，该地区也是世界上板内构造活动最为活跃的地区，地壳内、外动力条件强烈的交织与转化，促使高陡边坡发生强烈的动力过程，从而促进了大型滑坡灾害的发育。强震、极端气候条件和全球气候变化构成了大型滑坡发生的主要触发因素，我国南方暴雨强度达到 200~300mm/d 时易于触发大型滑坡，西北地区春季冻结层的融化，也是大规模黄土滑坡发生的诱因，近年来全球气候变化导致气温上升、雪线上移、冰川后退、冰湖溃决，也成为特定地区大型灾难性滑坡发生的触发因素。

1.4.2 我国边坡灾害防治现状

我国在滑坡灾害防治方面，主要遵从预防为主、防重于治的原则。治理强调综合考虑边坡稳定的各影响因素，并根据各因素所起的作用，按照有先后、有主次、有选择性地对滑坡进行防治。

为加强地质环境管理，国土资源部从 2001 年开始，每年编发《中国地质环境公报》，定期公告我国地质环境状况，以推进地质环境保护工作的发展，同时，为进一步加强地质灾害防治学科研究，积极采用高科技手段开展防灾减灾工作。此外，地质灾害监测预警和地质灾害群测群防工作也因其实现了有效防控地质灾害的目的，逐渐成为灾害防治工作中的重要环节。

（1）建立公报制度。《中国地质环境公报》是按年度反映我国地质环境的综合年报，内容包括当年全年度全国地质灾害概况、特点及防治措施与行动，全国地下水状况及保护措施与行动，地质遗迹保护及地质公园建设，地热与地下水资源的开发利用与保护情况等各方面内容。自 2001 年 4 月 22 日（世界地球日）首次发布，此后每年由国土资源部编发，定期公告我国地质环境的最新状况及在地质灾害防治领域取得的最新成果和进展，进一步增强地质灾害防治及地质环境保护的意识，推动我国地质环境保护工作的发展。公报制度建立至今，在全面推进地质灾害防治等方面已取得显著成效。

（2）地质灾害监测预警。按照国土资源部要求，在全国范围内积极建立突发性地质灾害专业监测点（如滑坡、崩塌、泥石流及地面塌陷专业监测点等），逐步建设完善的地质灾害监测网络，以期系统地提前发出灾害预警，加强地质灾害监测与避险工作。由于多数地质灾害发生在极端恶劣气象条件下，自 2003 年开始，地质灾害监测预警工作更多通过与气象部门合作，开展地质灾害气象预警。虽然目前的地质灾害多为区域监测预警，无法对单体灾害发生的时间和概率做出精确预警，但预警依然有重要作用，可为灾害应急监测提供空间、时间和强度区间，提高监测的针对性和有效性，为加强应急监测和临灾避险提供了基础条件。

2003~2014年，中国地质环境监测院开展了“县（市）地质灾害调查信息系统建设与综合研究”“山区丘陵县（市）地质灾害调查与区划综合研究”和“地质灾害详细调查信息系统建设与综合研究”等一系列项目，建立了多源、多尺度的全国地质灾害监测预警数据库，为全国地质灾害防治提供了有效支撑。

（3）地质灾害群测群防体系。地质灾害群测群防体系是指县、乡、村地方政府组织城镇或农村社区居民为防治地质灾害而自觉建立与实施的一种工作体制和减灾行动工作体系。该体系旨在发动广大群众共同监测与预防，形成严密的监测网络。在巡查排查过程中，群测群防员根据掌握的专业知识以及随身配备的专业设备，结合地质灾害发生前的典型特征，对可能发生的灾害做出科学判断，并在第一时间上报或发出撤离指令。

实践证明，群测群防是我国地质灾害防治工作的一大创举，在预警预报、减少伤亡方面发挥了巨大作用。仅1999~2011年，依靠群测群防，成功避让地质灾害6781起，转移受威胁群众36.5万人。群测群防体系的成功，说明地质灾害防治不仅是一项技术性工作，更是一项社会性工作。

（4）地质灾害防治学科研究。国土资源部着力加强地质灾害防治学科研究，积极采用高科技手段开展防灾减灾工作。地震扰动重大滑坡泥石流等地质灾害防范与生态修复等一批科研项目的开展，为防灾减灾发挥了重要的科技支撑作用。目前全国已推广并安装数十万套裂缝报警器和滑坡预警伸缩仪，监测效率和预警水平比以往明显提高。在地质灾害防范和应急处置中运用无人机、三维激光扫描仪、探地雷达等高精尖设备、卫星远程视频会商系统、航空遥感等设备和技术手段，有效提高了防灾减灾效率。

随着我国经济的快速发展，穿越复杂地形高等级公路的修建速度不断加快，露天矿开采深度持续增加，随之而来的各类边坡问题也日益增多，其处治技术也逐渐得到工程技术人员的关注。

20世纪80年代中前期，我国公路建设以低等级公路为主，深开挖及高填方施工较少，公路边坡灾害较少，边坡防护支挡工程不作为道路工程建设主体工程，常被忽略；到了20世纪90年代后期，高等级公路的大量建设使得边坡问题日益严重，在防治措施上仍沿用低等级公路边坡防治技术或借鉴铁路规范进行处理，由于在处治中缺乏综合考虑，给工程带来了重大安全隐患。如今，在总结前期公路建设经验教训，分析各类边坡灾害成因的基础上，有针对性地结合地质勘察分析、结构稳定分析、施工方案与监测等设计，通过对边坡稳定性分析计算，给出相应的控制与防治方案，并结合工程实际，采用抗滑挡土墙、抗滑桩、预应力锚索和植被护坡等常用的工程治理技术。

此外，我国在矿山开采实践中也积累了许多边坡加固的经验。我国矿山边坡加固多针对已有滑坡和变形体，结合使用以提高岩体黏结强度为主的注浆加固法和以增加滑动面摩擦力为主、外加支挡结构的加固法，外加支挡结构包括挡墙、锚杆、抗滑桩和综合支挡结构等。

目前，我国对于滑坡的防治思路主要有绕避、完善排水系统、抗滑支挡和滑带土改良等，为满足滑坡治理需求，滑坡防治中一般联合使用多种防治措施，各种处置方法的选择原则及其具体内容详见本书后续章节。

练 习 题

(1) 名词解释：1）边坡；2）天然边坡；3）人工边坡；4）滑坡。
(2) 简述边坡按不同因素可划分的类别及各类别特征。
(3) 简述滑坡分类及各类别特征：1）按物质组成划分；2）按滑动面通过各岩层的情况划分；3）按滑坡的力学性质划分。
(4) 不同边坡工程规范因考虑和侧重评价的因素有所差异，故边坡工程级别的划分方法不尽相同。通常确定边坡工程级别时主要考虑哪些因素？
(5) 简述土质边坡常见的滑坡类型并任举一例进行简要介绍。
(6) 简述岩质边坡常见的滑坡类型并任举一例进行简要介绍。
(7) 简述边坡变形破坏的形成演化过程。
(8) 简述瓦恩斯分类方式下边坡各破坏形式及其特征。
(9) 简述我国边坡灾害预防工作中采取的各项措施及其基本内容。
(10) 简述我国边坡灾害治理方面采取的主要措施及其基本内容。

2 边坡稳定性影响因素

本章主要内容：

本章主要介绍边坡稳定性影响因素，详细讲述岩土体性质、地质构造及地应力、岩体结构、水、振动等因素对边坡稳定性的影响。

学习要点：

了解地质构造、地应力及边坡形态对边坡稳定的影响，理解并掌握岩土体性质、结构面等内部因素对边坡稳定性的影响，掌握水、振动以及人为等外部因素对边坡稳定性的影响。

影响边坡稳定的因素多且繁杂，可简单归纳为内部因素和外部因素。内部因素主要包括岩土体性质、岩土体结构、地质构造及地应力等；外部因素主要有水、振动、边坡形状及表面形态等。其中，内部因素是影响边坡稳定的最根本因素，决定了边坡变形失稳模式和规模，对边坡稳定起控制作用；外部因素则通过内部因素对边坡起破坏作用，从而引起边坡失稳破坏。边坡失稳往往是多个因素共同作用的结果，因而在对边坡稳定性进行评价时，应特别注意区分各因素在边坡稳定中所起的作用，重点考察和分析起主导作用的影响因素。

2.1 岩土体性质

边坡岩土体的性质，是决定边坡抗滑力的根本因素。所谓岩土体性质，是指岩石和土体的物理、化学、力学及水理性质等。边坡失稳主要表现为剪切破坏，因而岩土体的抗剪强度是衡量边坡稳定的重要参数。

不同岩土体组成的边坡，其变形破坏特征有所不同。在黄土地区，边坡的变形破坏形式以滑坡为主；在花岗岩、厚层石灰岩、砂岩地区以崩塌为主；在片岩、板岩、千枚岩地区易产生表层挠曲和倾倒等蠕动变形；在碎屑岩及松散土层地区，易产生碎屑流或泥石流等。

岩石按其成因不同可分为岩浆岩、沉积岩和变质岩。岩浆岩（图 2-1（a））稳定性好，如原生节理发育，有可能发生崩塌和滑坡。沉积岩（图 2-1（b））中层理面，尤其是软弱的层理面，通常控制了边坡稳定性。变质岩（图 2-1（c）），尤其是深变质的岩体，稳定性比沉积岩好，但变质岩中的片岩等由于片理发育，其稳定性较差。

工程上通常把土分为碎（砾）石类土、砂类土、粉土、黏性土（老黏土、一般黏土、新近堆积的黏性土、特殊黏性土）、区域性土（黄土、软黏土、膨胀土、黄黏土、红黏

(a)　(b)　(c)

图 2-1　典型岩质边坡的变形破坏特征

（a）岩浆岩；（b）沉积岩；（c）变质岩

土、盐渍土、冻土、填土等）。碎（砾）石类土边坡稳定一般取决于粒径大小和颗粒级配情况，只要足够密实，其工程性质及稳定性则较好。砂类土属于无黏性土，边坡稳定性较差，易发生滑动破坏。黏性土类边坡稳定性取决于其抗剪强度参数、密度、渗透系数及地下水等，其滑移形态如图 2-2 所示。在淤泥或淤泥质软土地段，由于淤泥的塑性流动，边坡随挖随塌，难以成形。黄土边坡稳定性往往取决于土的密实程度、结构特征及水的影响等；黄土边坡在干旱时，甚至可以直立陡峻，但一经水浸，强度大减，失稳破坏时滑动速度快，规模和动能大，破坏力强，如图 2-3 所示。

图 2-2　黏性土边坡失稳

图 2-3　大型黄土边坡失稳

2.2　地 质 构 造

地质构造是指组成地壳的岩层在内、外动力地质作用下发生变形而形成的诸如断层、褶皱、节理、劈理等各种面状和线状构造。地质构造的形态、产状及规模等，对边坡尤其是岩质边坡稳定性的影响十分显著。

断层是影响边坡稳定的重要因素。如图 2-4（a）所示，断层的存在破坏了岩体的整体性，对边坡稳定有很大的影响，主要体现在以下方面：断层降低了边坡岩体的整体强度；断层破碎带不仅岩体破碎，常夹有许多断层泥，而且断层上下盘的岩性可能不同，易产生不均匀变形；沿断层破碎带地段易形成风化深槽及岩溶发育带，断层陡坡或悬崖多处

(a)　　(b)　　(c)

图 2-4　典型地质构造
（a）断层；（b）褶皱；（c）节理

于不稳定状态，易发生崩塌等；断层可增大岩石的透水性和含水性，断层破碎带往往是地下水的良好通道，断层露头往往是地下水出露地段；断层破碎带在新的地壳运动影响下，可能发生新的移动，从而影响边坡稳定。

褶皱核部岩层变形强烈，背斜顶部和向斜底部发育有张拉裂隙，稳定性较差。图 2-4（b）是典型的褶皱构造。在变形强烈时，沿褶皱核部常有断层存在，岩石破碎或形成构造角砾岩带，核部的裂隙往往是地下水富集和流动的通道。在褶皱的翼部形成倾斜岩层时，容易造成顺层滑动，特别是当岩层倾向与临空面坡向一致，且岩层倾角小于坡角，或当岩层中有云母片岩、滑石片岩等软弱岩层存在时，位于褶皱翼部的边坡稳定性一般较差。

节理是一种发育广泛的裂隙，其将岩层切割成块体，对岩体强度和稳定性有较大影响。如图 2-4（c）所示为典型的柱状节理引发岩体失稳。节理间距越小，岩体破碎程度越高，抗剪强度越低。岩层中发育的节理裂隙往往是地下水的通道，同时促进了风化作用。随着岩层风化程度的加剧和水对岩石的浸泡软化，岩石质地变软、强度降低，边坡稳定性变差。

岩体被不同方向、不同性质、不同年代的断层、节理切割，如同时存在层理、片理，则情况更加复杂。通常把断层、节理、层理、片理等称为结构面或不连续面。岩石块体和不连续面组成岩体，因而岩体被视为不连续体，其中不连续面对岩体稳定性有重要影响。

2.3 地 应 力

地应力是指天然状况下地壳中的应力状态。与人类活动引起的应力变化相比，地应力又称为初始应力或原始应力。地壳或地球体内应力状态随空间点的变化称为地应力场，其包括重力场、温度应力场、水压力场、气压力场和构造应力场。地应力场的形成是一个复杂的地质历史过程，其受到多方面的影响，包括岩性、重力作用、地形地貌、风化剥蚀的条件和程度、地质构造运动的强度和方向等。在地应力状态复杂的区域，构造活动比较强烈，构造应力场复杂多变，岩体中裂隙高度发育，其直接导致岩体完整性差、强度低、渗透性强，边坡容易失稳。

对边坡而言，一般情况下水平应力、近水平应力大于竖直应力，较高的水平应力易使边坡中的岩层向临空面产生层间滑动，尤其存在结构面渗水及软弱夹层时，层间错动较为明显。深切河谷中筑坝时的坝肩处（河谷两岸），大型露天采场边帮的岩体都会因水平应力大而产生边坡开裂、破坏，特别是在坡脚处。地下工程中的边墙，尤其是高边墙，也常因水平应力作用而产生开裂、错位、内鼓等。

2.4　岩体结构

如前所述，岩体由岩石块体和结构面组成。被结构面切割而成的岩石块体称为结构体。结构体有块状、柱状、层状、棱形和楔形等形态，在强烈风化或挤压作用下，也可形成碎裂、散体等结构。结构面是具有一定方向、延展较大而厚度较小的面状地质界面。除断层、节理、层理、片理外，结构面还包括物质分异面，如假整合、不整合接触等。

不同类型的结构面和结构体在岩体内的组合、排列形式称为岩体结构，包括整体结构、块状结构、层状结构、碎裂状结构和散体状结构等类型。边坡岩体结构类型及特征如表2-1所示。岩体结构分类的目的在于为工程建设服务，其分类标准与工程建设规模密切相关。一般而言，工程建设规模和尺寸不同，相应的岩体结构分类标准也不同。

表2-1　边坡岩体结构类型及其特征

岩体结构类型	岩体地质类型	结构体形状	结构面发育情况	岩土工程特性	边坡工程问题
整体状结构	巨块状岩浆岩、巨厚层沉积岩、正变质岩	巨块状	以层面和原生结构节理为主，多呈闭合型，裂隙结构面间距大于1.5m，一般不超过1~2组，无危险结构面组成的落石掉块	整体性强度高，岩体稳定，可视为均质弹性各向同性体	不稳定结构体的局部滑动
块状结构	厚层状沉积岩、正变质岩、块状岩浆岩、副变质岩	块状柱状	只有少量的贯穿性较好的节理裂隙，裂隙结构面间距为0.7~1.5m，一般为2~3组	整体性强度较高，结构面相互牵制，岩体基本稳定，接近弹性各向同性	
层状结构	多韵律的薄层及中厚层状沉积岩、副变质岩	层状板状	有层理、片理、节理，常有层间错动	接近均一的各向异性体，其变形及强度特征，受层面及岩层组合控制，可视为弹塑性体，稳定性较差	可能产生滑塌，岩层弯张破坏及软弱岩层的塑性变形
碎裂状结构	构造影响严重的破碎岩层	碎块状	断层、断层破碎带、片理、层理及层间结构面较发育，裂隙结构面间距0.25~0.5m，一般在3组以上	完整性破坏较大，整体强度很低，并受断裂等软弱面控制，多呈弹塑性介质，稳定性很差	易引发规模较大的岩体失稳，地下水加剧岩体失稳
散体状结构	构造影响剧烈的断层破碎带，强风化带，全风化带	碎屑状、颗粒状	断层破碎带交叉，构造及风化裂隙密集，结构面及组合错综复杂，并多充填黏性土，形成许多大小不一的分离岩块	完整性遭到极大破坏，岩体属性接近松散介质	

注：由岩浆岩遭受变质作用形成的变质岩称为“正变质岩”，由沉积岩遭受变质作用形成的变质岩称为“副变质岩”。

在岩质边坡工程评价中，结构面往往是控制边坡稳定的主要因素之一。大量工程实例表明，多个结构面组合边界的剪切滑移、张拉破坏及变形是造成岩质边坡失稳的重要原因。通常情况下，结构面强度比岩石本身强度低很多，其大幅降低岩体的整体强度，增大岩体的整体变形，易引起边坡失稳，如图 2-5 所示。因而，从边坡稳定角度考虑，应特别注意研究岩体结构面的特性，主要包括结构面的类型、产状、形态、连续性、密集程度、结合状态、充填状况及数量等。

图 2-5　结构面发育导致岩质边坡失稳

2.4.1　结构面类型

根据结构面形成原因，结构面通常可分为原生结构面、构造结构面及次生结构面。原生结构面是指成岩阶段所形成的结构面，按成岩作用的不同又分为火成结构面、沉积结构面及变质结构面。构造结构面是指在构造运动作用下形成的各种结构面，如断层、节理、劈理和层间错动面等。次生结构面是指由外力（如卸荷、爆破、风化、水等）作用而形成的各种界面，包括卸荷裂隙、爆破裂隙、风化裂隙、泥化夹层等。

不同类型结构面对边坡稳定的影响有所不同。一般而言，构造结构面的影响最大，次生结构面次之，原生结构面影响最小。次生结构面的分布受地形地貌及原生结构面的控制，往往不连续、延展性较差，裂隙中常有泥质充填物，水理性差，对边坡稳定有显著的危害。

2.4.2　结构面状态

结构面状态指结构面的产状、形态（起伏程度）、连续性（延伸程度）、密集程度（结构面间距）、结合程度、充填状况以及数量等。这些特征及其组合对边坡岩体强度、稳定状态及可能破坏形式等均有重要影响。

2.4.2.1　结构面产状

结构面产状表示结构面的空间分布和延展方向，采用走向、倾向、倾角等结构面几何参数表示。结构面产状往往控制着边坡岩体沿某一结构面的滑动。对于只有一组结构面的情况，边坡稳定与结构面产状的关系通常表现为：

（1）当结构面走向和边坡坡面走向近于垂直时，结构面对边坡稳定的影响很小；当结构面走向与边坡坡面走向近于平行时，结构面对边坡稳定的影响取决于结构面的倾角和倾向。

（2）当结构面呈水平状态或倾向与边坡坡面倾向相反时，边坡处于稳定状态；当结构面倾向与边坡坡面倾向相同，且结构面倾角小于边坡倾角时，边坡可能产生失稳。

对于两组以上结构面的情况，可以考虑采用赤平极射投影方法分析结构面产状对边坡稳定的影响。

2.4.2.2 结构面形态

结构面一般是粗糙不平的，这种形态对结构面的抗剪强度乃至岩体的整体强度有重要影响。结构面起伏不平的程度，常用起伏度和粗糙度来表征，其中规模较大的称为起伏度，规模较小的称为粗糙度。

通常认为，粗糙度所表征的起伏不平，在岩体滑动的剪切过程中会被剪切掉，从而增大结构面的抗剪强度。而起伏度所表征的起伏不平，在岩体沿结构面滑动的剪切过程中可能出现两种情况：若上覆压力较小，剪切时只沿表面凸起部分跨越，而凸起部分不会被剪掉，使剪切滑移过程发生剪胀现象；若上覆压力较高，滑动过程中不允许剪胀产生，此时只有当结构面凸起岩石被剪断，才能沿结构面滑动，故其在剪切过程中增加了结构面凸起岩石的抗力，因而结构面抗剪能力大大提高。因此，必须注意研究结构面的起伏程度，确定结构面的抗剪强度。

2.4.2.3 结构面结合程度及充填状况

在长期的地质环境中，结构面容易被风化或分解，被流水带入的泥砂以及构造运动时产生的碎屑和岩溶产物等充填。结构面结合状态及充填状况对结构面抗剪强度有重要影响，一般有以下几种情况：

（1）结构面是闭合的，干净且无充填物，相邻结构面直接接触，结构面的抗剪强度取决于结构面壁的岩性、硬度、表面的粗糙度和起伏程度等。

（2）结构面是闭合的，但有泥质或矿物质薄膜等，结构面的抗剪强度不仅取决于面的形态（光滑、粗糙）和面壁岩性，也取决于这些薄膜矿物的类型及其亲水性。

（3）结构面是张开的，或被大量不连续岩粉、岩屑所充填或者充水充气等，结构面的抗剪强度显著降低或完全丧失。

（4）结构面间被连续的充填物所充填，两相邻的结构面不直接接触，结构面的抗剪强度取决于结构面表面起伏程度和充填物厚度，以及充填物的成分（硅质、钙质、泥质）与其物理力学性质。当结构面充填物的厚度大于起伏差的高度时，应以充填物的抗剪强度作为计算依据，不应将结构面起伏程度的影响考虑在内。

2.4.2.4 结构面连续性及间距

结构面的规模不同，其延展范围的连续性也不同。大的结构面延展范围大、连续性好，对边坡稳定性不利。若结构面之间不能全部贯通，岩体强度有一部分被完整岩石所控制，则有利于边坡稳定。

结构面的间距是指在结构面法线方向上两相邻结构面间的距离，其在一定程度上反映了岩体结构面的密集程度。有时也用线密度表示其密集程度，即法线方向单位长度上结构面的数目。结构面间距和密度表明岩体结构面的发育程度和被结构面切割的岩块大小。结构面间距小或密度大的边坡岩体往往较为破碎，易发生破坏。

2.4.2.5 结构面数量

当边坡岩体受多组相互交切的结构面切割时，整个边坡岩体自由变形的可能性会更大，切割面、滑动面甚至临空面产生的机会更多，因而组成可能滑动块体的条件会更多，同时也给地下水活动提供了有利的条件，而地下水的活动对边坡稳定性往往是不利的。另外，结构面数量的多少，将直接影响被切割岩块的形状、大小，也影响边坡稳定性及变形破坏模式。严重破碎的岩质边坡，甚至会产生类似于土质边坡的圆弧形滑动破坏。

2.4.3 结构面力学性质

结构面力学性质对岩体性质有重要影响，结构面力学性质主要包括：法向变形、剪切变形和抗剪强度。

法向变形受结构面的应力路径、抗压强度及粗糙性等诸多因素影响；剪切变形与岩石强度、结构面起伏程度和法向力等因素有关；结构面抗剪强度受充填物影响较大，当结构面内充填物厚度较小时，结构面抗剪强度往往与未充填时较为类似，充填厚度较大时，结构面抗剪强度取决于充填材料。研究表明，结构面抗剪强度随夹层厚度的增加迅速降低，并且与法向应力大小有关；充填料颗粒直径为 2~30mm 时，抗剪强度随颗粒直径的增大而增加，但当颗粒直径大于 30mm 时，抗剪强度变化不大；此外，由于水对泥化层的软化作用，含水量增加会大幅降低岩体结构面的抗剪强度，从而影响边坡稳定。

2.5 水的作用

水对边坡岩土体稳定性的影响是多方面的，而且非常复杂。统计资料显示，大多数边坡的变形破坏都和水的作用有关，尤其是在暴雨之后往往会发生大量的滑坡、塌方和泥石流等边坡灾害。

水对边坡稳定的影响体现在地表水和地下水两个方面。地表水主要接受大气降水补给，并以地表径流等形式对边坡造成冲刷破坏，其中对土质边坡稳定影响主要以侵蚀为主，一般对岩质边坡的影响较小。地下水是指埋藏在地表以下各种形式的重力水，其对边坡稳定的影响较为复杂，主要表现为：处于地下水浸润线下的透水边坡岩土体将承受水的浮托力，而不透水的边坡岩土体坡面将承受静水压力，充水的张裂隙将承受裂隙水静水压力的作用；地下水的渗透流动将对边坡岩土体产生动水压力。此外，水对边坡岩土体还产生软化、侵蚀等物理化学作用，大幅降低岩土体抗剪强度。

2.5.1 水的力学作用

水对边坡的力学作用主要包括静水压力、浮托力、动水压力（渗透水压力）等。不同结构类型的边坡，有其自身特有的水力学模型。

2.5.1.1 静水压力

按作用于边坡部位和方向的不同，静水压力主要包括两种情况：一是边坡坡面上的静水压力，二是边坡裂隙的静水压力。静水压力对边坡稳定的影响可能有利，也可能不利。

（1）边坡坡面上的静水压力。当边坡被水淹没，而边坡的表面相对不透水时，坡面上将受一定的静水压力，静水压力的方向与坡面正交。当边坡滑动面（软弱结构面）的倾角小于边坡倾角时，则坡面静水压力传到滑动面上的切向分量为抗滑力，对边坡稳定有利；反之，切向分量为下滑力，则不利于边坡的稳定。

（2）边坡裂隙的静水压力。有张裂隙发育的岩石边坡以及长期干旱的裂隙黏土边坡，如果因降雨或地下水活动使裂隙充水，则裂隙面将承受静水压力。静水压力的作用方向与裂隙面垂直，其大小与裂隙水水头有关。

由于裂隙水活动的不规律性，岩体中的地下水位通常不是圆滑的曲线。在相邻裂隙的地下水位不同时，地下水位高的裂隙比地下水位低的裂隙承受的静水压力大，这种静水压力的差别，有时会促使边坡失稳。此外，地下水出口节理裂隙敞开情况不同，也会影响裂隙水压力的大小，从而影响边坡稳定。出口节理张开，地下水位低，裂隙水压力小；出口节理闭合，透水性差，则地下水位高，裂隙水压力大。

2.5.1.2 浮托力

处于水下的透水边坡，承受浮托力的作用，坡体的有效重量减轻，对边坡稳定不利。不少水库周围松散堆积层边坡，在水库蓄水时发生变形，通常是受到浮托力的影响。对处于极限平衡状态且仅依靠坡脚岩体重量保持暂时稳定的边坡，坡脚被水淹没后，浮托力对边坡稳定的影响则更加显著。

2.5.1.3 动水压力

动水压力是地下水在流动（渗流）过程中施加于岩土体颗粒上的力。由于地下水在土体或破碎岩体中流动时受到土颗粒或岩石碎块的阻力，水要流动就会对土颗粒或岩石碎块施加作用力，以克服其对水的阻力，于是形成动水压力。动水压力属于体积力，其方向与水流方向一致，大小与渗透水流所受到的土颗粒或岩石碎块的阻力相等。

在土坝、基坑工程及水工建筑物中，动水压力的大小往往是影响工程安全的重要因素之一。由于动水压力大导致边坡渗透变形（流土或管涌）的工程事故时有发生，严重的渗透变形使工程施工中断，甚至危及邻近建筑物和设施的安全。因而，在进行边坡工程设计与施工时，应对动水压力保持足够的重视。

2.5.2 水的物理作用

水对边坡岩土体的物理作用是多方面的，包括材料性质、软化、冲刷等，这些作用都将影响边坡的稳定。一般而言，水的物理作用往往具有突发性，对边坡稳定构成较大威胁。

2.5.2.1 材料性质

（1）材料重度。当水在岩土体介质中未达到饱和状态时，介质的重度是湿重度。当边坡较陡时，介质湿重度的增大导致自重增大，容易造成边坡失稳。水位升高时，在水位线以下的岩土体介质为浮重度，此时自重减小也会增加边坡失稳的可能。

（2）抗剪强度。黏聚力 c 和内摩擦角 φ 是决定岩土体材料抗剪强度的重要参数。除坚硬岩石外，当岩土体介质特别是岩石裂隙中的泥化层及黏土材料饱和度增加时，c 和 φ 值都将减小，岩土体抗剪强度的减小将降低边坡稳定性。

（3）变形模量。当裂隙岩体由非饱和状态进入饱和状态后，其变形模量将不同程度地减小。若边坡岩体内含有此类岩石，在降雨或水库蓄水时，随着地下水位的上升，就可能引起边坡坡体的沉陷，使边坡坡面产生裂隙，并产生新的潜在滑动面。

2.5.2.2 软化作用

水的软化作用指水的浸泡使岩土体强度降低，其对边坡稳定性的危害很大。当边坡岩体或较弱夹层的亲水性强，有易溶于水的矿物时，如含盐的黏土质页岩等，浸水后易发生变化，抗剪强度降低，岩体结构受到破坏并产生崩解泥化现象，影响边坡稳定。一般而言，岩质边坡裂隙中的泥岩、泥质岩层，干燥时强度较高，泥化软化后，强度降低。对于土质边坡，浸水后的软化现象则更加明显，特别是湿陷性黄土边坡，遇水后将急剧变形破坏。

2.5.2.3 水流冲刷

岩体裂隙中常常有软弱物质充填。当裂隙中水流速度较大时，在渗透水流的作用下，裂隙中的充填物可能会被水流带走。对于砂土类材料，特别是粉细砂，其渗透稳定性很差，较小的水力梯度就可能产生失稳。

如图 2-6 所示，水流冲刷常常使河谷边坡出现侵蚀下切，从而截断边坡岩土体底部滑面使岩土体临空，极易产生滑动或崩塌，因此水流冲刷往往是河岸崩塌的主要原因。易风化岩层边坡，常因地表水流冲刷而迅速变形，在高速水流冲刷下，边坡不断崩垮；在松散砂土中流动的地下水，可以将细颗粒冲走，使土体出现管涌而引起边坡变形破坏等。

图 2-6 水流冲刷引发河岸崩塌

2.5.3 水的化学作用

水对边坡岩土体介质往往有化学作用。在一定条件下，岩土体矿物因吸收或失去水分子而发生水化或脱水作用，会引起岩土体介质中某些矿物成分的膨胀或收缩，从而导致岩土体的松散、破碎或化学成分的改变。若水中含有某些酸或碱等成分，可能会与岩土体介质发生化学反应，从而形成腐蚀破坏。水的化学作用和气温等物理作用相配合，将加剧岩体的风化作用，使岩体的破坏更加严重。与水的物理作用不同，水的化学作用是一个相对缓慢的过程，其对边坡稳定的影响不是突发性的。

2.5.4 降雨的影响

在自然因素中，降雨是诱发边坡灾害的最主要因素。降雨入渗过程主要表现为对边坡岩土体力学参数的影响，使边坡稳定性发生变化，从而引起滑坡或泥石流等地质灾害，如图 2-7 所示。降雨对边坡岩土体参数的影响，主要体现在四个方面：岩土体的重度增大、岩土体材料抗剪强度参数的降低、边坡应力状态的变化、坡面及坡体的渗流产生动水压力等。

图 2-7 降雨诱发边坡失稳

降雨所造成的坡面渗流，因其易带走坡面的松散物质，可造成面状侵蚀和沟状侵蚀等，尤其对土质边坡侵蚀作用较大。降雨对岩质边坡的影响较小，但若岩体风化较严重、降雨强度较大时，则会使岩体的风化层受到影响，使其从基岩剥离。在地表水的流动下，会带走被剥离的岩屑，使新鲜基岩出露，强度降低，风化裂隙加深，产生恶性循环。当降水在岩体坡面排泄受阻时，会加大岩体的重量，增加坡体的下滑力。

2.6 振动作用

2.6.1 地震作用

地震对边坡稳定的影响较大，一是地震作用产生水平地震附加力，使边坡下滑力增大，从而降低边坡稳定性；二是地震产生的地震波可能引起边坡岩土体应力的瞬时变化，造成边坡岩土体结构发生变化甚至破坏。

地震的横波在地表引起周期性左右晃动，纵波引起上下颠簸。在地震作用下，边坡岩体的结构面张裂、松弛，地下水状态发生较大变化；在地震力的反复振动冲击下，边坡岩体结构面发生位移变形，直至破坏。地震对边坡稳定的影响主要表现为累积效应和触发（诱发）效应。

（1）累积效应。边坡中由地震引起的附加力，通常以边坡变形体的重量 W 与水平地震加速度 K_c 之积表示，即为 K_cW 。在边坡稳定性计算中，一般将地震附加力考虑为水平指向坡外的力。边坡岩土体位移量的大小不仅与震动强度有关，也与经历的震动次数有关，频繁的小震对斜坡的累进性破坏起着十分重要的作用，其累积效果使影响范围内的岩体结构松动，结构面强度降低。

（2）触发（诱发）效应。触发效应可有多种表现形式。在强震区，地震触发的崩塌、滑坡往往与断裂活动相联系。对于高陡的陡倾层状边坡，震动可促进陡倾结构面或裂缝的扩展，并引起陡立岩层的晃动。地震不仅可引发裂缝中的裂隙水压力激增（尤其是在暴雨期）而导致破坏，也可因晃动造成岩层根部岩体破碎而失稳。对于碎裂状或碎块状边坡，强烈的震动甚至可使之整体溃散，发展为滑塌式滑坡。结构疏松的饱和砂土受震液化或敏感黏土受震变形，也可导致上覆土体产生滑坡。海底斜坡失稳，多与地震造成饱水固结土体的液化有关，这也是十分平缓的海底斜坡仍会产生滑坡的重要原因之一。

地震对边坡稳定性的影响，除地震的震级及震中距外，还与边坡岩土体性质、岩体结构、坡度以及地下水等诸多因素有关。根据经验，地震时各类边坡的相对稳定程度详见表2-2。

表 2-2 地震时各类边坡的相对稳定程度

稳定程度	评价因素和指标				地下水埋深/m
	土质边坡		岩质边坡		
	坡度/(°)	土质	坡度/(°)	岩性	
很不稳定	>25	松散砂土、淤泥质黏土、冲填土	>50	断层破碎带，岩石强烈风化，节理裂隙发育，且充填黏土	0~3
不稳定	10~25	黄土类土、黏性土、新的重力堆积	30~50	中等风化的岩石，裂隙间距 20~50cm，裂隙中有少量充填物	3~10

续表 2-2

稳定程度	评价因素和指标				地下水埋深/m
	土质边坡		岩质边坡		
	坡度/(°)	土质	坡度/(°)	岩性	
相对稳定	5~10	粗砂、砾石层、含石土、密实的黏土、老的重力堆积	20~30	坚硬完整岩石，风化微弱，节理裂隙较少	>10

2008 年 5 月 12 日，在四川省西部龙门山断裂带上发生了里氏 8.0 级的汶川大地震。由于震级高、震源浅（12～15km）、地震持续时间长（约 120s）、释放能量巨大（约是唐山大地震的 3 倍），地震过程中触发了数以万计的地质灾害点，其中绝大多数为滑坡灾害。图 2-8 为汶川地震触发的大光包滑坡，是我国目前已知的最大规模滑坡，滑动距离 4.5km，堆积体宽度 2.2km，滑坡—碎屑流面积约 $10km^2$，滑坡体积约 7.5 亿立方米。

图 2-8　汶川地震大光包滑坡

黄润秋等通过汶川地震地质灾害的研究，认为强震触发的斜坡失稳类型主要有滚石、崩塌、滑坡、碎屑流以及复合形式。失稳的斜坡与断层、地层岩性、地形地貌、地震烈度、断层运动方式、边坡结构等有密切联系。

（1）断层。强震触发的斜坡灾害展布明显受活动构造控制，86%以上的失稳斜坡分布在断层两侧 10km 以内。在地震波强大的往复作用下，结构面粗糙度显著降低，结构面退化，摩擦系数降低。

（2）地层岩性。失稳斜坡发育最多的地层依次为三叠系、元古代、志留系、泥盆系，但失稳斜坡密度最大的地层为奥陶系地层，其次为古老的元古代地层。元古代地层失稳斜坡分布频率较高，主要是因为其地形高陡、同时距离发震断层较近。松散地层分布地区由于地形平坦，几乎无失稳斜坡分布。

（3）地形地貌。失稳斜坡主要分布在 800～2000m 的坡段范围，其中 800～1200m 坡段内发育率最高。失稳斜坡的发育率总体随坡度增高而增大，呈明显的指数相关。

（4）地震烈度。失稳斜坡与地震烈度之间的关系密切，地震烈度越大，越容易发生斜坡失稳。95%以上的失稳斜坡分布在烈度大于Ⅶ度的地区，Ⅶ以下地区失稳斜坡很少。

（5）断层运动方式。在距离发震断层 5km 内，斜坡失稳运动的方向受断层运动方式的影响明显。逆冲为主的区段，其两侧斜坡失稳的方向多与断层走向垂直；而走滑为主的区段，其两侧斜坡失稳的方向多与断层走向平行。

（6）边坡结构。对于层状边坡而言，顺层边坡、反倾边坡较容易失稳，而当边坡倾向与岩层倾向垂直时，斜坡具有较好的抗震性能。

2.6.2 爆破作用

爆破施工广泛应用于各类矿山、水利工程，其往往引起周围岩体产生不同程度的破坏，从而影响边坡岩体的稳定性。爆破作用对边坡稳定的影响主要体现在三个方面，即爆破的动力作用、爆破对岩体的松动破坏及疲劳破坏等。

（1）爆破的动力作用。点爆破时，爆破能以波阵面的形式发散并迅速衰减，此时可用岩体中质点速度场及加速度场的分布特征描述爆炸波的传播及其分布规律，进而评价岩体的动态稳定条件。对于潜在的不稳定边坡，可以利用爆破对边坡可能产生的最大加速度确定动载作用力，且通常将其视为下滑力。

（2）爆破对岩体的松动破坏。爆破对岩体的松动破坏表现在岩体中的爆破影响带上，岩体受影响的程度随岩体与爆破直接破坏区的距离增加而逐渐减弱。爆破影响区的形状与岩体的结构类型或介质类型密切相关。露天矿边帮的爆破松动带的深度往往较大，通常在数米以上。由于结构面间的松动，其咬合作用部分或完全丧失，因而结构面的抗剪强度大幅降低，不利于边坡的稳定。

如图 2-9 所示，某露天矿平台上一排布置 8 个爆破钻孔，装药量为 3t，爆破后可以大致观测到四个分区，即直接破碎区、岩体崩坍区、松动区和地表变形裂缝区。在地表变形裂缝区以外的部位，存在较大的微弱或弱变形区。

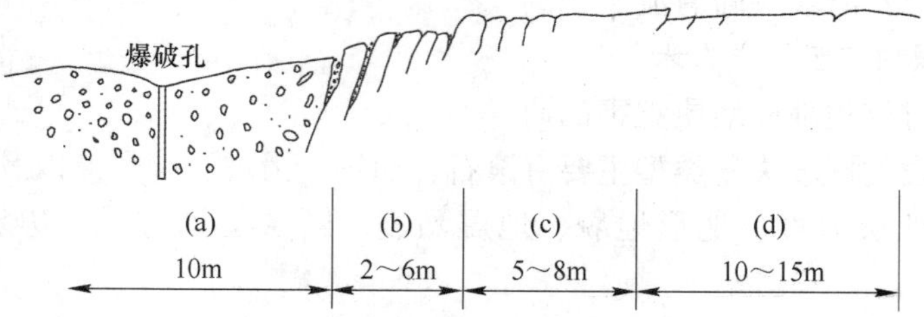

图 2-9 某露天矿山爆破效应分区

（a）直接破碎区；（b）岩体崩坍区；（c）松动区；（d）地表变形裂缝区

（3）爆破对岩体的疲劳破坏。露天矿山的生产爆破存在于矿山的全部服务期限，因而露天矿边坡岩体往往受到频繁爆破作用的影响。爆炸波是一种低频弹性波，处于爆破影响区的岩体受到这种低频重复性爆破动载荷的作用，其强度和变形特性会显著降低。研究显示，砂岩及泥灰岩的疲劳强度仅为其极限强度的 60%左右，且岩体越软弱，强度降低越显著。此外，岩体结构面中存在的软弱泥质充填物，往往具有弹塑性力学特性，在露天矿山爆破重复动载荷的作用下，其不可逆变形的累积效应相当明显，进而恶化边坡的稳定条件。

2.7 边坡形状与断面形态

边坡形状及表面形态指边坡的外形、坡高、坡度、断面形态以及边坡临空程度等。目前的稳定性分析方法通常把边坡看成二维，且假定边坡从坡顶到坡底是一个平面；而实际上边坡在平面图上总是弯曲的，在断面图上往往也是弯曲的。边坡形态对边坡稳定有一定程度的影响，主要表现在以下方面。

2.7.1 边坡外形

边坡外形影响边坡的稳定性，其走向的表面形状影响边坡岩土体内的应力状态。如图2-10所示，对于凹形边坡，边坡岩土体表面处于二向受压状态，稳定性较好；对于凸形边坡，岩土体鼓出，两侧坡体易受拉应力，稳定性较差。此外，凹形边坡等高线曲率半径越小，越有利于边坡稳定。

国外学者曾研究过南非五个大型金刚石矿的边坡平面曲率半径对边坡稳定性的影响，结果表明：对于凹形边坡，当边坡平面曲率半径为60m时，稳定边坡角为39.5°±9°；当曲率半径增加到300m时，稳定边坡角为27.3°±5°。实践证明，圆形封闭圈的边坡比相同地质条件下的矩形封闭圈的边坡稳定；而矩形封闭圈的纵向长度越大，边坡稳定性越差。

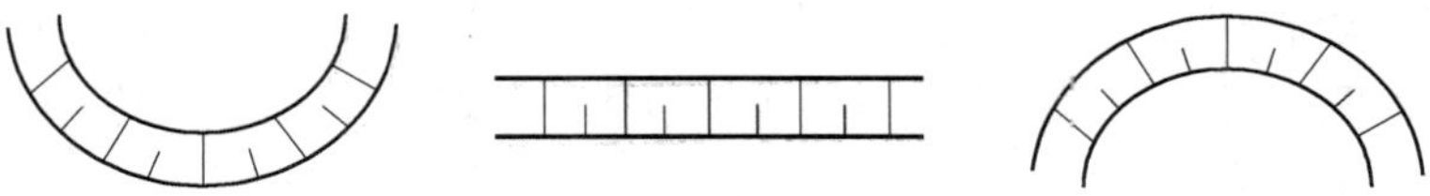

(a)　　(b)　　(c)

图2-10　边坡沿走向的表面形状分类示意图
(a) 凹形边坡；(b) 直线形边坡；(c) 凸形边坡

2.7.2 边坡坡度和坡高

对于均质岩土边坡，坡度及坡高越大，其稳定性越差。一般而言，当边坡的稳定性受顺倾滑动面控制时，边坡高度对其稳定性的影响大于边坡坡度。另外，边坡坡度越大，坡顶与坡面拉应力带的范围越大，坡脚应力集中带的最大剪应力增加，不利于边坡稳定。

2.7.3 边坡断面形态

如图2-11所示，从垂直断面上看，边坡可分为平面边坡、凹边坡和凸边坡。

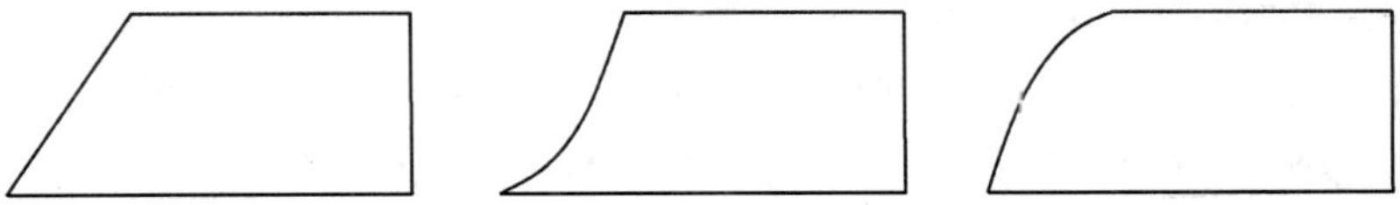

(a)　　(b)　　(c)

图2-11　边坡断面形态分类示意图
(a) 平面边坡；(b) 凹边坡；(c) 凸边坡

(1) 平面边坡。平面边坡在设计中经常采用，这种边坡断面的绘制和计算最简单，但平面边坡是按组成边坡岩体的平均性质考虑的。如果组成边坡岩体的强度有强有弱，且彼此差异较大时，即使采用了较大的安全系数，也难免在弱岩层中发生破坏。

(2) 凹边坡。凹边坡是根据松散介质力学计算出来的边坡，上陡下缓，边坡断面保持凹形可以使安全系数显著增大。在很多情况下，由于风化引起岩体性质的弱化，可能需要把台阶上部的坡度放缓，而不是加陡。此类边坡形式与实际边坡逐渐形成的历史过程相违背，尽管其有较充分的理论根据，却与实际并不相符。

（3）凸边坡。凸边坡具有上缓下陡的外形。此类边坡形式较符合露天矿边坡形成的时间特点，因此适用于深凹露天矿边坡。

2.8 其他因素

除前述因素外，人为因素、风化作用、植被等都可能影响边坡的稳定性。

2.8.1 人为因素

人为因素主要包括爆破、施工开挖、边坡卸载与加载、工程荷载、边坡加固措施等。人为因素对边坡稳定性的影响很大，主要表现在以下方面：

（1）爆破。爆破荷载属于边坡的动力荷载，爆破施工易引发岩体破坏。岩体爆破损伤范围及损伤程度与岩性、爆破方式等有关，可用声波测试来判定。关于爆破对边坡稳定的影响，详见2.6.2节。

（2）施工开挖。施工开挖对边坡稳定性的影响包括荷载和力学参数两个方面。对于边坡浅表层的覆盖层、堆积体、强风化带等的开挖，一般只是引起坡体荷载的变化。对于开挖深度较大的边坡，如深凹露天矿边坡、大坝拱肩边坡等，施工开挖引起的应力释放，可能会引起岩体内裂隙的产生和扩展，从而使边坡岩体力学参数降低，并最终导致边坡失稳。如图2-12所示，由于不适当开挖切脚，诱发数十万方边坡岩体下滑，对大桥和下方建筑物构成严重威胁。

图2-12 人工不合理开挖诱发滑坡

（3）卸载与加载。一方面，由于工程需要，需在边坡上布置构筑物以及堆放建筑材料，增加了边坡的外部荷载，使边坡稳定性降低。工程开挖的大量弃渣需堆放于渣场，渣场一般位于缓坡平台位置，当下部边坡较陡时，由堆渣引起的荷载将使边坡失稳。另一方面，工程需要在缓坡地带（阻滑带）取土、取石，减小了阻滑段的抗滑力，也有可能导致边坡失稳。

（4）工程荷载。在水利水电工程中，工程荷载的作用影响边坡的稳定性。例如，拱坝坝肩承受的拱端推力、边坡坡顶附近修建大型水工建筑物引起的坡顶超载、压力隧洞内水压力传递给边坡的裂隙水压力、库水对库岸的浪击淘涮力等，都可能影响边坡的稳定性。工程的运行过程，也可能间接影响边坡的稳定性，如引水隧洞运行中的水锤作用，使隧洞围岩承受超静水荷载，从而引起出口边坡开裂变形等。

（5）边坡加固措施。边坡加固措施可有效地提高边坡的稳定性。预应力锚杆（索）能有效增加潜在滑动面上的法向应力，并通过控制边坡松弛变形来提高结构面的紧密程度和黏聚力；抗滑桩利用下伏岩土体的整体性和有效传力特点，通过桩体的抗弯和抗剪能力，有效增加边坡的抗滑力；注浆加固通过注入边坡裂隙或孔隙的浆液，提高岩土体的物理力学性质；加筋边坡和加筋挡土墙，在岩土体中加入加筋材料，从而提高岩土体强度，增强边坡稳定性。上述加固措施对边坡稳定性影响较大，在边坡稳定分析中要充分考虑其作用。图 2-13 是锦屏一级水电站某边坡的加固工程，其采用了预应力锚索、抗滑桩、框架梁等加固措施，确保了边坡的稳定。

2.8.2 风化作用

风化作用对边坡稳定有较大的影响，弱化岩土体及结构面的力学性质，从而引起边坡失稳，如图 2-14 所示。边坡岩体的风化速度和风化程度是比较复杂的问题，一般而言，风化速度与岩石本身的成分、结构和构造有关，同时也与温度、湿度、降雨等气候条件以及地下水、爆破振动、地震等因素有关。强度越小的岩石，风化速度越快；温度变化大，降雨量较多的地区，岩石风化速度会加快。服务年限长的深凹露天矿边坡岩体风化程度比服务年限短的露天矿边坡严重。在同一露天矿，同一岩性的边坡，其上部比下部的风化程度大，稳定条件相应较差。

图 2-13　锦屏一级水电站某边坡加固工程

图 2-14　风化作用对边坡稳定的影响

2.8.3 植被影响

植被生长也直接影响边坡的稳定。植物根系可保持土质边坡的稳定，通过植物吸收部分地下水有助于保持边坡的干燥；在岩质边坡上，生长在裂隙中的树根有时也会引起边坡局部的崩滑，如图 2-15 所示，树根在原岩结构面中延伸穿插，产生根壁作用，可能对边坡稳定性产生不利影响。

图 2-15　植被生长对边坡稳定的影响

由自然或人类造成的植被变化将导致植物根系的生长和腐烂。在树木砍伐与重新种植的循环过程中，树木砍伐后的最初几年里，根系抗拉强度将大幅减弱；随着重新种植的树木生长，根系抗拉强度逐年增加，完全恢复可能需要10年或更长时间。根系抗拉强度最小期间，降雨诱发滑坡将会频繁发生。在斜坡中，根系的抗拉强度通常被转化为根系的抗剪强度，树木根系腐烂可导致抗剪强度减少数十千帕，因此增加了边坡灾害发生的可能性。

练　习　题

(1) 简述边坡稳定的影响因素。
(2) 结构面对边坡稳定的影响体现在哪些方面？
(3) 边坡失稳最主要的诱发因素是什么？
(4) 地震对边坡稳定的危害有哪些？
(5) 对边坡稳定性产生影响的人为因素主要包括哪些？

3 边坡工程设计与分析方法

本章主要内容：

本章简要介绍边坡工程设计及其稳定性分析方法，主要内容包括边坡设计的基本流程与原则、安全系数的基本概念与选用，以及各类边坡稳定性分析方法。

学习要点：

理解并掌握边坡设计的基本流程与原则，熟练掌握安全系数的选用，了解各类边坡稳定性分析方法的基本原理。

3.1 边坡工程设计与计算方法综述

边坡失稳的基本特征为岩土体沿某一滑动面或滑动区域发生剪切破坏，即若滑动面上的剪切力（下滑力）大于岩土体的抗剪能力（抗滑力），则该边坡将失稳。失稳形式可能表现为滑动体产生位移，也可能表现为边坡逐渐或突然崩塌。边坡失稳的定义需取决于实际工程。例如，一个露天矿边坡可以允许产生几米的位移而不影响生产安全，但对于一个桥基边坡而言则不允许产生微小位移；再如，单块岩石从公路边坡上滚落，如果有足够的沟渠或平台用以缓冲，将不会造成严重后果。因此边坡稳定性的设计计算方法与工程需求有较大的关联。

基于以上概念，边坡稳定性的设计计算方法或指标可由以下一种或多种方法表示：

（1）安全系数 F。通过对边坡进行极限平衡分析，将边坡稳定性量化，若 $F>1$，则边坡稳定。

（2）应变。不稳定边坡定义为边坡发生足够大的应变且影响生产安全，或滑体位移速度大于规定值（如露天矿开采速度）。

（3）失稳概率。通过抗滑力与下滑力概率分布的差异，将边坡稳定性量化。

（4）荷载抗力系数设计法。稳定边坡定义为抵抗力与其对应的分项系数的乘积大于或等于荷载与其对应的分项系数的乘积之和。

基于极限平衡原理的安全系数法已经成为最常用的边坡设计计算方法，对于具有各种类型地质环境的岩（土）质边坡，安全系数法均具有广泛的应用经验，工程技术人员普遍接受为不同目的而建立的边坡安全系数标准，关于边坡设计安全系数的确定方法在后文详述。

边坡应变计算是边坡设计的重要研究内容。近年来数值模拟法得到快速发展，尤其是真实反映结构面空间状态的非连续介质应力应变分析方法，目前已广泛应用于各类地质条件下的边坡稳定性分析。

边坡概率设计方法起源于20世纪70年代，但目前工程应用仍相对较少，究其原因，可能该方法中“5%的失稳概率”以及“失稳的结果表现为彻底失去使用寿命”等定义难以得到工程的直接验证，导致该方法在边坡设计中的使用经验相对较少。

荷载与抗力系数设计法（Load and Resistance Factors Design，简称LRFD）因结构设计而得到发展，现已扩展到地基及支护结构等工程领域。

边坡设计计算过程中使用的设计安全系数、允许应变及失稳概率等指标均需与工程实际相适应。

3.2 边坡工程设计的基本流程与原则

3.2.1 边坡设计的基本流程

在采矿、水利、交通、土建等各类工程边坡处治时，无论是总体边坡设计，还是局部边坡处理，大体都应遵循三个基本工作阶段，即工程勘察、工程设计和工程施工，边坡工程设计贯穿于这三个阶段中，也就是说边坡设计的基本流程可概括为：首先，在充分掌握工程水文地质条件、岩土体特征及工程环境的基础上，进行边坡设计或单体工程设计；其次，在边坡开挖及相关工程运营过程中，连续监测边坡工作状态；同时，收集有关资料，验证边坡工程设计，并将有关信息反馈到设计中，从而控制边坡的性态，实现边坡工程设计的不断优化。

因此，针对露天矿等大型边坡工程而言，其设计流程并非单向的传递过程，随着技术水平的提高、服务对象的需求及开挖高度的增加，它将是一个分时期的循环过程。在整个边坡工程建设过程中，不同工作阶段伴随着相应的设计研究内容及工作。

对于大型边坡工程，在工程勘察阶段，根据工程、水文等地质勘察资料及数据，确定基本的地质模型、岩体结构模型、岩体强度模型以及水文地质模型，为边坡工程可行性研究与设计提供可靠依据。在地质勘探报告的基础上，进行边坡工程的规划，充分评估未来施工过程中可能出现的边坡稳定性问题，以及提出解决这些问题的相应措施。下文以露天矿山边坡为例，概述各类模型的基本特点。

（1）地质模型。地质模型可表征边坡岩层的空间状况，其分布不仅与岩性相关，还受地质作用的变化程度及类型的影响，这种变化有积极作用（如硅化作用）也有消极作用（如黏土化作用）。

在部分热带沉积岩区域，地形地貌对边坡设计有较大影响，因此，了解区域地质背景和矿化作用的产生非常必要，同时边坡设计也须考虑沉积地质作用。

当露天矿边坡高度不断增加时，还需考虑地应力的潜在影响，尤其要考虑地应力在坡趾（坡脚）处产生的应力集中效应，因此地质模型必须包括地应力评价。

（2）岩体结构模型。对于边坡设计，岩体结构模型通常包括两个层次，即主要结构（如边坡尺度的褶皱、断层等）与次要结构（如台阶尺度的节理等）。结构模型的不同很大程度上决定其自身的性质及对边坡设计的影响。

针对断层等主要结构，其间距一般较大，但沿走向或倾向可能是连续的，因此会较大程度地影响边坡整体设计；而节理等次要结构，通常只控制岩体的连续性，除小间距的次要结构外，应着重考虑其对边坡台阶设计的影响。

（3）岩体强度模型。岩体强度性质决定了边坡开挖方式及设计方法。在岩体强度相对较大的高边坡中，结构可能是边坡稳定性的主要控制因素；而在岩体强度相对较小的高边坡中，一般情况下岩体强度起控制作用，也可能与结构联合影响边坡稳定性。

在研究边坡岩土体性质时，对于页岩类、泥岩类等（如蒙脱石、膨胀黏土），必须考虑时间效应的影响，这类材料在长时间暴露条件下，其强度性质及力学行为均会发生改变。此外，采矿等生产工作方面（如爆破设计）的重要数据，对岩体强度的影响也较为显著，因此当设计岩体力学性质测试试验时，应考虑这些因素。

在边坡可行性分析或初始设计阶段，岩体强度参数一般通过小型室内试验获取，可能存在较大误差，因此，稳定或失稳边坡案例在研究岩体力学性质时起着重要作用。露天矿各台阶及整体台阶形成后，其初始时刻工作状态的详细记录，对于岩体力学性质的评估与修正具有重要的参考价值。

（4）水文地质模型。水文地质模型包括地下水压力和地面水流动力等因素，其对边坡稳定性影响显著，因此必须深入研究。但在边坡设计中，因排水或降压措施需要额外的设计和工程处治，水文参数容易因人工干预被修改，无法真实反映边坡的水文条件，特别是大型露天矿山边坡，情况更是如此。

在工程设计阶段，结合勘察获得的地质模型、结构模型、岩体模型、水文地质模型等资料，以定性分析为基础，以定量计算为重要辅助手段，开展边坡稳定性及设计方案研究。在边坡稳定性定性分析时，根据工程地质条件、可能的破坏模式及已经出现的变形破坏迹象对边坡的稳定性状态做出定性判断；在边坡稳定性定量计算时，根据边坡类型及可能的破坏形态，可分别采用极限平衡法、数值分析法、敏感性分析法等方法。针对定性与定量分析得到的边坡设计方案，结合工程经济评价，为工程推荐最佳边坡设计方案。

在工程施工阶段，严格按照边坡设计参数控制边坡空间形态，随边坡开挖高度的增加，继续收集相关地质资料，修正或补充原有边坡设计基础资料，并为未来可能的改造、设计提供新的依据；建立边坡体位移、地下水压或爆破震动等监测系统，进行实时的边坡稳定性预测，并根据已形成边坡的形状及工作状态，预测未来几年的边坡稳定状况，以便为相关工程施工运营提供安全服务；针对具体边坡工程失稳或潜在失稳问题，采取适当的工程加固措施。

综合起来，各阶段工作应按照相关规范或规定有序进行，完整的边坡工程设计基本流程如图 3-1 所示。

3.2.2 边坡设计的基本原则

进行边坡工程设计时，一般应按照下列原则进行：

（1）在进行边坡工程设计之前，应进行详细的工程地质勘察，对周围环境的危害性作出预测；将岩石边坡的结构面调查清楚，指出主要结构面的所在位置；提供边坡设计所需要的各项参数；对边坡稳定性作出准确的评价。

（2）工程设计时应依山就势，防止大挖大填。山区工程建设时宜根据地质、地形条件及工程要求利用和改造自然边坡，避免形成深挖高填的边坡工程；对于稳定性较差且较

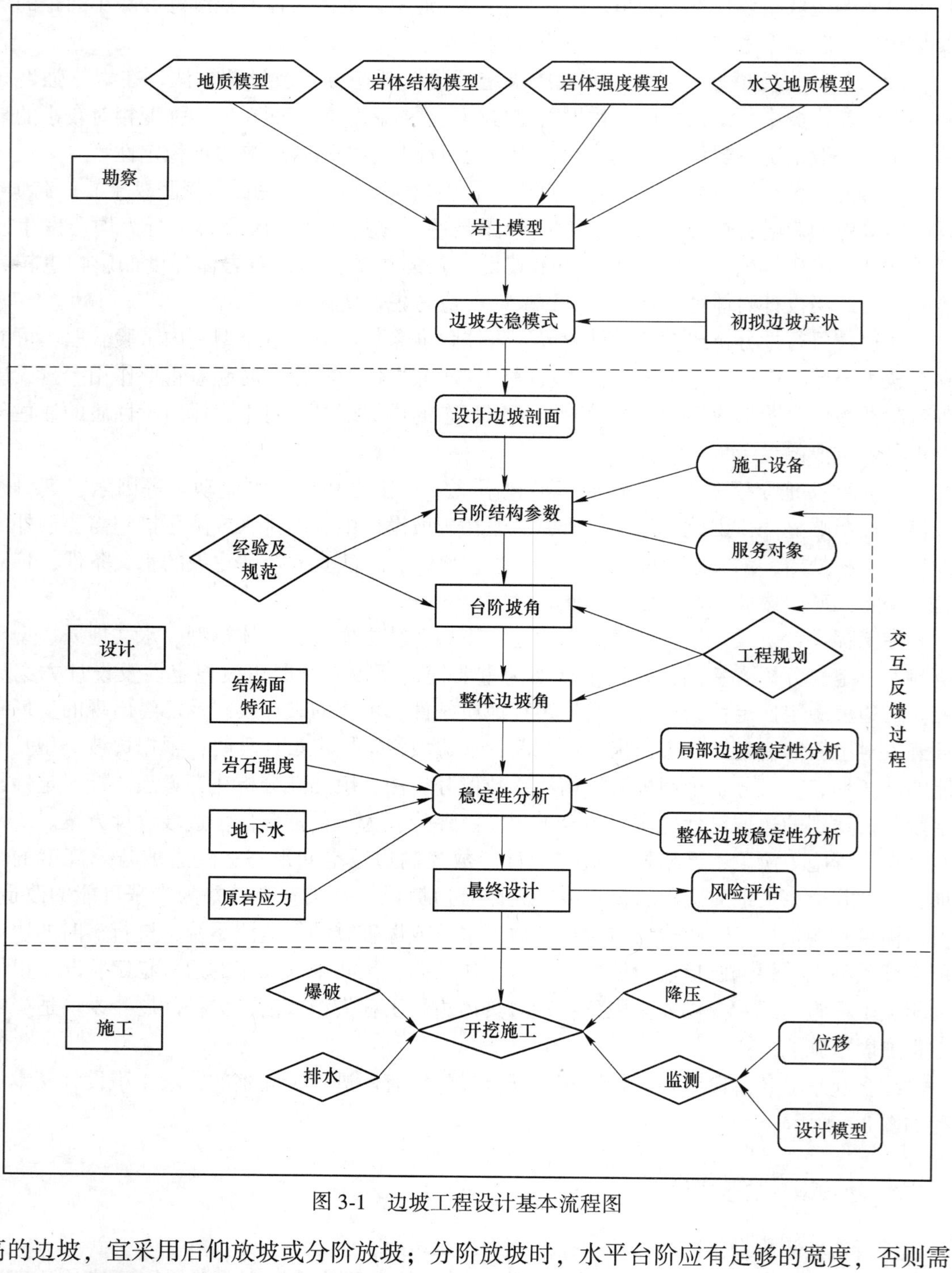

图 3-1 边坡工程设计基本流程图

高的边坡，宜采用后仰放坡或分阶放坡；分阶放坡时，水平台阶应有足够的宽度，否则需考虑上部台阶边坡对下部台阶边坡的荷载影响。

（3）边坡设计时应保护和整治边坡环境。对于边坡水系应因势利导，设置截、排水设施，避免地表水及地下水大量渗入坡体；不应随意开挖坡脚，防止坡顶超载；在边坡施工和使用期间，应控制不利于边坡稳定因素的产生和发展，而对有利于边坡稳定的相关环境需进行有效保护。

(4) 边坡的支挡结构应进行排水设计。对于可向坡外排水的支挡结构，应在支挡结构上设置排水孔。支挡结构后部应做好滤水层，必要时应设置排水暗沟；支挡结构后部有山坡时，应在支挡结构上部边坡设置截水沟。

(5) 支挡结构后部的填土，应选择透水性强的填料。当采用黏性土作填料时，宜掺入适量的碎石；在季节性冻土地区，应选择炉渣、碎石、粗砂等非冻胀性填料。

(6) 边坡工程的平面布置和立面设计应考虑对周边环境的影响，满足美化环境、体现生态保护的要求。对于人类经常活动的边坡坡顶、坡面和坡脚，应采取有效的保护措施。

3.3 设计安全系数及其取用

3.3.1 安全系数的概念

在边坡稳定性分析中，安全系数是最常用的评价指标，是指某一滑面所能提供的抗滑力（抗滑力矩）与沿该面实际下滑力（下滑力矩）的比值。边坡最危险滑面安全系数大于1，表明边坡稳定；小于1，表明边坡不稳定；等于1则表明边坡处于临界稳定状态。

边坡安全系数的计算值与边坡稳定性分析方法的原理、合理性、可靠性以及各项岩土物理力学参数的取用、边坡的几何参数及服务年限等诸多因素有关。

获得准确安全系数的前提，是获取有关地质构造、岩土体力学性质、地下水条件及其随时间变化等方面的可靠资料。但是，在处理工程问题时，常遇到边坡的实际状况与安全系数计算值不协调的情形。例如，有时按试验指标计算的安全系数小于1，而边坡处于稳定状态；有时安全系数计算值大于1，随后边坡却发生了破坏；而且不同设计者根据各自经验，采用不同方法研究同一边坡问题，往往会得到不同的结果。这些现象的产生涉及多方面因素，例如计算模型的选用、试验方法的选择、测试数据的处理以及某些可变因素的确定等。

因此，对边坡稳定性的计算决不能脱离对上述各个因素的周密研究与合理确定。为了使安全系数能真实地反映实际情况，应正确评估其合理性并加以有效使用。

3.3.2 设计安全系数的取用

边坡稳定性计算含有若干不确定性因素，为了保证设计的边坡处于稳定状态，应使计算得到的安全系数大于1，确保边坡具有一定的安全储备，即规定一个设计限值，一般称之为设计安全系数或稳定安全系数。

由于不同边坡的类型、高度、破坏后危害程度等各不相同，边坡的安全等级也不尽相同，因此在边坡设计过程中应该根据边坡的工程实际情况，选用不同的设计安全系数。例如，对于大型水利水电工程与交通干线的边坡，边坡破坏后果比较严重，宜采用较大限值，设计安全系数一般取1.30~1.50。对露天矿边坡而言，由于矿山服务年限一般较短，且允许局部破坏，采用的设计限值可相对较小，设计安全系数取1.10~1.30。采矿工程中也可针对不同情况灵活调整，如在出入沟与破碎车间附近，采用的设计安全系数可较其他地段略高。

下文结合国家标准《岩土锚杆与喷射混凝土支护工程技术规范》(GB 50086)、《非煤露天矿边坡工程技术规范》(GB 51016)、《建筑边坡工程技术规范》(GB 50330)，分别简要介绍常规边坡锚固设计、非煤露天矿边坡及建筑边坡工程中如何选取合理的设计安全系数。

根据《岩土锚杆与喷射混凝土支护工程技术规范》，确定边坡设计安全系数前应首先确定边坡变形破坏类型、岩质边坡结构分类和边坡安全等级。边坡设计安全系数依据边坡安全等级和边坡工作状况，按表 3-1 确定；其中滑动破坏型岩质边坡结构分类、边坡安全等级可分别按表 3-2 及第 1 章中表 1-5 确定。

表 3-1　锚固边坡设计安全系数（GB 50086）

边坡安全等级	边坡工况		
	持久状况（天然状态）	短暂状况（暴雨、连续降雨状态）	偶然状态（地震力作用状态）
一级	1.35～1.25	1.20～1.15	1.15～1.05
二级	1.25～1.20	1.15～1.10	1.10～1.05
三级	1.15～1.10	1.10～1.05	1.05

表 3-2　滑动破坏型岩质边坡岩体结构分类

边坡结构类别	亚类	岩体结构及结构面结合情况	滑动控制型结构面与边坡面的关系	岩体完整性指标	岩石单轴饱和抗压强度	直立边坡自稳能力
Ⅰ		整体状结构及层间结合良好的厚层状结构	无滑动控制型结构面，层面产状为陡倾角或近水平，但层面不明显	>0.75	>60MPa	30m 高边坡可长期稳定，但偶有掉块
Ⅱ	$Ⅱ_1$	块状结构及层间结合较好的厚层状结构	滑动控制型结构面不很发育，层面产状为陡倾角或接近水平	>0.75	>60MPa	20m 高边坡可基本稳定，但有掉块
	$Ⅱ_2$	块状结构或结合较好的中厚层结构	滑动控制型结构面不很发育，局部交切出潜在不稳定块体。层面以不同倾角倾向坡内，或以小于 25°的倾角倾向坡外	>0.6	30～60MPa	15m 高边坡基本稳定，但 15～20m 边坡欠稳定；有较大的掉块
Ⅲ	$Ⅲ_1$	薄层状结构，层间结合一般，局部有软弱夹层或夹泥	岩层以不同倾角倾向坡内，或以小于 25°的倾角倾向坡外	0.5～0.3	硬岩 >60MPa 软岩 >20MPa	8m 高边坡基本稳定，但 15m 高边坡欠稳定，有较多掉块
	$Ⅲ_2$	碎裂镶嵌结构，节理面多数闭合，少数有充填	存在节理组合滑动块体	0.4～0.3	>60MPa	5m 高边坡基本稳定，但 8m 高边坡欠稳定，有较多掉块
Ⅳ	$Ⅳ_1$	碎裂结构或中厚至薄层状结构，层间结合差	存在贯穿性顺坡向中等倾角软弱结构面；层面以大于其摩擦角的倾角，倾向坡外	—	—	—
	$Ⅳ_2$	散体结构，多为构造破碎带、全强风化带	存在潜在滑动面或可能形成弧状滑动面	—	—	—

注：1. 按定性与定量指标分级有差别时，一般以低者为准；
2. 层状岩体可按单层厚度划分，即厚层大于 0.5m，中厚层 0.1～0.5m，薄层小于 0.1m；
3. 当地下水丰富时，$Ⅲ_1$或$Ⅲ_2$类边坡岩体结构可视情况降低一档，为$Ⅲ_2$或$Ⅳ_1$类；
4. 主体为强风化岩的边坡可划分为$Ⅳ_2$类。

在非煤露天矿边坡工程中，确定其设计安全系数时首先需按第 1 章中表 1-3 划分边坡工程安全等级，总体边坡的设计安全系数在不同荷载组合下应不小于表 3-3 的规定值。

表 3-3　不同荷载组合下总体边坡的设计安全系数（GB 51016）

边坡工程安全等级	边坡工程设计安全系数		
	荷载组合Ⅰ	荷载组合Ⅱ	荷载组合Ⅲ
Ⅰ	1.25～1.20	1.23～1.18	1.20～1.15
Ⅱ	1.20～1.15	1.18～1.13	1.15～1.10
Ⅲ	1.15～1.10	1.13～1.08	1.10～1.05

注：1. 荷载组合Ⅰ为自重+地下水；荷载组合Ⅱ为自重+地下水+爆破振动力；荷载组合Ⅲ为自重+地下水+地震力；
　　2. 对台阶边坡和临时性工作帮，允许有一定程度的破坏，设计安全系数可适当降低。

在建筑边坡工程中，应根据边坡损坏后可能造成的破坏后果（危及人的生命、造成经济损失、产生不良社会影响）的严重性、边坡类型及边坡高度等因素，按第 1 章中表 1-2 确定边坡工程安全等级。

根据边坡工程安全等级，总体边坡的设计安全系数应不小于表 3-4 的规定值。

表 3-4　边坡稳定安全系数（GB 50330）

边坡类型		安全等级		
		一级	二级	三级
永久边坡	一般工况	1.35	1.30	1.25
	地震工况	1.15	1.10	1.05
临时边坡		1.25	1.20	1.15

注：1. 地震工况时，安全系数仅适用于塌滑区内无重要建（构）筑物的边坡；
　　2. 对地质条件很复杂或破坏后果极严重的边坡工程，其稳定安全系数应适当提高。

由于边坡稳定影响因素的复杂性、多变性以及人们对其认识上的局限性，安全系数的计算结果与边坡实际稳定状况可能不符，因此，计算得到的安全系数只能从相对意义上去看待其准确性。

边坡设计工作者的任务在于力求做好各项工作，基于计算结果的相对正确性来评价边坡的稳定性。虽然稳定性计算结果存在不确定性，但其总是遵循科学原理并依据实际资料进行的，只要人们不断总结经验，改进工作方法，稳定性计算结果接近客观实际的程度就会逐步提高。

3.4　边坡稳定性分析方法

边坡工程研究的核心问题是边坡稳定性分析，其目的是确定经济合理的边坡结构参数及分析已有边坡的稳定程度，为边坡处治措施的确定提供可靠依据。边坡稳定性分析必须在大量工程地质勘查与岩土体物理力学试验的基础上进行，在具体分析时，首先应根据地质体结构特征确定边坡可能的破坏形式，然后针对不同破坏形式采用相应的分析方法。

根据相关规范或规定，对于大型或地质条件复杂的边坡，其稳定性分析一般分两阶段进行：

第一阶段为定性分析，对初勘所取得的地质资料进行研究。由于该阶段试验资料少，多用定性分析对边坡稳定性作出评估，分析时应按不同的构造区段及边坡的不同方位分别进行。定性分析方法包括工程地质类比法、坡率法、图解法、地质分析法（历史成因分析、过程机制分析）及边坡稳定专家系统等。

第二阶段为定量分析。对定性阶段分析认为是不稳定的或不满足设计安全系数要求的边坡进行详勘，取得包括岩土或软弱结构面强度、地下水流与水压等方面的资料后，经定量分析对边坡稳定性作出判断。定量分析方法实质是一种半定量的方法，虽然评价结果表现为确定的数值，但最终仍依赖人为判断。

目前，所有定量计算方法都是基于定性方法之上，包括极限平衡法、数值分析法、敏感性分析法、概率设计方法与荷载抗力系数设计法等。针对不同类型的边坡，现已经提出一种或多种分析方法。在具体应用中，应根据实际边坡工程地质条件，选取一种或几种方法进行综合分析。

3.4.1　工程地质类比法

工程地质类比法是指把所要研究的边坡与已取得勘察资料且地质条件类似的边坡进行对照，并作出工程地质评价的方法，又称工程地质比拟法、经验类比法。

工程地质类比法具有经验性和区域性的特点，应用时必须全面分析已有边坡与新研究边坡两者之间的地形地貌、地层岩性、结构、水文地质、自然环境、变形主导因素及发育阶段等方面的相似性与差异性，同时还应考虑工程的规模、类型及其对边坡的特殊要求等。

该方法通过对拟建边坡进行长期观测并与邻近同类边坡的相似性进行对比，结合下列对边坡稳定性有不利影响的地质条件（失稳因素），确定其对边坡稳定的影响程度，从而作出边坡稳定性判断：

（1）边坡及其邻近地段已有滑坡、崩塌、陷穴等不良地质现象；

（2）岩质边坡中有页岩、泥岩、片岩等易风化、软化岩层或软硬交互的不利岩层组合；

（3）土质边坡中裂隙发育、有软弱夹层，或边坡由膨胀土等不良岩土构成；

（4）软弱结构面与坡面倾向一致且结构面倾角小于坡角，或基岩面倾向坡外且倾角较小；

（5）地层渗透性差异大，地下水在弱透水层或基岩面上积聚流动，断层及裂隙中有承压水出露；

（6）水流冲刷坡脚或因河水位急剧升降引起岸坡内动水压力的强烈作用；

（7）边坡处于强震区或邻近地段采用大爆破施工。

由于人们认识客观规律的程度不同，工程地质类比法选取的边坡角必定存在着人为因素，对于同一个边坡设计，不同设计人员有可能选取不同的设计参数。由于工程地质类比法往往是由设计人员凭借自身经验选取边坡角，未进行定量分析，因此设计上是保守的。另外，也有个别人工边坡由于考虑不周，设计的边坡角过大，在使用过程中出现滑坡事故，导致需重新考虑边坡稳定问题，进而修改边坡设计，使生产运营处于被动地位。这说明利用工程地质类比法很难准确确定边坡角，但其对地质条件简单的边坡工程仍较为实用。

3.4.2 坡率法

在边坡设计中，通过控制边坡的高度和坡度而无须进行整体加固就能使边坡所有潜在滑动面都处于安全稳定状态，从而使边坡自身达到稳定的设计方法，称为坡率法，也属于经验类比法。坡率法施工方便且较为经济，当工程条件许可时，应优先采用。

采用坡率法设计边坡主要是在保证边坡稳定的条件下确定边坡的形状与坡度，其设计内容还包括坡面防护以及边坡稳定性验算等。使用坡率法设计边坡之前，必须查明边坡的工程地质条件，包括边坡岩土类型与性质、软弱结构面产状、地质构造、岩土风化或密实程度、地下水、地表水等。

3.4.2.1 岩质边坡的参考坡率

《建筑边坡工程技术规范》（GB 50330）规定，在边坡保持整体稳定的条件下，岩质边坡开挖的坡率允许值应根据工程经验，按工程类比的原则结合已有稳定边坡的坡率值分析确定。对无外倾软弱结构面的边坡，放坡坡率可按表 3-5 确定。

表 3-5 岩质边坡坡率允许值

边坡岩体类型	风化程度	坡率允许值（高宽比）		
		$H<8$m	8m$\leqslant H<15$m	15m$\leqslant H<25$m
Ⅰ类	未（微）风化	1：0.00～1：0.10	1：0.10～1：0.15	1：0.15～1：0.25
	中等风化	1：0.10～1：0.15	1：0.15～1：0.25	1：0.25～1：0.35
Ⅱ类	未（微）风化	1：0.10～1：0.15	1：0.15～1：0.25	1：0.25～1：0.35
	中等风化	1：0.15～1：0.25	1：0.25～1：0.35	1：0.35～1：0.50
Ⅲ类	未（微）风化	1：0.25～1：0.35	1：0.35～1：0.50	—
	中等风化	1：0.35～1：0.50	1：0.50～1：0.75	—
Ⅳ类	中等风化	1：0.50～1：0.75	1：0.75～1：1.00	—
	强风化	1：0.75～1：1.00	—	—

注：1. H 为边坡高度；
2. Ⅳ类强风化包括各类风化程度的极软岩；
3. 全风化岩体可按土质边坡坡率取值。

若边坡所在地层具有明显的倾斜结构面（如断层面、层面、节理面和其他软弱面），且倾向边坡外侧，则此结构面的倾斜坡度及其黏聚力、摩擦角等将影响边坡的稳定性。此时应通过稳定性计算来确定边坡的坡率，必要时应采取其他相应的加固措施。统计资料表明，当边坡仅在重力作用下且软弱面的倾角大于其摩擦角而小于边坡角时，以下几种情况的软弱结构面即可能成为最危险滑动面：

（1）黏土岩、黏土页岩、泥质灰岩、泥质板岩等泥化层面，滑动倾角为 9°～12°；

（2）砂岩层面或砾岩层面，滑动倾角大于 30°～35°；

（3）无泥质充填物结构面，滑动倾角为 30°～75°（多在 35°～60°范围内变化）。

3.4.2.2 土质边坡的参考坡率

对于土质边坡，在确定坡率时应根据工程经验、边坡高度、土体湿度及密实程度、地下水及地表水、土体成因类型及生成年代等因素，按工程类比的原则，参考同类边坡的稳定坡率进行确定。当无经验且土质均匀良好、地下水贫乏、无不良地质作用和地质环境条件简单时，边坡坡率允许值可按表3-6确定。但如果存在下列情况：边坡高度大于10m、土层中地下水发育且不易排除、土层为软质土、有堆积荷载等，则应通过边坡稳定性计算来确定边坡坡率。

表3-6 土质边坡坡率允许值

边坡土体类别	状态	坡率允许值（高宽比）	
		坡高小于5m	坡高5m~10m
碎石土	密实	1∶0.35~1∶0.50	1∶0.50~1∶0.75
	中密	1∶0.50~1∶0.75	1∶0.75~1∶1.00
	稍密	1∶0.75~1∶1.00	1∶1.00~1∶1.25
黏性土	坚硬	1∶0.75~1∶1.00	1∶1.00~1∶1.25
	硬塑	1∶1.00~1∶1.25	1∶1.25~1∶1.50

注：1. 碎石土的充填物为坚硬或硬塑状态的黏性土；
2. 对于砂土或充填物为砂土的碎石土，其边坡坡率允许值应按砂土或碎石土的自然休止角确定。

有下列情况之一的边坡不宜单独采用坡率法，须与其他边坡支护方法联合使用：

（1）放坡开挖对相邻建（构）筑物有不利影响的边坡；（2）地下水发育的边坡；（3）软弱土层等稳定性差的边坡；（4）坡体内有外倾软弱结构面或深层滑动面的边坡；（5）单独采用坡率法不能有效改善整体稳定性的边坡；（6）地质条件复杂的一级边坡。

3.4.3 图解法

边坡稳定性分析图解法可以分为两大类。第一类是用一定的曲线和图形表征边坡相关参数之间的定量关系，由此求出边坡安全系数，或已知安全系数及其他参数（岩土体黏聚力、摩擦角、重度、边坡坡角、坡高以及结构面倾角）仅一个未知的情况下，求出稳定坡角或极限坡高，此类方法相当于力学计算的简化，如图3-2所示。第二类是利用图解法求边坡变形破坏的边界条件，分析结构面的组合关系，为力学计算创造条件，如赤平极射投影分析法及实体比例投影法。

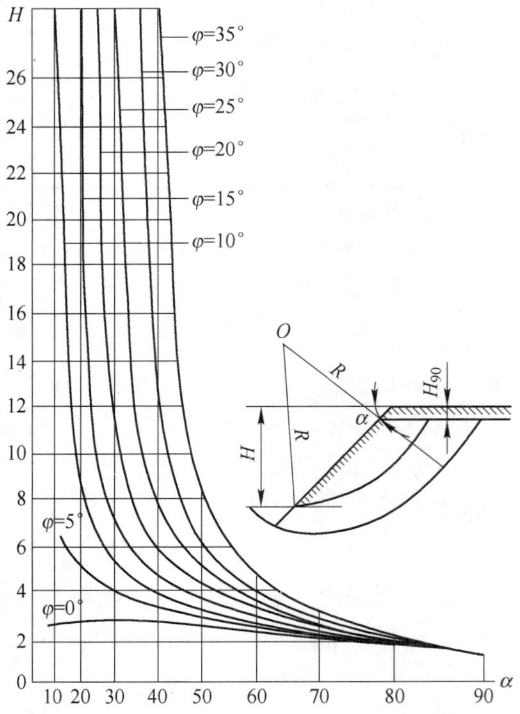

图3-2 不同强度指标条件下均质边坡高度-坡角关系曲线

常用图解法包括摩擦圆法、赤平极射投影分析法以及实体比例投影法，其中投影方法用于边坡稳定分析时，可快速、直观地分辨出控制边坡的主要与次要结构面，确定边坡结构的稳定类型，判定不稳定块体的形状、规模及滑动方向。对用图解法判定为不稳定的边坡，须进一步用计算加以验证。

3.4.3.1　摩擦圆法

摩擦圆法由泰勒（D. W. Taylar）于 1937 年提出。当土坡为均质土构成的简单土坡（指坡面为平面、坡顶为水平面的土坡），其物理指标（重度 γ）和强度指标（黏聚力 c、内摩擦角 φ）等均可视为常数时，可应用此法进行分析。

如图 3-3 所示，滑动面 AD 上的抵抗力包括土的摩阻力及黏聚力两部分，它们的合力分别为 F 及 F_c。假定滑动面上的摩阻力首先得到发挥，然后才由土的黏聚力补充。下面分别讨论作用在滑动土体 $ABCDA$ 上的三个力：

（1）第一个力是滑动土体的重力 W，它等于滑动土体 $ABCDA$ 的面积与土的重度的乘积，其作用点位置在滑动土体面积的形心。因此，W 的大小和作用线都已知。

（2）第二个力是作用在滑动面 AD 上黏聚力的合力 F_c。为了维持土坡的稳定，沿滑动面 AD 上分布的需要发挥的黏聚力为 c_1，可以求得黏聚力的合力 F_c 及其对圆心的力臂 x 分别为：

$$F_c = c_1 \cdot \overline{AD} \tag{3-1}$$

$$x = \frac{\widehat{AD}}{\overline{AD}} \cdot R \tag{3-2}$$

式中，$\widehat{AD}$ 及 $\overline{AD}$ 分别为 AD 的弧长与弦长。所以，F_c 的作用线已知，但其大小未知（因为 c_1 值未知）。

（3）第三个力是作用在滑动面 AD 上的法向力及摩擦力的合力，用 F 表示。泰勒假定 F 的作用线与圆弧 AD 的法线成 φ 角，即 F 与圆心 O 点处半径为 $R\sin\varphi$ 的圆（称摩擦圆）相切，同时 F 还一定通过 W 与 F_c 的交点。因此，F 的作用线已知，其大小未知。

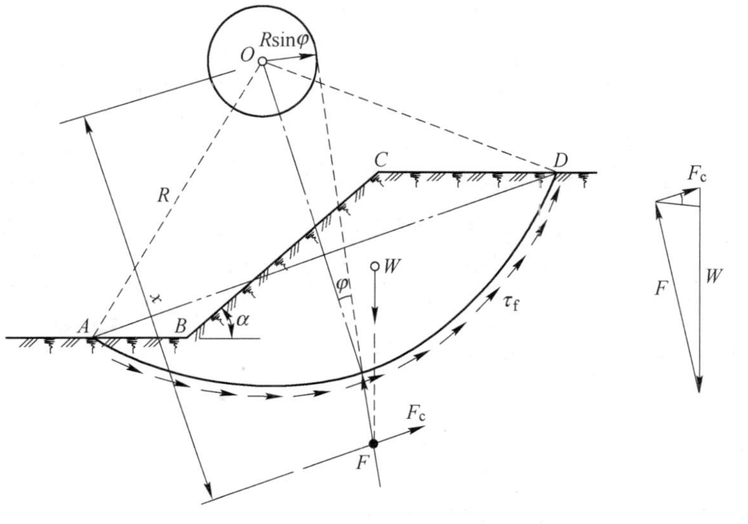

图 3-3　摩擦圆法示意图

根据滑动土体 $ABCDA$ 上的 3 个作用力 W、F、F_c 的静力平衡条件，可从上图所示的力三角形中求得 F_c，因而可求得维持土体平衡时滑动面上所需要发挥的黏聚力 c_1。此时土

体的安全系数 F_s 为：

$$F_s = \frac{c}{c_1} \tag{3-3}$$

式中，c 为土的实际黏聚力。

上述计算中，滑动面 AD 是任意假定的，因此，需要试算多个可能的滑动面，相应于最小安全系数 F_{smin} 的滑动面才是最危险的滑动面，故边坡稳定性分析的计算工作量较大。因此，泰勒对均质的简单边坡做了大量的分析计算工作，提出了确定最危险滑动面圆心的经验方法，以及计算边坡安全系数的图表，在此不一一叙述。

3.4.3.2 赤平极射投影法

赤平极射投影法是岩质边坡稳定性分析评价的常用方法。该方法既可确定边坡结构面（包括边坡临空面）的空间组合关系，给出可能不稳定结构体的几何形态、规模大小及其空间分布位置，也可确定不稳定结构体可能的位移方向，作出边坡稳定状态的初步评价。若结合结构面的强度条件和边坡上的作用力，还可以进行边坡稳定性的分析计算，求出其安全系数。

赤平极射投影法把节理岩体中结构面的空间几何信息表现在平面上，其特点是：只反映物体线和面产状与角距的关系，而不涉及其具体位置、长短大小与距离远近。该方法以一个参考球作为投影工具，以参考球的中心作为比较物体几何要素（点、线、面）方向和角距的原点，以通过球心的一个水平面（通常称为赤道平面）作为投影平面。球体的上、下两个球极分别称为北极和南极，根据投影方式不同（射线由北极或南极发出）又分为上半球和下半球投影。某一个岩体结构面的空间方位（产状），通常用其走向、倾向和倾角来描述，在赤平投影方法中，倾向和倾角这两个参数可用一个大圆或一个极点唯一表示，然后通过不同的投影方式投影在赤道平面上，该方法可非常直观地反映岩体中结构面的分布情况。

在岩质边坡中，岩体内结构面之间的空间分布位置、组合关系（包括自然边坡或边坡开挖面的产状）和结构面的物理力学性质等，对边坡的稳定都起着至关重要的作用。赤平投影方法正是基于这一点来展开，应用这种方法可以帮助地质及工程技术人员对边坡的稳定性做出快速、定性的判断。

图 3-4 描述了边坡失稳的三种典型类型与相应的结构面赤平投影图的对应关系。对于图 3-4（a）的平面滑动，当结构面的倾向与坡面倾向相反时，边坡为稳定状态；当结构面的倾向与坡面倾向基本一致但其倾角大于坡角时，边坡为基本稳定状态；当结构面的倾向与坡面倾向之间夹角小于 30°且倾角小于坡角时，边坡为不稳定状态。采用赤平极射投影法分析边坡稳定问题将在第 6 章详细介绍。

3.4.4 极限平衡法

极限平衡法视边坡岩土体为刚体，不考虑岩土体本身变形对边坡稳定性的影响，且需进行许多简化假设（如条分法中对条间作用力及方向的假设），由此会产生一定的计算误差。但该类方法能给出物理意义明确的边坡安全系数及潜在破坏面，因此被广泛应用于采矿、水利、土建等各类边坡的稳定性分析。

极限平衡条分法早期以摩尔-库仑抗剪强度理论为基础，将坡体划分为若干条块（主

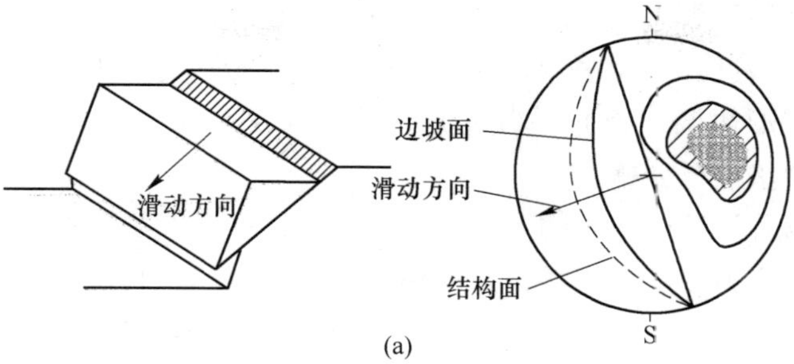

(a)

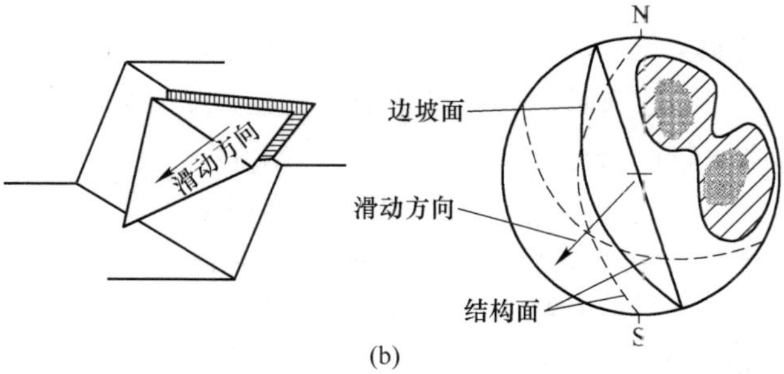

(b)

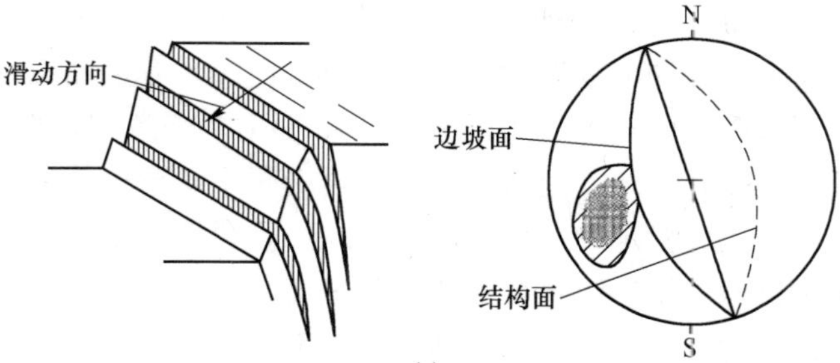

(c)

图 3-4 典型岩质边坡失稳类型及其赤平极射投影

要为垂直条分)，直接对某些多余未知量作出假设，使得方程式的数量和未知数的数量相等，问题变为静定可解，进而建立作用在条块上的力（力矩）平衡方程，求解安全系数。根据边坡破坏的边界条件，应用力学分析方法，对各种荷载作用下的潜在滑动面进行理论计算和抗滑强度的力学分析，通过反复计算和分析比较，最终确定边坡的安全系数。

目前，基于不同假设条件已形成多种极限平衡条分法，主要包括瑞典条分法（Ordinary/Fellenius）、简化毕肖普法（Bishop Simplified）、简化简布法（Janbu Simplified）、陆军工程师团法（Crops of Engineers）、罗厄法（Lowe-Karafiath）、斯宾塞法（Spencer）、摩根斯坦-普赖斯法（Morgenstern-Price）、通用条分法（General Limit Equilibrium）、萨尔玛法（Sarma）及不平衡推力法等。这些方法的主要区别在于条间力假设及其满足的平衡条件不同，采用极限平衡法分析边坡稳定问题将在第 4 章详细介绍。

3.4.5 数值模拟法

边坡稳定性分析应遵循以定性分析为基础，定量计算为主要手段，进行综合评价的原则。在求取边坡安全系数时，如能合理假定滑裂面形状，通常可采用传统分析方法，但由于该类方法建立在极限平衡理论基础上，没有考虑岩土体内部的应力应变关系，无法分析边坡破坏的发生与发展过程，无法考虑变形对边坡稳定的影响，无法考虑岩土体与支挡结构的共同作用及其变形协调。因此，当边坡破坏机制复杂或边坡分析需要考虑应力变形时，宜结合数值模拟法进行分析。

数值模拟法是随着计算机技术的发展而形成的一种计算方法，可在不同的边界条件下求出边坡的位移场、应力场、渗流场，并可模拟边坡的破坏及其发展过程。数值模拟法大致可分为两大类：

（1）基于连续介质的应力应变分析方法。该类方法包括有限元（FEM）、边界元（BEM）、拉格朗日元（FLAC）等，其具有强大的处理复杂几何边界条件和材料非线性特征的能力，同时也可模拟有限条数的岩体结构面。这些方法在固体和流体计算领域均有广泛应用，属于理论体系比较严格也比较成熟的一类方法。

（2）基于非连续介质的应力应变分析方法。众所周知，岩体是由结构面切割的不连续介质。尽管有限元能够通过设置界面单元来模拟这些结构面，但是当结构面较多时，不仅很不方便，还会在模拟大变形和收敛性能方面出现问题。近期，在非连续介质应力变形分析方面发展了一系列新的方法，如离散元（DEM）、界面元（IEM）、不连续变形分析法（DDA）、流形元（NMM）等，为研究类似岩体这样的非连续介质提供了有效手段。其具有强大的处理非连续介质和大变形的能力，不仅能比较真实地模拟结构加载破坏全过程的应力应变性状，而且还可以动画形式再现边坡破坏后的塌落、崩解过程。

数值模拟法一般无法得到边坡安全系数，但结合极限平衡理论的数值模拟法可消除这一不足，即近年来发展的边坡稳定性分析强度折减理论。边坡稳定分析的强度折减法是通过不断降低边坡岩土体抗剪强度参数直至达到极限平衡状态为止，根据弹塑性理论计算结果可得到滑动破坏面，同时得到边坡的强度储备安全系数。

强度折减法在理论体系上比传统的极限平衡法更为严格，它全面满足了静力平衡、应变相容，以及土体的非线性应力应变关系。与传统极限平衡方法相比，应用强度折减法分析边坡稳定性具有以下优势：

1）能对具有复杂地貌、地质的边坡进行计算，不受边坡几何形状、边界条件以及材料不均匀性的限制；

2）求解安全系数时，不需要假定滑动面的形状和位置，也无需进行条分，而是由程序自动求出滑动面，滑动破坏一般位于剪应变增量、塑性应变或位移突变的区域；

3）能够模拟土体与各种支挡结构的共同作用，能够考虑开挖施工过程对边坡稳定性的影响，可根据岩体介质与支挡结构的共同作用计算各种支挡结构的内力；

4）可求出在各种支挡结构作用下，边坡的新潜在滑面与安全系数；

5）能够模拟边坡的渐进破坏过程，并提供应力、应变和位移等力与变形的全部信息。

3.4.6 敏感性分析法

在采用边坡安全系数作为稳定性判断指标的方法中，用于定义坡体抗滑力与下滑力的各个参数都具有唯一确定值。但在实际工程中，这些参数值的测定一般只能获得一定的取值范围。由于这些参数对边坡稳定性分析至关重要，因此在分析计算时需使用上、下限值法对这些参数进行敏感性分析，以检验参数的不同取值对边坡安全系数的影响。当需要进行敏感性分析的参数超过3个，分析情况将变得较为复杂，且各参数之间的关系难以研究清楚。此时，在分析过程中需采用分析与判断相结合的手段，用以评估各参数的变化对边坡稳定性的影响，最终确定合理的边坡安全系数。

图3-5为某采石场边坡参数敏感性分析所得到的计算结果，边坡内摩擦角取值范围为15°~25°，水压力取值范围为无水压至饱和水压。由图可知，水压力对边坡稳定性的影响远大于内摩擦角的影响。边坡无水时，即使边坡垂直、内摩擦角为15°，边坡依然可以保持稳定；而边坡充满水时，即使坡角降至60°、内摩擦角变为25°，边坡也会出现不稳定情况。

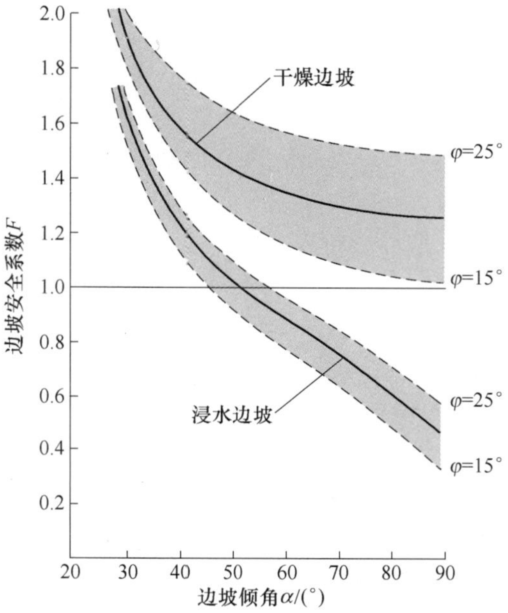

图3-5 某采石场边坡安全系数与坡角、含水状态的关系

边坡参数敏感性分析的作用是评估相关参数对边坡稳定性的影响程度，在可行性分析和收集资料时，该方法可使边坡参数的选取更为合理，若某个对边坡稳定性影响较大的参数存在不确定性，则设计时应选择合适的安全系数以考虑这一因素的影响。

3.4.7 概率设计方法

概率分析方法是检验边坡各参数变化对边坡稳定性影响的系统方法，其工作原理是通过计算安全系数的概率分布确定边坡破坏概率，并以概率形式表达边坡的未来风险。这里的概率限于对基础参数、破坏事件、物理模型及数学模型置信程度的描述和表征，而无频率之意，因为边坡破坏和失稳过程是唯一的、不重复的。

概率分析方法起源于20世纪40年代，最先应用于结构和航空工程领域的复杂系统可靠性检验。在采矿工程中，概率分析方法主要用于评估工程失稳风险的可接受程度，其早期主要应用于露天矿的边坡设计。在土木工程领域，概率分析方法多应用于交通运输工程的边坡稳定性分析、滑坡灾害研究及危险废物贮存设施的设计等方面。

在边坡稳定性分析过程中，若设计数据有限且不具有整体代表性时，一般不建议采用概率设计方法，该条件下可以利用主观评价方法从小样本中提取合理可靠的概率值。与安全系数一样，概率分析方法也要求不同工程类型应有不同的可接受失稳概率范围。

3.4.7.1 分布函数

在概率分析方法中，由于边坡各参数均具有一定的不确定性，故参数的取值范围通常由一个概率密度函数确定。岩土工程中常用的概率密度函数包括正态分布、beta分布、负指数分布和三角形分布等。其中，正态分布函数的应用最为广泛，其均值为最可能值

（图 3-6）。

如图 3-6（a）所示，针对正态分布函数，数据的离散程度由标准偏差表示，该分布函数的重要性质为曲线与横轴围成的面积恒等于 1，即参数的所有概率值均在曲线范围内。同时，横轴区间均值正负一个标准偏差（$\mu-\sigma,\mu+\sigma$）内的面积为 0.68，两个标准偏差（$\mu-2\sigma,\mu+2\sigma$）内的面积为 0.95。

相反，可以通过正态分布所定义参数的发生概率求出参数的值。如图 3-6（b）所示，$\Phi(z)$ 为均值 0、标准偏差 1 的正态分布累积函数。例如，当参数值出现的概率等于总数的 50%时，其参数值等于均值；参数值出现的概率等于总数的 16%时，其参数值等于平均值减去一个标准偏差。

正态分布函数可在坐标横轴正负两个方向无限延伸，但其不能真实地表征岩土参数的上、下限，此时可采用 beta 分布函数进行分析；当数据分布的信息较少时，宜采用由最可能值、最小值和最大值三种数值定义的三角形分布函数。

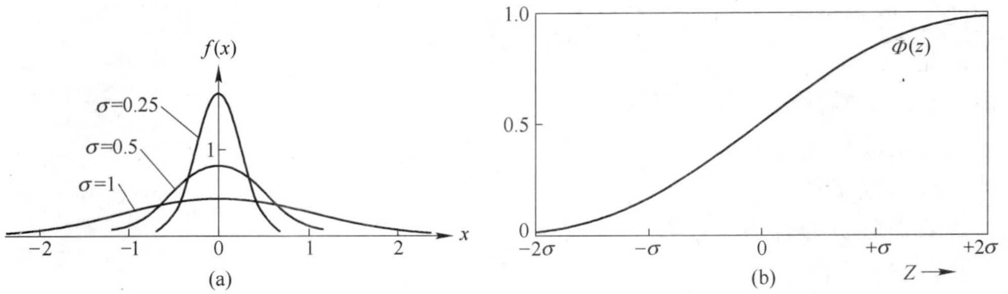

图 3-6　正态分布函数的性质

（a）均值为 0，标准偏差分别为 0.25、0.5 和 1 时的正态分布概率密度曲线；（b）0-1 正态分布的累积函数 $\Phi(z)$

3.4.7.2　失稳概率

概率设计方法中失稳概率的计算方式，与安全系数法计算边坡抗滑力及下滑力的方式类似，计算可靠性系数的常用方法包括安全余量法及蒙特卡罗法。

A　安全余量法

安全余量是抗滑力与下滑力之差，若安全余量为负值，则边坡可能表现为不稳定。定义抗滑力与下滑力的概率密度函数分别如图 3-7（a）中 $f_D(r)$ 与 $f_D(d)$ 所示，则可计算出安全余量的概率分布，若抗滑力概率密度函数 $f_D(r)$ 的下限小于下滑力概率密度函数 $f_D(d)$ 的上限，则边坡可能失稳，其失稳概率与阴影面积成正比，计算图中阴影面积的方法即计算安全余量的概率密度函数，该函数负数部分的面积为失稳概率，如图 3-7（b）所示。若抗滑力与下滑力定义为正态分布函数，则安全余量也为正态分布函数，其均值和标准偏差可按下式计算：

$$\text{安全余量的均值} = \overline{f_r} - \overline{f_d} \tag{3-4}$$

$$\text{安全余量的标准偏差} = (\sigma_r^2 - \sigma_d^2)^{1/2} \tag{3-5}$$

式中，$\overline{f_r}$ 和 $\overline{f_d}$ 为抗滑力与下滑力正态分布的均值；σ_r 和 σ_d 为抗滑力与下滑力正态分布的标准偏差。对于确定性分析方法，安全系数的定义为 $\overline{f_r}/\overline{f_d}$，对于概率分析方法，在确定了安全余量的均值与标准偏差后，可根据正态分布函数的性质计算出边坡失稳概率。例如，当安全余量的均值为2000MN，标准偏差为1200MN时，在(2000 - 0)/1200点或1.67倍标准偏差点的安全余量为0，参考图3-6（b）中安全余量的累积函数 $\Phi(z)$ 可知，此时边坡失稳概率为5%。

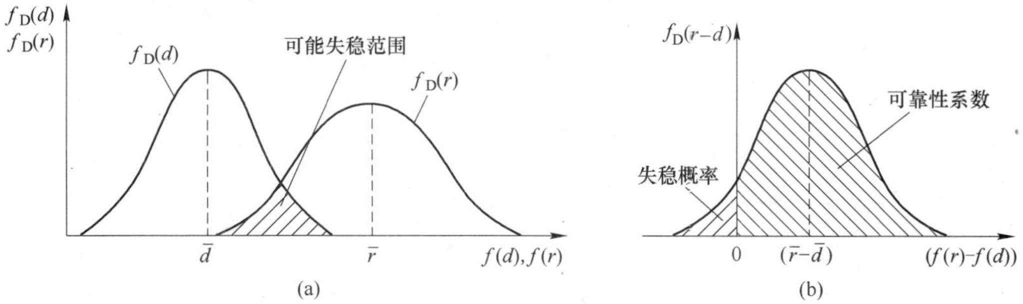

图3-7 正态分布函数计算失稳概率示意图
（a）抗滑力与下滑力概率密度函数；（b）抗滑力与下滑力之差（安全余量）的概率密度函数

工程中常用的可靠性指标 β 与失稳概率 P_f 存在一一对应的关系，当状态函数的分布确定之后，β 与 P_f 的关系就确定了。如果是正态分布，则 β 与 P_f 的关系可根据标准正态分布函数表求得，其中主要数据列于表3-7。

表3-7 可靠性指标与失稳概率的关系

β	1.00	1.64	2.00	3.00	3.09	3.71	4.00	4.26	4.5
P_f	15.87×10^{-2}	5.05×10^{-2}	2.27×10^{-3}	1.35×10^{-3}	1.00×10^{-3}	1.04×10^{-4}	3.17×10^{-5}	1.02×10^{-5}	3.40×10^{-6}

可见，可靠性指标 β 与失稳概率 P_f 一样，可以作为衡量边坡可靠性的一个标准。

以上讨论的安全余量概念，仅适用于边坡抗滑力和下滑力为独立变量的情况，即下滑力仅与滑体重量有关，而抗滑力仅与加固措施有关。但实际上，边坡抗滑力不仅仅与岩体的抗剪强度有关，还与滑体的重量等参数有关，故其并非独立变量，因此一般采用蒙特卡罗法进行分析。

B 蒙特卡罗法

相对安全余量法而言，蒙特卡罗法是一种更为灵活的边坡失稳概率计算方法，其可避免复杂的积分计算及beta分布函数无法显示求解的问题。此外，蒙特卡罗法的特殊意义在于其能解决参数为混合分布类型及任意变量（无论变量是否为独立变量）的问题。

如图3-8所示，蒙特卡罗法为一个迭代过程，其主要步骤包括：

（1）估计每个输入变量参数的概率分布；

（2）为每个参数生成随机值，描述了一个呈正态分布的随机数（0~1间）与其概率值的关系；

（3）计算抗滑力与下滑力的值，并确定抗滑力是否大于下滑力；

（4）重复上述过程 N 次（N>100），然后根据下式确定失稳概率：

$$P_f = \frac{N - M}{N} \tag{3-6}$$

式中，M 为迭代过程中出现抗滑力大于下滑力（即安全系数大于 1）的次数。

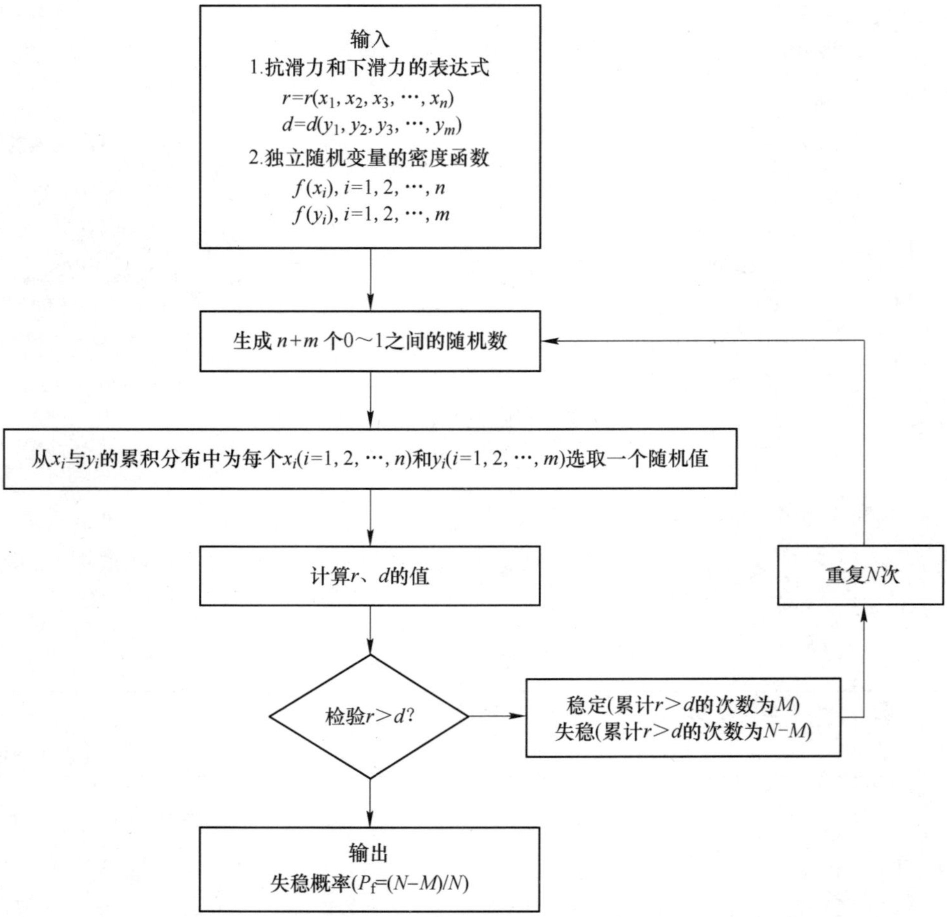

图 3-8 蒙特卡罗法计算边坡失稳概率流程图

3.4.8 荷载抗力系数设计法

基于概率论的荷载抗力系数分析法，也称荷载抗力系数设计法（Load and Resistance Factor Design，简称 LRFD），其为结构设计提供了合理的理论基础，最初在建筑工程领域得到应用，随后进一步推广到桥梁等结构设计领域，主要用于解释荷载与抗力的变异性，其目的是在不同荷载条件下为钢筋混凝土结构（如桥梁结构）及岩土工程结构（如地基结构）等确定统一的安全余量。为了保证地基与结构设计的一致性，荷载抗力系数设计法目前已广泛应用于岩土工程领域。

Myerhoff 早期将荷载抗力系数设计法应用于岩土工程，提出了“极限状态设计”概念，包括两种边坡极限状态类型：承载力极限状态和正常使用极限状态。其定义如下：

（1）承载力极限状态：边坡由于滑坡、倾倒及强烈风化作用产生失稳。因此在设计服务年限内，边坡必须有足够的安全余量，以防在最大荷载作用下发生破坏。

（2）正常使用极限状态：边坡产生过大变形或工程结构不可接受的破坏。因此边坡及其附属结构必须发挥应有的设计功能，没有发生过大的变形和破坏。

荷载抗力系数设计法的基本原理是抵抗力和荷载分别为表征各自参数不确定性及变异性程度的分项系数的乘积，且需满足抵抗力与其对应的分项系数的乘积大于或等于荷载与其对应的分项系数的乘积之和，即：

$$\sum \varphi_k R_{nk} \geqslant \sum \eta_{ij} \gamma_{ij} Q_{ij} \tag{3-7}$$

式中，φ_k 为抗力分项系数；R_{nk} 为第 k 个失稳模式或正常使用极限状态下边坡的抗力标准值；η_{ij} 为单元或系统的延展性、冗余性及操作重要性的分项系数；γ_{ij} 为荷载分项系数；Q_{ij} 为第 i 个荷载类型在第 j 个荷载组合下的荷载效应。

上式中荷载分项系数通常大于 1（荷载有利于构件稳定除外），而抗力分项系数通常小于 1，例如采用摩尔-库仑准则表示滑动面的抗剪强度时：

$$\tau = f_c c + (\sigma - U) f_\varphi \tan\varphi \tag{3-8}$$

式中，黏聚力 c、内摩擦角 φ 均需乘以小于 1 的分项系数，而当计算边坡重量及外加载荷时，滑动面上正应力的计算需乘以大于 1 的荷载分项系数。一般情况下，抗力分项系数的实际值会随着工程施工、运营状态及外部荷载的变化而变化。

荷载抗力系数设计法一般仅适用于与结构相关的边坡设计，当边坡并非建（构）筑物的一部分时，通常采用其他分析方法进行边坡稳定性计算。

3.4.9 边坡稳定性分析方法选用原则

如前文所述，边坡稳定性分析法按类型大致可分为两类，即定性分析与定量分析。开展边坡稳定性初步判别时，一般采用工程地质类比法、坡率法及图解法等定性分析方法。

根据边坡实际工程地质条件，如果具有类似工程经验及区域特性的边坡工程案例，一般可采用工程地质类比法。采用该方法时，应结合已有的工程经验及实际地质情况来判断边坡的稳定性。

坡率法适用于边坡整体条件下的岩层和土层，在地下水位低且放坡开挖不会对相邻建筑物产生不利影响的条件下使用。有条件时可结合坡顶刷坡卸载、坡脚回填压脚等方法。

赤平极射投影法适用于规模小、结构面组合关系较复杂的岩质边坡稳定性的初步判别，一般可采用下半球等角度投影法。此外，进行岩质边坡滑动破坏判别时，可采用大圆分析法或极点分析法，进行岩质边坡倾倒破坏判别时，可采用极点分析法。

深入开展边坡稳定性量化研究时，一般采用极限平衡法、数值模拟法、可靠度分析法、概率设计方法及荷载抗力系数设计法等定量分析方法。

极限平衡法一般只能计算出边坡的安全系数及滑面位置。采用该方法时，对于土质边坡和呈碎裂结构、散体结构的岩质边坡，当滑面形状较为简单时，宜采用简化 Bishop 法、Morgenstern-Price 法等方法进行稳定性计算，当滑动面形状较为复杂时，宜采用 Morgenstern-Price 法、不平衡推力法等方法进行稳定性计算。对于呈块体结构和层状结构的岩质边坡，宜采用 Sarma 法、不平衡推力法等进行稳定性计算。由两组或多组节理、裂隙等结构面切割形成潜在楔形滑体的边坡，宜采用楔体法进行稳定性计算。

对于Ⅰ级边坡，如有条件可采用基于安全系数的方法进行可靠度分析，这样便于通过在少量工程中的应用，确保能取得确实有效的成果，积累经验，以利于进一步推广应用。

如需考虑边坡变形对相关工程构筑物应力、变形的影响，或是针对因开挖卸荷导致变形破坏的边坡，则需使用数值模拟法开展边坡的应力、变形计算。数值模拟法通常可适用于各类边坡稳定性分析，在工程应用中往往具有以下优点：（1）数值计算模型无需事先定义破坏模式，其可通过计算自动产生；（2）数值计算模型可包含断层、地下水等关键地质特征信息；（3）数值分析有助于解释被观测到的物理行为；（4）数值分析可以评估多种可能性的地质模型、破坏模式和设计方案。但是，与其他边坡稳定性定量分析方法相比较，数值模拟法通常需花费较多的时间用来进行建模与计算分析。

针对具有重要等级的边坡工程，一般需采用多种定性、定量方法进行边坡稳定性综合分析。

练 习 题

（1）边坡稳定性的设计计算方法或指标包括哪些？
（2）简述边坡工程设计的基本流程及基本原则。
（3）安全系数的概念是什么？简述安全系数在非煤露天矿边坡及建筑边坡设计中的选用。
（4）简述边坡稳定性分析方法的分类。
（5）工程地质类比法具体如何运用？
（6）简述摩擦圆法的基本原理。
（7）极限平衡法包括哪些具体的方法？
（8）简述数值模拟法及强度折减法分析边坡稳定性的优点。
（9）简述安全余量法的计算过程。
（10）简述蒙特卡罗法的迭代过程。

4 边坡稳定性极限平衡条分法

本章主要内容：

本章主要介绍工程中常用的极限平衡条分法，包括瑞典条分法（Fellenius 法）、简化 Bishop 法、Janbu 法、Corps of Engineers 法（#1、#2）、Lowe-Karafiath 法、Spencer 法、Morgenstern-Price 法、通用条分法（General Limit Equilibrium，简称 GLE）及 Sarma 法，详细讲述各类条分法的基本假设及公式推导过程等。

学习要点：

理解各种常用极限平衡条分法的基本原理、公式推导过程，熟悉各种方法的优缺点及各类方法之间的共性和差异，掌握各种方法的基本假设、平衡条件及其计算公式的区别。

稳定性分析是边坡工程的一项重要工作，合理的稳定性分析可以确定边坡的安全系数，影响边坡的后期处治方案，在边坡的维护与治理过程中发挥着至关重要的作用。

边坡稳定性分析主要包括两个阶段，分别为定性阶段与定量阶段。

定性阶段是通过工程地质勘察，对影响边坡稳定性的主要因素、可能的变形破坏模式及失稳的力学机制等进行分析，给出一个被评价边坡稳定性状况及其可能发展趋势的定性说明。常用的方法有地质分析法、工程类比法、图解法、边坡稳定专家系统等。在定性阶段分析，如果边坡满足稳定性的要求，则无需进行定量阶段分析，但如果在定性阶段认为边坡不稳定或者不满足规范安全系数要求，则需要进行定量阶段的分析。

定量阶段是在对边坡进行详勘并取得包括岩土体或软弱结构面强度、地下水流和水压等方面的资料后，采用软件建模等方式对边坡进行计算分析，从而得到确定的安全稳定系数。常用的方法有极限平衡条分法、数值分析方法等。本章主要对极限平衡条分法进行详细介绍。

4.1 概　　述

极限平衡条分法（下文简称条分法）起源于 20 世纪初期，由瑞典学者 Petersson 提出，后经过 Fellenius 等人修正后在世界各国得到普遍推广，发展到 20 世纪 70 年代，条分法的工程实践案例已经有很多，其理论体系较为完备。到目前为止，常用的条分方法达十余种，分别是瑞典条分法（Fellenius 法）、简化 Bishop 法、Janbu 法、Corps of Engineers 法（#1、#2）、Lowe-Karafiath 法、Spencer 法、Morgenstern-Price 法、通用条分法（General Limit Equilibrium，简称 GLE 法）、Sarma 法以及不平衡推力法（传递系数法）等。

虽然条分法种类较多，但这些方法的基本原理是一致的：先假定若干可能的剪切面

——滑动面，然后将滑动面以上土体分成若干条块，对作用于各条块上的力进行力或力矩的平衡分析，求出在极限平衡状态下土体稳定的安全系数，并通过一定数量的试算，找出最危险滑动面位置及相应的（最低的）安全稳定系数。

各种条分法均是根据瑞典圆弧法（整体圆弧法）发展起来的，瑞典圆弧法原始的求解思想是将整个滑动土体作为一个整体，假设土体均质，滑动面为圆弧滑动面，土体呈刚性转动，在滑面上土体处于极限平衡状态，各力对圆心 O 的力矩平衡。图 4-1 为瑞典圆弧法求解边坡稳定性系数的简单模型图。

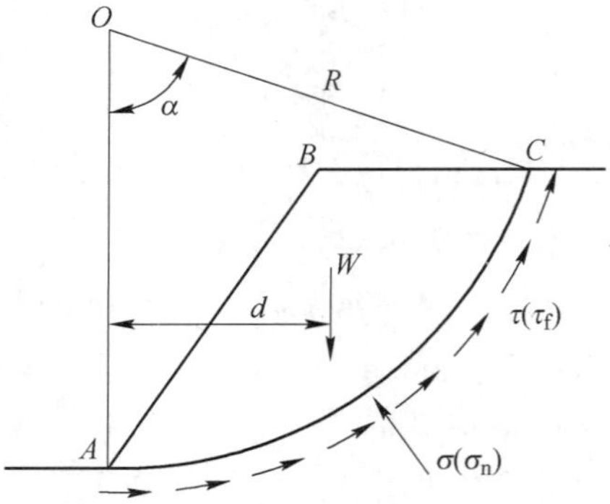

图 4-1　瑞典圆弧法计算模型示意图

滑动力矩：

$$M_S = Wd \tag{4-1}$$

抗滑力矩：

$$M_R = \int_0^L \tau_f dl \cdot R \tag{4-2}$$

由摩尔-库仑准则可得：

$$\tau_f = c + \sigma_n \tan\varphi \tag{4-3}$$

将式（4-3）代入式（4-2）可得：

$$M_R = \int_0^L (c + \sigma_n \tan\varphi) dl \cdot R = \widehat{CA} \cdot c \cdot R + \int_0^L \sigma_n \tan\varphi dl \cdot R \tag{4-4}$$

在式（4-4）中，对于不同的土体，φ 的取值各不相同，当 $\varphi = 0$ 时，即边坡土体是饱和软黏土时，边坡稳定性系数为：

$$F(F_m) = \frac{M_R}{M_S} = \frac{\widehat{CA} \cdot c \cdot R}{Wd} \tag{4-5}$$

根据式（4-5）可以求解沿该滑动面滑动的边坡稳定性系数。当 $\varphi \neq 0$ 时，边坡稳定性系数为：

$$F(F_m) = \frac{M_R}{M_S} = \frac{\widehat{CA} \cdot c \cdot R + \int_0^L \sigma_n \tan\varphi dl \cdot R}{Wd} \tag{4-6}$$

由于 $\varphi \neq 0$，σ_n 是 $l(x, y)$ 的函数，所以式（4-6）无法得到边坡稳定性系数的理论解。

在该方法中，圆心及半径均是任意假设的，所以必须计算多组滑面圆心及半径（O，R），找到最小的稳定性系数。

在瑞典圆弧法之后，边坡稳定性系数的求解就是研究 $\varphi \neq 0$ 这一条件，主要采取“化整为零”的极限平衡思想，即对土体进行条分，如图 4-2 所示。以下简单介绍极限平衡条分法求解边坡稳定性系数的主要流程。

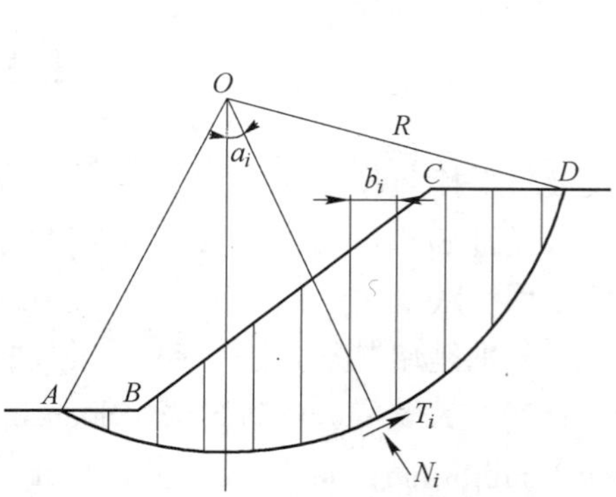

图 4-2　边坡条分示意图

首先，与瑞典圆弧法相比，条分法提出了两个基本假设：（1）极限平衡假设。当坡体的强度指标降低 F 倍以后，坡体内存在达到极限平衡状态的滑面，滑体处于临界失稳状态。此时，F 为坡体的安全系数。（2）条块刚性假设。对滑体进行条分后，各条块为刚性块体，只发生整体运动而不产生条块内部的变形。

其次，假设整个滑体分为 n 个条块，对于这 n 个条块来说，在极限平衡状态下，需求解的未知量包括：

（1）安全系数 F，1 个；

（2）条块底面上的法向力 N_i、切向力 T_i及合力作用点，共 $3n$ 个；

（3）条块之间作用的法向力 E_i、切向力 X_i及合力作用点，共 $3n-3$ 个。

因此，整个滑体有 $6n-2$ 个未知量，边坡条分模型中第 i 个条块及其受力情况如图 4-3 所示。

在进行平衡求解时，可利用的平衡方程有三个，分别为水平力 X_i 平衡、垂直力 Y_i 平衡、力矩 $M_{i(o)}$ 平衡：

$$\sum X_i = 0 \tag{4-7}$$

$$\sum Y_i = 0 \tag{4-8}$$

$$\sum M_{i(o)} = 0 \tag{4-9}$$

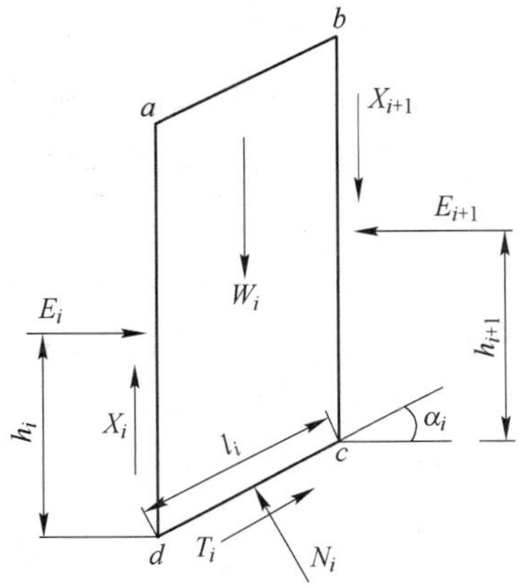

图 4-3　边坡第 i 个条块受力示意图

考虑坡体（滑动面）的抗剪性质，假设其符合摩尔-库仑准则，有：

$$T_i = N_i \frac{\tan\varphi_i}{F} + \frac{c_i}{F} l_i \tag{4-10}$$

因此，可利用的方程数共有 $3n + n = 4n$ 个，则未知数数量 N_u为：

$$N_u = 6n - 2 - 4n = 2n - 2 \tag{4-11}$$

为求解此种超静定问题，解决办法有三种：

（1）引入变形协调条件，增加方程数；

（2）引入未知量之间的关系式，增加方程数；

（3）对边坡模型进行一定的简化，忽略部分考察因素，减少变量数。

条分法主要通过上述办法（2）和（3），不同的极限平衡条分法采用不同的假设条件，增加了方程数或（和）减少了未知量，具体见表 4-1。

表 4-1　各类条分法的假设条件及未知量减少数量

方　　法	对多余变量的假设条件	未知量减少个数
瑞典条分法（Fellenius 法）	条块间无作用力，力矩平衡	$4n-3$
简化 Bishop 法	条块间只有水平力，力矩平衡	$2n-1$
简化 Janbu 法	条块间只有水平力，水平力平衡	$2n-1$
通用 Janbu 法	条间合力作用在推力线与条块的交点上，并与推力线方向一致	$2n-1$
Corps of Engineers 法#1	条间力比值（X/E）是滑面顶部到底部连线的斜率	$2n-2$

续表 4-1

方　　法	对多余变量的假设条件	未知量减少个数
Corps of Engineers 法#2	条间力比值（X/E）是条块顶面的斜率	$2n-2$
Lowe-Karafiath 法	条间合力方向为条块顶部倾角和底部倾角的均值	$2n-2$
Spencer 法	条间力比值（X/E）为常数，力矩及力平衡	$2n-2$
Morgenstern-Price 法	条间力比值（X/E）与水平方向坐标之间存在函数关系 $X/E=\lambda f(x)$	$2n-2$
通用条分法（GLE 法）	假定条间力函数 $f(x)$	$2n-2$
Sarma 法	条间力满足强度准则	$2n-2$
不平衡推力法	条间力的方向等于条块底面倾角	$2n-1$

一方面，条分法以极限平衡理论为基础，并采用“化整为零”的思想，将滑动土体划分成若干条块，对条块进行受力分析和计算，以下假设是各个条分法均要遵循的基本条件：

（1）所有条块无变形，具有刚体性质；（2）滑动面上所有点的安全系数相同；（3）所有条块在滑动面上同时达到极限平衡状态；（4）滑面抗剪性质符合摩尔-库仑准则。

基于上述假设发展的分析方法，都以边坡达到极限平衡状态时，土体强度参数的降低程度为标准评价边坡的稳定性。

另一方面，根据条分法满足的平衡条件，可将条分法分为 4 大类：

（1）M 类：仅考虑对选定求矩中心的力矩平衡；

（2）VM 类：考虑垂直方向力的平衡和对选定求矩中心的力矩平衡；

（3）HV 类：考虑水平方向力的平衡和垂直方向力的平衡；

（4）HVM 类：考虑所有平衡条件。

其中，M 类（瑞典条分法）有显式解，VM 类（简化 Bishop 法）有隐式的安全系数表达式，迭代并不困难，而 HVM 类求解过程较为复杂。

4.2　瑞典条分法

4.2.1　提出背景

瑞典条分法，又称 Fellenius 法，是条分法中最原始、最简单的分析方法。瑞典条分法首先由 Petersson（1916）提出，并由 Fellenius（1936）和 Taylor（1936）进一步发展完善。

4.2.2　基本假设

由于瑞典条分法是最早提出的方法，所以其基本假设比较理想和苛刻，主要包括以下 7 点：

（1）边坡问题为平面问题，即可取某一横剖面作为分析对象；

（2）边坡整体为均质材料，其抗剪强度服从摩尔-库仑准则；

（3）条块为刚体，即不考虑滑动土体的变形；

（4）所有条块在滑动面上同时达到极限平衡状态，且滑动面上所有点的安全系数相同；

（5）不考虑条间力，条块受到滑面提供的切向力与法向力合力作用点位于条块底部中心；

（6）滑动面为圆弧滑动面；

（7）边坡稳定性系数定义为滑动面所能提供的最大抗滑力矩与滑体所受到的最大下滑力矩之比，力矩的矩心均为滑动圆弧对应的圆心。

4.2.3 计算分析

图 4-4（a）为一个简单黏性土边坡，滑动面为圆弧形，O 为滑弧圆心，半径为 R。对滑动土体进行条分，假设分成 n 个条块，第 i 个条块的受力情况如图 4-4（b）所示。

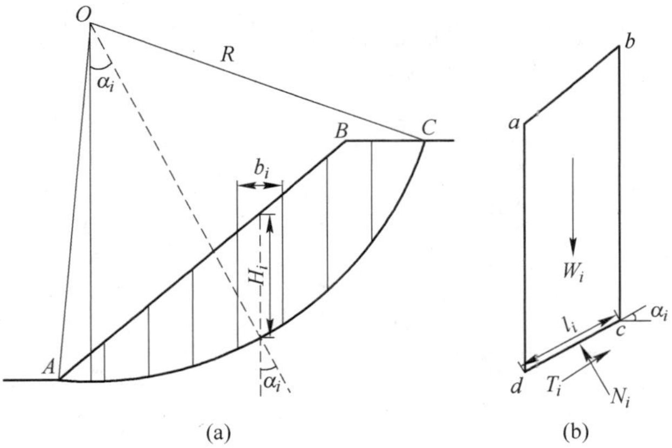

图 4-4 瑞典条分法计算模型示意图

（a）边坡条分示意图；（b）第 i 个条块受力示意图

结合基本假设（5），即仅考虑条块自身重力及滑面提供的切向力和法向力，未知量个数由 $6n-2$ 减少至 $2n+1<4n$，因此，超静定问题转变为静定问题。

结合图 4-4（a）进行稳定性计算，由条块底面的法向力、切向力的受力分析可得：

$$N_i = W_i\cos\alpha_i \tag{4-12}$$

$$T_i = W_i\sin\alpha_i \tag{4-13}$$

在未受到其他外力作用下条块有向下滑动的趋势，条块所受到的最大下滑力矩为：

$$M_{id} = T_iR = W_i\sin\alpha_iR \tag{4-14}$$

最大抗滑力矩由摩尔-库仑准则得到：

$$\begin{aligned} M_{if} &= \tau_{if}A_sR \\ &= (c_i + \sigma_i\tan\varphi_i)\cdot l_i \cdot R \\ &= c_il_iR + W_i\cos\alpha_i\tan\varphi_iR \end{aligned} \tag{4-15}$$

故边坡安全系数为：

$$F(F_m)=\frac{\sum M_{if}}{\sum M_{id}}=\frac{\sum(c_il_i+W_i\cos\alpha_i\tan\varphi_i)}{\sum(W_i\sin\alpha_i)}$$
$$=\frac{\sum(c_il_i+\gamma_ib_iH_i\cos\alpha_i\tan\varphi_i)}{\sum(\gamma_ib_iH_i\sin\alpha_i)} \tag{4-16}$$

若考虑地下水影响，对应的 c_i、φ_i、γ_i 值均取其有效值 c_i'、φ_i'、γ_i'，则式（4-16）可表示为：

$$F(F_m)=\frac{\sum M_{if}}{\sum M_{id}}=\frac{\sum(c_i'l_i+\gamma_i'b_iH_i\cos\alpha_i\tan\varphi_i')}{\sum(\gamma_i'b_iH_i\sin\alpha_i)} \tag{4-17}$$

选取若干圆心对应的圆弧滑动面并计算其安全系数，其最小值即为边坡的安全系数，对应的圆弧滑动面即为最危险滑动面。

【例题 4-1】 此案例来源于 slide 软件计算说明书：图 4-5 为一简单黏性土边坡，坡度 1∶2，坡高 7.5m，$\gamma=20\text{kN/m}^3$，$c=20\text{kPa}$，$\varphi=20°$，条块数量取 7，采用瑞典条分法，求图示指定滑动面的安全系数及该边坡的最小安全系数。

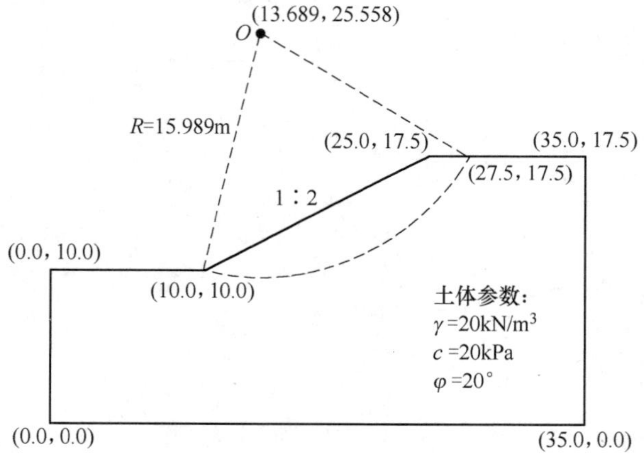

图 4-5 边坡示意图（单位：m）

解：计算结果如表 4-2、表 4-3 所示。

表 4-2 瑞典条分法计算汇总表（1）

条块	b_i	H_i	α_i	$W_i=b_iH_i\gamma$	$\sin\alpha_i$
1	2.5	0.8	-9	40	-0.15643
2	2.5	2.3	0.5	115	0.008727
3	2.5	3.3	9	165	0.156434
4	2.5	3.9	18.5	195	0.317305
5	2.5	4.1	28	205	0.469472
6	2.5	3.6	39	180	0.62932
7	2.5	1.65	52	82.5	0.788011

表 4-3 瑞典条分法计算汇总表（2）

条块	$\tan\varphi_i$	$\cos\alpha_i$	$W_i\sin\alpha_i$	c_il_i	$N_i\tan\varphi_i$
1	0.36397	0.987688	-6.2574	50.623	14.37955
2	0.36397	0.999962	1.00355	50.002	41.85496
3	0.36397	0.987688	25.8117	50.623	59.31565
4	0.36397	0.948324	61.8744	52.725	67.30649
5	0.36397	0.882948	96.2417	56.629	65.88015
6	0.36397	0.777146	113.278	64.338	50.91441
7	0.36397	0.615661	65.0109	81.213	18.48678

因此，指定滑面安全系数为：

$$F(F_m)=\frac{\sum M_{if}}{\sum M_{id}}=\frac{\sum(c_il_i+W_i\cos\alpha_i\tan\varphi_i)}{\sum(W_i\sin\alpha_i)}$$

$$=\frac{\sum(c_il_i+\gamma_ib_iH_i\cos\alpha_i\tan\varphi_i)}{\sum(\gamma_ib_iH_i\sin\alpha_i)}$$

$$=2.023$$

边坡指定滑面的稳定性计算结果如图 4-6（a）、（b）所示：

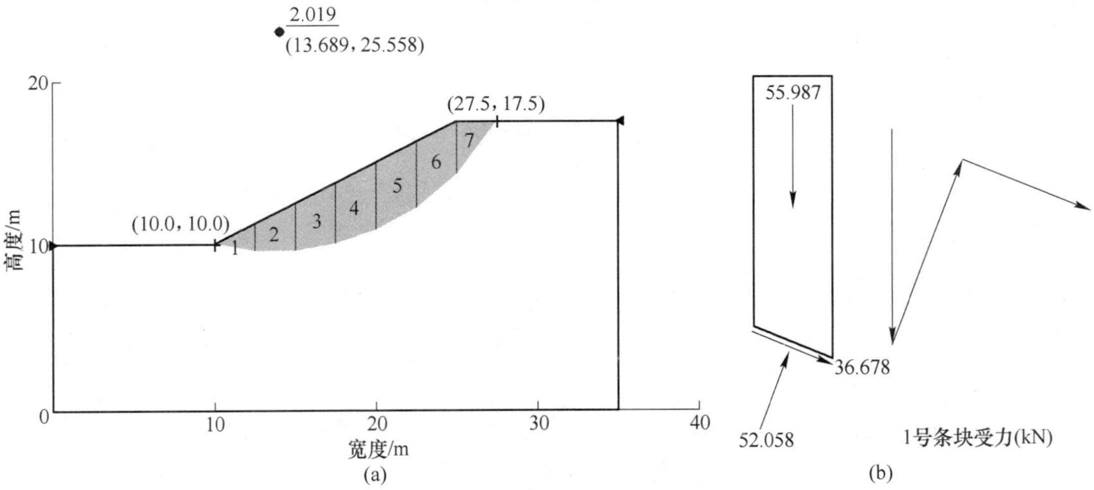

图 4-6 边坡指定滑面瑞典条分法稳定性计算结果

由图 4-6 可知，该指定滑面安全系数为：

$$F(F_m)=2.019$$

采用不同圆心、不同半径对应的滑面计算出该边坡的最小安全系数（$F=1.990$）以及对应滑动面如图 4-7（a）所示，力多边形图 4-7（b）表明条块水平力、垂直力均不平衡。

4.2.4 计算方法评析

瑞典条分法忽略了条间作用力的影响，只满足滑体整体力矩平衡的条件，不满足条块

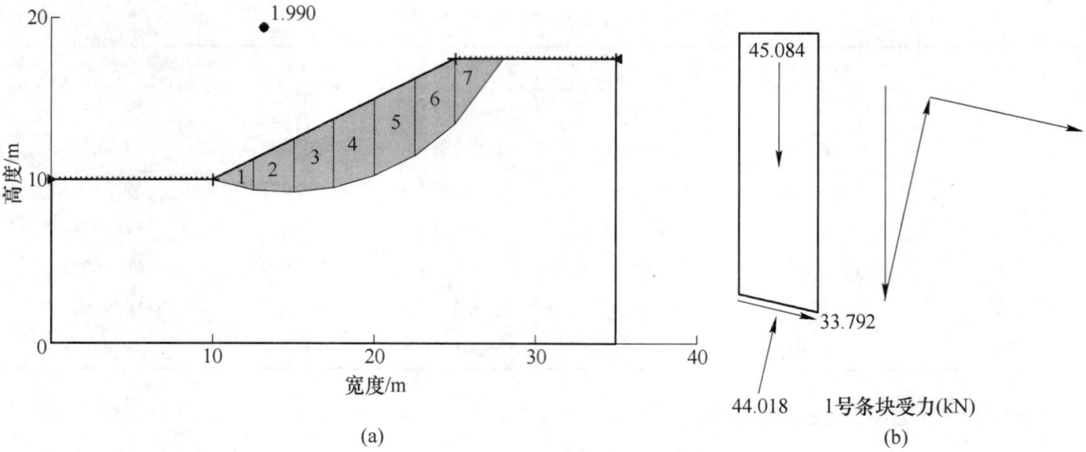

图 4-7　边坡瑞典条分法稳定性计算结果

个体的静力平衡，力多边形不闭合。忽略条块间作用力后，边坡安全系数偏低，同时假设滑动面为圆弧形使得安全系数偏大，总体上导致安全系数 F 偏小，且 φ 越大 F 越偏小，一般情况下降低幅度约 10%。由于误差区间不是很大，而且误差偏于工程安全，因此，到目前为止瑞典条分法在工程中的应用仍较为广泛。

同时，理论研究发现，该方法在边坡比较平缓或存在较高孔隙水压力条件下，根据公式计算出的安全系数误差较大，甚至超出允许的误差范围，此情况下应选择其他方法进行计算。

4.3　简化 Bishop 法

4.3.1　提出背景

简化毕肖普法（Bishop Simplified 法）是英国著名土力学专家 Bishop 于 1955 年提出的边坡稳定性计算方法，由于该方法计算过程较为简单，计算结果精度较高，故该方法在工程中一直被广泛使用。

简化 Bishop 法由于不考虑条间剪力作用及水平方向力的平衡，故属于非严格条分法。方法提出初期，Bishop 曾试图考虑条间剪力作用，但发现条间剪力分布及有无条间剪力对安全系数影响均不是很大，所以最终选择不考虑条间剪力的简化模式。

4.3.2　基本假设

简化 Bishop 法的基本假设与瑞典条分法差别不大，主要包括以下 7 点：

（1）边坡问题为平面问题，即可取某一横剖面作为分析对象；

（2）边坡整体为均质材料，其抗剪强度服从摩尔-库仑准则；

（3）条块为刚体，即不考虑滑动土体的变形；

（4）所有条块在滑动面上同时达到极限平衡状态，且滑动面上所有点的安全系数相同；

（5）考虑条块间法向力作用，不考虑切向力，条块受到滑面提供的切向力与法向力合力作用点位于条块底部中心；

（6）滑动面为圆弧滑动面；

（7）边坡稳定系数定义为滑动面所能提供的最大抗滑力矩与滑体受到的下滑力矩之比，力矩的矩心均为滑动圆弧对应的圆心。

4.3.3 计算分析

图 4-8（a）为一个简单黏性土边坡，滑动面为圆弧形，O 为滑弧圆心，半径为 R。对滑动土体进行条分，假设分成 n 个条块，第 i 个条块的受力情况如图 4-8（b）所示。

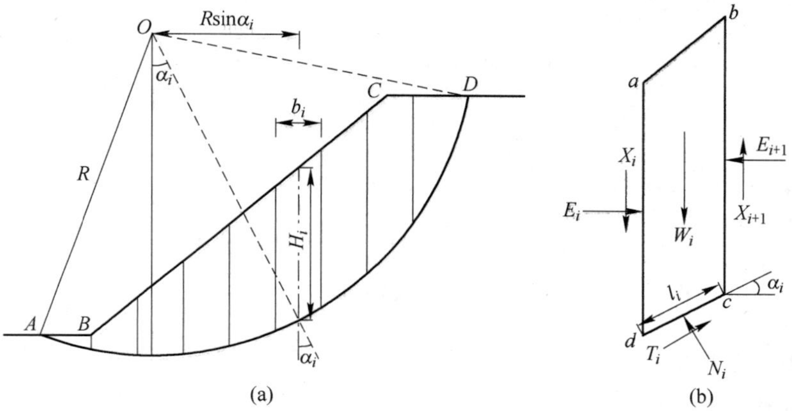

图 4-8 简化 Bishop 法计算模型示意图
（a）边坡条分示意图；（b）第 i 个条块受力示意图

分析可得，极限平衡条分模型中共有未知量 $6n-2$ 个，平衡方程及滑面强度方程共 $4n$ 个。简化 Bishop 法假定不考虑条块间切向力，仅考虑法向力，同时假定滑面上切向力和法向力的作用点，未知量减少 $2n-1$ 个。因此，未知量还有 $6n-2-(2n-1)=4n-1<4n$ 个，超静定问题转变为静定问题。

根据假设（5），垂直方向力的平衡：

$$W_i = N_i\cos\alpha_i + T_i\sin\alpha_i \tag{4-18}$$

根据滑面极限平衡条件：

$$T_i = \frac{c_i l_i + N_i\tan\varphi_i}{F} \tag{4-19}$$

联立式（4-18）、式（4-19）可得出：

$$N_i = \frac{W_i - \dfrac{c_i l_i}{F}\sin\alpha_i}{m_{\alpha i}} \tag{4-20}$$

$$T_i = \frac{1}{F}\cdot\frac{W_i\tan\varphi_i + c_i b_i}{m_{\alpha i}} \tag{4-21}$$

式中，$m_{\alpha i} = \cos\alpha_i + \dfrac{\sin\alpha_i\tan\varphi_i}{F}$。

结合图 4-9，由于简化 Bishop 法满足整体力矩平衡，故整体滑动力矩为：

$$M_S = \sum W_i \sin\alpha_i R + \sum E_{i+1} x_{i+1} \tag{4-22}$$

整体抗滑力矩为：

$$M_R = \sum T_i R + \sum E_i x_i \tag{4-23}$$

因为条块间法向作用力矩相互抵消，由 $M_S = M_R$ 可得：

$$\sum W_i \sin\alpha_i = \sum T_i \tag{4-24}$$

将式（4-21）代入式（4-24），可得：

$$F(F_m) = \frac{\sum \frac{1}{m_{\alpha i}}(c_i b_i + W_i \tan\varphi_i)}{\sum W_i \sin\alpha_i} \tag{4-25}$$

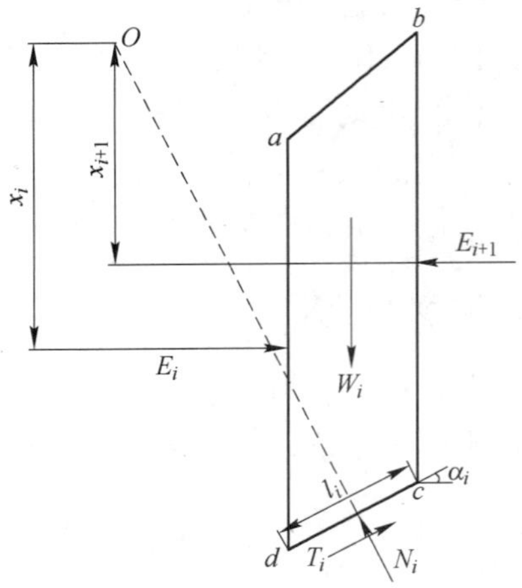

图 4-9　简化 Bishop 法第 i 个条块受力分析图

在 Bishop 法中考虑条间切向力条件，式（4-25）可写为：

$$F(F_m) = \frac{\sum \frac{1}{m_{\alpha i}}[c_i b_i + (W_i + X_i - X_{i+1})\tan\varphi_i]}{\sum W_i \sin\alpha_i} \tag{4-26}$$

若考虑地下水影响，对应的 c_i、φ_i、γ_i 值均取其有效值 c_i'、φ_i'、γ_i'，同时需要考虑孔隙水压力 U，式（4-19）可表示为：

$$T_i = \frac{c_i' l_i + (N_i - U_i)\tan\varphi_i'}{F} \tag{4-27}$$

因此，对应的安全系数计算公式（4-25）可表示为：

$$F(F_m) = \frac{\sum \frac{1}{m_{\alpha i}'}[c_i' b_i + (W_i - U_i \cos\alpha_i)\tan\varphi_i']}{\sum W_i \sin\alpha_i} \tag{4-28}$$

此时：

$$m_{\alpha i}' = \cos\alpha_i + \frac{\sin\alpha_i \tan\varphi_i'}{F}$$

在简化 Bishop 法中，因为 $m_{\alpha i}$ 中包括安全系数 F，所以在求 F 时要进行试算。在计算时，一般可以先假定 $F=1$，求出 $m_{\alpha i}$（或者假定 $m_{\alpha i}=1$，求出 F），再反求 F。如此反复迭代，直至前后两次迭代计算得到的 F 差值在允许的误差范围内为止。根据经验，通常只要迭代 3-4 次即可满足精度要求，而且迭代通常是收敛的。迭代的计算流程见图 4-10。

另外，针对公式 $m_{\alpha i} = \cos\alpha_i + \frac{\sin\alpha_i \tan\varphi_i}{F}$，必须指出：对于 α_i 为负值的部分条块，要注意是否会导致 $m_{\alpha i}$ 趋于零，如果趋于零，则简化 Bishop 法不能使用。根据一些学者的建议，当任意条块 $m_{\alpha i} < 0.2$ 时，就会使得求出的 F 出现较大的误差，此时应考虑条间切向力 X_i 的影响，或者采用其他方法进行计算。

【例题 4-2】　边坡几何及物理力学参数同例题 4-1，采用简化 Bishop 法，求图示指定滑动面的安全系数及该边坡的最小安全系数。

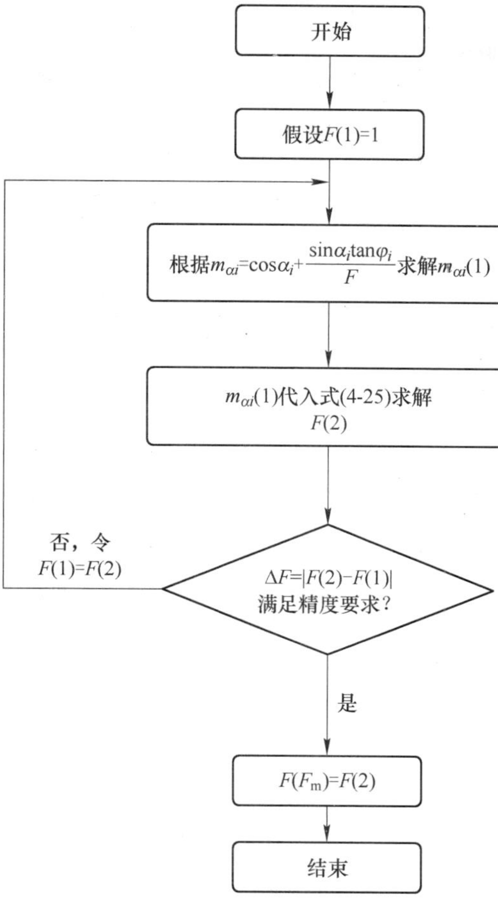

图 4-10　简化 Bishop 法迭代计算流程图

解：根据式（4-25），假设 $F(1)=5$ 为初始值，经过第一次迭代计算，结果见表 4-4、表 4-5。

表 4-4　简化 Bishop 法第一次迭代计算数据汇总表（1）

代号	①	②	③	④	⑤	⑥	⑦	⑧
条块	b_i	H_i	α_i	$W_i=b_iH_i\gamma$	$\sin\alpha_i$	$W_i\sin\alpha_i$	c_il_i	④-(⑦×⑤)/F
1	2.5	0.8	-9	40	-0.15643	-6.2574	50.623	41.583844
2	2.5	2.3	0.5	115	0.008727	1.00355	50.002	114.91273
3	2.5	3.3	9	165	0.156434	25.8117	50.623	163.41616
4	2.5	3.9	18.5	195	0.317305	61.8744	52.725	191.65405
5	2.5	4.1	28	205	0.469472	96.2417	56.629	199.68291
6	2.5	3.6	39	180	0.62932	113.278	64.338	171.90216
7	2.5	1.65	52	82.5	0.788011	65.0109	81.213	69.700584
Σ						356.9625		

表 4-5　简化 Bishop 法第一次迭代计算数据汇总表（2）

代号	⑨	⑩	⑪	⑫	⑬	⑭	⑮
条块	$\tan\varphi_i$	$\cos\alpha_i$	⑨ · $\tan\alpha_i$	⑩×(1+⑪/F)	N_i=⑧/⑫	N_i · $\tan\varphi_i$	⑦+⑭
1	0. 36397	0. 987688	−0. 057647	0. 9763008	42. 59327	15. 5027	66. 12594
2	0. 36397	0. 999962	0. 0031763	1. 0005972	114. 8442	41. 7999	91. 80176
3	0. 36397	0. 987688	0. 0576472	0. 9990758	163. 5673	59. 5336	110. 1569
4	0. 36397	0. 948324	0. 1217827	0. 9714215	197. 2924	71. 8085	124. 5332
5	0. 36397	0. 882948	0. 1935264	0. 9171223	217. 7277	79. 2464	135. 8749
6	0. 36397	0. 777146	0. 2947373	0. 8229567	208. 8836	76. 0274	140. 3654
7	0. 36397	0. 615661	0. 4658607	0. 673024	103. 5633	37. 694	118. 9074
Σ							787. 76545

计算可得，$F(2)=\sum⑮/\sum⑥=2.2068577$，将 $F(2)$ 进行第二次迭代计算，结果见表4-6、表4-7。

表 4-6　简化 Bishop 法第二次迭代计算数据汇总表（1）

代号	①	②	③	④	⑤	⑥	⑦	⑧
条块	b_i	H_i	α_i	$W_i=b_iH_i\gamma$	$\sin\alpha_i$	$W_i\sin\alpha_i$	c_il_i	④−(⑦×⑤)/F
1	2. 5	0. 8	−9	40	−0. 15643	−6. 2574	50. 623	43. 588461
2	2. 5	2. 3	0. 5	115	0. 008727	1. 00355	50. 002	114. 80228
3	2. 5	3. 3	9	165	0. 156434	25. 8117	50. 623	161. 41154
4	2. 5	3. 9	18. 5	195	0. 317305	61. 8744	52. 725	187. 41919
5	2. 5	4. 1	28	205	0. 469472	96. 2417	56. 629	192. 95325
6	2. 5	3. 6	39	180	0. 62932	113. 278	64. 338	161. 65301
7	2. 5	1. 65	52	82. 5	0. 788011	65. 0109	81. 213	53. 500813
Σ						356. 9625		

表 4-7　简化 Bishop 法第二次迭代计算数据汇总表（2）

代号	⑨	⑩	⑪	⑫	⑬	⑭	⑮
条块	$\tan\varphi_i$	$\cos\alpha_i$	⑨ · $\tan\alpha_i$	⑩×(1+⑪/F)	N_i=⑧/⑫	N_i · $\tan\varphi_i$	⑦+⑭
1	0. 36397	0. 987688	−0. 057647	0. 9618881	45. 31552	16. 4935	67. 11676
2	0. 36397	0. 999962	0. 0031763	1. 0014012	114. 6416	41. 7261	91. 72805
3	0. 36397	0. 987688	0. 0576472	1. 0134886	159. 2633	57. 9671	108. 5904
4	0. 36397	0. 948324	0. 1217827	1. 0006557	187. 2964	68. 1703	120. 8949
5	0. 36397	0. 882948	0. 1935264	0. 9603761	200. 9143	73. 1268	129. 7553
6	0. 36397	0. 777146	0. 2947373	0. 8809378	183. 501	66. 7889	131. 1269
7	0. 36397	0. 615661	0. 4658607	0. 7456257	71. 75291	26. 1159	107. 3294
Σ							756. 54168

计算可得，$F(3)=\sum⑮/\sum⑥=2.119387$，将 $F(3)$ 进行第三次迭代计算，结果见表4-8、表4-9。

表 4-8 简化 Bishop 法第三次迭代计算数据汇总表（1）

代号	①	②	③	④	⑤	⑥	⑦	⑧
条块	b_i	H_i	α_i	$W_i=b_iH_i\gamma$	$\sin\alpha_i$	$W_i\sin\alpha_i$	c_il_i	④-(⑦×⑤)/F
1	2.5	0.8	-9	40	-0.15643	-6.2574	50.623	43.736562
2	2.5	2.3	0.5	115	0.008727	1.00355	50.002	114.79412
3	2.5	3.3	9	165	0.156434	25.8117	50.623	161.26344
4	2.5	3.9	18.5	195	0.317305	61.8744	52.725	187.10632
5	2.5	4.1	28	205	0.469472	96.2417	56.629	192.45606
6	2.5	3.6	39	180	0.62932	113.278	64.338	160.8958
7	2.5	1.65	52	82.5	0.788011	65.0109	81.213	52.303966
Σ						356.9625		

表 4-9 简化 Bishop 法第三次迭代计算数据汇总表（2）

代号	⑨	⑩	⑪	⑫	⑬	⑭	⑮
条块	$\tan\varphi_i$	$\cos\alpha_i$	⑨·$\tan\alpha_i$	⑩×(1+⑪/F)	N_i=⑧/⑫	$N_i\cdot\tan\varphi_i$	⑦+⑭
1	0.36397	0.987688	-0.057647	0.9608233	45.51988	16.5679	67.19114
2	0.36397	0.999962	0.0031763	1.0014606	114.6267	41.7207	91.72261
3	0.36397	0.987688	0.0576472	1.0145534	158.9502	57.8531	108.4764
4	0.36397	0.948324	0.1217827	1.0028156	186.581	67.9099	120.6345
5	0.36397	0.882948	0.1935264	0.9635717	199.732	72.6965	129.325
6	0.36397	0.777146	0.2947373	0.8852215	181.7577	66.1544	130.4924
7	0.36397	0.615661	0.4658607	0.7509895	69.64673	25.3493	106.5628
Σ							754.40483

计算可得，$F(4)=\sum⑮/\sum⑥=2.1134008$，将 $F(4)$ 进行第四次迭代计算，结果见表4-10、表4-11。

表 4-10 简化 Bishop 法第四次迭代计算数据汇总表（1）

代号	①	②	③	④	⑤	⑥	⑦	⑧
条块	b_i	H_i	α_i	$W_i=b_iH_i\gamma$	$\sin\alpha_i$	$W_i\sin\alpha_i$	c_il_i	④-(⑦×⑤)/F
1	2.5	0.8	-9	40	-0.15643	-6.2574	50.623	43.747146
2	2.5	2.3	0.5	115	0.008727	1.00355	50.002	114.79353
3	2.5	3.3	9	165	0.156434	25.8117	50.623	161.25285
4	2.5	3.9	18.5	195	0.317305	61.8744	52.725	187.08396
5	2.5	4.1	28	205	0.469472	96.2417	56.629	192.42053
6	2.5	3.6	39	180	0.62932	113.278	64.338	160.84168
7	2.5	1.65	52	82.5	0.788011	65.0109	81.213	52.218436
Σ						356.9625		

表 4-11 简化 Bishop 法第四次迭代计算数据汇总表（2）

代号	⑨	⑩	⑪	⑫	⑬	⑭	⑮
条块	$\tan\varphi_i$	$\cos\alpha_i$	⑨ · $\tan\alpha_i$	⑩×(1+⑪/F)	N_i=⑧/⑫	N_i · $\tan\varphi_i$	⑦+⑭
1	0. 36397	0. 987688	−0. 057647	0. 9607472	45. 5345	16. 5732	67. 19646
2	0. 36397	0. 999962	0. 0031763	1. 0014648	114. 6256	41. 7203	91. 72222
3	0. 36397	0. 987688	0. 0576472	1. 0146295	158. 9278	57. 845	108. 4683
4	0. 36397	0. 948324	0. 1217827	1. 0029699	186. 53	67. 8914	120. 616
5	0. 36397	0. 882948	0. 1935264	0. 9638001	199. 6478	72. 6658	129. 2943
6	0. 36397	0. 777146	0. 2947373	0. 8855276	181. 6337	66. 1093	130. 4472
7	0. 36397	0. 615661	0. 4658607	0. 7513728	69. 49737	25. 295	106. 5084
Σ							754. 25294

计算可得，$F(5)=\sum⑮/\sum⑥=2.1129753$，此时 $\Delta F=|F(5)-F(4)|=0.00043$，因此可取：

$$F(F_m)=F(5)=2.113$$

沿图 4-5 边坡指定滑面的稳定性计算结果如图 4-11（a）、（b）所示，其中图（b）表明简化 Bishop 法的条块垂直力平衡、水平力不平衡。

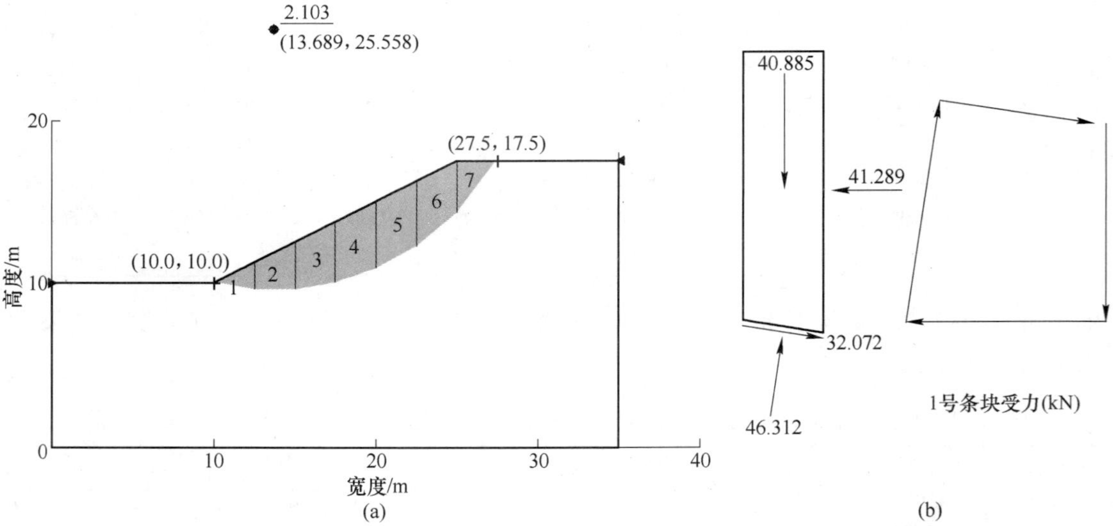

图 4-11 边坡指定滑面简化 Bishop 法稳定性计算结果

由图 4-11 可知，该指定滑面的安全系数：

$$F(F_m)=2.103$$

采用不同圆心、不同半径对应的滑面计算出该土坡的最小安全系数（$F=2.094$）以及力多边形如图 4-12（a）、（b）所示。

【例题 4-3】 在例题 4-2 的基础上，考虑地下水的作用，模型及地下水位如图 4-13 所示，采用简化 Bishop 法，求图示指定滑动面的安全系数及该边坡的最小安全系数。

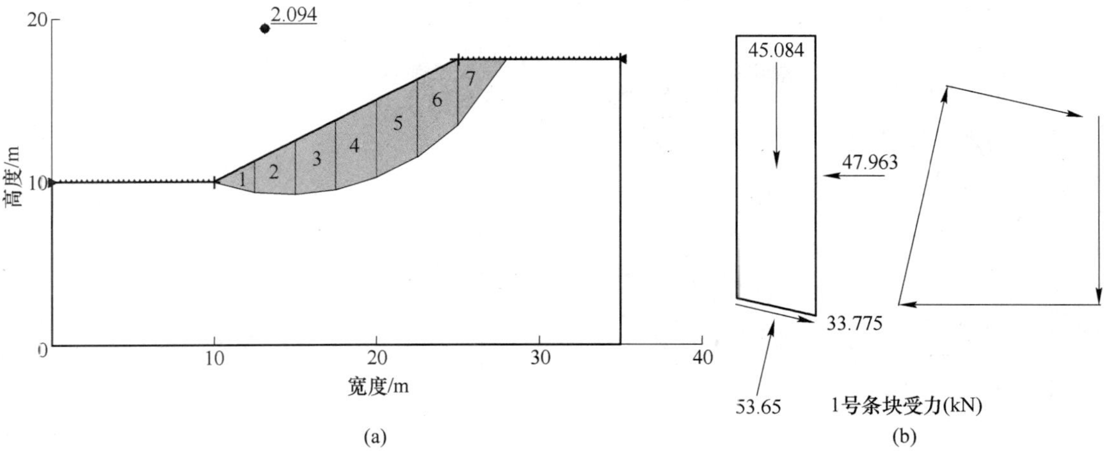

图 4-12　边坡简化 Bishop 法稳定性计算结果

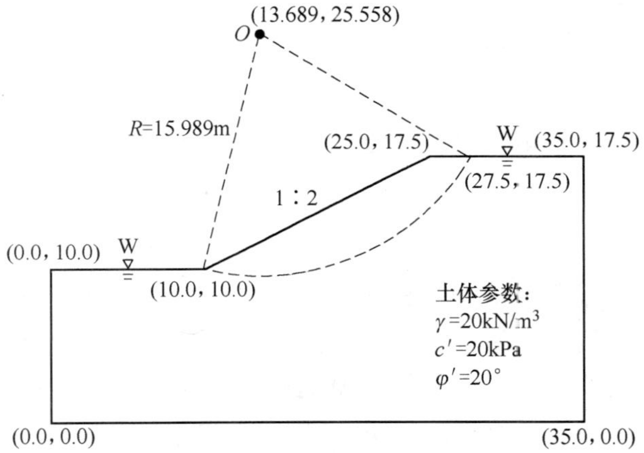

图 4-13　边坡示意图（单位：m）

解：图 4-13 边坡指定滑面的稳定性计算结果如图 4-14（a）、（b）所示。

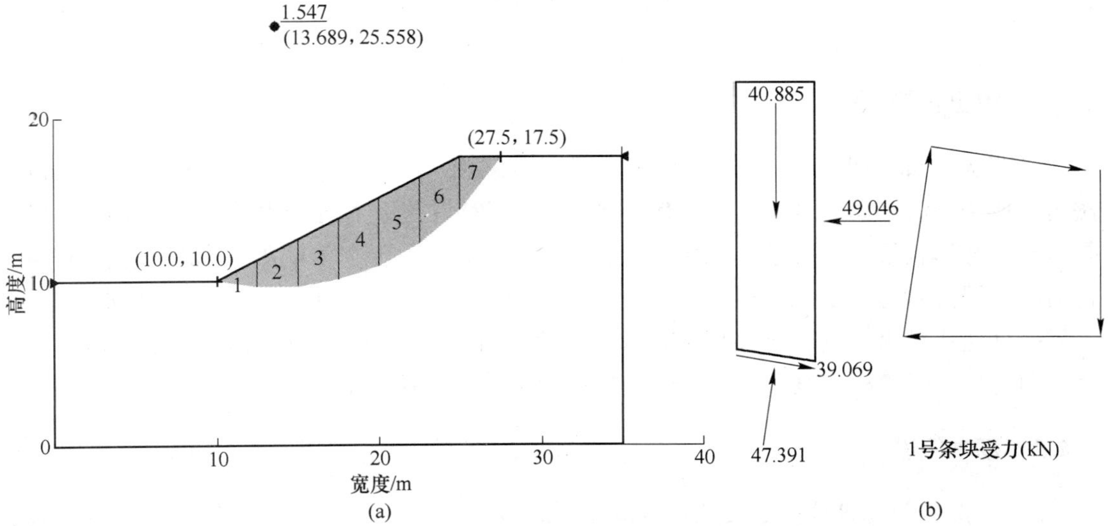

图 4-14　指定滑面简化 Bishop 法边坡稳定性计算结果

由图 4-14 可知，该指定滑面的安全系数：

$$F(F_m) = 1.547$$

采用不同圆心、不同半径对应的滑面计算出该边坡的最小安全系数（$F = 1.494$）以及力多边形如图 4-15（a）、（b）所示。

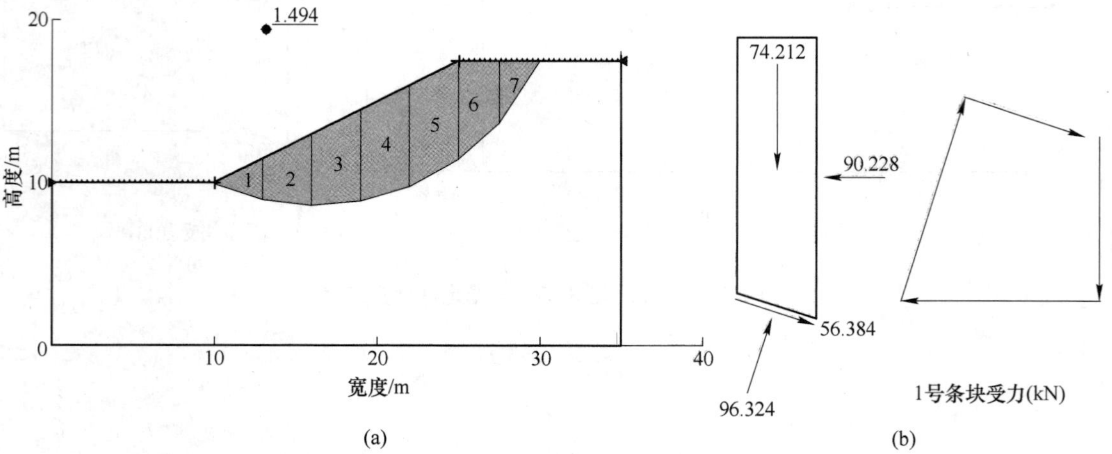

图 4-15 边坡简化 Bishop 法稳定性计算结果

4.3.4 计算方法评析

简化 Bishop 法只考虑条间法向力，满足垂直方向力的平衡及整体力矩平衡，力多边形基本闭合。该方法虽然是一种非严格条分法，但国内外大量的边坡稳定性计算工程实例表明：通过该方法算出的边坡安全系数与 Morgenstern-Price 法、Spencer 法等严格条分法的计算结果较为接近，一般只相差 3%~4%。同时，该方法计算过程相对简单，因此，简化 Bishop 法在工程中的应用比较广泛。

4.4 Janbu 法

4.4.1 提出背景

简布法（Janbu 法），又称通用 Janbu 法，1954 年由挪威土力学家 Janbu 提出。Janbu 法与瑞典条分法、简化 Bishop 法有较大区别，后两者主要适用于圆弧滑动面，Janbu 法则是基于任意形状滑动面且考虑所有平衡条件的边坡安全系数计算方法。该法通过假设滑体推力线位置并考虑条块的力矩平衡，推导出条块间法向力与切向力的关系，再根据条块力平衡条件迭代导出边坡安全系数。Janbu 法因其严格简明而很快在国际岩土工程界广泛应用，但之后大量工程实践证明，该法存在着较为严重的不收敛问题。

4.4.2 基本假设

Janbu 法作为一种适用于任意形状滑动面的边坡稳定性计算方法，基本假设主要包括以下 7 点：

（1）边坡问题为平面问题，即可取某一横剖面作为分析对象；

（2）边坡整体为均质材料，其抗剪强度服从摩尔-库仑准则；

（3）条块为刚体，即不考虑滑动土体的变形；

（4）所有条块在滑动面上同时达到极限平衡状态，且滑动面上所有点的安全系数相同；

（5）条块底部法向力作用点位置为条块上所有竖直荷载合力作用线和滑动面的交点，均为条块底部中点，且条块受到的所有荷载对该点的力矩平衡；

（6）假设条间法向力作用点位置，一般取条块底部以上 1/3 高度处；

（7）边坡安全系数 F 定义为沿整个滑动面的抗剪强度 τ_f 与实际产生的剪应力 τ 之比。

4.4.3 计算分析

图 4-16（a）为一简单黏性土边坡，滑动面为任意形状，对滑体进行条分，边坡条分示意图及第 i 个条块受力示意图见图 4-16。

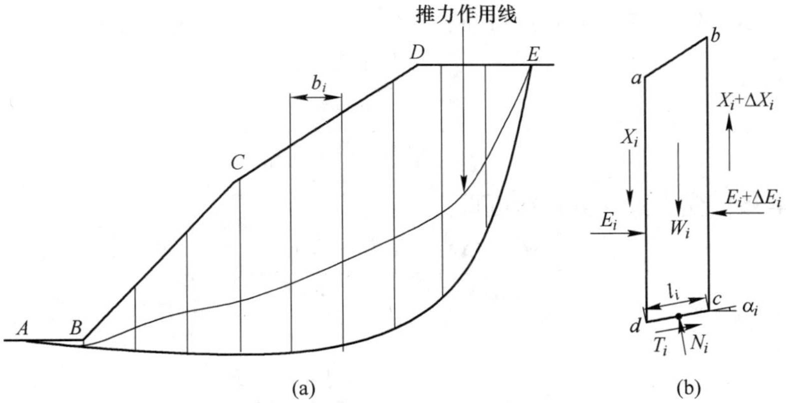

图 4-16 Janbu 法计算模型示意图

（a）边坡条分示意图；（b）第 i 个条块受力示意图

在 Janbu 法中，每个条块均满足三个平衡条件，分别为：

（1）条块水平方向受力平衡；

（2）条块垂直方向受力平衡；

（3）条块受到的所有荷载对条块底部中心处力矩平衡。

另外，根据假设（2），土体抗剪性质符合摩尔-库仑准则，所以共有 $4n$ 个平衡方程。根据假设（5）、（6），条块底部及条块之间的法向力作用点均已知。故待求解未知数为 $6n-2-n-(n-1)=4n-1<4n$ 个，超静定问题转变为静定问题。

根据条块水平方向受力平衡：

$$N_i\sin\alpha_i + E_i + \Delta E_i = T_i\cos\alpha_i + E_i \tag{4-29}$$

垂直方向受力平衡：

$$W_i + X_i = N_i\cos\alpha_i + T_i\sin\alpha_i + X_i + \Delta X_i \tag{4-30}$$

所以

$$\Delta E_i = T_i\cos\alpha_i - N_i\sin\alpha_i \tag{4-31}$$

$$N_i = \frac{W_i - \Delta X_i - T_i \sin\alpha_i}{\cos\alpha_i} \tag{4-32}$$

联立式（4-31）、式（4-32）可得：

$$\Delta E_i = \frac{T_i}{\cos\alpha_i} - (W_i - \Delta X_i)\tan\alpha_i \tag{4-33}$$

对于整个滑体，条块之间的法向力之和为零，即：

$$\sum \Delta E_i = 0$$

所以

$$\sum \Delta E_i = \sum \left[\frac{T_i}{\cos\alpha_i} - (W_i - \Delta X_i)\tan\alpha_i\right] = 0 \tag{4-34}$$

又由于

$$T_i = \frac{c_i l_i + N_i \tan\varphi_i}{F} \tag{4-35}$$

将式（4-35）代入式（4-34）可得：

$$F = \frac{\sum \dfrac{c_i l_i + N_i \tan\varphi_i}{\cos\alpha_i}}{\sum (W_i - \Delta X_i)\tan\alpha_i} \tag{4-36}$$

将式（4-35）代入式（4-32）可得：

$$N_i = \frac{W_i - \Delta X_i}{\cos\alpha_i} - \frac{c_i l_i + N_i \tan\varphi_i}{F}\tan\alpha_i \tag{4-37}$$

即

$$N_i = \frac{W_i - \Delta X_i - c_i l_i \sin\alpha_i / F}{\cos\alpha_i + \dfrac{\sin\alpha_i \tan\varphi_i}{F}} \tag{4-38}$$

令 $m_{\alpha i} = \cos\alpha_i + \dfrac{\sin\alpha_i \tan\varphi_i}{F}$，将式（4-38）代入式（4-36）可得：

$$F(F_f) = \frac{\sum \dfrac{c_i b_i + (W_i - \Delta X_i)\tan\varphi_i}{m_{\alpha i} \cdot \cos\alpha_i}}{\sum (W_i - \Delta X_i)\tan\alpha_i} \tag{4-39}$$

式（4-39）即为 Janbu 法求解边坡安全系数的计算公式。

而简化 Janbu 法假设 $X_i = 0$，$\Delta X_i = 0$，则式（4-39）可表示为：

$$F(F_f) = \frac{\sum \dfrac{c_i b_i + W_i \tan\varphi_i}{m_{\alpha i} \cdot \cos\alpha_i}}{\sum W_i \tan\alpha_i} \tag{4-40}$$

联立式（4-33）、式（4-35）、式（4-38）可得：

$$\Delta E_i = \frac{1}{F\cos\alpha_i} \cdot \frac{c_i b_i + (W_i - \Delta X_i)\tan\varphi_i}{m_{\alpha i}} - (W_i - \Delta X_i)\tan\alpha_i \tag{4-41}$$

结合图 4-17，对滑面底部中点取矩，力矩之和为零，即：

$$\sum M_{(o)} = 0 \tag{4-42}$$

$$E_i h_i = X_i \frac{b_i}{2} + (X_i + \Delta X_i)\frac{b_i}{2} + (E_i + \Delta E_i)(h_i + \Delta h_i) \tag{4-43}$$

化简可得：

$$-X_i = \left(\frac{\Delta X_i b_i}{2} + E_i \Delta h_i + \Delta E_i h_i + \Delta E_i \Delta h_i\right) \Big/ b_i \tag{4-44}$$

舍去高阶无穷小量 $\Delta E_i \Delta h_i$，则：

$$\begin{aligned} -X_i &= \frac{\Delta X_i}{2} + E_i \frac{\Delta h_i}{b_i} + h_i \frac{\Delta E_i}{b_i} \\ &= \frac{\Delta X_i}{2} + E_i \tan \overline{\alpha}_i + h_i \frac{\Delta E_i}{b_i} \end{aligned} \tag{4-45}$$

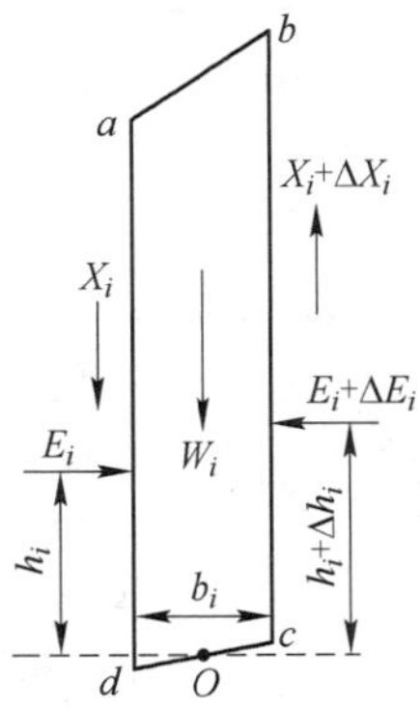

图 4-17 Janbu 法第 i 个条块受力分析示意图

由式（4-41）可得：

$$E_i = \sum_{n=1}^{i} \Delta E_n \tag{4-46}$$

在使用 Janbu 法进行计算时，首先要用到简化 Janbu 法的思想，具体的步骤如下：

（1）首先令 $\Delta X_i = 0$，由式（4-40）计算出安全系数 F；

（2）由式（4-41）计算出 ΔE_i；

（3）由式（4-46）计算出 E_i；

（4）由式（4-45）计算出 X_i；

（5）计算 $\Delta X_i = X_{i+1} - X_i$；

（6）再将第（5）步得到的 ΔX_i 代入式（4-39）计算 F。

重复上述步骤直到边坡安全系数 $F(F_f)$ 变化值达到精度要求。

如果考虑地下水影响，对应的 c_i、φ_i、γ_i 值均取其有效值 c_i'、φ_i'、γ_i'，同时需要考虑孔隙水压力 U_i，式（4-39）可表示为：

$$F(F_f) = \frac{\sum \dfrac{c_i' b_i + (W_i - U_i\cos\alpha_i - \Delta X_i)\tan\varphi_i'}{m_{\alpha i}' \cdot \cos\alpha_i}}{\sum (W_i - \Delta X_i)\tan\alpha_i} \tag{4-47}$$

此时 $m_{\alpha i}' = \cos\alpha_i + \dfrac{\sin\alpha_i \tan\varphi_i'}{F}$。

式（4-41）可表示为：

$$\Delta E_i = \frac{1}{F\cos\alpha_i} \cdot \frac{c_i' b_i + (W_i - U_i\cos\alpha_i - \Delta X_i)\tan\varphi_i'}{m_{\alpha i}'} - (W_i - \Delta X_i)\tan\alpha_i \tag{4-48}$$

简化 Janbu 法的计算公式（4-40）可表示为：

$$F(F_f) = \frac{\sum \dfrac{c_i' b_i + (W_i - U_i\cos\alpha_i)\tan\varphi_i'}{m_{\alpha i}' \cdot \cos\alpha_i}}{\sum W_i \tan\alpha_i} \tag{4-49}$$

【例题 4-4】 边坡几何及物理力学参数同例题 4-1，采用简化 Janbu 法，求图示指定滑动面的安全系数及该边坡的最小安全系数。

解：根据式（4-40），假设 $F(1)=5$ 为初始值，经过第一次迭代计算，结果见表 4-12、表 4-13。

表 4-12 简化 Janbu 法第一次迭代计算数据汇总表（1）

代号	①	②	③	④	⑤	⑥	⑦
条块	b_i	H_i	α_i	$W_i=b_iH_i\gamma$	$\sin\alpha_i$	c_il_i	④-(⑥×⑤)/F
1	2.5	0.8	-9	40	-0.156434	50.62326	41.583844
2	2.5	2.3	0.5	115	0.0087265	50.0019	114.91273
3	2.5	3.3	9	165	0.1564345	50.62326	163.41616
4	2.5	3.9	18.5	195	0.3173047	52.72462	191.65405
5	2.5	4.1	28	205	0.4694716	56.6285	199.68291
6	2.5	3.6	39	180	0.6293204	64.33798	171.90216
7	2.5	1.65	52	82.5	0.7880108	81.21346	69.700584

表 4-13 简化 Janbu 法第一次迭代计算数据汇总表（2）

代号	⑧	⑨	⑩	⑪	⑫	⑬	⑭
条块	$\cos\alpha_i$	$\tan\varphi_i\tan\alpha_i$	⑧×(1+⑨/F)	N_i=⑦/⑩	$N_i\cdot\tan\varphi_i$	(⑥+⑫)×⑧	$N_i\sin\alpha_i$
1	0.9876883	-0.057647	0.97630084	42.59326898	15.502682	65.31182	-6.6630552
2	0.9999619	0.0031763	1.00059716	114.8441507	41.799852	91.79826	1.0021916
3	0.9876883	0.0576472	0.99907584	163.5673182	59.533635	108.8007	25.587566
4	0.9483237	0.1217827	0.97142155	197.2923575	71.808546	118.0977	62.601784
5	0.8829476	0.1935264	0.91712233	217.727668	79.24639	119.9704	102.21695
6	0.777146	0.2947373	0.82295674	208.8835918	76.02741	109.0844	131.4547
7	0.6156615	0.4658607	0.67302397	103.563301	37.693959	73.20672	81.608995
Σ						686.27	397.80913

计算可得，$F(2)=\sum$⑬/$\sum$⑭$=1.72512385$，将 $F(2)$ 进行第二次迭代计算，结果见表 4-14、表 4-15。

表 4-14 简化 Janbu 法第二次迭代计算数据汇总表（1）

代号	①	②	③	④	⑤	⑥	⑦
条块	b_i	H_i	α_i	$W_i=b_iH_i\gamma$	$\sin\alpha_i$	c_il_i	④-(⑥×⑤)/F
1	2.5	0.8	-9	40	-0.156434	50.62326	44.590524
2	2.5	2.3	0.5	115	0.0087265	50.0019	114.74707
3	2.5	3.3	9	165	0.1564345	50.62326	160.40948
4	2.5	3.9	18.5	195	0.3173047	52.72462	185.30228
5	2.5	4.1	28	205	0.4694716	56.6285	189.58924
6	2.5	3.6	39	180	0.6293204	64.33798	156.52968
7	2.5	1.65	52	82.5	0.7880108	81.21346	45.402906

表 4-15 简化 Janbu 法第二次迭代计算数据汇总表（2）

代号	⑧	⑨	⑩	⑪	⑫	⑬	⑭
条块	$\cos\alpha_i$	$\tan\varphi_i\tan\alpha_i$	⑧×(1+⑨/F)	N_i=⑦/⑩	$N_i\cdot\tan\varphi_i$	(⑥+⑫)×⑧	$N_i\sin\alpha_i$
1	0.9876883	−0.057647	0.95468347	46.70712876	17.000005	66.79071	−7.3066047
2	0.9999619	0.0031763	1.00180307	114.5405413	41.689348	91.68776	0.9995421
3	0.9876883	0.0576472	1.02069321	157.1573853	57.20061	106.4964	24.584831
4	0.9483237	0.1217827	1.01526925	182.5154069	66.430175	112.9973	57.912988
5	0.8829476	0.1935264	0.98199768	193.0648533	70.26986	112.0446	90.638458
6	0.777146	0.2947373	0.90992129	172.0255206	62.612169	98.65879	108.25917
7	0.6156615	0.4658607	0.78191763	58.06609815	21.134331	63.01159	45.75671
Σ						651.6871	320.84509

计算可得，$F(3)=\sum$⑬$/\sum$⑭$=2.0311582$，将 $F(3)$ 进行第三次迭代计算，结果见表 4-16、表 4-17。

表 4-16 简化 Janbu 法第三次迭代计算数据汇总表（1）

代号	①	②	③	④	⑤	⑥	⑦
条块	b_i	H_i	α_i	$W_i=b_iH_i\gamma$	$\sin\alpha_i$	c_il_i	④−(⑥×⑤)/F
1	2.5	0.8	−9	40	−0.156434	50.62326	43.89887
2	2.5	2.3	0.5	115	0.0087265	50.0019	114.78518
3	2.5	3.3	9	165	0.1564345	50.62326	161.10113
4	2.5	3.9	18.5	195	0.3173047	52.72462	186.76344
5	2.5	4.1	28	205	0.4694716	56.6285	191.91118
6	2.5	3.6	39	180	0.6293204	64.33798	160.06595
7	2.5	1.65	52	82.5	0.7880108	81.21346	50.99232

表 4-17 简化 Janbu 法第三次迭代计算数据汇总表（2）

代号	⑧	⑨	⑩	⑪	⑫	⑬	⑭
条块	$\cos\alpha_i$	$\tan\varphi_i\tan\alpha_i$	⑧×(1+⑨/F)	N_i=⑦/⑩	$N_i\cdot\tan\varphi_i$	(⑥+⑫)×⑧	$N_i\sin\alpha_i$
1	0.9876883	−0.057647	0.95965631	45.74436668	16.649588	66.4446	−7.1559955
2	0.9999619	0.0031763	1.00152566	114.6103186	41.714745	91.71316	1.000151
3	0.9876883	0.0576472	1.01572037	158.607757	57.728502	107.0178	24.81172
4	0.9483237	0.1217827	1.00518257	185.8005112	67.625856	114.1312	58.955367
5	0.8829476	0.1935264	0.96707382	198.4452194	72.228153	113.7737	93.164387
6	0.777146	0.2947373	0.88991605	179.8663521	65.465998	100.8766	113.19356
7	0.6156615	0.4658607	0.75686784	67.37281982	24.521701	65.09707	53.090507
Σ						659.0541	337.0597

计算可得，$F(4)=\sum$⑬$/\sum$⑭$=1.95530378$，将 $F(4)$ 进行第四次迭代计算，结果见表 4-18、表 4-19。

表 4-18 简化 Janbu 法第四次迭代计算数据汇总表（1）

代号	①	②	③	④	⑤	⑥	⑦
条块	b_i	H_i	α_i	$W_i=b_iH_i\gamma$	$\sin\alpha_i$	c_il_i	④-(⑥×⑤)/F
1	2.5	0.8	-9	40	-0.156434	50.62326	44.050124
2	2.5	2.3	0.5	115	0.0087265	50.0019	114.77684
3	2.5	3.3	9	165	0.1564345	50.62326	160.94988
4	2.5	3.9	18.5	195	0.3173047	52.72462	186.4439
5	2.5	4.1	28	205	0.4694716	56.6285	191.40341
6	2.5	3.6	39	180	0.6293204	64.33798	159.29263
7	2.5	1.65	52	82.5	0.7880108	81.21346	49.770006

表 4-19 简化 Janbu 法第四次迭代计算数据汇总表（2）

代号	⑧	⑨	⑩	⑪	⑫	⑬	⑭
条块	$\cos\alpha_i$	$\tan\varphi_i\tan\alpha_i$	⑧×(1+⑨/F)	N_i=⑦/⑩	$N_i\cdot\tan\varphi_i$	(⑥+⑫)×⑧	$N_i\sin\alpha_i$
1	0.9876883	-0.057647	0.95856883	45.95405383	16.725908	66.51998	-7.1887978
2	0.9999619	0.0031763	1.00158632	114.5950561	41.709189	91.7076	1.0000178
3	0.9876883	0.0576472	1.01680785	158.2893722	57.61262	106.9033	24.761913
4	0.9483237	0.1217827	1.00738836	185.0764918	67.362334	113.8813	58.725633
5	0.8829476	0.1935264	0.97033743	197.2544813	71.79476	113.391	92.60537
6	0.777146	0.2947373	0.89429087	178.1217199	64.831004	100.3832	112.09563
7	0.6156615	0.4658607	0.76234582	65.28533928	23.76192	64.6293	51.445549
Σ						657.4157	333.44532

计算可得，$F(5)=\sum$⑬/$\sum$⑭$=1.97158462$，将 $F(5)$ 进行第五次迭代计算，结果见表 4-20、表 4-21。

表 4-20 简化 Janbu 法第五次迭代计算数据汇总表（1）

代号	①	②	③	④	⑤	⑥	⑦
条块	b_i	H_i	α_i	$W_i=b_iH_i\gamma$	$\sin\alpha_i$	c_il_i	④-(⑥×⑤)/F
1	2.5	0.8	-9	40	-0.156434	50.62326	44.016679
2	2.5	2.3	0.5	115	0.0087265	50.0019	114.77868
3	2.5	3.3	9	165	0.1564345	50.62326	160.98332
4	2.5	3.9	18.5	195	0.3173047	52.72462	186.51456
5	2.5	4.1	28	205	0.4694716	56.6285	191.51568
6	2.5	3.6	39	180	0.6293204	64.33798	159.46362
7	2.5	1.65	52	82.5	0.7880108	81.21346	50.040282

表 4-21 简化 Janbu 法第五次迭代计算数据汇总表（2）

代号	⑧	⑨	⑩	⑪	⑫	⑬	⑭
条块	$\cos\alpha_i$	$\tan\varphi_i\tan\alpha_i$	⑧×(1+⑨/F)	N_i=⑦/⑩	$N_i\cdot\tan\varphi_i$	(⑥+⑫)×⑧	$N_i\sin\alpha_i$
1	0.9876883	-0.057647	0.95880929	45.90764725	16.709017	66.5033	-7.1815382
2	0.9999619	0.0031763	1.00157291	114.5984308	41.710418	91.70883	1.0000473
3	0.9876883	0.0576472	1.01656739	158.3597142	57.638222	106.9286	24.772917
4	0.9483237	0.1217827	1.00690062	185.2363124	67.420504	113.9365	58.776344
5	0.8829476	0.1935264	0.96961579	197.5170848	71.89034	113.4754	92.728654
6	0.777146	0.2947373	0.89332352	178.5060182	64.970877	100.4919	112.33748
7	0.6156615	0.4658607	0.76113454	65.74433152	23.92898	64.73215	51.80724
Σ						657.7766	334.24114

计算可得，$F(6)=\sum⑬/\sum⑭=1.96797017$，$\Delta F=|F(6)-F(5)|=0.0036145$，因此可取：

$$F(F_f)=F(6)=1.968$$

沿图 4-5 边坡指定滑面的稳定性计算结果如图 4-18（a）、（b）所示。

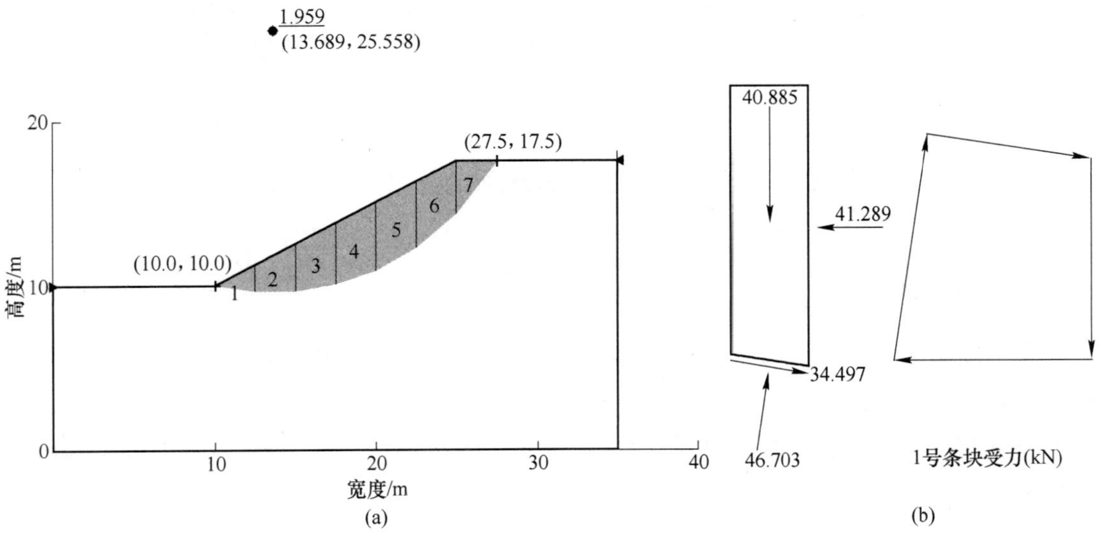

图 4-18 边坡指定滑面简化 Janbu 法稳定性计算结果

由图 4-18 可知，该指定滑面的安全系数：

$$F(F_f)=1.959$$

采用不同圆心、不同半径对应的滑面计算出该边坡的最小安全系数（$F=1.919$）以及力多边形如图 4-19（a）、（b）所示，力多边形闭合表明条块水平力、垂直力均平衡。

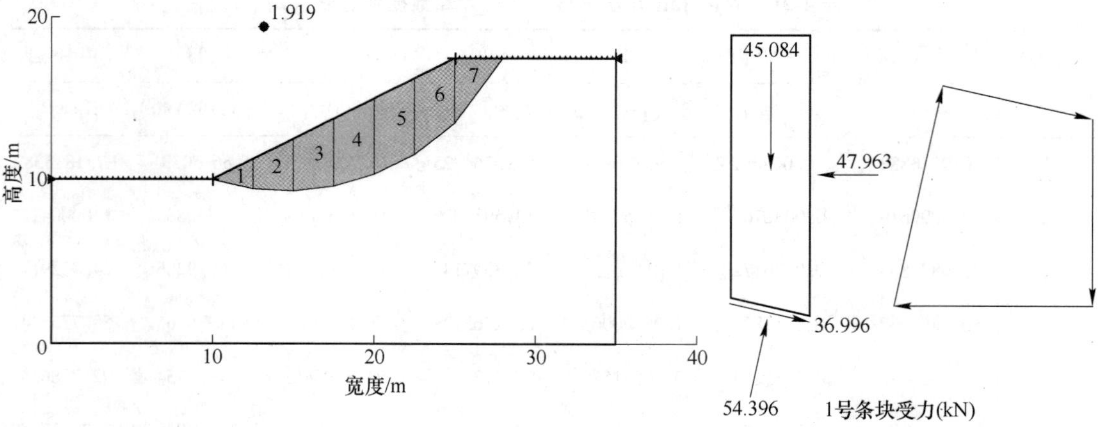

(a) (b)

图 4-19 边坡简化 Janbu 法稳定性计算结果

4.4.4 计算方法评析

Janbu 法是第一种基于任意形状滑面且考虑滑体所有平衡条件的边坡安全系数计算方法，力多边形闭合，由于其不易收敛，故在工程上较少使用，而简化 Janbu 法不考虑条间切向力，使得计算过程较为简化。但 Janbu 法与其他严格条分法相比，仍有其独特优点，如直接假设推力线的位置，根据一般工程条件易于判断。另外，该方法将力矩平衡条件隐含于条块切向力与法向力的关系中，这样仅根据力的平衡条件即可得到满足严格平衡条件的安全系数表达式，计算较为方便，在地形比较复杂的工程中，可以考虑采用此方法。

4.5 Corps of Engineers 法（#1、#2）

4.5.1 提出背景

美国陆军工程师团法（U. S. Army，Corps of Engineers 法#1、#2）于 20 世纪 60 年代被提出，名义上是两种不同的方法，但就其本质而言，只是选择了不同条间力比值（X/E）的同一种方法，该法满足条块力平衡，不满足整体力矩平衡，适用于任意形状滑面。

4.5.2 基本假设

针对条块条间合力的方向问题，Corps of Engineers 法（#1、#2）分别对应两种基本假设，Corps of Engineers #1 假设其为从滑面顶部到底部（即滑面的进出口）连线的斜率（图 4-20），Corps of Engineers #2 假设其为条块顶面的斜率（图 4-21）。两种方法均满足以下基本假设：

（1）边坡问题为平面问题，即可取某一横剖面作为分析对象；

（2）边坡整体为均质材料，其抗剪强度服从摩尔-库仑准则；

（3）条块为刚体，即不考虑滑动土体的变形；

（4）所有条块在滑动面上同时达到极限平衡状态，且滑动面上所有点的安全系数相同；

（5）同时考虑条间法向力 E 和切向力 X，条间合力作用方向平行于滑面进出口连线（#1）或条块顶面倾角（#2）；

（6）条块满足力平衡，不考虑整体力矩平衡；

（7）边坡安全系数 F 定义为沿整个滑动面的抗剪强度 τ_f 与实际产生的剪应力 τ 之比。

4.5.3 计算分析（Corps of Engineers 法#1）

图 4-20（a）为一简单黏性土边坡，滑动面为任意形状，对滑体进行条分，边坡条分及第 i 个条块受力示意图为：

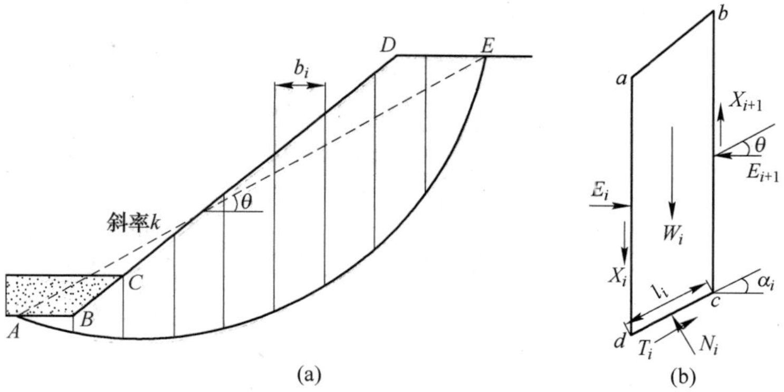

图 4-20　Corps of Engineers 法#1 计算模型示意图

（a）边坡条分示意图；（b）第 i 个条块受力示意图

根据条块水平方向受力平衡：

$$N_i\sin\alpha_i + E_{i+1} = T_i\cos\alpha_i + E_i \tag{4-50}$$

根据条块垂直方向受力平衡：

$$W_i + X_i = N_i\cos\alpha_i + T_i\sin\alpha_i + X_{i+1} \tag{4-51}$$

式中，$E_{i+1} = E_i + \Delta E_i$，$X_{i+1} = X_i + \Delta X_i$。

所以

$$\Delta E_i = T_i\cos\alpha_i - N_i\sin\alpha_i \tag{4-52}$$

$$N_i = \frac{W_i - \Delta X_i - T_i\sin\alpha_i}{\cos\alpha_i} \tag{4-53}$$

联立式（4-52）、式（4-53）可以得到：

$$\Delta E_i = \frac{T_i}{\cos\alpha_i} - (W_i - \Delta X_i)\tan\alpha_i \tag{4-54}$$

对于整个滑体，条块间法向力之和为零，即：

$$\sum \Delta E_i = 0$$

所以

$$\sum \Delta E_i = \sum \left[\frac{T_i}{\cos\alpha_i} - (W_i - \Delta X_i)\tan\alpha_i \right] = 0 \tag{4-55}$$

又由于:

$$T_i = \frac{c_i l_i + N_i \tan\varphi_i}{F} \tag{4-56}$$

将式（4-56）代入式（4-55）可以得到:

$$F = \frac{\sum \frac{c_i l_i + N_i \tan\varphi_i}{\cos\alpha_i}}{\sum (W_i - \Delta X_i)\tan\alpha_i} \tag{4-57}$$

将式（4-56）代入式（4-53）可以得到:

$$N_i = \frac{W_i - \Delta X_i}{\cos\alpha_i} - \frac{c_i l_i + N_i \tan\varphi_i}{F}\tan\alpha_i$$

即

$$N_i = \frac{W_i - \Delta X_i - c_i l_i \sin\alpha_i / F}{\cos\alpha_i + \frac{\sin\alpha_i \tan\varphi_i}{F}} \tag{4-58}$$

令 $m_{\alpha i} = \cos\alpha_i + \frac{\sin\alpha_i \tan\varphi_i}{F}$，将式（4-58）代入式（4-57）可以得到:

$$F(F_f) = \frac{\sum \frac{c_i b_i + (W_i - \Delta X_i)\tan\varphi_i}{m_{\alpha i} \cdot \cos\alpha_i}}{\sum (W_i - \Delta X_i)\tan\alpha_i} \tag{4-59}$$

式（4-54）、式（4-56）以及式（4-58）联立可以求出:

$$\Delta E_i = \frac{1}{F\cos\alpha_i} \cdot \frac{c_i b_i + (W_i - \Delta X_i)\tan\varphi_i}{m_{\alpha i}} - (W_i - \Delta X_i)\tan\alpha_i \tag{4-60}$$

对于 Corps of Engineers 法#1 有:

$$X_i = \tan\theta \cdot E_i \tag{4-61}$$

$$X_i + \Delta X_i = \tan\theta \cdot (E_i + \Delta E_i) \tag{4-62}$$

故

$$\Delta X_i = \tan\theta \cdot \Delta E_i \tag{4-63}$$

联立式（4-59）、式（4-60）、式（4-63）即可求得边坡安全系数 $F(F_f)$。

4.5.4 计算分析（Corps of Engineers 法#2）

Corps of Engineers 法#2 与法#1 的差别主要在于条块条间合力的倾角假设不同，对于 Corps of Engineers 法#2，对应的计算模型示意图如图 4-21 所示。

在 Corps of Engineers 法#2 计算中，式（4-61）变为:

$$X_i = \tan\theta_i \cdot E_i \tag{4-64}$$

故

$$\Delta X_i = \tan\theta_i \cdot \Delta E_i \tag{4-65}$$

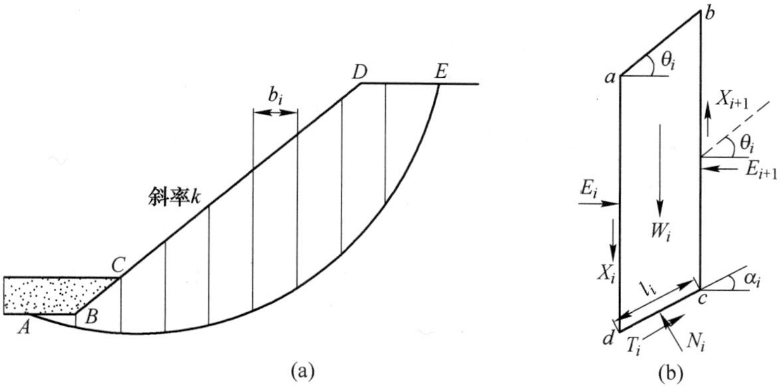

图 4-21 Corps of Engineers 法#2 计算模型示意图

（a）边坡条分示意图；（b）第 i 个条块受力示意图

联立式（4-59）、式（4-60）、式（4-65）可以求得边坡安全系数 $F(F_f)$。

【例题 4-5】 图 4-22 为一简单黏性土边坡，坡度 1∶2，坡高 7.5m，γ = 20kN/m^3，c = 20kPa，φ = 20°，条块数量取 7，采用 Corps of Engineers 法#1、#2 分别求该边坡的最小安全系数。

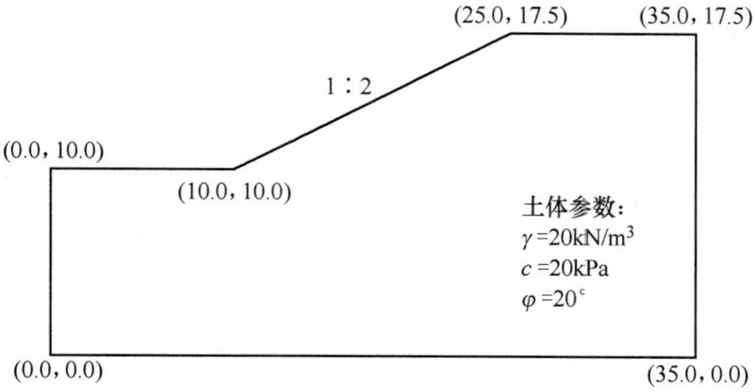

图 4-22 边坡示意图（单位：m）

解： 基于 Corps of Engineers 法#1，采用不同圆心、不同半径对应的滑面计算出该边坡的最小安全系数（F = 2.129）以及力多边形，分别如图 4-23（a）、（b）所示，力多边形闭合表明条块水平力、垂直力均平衡。

基于 Corps of Engineers 法#2，采用不同圆心、不同半径对应的滑面计算出该边坡的最小安全系数（F = 2.170）以及力多边形，分别如图 4-24（a）、（b）所示，力多边形闭合表明条块水平力、垂直力均平衡。

计算结果表明，Corps of Engineers 法#1 与#2 得到的边坡最小安全系数较为接近。

4.5.5 计算方法评析

Corps of Engineers 法（#1、#2）均考虑条间法向力和切向力，并分别对合力的倾角作出不同假设（分别假设条间合力作用方向平行于滑面进出口连线、条块顶面倾角），条块满足条间力平衡条件，不满足整体力矩平衡，力多边形闭合。Corps of En-

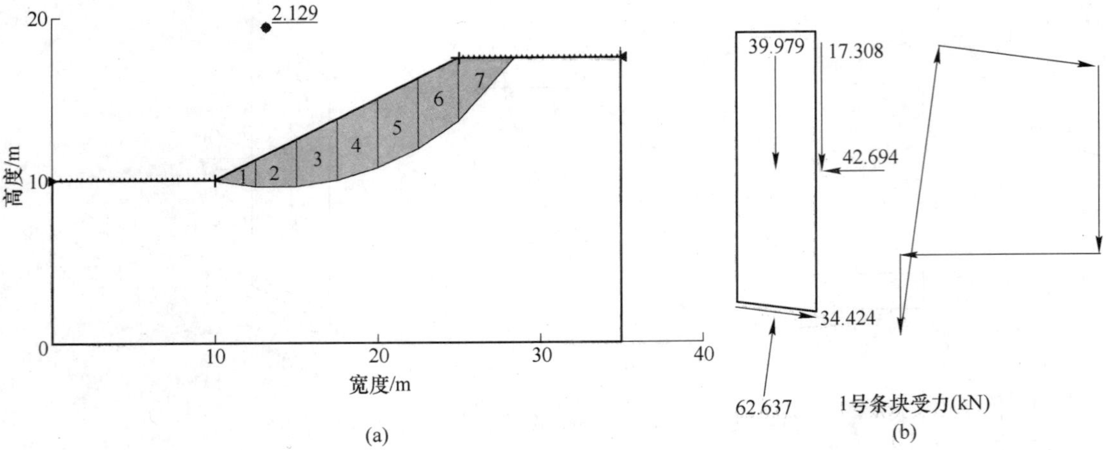

图 4-23 边坡 Corps of Engineers 法#1 稳定性计算结果

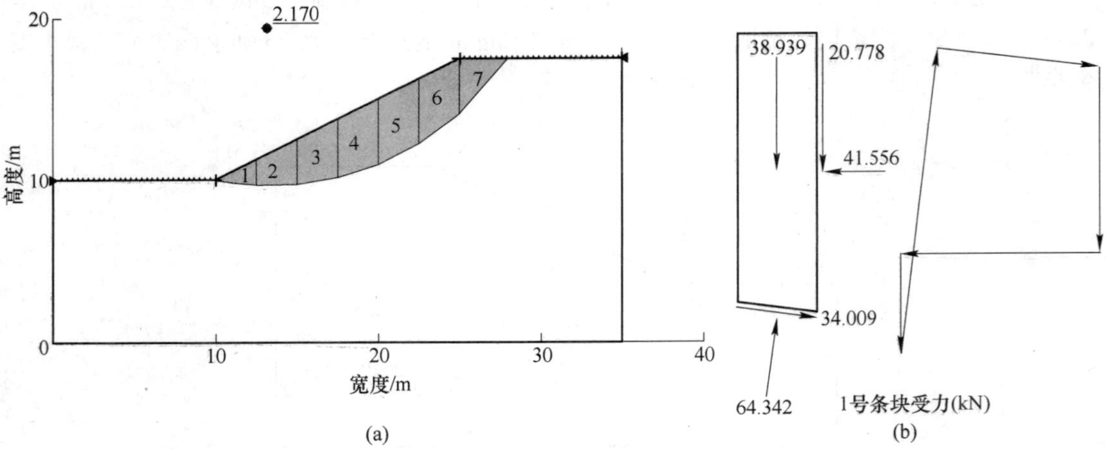

图 4-24 边坡 Corps of Engineers 法#2 稳定性计算结果

gineers 法的主要特点是：所定义的条间力函数与滑面或边坡的几何形状有关，适用于各种滑动面。

由于实际工程边坡几何形态复杂，因此该方法会产生一定的计算误差，但大量的工程案例表明，采用该方法能基本满足规范要求，故其应用也较为广泛。

4.6 Lowe-Karafiath 法

4.6.1 提出背景

罗厄法（Lowe-Karafiath 法，下文简称 L-K 法）于 20 世纪 60 年代提出，略早于 Corps of Engineers 法（#1、#2）。这三种方法原理基本相同，区别在于 Lowe-Karafiath 法假定条间合力方向为条块顶部倾角和底部倾角的均值。

4.6.2 基本假设

L-K 法基本假设主要包括以下 7 点：

（1）边坡问题为平面问题，即可取某一横剖面作为分析对象；

（2）边坡整体为均质材料，其抗剪强度服从摩尔-库仑准则；

（3）条块为刚体，即不考虑滑动土体的变形；

（4）所有条块在滑动面上同时达到极限平衡状态，且滑动面上所有点的安全系数相同；

（5）同时考虑条间法向力 E 和切向力 X，条间合力方向为条块顶部倾角和底部倾角的均值；

（6）条块满足力平衡，不考虑整体力矩平衡；

（7）边坡安全系数 F 定义为沿整个滑动面的抗剪强度 τ_f 与实际产生的剪应力 τ 之比。

4.6.3 计算分析

图 4-25（a）为一简单黏性土边坡，滑动面为任意形状，对滑体进行条分，边坡条分及第 i 个条块受力示意图为：

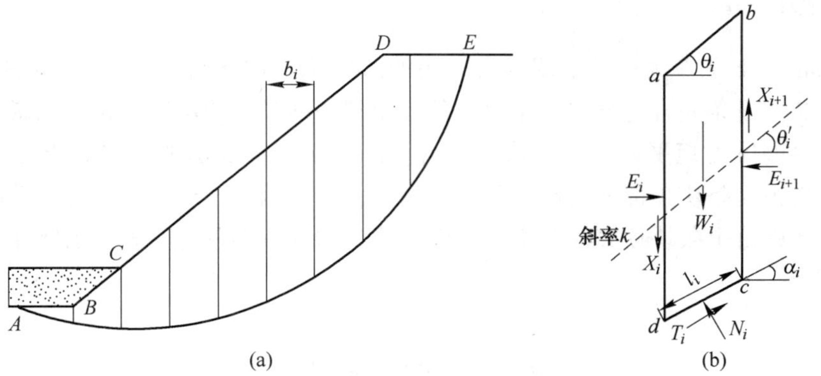

图 4-25 Lowe-Karafiath 法计算模型示意图

（a）边坡条分示意图；（b）第 i 个条块受力示意图

根据 Lowe-Karafiath 法的假设条件（5）：

$$\theta_i' = \frac{\theta_i + \alpha_i}{2} \tag{4-66}$$

式（4-61）变为：

$$X_i = \tan\theta_i' \cdot E_i \tag{4-67}$$

故

$$\Delta X_i = \tan\theta_i' \cdot \Delta E_i \tag{4-68}$$

联立式（4-59）、式（4-60）、式（4-68）可以求得边坡安全系数 $F(F_f)$。

【例题 4-6】 边坡几何及物理力学参数同例题 4-5，采用 Lowe-Karafiath 法，求该边坡的最小安全系数。

解：基于 Lowe-Karafiath 法，采用不同圆心、不同半径对应的滑面计算出该边坡的最小安全系数（$F = 2.111$）以及力多边形，分别如图 4-26（a）、（b）所示，力多边形闭合表明条块水平力、垂直力均平衡。

计算结果表明，Lowe-Karafiath 法与 Corps of Engineers 法（#1、#2）得到的边坡最小安全系数较为接近。

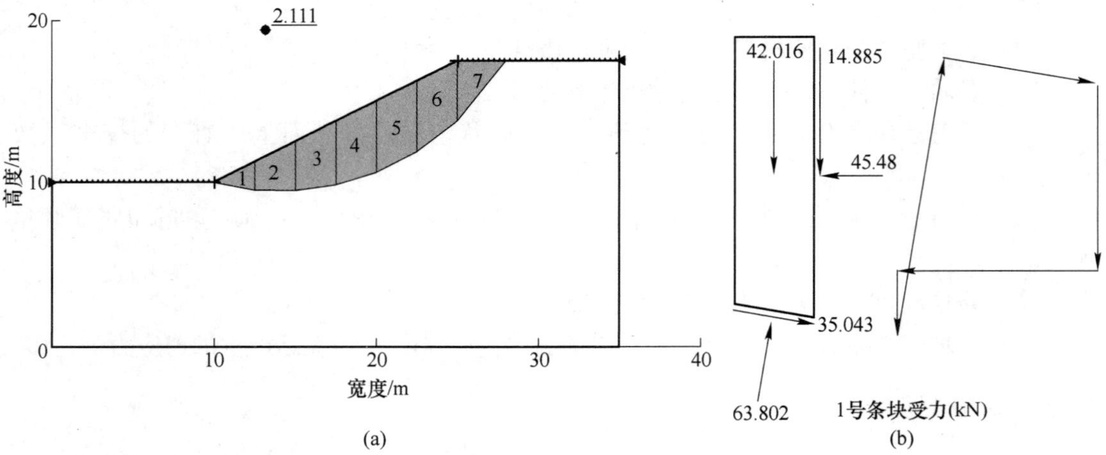

图 4-26　边坡 Lowe-Karafiath 法稳定性计算结果

4.6.4　计算方法评析

Lowe-Karafiath 法作为一种早期较为常用的边坡稳定性分析方法，考虑条间法向力和切向力，该法假设条间合力方向为条块顶部倾角和底部倾角的均值，条块满足条间力平衡条件，不满足整体力矩平衡，力多边形闭合。Lowe-Karafiath 法的主要特点是：将条块条间力函数定义为与条块顶部和滑动底部斜率相关的变量函数，适用于各种滑动面。

该方法考虑每个条块顶底面的不同几何形状，物理意义较为明确，因此在一定程度上得到应用。

4.7　Spencer 法

4.7.1　提出背景

斯宾塞法（Spencer 法）于 1967 年被提出，在 1973 年被改进，该方法假定所有条块间作用合力相互平行，并利用整体力平衡和力矩平衡求解安全系数，适用于任意滑动面，是一种公认比较精确的方法，可推广至三维边坡稳定性分析的问题中。

4.7.2　基本假设

Spencer 法基本假设主要包括以下 7 点：

（1）边坡问题为平面问题，即可取某一横剖面作为分析对象；

（2）边坡整体为均质材料，其抗剪强度服从摩尔-库仑准则；

（3）条块为刚体，即不考虑滑动土体的变形；

（4）所有条块在滑动面上同时达到极限平衡状态，且滑动面上所有点的安全系数相同；

（5）同时考虑条间法向力 E 和切向力 X，且二者满足 $X = \lambda f(x)E$ ，$f(x)$ 为一常数，即各条块间的作用合力相互平行；

（6）条块满足力平衡，整体满足力矩平衡；

（7）边坡安全系数 F 定义为沿整个滑动面的抗剪强度 τ_f 与实际产生的剪应力 τ 之比。

4.7.3 计算分析

图 4-27（a）为一简单黏性土边坡，滑动面为任意形状，对滑体进行条分，假设条间作用力 P_i 与其法向分力 E_i 的夹角为 θ_i ，由于 Spencer 法假设各条块间的作用力相互平行，即 $\theta_i = \theta$ 为常量，条块两侧条间合力 $\Delta P = P_{i+1} - P_i$ ，边坡条分及第 i 个条块受力示意图为：

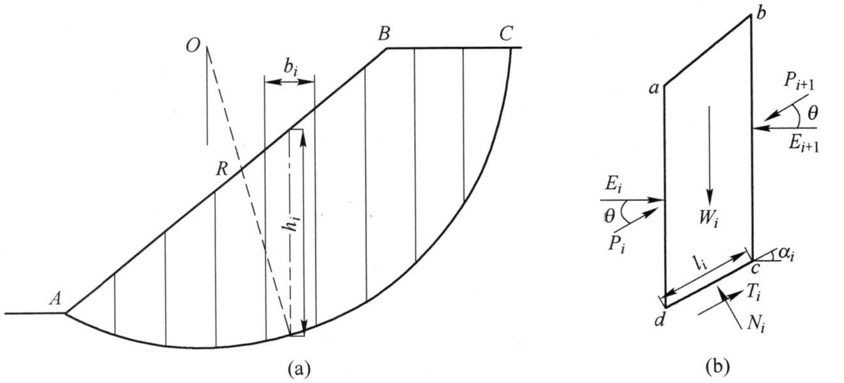

图 4-27 Spencer 法计算模型示意图

（a）边坡条分示意图；（b）第 i 个条块受力示意图

在不考虑孔隙水压力条件下，建立条块底面法向力平衡方程：

$$N_i + (P_{i+1} - P_i)\sin(\alpha_i - \theta) - W_i\cos\alpha_i = 0 \tag{4-69}$$

建立条块底面切向力平衡方程：

$$T_i - (P_{i+1} - P_i)\cos(\alpha_i - \theta) - W_i\sin\alpha_i = 0 \tag{4-70}$$

又由于：

$$T_i = \frac{c_i l_i + N_i\tan\varphi_i}{F} \tag{4-71}$$

联立式（4-69）~式（4-71）求解条间力的合力，即条块两侧面的条间力之差，得：

$$\Delta P_i = P_{i+1} - P_i = \frac{\dfrac{c_i l_i}{F} + \dfrac{\tan\varphi_i}{F}W_i\cos\alpha_i - W_i\sin\alpha_i}{\cos(\alpha_i - \theta)\left[1 + \dfrac{\tan\varphi_i}{F}\tan(\alpha_i - \theta)\right]} \tag{4-72}$$

对于整个边坡，各条块条间力合力总和为 0，即：

$$\sum (P_{i+1} - P_i) = 0 \tag{4-73}$$

在条块力矩平衡求解过程中，为简化起见，假定各条块条间合力 ΔP 作用在条块底面，故它在滑动面切向的分力为：$(P_{i+1}-P_i)\cos(\alpha_i-\theta)$，切向分力到转动中心 O 的力臂为 R_i，建立整体力矩平衡方程为：

$$\sum(P_{i+1}-P_i)\cos(\alpha_i-\theta)R_i=0 \tag{4-74}$$

当滑面为圆弧形状时，R_i 即为圆弧半径，而且对所有条块都是常数，上式可写成：

$$\sum(P_{i+1}-P_i)\cos(\alpha_i-\theta)=0 \tag{4-75}$$

式（4-73）和式（4-74）分别为整体的力平衡方程和力矩平衡方程，将式（4-72）代入，联立求解可得 θ 和 F，其具体计算步骤如下：

（1）对于给定滑体，垂直划分条块，令其宽度相等，在图上量出条块中心高 H_i 及条块底面倾角 α_i。

（2）选择若干 θ 值，对于不同 θ 值，根据式（4-73）求 F_f（满足整体力平衡的安全系数），根据式（4-75）求 F_m（满足整体力矩平衡的安全系数）。

（3）绘制 F_f-θ 及 F_m-θ 关系曲线，两条曲线交点即为同时满足力和力矩平衡的 F 和 θ，相应的 F 即为所求安全系数，如图4-28所示。

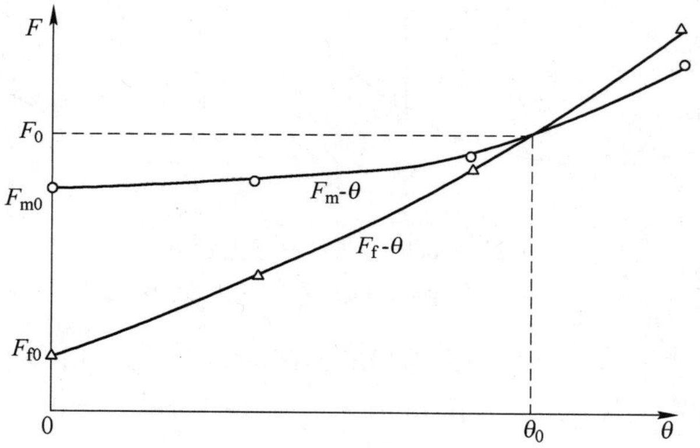

图4-28　F-θ 关系曲线图

（4）Spencer法还需在条块分界面上满足强度准则，不发生破坏，亦即由切向条间力求得的平均剪应力应小于分界面土体的平均抗剪强度，或每一条分面上的抗剪安全系数 F_v 必须大于1（作为平衡设计，F_v 应不小于 F）。

$$F_v=\frac{E\tan\varphi+ch}{X}>F \tag{4-76}$$

式中，h 为条分面高度。

故根据求出的 F 和 θ，从上到下逐个条块求出条分面的法向力和切向力，并根据式（4-76）进行合理性校验。

（5）假定其他滑动面，重复上述步骤，直至求得最小安全系数。

考虑孔隙水压力时，采用有效应力分析，将强度指标改用有效指标，并在条块法向力中减去超静水压力。式（4-72）改写为：

$$P_{i+1} - P_i = \frac{\frac{c_i' l_i}{F} + \frac{\tan\varphi_i'}{F}(W_i' \cos\alpha_i - u_i b_i \sec\alpha_i) - W_i' \sin\alpha_i}{\cos(\alpha_i - \theta)\left[1 + \frac{\tan\varphi_i'}{F}\tan(\alpha_i - \theta)\right]} \tag{4-77}$$

【例题 4-7】 边坡几何及物理力学参数同例题 4-5，采用 Spencer 法，求该边坡的最小安全系数。

解：基于 Spencer 法，采用不同圆心、不同半径对应的滑面计算出该边坡的最小安全系数（$F = 2.089$）以及力多边形，分别如图 4-29（a）、（b）所示，力多边形闭合表明条块水平力、垂直力均平衡。

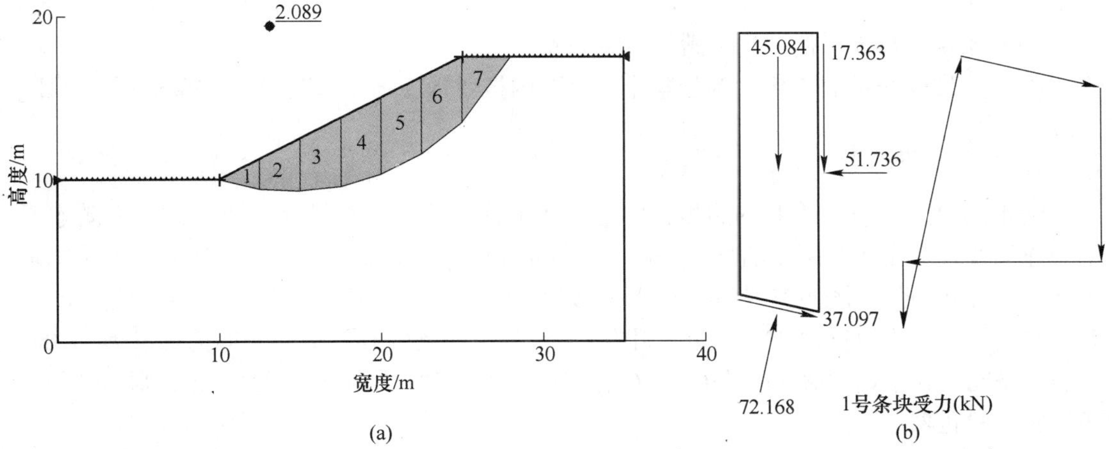

图 4-29　边坡 Spencer 法稳定性计算结果

4.7.4　计算方法评析

Spencer 法同时考虑条间法向力和切向力，并假定了一个条块间的定常力函数，同时满足整体力平衡和力矩平衡，力多边形闭合。该方法作为一种严格条分法，可看作 Morgenstern-Price 法（后文介绍）的特例，计算结果一般比较准确，但在个别情况下会存在收敛困难问题，如滑动面包含拉裂缝并充水等情况。总体上 Spencer 法在工程中应用较为广泛。

4.8　Morgenstern-Price 法

4.8.1　提出背景

摩根斯坦-普莱斯法（Morgenstern-Price 法，下文简称 M-P 法）于 1965 年提出，是一种在滑动面形状、静力平衡要求等多方面均不作任何假定的严格条分法。M-P 法的具体内容为：首先对复杂形状滑动面进行分析，导出满足力平衡及力矩平衡条件的微分方程式，然后假定两相邻条块切向力和法向力之比与水平坐标间存在一个函数关系，最后根据整个滑体的边界条件求出边坡安全系数。

4.8.2 基本假设

M-P 法基本假设主要包括以下 7 点：

（1）边坡问题为平面问题，即可取某一横剖面作为分析对象；

（2）边坡整体为均质材料，其抗剪强度服从摩尔-库仑准则；

（3）条块为刚体，即不考虑滑动土体的变形；

（4）所有条块在滑动面上同时达到极限平衡状态，且滑动面上所有点的安全系数相同；

（5）条间切向力 X 和法向力 E 存在函数关系式 $X = \lambda f(x)E$，λ 为介于 0~1 之间的任意常数；

（6）条块满足力平衡，整体满足力矩平衡；

（7）边坡安全系数 F 定义为沿整个滑动面的抗剪强度 τ_f 与实际产生的剪应力 τ 之比。

4.8.3 计算分析

图 4-30 表示一任意形状的边坡，其边坡表面线、侧向孔隙水压力推力线、有效水平推力作用线及滑裂线分别以函数 $y=z(x)$、$y=h(x)$、$y=y_t'(x)$、$y=y(x)$ 表示，其中边坡表面线为已知函数。图 4-31 为微分条块（宽度 dx）受力示意图，其上作用有重力 dW，条块底面的有效法向反力 dN' 及切向阻力 dT，条块两侧的有效法向条间力 E'、$E' + \mathrm{d}E'$ 及切向条间力 X、$X + \mathrm{d}X$。U 及 $U + \mathrm{d}U$ 为作用于条块两侧的孔隙水压力，dU_s 则为作用于条块底部的孔隙水压力。

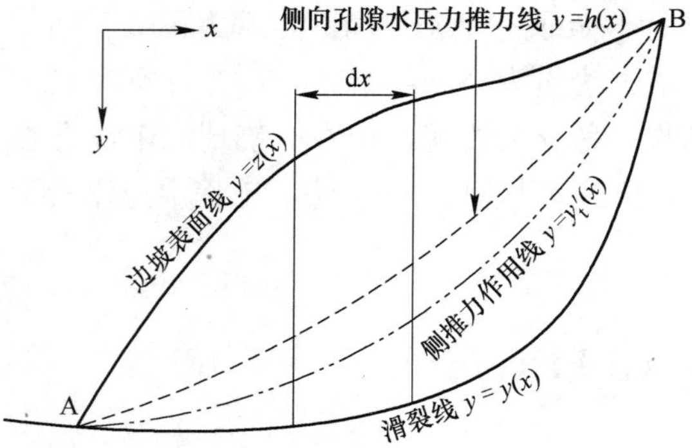

图 4-30 M-P 法计算模型示意图

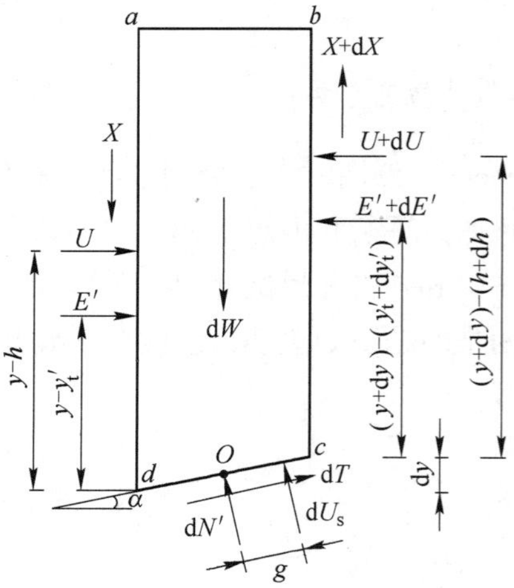

图 4-31 M-P 法微分条块受力示意图

取条块底部法向力的平衡：

$$\mathrm{d}N' + \mathrm{d}U_s + \mathrm{d}X\cos\alpha + \mathrm{d}E'\sin\alpha + \mathrm{d}U\sin\alpha = \mathrm{d}W\cos\alpha \tag{4-78}$$

取条块底部切向力的平衡：

$$\mathrm{d}T + \mathrm{d}X\sin\alpha = \mathrm{d}E'\cos\alpha + \mathrm{d}U\cos\alpha + \mathrm{d}W\sin\alpha \tag{4-79}$$

再根据安全系数的定义及摩尔-库仑准则：

$$dT = \frac{1}{F}[c'dx\sec\alpha + (dN')\tan\varphi'] \tag{4-80}$$

同时引用孔隙压力比的定义：

$$dU_s = r_u \cdot dW\sec\alpha \tag{4-81}$$

对微分条块的底部中点（dT、dN' 合力作用点）取力矩平衡，则：

$$E'\left[(y - y_t') + \frac{dy}{2}\right] - (E' + dE')\left[(y + dy) - (y_t' + dy_t') - \frac{dy}{2}\right] - X\frac{dx}{2} - (X + dX)\frac{dx}{2} + U\left[(y - h) + \frac{dy}{2}\right] - (U + dU)\left[(y + dy) - (h + dh) - \frac{dy}{2}\right] - gdU_s = 0 \tag{4-82}$$

上式中 $dx \to 0$，略去高阶微量，并且认为 dU_s 的作用点与 dT、dN' 的作用点重合（取 $g = 0$），式（4-82）整理化简，得到每一条块满足力矩平衡的微分方程式：

$$X = \frac{d}{dx}(E'y_t') - y\frac{dE'}{dx} + \frac{d}{dx}(Uh) - y\frac{dU}{dx} \tag{4-83}$$

根据坐标轴定义，可得：$\tan\alpha = -dy/dx$。综合式（4-78）～式（4-81），消去 dT 及 dN'，得到每一条块满足力平衡的微分方程为：

$$\frac{dE'}{dx}\left(1 - \frac{\tan\varphi'}{F}\frac{dy}{dx}\right) + \frac{dX}{dx}\left(\frac{\tan\varphi'}{F} + \frac{dy}{dx}\right) = \frac{c'}{F}\left[1 + \left(\frac{dy}{dx}\right)^2\right] + \frac{dU}{dx}\left(\frac{\tan\varphi'}{F}\frac{dy}{dx} - 1\right) + \frac{dW}{dx}\left\{\frac{\tan\varphi'}{F} + \frac{dy}{dx} - r_u\left[1 + \left(\frac{dy}{dx}\right)^2\right]\frac{\tan\varphi'}{F}\right\} \tag{4-84}$$

一般来说，边界条件 $y = z(x)$、$y = h(x)$ 是已知的，滑动面 $y = y(x)$ 可以选定，亦为已知量，两个基本微分方程（4-82）和方程（4-84）中 dW/dx、dU/dx 及 dy/dx 都可以求出，同时岩土体参数 c'、$\tan\varphi'$ 及孔隙压力比 r_u 也是给定的。因此，待求解的未知量只有 E'、X、函数 $y = y_t'(x)$ 以及安全系数 F。

为简化方程，以条块侧面总的法向力 E 代替有效法向力 E'：

$$E = E' + U \tag{4-85}$$

其作用点位置 y_t 可用式（4-86）表示：

$$Ey_t = E'y_t' + Uh \tag{4-86}$$

同时假设 X 和 E 之间存在关于水平坐标 x 的函数关系：

$$X = \lambda f(x)E \tag{4-87}$$

式中，λ 为介于 0～1 之间的任意常数。

针对每一微分条块，由于 dx 可以取得很小，$y = z(x)$、$y = h(x)$ 及 $y = y(x)$ 在该条块范围内可近似为一直线，同样，函数 f 在每一条块范围内也可以取作直线。因此，在每一条块内有：

$$y = Ax + B \tag{4-88}$$

$$\frac{dW}{dx} = px + q \tag{4-89}$$

$$f = kx + m \tag{4-90}$$

式中，A、B、p、q、k 及 m 均为任意常数，可通过几何条件及所选 f 的类型进行确定。

经过以上各式的处理，基本微分方程式（4-83）简化为：

$$X = \frac{\mathrm{d}}{\mathrm{d}x}(Ey_{\mathrm{t}}) - y\frac{\mathrm{d}E}{\mathrm{d}x} \tag{4-91}$$

式（4-84）简化为：

$$(Kx + L)\frac{\mathrm{d}E}{\mathrm{d}x} + KE = Nx + P \tag{4-92}$$

式中

$$K = \lambda k\left(\frac{\tan\varphi'}{F} + A\right) \tag{4-93}$$

$$L = \lambda m\left(\frac{\tan\varphi'}{F} + A\right) + 1 - A\frac{\tan\varphi'}{F} \tag{4-94}$$

$$N = p\left[\frac{\tan\varphi'}{F} + A - r_{\mathrm{u}}(1 + A^2)\frac{\tan\varphi'}{F}\right] \tag{4-95}$$

$$P = \frac{c'}{F}(1 + A^2) + q\left[\frac{\tan\varphi'}{F} + A - r_{\mathrm{u}}(1 + A^2)\frac{\tan\varphi'}{F}\right] \tag{4-96}$$

式（4-96）可以取条块两侧的边界条件为：

$$E = E_1 \ (x = 0) \tag{4-97}$$

$$E = E_n \ (x = x_n) \tag{4-98}$$

对方程式（4-92）从 $x = 0$ 进行积分，可以求得：

$$E = \frac{1}{L + Kx}\left(E_i L + \frac{Nx^2}{2} + Px\right) \tag{4-99}$$

自坡体上部开始，逐条求出条间法向力 E，然后根据式（4-87）求解条间切向力 X。当滑动土体无外力作用时，最后一个条块应满足条件：

$$E_n = 0 \tag{4-100}$$

同时，条块侧面的力矩可用微分方程式（4-91）积分求出，即：

$$M = E(y_{\mathrm{t}} - y) = \int_{x_0}^{x}\left(X - E\frac{\mathrm{d}y}{\mathrm{d}x}\right)\mathrm{d}x \tag{4-101}$$

另外还必须满足条件：

$$M_n = \int_{x_0}^{x_n}\left(X - E\frac{\mathrm{d}y}{\mathrm{d}x}\right)\mathrm{d}x = 0 \tag{4-102}$$

此时，各条间力合力作用点位置 y_{t} 可由式（4-101）求出。

因此，为找到能够满足所有平衡方程的 λ 及 F 值，可以先假定 λ 及 F，然后逐条积分得到 E_n 及 M_n，如果不为零，再用一个有规律的迭代步骤不断修正 λ 及 F，直到式（4-100）及式（4-102）成立为止。

【例题 4-8】 边坡几何及物理力学参数同例题 4-5，采用 M-P 法，求该边坡的最小安全系数。

解：基于 M-P 法，采用不同圆心、不同半径对应的滑面计算出该边坡的最小安全系数（$F = 2.088$）以及力多边形，分别如图 4-32（a）、（b）所示，力多边形闭合表明条块水平力、垂直力均平衡。

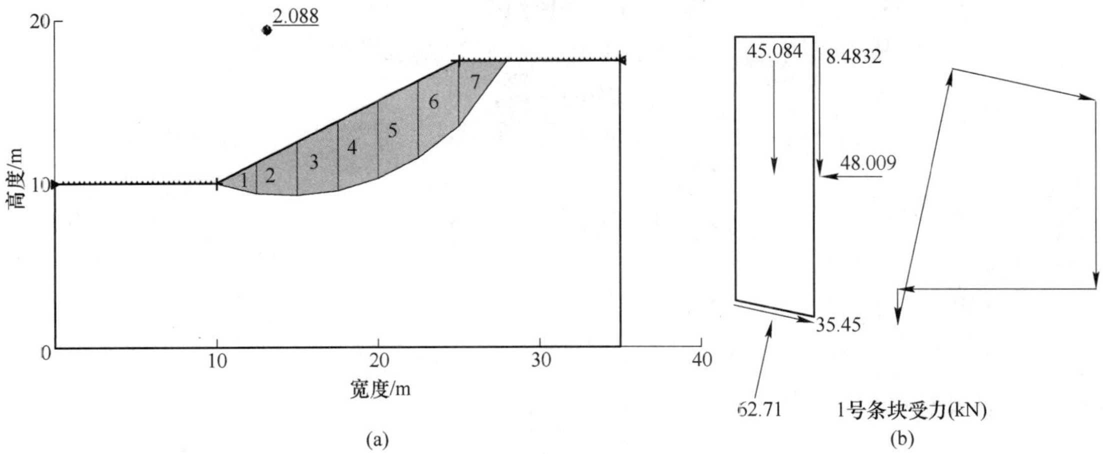

图 4-32　边坡 M-P 法稳定性计算结果

4.8.4　计算方法评析

M-P 法同时考虑条间法向力和切向力，并假定两者比值与水平坐标之间存在一个函数关系，同时满足整体力平衡和力矩平衡，力多边形闭合。条块间法向力 E 在简化计算条件时，涉及式（4-87）中函数 $f(x)$ 的确定问题，可以利用弹性理论或直观假设得出。根据 Morgenstern 等人的研究，对于近似圆弧形滑动面，安全系数对内力分布的响应并不敏感，取不同的 $f(x)$ 得到的边坡安全系数往往较为接近。

当然，用 M-P 法求出的条间力也必须满足合理性控制条件，即条块分界面上抗剪安全系数 $F_v \geqslant F$ 且不存在拉力，如果这两个条件无法满足，可以通过修改 $f(x)$ 进行调整。如果取 $f(x)$ 为常数，M-P 法相当于 Spencer 法，更特殊一些如果取 $f(x)=0$，则 M-P 法相当于 Bishop 法。

4.9　通用条分法（GLE 法）

4.9.1　提出背景

通用条分法（General Limit Equilibrium，简称 GLE 法），是由非饱和土力学之父、萨斯克彻温大学的 Fredlund 教授于 1970 年提出。该法的条间力方程采用的是 Morgenstern 和 Price 在 1965 年提出的 $X=\lambda f(x)E$ 。某种程度上讲，GLE 法是 Morgenstern-Price 法的扩展，而扩展后的 GLE 法通过定义函数 $f(x)$ 的不同形式，可以将其转化为基于力矩平衡或力与力矩均平衡的方法，如瑞典条分法、简化 Bishop 法、Janbu 法、Spencer 法、Morgenstern-Price 法，以及各种仅基于力平衡的方法，如 Corps of Engineers 法、Lowe-Karafiath 法等，这些条分法可看作是 GLE 法的特殊情况。

4.9.2　基本假设

GLE 法基本假设主要包括以下 7 点：

（1）边坡问题为平面问题，即可取某一横剖面作为分析对象；

（2）边坡整体为均质材料，其抗剪强度服从摩尔-库仑准则；

（3）条块为刚体，即不考虑滑动土体的变形；

（4）所有条块在滑动面上同时达到极限平衡状态，且滑动面上所有点的安全系数相同；

（5）条块切向力 X 和法向力 E 存在函数关系式 $X = \lambda f(x) E$，λ 为介于 0~1 之间的任意常数，$f(x)$ 为待定函数；

（6）条块满足力平衡，整体满足力矩平衡；

（7）边坡安全系数 F 定义为沿整个滑动面的抗剪强度 τ_f 与实际产生的剪应力 τ 之比。

4.9.3 计算分析

GLE 法可以分析如图 4-33 所示的任意形状滑动面，图 4-34 为一简单黏性土边坡，滑动面形状为复合形，GLE 法提出两个安全系数 F_m、F_f，F_m 对应于力矩平衡方程，F_f 对应于力平衡方程，各参数符号如图所示，具体计算推导过程如下。

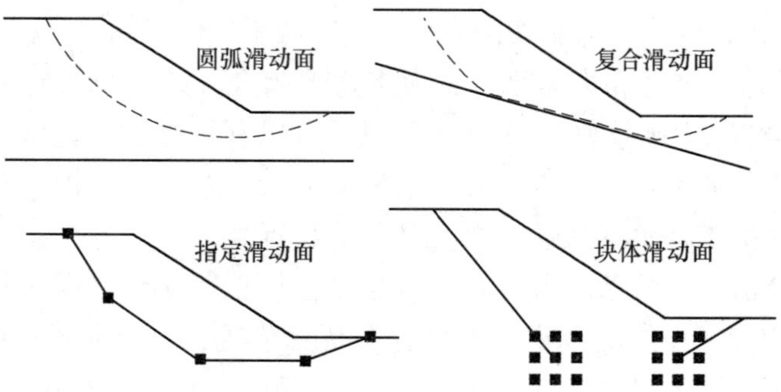

图 4-33 典型边坡滑动面形状

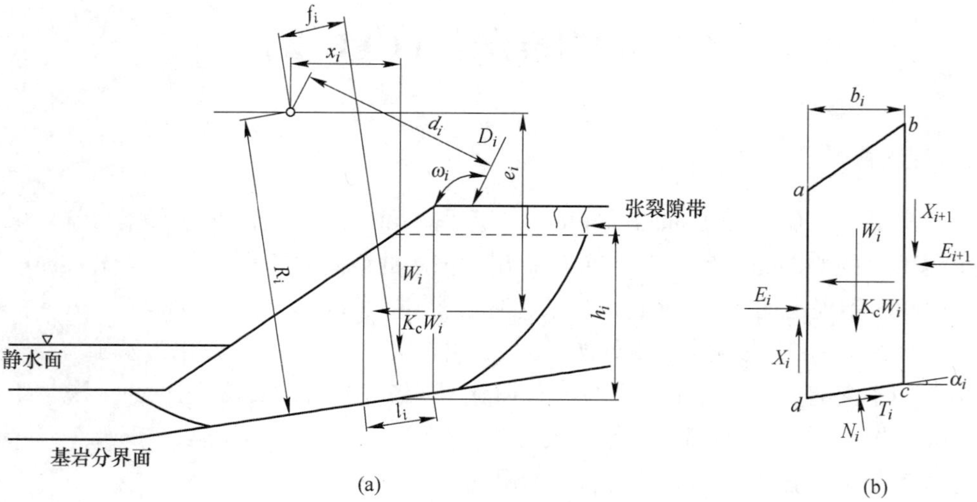

图 4-34 通用条分法（GLE 法）计算模型示意图

根据摩尔-库仑准则：

$$T_i = \frac{1}{F}[c_i'l_i + (N_i - u_il_i)\tan\varphi_i'] \tag{4-103}$$

由力矩平衡方程：

$$\sum W_ix_i - \sum T_iR_i - \sum N_if_i + \sum K_cW_ie_i + \sum D_id_i = 0 \tag{4-104}$$

式中，D_i 为外部荷载。

联立式（4-103）和式（4-104）解出对应于力矩平衡方程的安全系数 F_m：

$$F_m = \frac{\sum[c_i'l_iR_i + (N_i - u_il_i)R_i\tan\varphi_i']}{\sum W_ix_i - \sum N_if_i + \sum K_cW_ie_i + \sum D_id_i} \tag{4-105}$$

由单个条块水平力平衡方程可以得到：

$$E_{i+1} - E_i + N_i\sin\alpha_i - T_i\cos\alpha_i + K_cW_i - D_i\cos\omega_i = 0 \tag{4-106}$$

所以对于整个边坡而言有：

$$\sum N_i\sin\alpha_i - \sum T_i\cos\alpha_i + \sum K_cW_i - \sum D_i\cos\omega_i = 0 \tag{4-107}$$

联立式（4-103）和式（4-107）解出对应于力平衡方程的安全系数 F_f：

$$F_f = \frac{\sum[c_i'b_i + (N_i - u_il_i)\cos\alpha_i\tan\varphi_i']}{\sum(N_i\sin\alpha_i + K_cW_i - D_i\cos\omega_i)} \tag{4-108}$$

其中，N_i 可通过对条块竖向力求和得到：

$$N_i = \frac{W_i + (X_{i+1} - X_i) - (c_i'l_i\sin\alpha_i - u_il_i\sin\alpha_i\tan\varphi_i')/F}{\cos\alpha_i + \sin\alpha_i\tan\varphi_i'/F} \tag{4-109}$$

假定 X_i 与 E_i 满足下列关系：

$$X_i = \lambda f(x)E_i \tag{4-110}$$

式中 $f(x)$ 可以是常数、半正弦函数、梯形函数等，如图 4-35 所示。

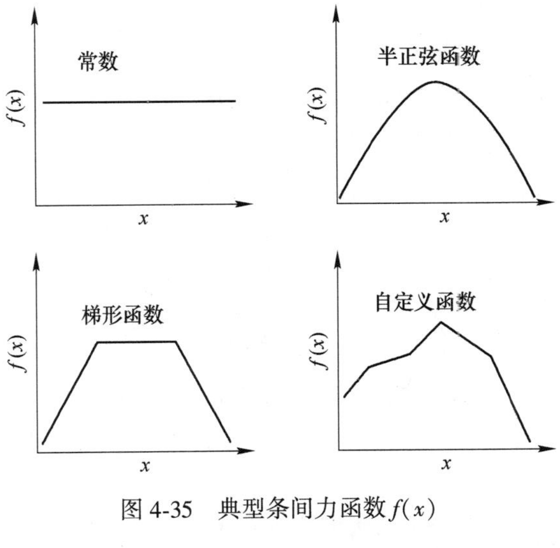

图 4-35　典型条间力函数 $f(x)$

条间力函数的选择问题仅涉及 Spencer 法、M-P 法及 GLE 法，其中 Spencer 法的条间力函数为常量，即假设所有条块切向力和法向力之比为一个常数，一般在软件中（如 Geo-slope）使用该方法时，该常数由软件自动计算确定。而 M-P 法和 GLE 法可以指定任何形式的条间力函数，如常量、半正弦函数、削顶正弦函数、梯形函数等等，其中常量和半正弦函数较为常用。基于常量条间力函数的 M-P 法、GLE 法与 Spencer 法的分析结果是一致的。半正弦函数的特点主要是剪切力集中于坡体中间部位的条块，并向坡顶和坡底逐渐减小。部分工程案例计算表明：安全系数对条间力函数形式的选择并不敏感，不同的条间力函数计算结果比较接近。满足所有静力平衡条件也是采用条间力函数假定的一个特点，但计算过程均比较复杂，所以一般采用软件进行计算，所得结果较为接近工程实际。

联立式（4-106）、式（4-109）、式（4-110）可得 N_i 和 F 的关系式，将该关系式代入式（4-105）可得 F 与 F_m 的关系式；将该关系式代入式（4-108）可得 F 与 F_f 的关系式，最后通过不断调整 λ 值，经过迭代求得 $F = F_f = F_m$ 。

GLE 法的计算步骤归纳如下：

（1）假定条间力函数 $f(x)$。

（2）设定安全系数 F 的迭代初值及 λ 值。按式（4-105）求出力矩平衡所对应的安全系数 F_m ，再按式（4-108）求出力平衡所对应的安全系数 F_f 。通常，F_m 、F_f 并不相等。注意本步骤中 λ 值不变，由此可得到力矩平衡点（λ，F_m）和力平衡点（λ，F_f）。

（3）改变 λ ，按步骤（2）再进行求解，得到一组新的力矩平衡点（λ，F_m）和力平衡点（λ，F_f）。

（4）求一系列 λ 值（一般 5 个以上）对应的力矩平衡点及力平衡点，在 λ-F 坐标系中连接对应的点，得到力矩平衡和力平衡曲线。两曲线交点的纵坐标即为同时满足力平衡及力矩平衡的边坡安全系数 F 。

按照上述步骤，在假定 $f(x)$ 为已知函数之后，GLE 法根据不同 λ 值求得不同的（λ，F_m）和（λ，F_f），如图 4-36 所示。

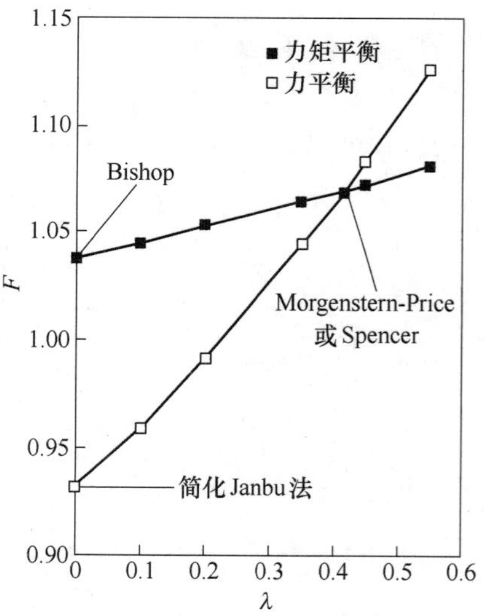

图 4-36 GLE 法求解边坡安全系数 λ-F 关系曲线

通过对式（4-110）中不同形式 $\lambda f(x)$ 的定义，可得到不同的条分法，根据图 4-36，可建立 GLE 与其他条分法的关系，并据此将其分为三类：

（1）令 E_i 和 X_i 均为 0，直接求解 N_i。此类方法只有在力矩平衡条件下求解安全系数的瑞典条分法，由于该方法无法考虑 $\lambda f(x)$ ，所以在图 4-36 中无法体现。

（2）只考虑 E_i ，令 $\lambda = 0$，通过迭代求解 N_i。此类方法考虑力平衡的有简化 Janbu 法，其求解结果在图 4-36 中表现为力平衡关系曲线在 $\lambda = 0$ 时对应的安全系数值。考虑力矩平衡的有简化 Bishop 法，其求解结果在图 4-36 中表现为力矩平衡关系曲线在 $\lambda = 0$ 时对应的安全系数值。

（3）考虑 E_i、X_i ，同时 $\lambda \neq 0$，通过迭代求解 N_i。此类方法考虑力平衡的有 Corps of Engineers 法（#1、#2）以及 Lowe-Karafiath 法，此时令 $f(x)$ 分别等于式（4-61）、式（4-64）、式（4-67）对应的数值，三种方法均对应于 $\lambda = 1$ 时力平衡曲线的安全系数值。假设力和力矩都平衡的方法包括 Spencer 法、Morgenstern-Price 法以及 GLE 法，

Morgenstern-Price 法在图 4-36 中表现为两条曲线交点对应的安全系数值，由于 Spencer 法属于 Morgenstern-Price 法的一个特例，在此不再进行比较。

λ-*F* 关系曲线形态与边坡滑动面几何形状关联性较大，以下结合案例，分别介绍圆弧滑动面、平面滑动面、复合滑动面、块体滑动面、深埋滑动面等五种情况：

（1）圆弧滑动面。图 4-37 为圆弧滑动面及其 λ-*F* 关系曲线图，图中力矩平衡安全系数曲线近似水平，表明条间切向力对边坡安全系数影响较小，其原因在于滑面为圆弧形，力矩平衡过程中各条块均绕圆心转动，条间切向滑动趋势小，即条间切向力的大小对安全系数的贡献影响不大；而力平衡安全系数曲线为单调上升，随条间切向力的增加，安全系数随 λ 的增加而增加，即力平衡安全系数对条间切向力较为敏感，且近似成正比关系。

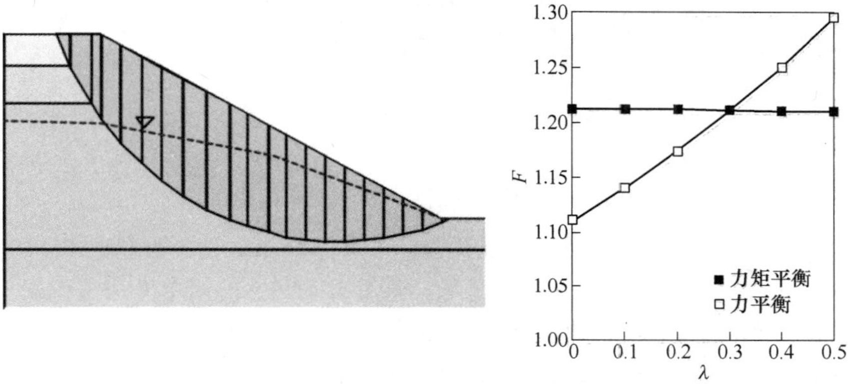

图 4-37 圆弧滑动面及其 λ-*F* 关系曲线图

对圆弧滑动面而言，力矩平衡曲线近乎水平，此时 Bishop 法和 M-P 法计算得到的安全系数较为接近。

（2）平面滑动面。图 4-38 为平面滑动面及其 λ-*F* 关系曲线图。力平衡和力矩平衡条件下的 λ-*F* 曲线形态与圆弧形滑动面的情况正好相反，力平衡条件下 λ-*F* 曲线近似水平，表明条间切向力的变化对边坡安全系数影响较小，此时边坡呈现出整体沿平面滑动的趋势，边坡安全系数对条间切向力不敏感，而力矩平衡条件下的 λ-*F* 曲线为单调上升，安全系数随 λ 的增加而增加，表明绕圆心转动时，条间切向力成为边坡滑动的抗力，且条间切向力越大，阻止转动的抗力越大，即边坡安全系数对条间切向力敏感。

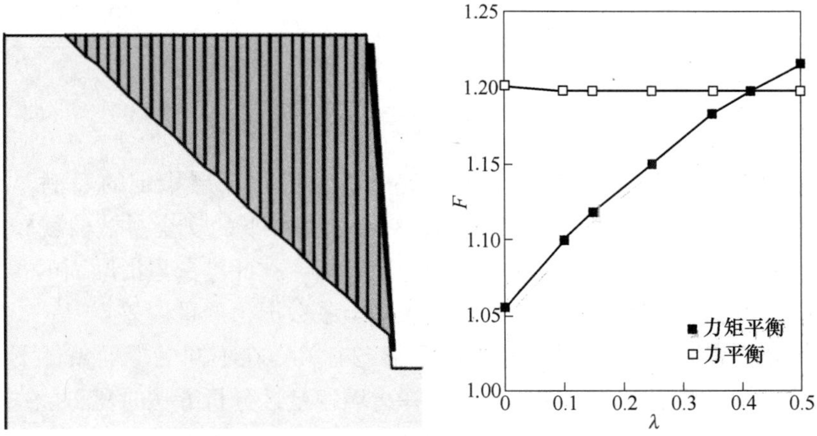

图 4-38 平面滑动面及其 λ-*F* 关系曲线图

（3）复合滑动面。图4-39为圆弧、平面组合形成的复合滑动面及其λ-F关系曲线图，平面部分为软弱岩土层，此时，力和力矩的平衡均受条间切向力的影响。力平衡安全系数随着条间切向力增大而变大，力矩平衡安全系数随着条间切向力增大而减小。

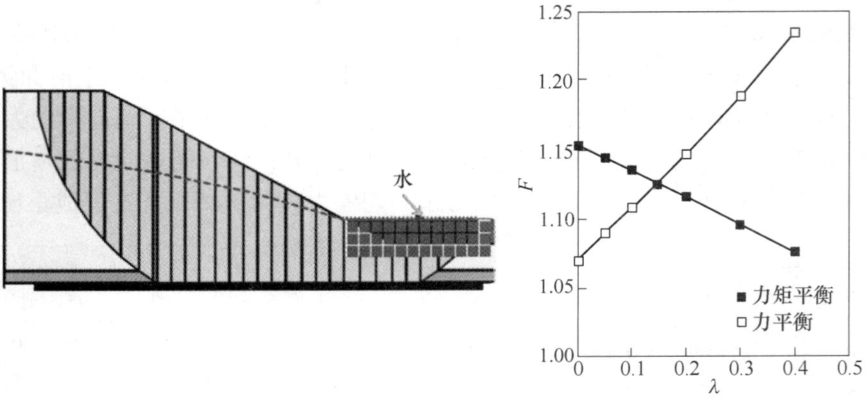

图4-39 复合滑动面及其λ-F关系曲线图

图4-39表明GLE法计算得到的安全系数小于简化Bishop法，此例说明忽略条间力的简单方法并不总是偏于安全（大多数情况下，未考虑条间力的简单方法是偏于安全的）。

（4）块体滑动面。图4-40为块体滑动面及其λ-F关系曲线图。与复合滑动面类似，力平衡和力矩平衡条件下安全系数均受条间切向力的影响，且随λ的增加而增加，力平衡安全系数相对于条间切向力的变化比力矩平衡更加敏感，所以对于块体滑动面边坡，无论滑体是滑移还是转动均受到条间力的制约，条间切向力作用较明显。

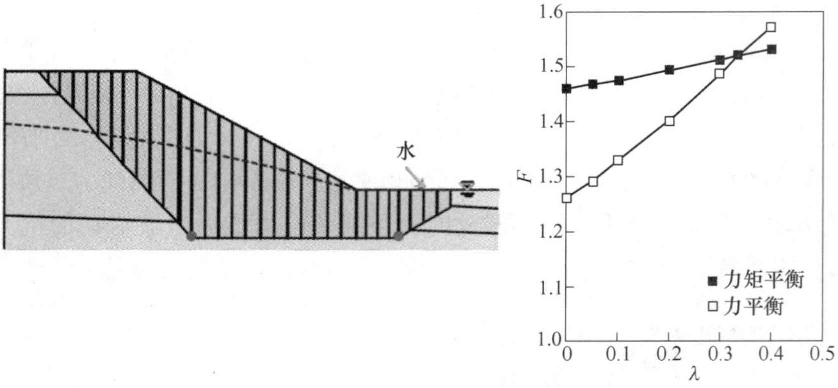

图4-40 块体滑动面及其λ-F关系曲线图

（5）深埋滑动面。图4-41为一个考察支撑墙（桩）深层稳定的案例，滑动面在墙（桩）底部以下，埋深较大。图中力平衡与力矩平衡条件下的安全系数曲线较为接近，且均对条间切向力很敏感，随条间切向力的增加而增加。在此类深层滑动面的边坡稳定性计算方法选取中，若忽略条间切向力，则会导致安全系数产生严重偏差。

上述案例分析表明，λ-F曲线与边坡滑面形态有关，在不同的滑面条件下，条间切向力对边坡抗滑能力的贡献不一，因此，在选择边坡稳定性分析方法时尽可能选定严格条分法（如GLE法），并对比多种方法的λ-F曲线，以获得合理有效的边坡安全系数。

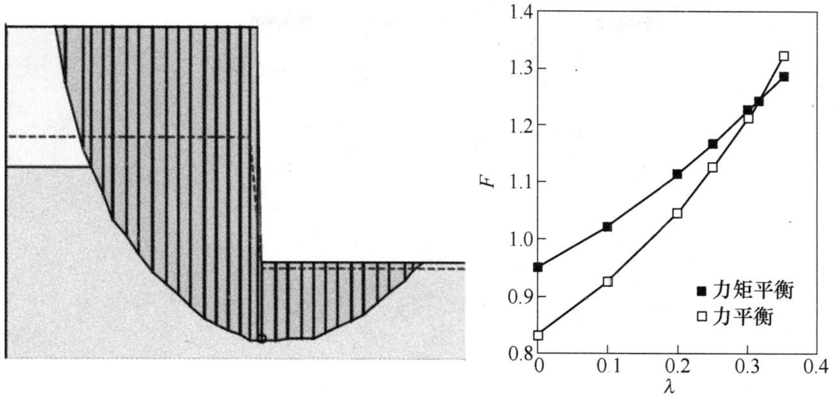

图 4-41 深埋滑动面及其 λ-F 关系曲线图

【例题 4-9】 边坡几何及物理力学参数同例题 4-5，采用 GLE 法，求该边坡的最小安全系数，并比较各种极限平衡条分法计算结果的差异。

解：基于 GLE 法，采用不同圆心、不同半径对应的滑面计算出该边坡的最小安全系数（$F=2.089$）以及条间力函数示意图、力多边形，分别如图 4-42（a）~（c）所示，力多边形闭合表明条块水平力、垂直力均平衡。图 4-43 为本例题用 GLE 法计算得到的 λ-F 关系曲线。

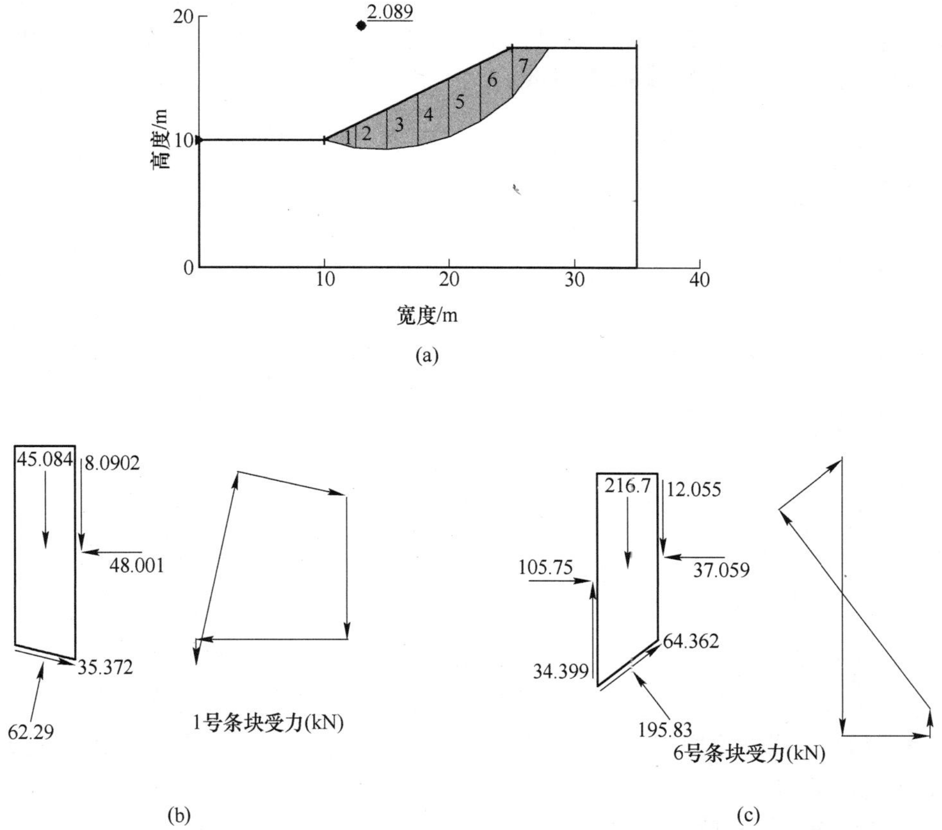

图 4-42 边坡 GLE 法稳定性计算结果

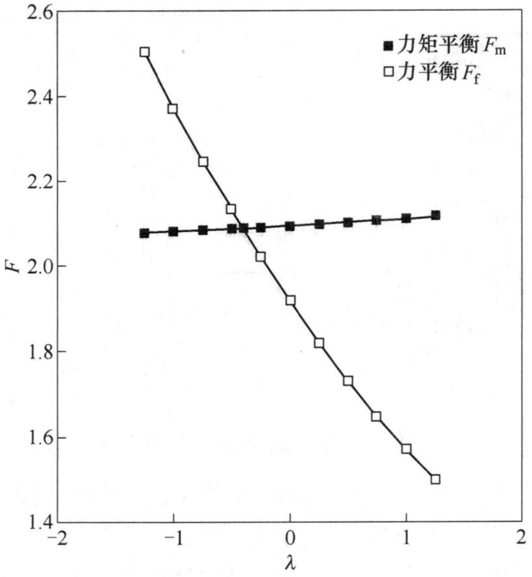

图 4-43　GLE 法 λ-F 关系曲线图

通过该例题，其他极限平衡条分法与 GLE 法的计算结果对比如下：

（1）瑞典条分法与 GLE 法。对于条分法，条块受力及力构成的矢量多边形体现了计算方法的特点，因此，在结果分析中一般均比较这类图形。图 4-44 为瑞典条分法条块受力示意图及力多边形，表明了为条块之间无作用力及力多边形不闭合（不满足力平衡条件）。瑞典条分法计算得到的安全系数值 $F = 1.990 < 2.089$（GLE 法）。

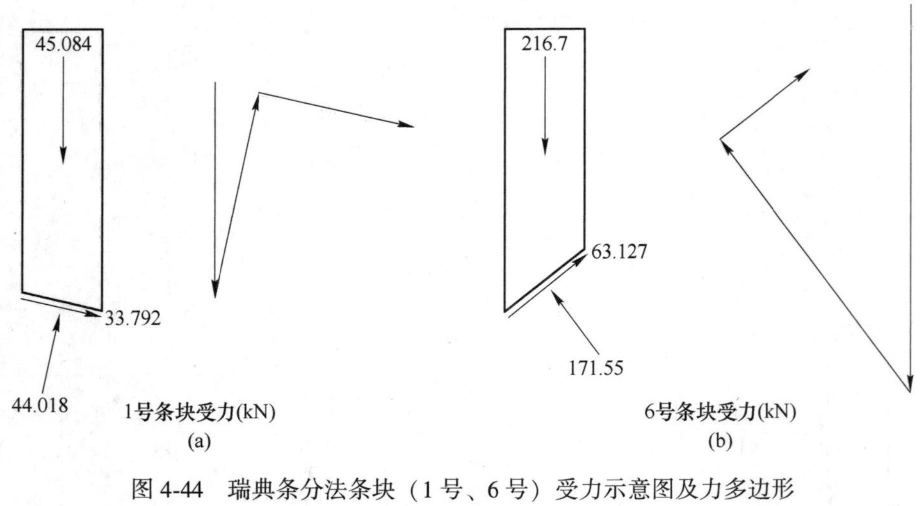

图 4-44　瑞典条分法条块（1 号、6 号）受力示意图及力多边形

（2）简化 Bishop 法与 GLE 法。图 4-45 为简化 Bishop 法条块受力示意图及力多边形，计算结果表明：简化 Bishop 法（该法仅满足力矩平衡）在计算过程中考虑条间法向力，不考虑切向力，条块力多边形基本闭合。简化 Bishop 法计算得到的安全系数值 $F = 2.094 > 2.089$（GLE 法）。

在 GLE 法 λ-F 对应关系曲线图中，简化 Bishop 法计算得到的安全系数值为力矩平衡曲线与 $\lambda = 0$ 的交点，如图 4-46 所示。

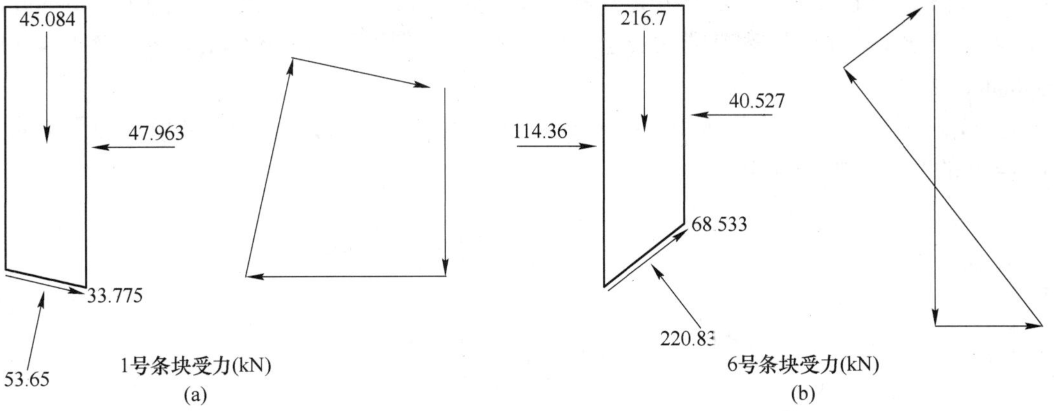

图 4-45　简化 Bishop 法条块（1 号、6 号）受力示意图及力多边形

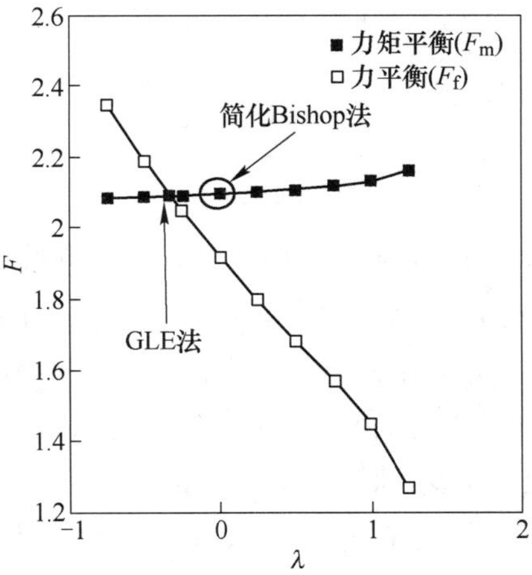

图 4-46　简化 Bishop 法与 GLE 法安全系数计算结果对比

（3）简化 Janbu 法与 GLE 法。图 4-47 为简化 Janbu 法条块受力示意图及力多边形，该法的假设类似于简化 Bishop 法，不同的是该法满足力平衡而不满足力矩平衡。与简化

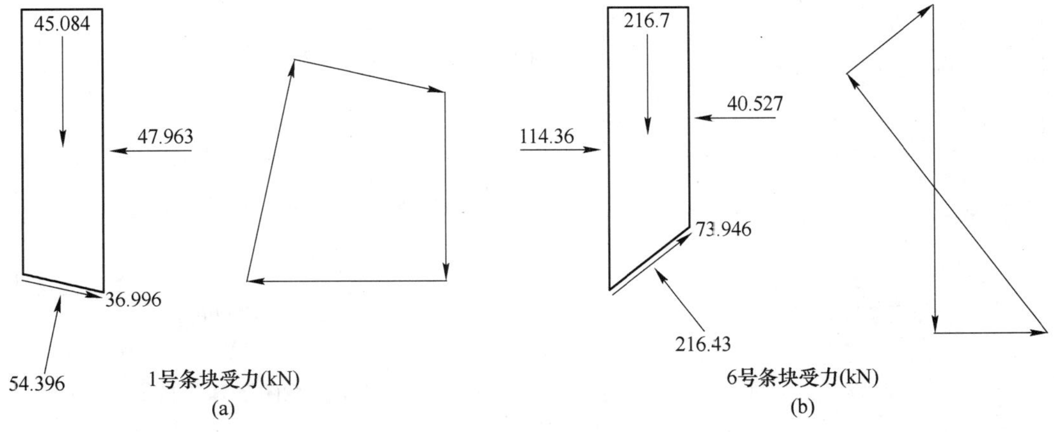

图 4-47　简化 Janbu 法条块（1 号、6 号）受力示意图及力多边形

Bishop 法相比，简化 Janbu 法条块受力多边形完全闭合，但安全系数相对于简化 Bishop 法小很多。简化 Janbu 法计算得到的安全系数值 $F = 1.919 < 2.089$（GLE 法）< 2.094（简化 Bishop 法）。

在 GLE 法 λ-F 对应关系曲线图中，简化 Janbu 法计算得到的安全系数值为力平衡曲线与 $\lambda = 0$ 的交点，如图 4-48 所示。

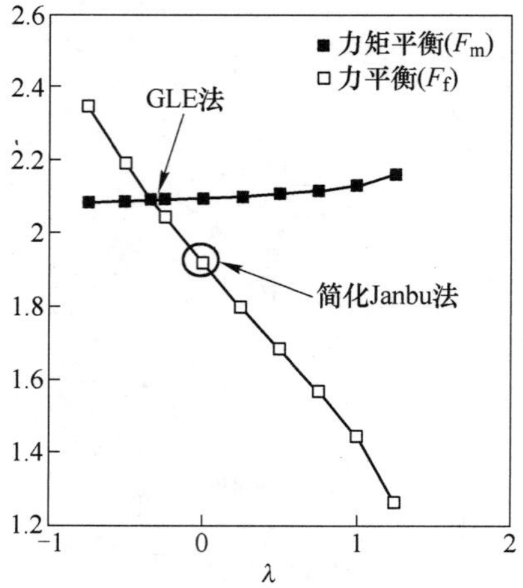

图 4-48 简化 Janbu 法与 GLE 法安全系数计算结果对比

（4）Corps of Engineers（#1、#2）法与 GLE 法。Corps of Engineers（#1、#2）法同时考虑切向力和法向力，假定与边坡地表、滑动面位置联系起来的特定条间力函数，只满足力平衡而不满足整体力矩平衡。图 4-49、图 4-50 分别为 Corps of Engineers（#1、#2）法条块受力示意图及力多边形，力多边形闭合。Corps of Engineers #1 法计算得到的安全系数值 $F_1 = 2.129 > 2.089$（GLE 法），Corps of Engineers #2 法计算得到的安全系数值 $F_2 = 2.170 > 2.089$（GLE 法），且 $F_2 > F_1$。

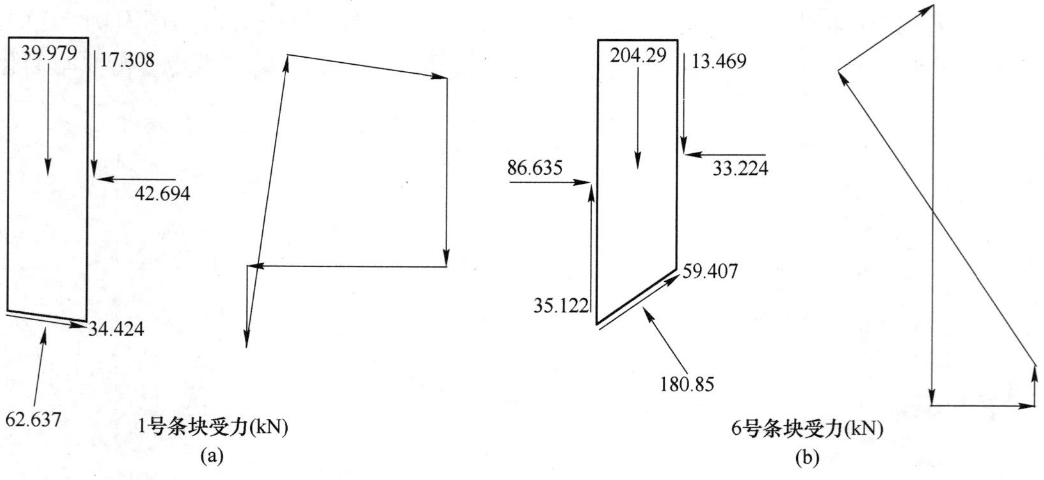

图 4-49 Corps of Engineers #1 法条块（1 号、6 号）受力示意图及力多边形

当 GLE 法与 Corps of Engineers（#1、#2）法分别采用相同的条间力函数时，安全系数计算结果对比分别如图 4-51、图 4-52 所示。

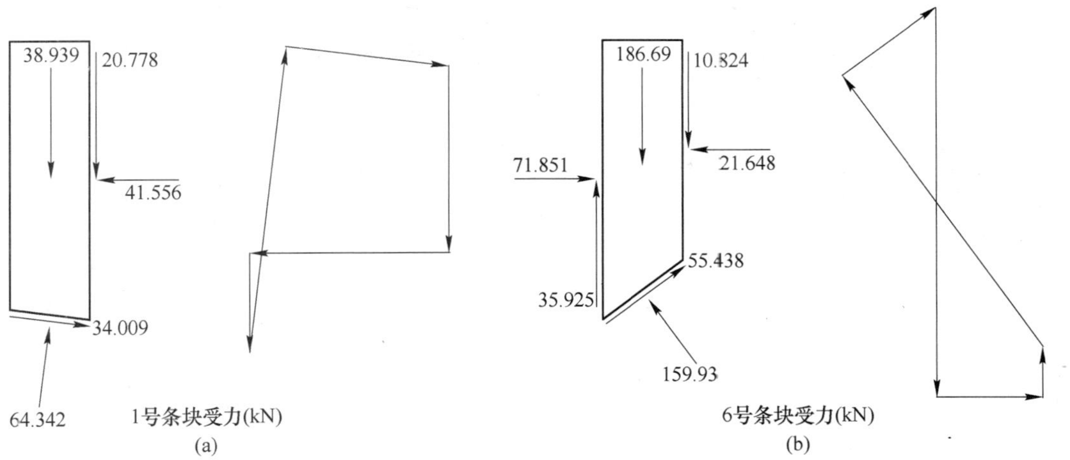

图 4-50　Corps of Engineers #2 法条块（1 号、6 号）受力示意图及力多边形

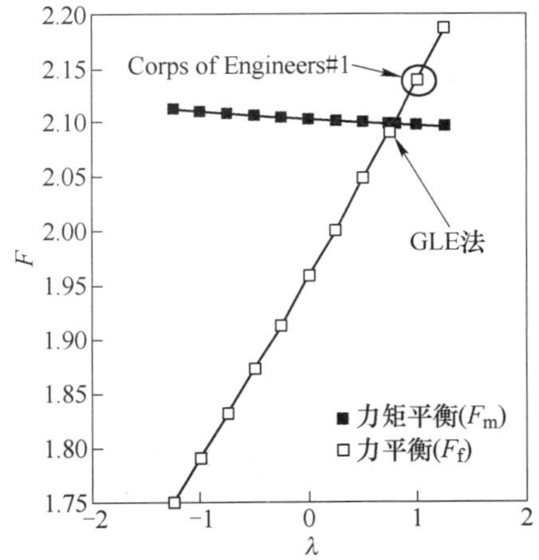

图 4-51　Corps of Engineers #1 法与 GLE 法安全系数计算结果对比

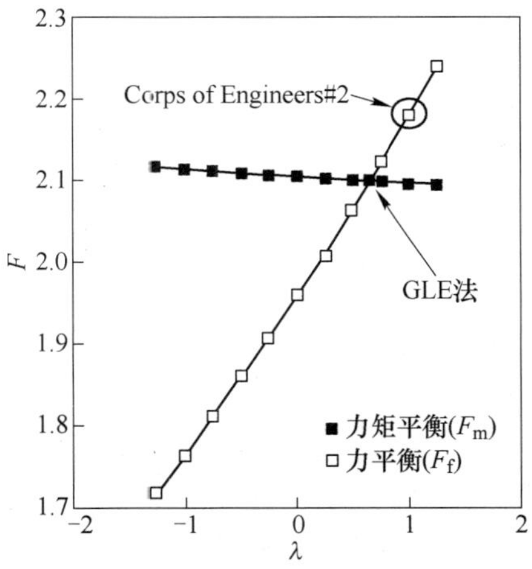

图 4-52　Corps of Engineers #2 法与 GLE 法安全系数计算结果对比

（5）Lowe-Karafiath 法与 GLE 法。Lowe-Karafiath 法同时考虑条间切向力和法向力，假定与地表倾角、滑面倾角联系起来的特定条间力函数，满足力平衡而不满足力矩平衡。图 4-53 为 Lowe-Karafiath 法条块受力示意图及力多边形，力多边形闭合。Lowe-Karafiath 法计算得到的安全系数值 $F_3 = 2.111 > 2.089$（GLE 法），且 $F_2 > F_1 > F_3$。

当 GLE 法与 Lowe-Karafiath 法采用相同的条间力函数时，安全系数计算结果对比如图 4-54 所示。

（6）Spencer 法与 GLE 法。Spencer 法提出两个安全系数：力矩平衡和力平衡安全系数，假定所有条间切向力和法向力之比为常数，即 $X = E\lambda f(x)$ 中 $f(x)$ 为常数，表明所有条间切向力与法向力的比值恒定，并通过对不同的常数（λ）进行迭代，使两个安全系数相等，即此常数（λ）关系下，同时满足力和力矩的平衡。图 4-55 为 Spencer 法条块受力示意图及力多边形，力多边形闭合。Spencer 法计算得到的安全系数值 $F = 2.089 = 2.089$（GLE 法）。

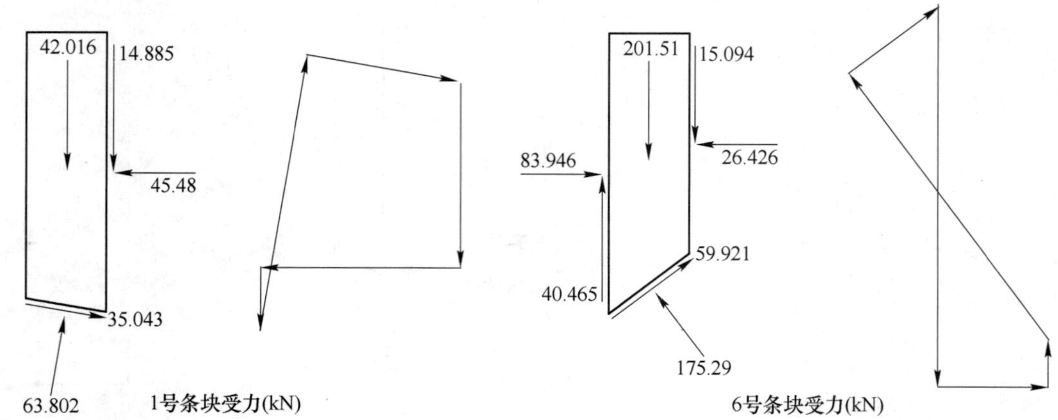

1号条块受力(kN)
(a)

6号条块受力(kN)
(b)

图 4-53 Lowe-Karafiath 法条块（1 号、6 号）受力示意图及力多边形

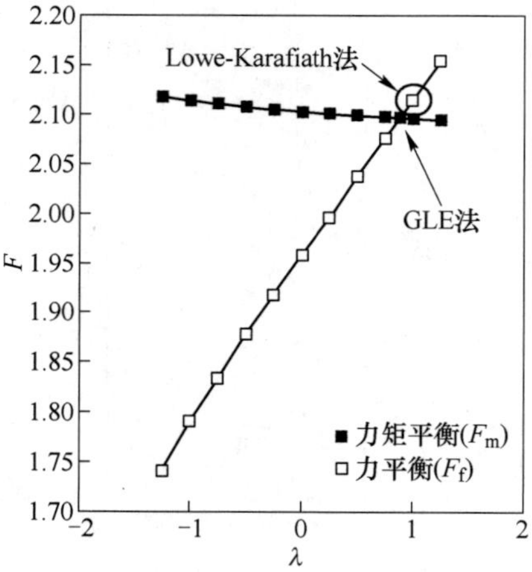

图 4-54 Lowe-Karafiath 法与 GLE 法安全系数计算结果对比

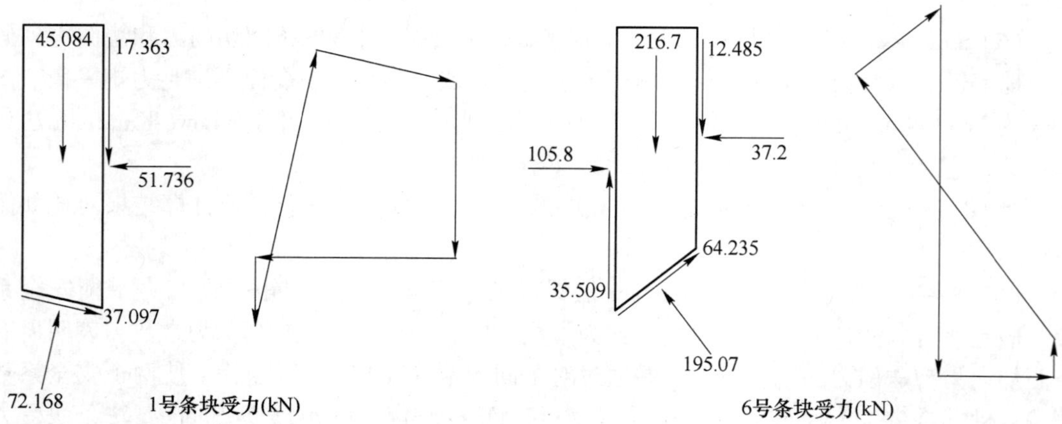

1号条块受力(kN)
(a)

6号条块受力(kN)
(b)

图 4-55 Spencer 法条块（1 号、6 号）受力示意图及力多边形

当 GLE 法假定条间力函数为常数时，即可得到和采用 Spencer 法相同的安全系数，位于 λ-F 曲线上同一点，如图 4-56 所示。

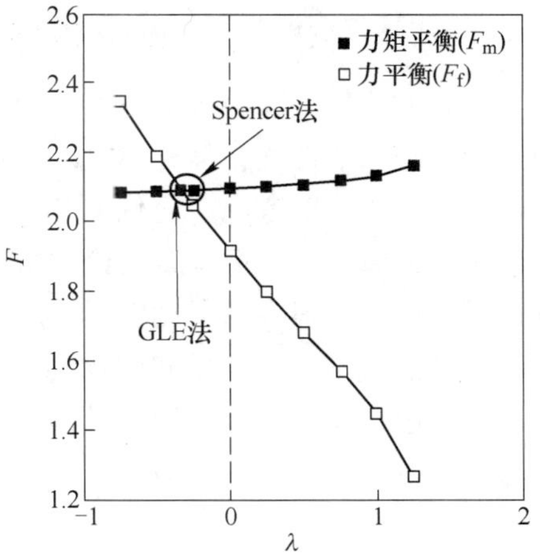

图 4-56　Spencer 法 λ-F 关系曲线图

（7）Morgenstern-Price 法与 GLE 法。Morgenstern-Price 法提出了类似于 Spencer 的方法，不同的是，M-P 法可以采用不同的条间力函数，常用的条间力函数包括常数、半正弦函数、梯形函数等，当选用常数时，该法等同于 Spencer 法。图 4-57为 Morgenstern-Price 法条块受力示意图及力多边形，力多边形闭合。条间力函数采用半正弦函数时，M-P 法与 GLE 法 λ-F 关系曲线如图 4-58 所示。M-P 法计算得到的安全系数值 $F = 2.088 \approx 2.089$（GLE 法）。

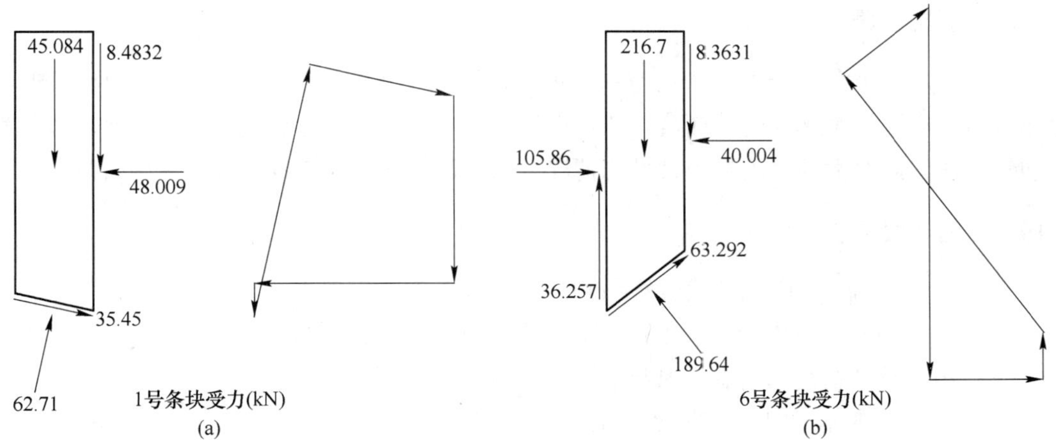

图 4-57　Morgenstern-Price 法条块（1 号、6 号）受力示意图及力多边形

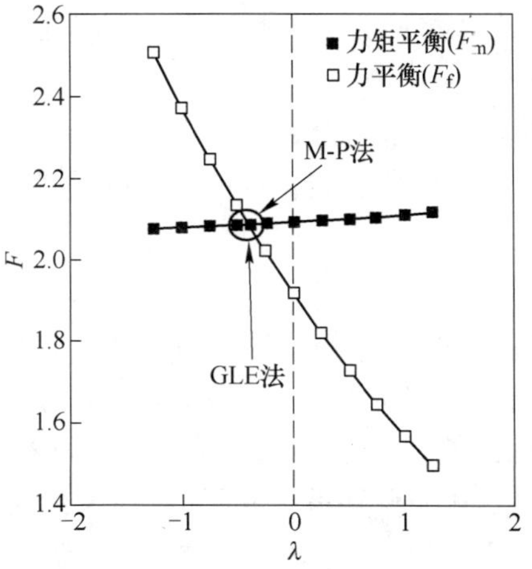

图 4-58　M-P 法与 GLE 法安全系数计算结果对比

4.9.4 计算方法评析

不同方法的条间力函数与滑动面形状有关，但没有一种方法是受特殊滑动面形状限制的。对于圆弧滑动面，简化 Bishop 法得到的安全系数常与 Spencer 法或 Morgenstern-Price 法相近，从该角度考虑，简化 Bishop 法非常适合于圆弧滑动面分析，其内在的假设也适用于非圆弧滑动面，但本章讨论的所有方法都更多地由静力平衡条件和条间作用力的处理方式所描述，而很少由滑动面形状所描述。

GLE 法假定了一个条间切向力和法向力之间的可变函数，同时满足力平衡和力矩平衡，力多边形闭合。该法涵盖了其他大多数极限平衡法，适用于任意滑动面。因此，工程应用中应尽可能采用 GLE 法。

4.10 Sarma 法

4.10.1 提出背景

Sarma 法于 1973 年由英国学者提出，该方法的提出者 Sarma 认为，一般边坡工程中，除非滑体是沿着一个理想的平面或者弧形面滑动，否则滑体必然会先破裂成多个可以相对滑动的块体，此类滑动为工程中常见的情况，据此进行假设的边界条件才更为合理。

4.10.2 基本假设

Sarma 法基本假设主要包括以下 7 点：

（1）边坡问题为平面问题，即可取某一横剖面作为分析对象；

（2）边坡整体为均质材料，其抗剪强度服从摩尔-库仑准则；

（3）滑体为刚体，即不考虑滑动岩土体的变形；

（4）所有条块在滑动面上同时达到极限平衡状态，且滑动面上所有点的安全系数相同；

（5）同时考虑条间切向力和法向力，并且两者之间满足类似强度准则的函数关系 $X = E\tan\varphi + ch$（h 为条分面斜长）；

（6）各条块均承受假想的水平作用力 K_cW_i，其中 K_c 为水平地震加速度系数；

（7）边坡安全系数 F 定义为条块之间及滑面岩土体强度同步折减的系数。

4.10.3 计算分析

Sarma 法认为斜条块间的剪切强度与滑面剪切强度被一致调用，即被同一安全系数 F 折减，再通过力的平衡条件求解边坡安全系数。Sarma 法求解时假设滑体受假想的水平地震力作用，然后根据条块的力平衡条件，通过复杂的推导，得到边坡临界地震加速度系数 K_c^* 的解析表达式，然后再通过迭代方式求解边坡在实际震动影响系数下的边坡安全系数。

图 4-59 为一简单边坡，滑动面为任意形状，图 4-60 为第 i 个条块的受力示意图，E_i、X_i 分别为第 i 个条块左侧法向力和切向力，α_i 为条块底面与水平面的夹角，β_i'、β_{i+1}' 分别为左、右侧面与竖直方向的夹角。

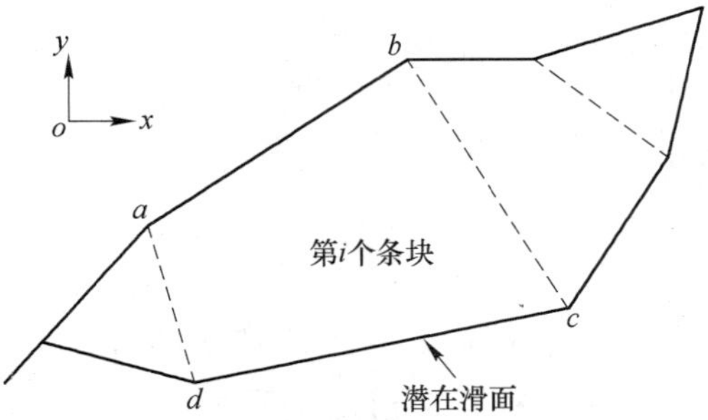

图 4-59 Sarma 法计算模型示意图

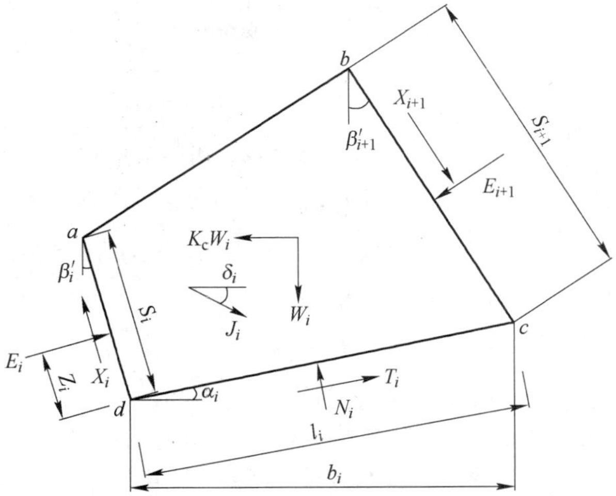

图 4-60 Sarma 法第 i 个条块受力示意图

图 4-60 中，$E_i = E'_i + P_i$； $N_i = N'_i + U_i$。 式中，P_i 为侧面孔隙水压力，U_i 为条块底部孔隙水压力。

由第 i 条块竖直方向受力平衡得到：

$$N_i\cos\alpha_i + T_i\sin\alpha_i + X_i\cos\beta'_i + E_i\sin\beta'_i = W_i + X_{i+1}\cos\beta'_{i+1} + E_{i+1}\sin\beta'_{i+1} + J_i\sin\delta_i \tag{4-111}$$

水平方向受力平衡得到：

$$T_i\cos\alpha_i + E_i\cos\beta'_i + X_{i+1}\sin\beta'_{i+1} + J_i\cos\delta_i = K_cW_i + X_i\sin\beta'_i + E_{i+1}\cos\beta'_{i+1} + N_i\sin\alpha_i \tag{4-112}$$

根据摩尔-库仑准则，在条块底面和左、右侧面有：

$$T_i = c_{li}l_i + (N_i - U_i)\tan\varphi_{li} \tag{4-113}$$

$$X_i = E_i\tan\varphi^j_{si} + c^j_{si}S_i \tag{4-114}$$

$$X_{i+1} = E_{i+1}\tan\varphi^j_{s(i+1)} + c^j_{s(i+1)}S_{i+1} \tag{4-115}$$

式中，φ^j 和 c^j 为侧面强度折减后的内摩擦角和黏聚力，代入平衡方程可得以下循环计算公式：

$$E_{i+1} = A_i - p_iF + E_ie_i \tag{4-116}$$

循环迭代最终得：

$$\begin{aligned} E_{n+1} = &(A_n + A_{n-1}e_n + A_{n-2}e_ne_{n-1} + \cdots \text{第 } n \text{ 项}) - \\ &K_c(p_n + p_{n-1}e_n + p_{n-2}e_ne_{n-1} + \cdots \text{第 } n \text{ 项}) + \\ &E_1e_{n-1}e_{n-2}\cdots \text{第 } n \text{ 项} \end{aligned} \tag{4-117}$$

一般情况下，第 1 条块左侧面总的法向力 E_1、第 n 条块右侧面总的法向力 E_{n+1} 均为 0，此时临界水平地震加速度系数 K_c^* 为：

$$K_c^* = \frac{A_n + A_{n-1}e_n + A_{n-2}e_ne_{n-1} + \cdots + A_1e_ne_{n-1}\cdots e_3e_2}{p_n + p_{n-1}e_n + p_{n-2}e_ne_{n-1} + \cdots + p_1e_ne_{n-1}\cdots e_3e_2} \tag{4-118}$$

式中 $A_i = \dfrac{R_i\cos\varphi_{li}^j + W_i\sin(\varphi_{li}^j - \alpha_i) + Z_{i+1}\sin(\varphi_{li}^j - \alpha_i - \beta'_{i+1}) - Z_i\sin(\varphi_{li}^j - \alpha_i - \beta'_i)}{\cos(\varphi_{li}^j - \alpha_i + \varphi_{s(i+1)}^j - \beta'_{i+1})\sec\varphi_{s(i+1)}^j}$；

$p_i = \dfrac{W_i\cos(\varphi_{li}^j - \alpha_i)}{\cos(\varphi_{li}^j - \alpha_i + \varphi_{s(i+1)}^j - \beta'_{i+1})\sec\varphi_{s(i+1)}^j}$；

$e_i = \dfrac{\cos(\varphi_{li}^j - \alpha_i + \varphi_{si}^j - \beta'_i)\sec\varphi_{si}^j}{\cos(\varphi_{li}^j - \alpha_i + \varphi_{s(i+1)}^j - \beta'_{i+1})\sec\varphi_{s(i+1)}^j}$；

$R_i = c_{li}^j l_i + J_i\cos(\alpha_i + \delta_i) + [J_i\sin(\alpha_i + \delta_i) - U_i]\tan\varphi_{li}^j$；

$Z_i = c_{si}^j S_i - P_i\tan\varphi_{si}^j$；

$Z_{i+1} = c_{s(i+1)}^j S_{i+1} - P_{i+1}\tan\varphi_{s(i+1)}^j$。

Sarma 法最大特点是将条间力与材料参数联系起来，因而直观上比特定的方程更容易概念化，进而容易被理解。但其实也只是采用另一种机理来指定条间力方程（$X = E\tan\varphi + ch$），当 c 为 0 或很小时，Sarma 法与其他方法（如 Spencer 法）一样：条间切向力与法向力成正比；当 c 较大时，条间切向力与法向力非线性相关，存在计算难以收敛的可能。

为了和传统的安全系数保持一致，Sarma 采用以下方法求得安全系数：

（1）假定一系列安全系数 F，折减强度指标，$c^j = \dfrac{c}{F}$，$\tan\varphi^j = \dfrac{\tan\varphi}{F}$，则抗剪强度为：

$$\tau = c^j + \sigma\tan\varphi^j \tag{4-119}$$

（2）根据不同的 c^j 和 $\tan\varphi^j$ 求得 K_c^*，变换 F 值，最终绘制 F-K_c^* 曲线；

（3）F-K_c^* 曲线与水平轴交点对应的 F 值即为传统意义的安全系数，当无地震力时安全系数 F 是使 K_c^* 为零的相应值，当有地震力时安全系数 F 是使 K_c^* 为实际水平地震加速度系数的相应值。

以上推导及计算过程均仅考虑力平衡条件，为同时考虑力矩平衡条件，引入全局变量 λ 使得 $X = \lambda(E\tan\varphi + ch)$，并在条间切向力计算过程中，不断调整全局参数 λ，直到满足整体力和力矩同时平衡，因此，Sarma 法除条间力确定方法不同之外，本质上与 Spencer 法、M-P 法等严格方法的总体求解思路是一致的。

【例题 4-10】 边坡几何及物理力学参数同例题 4-5，条块采用非垂直条分，使用 Sarma 法，求该边坡的最小安全系数。

解：基于 Sarma 法，采用不同圆心、不同半径对应的滑面计算出该边坡的最小安全系数（$F = 2.135$）以及力多边形，分别如图 4-61（a）、（b）所示，力多边形闭合表明条块水平力、垂直力均平衡。

4.10.4 计算方法评析

Sarma 法同时考虑条间切向力和法向力，两者之间不仅满足类似强度准则的函数关系 $X = E\tan\varphi + ch$，还满足整体力平衡和力矩平衡，力多边形闭合，该方法适用于任意形状的滑面。

Sarma 法可适用于非竖直条块和普遍意义上的块体稳定分析。当黏聚力为 0 或者是很

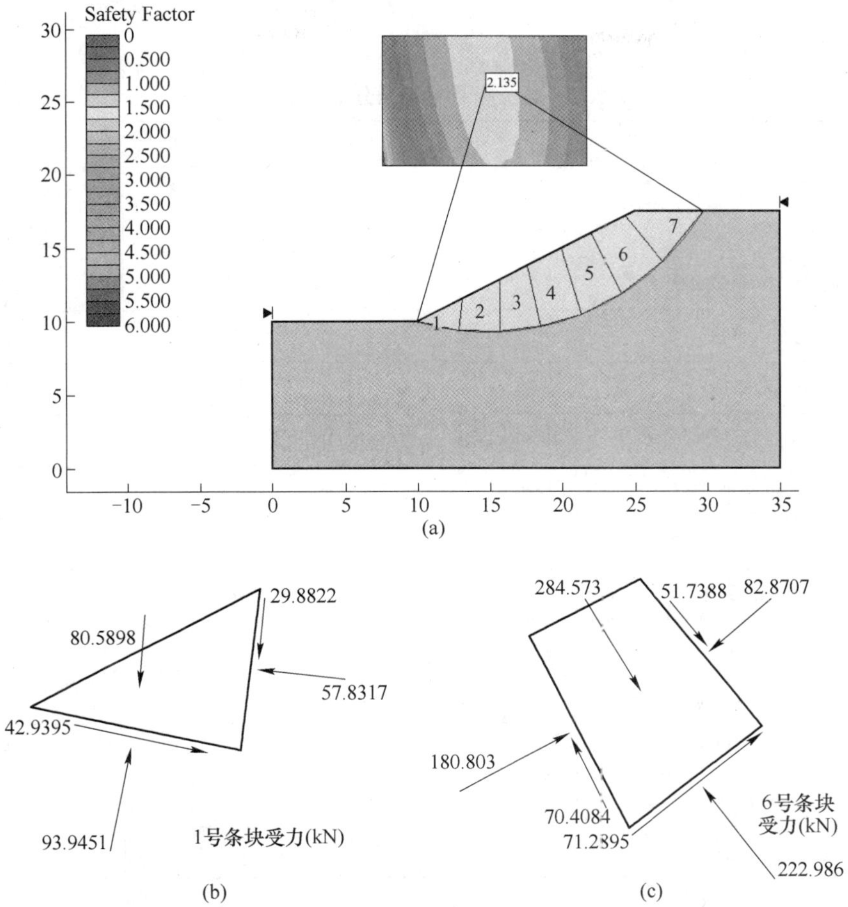

图 4-61　边坡 Sarma 法稳定性计算结果

小时，与其他方法一样，条间切向力和法向力近似成正比关系；当黏聚力较大时，条间切向力和法向力非线性相关，可能导致迭代计算收敛困难。

Sarma 法的求解流程虽不复杂，但计算表达式和求解步骤均较繁琐，故 Donald 和 Chen 基于上限定理对其进行改进，提出多块体模式 Sarma 法安全系数计算迭代公式，本书不进行详细介绍。

4.11　二维极限平衡条分法总结

由前述章节可知，根据条间力的假设不同，以及满足的力或力矩平衡方程的不同，条分法主要分为两大类：

（1）非严格条分法。此类方法的求解方程只满足力平衡或者力矩平衡，主要包括瑞典条分法（Fellenius 法）、简化 Bishop 法、简化 Janbu 法、Corps of Engineers 法（#1、#2）、Lowe-Karafiath 法、不平衡推力法（详见第 5 章）。

（2）严格条分法。此类方法的求解方程同时满足力平衡和力矩平衡，主要包括 Spencer 法、Morgenstern-Price 法、通用条分法（GLE 法）及 Sarma 法等。

表 4-22、表 4-23 分别列出各种二维极限平衡条分法所满足的平衡条件与条间力假设、特点及滑动面假定情况。

表 4-22　各类极限平衡条分法的平衡条件

方　法	平衡条件		
	力矩平衡	静力平衡	
		水平力	垂直力
瑞典条分或 Fellenius 法	是	否	否
简化 Bishop 法	是	否	是
简化 Janbu 法	否	是	是
通用 Janbu 法	是	是	是
Corps of Engineers 法#1	否	是	是
Corps of Engineers 法#2	否	是	是
Lowe-Karafiath 法	否	是	是
Spencer 法	是	是	是
Morgenstern-Price 法	是	是	是
通用条分法（GLE 法）	是	是	是
Sarma 法	是	是	是
不平衡推力法	否	是	是

表 4-23　各类极限平衡条分法的假设条件（条间力及滑动面）

方　法	是否考虑条间法向力（E）	是否考虑条间切向力（X）	X/E 的结果或 X-E 的关系	滑动面假定
瑞典条分或 Fellenius 法	否	否	无条间力	圆弧
简化 Bishop 法	是	否	仅水平力	圆弧
简化 Janbu 法	是	否	仅水平力	任意
通用 Janbu 法	是	是	应用推力线	任意
Corps of Engineers 法#1	是	是	从坡顶到坡脚直线的斜率	任意
Corps of Engineers 法#2	是	是	条块顶部地面的斜率	任意
Lowe-Karafiath 法	是	是	条块顶部和底部倾角平均值的斜率	任意
Spencer 法	是	是	常数	任意
Morgenstern-Price 法	是	是	变量，用户函数	任意
通用条分法（GLE 法）	是	是	可采用各方法的假设条件	任意
Sarma 法	是	是	$X = ch + E\tan\varphi$	任意
不平衡推力法	是	是	上一条块底面的斜率	任意

各类条分法进行上述假定后，超静定问题即转化为静定问题。事实上，上述方法并非一定要求滑动面为圆弧，但多数方法的计算步骤较为复杂，一般需试算或迭代，因此常借助计算机软件进行分析。

通过对各类方法的对比分析，在方法选择及使用过程中应注意以下几点：

（1）瑞典条分法将安全系数定义为每一条块在滑面上所能提供的抗滑力矩之和与滑体在滑面上产生的滑动力矩之比，由于不考虑条间力作用，严格意义上，对每一条块力的平衡和力矩平衡均不满足，而仅满足滑体的整体力矩平衡条件，由此产生的误差一般使求得的安全系数偏低10%~20%，这种误差随着滑面圆心角、岩土体内摩擦角和孔隙水压力的增大而增大。

（2）简化 Bishop 法在大部分情况下均可获得与 GLE 法较为接近的结果，其局限性主要是该法一般只适用于圆弧滑动面并且有时会遇到数值分析问题（主要是 $m_{\alpha i}$ 不合理）。一般而言，简化 Bishop 法计算得到的安全系数比瑞典条分法略高，当比瑞典条分法小时，可认为采用该法存在数值分析问题。

（3）与简化 Bishop 法相同，简化 Janbu 法忽略条块间切向力，即 λ 为 0。因此，简化 Janbu 法的安全系数落在静力平衡曲线 λ 为 0 的点上（图 4-48）。由于静力平衡对假设的条间切向力较为敏感，因此对于简化 Janbu 法的假定，不考虑条间切向力使得圆弧形滑动面的安全系数偏低。

（4）通用 Janbu 法与其他条分法有所不同。此方法通过定义一条推力作用线，假设了潜在滑体的一个应力分布条件，即假设条块间切向力和法向力的合力作用在推力作用线与条块的交点上（即滑动面以上 1/3 点处），并与推力线作用方向一致，它代表的是静水压力分布情况。条块间初始法向力可以通过简化 Janbu 法求得，假设合力位置使得条间切向力可以通过对底面中点取矩求得。

（5）在 λ-F 关系曲线图中，Corps of Engineers 法仅满足静力平衡，因此其安全系数落在静力平衡曲线上。然而，将计算出的安全系数置于 λ-F 关系曲线中容易让人误解：与 Spencer 法或 M-P 法有单一 λ 值的情况相比，如果将 Corps of Engineers 法的安全系数表示在该曲线图中，相应的 λ 代表的是 λ 的平均值，但此平均值不能用来检验条间切向力与法向力的比值，只有计算出的条间力函数才能用来检验切向力计算的正确性。Lowe-Karafiath 法与 Corps of Engineers 法在本质上是相同的，只是 Lowe-Karafiath 法采用另一类条间力函数。

（6）Spencer 法同时考虑条间切向力 X 和法向力 E，且二者满足 $X = \lambda f(x)E$，其中 $f(x)$ 为常数，属 Morgenstern-Price 法中 $f(x)$ 为常数的一种条间力假设特例，此时，当假设滑动面为圆弧面时，该法又是简化 Bishop 法的一种更加精确的计算（同时考虑力和力矩平衡）。

（7）为消除计算方法引起的误差，Morgenstern-Price 法考虑所有平衡条件及边界条件，并为通用 Janbu 法推导出来的近似解法提供了更加精确的解答。Morgenstern-Price 法是一种较为完备的条分法，其条间切向力 X 和法向力 E 满足的关系式 $X = \lambda f(x)E$ 中，$f(x)$ 可取多种形式的函数。当取作常数时，计算结果等同于 Spencer 法；当取作 0 时，计算结果等同于同时考虑了力平衡的 Bishop 法。

（8）由于 GLE 法假定 $X = \lambda f(x)E$，其中 λ 为介于 0~1 之间的任意常数，$f(x)$ 为待定

函数，所以某种程度而言，Morgenstern-Price 法是 GLE 法的一种特例。

(9) Sarma 法的主要特点是采用材料的物理力学性质建立条间力关系，直观上看，该方法比其他指定函数更容易理解，但就其本质而言，其只是用来指定条块间函数的另一种途径。

考虑上述各类极限平衡法的特点、应用情况及对边坡稳定计算的适用性，部分行业规范按土质和岩质边坡选用不同的计算方法。原则上满足全部平衡条件的方法（如 M-P、GLE 等）在任何情况下都是相对精确的，因此计算中应尽可能使用同时满足力和力矩平衡的严格条分法，其中 Sarma 法可采用斜分条块，可以较好地分析岩体的节理、裂隙发育情况，因此一般应用于岩质边坡。

根据各方法在工程中的实际应用情况（如应用范围、成熟程度等），《水利水电工程边坡设计规范》（SL 386—2007）作出如下规定：

对土质边坡和呈碎裂结构、散体结构的岩质边坡采用简化 Bishop 法、Morgenstern-Price 法、不平衡推力法等三种方法，选用计算方法时主要依据边坡体的构造情况确定：当边坡体为相对均质体，可能发生圆弧滑动时，则选用简化 Bishop 法和 Morgenstern-Price 法计算均可；当边坡体呈层状结构且不同地层的抗剪强度有明显差别时，则选用 Morgenstern-Price 法计算更合适。对块体结构和层状结构的岩质边坡，Sarma 法对其倾斜结构面的模拟和条块间力的考虑更合乎实际和全面，不平衡推力传递法也是折线形滑动面常用的方法。

同时应注意到，目前常用的各类边坡稳定性分析图表，在边坡几何条件、容重、强度指标和孔隙水压力可以简化的情况下可得到有参考价值的结果，其局限性在于使用图表时需要对上述条件进行合理简化，其优点在于可快速得到安全系数。通常可先使用这些图表进行初步分析，再根据具体的边界条件使用分析软件进行详细核算。

4.12 三维极限平衡条分法

4.12.1 三维极限平衡条分法简介

随着极限平衡法的发展，越来越多的工程实践证明，针对边坡的稳定性分析应该从三维而不仅仅是二维的角度来进行，因为三维的分析方式不仅能提高精度，使边坡处治设计更为经济合理，而且计算机技术的发展也使三维稳定分析中繁琐的计算得以实现。截至目前，三维极限平衡法的研究已取得一些成果，如 Hovland（1977）在 Fellenius 法基础上提出了三维普遍条分法；Hungr（1987~1989）等先后将 Janbu 法和 Bishop 法扩展到三维；张兴（1988）提出了不考虑条块非滑动方向侧面作用力影响的三维 Spencer 法；陈祖煜（2001）等在张兴的三维 Spencer 法基础上，提出了考虑条块侧面法向作用力的三维 Spencer 法（本文仅介绍后者所提出的 Spencer 法）；谢谟文（2003）等结合改进的 Hovland 三维边坡稳定分析模型，提出一个全新的基于 GIS 空间数据库的三维边坡稳定分析模型等。迄今为止，工程界可广泛应用的三维边坡稳定分析软件尚不多见。本节仅对三维极限平衡法的基本原理进行阐述，并通过各种假设条件得到几种常用的三维极限平衡计算方法。

4.12.2　基本假设

本节介绍的三维极限平衡法的基本假设包括以下三个方面：

（1）边坡整体为均质材料，其抗剪强度服从摩尔-库仑准则；

（2）土体为刚体，即不考虑滑动土体的变形；

（3）安全系数定义为材料的强度折减系数。

4.12.3　通用表达式

图 4-62 为一边坡三维模型，取主滑方向为 x，垂直滑动方向的边坡走向方向为 y，竖直向上为 z，x、y、z 符合右手法则。

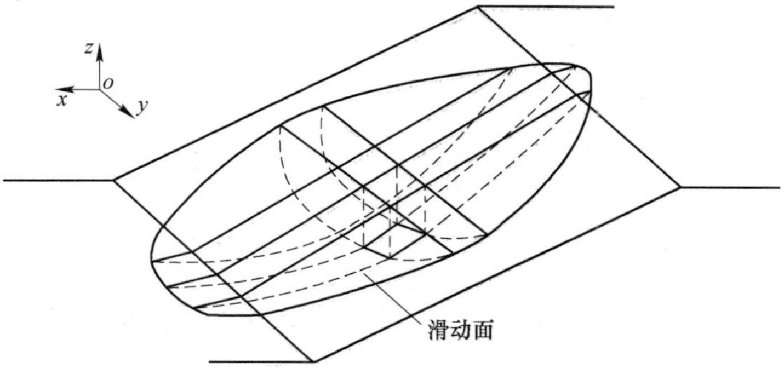

图 4-62　边坡滑动三维模型示意图

对该边坡进行 x 与 y 方向的双向条分，得到如图 4-63 所示的微条柱示意图，取 x 方向长度为 dx，y 方向长度为 dy。微条柱共有 6 个面，除顶面外，每个面受 3 个力的作用，即 2 个切向力和 1 个法向力。四个侧面上 E 代表法向力，用下标表示作用面，如 E_y 代表法线为 y 的面上的法向力；T 代表切向力，T 下标的第一项表示作用面法线方向，下标的第二项代表力的作用方向，如 T_{yx} 代表法线为 y 的面在 x 方向上受的切向力。底面上 N_z 为法向力，dT_z 代表微条柱底滑面的切向力，dN_z 代表微条柱底滑面的法向力，dW 代表微条柱的体积力。α_x 为底滑面、平面 xoz 的交线和水平面之间的夹角；α_y 为底滑面、平面 yoz 的交线和水平面之间的夹角。

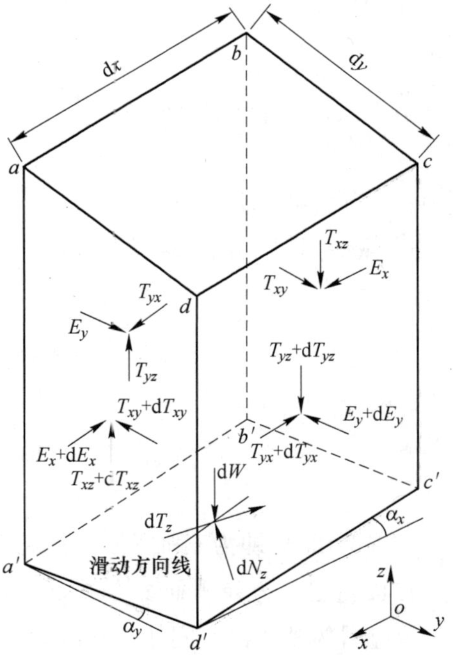

图 4-63　微条柱模型受力示意图

4.12.3.1　力平衡安全系数统一模型

建立滑体整体沿空间任一直线方向上的平衡方程，并引入摩尔-库仑准则，则可导出力平衡安全系数的计算公式。具体步骤如下。

设 dN_z 的方向余弦为(n_x, n_y, n_z), dT_z 的方向余弦为(l_x, l_y, l_z); dW 保持竖直向下。如图 4-64 所示。

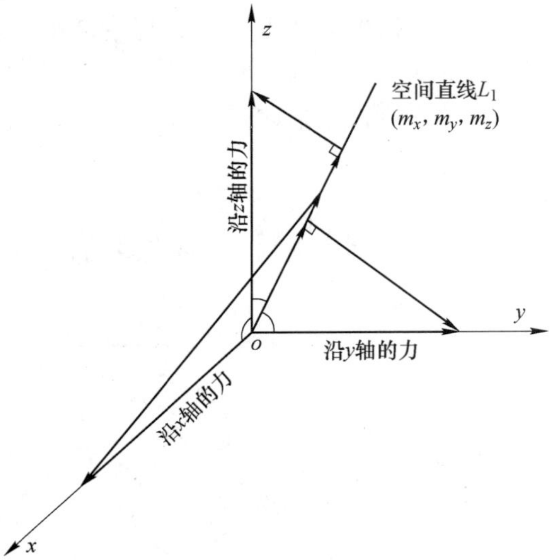

图 4-64 力沿空间任一平面法线投影示意图

任取一方向余弦为(m_x, m_y, m_z)的空间直线 L_1，将底滑面上的 3 个力 dN_z、dT_z、dW 投影到 x、y、z 三坐标轴，之后再将坐标轴上的投影分量投影到该直线 L_1，建立这些投影的力平衡方程可得：

$$\iint_s [(dN_z n_x + dT_z l_x) m_x + (dN_z n_y + dT_z l_y) m_y + (-dW + dN_z n_z + dT_z l_z) m_z] = 0 \tag{4-120}$$

由摩尔-库仑准则可知：

$$dT_z = (dN_z - u dA_z) f_\varphi + dA_z f_c \tag{4-121}$$

式中，u 为孔隙水压力；$f_\varphi = \tan\varphi / F$；$f_c = c/F$。

将式（4-121）代入式（4-120）可得：

$$F = \frac{\iint_s \{[(dN_z - u dA_z)\tan\varphi + c dA_z] G_1\}}{\iint_s (dW m_z - dN_z G_2)} \tag{4-122}$$

式中

$$G_1 = l_x m_x + l_y m_y + l_z m_z \tag{4-123}$$

$$G_2 = n_x m_x + n_y m_y + n_z m_z \tag{4-124}$$

式（4-122）即为三维极限平衡通用表达式（一）。

4.12.3.2 力矩平衡安全系数统一模型

建立滑体整体以空间任一直线为旋转轴的力矩平衡方程，并引入摩尔-库仑准则，则可导出力矩平衡安全系数的计算公式。具体步骤如下。

如图 4-65 所示，任取一方向余弦为（R_x, R_y, R_z）、方向正弦为（S_x, S_y, S_z）且过

点（x_m，y_m，z_m）的直线 L_2，即直线 $O'D'$，将该直线作为旋转轴。过坐标原点作 OD 平行于直线 L_2，过 D 点作直线 OD 的垂直面，分别与 x、y、z 轴交于 A、B、C 三点，O'点为直线 $O'D'$与面 ABC 的交点。此时直线 OD 与直线 $O'D'$均为面 ABC 的法线。

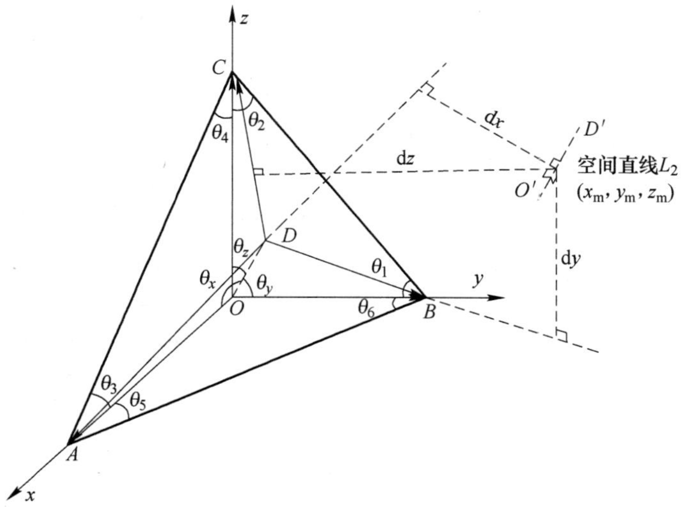

图 4-65 力及力臂三维投影示意图

先将上述 3 个力（dN_z、dT_z、dT_z）沿 x、y、z 轴分别投影，再将这些投影分量投影在直线 L_2 的垂面 ABC 上，此时面 ABC 上的三个投影分量必然会和三直线 AD、BD、CD 共线，过 O'点作三直线 AD、BD、CD 的垂线，O'点到三直线的距离分别为 dx、dy、dz，此时 dx、dy、dz 即可表示在面 ABC 上的三个投影分量到旋转轴 $O'D'$ 的力臂。根据几何关系可知：

CB、AC、AB 的方向余弦分别为 $[0,\ \cos\theta_1,\ -\cos\theta_2]$、$[-\cos\theta_3,\ 0,\ \cos\theta_4]$、$[-\cos\theta_5,\ \cos\theta_6,\ 0]$。而，

$$\tan\theta_1=\frac{OC}{OB}=\frac{\dfrac{OC}{OD}}{\dfrac{OB}{OD}}=\frac{\dfrac{1}{\cos\theta_z}}{\dfrac{1}{\cos\theta_y}}=\frac{\dfrac{1}{R_z}}{\dfrac{1}{R_y}}=\frac{R_y}{R_z} \tag{4-125}$$

因为
$$\cos^2\theta_1=\frac{1}{1+\tan^2\theta_1}=\frac{1}{1+\dfrac{R_y^2}{R_z^2}}=\frac{R_z^2}{R_z^2+R_y^2}=\frac{R_z^2}{1-R_x^2}=\frac{R_z^2}{S_x^2} \tag{4-126}$$

则
$$\cos\theta_1=\frac{R_z}{S_x},\ \sin\theta_1=\frac{R_y}{S_x} \tag{4-127}$$

同理
$$\cos\theta_3=\frac{R_z}{S_y},\ \sin\theta_3=\frac{R_x}{S_y} \tag{4-128}$$

$$\cos\theta_5=\frac{R_y}{S_z},\ \sin\theta_5=\frac{R_x}{S_z} \tag{4-129}$$

则 CB、AC、AB 的方向余弦分别为 $\left[0,\ \dfrac{R_z}{S_x},\ -\dfrac{R_y}{S_x}\right]$、$\left[-\dfrac{R_z}{S_y},\ 0,\ \dfrac{R_x}{S_y}\right]$、$\left[-\dfrac{R_y}{S_z},\ \dfrac{R_x}{S_z},\ 0\right]$。

由于 CB、AC、AB 分别垂直于面 AOD、BOD、COD，故面 AOD、BOD、COD 的表达式分别为：

$$\frac{R_z}{S_x}y - \frac{R_y}{S_x}z = 0 \tag{4-130}$$

$$-\frac{R_z}{S_y}x + \frac{R_x}{S_y}z = 0 \tag{4-131}$$

$$-\frac{R_y}{S_z}x + \frac{R_x}{S_z}y = 0 \tag{4-132}$$

则点 $O'(x_m, y_m, z_m)$ 到三个面的距离 dx、dy、dz 可表示为：

$$dx = \frac{\left|\frac{R_z}{S_x}(y - y_m) - \frac{R_y}{S_x}(z - z_m)\right|}{\sqrt{\left(\frac{R_z}{S_x}\right)^2 + \left(\frac{R_y}{S_x}\right)^2}} = \left|\frac{R_z}{S_x}(y - y_m) - \frac{R_y}{S_x}(z - z_m)\right| \tag{4-133}$$

$$dy = \left|-\frac{R_z}{S_y}(x - x_m) + \frac{R_x}{S_y}(z - z_m)\right| \tag{4-134}$$

$$dz = \left|\frac{R_y}{S_z}(x - x_m) + \frac{R_x}{S_z}(y - y_m)\right| \tag{4-135}$$

即

$$S_x dx = R_z(y - y_m) - R_y(z - z_m) \tag{4-136}$$

$$S_y dy = -R_z(x - x_m) + R_x(z - z_m) \tag{4-137}$$

$$S_z dz = -R_y(x - x_m) + R_x(y - y_m) \tag{4-138}$$

此处假设式（4-136）、式（4-137）、式（4-138）右项均为正，以便于下文计算推导。若在实际工程计算时为负值，则采取相反数，保证 dx、dy、dz 为正值。

通过建立投影值绕该直线的力矩平衡可得：

$$\iint_s [(dN_z n_x + dT_z l_x)S_x dx + (dN_z n_y + dT_z l_y)S_y dy + (-dW + dN_z n_z + dT_z l_z)S_z dz] = 0 \tag{4-139}$$

将式（4-121）代入式（4-139）可得：

$$F = \frac{\iint_s \left\{[(dN_z - u dA_z)\tan\varphi + c dA_z]G_3\right\}}{\iint_s (dW S_z dz - dN_z G_4)} \tag{4-140}$$

式中

$$G_3 = l_x S_x dx + l_y S_y dy - l_z S_z dz \tag{4-141}$$

$$G_4 = n_x S_x dx + n_y S_y dy - n_z S_z dz \tag{4-142}$$

在边坡三维极限平衡稳定性分析中，一般只考虑绕过点（x_m，y_m，z_m）且平行 y 轴的直线的整体力矩平衡，此时：

$$R_x = R_z = 0、\ R_y = 1、\ S_x = S_z = 1、\ S_y = 0 \tag{4-143}$$

$$G_3 = l_x dx - l_z dz \tag{4-144}$$

$$G_4 = n_x dx - n_z dz \tag{4-145}$$

式（4-140）即为三维极限平衡通用表达式（二）。

4.12.3.3 底面法向力 dN_z 的求解

式（4-122）和式（4-140）中仅包含未知量 F 和 dN_z，故只需确定 dN_z 的表达式，即可得到 F。由于 dN_z 是通过微条柱上所有力的平衡获得，因此，与建立第一个表达式类似，先任取一方向余弦为（v_x，v_y，v_z）的空间直线 L_3，如图 4-66 所示。

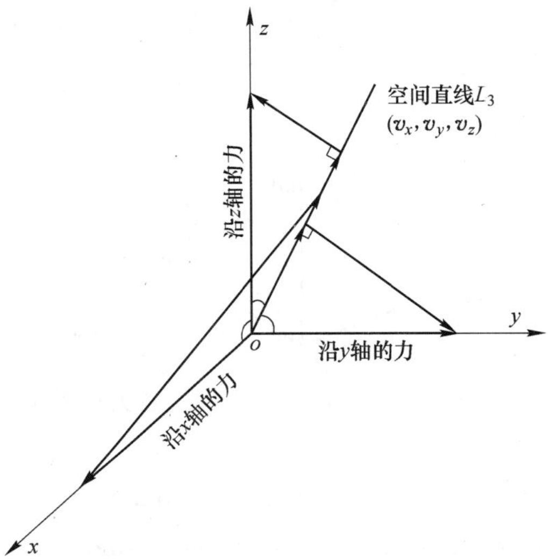

图 4-66 力沿空间任一直线投影示意图

将作用在微条柱上的所有力投影到该直线，建立力的平衡方程，可得：

$$(dN_z n_x + dT_z l_x - dT_{yx} - dE_x) v_x + (dN_z n_y + dT_z l_y - dT_{xy} - dE_y) v_y + (dN_z n_z + dT_z l_z + dT_{xz} - dT_{yz} - dW) v_z = 0 \tag{4-146}$$

将式（4-121）代入式（4-146）可得：

$$dN_z = \frac{dW\nu_z + dA_z(uf_\varphi - f_c) G_5 + H}{G_5 f_\varphi + G_6} \tag{4-147}$$

式中

$$G_5 = l_x v_x + l_y v_y + l_z v_z \tag{4-148}$$

$$G_6 = n_x v_x + n_y v_y + n_z v_z \tag{4-149}$$

$$H = (dT_{yx} + dE_x) v_x + (dE_y + dT_{xy}) v_y + (-dT_{xz} + dT_{yz}) v_z \tag{4-150}$$

式（4-147）即为三维极限平衡通用表达式（三）。该式中还包含一些未知量，如 dE_x、dE_y、dT_{xy}、dT_{yx}、dT_{xz}、dT_{yz} 等，这些未知量均可根据不同计算方法的假定条件而确定。

4.12.4 三维普遍条分法

三维普遍条分法是由 Hovland 将二维瑞典条分法（Fellenius 法）扩展为三维条分法。该方法忽略了条柱间所有切向力和法向力，同时使底滑面的切向力与主滑方向平行，即忽略平行于 yoz 平面的切向力 dT_{zy}（dT_z 沿 y 方向的分量），对应的模型受力示意如图 4-67 所示。

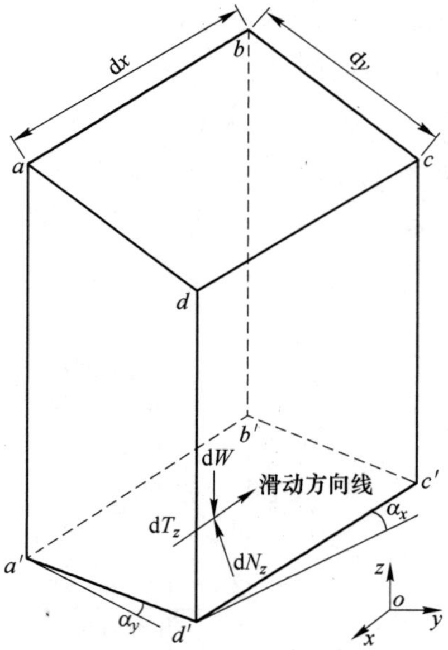

图 4-67 三维普遍条分法微条柱受力示意图

由以上假设条件可知：

$$l_x = -\cos\alpha_x;\quad l_y = 0;\quad l_z = \sin\alpha_x$$

$$m_x = -\cos\alpha_x;\quad m_y = 0;\quad m_z = \sin\alpha_x$$

$$v_x = n_x = \sin\alpha_x;\quad v_y = n_y = 0;\quad v_z = n_z = \cos\alpha_x$$

$$\mathrm{d}E_x = \mathrm{d}E_y = \mathrm{d}T_{xy} = \mathrm{d}T_{yx} = \mathrm{d}T_{xz} = \mathrm{d}T_{yz} = 0$$

此时 $$G_1 = 1;\ G_2 = 0;\ G_5 = 0;\ G_6 = 1;\ H = 0$$

将上述条件代入通用表达式（4-122）和式（4-147），可得出三维普遍条分法的安全系数计算表达式：

$$F = \frac{\iint\limits_s [(\mathrm{d}N_z - u\cdot \mathrm{d}A_z)\tan\varphi + c\cdot \mathrm{d}A_z]}{\iint\limits_s (\mathrm{d}W\sin\alpha_x)} \tag{4-151}$$

$$\mathrm{d}N_z = \mathrm{d}W\cos\alpha_x = \mathrm{d}W n_z \tag{4-152}$$

式（4-151）即为三维普遍条分法的解析形式。

4.12.5 三维简化 Janbu 法

三维简化 Janbu 法由 Hungr 等建立，忽略条柱间沿 z 轴方向的所有切向力，同时使底滑面上的切向力与主滑方向平行，即忽略平行于 yoz 平面的切向力 $\mathrm{d}T_{zy}$，该方法的微条柱受力示意如图 4-68 所示。

由假设条件可知：

$$l_x = -\cos\alpha_x;\quad l_y = 0;\quad l_z = \sin\alpha_x$$

$$m_x = 1;\quad m_y = 0;\quad m_z = 0$$

$$v_x = 0;\quad v_y = 0;\quad v_z = 1$$

$$\mathrm{d}T_{xz} = \mathrm{d}T_{yz} = 0$$

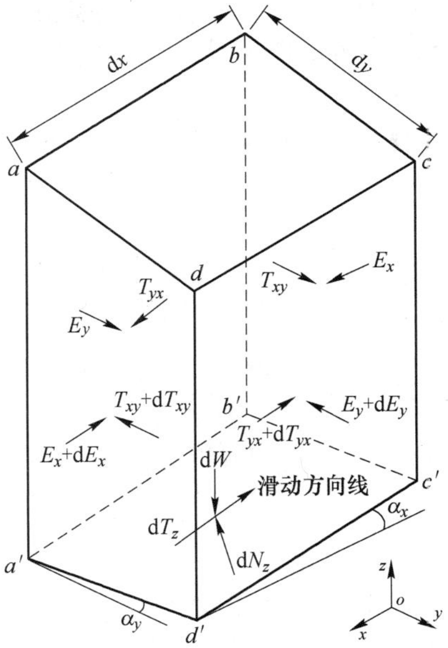

图 4-68 三维简化 Janbu 法微条柱受力示意图

此时

$$G_1 = -\cos\alpha_x;\ G_2 = n_x;$$

$$G_5 = \sin\alpha_x;\ G_6 = n_z;\ H = 0$$

通过每一微条柱竖向力的平衡及滑体沿 x 轴整体的力平衡即可建立求解安全系数的表达式，将上述条件代入通用表达式（4-122）和式（4-147）可得：

$$F = \frac{\iint\limits_s \left\{ \left[(\mathrm{d}N_z - u \cdot \mathrm{d}A_z)\tan\varphi + c \cdot \mathrm{d}A_z \right] \cos\alpha_x \right\}}{\iint\limits_s (\mathrm{d}N_z n_x)} \tag{4-153}$$

$$\mathrm{d}N_z = \frac{\mathrm{d}W + \mathrm{d}A_z(uf_\varphi - f_c)\sin\alpha_x}{n_z + f_\varphi \sin\alpha_x} \tag{4-154}$$

式（4-153）即为三维 Janbu 法的解析形式。

4.12.6 三维简化 Bishop 法

三维简化 Bishop 法由 Hungr 建立，是二维简化 Bishop 法的扩展。该方法忽略条柱间沿 z 轴方向的所有切向力，同时也使底滑面上的剪切力与主滑方向平行，即忽略平行于 yoz 平面的切向力 $\mathrm{d}T_{zy}$，该方法的微条柱模型受力示意同图 4-68。

由假设条件可知：

$$l_x = -\cos\alpha_x;\quad l_y = 0;\quad l_z = \sin\alpha_x$$

$$R_x = 0;\quad R_y = 1;\quad R_z = 0$$

$$S_x = 1;\quad S_y = 0;\quad S_z = 1$$

$$v_x = 0;\quad v_y = 0;\quad v_z = 1$$

$$\mathrm{d}T_{xz} = \mathrm{d}T_{yz} = 0$$

此时 $G_3 = \cos\alpha_x \mathrm{d}x + \sin\alpha_x \mathrm{d}z$；$G_4 = -n_x \mathrm{d}x + n_z \mathrm{d}z$；$G_5 = \sin\alpha_x$；$G_6 = n_z$；$H = 0$

在上述假设条件下，通过每一微条柱竖向力的平衡以及滑体绕 y 轴的整体力矩平衡即可建立求解安全系数的表达式。

将上述假设条件代入通用表达式（4-140）和式（4-147）可得：

$$F = \frac{\iint_s \left\{ [(\mathrm{d}N_z - u \cdot \mathrm{d}A_z)\tan\varphi + c \cdot \mathrm{d}A_z] \cdot (\cos\alpha_x \mathrm{d}x + \sin\alpha_x \mathrm{d}z) \right\}}{\iint_s [\mathrm{d}W\mathrm{d}z - \mathrm{d}N_z(-n_x \mathrm{d}x + n_z \mathrm{d}z)]} \tag{4-155}$$

$$\mathrm{d}N_z = \frac{\mathrm{d}W + \mathrm{d}A_z(uf_\varphi - f_c)\sin\alpha_x}{n_z + f_\varphi \sin\alpha_x} \tag{4-156}$$

式（4-155）即为三维简化 Bishop 法的解析形式。

4.12.7 三维 Spencer 法

本节介绍的三维 Spencer 法由陈祖煜等在张兴提出的三维 Spencer 法基础上建立，是二维 Spencer 法在三维条件下的扩展。该方法的主要假设条件包括：

（1）忽略作用在平行于 xoz 平面条柱侧面上的切向力；

（2）忽略作用在平行于 yoz 平面条柱侧面上的水平切向力；

（3）法向力 E_x 与竖向切向力 T_{xz} 的合力 G 与 x 轴的夹角为 β；

（4）作用在底滑面上的切向力 $\mathrm{d}T_z$ 与 xoz 平面的夹角为 ρ，并规定切向力的 y 轴分量为正时 ρ 为正值；

（5）$\mathrm{d}T_z$ 的方向余弦为（l_x，l_y，l_z），且 $l_z = \sin\rho$。

该法的微条柱模型如图 4-69 所示。

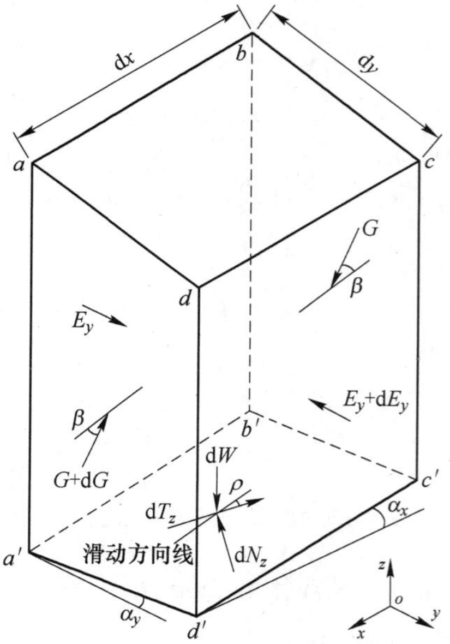

图 4-69 三维 Spencer 法微条柱受力示意图

在上述假设条件下，通过 G 方向和 y 轴方向上的整体力平衡，以及绕 y 轴的整体力矩平衡建立 3 个求解安全系数的表达式，将假设条件代入通用表达式（4-122）、式（4-140）及式（4-147）进行求解。

（1）沿 G 方向的整体力平衡。由几何关系可知：$m_x = -\cos\beta$；$m_y = 0$；$m_z = \sin\beta$；此时，$G_1 = -l_x\cos\beta + l_z\sin\beta$；$G_2 = -n_x\cos\beta + n_z\sin\beta$。

将该条件代入式（4-122）可得：

$$F = \frac{\iint_s \left\{ [(\mathrm{d}N_z - u\mathrm{d}A_z)\tan\varphi + c\mathrm{d}A_z] \cdot [-l_x\cos\beta + l_z\sin\beta] \right\}}{\iint_s [\mathrm{d}W\sin\beta - \mathrm{d}N_z(-n_x\cos\beta + n_z\sin\beta)]} \tag{4-157}$$

（2）沿 y 轴方向的整体力平衡。由几何关系可知：$m_x = 0$；$m_y = 1$；$m_z = 0$。

此时，$G_1 = l_y$；$G_2 = n_y$。

将该条件代入式（4-122）可得：

$$F = \frac{\iint\limits_s \{[(\mathrm{d}N_z - u\mathrm{d}A_z)\tan\varphi + c\mathrm{d}A_z] l_y\}}{\iint\limits_s (-\mathrm{d}N_z n_y)} \tag{4-158}$$

（3）沿 y 轴的整体力矩平衡。由几何关系可知：$x_{\mathrm{m}} = z_{\mathrm{m}} = 0$。

此时，$G_3 = -l_x z + l_z x$；$G_4 = -n_x z + n_z x$。

将以上条件代入式（4-140）可得：

$$F = \frac{\iint\limits_s \{[(\mathrm{d}N_z - u\mathrm{d}A_z)\tan\varphi + c\mathrm{d}A_z] \cdot (-l_x z + l_z x)\}}{\iint\limits_s [\mathrm{d}Wx - \mathrm{d}N_z(-n_x z + n_z x)]} \tag{4-159}$$

式（4-157）~式（4-159）所包含的未知数 $\mathrm{d}N_z$ 可以通过与 G 垂直方向上的力平衡得到，由该模型的几何关系及假定条件可知：

$$\nu_x = \sin\beta;\quad \nu_y = 0;\quad \nu_z = \cos\beta$$

$$\mathrm{d}T_{xy} = \mathrm{d}T_{yx} = \mathrm{d}T_{yz} = 0$$

$$\mathrm{d}E_x / \mathrm{d}T_{xz} = \cot\beta$$

此时 $G_5 = l_x\sin\beta + l_z\cos\beta$；$G_6 = n_x\sin\beta + n_z\cos\beta$；$H = 0$

将以上条件代入式（4-147）可得：

$$\mathrm{d}N_z = \frac{\mathrm{d}W\cos\beta + \mathrm{d}A_z(uf_\varphi - f_{\mathrm{c}})(l_x\sin\beta + l_z\cos\beta)}{n_x\sin\beta + n_z\cos\beta + f_\varphi(l_x\sin\beta + l_z\cos\beta)} \tag{4-160}$$

式（4-157）~式（4-159）即为三维 Spencer 法的解析形式。

4.12.8 三维条分法评析

由于三维普遍条分法仅满足沿 x 和 z 两个方向的整体力平衡，而对滑体的整体力矩平衡没有要求，同时由于其未考虑底滑面上平行于 yoz 平面的剪力 T_{zy}，所以该方法比较适合滑裂面对称的情况。该方法通过条柱底部正应力 N_z 对沿滑面力平衡的影响来反映三维效应，假设较多，理论基础不够严谨。

三维简化 Janbu 法根据整个滑体沿 z 方向和 x 方向力平衡求解安全系数。该方法计算既简单又相对严格，较接近工程实际。

三维简化 Bishop 法根据整个滑体沿 z 方向力平衡以及绕 y 轴的整体力矩平衡条件求解安全系数，该方法仅较适合于滑裂面为旋转面的情况，因为该法在分析时，假设作用在每一条柱四个侧面的垂直切向力忽略不计，而这通常对滑体稳定性计算结果影响较大。

三维 Spencer 法不仅满足在 x，y，z 轴三个方向的静力平衡，而且还满足沿 y 轴方向上的力矩平衡，同时对滑裂面形状、滑动方向等假设较少，是一种理论体系较为严格的方法。但由于忽略了条间力的一些切向分量，同时假定所有条柱的 β 值相等、同一列的 ρ 值也相等，与实际情况仍有一定差距，属近似算法。由于列界面上的切向力被假定为零，故安全系数计算结果可能偏小。

练　习　题

(1) 简述极限平衡条分法的基本原理，为什么条分法不能考虑条块的变形?

(2) 简述各类条分法的基本假定与平衡条件。

(3) 采用瑞典条分法计算出的边坡安全系数，较实际情况偏安全还是偏危险，为什么?

(4) 在什么情况下认为简化 Bishop 法计算出来的边坡安全系数存在数值问题?

(5) 简化 Janbu 法较瑞典条分法和简化 Bishop 而言有哪几个方面的特点，其不足之处是什么?

(6) 简述 Corps of Engineers 法（#1、#2）以及 Lowe-Karafiath 法三种方法的异同。

(7) 为什么说 Spencer 法是 Morgenstern-Price 法中的一个特例?

(8) Morgenstern-Price 法和通用条分法（GLE）的区别是什么?

(9) 通用条分法（GLE）可以通过定义不同的 λ 、$f(x)$ 使计算结果与简化 Bishop 法、简化 Janbu 法、Spencer 法等相同，简述其过程。

(10) 简述 Sarma 法的特点及其与通用条分法（GLE）的异同。

(11) 简述四种三维条分法的假设条件及异同。

(12) 三维条分法较二维条分法计算更接近工程实际，但三维极限平衡条分法应用较少，分析该现象的原因。

(13) 图 4-70 为某公路土质路堑边坡，坡度 1 : 0.5，坡高 36.0m，γ = 19kN/m^3，c = 20kPa，φ = 25°，取条块数为 10，在不考虑渗流作用下，分别采用简化 Bishop 法、简化 Janbu 法求该边坡安全系数。

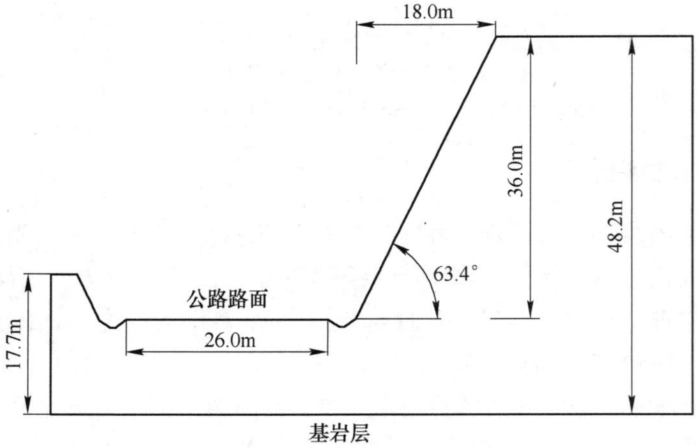

图 4-70　习题（13）图

(14) 某简单边坡共两个土层，坡度 1 : 2，主要几何参数及浸润线如图 4-71 所示（单位：m）。土层 1 的强度参数：γ_1 = 15kN/m^3，c_1 = 5kPa，φ_1 = 20°，土层 2 的强度参数：γ_2 = 18kN/m^3，c_2 = 10kPa，φ_2 = 25°，试采用 Geo-slope 或 Slide 软件对该边坡进行建模，并求解边坡安全系数（采用瑞典条分法、简化 Bishop 法、Janbu 法、Corps of Engineers 法（#1、#2）、Lowe-Karafiath 法、Spencer 法、Morgenstern-Price 法、通用条分法进行求解）。

(15) 针对图 4-72 所示的边坡模型，采用 GLE 法对单位长度边坡进行指定滑面的稳定性分析。

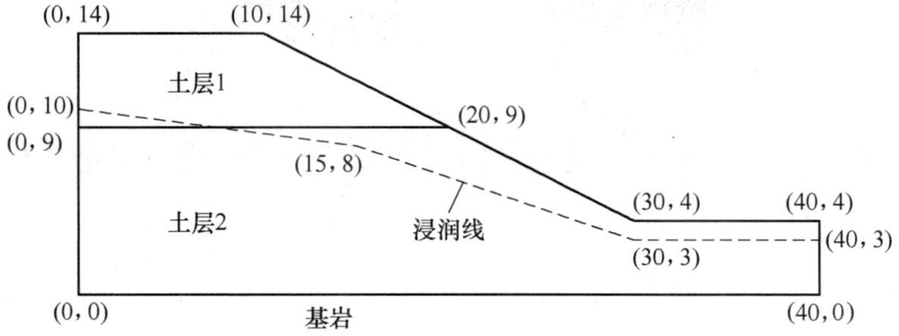

图 4-71　习题（14）图

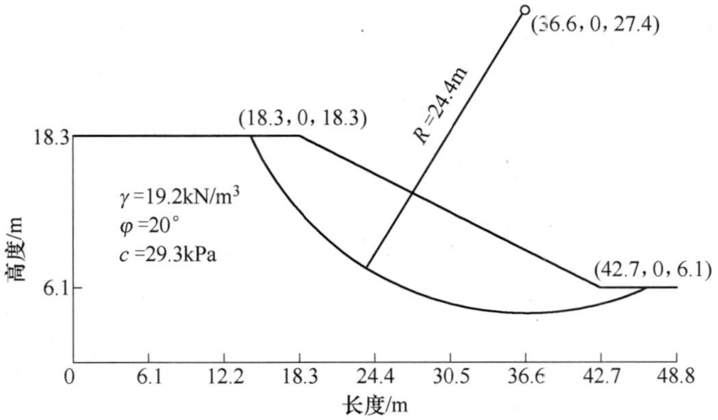

图 4-72　习题（15）图

5 弱面控制型边坡稳定性分析方法

本章主要内容:

本章主要介绍弱面（结构面）控制型边坡稳定性分析方法，分别对单平面滑动、同向双平面滑动、折线形滑动、倾倒破坏、楔形破坏进行分析。简要说明各类失稳类型的基本概念，详细讲述各类分析方法的基本原理、假设条件、计算步骤及适用范围等内容。

学习要点:

熟悉各类弱面（结构面）控制型边坡潜在破坏形式，掌握各类分析方法，并且能够运用所学知识解决工程问题。

在边坡自重及其他外力作用下，边坡有从高处向低处滑动的趋势，但由于组成边坡的岩土体介质具有一定强度，会产生阻止边坡滑动的抗滑力。一般来说，如果边坡内部某个面上的滑动力超过抗滑力，边坡将失稳破坏。而当边坡内部存在弱面（结构面）时，由于弱面（结构面）强度通常远低于岩土体强度，边坡失稳时多沿弱面或弱面组合滑动。

根据弱面（结构面）的空间展布，分析边坡稳定性问题时，可将其分为平面滑动和空间滑动两种情况。严格地讲，边坡滑体都是空间块体，但对于单一结构面控制的滑面，或由两个或两个以上平面构成的滑面，只要这些平面走向大致相同、滑动面走向与边坡坡面走向平行或接近平行，且滑体两侧不受约束或约束不大，即可按平面滑动进行分析，如单平面、同向双平面、折线形等滑动，否则边坡滑体应按空间滑动处理，如楔形滑动。

5.1 单平面滑动分析

5.1.1 概述

典型的单平面滑动破坏通常是滑体沿与边坡倾向大致相近的弱面（结构面）滑移，滑面的倾角缓于边坡角，且在边坡面出露，滑体两侧一般临空或有人工开挖的凹槽切割。典型的单平面滑动如云南云养水库边坡失稳（图 5-1），边坡岩性为下志留统龙马溪组泥、页岩，岩层面走向与边坡走向近乎平行，倾角 27°~28°，为顺层边坡。开挖切脚使边坡滑面临空出露，是诱发滑坡的主要外部因素，该滑坡属于典型的单平面滑动破坏。

单平面滑动一般需满足以下几何条件，如图 5-2 所示。

(1) 结构面走向与坡面平行或近似平行（±20°范围内）；

(2) 结构面应在边坡面出露，即结构面倾角 β 须小于坡角 α；

(3) 结构面倾角 β 须大于该平面的内摩擦角 φ；

(4) 滑动面顶部与边坡上表面相交，或者上部出现拉裂缝；

(5) 滑体两侧存在割隙面，其对滑体的侧阻力较小，确定了滑体的侧边界。

图 5-1 云荞水库边坡滑坡

平面滑动分析一般按二维问题处理，即假定垂直边坡走向所取的不同剖面，几何及物理力学参数相同。计算时沿边坡走向取单位宽度，滑动面的面积即可用该剖面中滑动面的长度表示，滑体体积可用该剖面中滑体面积表示。根据边坡滑面上缘是否存在拉裂缝，单平面滑动通常分为两种情况，下文将分别分析。

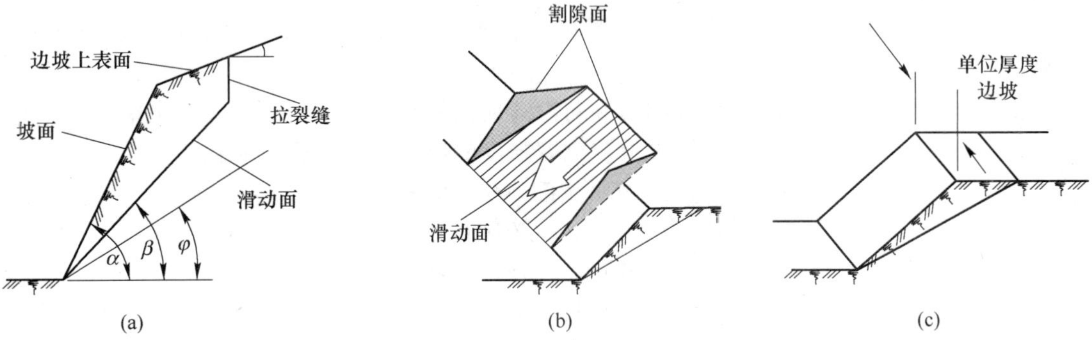

图 5-2 平面滑动边坡几何要素

（a）平面滑动边坡模型剖面图；（b）滑动面与割隙面；（c）单位厚度边坡

5.1.2 无拉裂缝的单平面滑动

图 5-3 为无拉裂缝单平面滑动模型，边坡内存在贯通坡顶面和边坡面的结构面 OC，边坡稳定性主要受结构面 OC 控制，由结构面切割形成的潜在滑体 OBC 为主要研究对象。以滑体所受到抗滑力与下滑力比值大小来判定边坡的稳定性，当该比值大于 1 时边坡稳定，等于 1 时边坡处于极限平衡状态，小于 1 时边坡发生破坏。

在分析中作如下假设：

(1) 计算中所有力均作用在滑体重心，即表明滑动时没有使滑体转动的力矩，滑体仅沿滑动面滑动；

(2) 滑动面抗剪强度由该结构面黏聚力 c 和内摩擦角 φ 确定，并遵循摩尔-库仑准则

$\tau_f = c + \sigma\tan\varphi$，也可采用其他抗剪强度准则。

以下分别讨论滑动面无水、滑动面充水的情况。

(1) 滑动面无水 ($U=0$)。如图5-3所示，滑体 OBC 存在沿结构面 OC 下滑的趋势，其中已知边坡高度 H、边坡倾角 α、滑动面倾角 β、滑动面长度 L、滑体顶面倾角 Ψ、滑体重度 γ，通过几何关系求得滑体剖面面积 A，滑体重量 $W = A \cdot \gamma$，故滑体下滑力 $W\sin\beta$，滑体对滑面正压力为 $W\cos\beta$，根据摩尔-库仑准则可得抗滑力为 $cL + W\cos\beta\tan\varphi$，因此该边坡安全系数为：

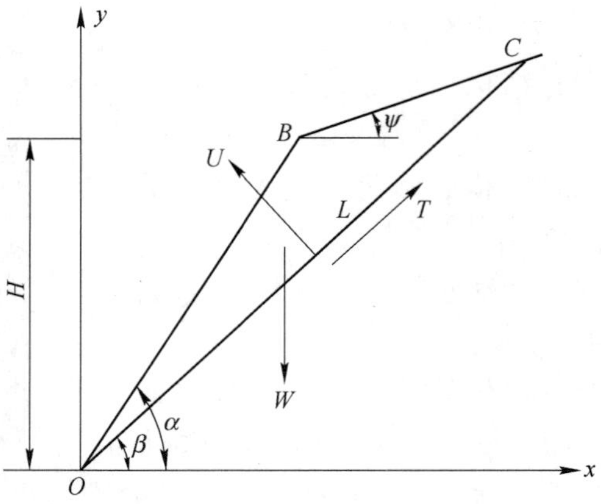

图 5-3　边坡无拉裂缝单平面滑动模型

$$F(F_f) = \frac{cL + W\cos\beta\tan\varphi}{W\sin\beta} \tag{5-1}$$

(2) 滑动面充水 ($U\neq0$)。地下水对边坡稳定性影响较大，多数边坡失稳与水有关，边坡中水的作用体现在多个方面，包括增大滑体重度、弱化岩土体和结构面力学参数、改变岩土体应力状态和力学形态等，本章仅考虑静水压力对边坡稳定性的影响。

如图5-3所示，因为静水压力 U 的方向为滑动面的外法线方向，其降低了滑体作用在滑动面上的正压力，不考虑对滑体重量、抗剪强度的影响，边坡安全系数为：

$$F(F_f) = \frac{cL + (W\cos\beta - U)\tan\varphi}{W\sin\beta} \tag{5-2}$$

由于滑面上水压力存在不同的分布形式，以下分别进行讨论：

1) 边坡中间高度处水压力最大。如图5-4所示，当 $0 < Z_w \leqslant L\sin\beta$ 时（L 为滑面总长度），浸湿长度 $L_w = Z_w/\sin\beta$，最大水压力 $P = Z_w\gamma_w/2$，因此滑面水压力为：

$$U = \frac{P \cdot L_w}{2} = \frac{1}{2}\left(\frac{1}{2}Z_w \cdot \gamma_w\right)\left(\frac{Z_w}{\sin\beta}\right) = \frac{Z_w^2 \cdot \gamma_w}{4\sin\beta} \tag{5-3}$$

2) 坡脚处水压力最大。如图5-5所示，浸湿长度 $L_w = Z_w/\sin\beta$，最大水压力 $P = \gamma_w Z_w$，因此滑面水压力为：

$$U = \frac{P \cdot L_w}{2} = \frac{1}{2}\gamma_w \cdot Z_w \frac{Z_w}{\sin\beta} = \frac{Z_w^2 \cdot \gamma_w}{2\sin\beta} \tag{5-4}$$

上述计算表明，坡脚处水压力最大条件下，其滑面水压力值是中间水压力最大时的2倍。

5.1.3　含拉裂缝的单平面滑动

大部分岩土边坡在滑动前会在坡顶或坡面上出现拉裂缝，如图5-6、图5-7所示，拉裂缝中不可避免会充水，从而产生侧向水压力，导致边坡稳定性降低。为便于分析，作如下假设：

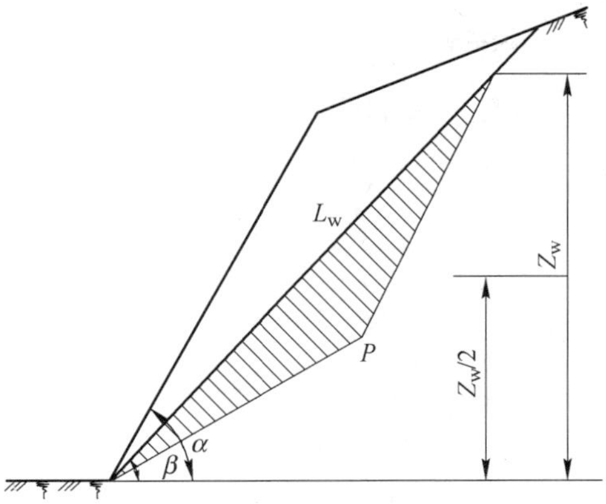

图 5-4 水压力分布示意图（边坡中间高度处水压力最大）

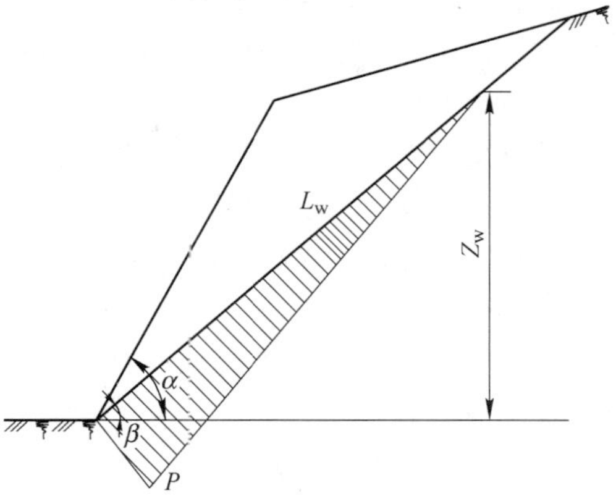

图 5-5 水压力分布示意图（坡脚处水压力最大）

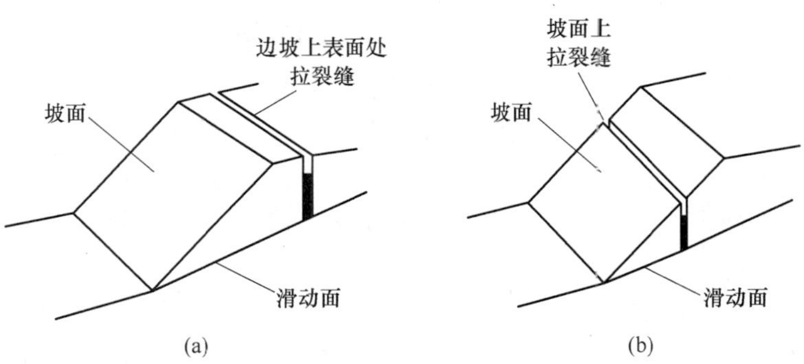

图 5-6 不同位置的拉裂缝示意图

图 5-7 边坡滑动过程中的拉裂缝实例

（1）滑动面及拉裂缝的走向平行于坡面走向；

（2）滑体重量 W、滑动面水压力 U 和拉裂缝水压力 V 三者的作用线均通过滑体的重心，即假定没有使岩块转动的力矩，破坏完全由滑动引起。一般而言，忽视力矩所造成的误差较小，但对于陡倾结构面边坡要考虑其发生倾倒破坏的可能性。

含拉裂缝边坡受力分析如图 5-8 所示，其满足前文的基本假设，边坡高度 H，边坡倾角 α，滑动面倾角 β，拉裂缝走向与边坡面走向平行，深度 Z_t，与水平面夹角 θ，岩体重度 γ，水的重度 γ_w，拉裂缝水压力 V，滑面水压力 U，最大水压力值 P。

当拉裂缝中不存在水时，安全系数 $F(F_f)=\dfrac{cL+W\cos\beta\tan\varphi}{W\sin\beta}$，与无拉裂缝滑动情况一致。

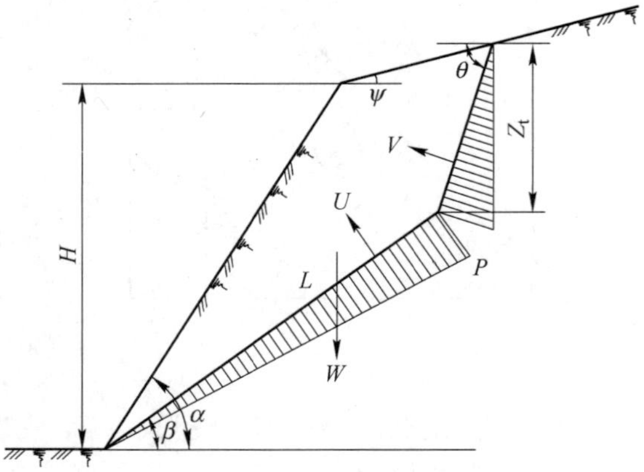

图 5-8　含拉裂缝边坡受力分析

当拉裂缝中存在水时，安全系数：

$$F(F_f)=\frac{cL+[W\cos\beta-U-V\cos(\theta-\beta)]\tan\varphi}{W\sin\beta+V\sin(\theta-\beta)} \tag{5-5}$$

计算表明，拉裂缝中水压力的存在，既减小了抗滑力，又增大了下滑力，对边坡稳定性十分不利，因此做好防水、排水工作是保证边坡稳定的有效措施。

由于无法准确测量边坡中的水压力分布，目前在边坡稳定性分析时，不能准确定义地下水在坡体及拉裂缝中的分布模式。因此，边坡设计需要评估不同水压力形式对边坡安全系数的影响，尤其应考虑瞬时水压力。

以下介绍在边坡中可能出现的四种地下水分布形式，并把拉裂缝及滑动面中的水压力分布理想化，给出水压力的计算公式。分析边坡稳定性时，应全面考虑边坡情况，选择最合适的水压力分布形式。

水压力在拉裂缝和滑动面中的不同分布形式，对边坡稳定性产生的影响有所差异。以下讨论不同分布形式下静水压力的计算。

（1）当水压力最大值位于中间高度时，如图 5-9（a）、（b）、（c）所示。

1）在图 5-9（a）中，$Z_w \leqslant Z_f$，此时：

$$\begin{cases} U=\dfrac{Z_w^2\cdot\gamma_w}{4\sin\beta} \\ V=0 \end{cases} \tag{5-6}$$

2）在图 5-9（b）中，$Z_w > Z_f$ 且 $Z_w/2 < Z_f$，此时：

$$\begin{cases} U=\dfrac{1}{2}P_1\cdot L_1+\dfrac{1}{2}(P_1+P_2)L_2 \\ V=\dfrac{Z_t^2\cdot\gamma_w}{2\sin\theta} \end{cases} \tag{5-7}$$

式中，$L_1=\dfrac{Z_w}{2\sin\beta}$；$L_2=L-L_1$；$P_1=\dfrac{1}{2}\gamma_w\cdot Z_w$；$P_2=\gamma_w\cdot Z_t$。

3）在图 5-9（c）中，$Z_w>Z_f$ 且 $Z_w/2\geqslant Z_f$，此时：

$$\begin{cases}U=\dfrac{1}{2}P_3\cdot L\\ V=\dfrac{1}{2}(P_3+P_4)L_3+\dfrac{1}{2}P_4\cdot L_4\end{cases}\tag{5-8}$$

式中，$L_3=\dfrac{\dfrac{Z_w}{2}-Z_f}{\sin\theta}$；$L_4=\dfrac{Z_w}{2\sin\theta}$；$P_3=\gamma_w\cdot Z_f$；$P_4=\dfrac{1}{2}\gamma_w\cdot Z_w$。

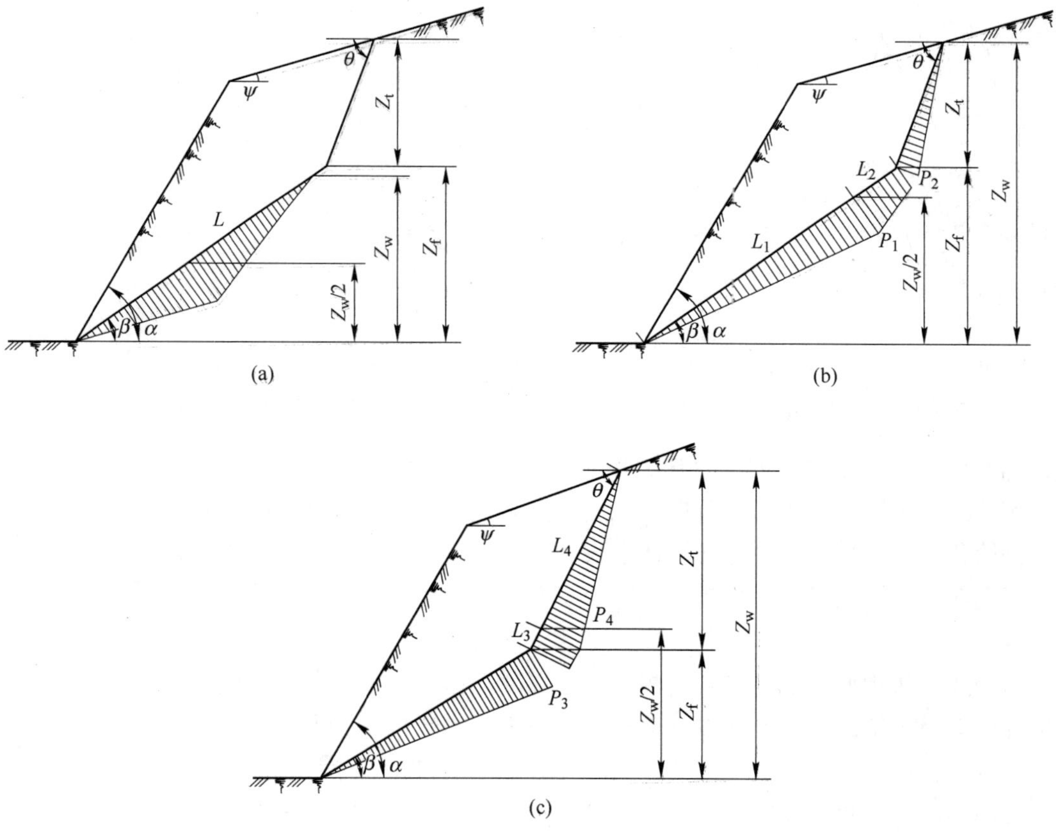

图 5-9 水压力分布示意图（存在拉裂缝、边坡中间高度处水压力最大）

（2）当水压力最大值位于边坡坡脚时，如图 5-10 所示，此时：

$$\begin{cases}U=\dfrac{1}{2}(P_5+P_6)L\\ V=\dfrac{1}{2}P_5\cdot L_5\end{cases}\tag{5-9}$$

式中，$L_5=Z_t/\sin\theta$；$P_5=\gamma_w\cdot Z_t$；$P_6=\gamma_w\cdot Z_w$。

（3）当水压力最大值处于拉裂缝底部时，如图 5-11 所示，此时：

$$\begin{cases} U = \dfrac{1}{2}P_7 \cdot L \\ V = \dfrac{1}{2}P_7 \cdot L_7 \end{cases} \tag{5-10}$$

式中，$L_7 = Z_t/\sin\theta$；$P_7 = \gamma_w \cdot Z_t$。

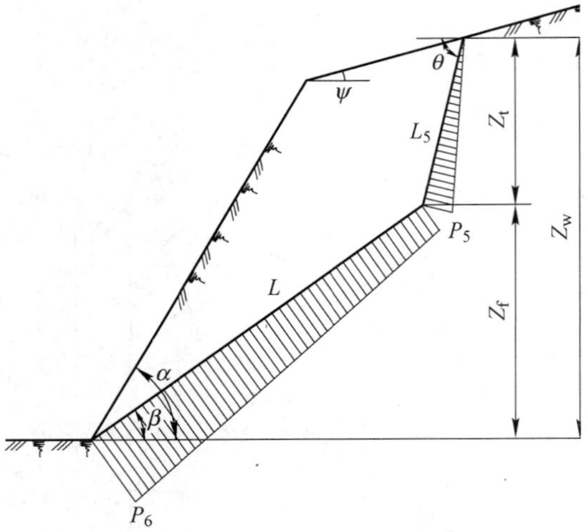

图 5-10　水压力分布示意图（存在拉裂缝、坡脚处水压力最大）

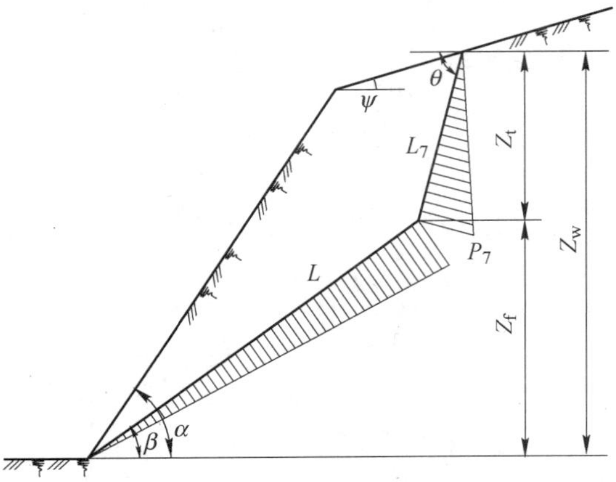

图 5-11　水压力分布示意图（拉裂缝底部水压力最大）

（4）当水压力非线性时，水压力按实际分布情况计算。

实际工程中边坡的水压力分布情况更为复杂，计算时通常进行一些假设及简化，不过即使是简化的模型也常常会存在滑体上表面不水平、拉裂缝充水率不足 100%、存在外力作用等问题。但边坡稳定性分析的思路及安全系数的计算方法是不变的，具体计算过程可参照例题 5-1。

在上述分析中假设已知拉裂缝的位置、深度，但是若坡顶存在积土或碎石堆，拉裂缝的位置可能是未知的，因此在设计分析中需考虑、判断拉裂缝可能出现的位置。

通过对弱面（结构面）控制型边坡的深入研究，Barton 发现大多数拉裂缝是由于岩体中微小的剪切位移所产生的，虽然这些剪切位移很小，但其累积效应产生的总位移是不能忽视的，足以造成边坡直立节理的分离并形成拉裂缝。当边坡表面出现可视拉裂缝时，岩体中剪切破坏已经开始，须引起足够重视。

5.1.4　地震力作用

由于发生概率低，地震一般被视为可变作用或偶然作用，但出于安全储备的考虑，在地震多发地带仍需直接考虑地震力的影响。由于水平震动对边坡影响较大，因而计算地震力时一般只考虑水平地震力的作用，如图 5-12 所示，水平地震力用 $K_c W$ 表示，其中 K_c 为水平地震加速度（也称地震动力系数），其大小取决于地震烈度，一般取值 0.1～0.2

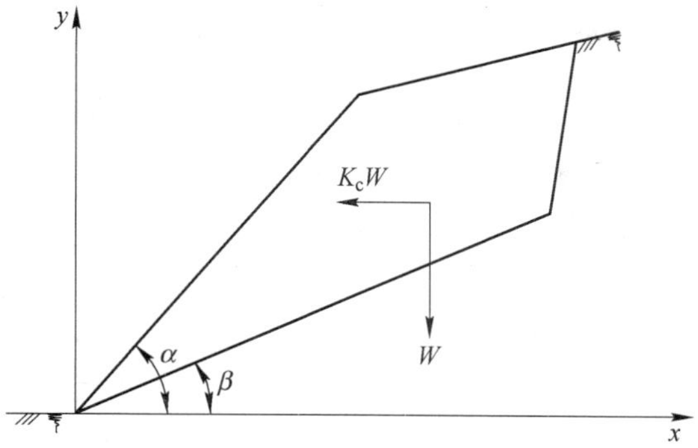

图 5-12 边坡地震力作用示意图

之间。

将地震力分解为垂直于滑动面及平行于滑动面的分量，此时安全系数计算式为：

$$F(F_f) = \frac{cL + (W\cos\beta - K_c W\sin\beta)\tan\varphi}{W\sin\beta + K_c W\cos\beta} \tag{5-11}$$

5.1.5 锚固力计算

锚固技术广泛应用于岩土加固工程，通过钻孔将锚杆或锚索一端固定在稳定岩层，另一端固定在边坡表面。锚杆按是否预先施加应力分为预应力锚杆（主动式锚杆）和非预应力锚杆（被动式锚杆）。主动支护方法是预应力锚索或锚杆在边坡变形前已施加荷载，而被动支护则是非预应力锚索和注浆锚杆仅在坡体产生一定变形后才产生抗力。

主动支护与被动支护的边坡安全系数计算方法有所区别。主动支护主要表现为降低下滑力，并增大抗滑力，此时安全系数的表达式为：

$$F(F_f) = \frac{N_R + T_N\tan\varphi}{N_S - T_S} \tag{5-12}$$

式中，N_R 为抗滑力；T_N 为锚固力垂直于滑动面方向的分量；N_S 为下滑力；T_S 为锚固力平行于滑动面方向的分量。

被动支护主要表现为增加抗滑力，此时安全系数的表达式为：

$$F(F_f) = \frac{N_R + T_N\tan\varphi + T_S}{N_S} \tag{5-13}$$

一般情况下，被动支护的安全系数总是低于主动支护的安全系数。

对于前述外力如水压力、地震力等均属于主动力，相当于预应力锚杆形式，计算安全系数均采用式（5-12）主动模型计算方法，具体锚杆设计详见第 9 章。

【例题 5-1】 如图 5-13 所示的边坡，坡面滑体高度 $H = 80$m，岩体重度 $\gamma = 21\,\text{kN/m}^3$，坡角 $\alpha = 45°$，滑动面倾角 $\beta = 35°$，上部坡面倾角 $\psi = 25°$，拉裂缝倾角 $\theta = 60°$，离坡顶水平距离 30m，滑面强度服从摩尔-库仑强度准则，黏聚力 $c = 110$kPa，摩擦角 $\varphi = 29°$。水的重度 $\gamma_w = 10\,\text{kN/m}^3$，拉裂缝充水率 100%，滑动面内无水。在滑体上施加锚固力 $J =$

2000kN，与水平面夹角为 $\delta = 30°$，指向坡面向下。求外力分别为主动力、被动力条件下边坡的安全系数。

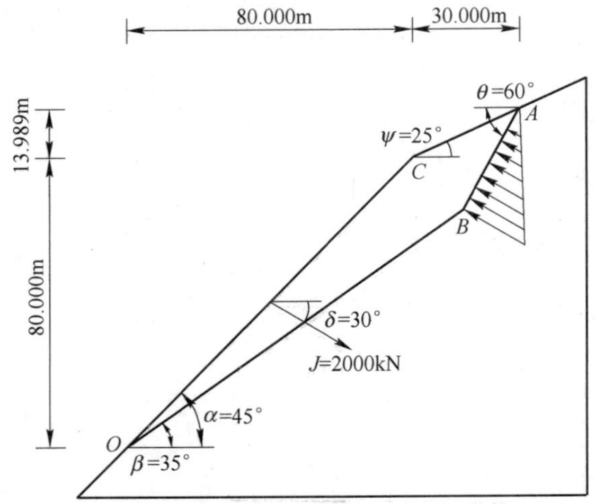

图 5-13 例题 5-1 边坡计算模型

解：(1) 边坡几何关系计算：

坡面长度 $OC = \dfrac{H}{\sin\alpha} = \dfrac{80}{\sin 45°} = 80\sqrt{2}\,\text{m} = 113.137\text{m}$

坡顶长度 $AC = \dfrac{AC_x}{\cos\psi} = \dfrac{30}{\cos 25°} = 33.101\text{m}$

由 $\begin{cases} OB_x + BA_x = OC_x + CA_x \\ OB_y + BA_y = OC_y + CA_y \end{cases}$ 可解得 $AB = 32.890\text{m}$，$OB = 114.212\text{m}$

因此根据三角形面积公式可得滑体面积：

$$A = \frac{1}{2}(OB \times OC \times \sin 10° + AC \times AB \times \sin 35°) = 1434.131\text{m}^2$$

(2) 单位长度边坡受力计算：

滑体重量 $W = \gamma A = 21 \times 10^3 \times 1434.131 = 3.012 \times 10^4\text{kN/m}$

拉裂缝中水压力 $V = \dfrac{1}{2}P \times AB = \dfrac{1}{2} \times \gamma_w \times AB_y \times AB = 4.683 \times 10^3\text{kN/m}$

1) 不考虑锚固力时：

滑体下滑力 $N_S = W\sin\beta + V\sin(\theta - \beta) = 1.926 \times 10^4\text{kN/m}$

滑体对滑面的正压力 $N_N = W\cos\beta - V\cos(\theta - \beta) = 2.043 \times 10^4\text{kN/m}$

故滑体抗滑力 $N_R = cL + N_N\tan\varphi = 2.389 \times 10^4\text{kN/m}$

2) 对于外力：

垂直于滑动面方向的分量 $T_N = J\sin(\beta + \delta) = 1.813 \times 10^3\text{kN/m}$

平行于滑动面方向的分量 $T_S = J\cos(\beta + \delta) = 8.45 \times 10^2\text{kN/m}$

（3）安全系数计算：

1）当外力为主动力时（即主动支护），根据式（5-12）可得：

$$F = \frac{N_R + T_N \tan\varphi}{N_S - T_S} = \frac{2.389 \times 10^4 + 1.813 \times 10^3 \times \tan 29°}{1.926 \times 10^4 - 8.45 \times 10^2} = 1.352$$

2）当外力为被动力时（即被动支护），根据式（5-13）可得：

$$F = \frac{N_R + T_N \tan\varphi + T_S}{N_S} = \frac{2.389 \times 10^4 + 1.813 \times 10^3 \times \tan 29° + 8.45 \times 10^2}{1.926 \times 10^4} = 1.336$$

经计算边坡在主动支护与被动支护条件下均稳定，但被动支护条件下的安全系数低于主动支护。

5.2 双平面滑动分析

5.2.1 概述

当边坡滑动面由两个相交的平面构成时，且两平面走向均与边坡面相同或相近，称之为同向双平面滑动，如图 5-14 所示；若两平面将滑体切割为楔形且滑体沿两平面的交线下滑，则称之为楔形滑动，楔形滑动的计算分析将在本章第 4 节详细阐述。

同向双平面滑动的边坡稳定性计算比单一滑动面条件略为复杂，计算时涉及的未知数数目往往多于能建立的方程总数，因此，在稳定性分析计算时常需增设若干补充条件。

计算同向双平面滑动时通常包括两种情况：第一种为滑体内不存在软弱结构面，视滑体为刚体，可采用力平衡图解法计算；第二种为滑体内存在软弱结构面，并将滑体切割成若干块，此时需分块计算。

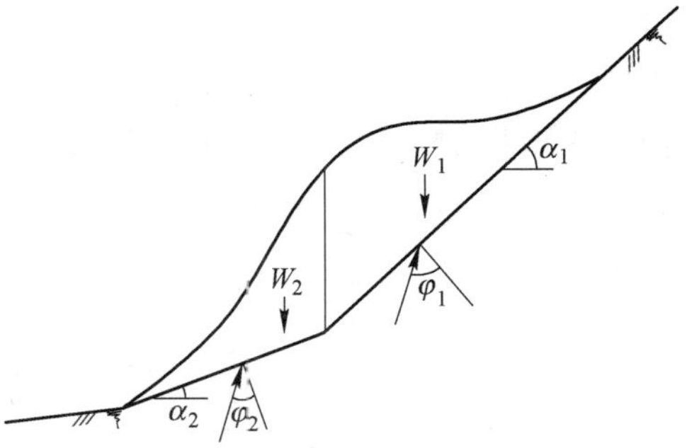

图 5-14　边坡同向双平面滑动示意图

5.2.2 滑体内无结构面

当滑体比较完整，其内部无结构面时，可将滑体视为刚体进行计算。如图 5-15（a）所示，滑体 $ABCD$ 中，AB、BC 为两个同倾向的滑面，设 AB 的长度、倾角、黏聚力、内摩擦角分别为 L_1、β_1、c_1、φ_1；BC 的长度、倾角、黏聚力、内摩擦角分别为 L_2、β_2、c_2、φ_2。

为方便计算，以过 B 点的假想分界面将滑体划分为Ⅰ、Ⅱ两个部分，重量分别为 W_1、W_2。设 P_1 为块体Ⅱ对块体Ⅰ的作用力，P_2 为块体Ⅰ对块体Ⅱ的作用力，则 P_1、P_2 大小相等，方向相反，力的作用方向与水平方向夹角为 θ（θ 值由图解法求出）。

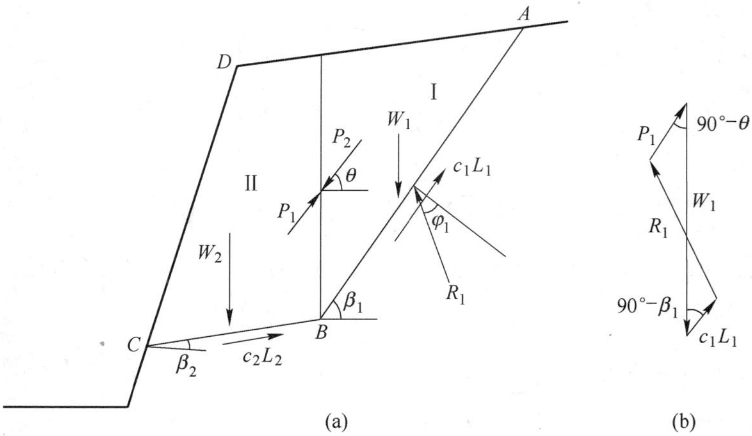

图 5-15　边坡同向双平面滑动稳定性分析示意图

假设边坡不受其他外力作用，块体 I 受到基岩作用的摩阻力为：

$$R_1 = W_1\cos\beta_1\sqrt{1 + \tan^2\varphi_1} \tag{5-14}$$

R_1 与 AB 法线方向夹角为 φ_1。因此可以根据 W_1、c_1L_1、R_1 的大小及方向，作块体 I 的力平衡多边形，如图 5-15（b）所示，即可求出 P_1 及 θ 大小，进而求得块体 II 的安全系数 F_2 为：

$$F_2 = \frac{W_2\cos\beta_2\tan\varphi_2 + P_2\sin(\theta - \beta_2)\tan\varphi_2 + c_2L_2}{W_2\sin\beta_2 + P_2\cos(\theta - \beta_2)} \tag{5-15}$$

上式是在块体 I 处于极限平衡状态下求得的，即隐含假定 $F_1 = 1$，在滑体为刚体的情况下，作为一个整体，滑体的安全系数应该有 $F = F_1 = F_2$ 的关系，但若求得的 F_2 不等于 1，则证明假定的 $F_1 = 1$ 存在误差。因此为了求得边坡安全系数 F 的大小，可先假定安全系数 F_1，然后将滑面 AB 上的剪切强度参数值除以 F_1，即得到强度参数 $\tan\varphi_1/F_1$ 和 c_1/F_1，将其代入式（5-14）中求得相应的 R_1，然后根据图 5-15（b）作力平衡多边形，求出 P_1 及 θ，最后根据式（5-15）求解 F_2。循环试算所得各组 F_1、F_2 绘制其关系曲线，如图 5-16 所示。在该曲线上找出 $F_1 = F_2$ 的点，即为边坡的安全系数 F。

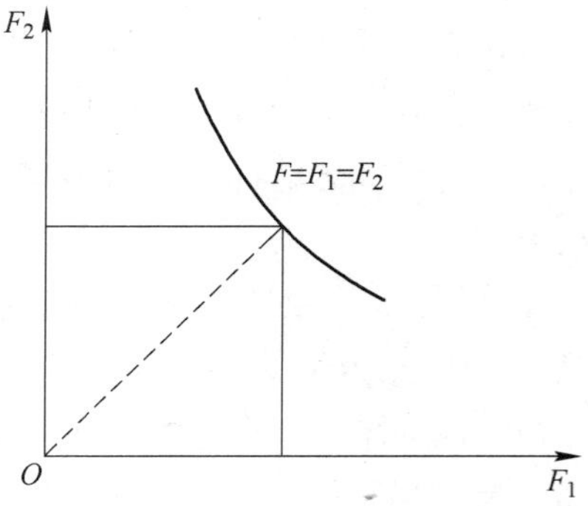

图 5-16　边坡同向双平面滑动稳定分析 F_1-F_2 关系曲线

5.2.3　滑体内存在结构面

当滑体内存在结构面时，则不能将滑体视为完整刚体，因为在滑动过程中，滑体除了沿滑动面滑动以外，可能在被结构面分割的两块体之间发生错动，显然这种错动在稳定性分析中必须予以考虑。对于这种情况，通常以结构面代替前述的假想分界面进行分析，也可采用不平衡推力法进行计算（不平衡推力法的具体分析过程在下一节详细介绍）。

对于块体 I，当下滑力大于抗滑力时，块体 I 具有下滑趋势，此时块体 I 作用于块体

Ⅱ的推力 P_2 就是块体Ⅰ传递到块体Ⅱ的不平衡推力。假设推力 P_2 的方向平行于块体Ⅰ底面，推力 P_2 的反作用力 P_1 提供了块体Ⅰ维持平衡所需的支撑力；而对于块体Ⅱ而言推力 P_2 就是促使其下滑的力，此时在自重及推力的作用下块体Ⅱ若能保持稳定，则滑体整体稳定。

5.3 折线形滑动分析

5.3.1 概述

天然边坡的失稳一般是沿坡体内的弱面（结构面）滑动，其滑动面往往不规则。在该种情况下，根据地质勘察结果，将滑动面简化为折线形，如图 5-17 所示，对于此类滑动面，通常采用不平衡推力法（也称传递系数法或剩余推力法）进行稳定性计算。

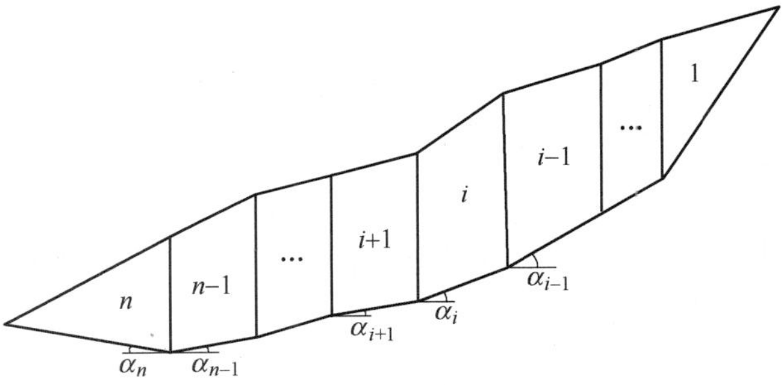

图 5-17 边坡折线形滑动示意图

不平衡推力法是刚体极限平衡法的一种，是我国学者提出的边坡稳定性分析方法，由于该法计算简单，并能为滑坡治理设计提供推力计算值，因此在水利、铁路等部门得到了广泛应用，相应的国家规范、行业规范均将其列为推荐方法使用。

不平衡推力法通常根据基岩面的实际情况，将滑体垂直分割为若干条块，各条块的安全系数与边坡安全系数相等。计算时，从边坡顶部第一块开始，将条块的剩余下滑力向下一条块投影，若剩余下滑力为负值，则令其为零，此时为分段平衡，只计算余下条块的安全系数，依次向下计算，直至最末一块。

5.3.2 基本假设

（1）边坡每一计算条块的滑动面为直线，即整个滑动面在剖面上呈折线；

（2）条块间的合力与上一条块的底面平行，如第 i 条块作用在 $i+1$ 条块的推力 P_i 平行于第 i 条块的滑动面；

（3）当作用于第 $i+1$ 条块的外力（不含坡外水压力）出现负值时，取 $P_i=0$。

5.3.3 计算分析

5.3.3.1 边坡无外力作用

如图 5-18 所示，在边坡滑体中取第 i 条块，假设第 $i-1$ 条块传来的推力 P_{i-1} 的方向

平行于第 $i-1$ 条块的滑动面，而第 i 条块传递给第 $i+1$ 条块的推力 P_i 平行于第 i 条块的滑动面，即假设每一条分面上推力的方向平行于上一条块的滑动面。

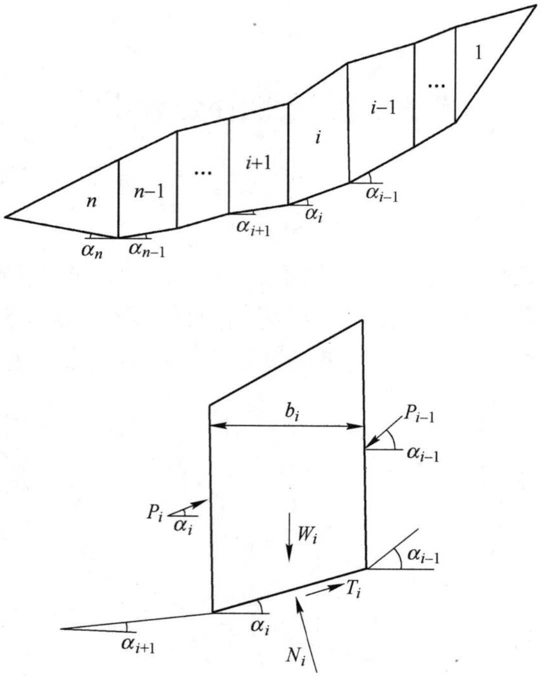

图 5-18　边坡不平衡推力法计算简图

对于第 i 条块，根据条块底面法向、切向力的平衡，可得：

$$N_i - W_i\cos\alpha_i - P_{i-1}\sin(\alpha_{i-1} - \alpha_i) = 0 \tag{5-16}$$

$$T_i + P_i - W_i\sin\alpha_i - P_{i-1}\cos(\alpha_{i-1} - \alpha_i) = 0 \tag{5-17}$$

根据安全系数的定义和摩尔-库仑准则：

$$T_i = \frac{c_i b_i \sec\alpha_i + N_i \tan\varphi_i}{F} \tag{5-18}$$

联立式（5-16）~式（5-18）求解，消去 T_i、N_i，得：

$$P_i = W_i\sin\alpha_i - \frac{c_i b_i \sec\alpha_i + W_i\cos\alpha_i\tan\varphi_i}{F} + \psi_i P_{i-1} \tag{5-19}$$

式中，ψ_i 为第 i 个条块侧面的推力传递系数：

$$\psi_i = \cos(\alpha_{i-1} - \alpha_i) - \frac{\tan\varphi_i}{F}\sin(\alpha_{i-1} - \alpha_i) \quad (i = 2,\ 3,\ \cdots,\ n) \tag{5-20}$$

应用不平衡推力法计算时，要先假定安全系数 F，然后从第一条块开始逐条向下推求，直至求出最后一条块的推力 P_n。P_n 须等于零，否则需重新假定 F 进行试算，直至 P_n 等于零。

在 $P_n = 0$ 的条件下，可经过一系列简化推导出安全系数的计算公式：

$$F(F_f)=\frac{\sum_{i=1}^{n-1}\left(T_i\prod_{j=i+1}^{n}\psi_j\right)+T_n}{\sum_{i=1}^{n-1}\left(N_{di}\prod_{j=i+1}^{n}\psi_j\right)+N_{dn}} \tag{5-21}$$

$$T_i=W_i\cos\alpha_i\tan\varphi_i+c_ib_i\sec\alpha_i \tag{5-22}$$

$$N_{di}=W_i\sin\alpha_i \tag{5-23}$$

式中，T_i，T_n ——第 i 条块和第 n 条块底面抗滑力的合力；

N_{di}，N_{dn} ——第 i 条块和第 n 条块底面下滑力的合力。

5.3.3.2 边坡受外力作用

如图 5-19 所示，第 i 条块受到水平地震力 Q_i、竖直地震力 V_i、孔隙水压力 U_i（垂直于滑动面）、外力 J_i（与水平方向夹角为 β_i）等作用。

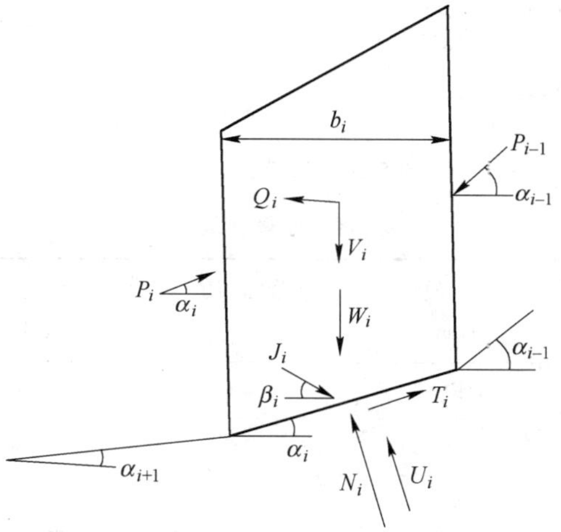

图 5-19 边坡不平衡推力法第 i 条块受力分析（考虑外力）

此时式（5-19）可表示为：

$$P_i=N_{di}-T_i/F+\psi_iP_{i-1} \tag{5-24}$$

$$T_i=[(W_i+V_i)\cos\alpha_i-U_i-Q_i\sin\alpha_i+J_i\sin(\alpha_i+\beta_i)]\tan\varphi_i+c_ib_i\sec\alpha_i \tag{5-25}$$

$$N_{di}=(W_i+V_i)\sin\alpha_i+Q_i\cos\alpha_i-J_i\cos(\alpha_i+\beta_i) \tag{5-26}$$

边坡安全系数仍按式（5-21）求取。

当分块较多时，上述试算、迭代计算量较大，通常辅以相应的计算机程序求解。上述安全系数和传递系数的解析式由于需要迭代计算被称为不平衡推力法的隐式解。

为简化计算，可将式（5-24）改写为：

$$P_i=FN_{di}-T_i+\psi_iP_{i-1} \tag{5-27}$$

其中传递系数 ψ_i 为：

$$\psi_i=\cos(\alpha_{i-1}-\alpha_i)-\sin(\alpha_{i-1}-\alpha_i)\tan\varphi_i \quad (i=2,\ 3,\ \cdots,\ n) \tag{5-28}$$

经过上述简化，隐于 c、φ 及 ψ 中的安全系数 F 均消失，仅考虑条块底面下滑力的安全储备，并将下滑力 N_{di} 乘以安全系数 F。同理逐条计算条间力，最后仍使 $P_n=0$。此时，除传递系数计算方法不同外，安全系数 F 仅包含在一个线性方程中，安全系数仍按式

(5-21)计算。

由式（5-21）和式（5-28）求取的安全系数称为不平衡推力法显式解，虽然安全系数的表达式与隐式解一致，但不需要迭代即可求解，减少了计算工作量。

【例题 5-2】 利用不平衡推力法进行滑坡推力计算：某一滑坡为折线形滑动面，其主剖面和计算参数如图 5-20 和表 5-1 所示，滑坡安全系数取 $F=1.04$，按不平衡推力显式解计算第 3 块条块的滑坡推力 P_3。

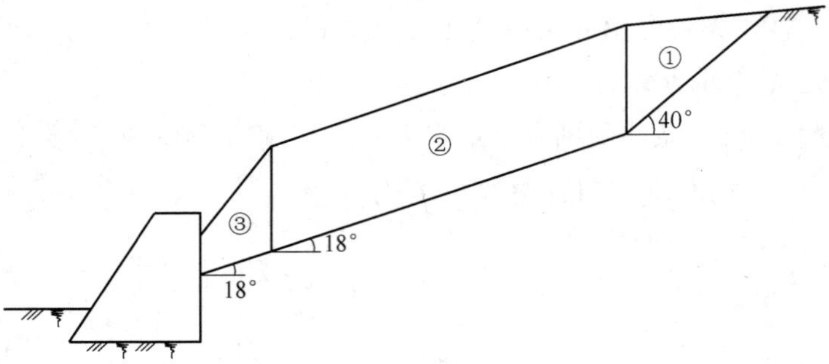

图 5-20　边坡计算模型

表 5-1　计算参数表

块号	滑体重力 W/kN	滑带长度 L/m	滑面倾角 α/（°）	滑带土黏聚力 c/kPa	滑带土内摩擦角 φ/（°）
①	11000	50	40	20	20.3
②	53760	100	18	18	19
③	5220	20	18	18	19

解：(1) 每块土体的抗滑力计算：

$$T_1 = W_1\cos\alpha_1\tan\varphi_1 + c_1L_1 = 11000 \times \cos40° \times \tan20.3° + 20 \times 50 = 4117\text{kN}$$

$$T_2 = W_2\cos\alpha_2\tan\varphi_2 + c_2L_2 = 53760 \times \cos18° \times \tan19° + 18 \times 100 = 19405\text{kN}$$

$$T_3 = W_3\cos\alpha_3\tan\varphi_3 + c_3L_3 = 5220 \times \cos18° \times \tan19° + 18 \times 20 = 2069\text{kN}$$

(2) 每块土体下滑力计算：

$$N_{d1} = W_1\sin\alpha_1 = 11000 \times \sin40° = 7071\text{kN}$$

$$N_{d2} = W_2\sin\alpha_2 = 53760 \times \sin18° = 16613\text{kN}$$

$$N_{d3} = W_3\sin\alpha_3 = 5220 \times \sin18° = 1613\text{kN}$$

(3) 根据式（5-28）计算传递系数（显式解）：

$$\psi_2 = \cos(\alpha_1 - \alpha_2) - \sin(\alpha_1 - \alpha_2)\tan\varphi_2 = \cos(40° - 18°) - \sin(40° - 18°)\tan19° = 0.798$$

$$\psi_3 = \cos(\alpha_2 - \alpha_3) - \sin(\alpha_2 - \alpha_3)\tan\varphi_3 = \cos(18° - 18°) - \sin(18° - 18°)\tan19° = 1$$

(4) 根据式（5-27）计算滑坡推力：

$$P_1 = FN_{d1} - T_1 = 1.04 \times 7071 - 4117 = 3236.8\text{kN}$$

$$P_2 = FN_{d2} - T_2 + \psi_2P_1 = 1.04 \times 16613 - 19405 + 0.798 \times 3236.8 = 455.5\text{kN}$$

$$P_3 = FN_{d3} - T_3 + \psi_3P_2 = 1.04 \times 1613 - 2069 + 1 \times 455.5 = 64.0\text{kN}$$

因此第 3 条块的滑坡推力 $P_3 = 64.0\text{kN}$ 。

5.3.4 隐式解与显式解计算精度分析

在不平衡推力法计算过程中，隐式解法采用传统抗剪强度指标折减的定义，将安全系数隐于抗剪强度指标和传递系数中，通过迭代求解；而显式解法的安全系数求解过程，取消了隐于抗剪强度指标和传递系数中的安全系数，并将下滑力乘以安全系数，从而得到一个显式计算公式，其安全系数的定义与其他刚体极限方法不同，采用了超载系数的概念，同时进行了简化，才得到上述显式解。

将不平衡推力法显式和隐式的计算结果与简化 Bishop 法和 Morgenstern-Price 相比，隐式的计算结果与后两种方法十分接近，而显式结果并不总是与后两种方法接近。一般情况下，显式和隐式的计算结果均大于后两种方法的计算结果，偏于不安全，且显式的计算结果误差更大。当安全系数等于 1 时，显式和隐式是等效的；安全系数越是偏离 1，按两式求得的安全系数相差越大。

隐式解法虽然优于显式解法，但也存在明显的缺陷。由于条块间推力平行于上一条块底面的假设，使得计算的安全系数受滑动面倾角的影响较大。有研究认为：对于光滑连续的滑面，隐式解法可以无条件使用；对于折线形滑面，隐式解的使用应有限制，即滑面中所有转折点处的倾角变化值必须小于 10°，当转折点处的倾角变化量超过 10°时，需对滑面进行处理，以消除尖角效应。考虑到在工程实践中不平衡推力法在滑坡稳定计算中仍较多采用，这一方法的隐式解法已纳入《水利水电工程边坡设计规范》。

5.4 倾倒破坏分析

5.4.1 概述

倾倒破坏是岩质边坡的一种主要失稳类型，常见于反向层状结构边坡岩体中。当岩体中存在一组陡倾结构面，且其走向与边坡走向近似一致时，由该组结构面切割形成的岩柱有可能发生弯曲，边坡产生倾倒破坏。图 5-21 为典型的边坡倾倒破坏实例。

图 5-21 典型的边坡倾倒破坏

根据倾倒破坏的形成过程，将其分为弯曲式倾倒、岩块式倾倒、岩块弯曲式复合倾倒（图 5-22）和次生倾倒四种类型。

弯曲式倾倒（图 5-22（a））多发生于较为发育的反向陡倾斜不连续面所切割的连续岩柱，岩柱宽度较大，随着深度增加而变窄，并且与之正交的节理发育较差。

岩块式倾倒（图 5-22（b））与弯曲式倾倒同样被发育较好的陡倾斜不连续面切割，

不同的是近水平或缓倾斜节理发育，岩体被切割成多个高度不一的岩柱，较高的岩柱易失去平衡，挤压较低的岩柱。岩块式倾倒的底面易于分辨，一般呈阶梯状。

岩块弯曲式复合倾倒（图 5-22（c））的特性介于上述两种倾倒破坏之间，近水平或缓倾斜节理发育一般，但数量较多。岩柱变形由众多横向节理分割的各岩块位移累计而成，形成似连续性弯曲状。

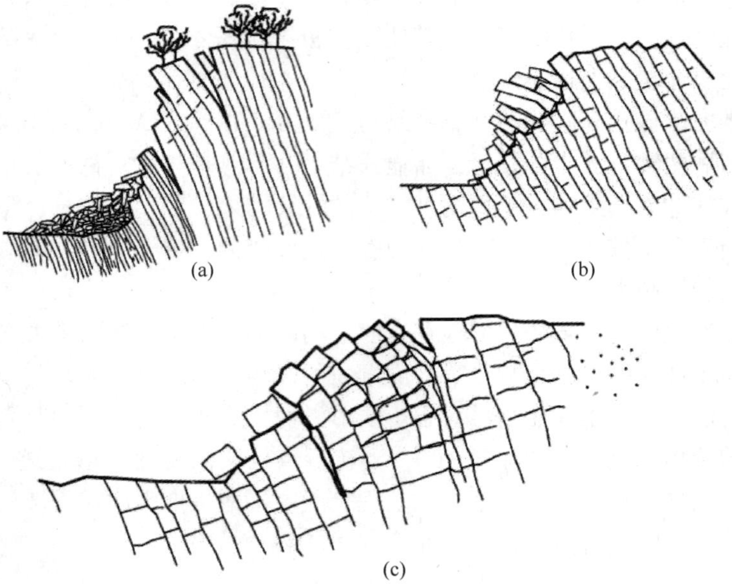
(a) (b) (c)

图 5-22 倾倒破坏主要类型
（a）弯曲式倾倒；（b）岩块式倾倒；（c）岩块弯曲式复合倾倒

次生倾倒是由于自然风化或人类活动导致坡脚被侵蚀、开挖，诱导上部边坡发生的倾倒破坏。

边坡的倾倒破坏机理比较复杂，与滑动破坏机理完全不同，无单一的滑动基面。其研究方法通常有极限平衡法、数值分析法和物理模型试验法，这些方法都无法准确预测边坡是否会持续缓慢变形或者转化为大规模破坏。

（1）极限平衡法不考虑坡体内部应力状态，仅关注其瞬时破坏前的状态，模型简单，计算快捷。对边坡稳定性的初步评估计算是合适的，是一种常用的分析方法。

（2）数值模拟方法在边坡稳定性分析中得到广泛应用，其对原型的反映不仅仅表现为单变量的趋势相似，而且能反映边坡破坏的形成机制和倾倒变形破坏过程。J. Söberg 于 1999 年采用通用离散单元法（UDEC）进行了弯曲倾倒变形破坏机理的研究，分析结果如图 5-23 所示。岩层开挖产生弹性恢复后，岩体破坏始于坡脚陡倾角节理面上的剪切滑动，然后逐渐向坡顶发展，其间应力重分布；岩层被压缩，为转动提供空间，坡趾岩层开始出现张拉弯曲破坏并逐渐向边坡顶部发展，最后岩层基部破坏面贯穿，产生边坡倾倒破坏。

（3）物理模型试验法周期较长，费用较高，可直观模拟边坡岩体中的应力大小和分布，直接观测和记录岩体的变形、破坏机制和发展过程，有助于得出规律性结论，但其往往有一定的局限性，工程应用价值较低。

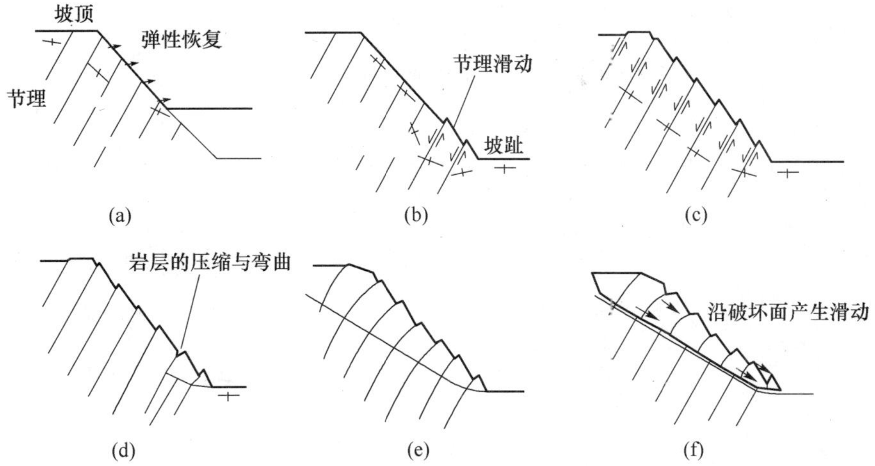

图 5-23 边坡弯曲倾倒破坏的演化过程

(a) 新开挖台阶；(b) 应力重分布；(c) 节理滑动充分发展；
(d) 坡趾岩层的拉弯破坏；(e) 拉弯破坏逐渐向坡顶发展；(f) 坡趾开始产生位移

5.4.2 Goodman-Bray 法

截至目前还没有成熟完善的边坡倾倒破坏分析方法，极限平衡法仍是常用的分析方法。1976 年，Goodman 和 Bray 提出了边坡倾倒破坏分析的经典方法，即 Goodman-Bray 法，其主要内容如下。

5.4.2.1 基本原理

Goodman-Bray 法用反倾向的结构面将滑坡体切割成 n 个宽度为 Δx 的矩形岩块，处于不同受力状态下的岩块将滑坡体从上到下依次划分为稳定区、倾倒区、滑动区 3 个部分，如图 5-24 所示。

为使边坡的变形协调条件成立，岩块的几何边界条件需作如下简化：

(1) 在坡顶处，最后一个稳定块和第一个倾倒块之间存在一个拉裂缝；

(2) 在倾倒区，底滑面在两个岩块的交界处存在一个台阶，其高度为 b；

(3) 在倾倒区，相邻两个倾倒块的顶部为点接触，故侧面上无黏聚力，其法向力与切向力满足摩尔-库仑准则；

(4) 在滑动区，相邻两个滑动块在侧面和各自的底面均不考虑黏聚力，且满足摩尔-库仑准则。

以规则的岩块系统为研究对象，如图 5-24 所示，边坡倾角 α，坡顶面仰角 ψ，横向节理倾角 α_p，岩层倾角 $90°-\alpha_p$。底面呈阶梯状，其总倾角为 β，岩块侧面和底面内摩擦角分别为 φ_d 和 φ_p，第 i 块岩块高度 H_i、宽度 Δx。

坡面岩块错落距：

$$a_1 = \Delta x \tan(\alpha - \alpha_p) \tag{5-29}$$

坡顶岩块错落距：

$$a_2 = \Delta x \tan(\alpha_p - \psi) \tag{5-30}$$

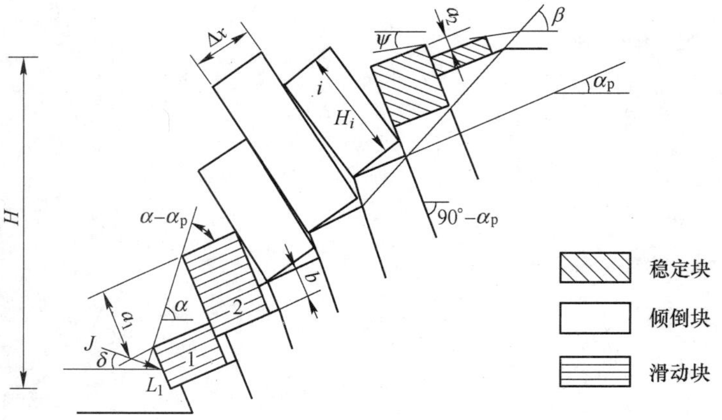

图 5-24 边坡倾倒破坏分析模型

破坏面台阶错落距：

$$b = \Delta x \tan(\beta - \alpha_p) \tag{5-31}$$

位于坡顶线以下第 i 个岩块的高度：

$$H_i = i(a_1 - b) \tag{5-32}$$

位于坡顶线以上第 i 个岩块的高度：

$$H_i = H_{i-1} - a_2 - b \tag{5-33}$$

岩块的受力分析如图 5-25 所示，第 i 个岩块底面法向力 N_i 和切向力 T_i ，侧面上法向力 E_i 和切向力 X_i ，岩块重 W_i ，岩块左、右侧有效接触高度分别为 h_{li} 和 h_{ri} 。

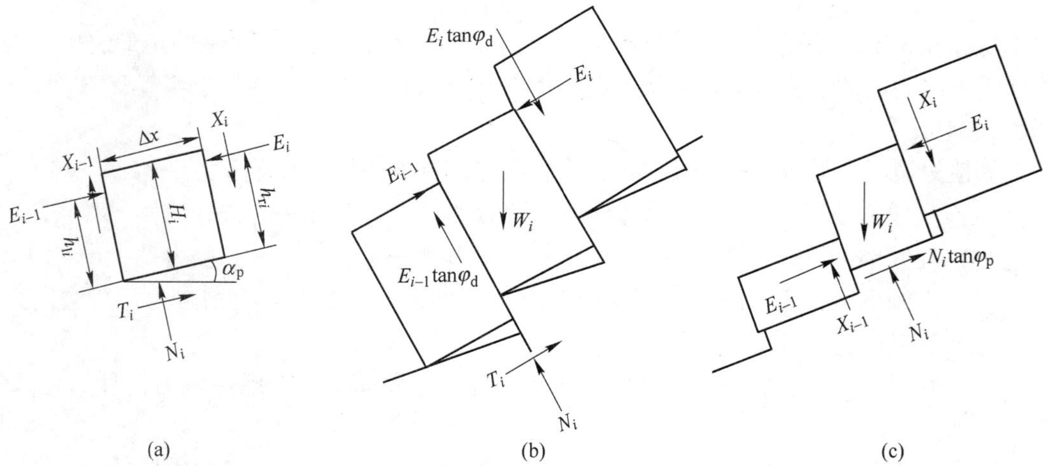

图 5-25 岩块倾倒和滑动的受力分析模型

（a）作用于第 i 个岩块上的力；（b）第 i 个岩块的倾倒；（c）第 i 个岩块的滑动

当岩块位于坡顶线以下：

$$\begin{cases} h_{ri} = H_i \\ h_{li} = H_i - a_1 \end{cases} \tag{5-34}$$

当岩块位于坡顶线处：

$$\begin{cases} h_{ri} = H_i - a_2 \\ h_{li} = H_i - a_1 \end{cases} \tag{5-35}$$

当岩块位于坡顶线以上：

$$\begin{cases} h_{ri} = H_i - a_2 \\ h_{li} = H_i \end{cases} \tag{5-36}$$

岩块侧面上的摩擦力：

$$\begin{cases} X_i = E_i \tan\varphi_d \\ X_{i-1} = E_{i-1}\tan\varphi_d \end{cases} \tag{5-37}$$

通过底面力平衡可求得岩块底面的外力：

$$\begin{cases} N_i = W_i\cos\alpha_p + (E_i - E_{i-1})\tan\varphi_d \\ T_i = W_i\sin\alpha_p + (E_i - E_{i-1}) \end{cases} \tag{5-38}$$

对倾倒岩块，如图 5-25（b）所示，根据力矩平衡条件，将各作用力对岩块左下端点取矩，可得阻止倾倒的力 E_{i-1} 值为：

$$E_{i-1,\ t} = \frac{E_i(h_{ri} - \Delta x\tan\varphi_d) + (W_i/2)(H_i\sin\alpha_p - \Delta x\cos\alpha_p)}{h_{li}} \tag{5-39}$$

且 $N_i > 0$，$T_i \leqslant N_i\tan\varphi_p$

对滑动岩块，如图 5-25（c）所示，根据力的平衡条件，可得阻止滑动的力 E_{i-1} 值为：

$$E_{i-1,\ s} = E_i - \frac{W_i(\tan\varphi_p\cos\alpha_p - \sin\alpha_p)}{1 - \tan\varphi_p\tan\varphi_d} \tag{5-40}$$

且 $N_i > 0$，$T_i = N_i\tan\varphi_p$

当坡趾岩块左侧出现不平衡力，则需要施加锚固力维持边坡稳定。在图 5-24 中，J 为施加于第一个岩块上的锚固力，倾角 δ，其作用点距该岩块左下端点 L_1。

为阻止第一个岩块倾倒所需的锚固力为：

$$J_t = \frac{(W_1/2)(H_1\sin\alpha_p - \Delta x\cos\alpha_p) + E_1(H_1 - \Delta x\tan\varphi_d)}{L_1\cos(\alpha_p + \delta)} \tag{5-41}$$

为阻止第一个岩块滑动所需的锚固力为：

$$J_s = \frac{E_1(1 - \tan\varphi_d\tan\varphi_p) - W_1(\tan\varphi_p\cos\alpha_p - \sin\alpha_p)}{\tan\varphi_p\sin(\alpha_p + \delta) + \cos(\alpha_p - \delta)} \tag{5-42}$$

因此，为保持边坡稳定所需锚固力取 J_t 和 J_s 中较大者。

5.4.2.2 计算步骤

应用 Goodman-Bray 法进行边坡倾倒稳定分析，具体步骤如下：

（1）边坡岩块编号从坡趾向坡顶递增，岩块总数

$$n = \frac{H}{\Delta x}\left(\csc\beta + \frac{\cot\beta - \cot\alpha}{\sin(\beta - \alpha)} \cdot \sin\psi\right)$$

（2）从最上部岩块开始，检验岩块是否满足 $\Delta x/H_i > \tan\alpha_p$ 且 $\alpha_p < \varphi_p$，如果满足，则该岩块处于稳定状态；反之，该岩块发生倾倒破坏。

（3）从第一个发生倾倒破坏的岩块开始，根据式（5-39）和式（5-40）确定阻止倾倒所需的法向力 $E_{i-1,t}$ 和阻止滑动所需的法向力 $E_{i-1,s}$。

如果 $E_{i-1,t}>0$ 且 $E_{i-1,t}>E_{i-1,s}$，则该岩块处于倾倒状态，阻止岩块发生倾倒破坏的法向力为 $E_{i-1,t}$；

如果 $E_{i-1,t}>0$ 且 $E_{i-1,t}\leqslant E_{i-1,s}$，则该岩块处于滑动状态，阻止岩块发生滑动破坏的法向力为 $E_{i-1,s}$。

（4）如果从第一个发生倾倒破坏的岩块开始，下部的任何岩块都不满足 $E_{i-1,t}<E_{i-1,s}$，则不存在滑动区，倾倒破坏将一直下延到第一个岩块。

（5）对坡底岩块而言，如果 $E_0<0$，则该岩块既不滑动也不倾倒，处于稳定状态，即该边坡整体稳定；反之，该边坡整体处于不稳定状态。加固该边坡的锚固力按式（5-41）、式（5-42）计算。

【例题 5-3】 图 5-26 为 Hoek 和 Bray 提供的一个理想算例。该开挖边坡高度 $H=92.5$m，坡角$\alpha=56.6°$，坡顶面仰角 $\psi=4°$，横向节理倾角 $\alpha_p=30°$，岩体重度 $\gamma=25$kN/m^3，条柱底面和侧面的摩擦角 $\varphi_d=\varphi_p=38.15°$。将破坏岩体分为 16 个岩块，每个岩块宽度 $\Delta x=10$m，编号为 10 的岩块处于边坡坡顶线上，该岩块系统位于阶梯状底面上，其总倾角$\beta=35.8°$。

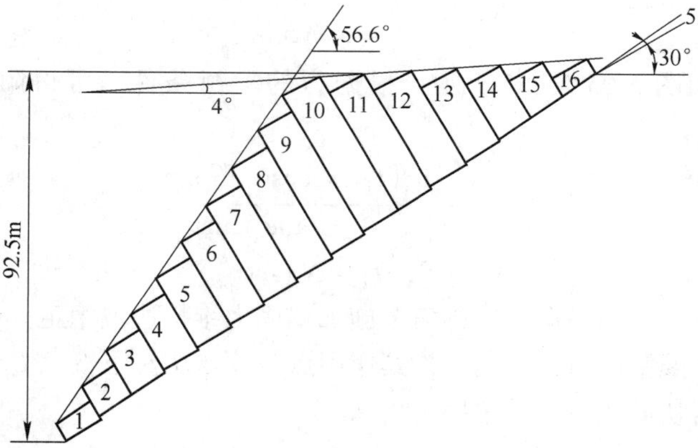

图 5-26 计算模型（Hoek 和 Bray 提供的理想算例）

解：（1）确定稳定区岩块。

1）由式（5-29）~式（5-31），可得常数值：$a_1=5.0076$m，$a_2=4.8773$m，$b=1.0158$m；

2）由式（5-32）、式（5-33），求得每个岩块高度；

3）从最上部岩块开始，检验岩块是否满足 $\Delta x/H_i>\tan\alpha_p=0.577$ 且 $\alpha_p<\varphi_p$，如表 5-2 所示，可以发现 14、15、16 三个岩块为稳定块。

（2）确定倾倒区和滑动区岩块。

1）由式（5-34）~式（5-36），得出岩块左、右侧有效接触高度 h_{li} 和 h_{ri}；

2）第 13 个岩块右侧面法向力 E_{13} 为零，由式（5-39）、式（5-40）分别求出阻止第 13 个岩块发生倾倒所需的法向力 $E_{12,t}$ 和发生滑动所需的法向力 $E_{12,s}$。

得出 $E_{12,t}=307.41$kN/m >0，$E_{12,t}>E_{12,s}=-2617.11$kN/m，则第 13 个岩块处于

倾倒状态，阻止岩块发生倾倒破坏的法向力为 $E_{12,t}$。同理，可求出其他岩块的侧面法向力 E_i，如表5-2所示，可以看出岩块4至13发生倾倒破坏，岩块1至3发生滑动破坏。

（3）边坡稳定性分析。

计算阻止岩块1滑动的抗滑力 E_0 为−3.20kN/m，该值接近于0，表明该边坡既不滑动也不倾倒，基本处于极限平衡状态。显然，这是一个经设计恰好处于极限平衡状态的边坡。

表5-2 计算结果

i	H_i	$\Delta x/H_i$	W_i	$E_{i,t}$	$E_{i,s}$	E_i	N_i	T_i	T_i/N_i	模式
16	4.56	2.19	1140.03	0.00	0.00	0.00	987.29	570.01	0.577	稳定
15	10.453	0.96	2613.30	0.00	0.00	0.00	2263.18	1306.65	0.577	稳定
14	16.346	0.61	4086.57	0.00	0.00	0.00	3539.07	2043.29	0.577	稳定
13	22.239	0.45	5559.84	0.00	0.00	0.00	4573.49	2472.51	0.541	倾倒
12	28.132	0.36	7033.12	307.41	−2617.11	307.41	5669.35	2979.96	0.526	倾倒
11	34.026	0.29	8506.39	844.01	−3003.19	844.01	6794.70	3524.94	0.519	倾倒
10	39.919	0.25	9979.66	1572.26	−3160.09	1572.26	7647.33	3722.74	0.487	倾倒
9	35.927	0.28	8981.69	2839.35	−3125.32	2839.35	6922.37	3401.10	0.491	倾倒
8	31.935	0.31	7983.73	3929.10	−1388.47	3929.10	6389.57	3324.09	0.520	倾倒
7	27.943	0.36	6985.76	4596.88	171.03	4596.88	5862.78	3254.74	0.555	倾倒
6	23.951	0.42	5987.80	4835.02	1308.57	4835.02	5344.91	3196.72	0.598	倾倒
5	19.959	0.50	4989.83	4632.20	2016.47	4632.20	4841.38	3156.98	0.652	倾倒
4	15.967	0.63	3991.86	3970.13	2283.40	3970.13	4364.15	3150.71	0.722	倾倒
3	11.976	0.84	2993.90	2815.35	2091.10	2815.35	3699.79	2906.22	0.785	滑动
2	7.984	1.25	1995.93	1090.86	1406.08	1406.08	2466.53	1937.48	0.785	滑动
1	3.992	2.51	997.97	−1517.99	466.56	466.56	1230.75	965.54	0.785	滑动

5.4.2.3 Goodman-Bray 法特点及其局限性

Goodman-Bray 法计算简便，适于工程应用，但其假设条件存在的缺陷使之应用范围和计算准确性均受到影响，这些缺陷主要体现在：

（1）该法假设岩块底面为完全连通状态且只有摩擦力，忽视了节理和岩桥共同作用下产生的对滑动和倾倒的抵抗力和抵抗力矩，因此计算结果偏于保守；

（2）Goodman-Bray 模型以坡脚第一个岩块所需外力作为衡量边坡稳定的标志，这在工程应用中并不合理；

（3）该法假定岩块为矩形，即岩块的底面和侧面正交，与实际情况相差较大；

（4）节理岩体中存在大量的裂隙，受力时首先从裂隙处断裂，在稳定分析中应考虑节理岩体断裂导致的强度降低。

5.4.3 陈祖煜改进分析法

针对 Goodman-Bray 法的局限性，陈祖煜等对其进行了改进。陈祖煜改进分析法并没有改变 Goodman-Bray 法的基本原理和内涵，只是扩大了该方法的应用范围和使用功能，使之在工程实践中得到更加广泛和合理的应用。

5.4.3.1 改进措施

（1）安全系数的定义和确定方法。在倾倒分析中，计算安全系数使用 Sarma 建议的先计算临界加速度的方法，在每个岩块上作用一个水平体积力 ηW_i，安全系数为使得临界加速度系数 η 为零的值。改进方法中，需要对强度指标 c 、$\tan\varphi$ 及抗拉强度 σ_t 进行折减计算，折减公式如下：

$$\begin{cases} c_e = \dfrac{c}{F} \\ \tan\varphi_e = \dfrac{\tan\varphi}{F} \\ \sigma_{te} = \dfrac{\sigma_t}{F} \end{cases} \tag{5-43}$$

（2）确定破坏模式。Goodman-Bray 法在计算中要检验每一岩块属于稳定、倾倒或滑动的哪一类。显然，在 Goodman-Bray 法中直接使用 Sarma 建议方法时，由于 η 和 F 在每次检验中都是未知数，很难得到合理的估计值，因此其原则上只适用于处于极限平衡状态的边坡。而在陈祖煜改进分析法中，首先假定不同的 N_s 和 N_t（N_s 和 N_t 分别代表最后一个滑动块和最后一个倾倒块的编号，如图 5-27 所示），对不同的 N_s 和 N_t 组合，计算 η，然后求得最小 η 的那组 N_s 和 N_t，即为最可能的破坏模式。在极限平衡状态时，改进方法和 Goodman-Bray 法分析结果基本一致。

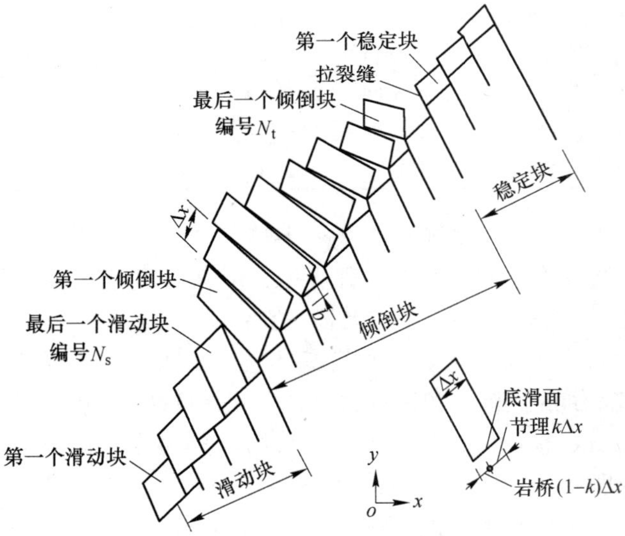

图 5-27 陈祖煜改进分析法计算示意图

（3）计入节理岩体连通率。倾倒边坡中大多数岩体至少有一组节理面不完全贯通，因此在改进 Goodman-Bray 法中考虑了底滑面上岩桥的作用，但仍然假定岩块的各个侧面是全部连通的。设岩块底面承受法向荷载 P_b 及力矩 M_b，岩块为一偏心受压构件，如图 5-28 所示，破坏时岩块底面左侧端点应力达到岩桥抗拉强度 σ_t，设节理连通率为 k，则

$$\sigma_t = \frac{M_b}{\frac{1}{6}\xi^2 \Delta x^2} - \frac{P_b}{\xi \Delta x} \tag{5-44}$$

$$M_b = \frac{\xi\Delta x}{6}(\sigma_t\xi\Delta x + P_b) \qquad (5\text{-}45)$$

式中，$\xi\Delta x$ 为岩桥长度，$\xi = 1 - k$ 。

（4）考虑底面和侧面非正交条件。Goodman-Bray 法假定被离散的岩块为矩形，即岩块的底面和侧面正交。然而，实际情况往往包含两组并非正交的结构面，在改进的方法中，假设岩块为平行四边形，不一定是矩形。

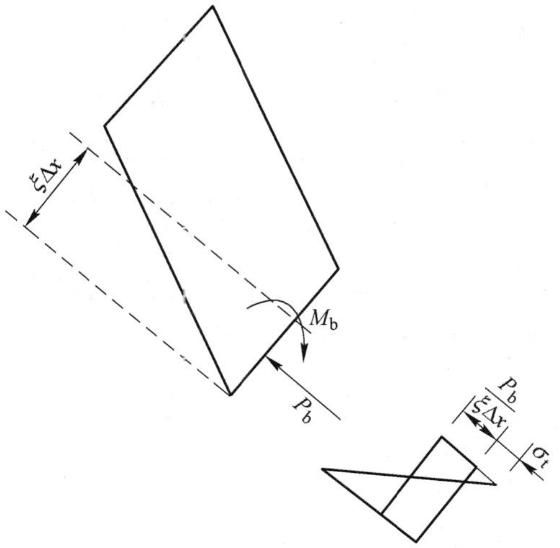

图 5-28 岩块底面岩桥受力分析示意图

5.4.3.2 计算步骤

（1）岩块力的递推公式。在进行岩块条间力的递推时，使用了与 Goodman-Bray 法相反的方向，即从坡趾向上递推计算。对于具有一定连通率的底滑面，岩桥部分长度为 $\xi\Delta x$ 。根据力的平衡条件，计算第 i 个岩块侧面法向力的方程可以表达成一般形式：

$$E_i = A_iE_{i-1} + B_i + \eta C_i \qquad (5\text{-}46)$$

式中，系数 A_i 、B_i 、C_i 通过滑动块和倾倒块的平衡方程求得（图 5-29）。

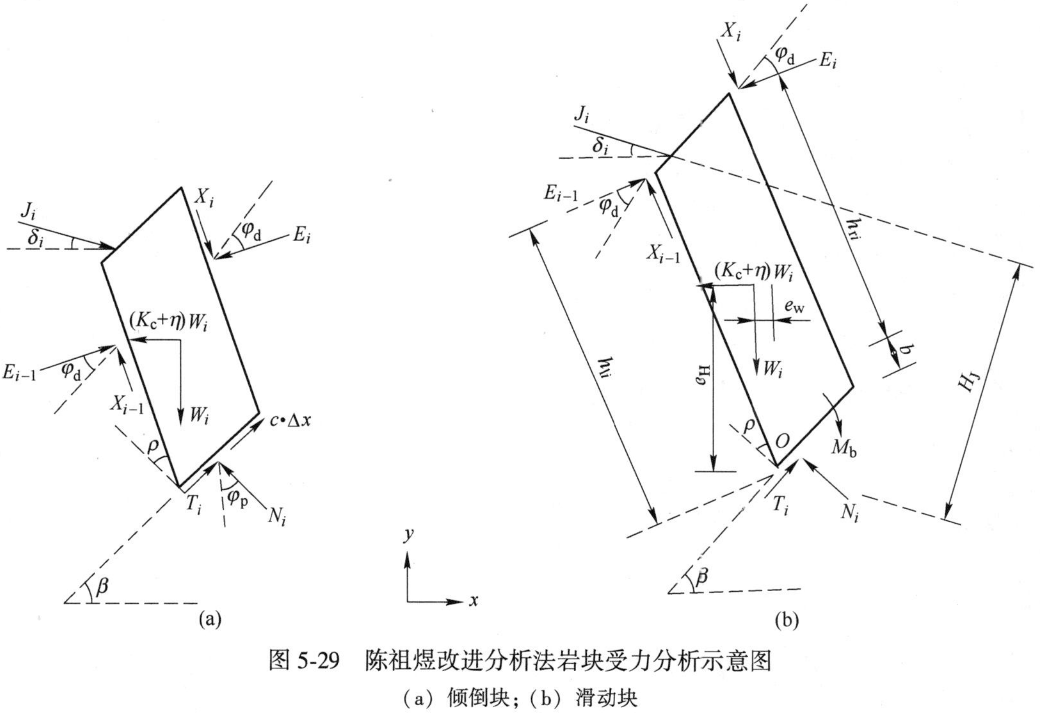

图 5-29 陈祖煜改进分析法岩块受力分析示意图

（a）倾倒块；（b）滑动块

1）对于滑动岩块，系数 A_i 、B_i 、C_i 分别为：

$$A_i = \frac{\sec\varphi_d\cos(\varphi_d + \varphi_p - \rho)}{K} \qquad (5\text{-}47)$$

$$B_i = \frac{W_i\sin(\varphi_p - \beta) - K_cW_i\cos(\varphi_p - \beta) + c\Delta x\cos\varphi_p + J_i\cos(\beta - \varphi_p + \delta_i)}{K} \qquad (5\text{-}48)$$

$$C_i = -\frac{W_i\cos(\varphi_p - \beta)}{K} \tag{5-49}$$

$$K = \cos(\varphi_d + \varphi_p - \rho)\sec\varphi_d \tag{5-50}$$

式中 φ_p，φ_d——分别为岩块底面和侧面内摩擦角；

$K_c W_i$——作用在岩块上的水平地震力；

J_i，δ_i——分别为岩块上的锚固力和锚固角；

ρ——底滑面法线方向和侧面间夹角。

2）对于倾倒岩块，系数 A_i、B_i、C_i 分别为：

$$A_i = \frac{h_{li} + \dfrac{\xi\Delta x\sin(\varphi_d - \rho)}{3\cos\varphi_d}}{K} \tag{5-51}$$

$$B_i = \frac{J_i[H_J - \frac{1}{3}\xi\Delta x\sin(\beta + \delta_i)]}{K} + \frac{\frac{1}{6}\sigma_t\xi^2\Delta x^2 - W_i(e_W + \frac{1}{3}\xi\Delta x\cos\beta)}{K} + K_c C \tag{5-52}$$

$$C_i = \frac{-W_i(e_H - \frac{1}{3}\xi\Delta x\sin\beta)}{K} \tag{5-53}$$

$$K = h_{ri} + b + \frac{\xi\Delta x\sin(\varphi_d - \rho)}{3\cos\varphi_d} - \Delta x\tan\varphi_d\cos\rho + \Delta x\sin\rho \tag{5-54}$$

式中，e_W、e_H、H_J 分别为岩块重心沿 x、y 方向和外力 J_i 距岩块趾部 O 点的距离。

（2）计算 η。对于第 i 个岩块，有：

$$E_i = F_i + \eta G_i \tag{5-55}$$

其中

$$\begin{cases} F_i = A_i E_{i-1} + B_i \\ G_i = C_i \end{cases} \tag{5-56}$$

由于

$$E_{i-1} = F_{i-1} + \eta G_{i-1} \tag{5-57}$$

将式（5-56）、式（5-57）代入式（5-55），可得：

$$\begin{cases} F_i = A_i F_{i-1} + B_i \\ G_i = A_{i-1} G_{i-1} + G_{i-1} \end{cases} \tag{5-58}$$

又由

$$E_{N_t} = F_{N_t} + \eta G_{N_t} = 0 \tag{5-59}$$

可得

$$\eta = -\frac{F_{N_t}}{G_{N_t}} \tag{5-60}$$

5.5 楔形破坏分析

5.5.1 概述

在岩质边坡的失稳模式中，楔形破坏是一种常见类型。楔形体由两个或两个以上结构面对岩体切割而成，分离的楔形体将沿结构面交线方向滑动，即楔形滑动。在边坡开挖过程中，卸荷作用导致岩体结构松弛、强度降低，另外，边坡坡面平整度通常较低，岩块较易具备临空条件。因此，坡面经常发生平面或楔形形式的岩块剥落现象，图5-30为典型的边坡楔形破坏实例。

由于边坡楔形破坏同时沿两个或多个结构面滑动，所以其力学机制较为复杂。影响楔体稳定的因素包括楔体自重、滑面黏聚力和内摩擦角、滑面及拉裂缝上的水压力、锚杆（锚索）的张拉力、外荷载、地震力等。

图5-30 边坡楔形破坏

5.5.2 楔形滑动条件与判别

楔形体由两个连续的结构面切割形成，如果两结构面的交线在坡面出露，其倾向与坡面倾向大致相同，结构面交线的倾角大于结构面内摩擦角，则满足楔形体失稳的运动学要求；如果交线不在坡面出露或者其中一个结构面不连续，边坡便难以产生楔形破坏。

研究楔形滑动机理所需的楔形体几何条件如图5-31所示。其产生楔形滑动基本条件包括：

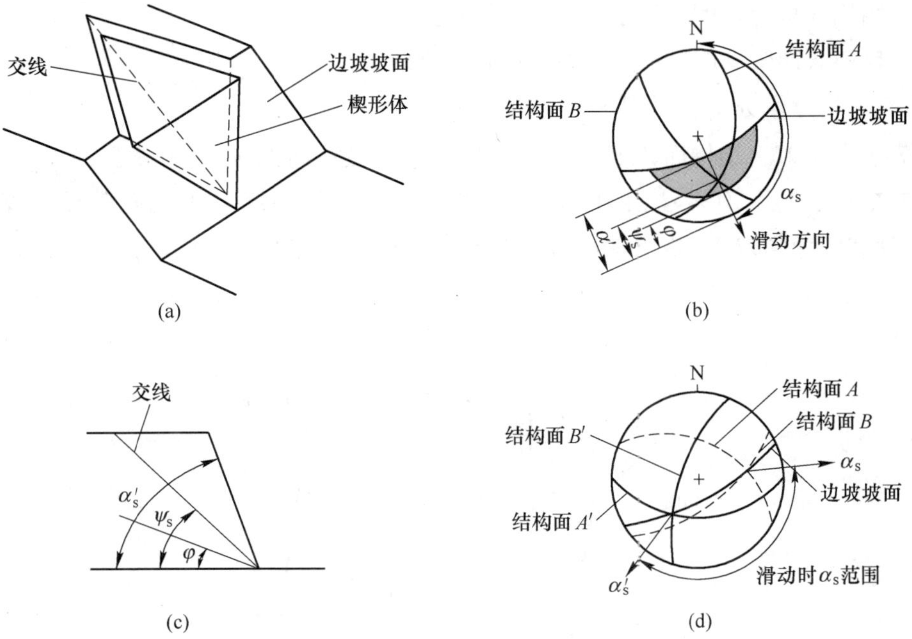

图5-31 楔形滑动几何条件

(a) 楔形滑动示意图；(b) 交线方位及滑动时交线倾角 ψ_s 的范围；
(c) 沿结构面交线倾向方向边坡剖面图；(d) 楔形滑动时交线倾向 α_s 的范围

（1）在赤平极射投影中，两结构面的交线（图 5-31（a））由两结构面大圆的交点表示，并用倾向 α_s 及倾角 ψ_s 表明其方位（图 5-31（b））。

（2）结构面交线倾角必须小于边坡面的视倾角，且大于两结构面的平均内摩擦角，即 $\alpha' > \psi_s > \varphi$（图 5-31（b）、（c））。视倾角 α' 应沿结构面交线倾向的方向测量，而仅当交线倾向与边坡坡面倾向一致时，视倾角 α' 等于真倾角 α。

（3）结构面交线必须在边坡表面出露，交线倾向的可能范围介于 α_s 和 α_s' 之间（图 5-31（d））。

赤平极射投影可从运动学角度判定楔形滑动是否发生。一般情况下，只有当结构面两个大圆的交点在图 5-31（b）中的阴影区域时，楔形滑动才可能发生。因为边坡安全系数取决于楔形体结构几何参数、各滑动面抗剪强度和水压力等，所以赤平极射投影方法无法得到边坡的安全系数。

5.5.3 楔体稳定性分析

5.5.3.1 基本假设

（1）楔体由两条相交结构面、坡面和坡顶面构成。

（2）楔体沿两结构面的交线下滑，无倾倒或者旋转滑动发生。

（3）坡肩后部存在拉裂缝。

（4）拉裂缝和结构面上存在水压力作用。

（5）楔体滑动时与两个结构面一直保持接触。

（6）结构面抗剪强度按摩尔-库仑准则确定。

（7）楔体底面受到的抗剪力平行于结构面交线。

5.5.3.2 力学分析和计算

设楔体重量 W，结构面 A 上的总法向力 N_A、有效法向力 N_{Ae}、孔隙压力 U_A，结构面 B 上的总法向力 N_B、有效法向力 N_{Be}、孔隙压力 U_B，拉裂缝 C 上的孔隙压力 V；锚杆（锚索）施加的锚固力 J，水平地震力 K_cW（其中 K_c 为水平地震加速度），参见图 5-32。

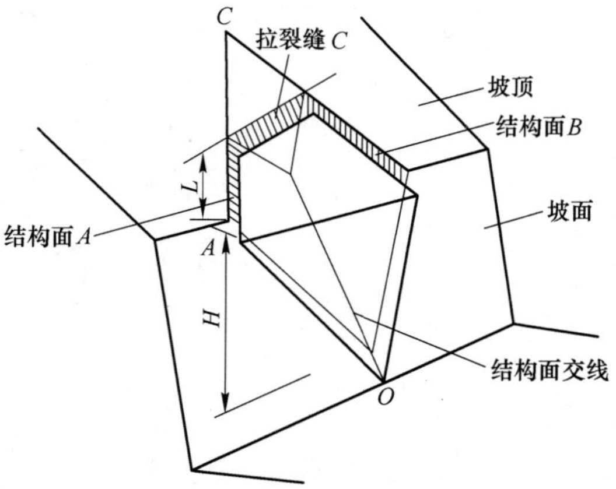

图 5-32　楔体结构示意图

由力的平衡得：

$$N_A + m_{nb \cdot na} \cdot N_B + m_{w \cdot na} \cdot W + m_{v \cdot na} \cdot V + m_{J \cdot na} \cdot J + m_{e \cdot na} \cdot K_c W = 0 \quad (5\text{-}61)$$

$$N_B + m_{na \cdot nb} \cdot N_A + m_{w \cdot nb} \cdot W + m_{v \cdot nb} \cdot V + m_{J \cdot nb} \cdot J + m_{e \cdot nb} \cdot K_c W = 0 \quad (5\text{-}62)$$

式中，$m_{na \cdot nb}$ 为结构面 A 法线和结构面 B 法线夹角的余弦值；$m_{w \cdot nb}$ 为楔体重力方向与结构面 B 法线夹角的余弦值，其他参数物理意义类似，不一一赘述。

联立式（5-61）、式（5-62）求解得：

$$N_{Ae} = qW + rV + sJ - U_A + o \cdot K_c W \quad (5\text{-}63)$$

$$N_{Be} = xW + yV + zJ - U_B + p \cdot K_c W \quad (5\text{-}64)$$

式中：

$$q = (m_{na \cdot nb} \cdot m_{w \cdot nb} - m_{w \cdot na}) / (1 - m_{na \cdot nb}^2) \quad (5\text{-}65)$$

$$r = (m_{na \cdot nb} \cdot m_{v \cdot nb} - m_{v \cdot na}) / (1 - m_{na \cdot nb}^2) \quad (5\text{-}66)$$

$$s = (m_{na \cdot nb} \cdot m_{J \cdot nb} - m_{J \cdot na}) / (1 - m_{na \cdot nb}^2) \quad (5\text{-}67)$$

$$o = (m_{na \cdot nb} \cdot m_{e \cdot nb} - m_{e \cdot na}) / (1 - m_{na \cdot nb}^2) \quad (5\text{-}68)$$

$$x = (m_{na \cdot nb} \cdot m_{w \cdot na} - m_{w \cdot nb}) / (1 - m_{na \cdot nb}^2) \quad (5\text{-}69)$$

$$y = (m_{na \cdot nb} \cdot m_{v \cdot na} - m_{v \cdot nb}) / (1 - m_{na \cdot nb}^2) \quad (5\text{-}70)$$

$$z = (m_{na \cdot nb} \cdot m_{J \cdot na} - m_{J \cdot nb}) / (1 - m_{na \cdot nb}^2) \quad (5\text{-}71)$$

$$p = (m_{na \cdot nb} \cdot m_{e \cdot na} - m_{e \cdot nb}) / (1 - m_{na \cdot nb}^2) \quad (5\text{-}72)$$

其中各余弦值：

$$m_{na \cdot nb} = \sin\psi_a \sin\psi_b \cos(\alpha_a - \alpha_b) + \cos\psi_a \cos\psi_b \quad (5\text{-}73)$$

$$m_{w \cdot na} = -\cos\psi_a \quad (5\text{-}74)$$

$$m_{w \cdot nb} = -\cos\psi_b \quad (5\text{-}75)$$

$$m_{v \cdot na} = \sin\psi_a \sin\psi_c \cos(\alpha_a - \alpha_c) + \cos\psi_a \cos\psi_c \quad (5\text{-}76)$$

$$m_{v \cdot nb} = \sin\psi_b \sin\psi_c \cos(\alpha_b - \alpha_c) + \cos\psi_b \cos\psi_c \quad (5\text{-}77)$$

$$m_{J \cdot na} = \cos\psi_J \sin\psi_a \cos(\alpha_J - \alpha_a) - \sin\psi_J \cos\psi_a \quad (5\text{-}78)$$

$$m_{J \cdot nb} = \cos\psi_J \sin\psi_b \cos(\alpha_J - \alpha_b) - \sin\psi_J \cos\psi_b \quad (5\text{-}79)$$

$$m_{w \cdot s} = \sin\psi_s \quad (5\text{-}80)$$

$$m_{v \cdot s} = \cos\psi_s \sin\psi_c \cos(\alpha_s - \alpha_c) - \sin\psi_s \cos\psi_c \quad (5\text{-}81)$$

$$m_{J \cdot s} = \cos\psi_s \cos\psi_J \cos(\alpha_s - \alpha_J) + \sin\psi_s \sin\psi_J \quad (5\text{-}82)$$

$$m_{e \cdot s} = \cos\psi_s \quad (5\text{-}83)$$

$$m_{e \cdot na} = \sin\psi_a \cos(\alpha_a - \alpha_s) \quad (5\text{-}84)$$

$$m_{e \cdot nb} = \sin\psi_b \cos(\alpha_b - \alpha_s) \quad (5\text{-}85)$$

$$\alpha_s = \arctan\left(\frac{\tan\psi_a \cos\alpha_a - \tan\psi_b \cos\alpha_b}{\tan\psi_b \sin\alpha_b - \tan\psi_a \sin\alpha_a}\right) \quad (5\text{-}86)$$

$$\psi_s = \arctan[\tan\psi_a \cos(\alpha_a - \alpha_s)] = \arctan[\tan\psi_b \cos(\alpha_b - \alpha_s)] \quad (5\text{-}87)$$

式中，结构面 A 倾角和倾向分别为 ψ_a、α_a；结构面 B 倾角和倾向分别为 ψ_b、α_b；拉裂缝 C 倾角和倾向分别为 ψ_c、α_c；锚固力倾角和倾向分别为 ψ_J、α_J；结构面 A、B 交线 OC 的倾角和倾向分别为 ψ_s、α_s。

结构面 A 、B 和拉裂缝 C 上的孔隙压力 U_A、U_B、V 分别为：

$$U_A = \frac{1}{3}P \cdot A_A \tag{5-88}$$

$$U_B = \frac{1}{3}P \cdot A_B \tag{5-89}$$

$$V = \frac{1}{3}P \cdot A_C \tag{5-90}$$

式中，P 为楔体后缘拉裂缝与结构面交线 OC 交点处的最大水压力值。A_A 、A_B 、A_C 分别为结构面 A 、B 和拉裂缝 C 的面积。

5.5.3.3 安全系数计算

$$N_S = m_{w\cdot s} \cdot W + m_{v\cdot s} \cdot V + m_{J\cdot s} \cdot J + m_{e\cdot s} \cdot K_c W \tag{5-91}$$

$$N_R = c_A'A_A + c_B'A_B + N_{Ae}\tan\varphi_A' + N_{Be}\tan\varphi_B' \tag{5-92}$$

式中，N_S 为下滑力；N_R 为抗滑力；c_A' 、φ_A' 为结构面 A 的有效黏聚力和内摩擦角，c_B' 、φ_B' 为结构面 B 的有效黏聚力和内摩擦角。

则楔体安全系数为：

$$F = \frac{N_R}{N_S} = \frac{c_A'A_A + c_B'A_B + N_{Ae}\tan\varphi_A' + N_{Be}\tan\varphi_B'}{m_{w\cdot s} \cdot W + m_{v\cdot s} \cdot V + m_{J\cdot s} \cdot J + m_{e\cdot s} \cdot K_c W} \tag{5-93}$$

【例题 5-4】 某公路路堑边坡存在一个潜在滑动楔形体，楔体高 $H=27.466\text{m}$，长度 $L=5.2\text{m}$（图 5-32），岩体重度 $\gamma=25\text{kN/m}^3$。裂隙充满水，楔体后缘拉裂缝与结构面交线交点处的最大水压力 $P=0.171\text{MN}$，不考虑地震作用，各面产状如表 5-3 所示，其赤平极射投影如图 5-33 所示。

表 5-3 例题 5-4 边坡面及结构面产状

项　目	倾向/(°)	倾角/(°)	黏聚力/kPa	内摩擦角/(°)
边坡顶面	180	12	—	—
边坡坡面	180	53	—	—
结构面 A	115	52	50	28
结构面 B	245	45	30	15
拉裂缝 C	165	70	—	—

解：(1) 由几何条件计算面积和楔体重量：

结构面 A 面积 $A_A=338.473\text{m}^2$

结构面 B 面积 $A_B=494.510\text{m}^2$

拉裂缝 C 面积 $A_C=309.112\text{m}^2$

楔体重量 $W=101.3\text{MN}$

(2) 由式 (5-86)、式 (5-87) 计算结构面 A 、B 交线 OC 的倾向 α_s 和倾角 ψ_s：

$$\alpha_s = \arctan\left(\frac{\tan52°\cos115° - \tan45°\cos245°}{\tan45°\sin245° - \tan52°\sin115°}\right) = 183.277°$$

$$\psi_s = \arctan[\tan52°\cos(115° - 183.277°)] = 25.348°$$

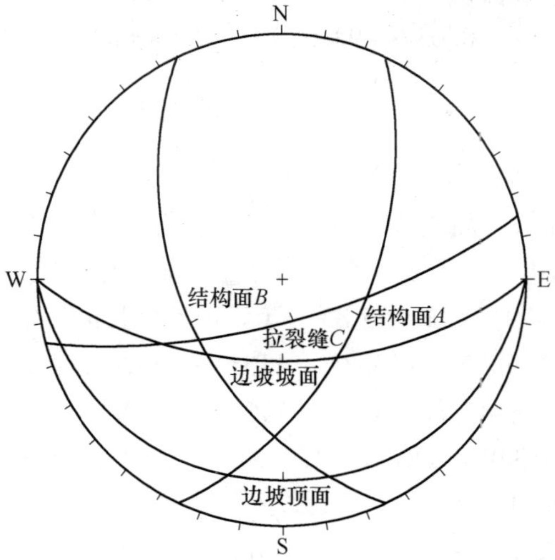

图 5-33 例题 5-4 结构面与边坡面赤平极射投影图

(3) 由式(5-73)~式(5-77)、式(5-80)、式(5-81)计算相关余弦值：

$$m_{na\cdot nb}=\sin52°\sin45°\cos(115°-245°)+\cos52°\cos45°=0.078$$

$$m_{w\cdot na}=-\cos52°=-0.616$$

$$m_{w\cdot nb}=-\cos45°=-0.707$$

$$m_{v\cdot na}=\sin52°\sin70°\cos(115°-165°)+\cos52°\cos70°=0.687$$

$$m_{v\cdot nb}=\sin45°\sin70°\cos(245°-165°)+\cos45°\cos70°=0.357$$

$$m_{w\cdot s}=\sin25.348°=0.428$$

$$m_{v\cdot s}=\cos25.348°\sin70°\cos(183.277°-165°)-\sin25.348°\cos70°=0.660$$

(4) 由式（5-65）、式（5-66）、式（5-69）、式（5-70）计算相关系数：

$$q=[0.078\times(-0.707)+0.616]/(1-0.078^2)=0.564$$

$$r=(0.078\times0.357-0.687)/(1-0.078^2)=-0.663$$

$$x=[0.078\times(-0.616)+0.707]/(1-0.078^2)=0.663$$

$$y=(0.078\times0.687-0.357)/(1-0.078^2)=-0.305$$

(5) 由式(5-88)~式(5-90)计算结构面 A、B 和拉裂缝 C 上的孔隙压力：

$$U_A=\frac{1}{3}\times0.171\times338.473=19.3\text{MN}$$

$$U_B=\frac{1}{3}\times0.171\times494.510=28.2\text{MN}$$

$$V=\frac{1}{3}\times0.171\times309.112=17.6\text{MN}$$

(6) 由式（5-63）、式（5-64）计算结构面 A、B 上的有效法向力 N_{Ae} 和 N_{Be}：

$$N_{Ae}=0.564\times101.3-0.663\times17.6-19.3=26.2\text{MN}$$

$$N_{Be}=0.663\times101.3-0.305\times17.6-28.2=33.6\text{MN}$$

(7) 由式(5-91)~式(5-93)计算该边坡的安全系数：

$N_S = 0.428 \times 101.3 + 0.660 \times 17.6 = 55.0\text{MN}$

$N_R = 0.05 \times 338.473 + 0.03 \times 494.510 + 26.2 \times \tan28° + 33.6 \times \tan15° = 54.7\text{MN}$

则
$$F = \frac{N_R}{N_S} = \frac{54.7}{55.0} = 0.995$$

计算表明该边坡楔形体处于不稳定状态，需进行加固处置。

(8) 锚固力计算。如果采用锚固方式进行边坡处治，锚杆倾向 α_J 为 353°，倾角 ψ_J 为 20°，假设规范要求的边坡设计安全系数为 1.3，通过前述公式求取锚固力 J。

由式 (5-78)、式 (5-79) 和式 (5-82) 计算相关余弦值：

$$m_{J \cdot na} = \cos20°\sin52°\cos(353° - 115°) - \sin20°\cos52° = -0.603$$
$$m_{J \cdot nb} = \cos20°\sin45°\cos(353° - 245°) - \sin20°\cos45° = -0.447$$
$$m_{J \cdot s} = \cos25.348°\cos20°\cos(183.277° - 353°) + \sin25.348°\sin20° = -0.689$$

由式 (5-67)、式 (5-71) 计算相关系数

$$s = [0.078 \times (-0.447) + 0.603]/(1 - 0.078^2) = 0.572$$
$$z = [0.078 \times (-0.603) + 0.447]/(1 - 0.078^2) = 0.402$$

则结构面 A 、B 上有效法向力分别为：

$$N_{Ae} = (26.2 + 0.572J)\text{MN}$$
$$N_{Be} = (33.6 + 0.402J)\text{MN}$$

则下滑力 $N_S = (55.0 - 0.689J)\text{MN}$，抗滑力 $N_R = (54.7 + 0.412J)\text{MN}$；边坡楔体安全系数 $F = \dfrac{54.7 + 0.412J}{55.0 - 0.689J} = 1.3$。

可求得锚固力 J 为 12.85MN 。

练 习 题

(1) 简述平面滑动计算的基本假设条件。

(2) 如何初步判断边坡是否会发生单平面滑动破坏？

(3) 简述主动支护与被动支护的概念与区别。

(4) 简述不平衡推力法的基本原理与假设。

(5) 简述不平衡推力法隐式解与显式解的异同点。

(6) 倾倒破坏按形成过程分为哪几种类型，简述其各自特点。

(7) 简述 Goodman-Bray 法的假设条件及其局限性。

(8) 简述边坡楔形破坏稳定性分析的假设条件。

(9) 简述楔形破坏陈祖煜改进分析法的主要改进措施。

(10) 当例题 5-1 中滑动面也充满水，且在拉裂缝底部水压力最大，计算此时边坡的安全系数。如果设计安全系数为 1.3，计算分别采用主动支护和被动支护时的锚固力。

(11) 在例题 5-2 中，若在第 2 条块采用锚固支护（不采用挡土墙），锚固方向与水平面夹角为 25°，为使滑坡安全系数达到 1.2，分别计算采用主动支护和被动支护时的锚固力。

(12) 某开挖边坡高度 $H = 86\text{m}$，坡角 $\alpha = 62°$，坡顶面仰角 $\psi = 5°$，横向节理倾角 $\alpha_P = 30°$，岩体重度 $\gamma = 27\text{kN/m}^3$，条柱底面和侧面的摩擦角 $\varphi_d = \varphi_p = 38°$。将破坏岩体分为 20 个岩块，每个岩块宽度

$\Delta x=8\text{m}$，编号为 10 的岩块处于边坡坡顶线上，该岩块系统位于阶梯状底面上，其总倾角 $\beta = 36°$。分析该边坡稳定性。

(13) 边坡存在一个楔形体，坡面及结构面参数如表 5-4 所示。楔体高 $H=28\text{m}$，长度 $L=9\text{m}$（图 5-32）。岩体重度 $\gamma=26\text{kN/m}^3$，结构面上无水，拉裂缝充满水，最大水压力位于拉裂缝底部，水平地震加速度 $K_c=0.1$。假设该边坡设计安全系数需达到 1.3，对该边坡进行稳定性分析。

表 5-4 习题（13）表

项　目	倾向/(°)	倾角/(°)	黏聚力/kPa	内摩擦角/(°)
边坡顶面	70	15	—	—
边坡坡面	60	76	—	—
结构面 A	360	60	50	30
结构面 B	118	54	50	30
拉裂缝 C	60	80	—	—

6 边坡稳定性分析图解法

本章主要内容：

本章主要介绍赤平极射投影在岩质边坡分析中的应用，重点讲述赤平极射投影的原理、读图绘图方法以及边坡结构面基本类型、破坏方式等，并结合实例详细介绍了 Dips 软件在岩质边坡稳定性分析中的应用。

学习要点：

熟练掌握赤平极射投影法的原理、读图绘图方法，了解边坡失稳的基本类型及如何利用赤平极射投影法分析岩质边坡稳定性，学会使用 Dips 软件分析其稳定性。

边坡稳定性分析图解法包括矢量图法和赤平极射投影法等，是岩质边坡稳定性分析中的重要方法和工具，应用图解法可使复杂问题简单化、抽象问题形象化。本章主要介绍赤平极射投影方法及其在岩质边坡稳定性分析中的应用。

在工程地质领域，结构面空间形态的描述方式有多种，其中采用倾向、倾角描述结构面产状较为常用，如图 6-1 所示。采用赤平极射投影技术，不仅可以合理地将倾向、倾角同时表示在一个平面上，而且通过一定的操作步骤，还可以确定两结构面交线的产状等，进而实现结构面控制型边坡稳定性的深入分析。

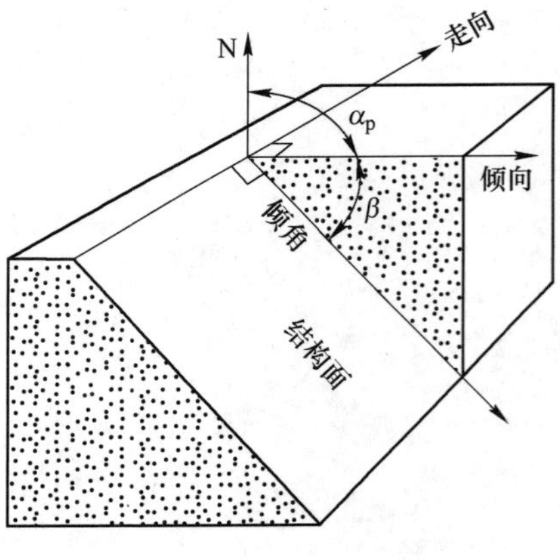

图 6-1　结构面的空间表现形式（产状）

赤平极射投影简称赤平投影，是描绘物体三维空间几何要素（点、线、面）的空间方向和它们之间角距关系的一种平面投影。该方法是一种简便、直观形象的定性图解计算方法，运用该方法能够解决边坡结构面空间关系分析等方面的诸多实际问题，是研究岩质边坡工程稳定性的一种实用方法。

但是，与其他分析方法类似，赤平极射投影法仍存在一定的局限性，如无法反映结构面的物质组成、延展性、开张程度、充填胶结情况、平整光滑程度等特征，且此方法仅为定性分析方法，无法给出确定的边坡安全系数。另外，该方法不能用于分析松散介质体和均质体边坡，如土质边坡稳定性分析等。

6.1 赤平极射投影基本原理

6.1.1 基本概念

如图 6-2 所示，赤平极射投影主要包括以下四个投影要素：

投影球——以任意长为半径作成的球，投影球表面称为球面；

赤道平面——过投影球球心的水平面，即赤平投影面；

基圆——赤道平面与投影球面相交的大圆（*NESW*），或称赤平大圆，圆内标有东西和南北直径线；

极射点——投影球上、下两极的发射点。

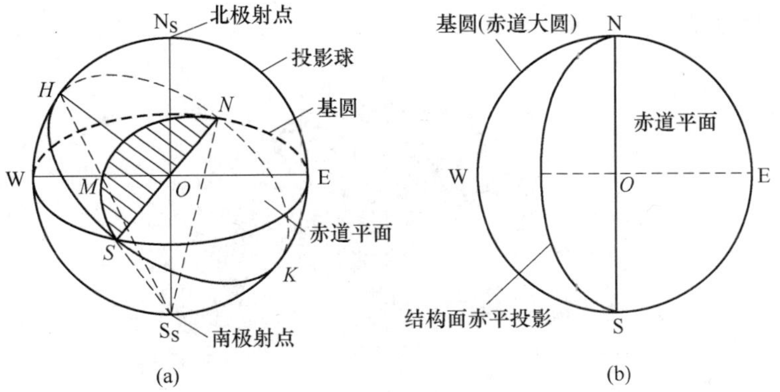

图 6-2 赤平极射投影基本要素

赤平极射投影法的实质就是把物体界面的形心与球心相重合，将其几何要素（点、线、面）投影到赤道平面上，化立体为平面的一种投影方法。其中，物体界面与投影球的交线为一圆弧，称为该物体界面的球面投影。由球体的南极或北极为视点发出与球面投影相交的射线，这些射线在赤道平面上的交点相连构成一圆弧，即为此物体界面的赤平极射投影。

以投影球的南极 S_S 为视点发出射线，得到的赤平极射投影为上半球投影；以球体的北极 N_S 为视点发出射线，得到的赤平极射投影为下半球投影。如无特殊说明，本章均采用上半球投影。

如图 6-2 (a) 所示，从南极 S_S 向 *SHNK* 斜面上的上半球球面投影 *S*、*H*、*N* 各点作得的射线 S_SH、S_SS、S_SN 等，称为极射线，它们与投影球赤道平面的交点 *S*、*M*、*N* 所形成的圆弧 *SMN* 即为 *SHN* 斜面的上半球赤平极射投影。

如图 6-2 (b) 所示，圆 *NESW* 为赤平大圆，其上、下、左、右分别代表北（N）、南（S）、西（W）、东（E）方位，圆弧 *SMN* 为斜面 *SHN* 的赤平极射投影。*N*、*S* 两点连线代表该平面走向线，其方位由 *N* 点（或 *S* 点）在赤平大圆上借助投影网读出。圆弧 *SMN* 凹部所指的方向代表该平面的倾向方向，其中 *M* 点与圆心 *O* 的连线即为该平面的倾向线。延长 *MO* 与赤平大圆交于 *E* 点，*E* 点在赤平大圆上的方位，即为该平面的倾向。

6.1.2　投影网

为了迅速准确地作图，判断平面或直线的空间方向以及它们之间的角距关系，需要使用一个按照赤平极射投影原理绘制的赤平投影网。目前应用较为广泛的赤平投影网有两种：一种是吴尔福（Wulff）创造的赤平极射等角度投影网，简称吴氏网；另一种是施密特（Schmidt）提出的赤平极射等面积投影网，简称施氏网。两种投影网各有特点，但用法基本相同。吴氏网具有等角度性，制作方便，因此多用于探讨结构体的组合特征及结构面与边坡坡面或岩体中开挖面的组合关系等；施氏网具有等面积性，因此广泛用于地质力学分析中统计结构面分布密度，从而找出优势结构面，为边坡稳定性分析提供地质依据。

6.1.2.1　吴氏网

吴氏网由基圆和一系列经纬网组成，并将圆周按 360°方位角分度。经纬网格是由一系列走向南北的经向大圆弧和一系列走向东西的纬向小圆弧交织而成。基圆直径为 20cm，投影网网格由 2°分格的一系列经纬线组成，如图 6-3 所示。

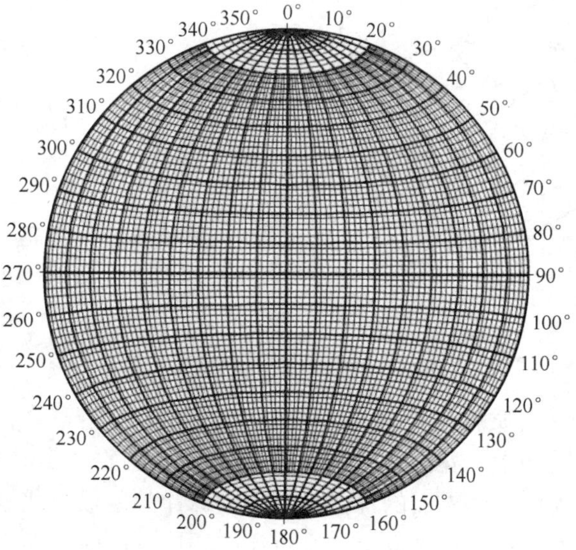

图 6-3　吴氏赤平极射等角度投影网

（1）经线的绘制。经线为通过投影球心，走向南北，倾向东和倾向西，倾角为 0°～90°的一组平面的赤平极射投影，它们都是直径各不相同的圆弧。如图 6-4 所示，绘制时，首先将投影网外圆 *NW* 弧分度（每格 2°或 5°），并将分度所得各点与 *S* 点直线相连，这些直线在 *WO* 线段上有一系列交点。然后作交点与 *S* 点连线的垂直平分线，其与 *OE* 线段（或其延长线）相交，再得一系列交点，分别以这些交点为圆心，以交点到 *S* 点的距离为半径，作一系列通过 *NS* 的圆弧，这些圆弧即为投影

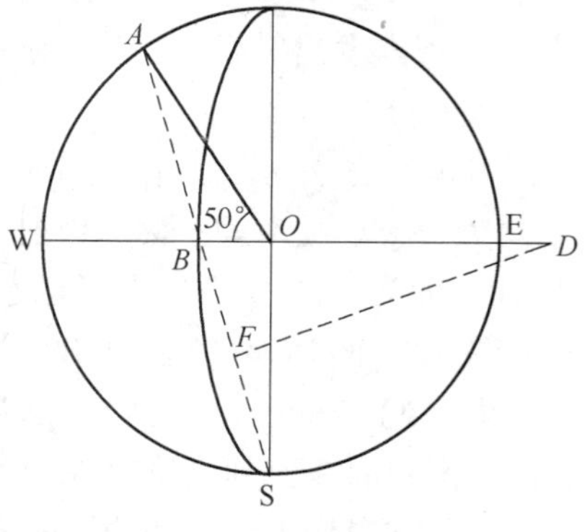

图 6-4　吴氏网经线绘制示意图

网西半部的经线。同理，将 *NE* 弧分度后，也可作出东半部的经线。图 6-4 为倾向东、倾角为 50°的一条经线的作图示意。

（2）纬线的绘制。纬线为不通过投影球球心，走向东西，纬度（球面法线与赤道平面的夹角）为南纬 0°～90°和北纬 0°～90°的一组不通过球心的垂直平面赤平极射投影。如图 6-5 所示，绘制时首先将 *NE* 弧分度（每格 2°或 5°），再将所得各点与圆心 *O* 相连，然后自各点作切线，它们与经线 *SN* 的延长线相交得到一系列交点。以这些交点为圆心，以交点至 *NE* 弧段上各相应分度点的切线段为半径作圆弧，此一系列圆弧即为北半部的纬线。同理，将 *SW* 弧段分度后也可作出南半部的纬线，图 6-5 表示北纬 30°、50°纬线的绘制法。

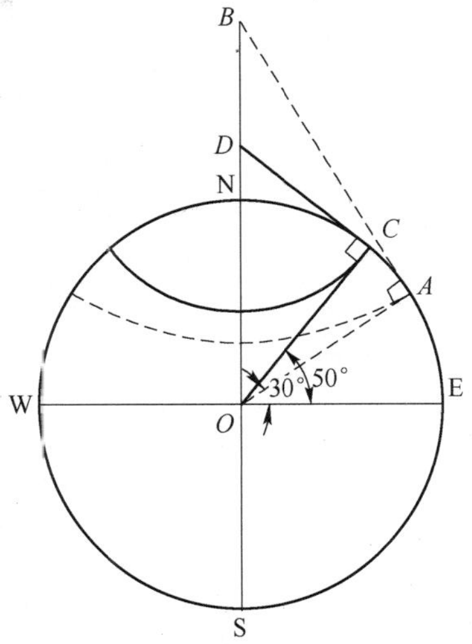

图 6-5 吴氏网纬线绘制示意图

6.1.2.2 施氏网

施氏网是一种等面积投影网。等面积投影是指参考球上任一给定面积的球缺面，不论此等面积球缺面位于球的哪个位置，其赤平投影图形的面积均相等，施氏等面积赤平极射投影网如图 6-6 所示。

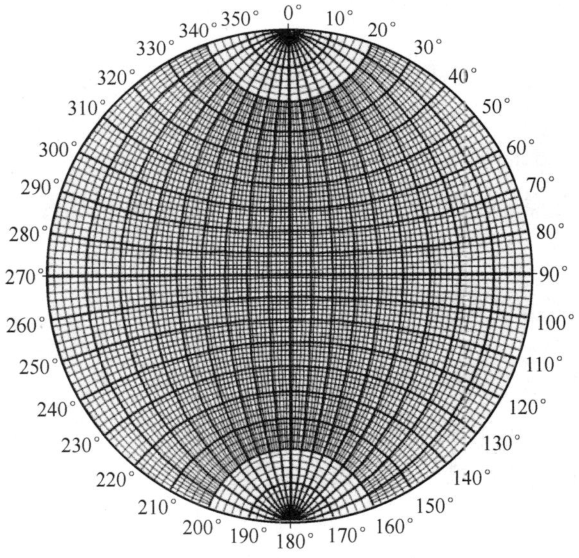

图 6-6 施氏赤平极射等面积投影网

施氏网作图仍以投影球为投影工具，但投影面不是通过球心的赤道平面，而是将投影球上部（或下部）与投影球极点相切的水平面（图 6-7 中平面 N_SN'）作为赤平投影面，这个水平面称为等面积投影平面。设结构面 *R* 按其产状通过球心，其法线与球面交于点 *P*。以球顶 N_S点为圆心，以 N_SP 为半径，作一圆弧与等面积投影平面 N_SN'交于 P'，此点即为线段 *OP*（*R* 面的法线）的等面积投影点，而 R_n为 *OP* 的等角投影点。

按照以上方法绘制的投影需整体缩小为原来的 $\frac{1}{\sqrt{2}}$，即得到等面积赤平极射投影图。

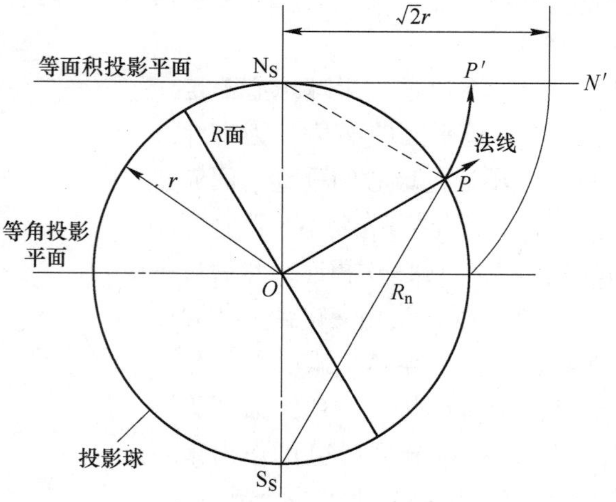

图 6-7 等面积赤平投影示意图

6.2 赤平极射投影读图与作图基本方法

应用赤平极射投影表示空间点、线、面等几何要素，包括根据已绘出的赤平极射投影图测读其空间方位和产状，以及根据它们的空间方位和产状作出其赤平极射投影图等两个方面。

任何赤平极射投影的读图和作图，都可以利用比较方便的投影网来进行。投影网的使用方法包括两种：(1) 对已绘制好的投影图进行测读时，将透明的投影网覆于投影图上操作（投影网大小与投影图须一致）；(2) 作所需的投影图时，一般是将透明纸（或透明胶片等）覆于吴氏网上操作，且在测读和作图时都必须使投影图、透明纸与投影网的圆心重合。

6.2.1 赤平极射投影基本读图法

(1) 极点的测读。在应用赤平投影进行边坡岩体稳定性分析中，极点常用来代表岩体中结构面的产状，每一个极点代表一个结构面，极点的测读方法如下：

如图 6-8 所示，投影图上已知极点 *A*，测读时，将透明的投影图覆于投影网上，使二者的圆心重合。转动投影网，直至 *A* 点落在投影网的 *EW* 线上。连接 *OA*，*OA* 所指的方位（40°）为结构面的倾向。由 *A* 点向网格的圆心方向按经线的分度数 90°，得 *P* 点。*P* 点所在的经线即为点 *A* 所代表的结构面投影大圆。该经线端点在投影图基圆上的方位为结构面的走向方位，其所代表的角度为结构面

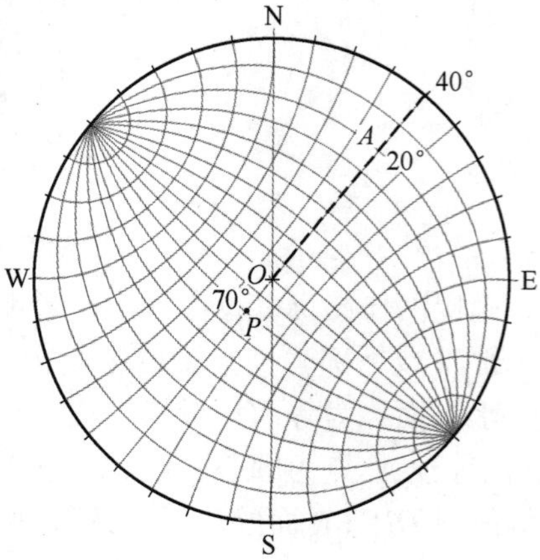

图 6-8 极点的测读

的倾角。图中极点 A 代表走向 N50°W、倾向 NE、倾角 70°的结构面。

若极点 A 代表空间中一直线的投影，则连接 AO，可按图 6-9 所示的读图法读出该直线产状。

（2）直线的产状。如图 6-9 所示，投影图上直线 AO，表示空间一直线的赤平极射投影，读图时将透明的投影图覆于投影网上，转动投影网，使 AO 与投影网的 EW 重合。延长 OA 到基圆，得 B 点。读 BA 线段所包括的经线分度值，或 A 点处经线所代表的角度即为该直线的倾角（30°）。AO 所指的方位，或延长 AO 至基圆，得 C 点，C 点的方位分度值即为该直线的倾向（40°）。

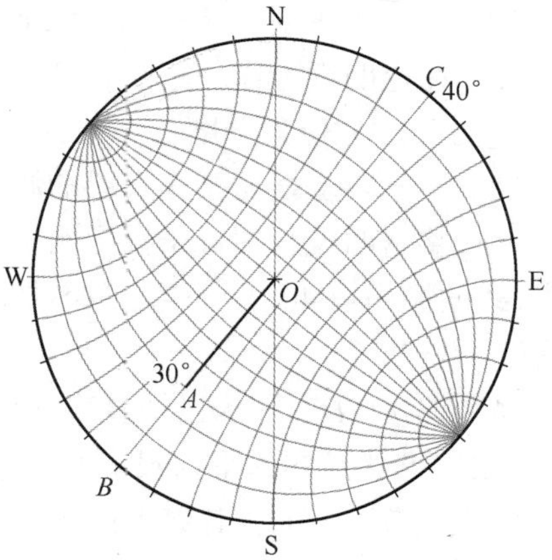

图 6-9　直线产状的测读

（3）平面的产状。如图 6-10 所示，大圆 ABC 为一平面的赤平极射投影，读图时将透明的投影图覆于投影网上，转动投影网，使 A、C 两点与投影网的 N、S 重合，即平面的走向线 AC 与投影网的 NS 线重合。连接 BO，为平面的倾向线，所指方位为平面的倾向（310°）。A 点（或 C 点）所在的方位为平面的走向方位。与大圆 ABC 重合的经线所代表的角度，即为该平面的倾角。由图 6-10 读得大圆 ABC 所代表的平面产状为走向 N40°E、倾向 NW、倾角 30°。

（4）平面上两直线的夹角。如图 6-11 所示，大圆 ABC 为已绘制的平面投影，GO 和 HO 为该平面上的两条直线，即 G 点和 H 点都在大圆 ABC 上，读图时，将透明的投影图覆于投影网上，转动投影网，使 A、C 两点与投影网的 N、S 重合。在大圆 ABC 上按投影网的网格读取 GH 弧段所包含的纬度线的纬度数，即为 GO 和 HO 两直线的夹角，图中两直线 GO 和 HO 的夹角为 60°。

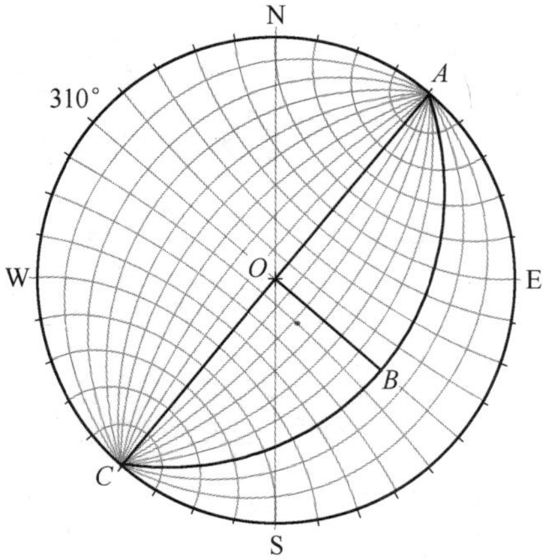

图 6-10　平面产状的测读

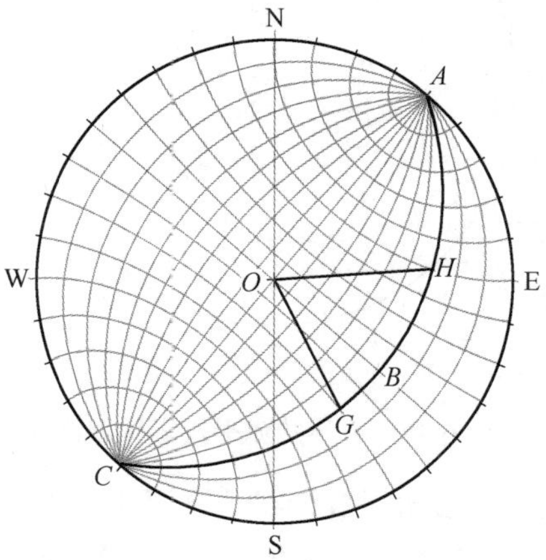

图 6-11　平面上两直线夹角的测读

平面上两直线相交，除了两直线垂直相交外，有两个不等的夹角，两者为互补关系。因投影图只表示上半球的投影，所以由读图法读得的夹角为两直线同时位于上半球时的夹角（两直线同时位于下半球时与此相同），则另一夹角为 180°－60°＝120°（两直线中一条位于上半球另一条位于下半球）。

6.2.2 赤平极射投影基本作图法

（1）产状已知的直线投影作图。如图 6-12 所示，已知一直线产状为倾向 N50°W、倾角 40°，其赤平极射投影作图步骤如下：

1）在透明纸上作一基圆，其直径等于投影网直径，*O* 为圆心，在基圆上标出 E、S、W、N 方位和方位角分度；

2）在基圆上根据已知直线的倾向（N50°W）标出 *A* 点，并连接 *AO*；

3）将透明投影图覆于投影网上，使 *AO* 与投影网的 *EW* 线重合。延长 *AO*，找到与已知直线的倾角（40°）一致的经线，将它与投影网的 *EW* 线的交点绘于投影图上，为 *P* 点；

4）连接 *PO*，即为已知直线的投影。

（2）产状已知的平面投影作图。如图 6-13 所示，已知一平面的产状为走向 N50°E、倾向 NW、倾角 40°，其赤平极射投影作图步骤如下：

1）如基本作图法（1），在透明纸上作好投影图基圆，并标出已知平面的走向方位点 *A*（N50°E）和倾向方位点 *D*(N40°W)；

2）将透明投影图覆于投影网上，转动投影网，使 *A* 点与投影网的 *N* 点（或 *S* 点）重合，使 *D* 点与投影网的 *W* 点(或 *E* 点）重合；

3）在与倾向方位点 *D* 相对的半圆内，找出与已知平面倾角一致的经线（40°），将其描在投影图上，得大圆 *ABC*。此大圆即为已知平面的投影。

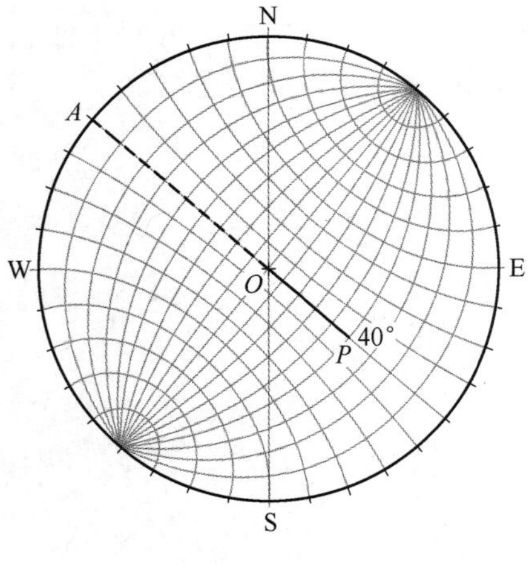

图 6-12 直线的赤平投影作图法

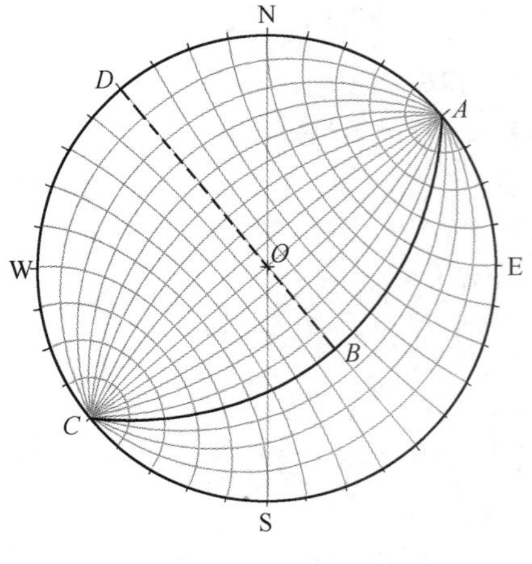

图 6-13 平面的赤平投影作图法

（3）已知直线产状，垂直于该直线的平面投影作图。如图 6-14 所示，已知一直线产状为倾向 N50°E、倾角 50°，垂直于此直线的平面作图步骤如下：

1）按基本作图法（1），将已知直线绘于透明的投影图上，为直线 *PO*；

2）将投影图覆于投影网上，转动投影网，使 *PO* 与投影网的 *EW* 线重合；

3）自 *P* 点沿投影网的 *EW* 线，向圆心方向按经线的分度数 90°延长，得 *B* 点；

4）将 *B* 点所在的经线描绘在投影图上，得大圆 *ABC*，即为所求作平面的投影，其产状为走向 N40°W、倾向 SW、倾角 40°。

根据这一作图法，若已知极点（平面法线），即可作出它所代表的结构面。

（4）已知平面的法线或极点投影作图。如图 6-15 所示，已知一平面产状为走向 N50°E、倾向 NW、倾角 40°，其法线作图步骤如下：

1）按基本作图法（2），将已知平面绘于透明的投影图上，为大圆 *ABC*；

2）将投影图覆于投影网上，转动投影网，使 *A*、*C* 两点与投影网的 *N*、*S* 重合，大圆 *ABC* 与投影网的 *EW* 线的交点为 *B*；

3）连接 *BO*，即为已知平面的倾向线。自 *B* 点沿投影网的 *EW* 线向圆心方向按经线的分度数 90°延长，得 *P* 点，即为已知平面的极点；

4）连接 *PO*，即为所求法线的投影，其产状为倾向 S40°E、倾角 50°。

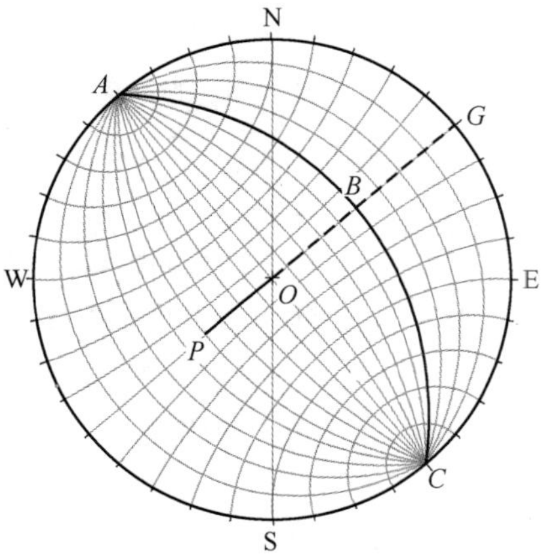

图 6-14 垂直于已知直线的平面赤平投影作图法

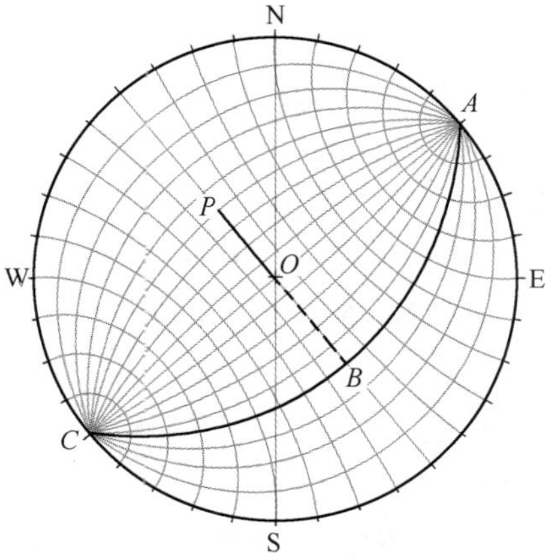

图 6-15 已知平面的法线赤平投影作图法

（5）已知两直线，包含此两直线的平面投影作图。已知两直线的赤平投影如图 6-16 所示，分别为 *DO* 和 *GO*，包含此两直线的平面作图步骤如下：

1）将透明的投影图覆于投影网上，转动投影网，直至 *D*、*G* 两点落在投影网的同一条经线上；

2）将包含 *D*、*G* 两点的该条经线描绘在投影图上，得大圆 *ABC*，此大圆即为求作平面的投影，其产状为走向 N30°E、倾向 SE、倾角 40°。

（6）过一直线，且垂直于已知平面的平面投影作图。在投影图上绘制已知平面的投影大圆 *ABC*，和已知直线的投影 *DO*，如图 6-17 所示，包含 *DO* 且垂直于已知平面 *ABC* 的平面作图步骤如下：

1）按基本作图法（4），作出已知平面 *ABC* 的法线 *PO*；

2）按基本作图法（5），作包括已知直线 *DO* 和已知平面的法线 *PO* 的平面，即大圆 *FDPG*，此为求作平面的投影。

（7）已知两相交直线，其夹角的投影作图。在投影图上绘制已知两相交直线的投影，分别为 *CO* 和 *DO*，如图 6-18 所示，其夹角的作图步骤如下：

1）按基本作图法（5），作包括直线 *CO* 和 *DO* 的平面的赤平投影，为大圆 *ADCB*；

2）将投影图覆于投影网上，转动投影网，使 *C*、*D* 两点沿其所在的纬度移至基圆，亦即将平面 *ADCB* 翻转至水平位置，得 *F*、*H* 两点；

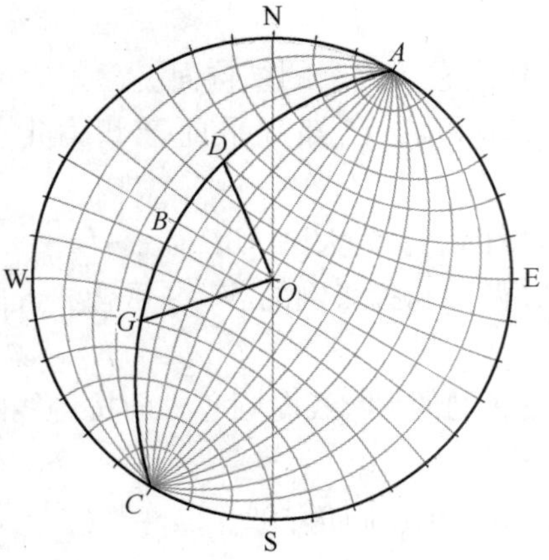

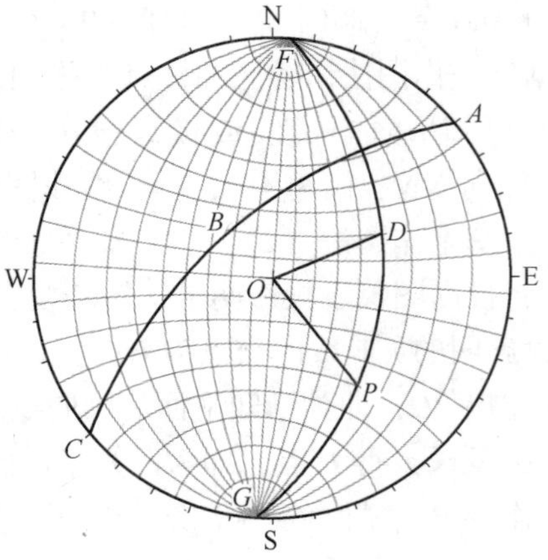

图 6-16　包括两直线的平面赤平投影作图法　图 6-17　过直线且垂直于已知平面的平面赤平投影作图法

3）连接 *FO*、*HO*，∠*FOH* 即为 *DO* 和 *CO* 两直线的夹角。其角度值可根据 *FH* 弧段所包含的方位分度数读出，也可按读图法（4）的方法在投影网上根据 *CD* 弧段所包含的纬度数读出，图中为 61°。

（8）已知两平面，其交线的投影作图。如图 6-19 所示，已知两平面的产状分别为走向 N20°E、倾向 NW、倾角 60°和走向 N40°W、倾向 NE、倾角 40°，其交线的作图步骤如下：

1）按基本作图法（2），根据已知平面的产状作出其投影，分别为大圆 *ABC* 和大圆 *DBF*，相交于 *B* 点；

2）连接 *BO*，即为两已知平面的交线，其产状按读图法（2）读出，倾向为 N2°E、倾角为 29°。

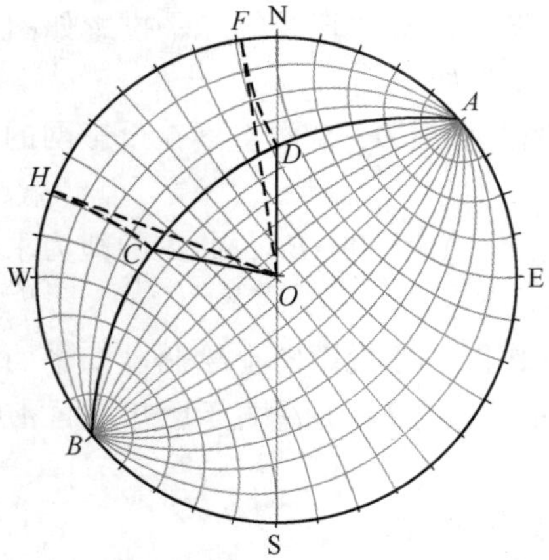

图 6-18　两直线夹角的赤平投影作图法

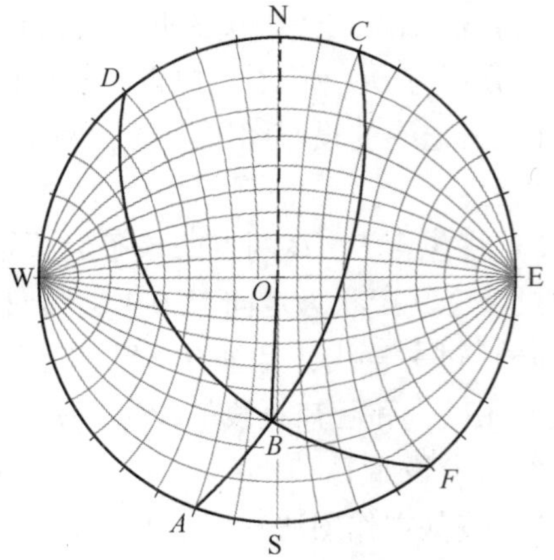

图 6-19　两平面交线的赤平投影作图法

6.3　岩质边坡稳定性赤平投影分析

赤平极射投影在岩质边坡（包括自然边坡和人工边坡）稳定性分析中应用非常广泛，其不仅能通过统计分析的方法给出边坡优势结构面组，而且能确定不稳定结构体潜在滑动方向，作出边坡稳定条件分析和稳定状态的初步评价。目前专业的赤平极射投影软件已可以替代手工完成岩质边坡稳定性的有关分析工作，且具有投影图绘制精度高、分析速度快、操作简单等优点，既能对边坡岩体结构面进行快速统计分析，也能结合结构面强度条件等计算边坡不稳定滑动面的具体参数，便于工程参考。常用的行业软件包括 Dips、RockPack、Spheristat 和理正岩土等，本节重点介绍如何采用赤平极射投影判断边坡结构面失稳模式，并结合 Dips 软件对边坡进行稳定性分析与评价。

6.3.1 边坡结构面的基本类型

大量工程地质实践表明，岩质边坡失稳破坏多数是沿岩体中软弱结构面发生，即岩体在自重力和工程力作用下发生的破坏，主要是由于结构面切割构成的结构体沿结构面发生剪切位移，或拉裂，或发生整体的累积变形和破裂。因此，岩质边坡稳定性主要取决于：

（1）结构面的物理力学性质及其空间分布位置和组合关系。

（2）结构体的物理力学性质。

（3）岩体所受力的大小和方向。

前两项构成岩体本身的结构和强度，是岩体发生变形破坏的内因和物质基础，因此在对工程岩体的稳定性进行分析评价时，必须首先对岩体的结构做出正确分析。

岩体结构在自然界中所存在的类型是十分复杂的，按照不同的工程实际要求，可以划分为若干种类，在此仅着重结合边坡稳定问题，将岩体划分为以下三种基本类型：

（1）网状结构边坡。在网状结构边坡岩体中，结构面非常发育、密集，其方向散乱且不规则，结构面表面比较粗糙，许多是张开裂隙，其中常充填有黏土、碎屑等物质。其往往是在原生节理或构造节理的基础上，在风化等外营力作用下产生和发展形成的。该类结构岩体边坡的变形破坏，类似于土质边坡的性质，滑动面和滑动线近似呈弧形，如图 6-20（a）所示。此类边坡中，结构面对边坡变形破坏不起控制作用，其稳定性评价可采用土质边坡的分析方法。

（2）层状结构边坡。层状结构边坡是由相互平行的结构面切割岩体形成的，结构体为层状，以沉积岩最为典型。此类结构面的连续性较强，并且往往因存在软弱夹层而导致边坡失稳破坏。层状结构边坡的变形破坏主要表现为顺层滑动，断面上的滑动线为直线形，如图 6-20（b）所示。该类边坡的稳定性主要取决于结构面的产状及其抗剪强度。

（3）块状结构边坡。块状结构边坡是由两组或多组不同产状的结构面切割岩体形成的，结构体为多面体。块状结构岩体中的结构面成因类型有两种：一种属于原生的，如火成岩中的原生节理，在岩体中分布比较均匀，有一定连续性；另一种属构造节理，是在岩体受构造力作用发生变形破裂时形成的，因而系统性比较分明，连续性也较好。无论是原生节理或构造节理，它们在岩体中往往是两组或多组相互交叉出现，具有一定的组合规律。因此，在此类结构岩体中，边坡的变形破坏也明显受结构面控制，表现为由结构面和临空面围成的结构体沿某一结构面滑动，或同时沿某两个甚至多个结构面滑动，断面上的滑动线呈直线或折线形，如图 6-20（c）所示。

在层状结构或块状结构边坡中，当主要结构面的倾角较陡，且倾向坡内时，在与平缓结构面的共同作用下，还可能发生倾倒式破坏，如图 6-20（d）所示。

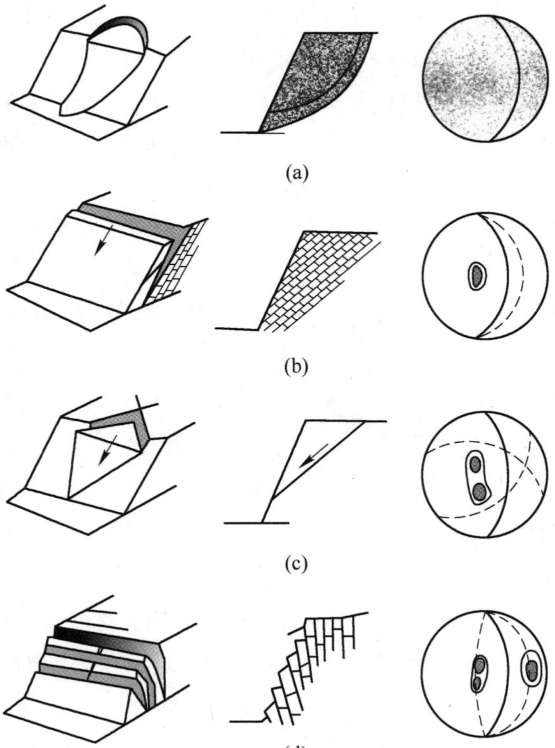

(a)

(b)

(c)

(d)

图 6-20　边坡岩体结构类型及其失稳破坏模式

6.3.2　边坡滑动方向分析

单结构面或层状结构边坡只受自重作用时，沿结构面倾向方向的滑移势能最大，即重力在结构面倾向方向上的滑动分量最大，因此对于单结构面或层状结构边坡，结构面的倾向方向即为其潜在滑动方向，如图 6-21 所示。

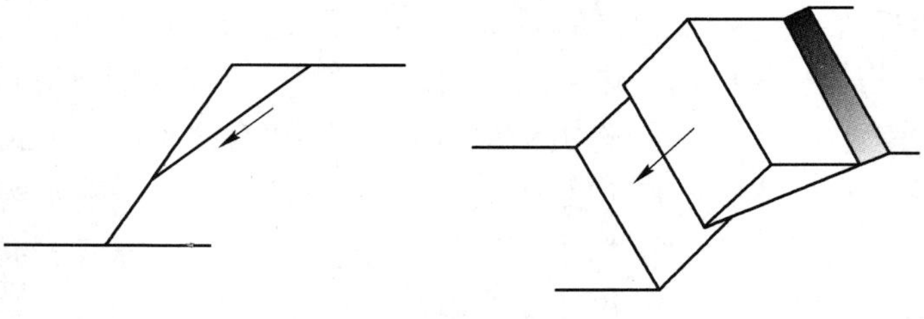

图 6-21　单结构面边坡滑动示意图

边坡被两个相交的结构面切割时，构成的潜在滑移体多数是楔形体，它们在重力作用下的滑动方向，一般由两个结构面组合交线的倾斜方向控制，但也有例外。根据结构面赤平极射投影图判断该类边坡滑动方向的一般步骤如下。

在赤平极射投影图上作出边坡面和两个结构面 J_1、J_2 的投影，绘出结构面的倾向线

AO 和 *BO*，以及两结构面的组合交线 *IO*，如图 6-22 所示，则边坡的滑动方向包括下列几种情况：

（1）当两结构面的组合交线 *IO* 位于结构面倾向线 *AO* 和 *BO* 之间时，*IO* 的倾斜方向即为滑体的滑动方向，两结构面均为滑动面，如图 6-22（a）所示；

（2）当两结构面的组合交线 *IO* 与某一结构面的倾向线重合时，如图 6-22（b）所示，*IO* 与结构面 J_2 的倾向线 *BO* 重合，*IO* 的倾斜方向代表滑体的滑动方向，此时结构面 J_2 为主要滑动面，结构面 J_1 为次要滑动面；

（3）当两结构面的组合交线 *IO* 位于结构面倾向线 *AO* 和 *BO* 的外侧时，则位于三者中间的那条倾向线的倾斜方向为滑体的滑动方向。如图 6-22（c）所示，结构面 J_1 的倾向线 *AO* 为滑动方向，滑体为只沿结构面 J_1 滑动的单滑面滑体，结构面 J_2 仅为侧向切割面。

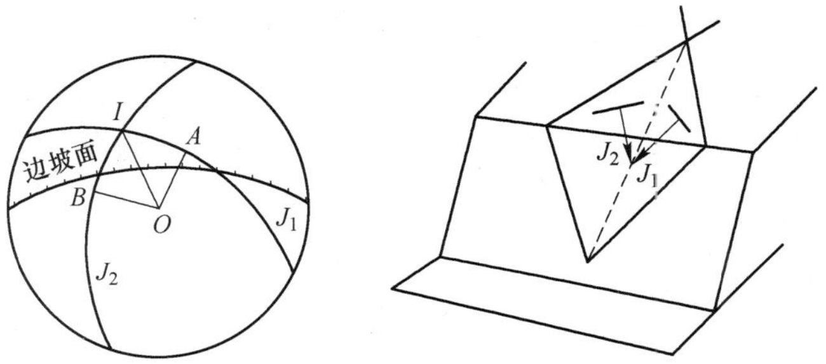

(a)

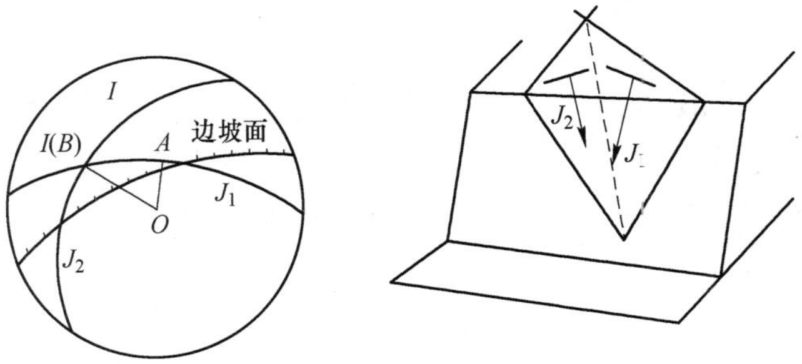

(b)

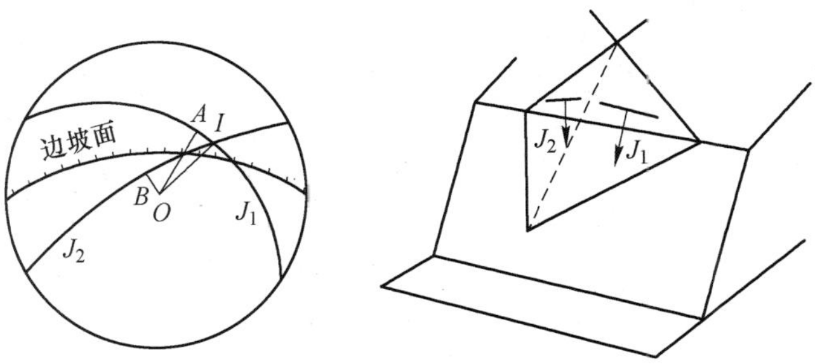

(c)

图 6-22　楔形滑体的滑动方向分析

（a）*IO* 位于 *AO* 与 *BO* 之间；（b）*IO* 与 *BO* 重合；（c）*IO* 位于 *AO* 与 *BO* 的外侧

6.3.3 边坡滑动可能性与稳定边坡角的初步判断

结合赤平极射投影对岩质边坡的结构面进行分析，不仅可以初步判断边坡产生滑移的可能性，而且还能初步确定一个稳定的边坡角。根据岩体结构分析推断出的稳定边坡角包括两方面作用：一是在边坡不高、地质条件比较简单的情况下，推断的稳定边坡角可以直接作为工程边坡设计的依据；二是在边坡较高、地质条件较为复杂的情况下，推断的稳定边坡角可作为力学分析计算的基础。

6.3.3.1 层状结构边坡的稳定条件分析

图 6-23 表示在层面（或其他结构面）走向与边坡面走向基本一致的条件下，层状结构边坡稳定条件的分析，可分为以下四种情况：

（1）不稳定条件。层面与边坡面的倾向相同，并且层面倾角 β 缓于边坡面倾角 α（$\beta<\alpha$），如图 6-23（a）所示，边坡处于不稳定状态。剖面图中 *ABC* 为有可能沿层面 *AB* 滑动的不稳定体。但在只有一个结构面条件下，如图 6-23（a）中的 *EF*，虽然其倾角较边坡角缓，但它未在边坡面上出露，此时由于能产生一定的支撑，边坡岩体的稳定条件将得到一定程度的改善。

（2）基本稳定条件。如图 6-23（b）所示，层面倾角等于边坡角（$\beta=\alpha$），沿层面不易出现滑动，边坡处于基本稳定状态，此条件下的边坡角即为从岩体结构分析的观点推断得到的稳定边坡角。

（3）稳定条件。如图 6-23（c）所示，层面的倾角大于边坡角（$\beta>\alpha$），边坡处于稳定状态。此条件下边坡角可以提高到图中虚线 *AB* 的位置，使 $\beta=\alpha$，此时的边坡角较为经济合理。

（4）最稳定条件。如图 6-23（d）所示，当层面与边坡面的倾向相反，即层面倾向坡内时，无论层面的倾角陡或缓，对于滑动破坏而言，边坡均处于最稳定状态。但从变形观点来看，反倾向边坡也可能发生变形，仅是缺乏统一的滑动面。

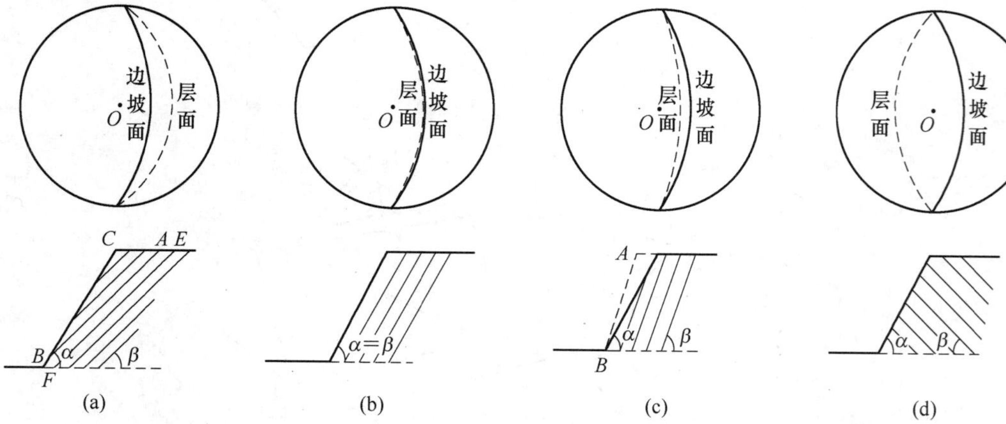

图 6-23 层状结构边坡稳定条件分析

（a）$\beta<\alpha$；（b）$\beta=\alpha$；（c）$\beta>\alpha$；（d）反倾边坡

6.3.3.2 多滑面边坡的稳定条件分析

图 6-24 为由两个结构面组合切割构成的双滑面边坡稳定条件分析，可分为以下五种

情况：

（1）不稳定条件。如图 6-24（a）所示，两结构面 J_1 和 J_2 投影大圆的交点 I，位于开挖边坡面投影大圆 S_c 与自然边坡面投影大圆 S_n 之间，即两结构面组合交线的倾角比开挖边坡面的倾角缓，而比自然边坡面的倾角陡。如果组合交线 IO 在开挖坡面和坡顶面上均有出露，则边坡处于潜在不稳定状态。但在某些结构面组合条件下，如结构面的组合交线在坡顶面上的出露点距开挖边坡面很远，以至组合交线未在开挖边坡面上出露，则属于较稳定条件。

（2）较不稳定条件。如图 6-24（b）所示，两结构面 J_1 和 J_2 投影大圆的交点 I，位于自然边坡面投影大圆 S_n 外侧，表明两结构面的组合交线虽然较开挖边坡面平缓，但其在坡顶面上无出露点，因此在坡顶面上没有纵向（边坡走向）切割面条件下，边坡可能处于稳定状态。如果存在纵向切割面，则边坡易出现滑动。

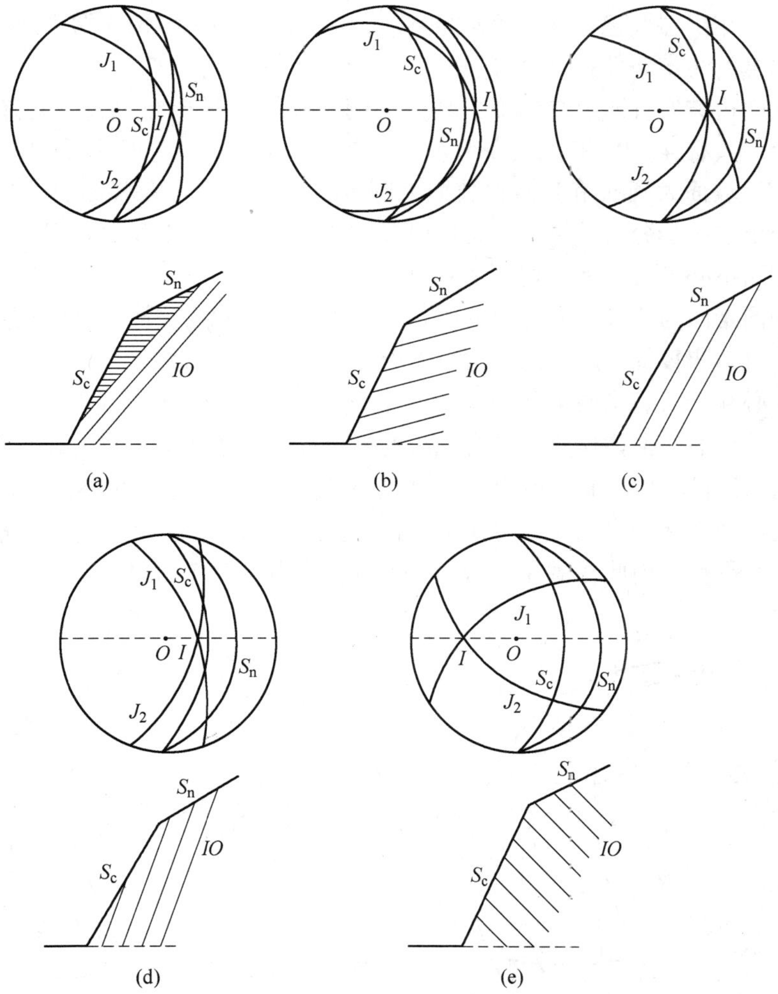

图 6-24　双滑面边坡的稳定条件分析

（a）I 位于 S_c 和 S_n 之间；（b）I 位于 S_n 外侧；（c）I 位于 S_c 上；（d）I 位于 S_c 内侧；（e）I 位于 S_c 相对的半圆内（反倾边坡）

（3）基本稳定条件。如图 6-24（c）所示，两结构面 J_1 和 J_2 投影大圆的交点 I 位于开挖边坡面投影大圆 S_c 上，表明两结构面的组合交线 IO 的倾角等于边坡开挖面的倾角，边坡处于基本稳定状态，此时的开挖边坡角，即为根据岩体结构分析推断的稳定边坡角。

（4）稳定条件。如图 6-24（d）所示，两结构面 J_1 和 J_2 投影大圆的交点 I 位于开挖边坡面投影大圆 S_c 的内侧，因而两结构面的组合交线 IO 的倾角陡于边坡开挖面的倾角，边坡处于稳定状态。

（5）最稳定条件。如图 6-24（e）所示，两结构面 J_1 和 J_2 投影大圆的交点 I 位于开挖边坡面投影大圆 S_c 相对的半圆内，表明两结构面的组合交线 IO 倾向坡内，边坡处于最稳定状态。

图 6-24 表示的是两结构面组合交线的倾向与边坡面的倾向平行时的特殊情况，实际上，在结构面组合交线的倾向与边坡面的倾向不同时，边坡稳定条件的分析方法也与图 6-24 基本相同，即在绘有结构面和边坡面的赤平极射投影图上，可以根据结构面投影大圆交点的位置，作出边坡稳定状态的初步判断，这对于在多组结构面切割条件下初步判断结构面不同组合的稳定条件是十分方便的。

例如，已知边坡发育四组结构面，其赤平极射投影如图 6-25 所示，由图可知四组结构面互相组合，共有 A、B、C、D、E、F 六个交点，这些交点中只有结构面 J_1 和 J_2 的交点 A 位于开挖边坡面大圆 S_c 和自然边坡面大圆 S_n 之间，属于不稳定条件。因此，在对边坡的稳定性作出进一步分析计算时，就可以仅针对结构面 J_1、J_2 和由它们组合切割形成的结构体进行，而不必考虑其他结构面及其组合。

对于结构面走向与边坡走向一致的层状结构边坡，其稳定边坡角可以直接根据层面的倾角确定，但自然边坡的岩层走向与边坡走向一般具有一定的交角，该情况下边坡若要发生滑动破坏，必须同时满足两个条件：（1）滑动破坏一定沿层面发生；（2）必须存在一个潜在剪断面，该面在滑体作用下具有最小的抗剪强度和摩擦阻力。不难证明，剪断面必定是一个走向与层面走向垂直并垂直于层面的平面，如图 6-26 中的 IKO 面所示。在滑体重力作用下沿该面剪断和滑动时，滑体重力在该面上的法向分力等于零，且重力在层面上的下滑力与该面平行，因此在潜在剪断面上仅有黏聚力发挥作用而摩擦力等于零，该面称为最小剪切面。

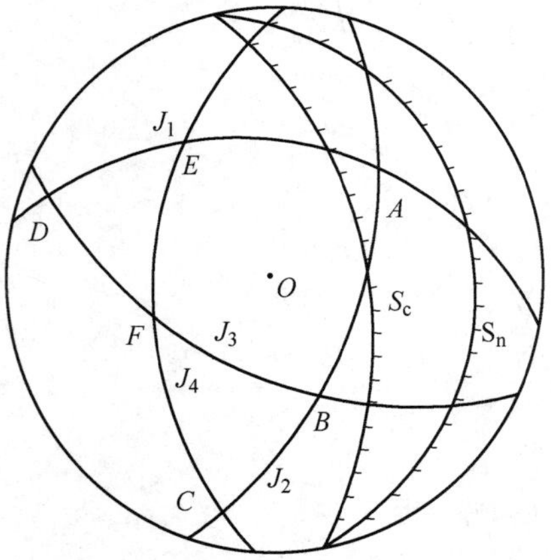

图 6-25　四组结构面切割的边坡稳定条件分析

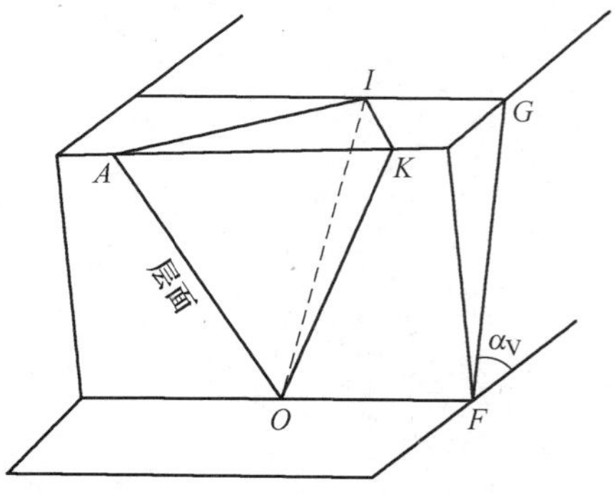

图 6-26　结构面与边坡面斜交的边坡示意图

由图 6-26 可见，层面与最小剪切面 *IKO* 组合构成了边坡上的不稳定体 *AIKO*，如果为确保边坡稳定而将该不稳定体挖除，即得到边坡的稳定坡角。如图 6-26 中的开挖线 *GF* 与水平面夹角 α_v，此时层面与最小剪切面的交线 *IO* 必定在稳定边坡面上。因此，根据图 6-26 中各个面的空间关系，若已知层面产状和边坡面走向，可用赤平投影方法确定稳定边坡角。当然，该稳定边坡角是偏安全的，尤其是在边坡不高或层面走向与边坡面走向交角较大的条件下。

已知两组结构面的产状和设计边坡的走向、倾向如表 6-1 所示，确定边坡稳定坡角的图解步骤如下。

表 6-1 结构面与边坡面产状（1）

结构面/边坡面	走向	倾向	倾角
J_1	N30°W	SW	60°
J_2	N70°E	SE	50°
边坡面	N50°W	SW	—

（1）根据结构面的产状作赤平极射投影图，如图 6-27 所示，分别为 J_1 大圆和 J_2 大圆，相交于 *I* 点；

（2）根据设计边坡的走向方位，在投影图上作出边坡走向线 *A*—*A′*；

（3）将投影图覆于投影网上，使 *A*—*A′* 与投影网的 *SN* 线重合，将 *I* 点所在的经线绘于投影图上，即稳定边坡面的投影，由图所得其倾角为 52°。

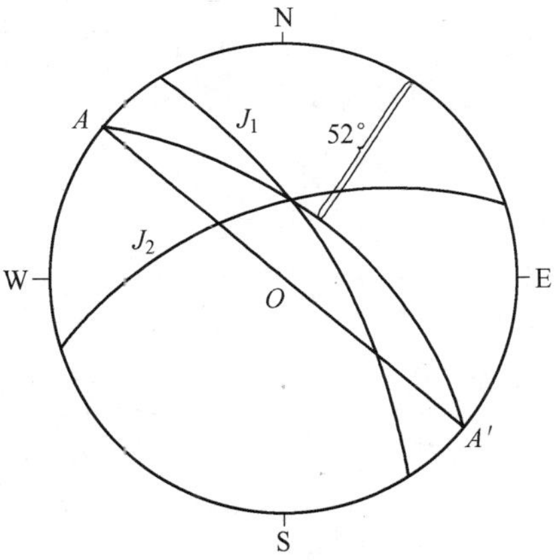

图 6-27 双滑面边坡稳定坡角的图解示意

应当指出，在以上关于边坡稳定条件分析和稳定边坡角的推断中，没有考虑结构面（滑动面）的抗剪强度，即假定其 c、φ 均很小，因而认为滑动面以上的岩体为不稳定体，得到的边坡稳定坡角偏于安全，虽然在滑动面倾角较陡的条件下误差不大，但滑动面倾角越平缓，分析结果越不合理。此外，分析中仅考虑岩体结构面产状这一单一条件，但实际边坡的稳定或破坏是比较复杂的，是众多因素综合作用的结果。因此，赤平极射投影法分析边坡岩体稳定性得到的仅为初步或定性结果。

6.3.4 多组结构面条件下稳定边坡角的初步确定

如何确定既安全又经济的稳定边坡角是边坡设计的核心问题。对于结构简单、潜在滑面较为单一的边坡，可在设计阶段按照工程要求，通过岩体结构分析或力学计算等方式确定其稳定边坡角。但边坡岩体往往由多组结构面切割而成，其组合形式十分复杂，而且在规模、力学性质、延展性、充填性等方面各有不同，对于此类边坡，可以采用赤平极射投影方法分析计算结构面不同组合条件下的安全系数，确定其稳定边坡角，以下结合实例叙述稳定边坡角的确定步骤。

某边坡岩体共发育 6 组结构面，延展性均较强，产状见表 6-2。

表 6-2 结构面与边坡面产状（2）

结构面/边坡面	走向	倾向	倾角/(°)
J_1	N50°E	SE	40
J_2	N22°E	NW	60
J_3	N8°W	SW	40
J_4	N41°W	SW	50
J_5	N54°W	NE	70
J_6	N74°W	SW	50
边坡面	N	W	—

根据产状作各结构面的赤平极射投影图，如图 6-28 所示，6 组结构面的投影大圆共有 15 个交点，即 15 组控制岩体滑动方向的结构面组合交线。由图可知，在 15 组交线中有 11 组交线倾向与设计边坡倾向（W）同向，即构成 11 组潜在滑体。

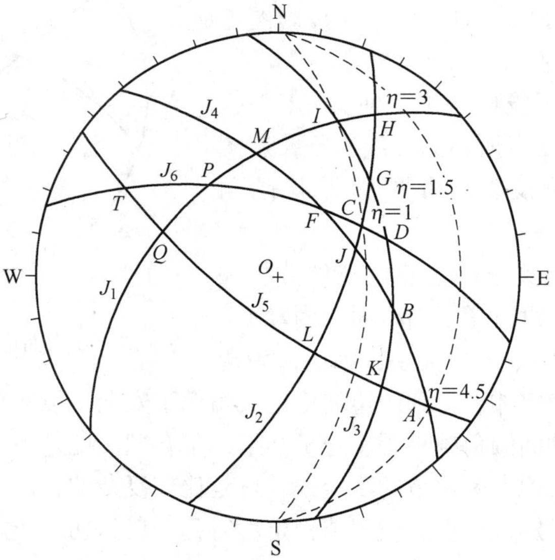

图 6-28 多组结构面条件下的稳定边坡角确定

将投影图覆于投影网上，使设计边坡走向线与投影网 *SN* 线重合。根据图 6-27 的方法，找出与 *A* 点（其倾角最缓）重合的经线绘于投影图上，为虚线大圆 *NAS*，其倾角即根据岩体结构分析推断的稳定边坡角，由图所得为 15°。显然，该坡角过于平缓，必须结合结构面的强度参数进行核算。假设经过计算，沿组合交线 *AO* 的滑体安全系数为 4.5，说明采用 15°边坡角过于安全，是不合理的。

因此，需要确定一个安全经济的稳定边坡角。为此，按前述方法，由投影图周边沿结构面交点向圆心逐个确定设计边坡角，这是因为结构面的力学性质存在差异，组合交线倾角缓的块体，其安全系数未必就大。假设当选取与 C 点重合的经线（图中虚线大圆 NCS）倾角为稳定边坡角时（由图 6-28 所得为 49°），经分析计算，沿组合交线 CO 的滑体安全系数恰好为 1，即可确定 49°为该边坡的最大稳定坡角，为安全考虑，可适当减缓几度以确保安全系数满足规范要求。

6.3.5　赤平极射投影软件及应用示例

Rocscience 公司的 Dips 软件是一款基于赤平极射投影法进行岩体边坡稳定性分析的专业程序。该软件可将现场测得的结构面参数（倾向、倾角等）在投影网上以极点的方式表示出来，并根据极点云图确定优势结构面组，从而对边坡的层面滑动破坏、倾倒破坏以及楔体破坏等边坡失稳模式进行分析，为边坡稳定性进一步研究提供依据。该软件分析快速、操作便捷、结果参考性较高，在岩土工程领域应用广泛，本节以某露天矿边坡工程为例，采用 Dips 软件对该岩体边坡进行稳定性分析，以便详细介绍边坡稳定性分析步骤及 Dips 软件工作流程。

某露天矿边坡剖面示意图如图 6-29 所示，其台阶工作帮坡面产状为走向 N14°W、倾向 NE、倾角 52°，最终边帮角 45°。

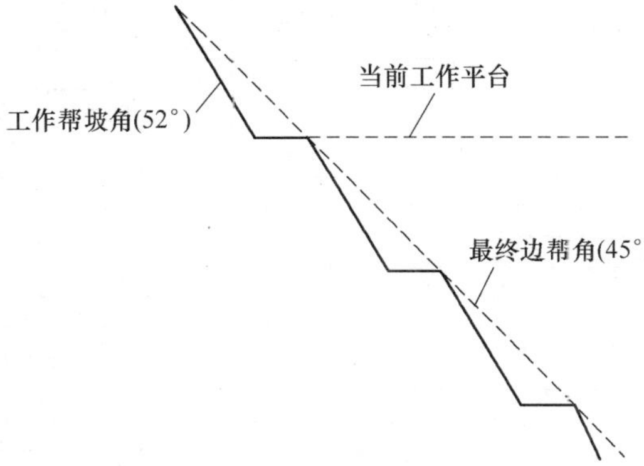

图 6-29　某露天矿岩质边坡剖面示意图

（1）现场结构面调查。在进行岩体边坡稳定性分析之前，首先要对边坡岩体进行结构面调查，由于自然边坡岩体结构面的分布具有随机性，且结构面的特性又具有复杂多变性，只有从充足的实测资料中得出统计规律，才能准确获取用于岩体稳定性分析评价的特征指标。

在进行现场岩体结构面调查时，应在边坡现场具有代表性的岩石露头面上布置测线或窗口，或者采用钻孔取样调查法，详细测量和统计岩体结构面（岩层层面、裂隙面或节理面）的产状（倾向和倾角）、类型以及充填胶结情况等，并录入岩体结构面测线测量记录表（表 6-3）中。由于岩体结构面赤平极射投影及稳定性分析是完全建立在地质资料基础之上的，因此较为全面、客观地提供结构面几何及力学特性参数，是确保分析成果具有代表性和可靠性的基本条件。

（2）结构面统计分析。在搜集到充足的实测资料后，将数据输入 Dips 软件数据库中（图 6-30），据此可便捷地绘制出结构面的赤平极射投影，以极点形式表示，如图 6-31 所示。

表 6-3 岩体结构面测线测量记录表

结构面调查数据表

基本信息

日期:___/___/___ 地点:________________ 调查地类型:______

岩石信息:____ 1.天然露头

____ 2.施工开挖

岩体信息:____ 3.矿山台阶

____ 4.隧道

备注: ____ 5.其他

____

测线信息

测线编号	测线倾向	测线倾角	起点 *X* 坐标	起点 *Y* 坐标	起点 *Z* 坐标

结构面调查数据

测线编号	测线长度	倾向	倾角	结构面类型	连续性	充填类型	起伏程度	表面粗糙度	岩石类型	岩石硬度	含水

结构面类型	连续性	充填类型	起伏程度	表面粗糙度	岩石硬度	含水
0.断裂带	1=好	1.无充填	长度(深)	1.光亮	1=软	是/否
1.断层	5=差	2.表面黏附		2.光滑	10=非常坚硬	
2.节理		3.无黏土充填		3.平整		
3.劈理		4.黏土充填		4.粗糙		
4.片理		5.胶结		5.棱角分明		
5.剪切		6.方解石		6.坡状起伏		
6.龟裂		7.绿泥石，滑石		7.非常粗糙		
7.张拉裂隙		8.其他				
8.面理						
9.层理						

Dips 软件对结构面参数的统计分析可用统计图的方式展示，统计图类型包括直方图、线型图和饼状图等三种样式（图 6-32），可依据用途和习惯选择合适的统计图形样式。

（3）太沙基修正。现场统计的各组结构面数目与岩石露头面上的测线或统计窗口的布置方式有关。如图 6-33 所示，在某岩石露头上有 *A*、*B*、*C* 三组节理面，其间距是相等的，如果统计测线如图所示布置，则 *A* 组节理面被量测的数目最多，*B* 组次之，*C* 组最少。为了弥补由于测线的布置方位与节理面夹角不同而造成的测量偏差，Terzaghi（1965）建议对不同方位节理面的统计结果进行修正，即著名的太沙基修正（Terzaghi Weighting）。

它是将统计结构面参数在投影网上得到的每一处赤平极射投影的密度值乘以加权值 W，$W = \dfrac{1}{\sin\alpha_t} = \csc\alpha_t$，其中 α_t 为某组平行节理面与测线的夹角。

ID	Orient1	Orient2	Quantity	Traverse	DATA	DEPTH	STAGE	EASTIN	NORTHIN	RL	TYPE	BH_SL_I	QUANTIT
1	65	285	1	1	MAP	-2	BNK	9617.302	30772.092	454	B	PTDD	1
2	12	116	1	1	SIRO	-2	E	9597.735	30791.039	458.771	J	SIRO	1
3	70	260	1	1	MAP	-2	BNK	9641.712	30659.677	499	A	PTDD	1
4	70	310	1	1	MAP	-2	BNK	9601.647	30797.027	454	F	PTDD	1
5	50	246	1	1	MAP	-2	BNK	9629.319	30701.885	483	A	PTDD	1
6	52	264	1.04	1	BH	345	BNK	9547.081	30992.527	248.333	A	MKG163	1
7	90	68	1.79	1	BH	302.6	BNK	9520.999	30993.571	281.745	A	MKG163	1
8	83	246	1.56	1	BH	295.2	BNK	9516.449	30993.809	287.576	A	MKG163	1
9	66	89	2.92	1	BH	325.8	BNK	9501.115	30801.579	301.323	A	MKG176	1
10	78	76	1.94	1	BH	325.3	BNK	9500.774	30801.579	301.689	A	MKG176	1
11	13	177	1.33	1	BH	325.5	BNK	9535.083	30992.946	263.7	J	MKG163	1
12	68	267	1.15	1	BH	295.5	BNK	9516.634	30993.8	287.34	J	MKG163	1
13	85	253	1.56	1	BH	296	BNK	9516.941	30993.784	286.946	A	MKG163	1
14	79	243	1.47	1	BH	299.4	BNK	9519.032	30993.674	284.267	A	MKG163	1
15	76	245	1.39	1	BH	297	BNK	9517.556	30993.751	286.158	A	MKG163	1
16	66	242	1.24	1	BH	297.5	BNK	9517.864	30993.735	285.764	J	MKG163	1
17	32	128	2.46	1	BH	325.7	BNK	9535.206	30992.941	263.542	J	MKG163	1
18	76	241	1.41	1	BH	297.8	BNK	9518.048	30993.726	285.528	A	MKG163	1

图 6-30　结构面产状统计数据（部分）

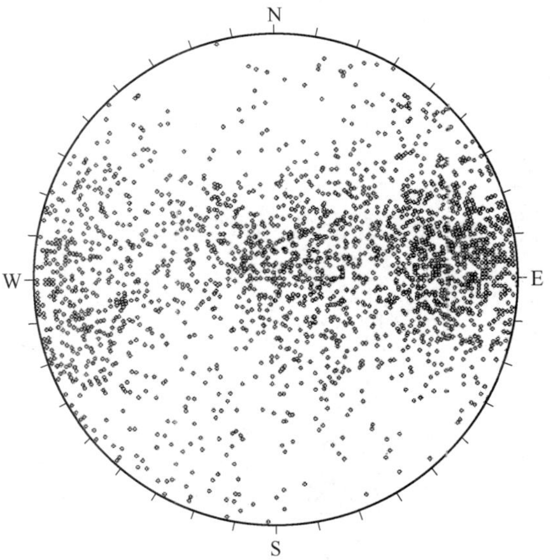

图 6-31　结构面赤平极射投影极点图

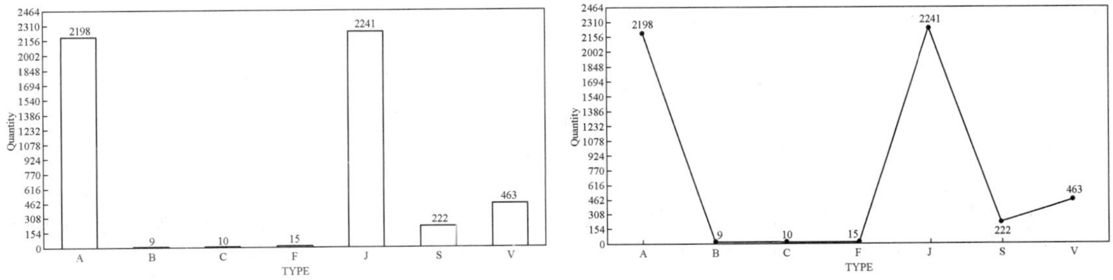

(a)　(b)

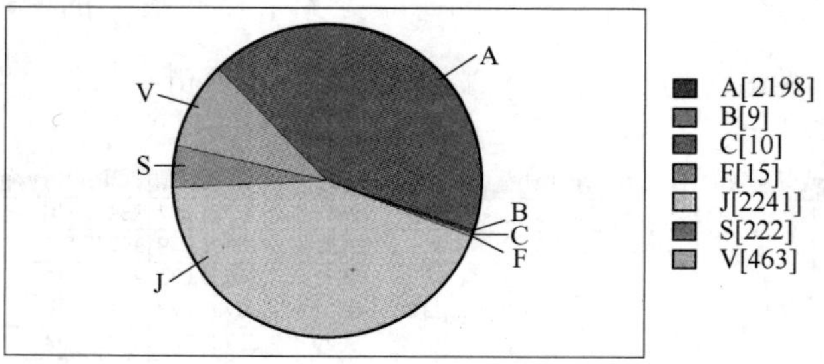

(c)

图 6-32 结构面类型统计图

(a) 直方图；(b) 线型图；(c) 饼状图

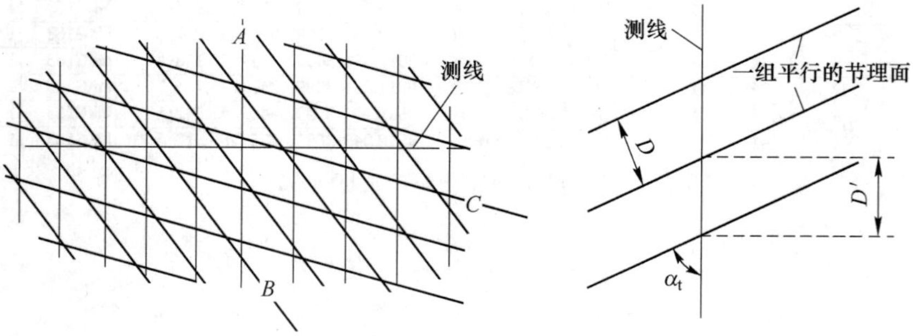

(a) (b)

图 6-33 测线与节理面夹角不同对测量结果的影响

采用太沙基修正前后的极点密度等值线对比如图 6-34 所示。

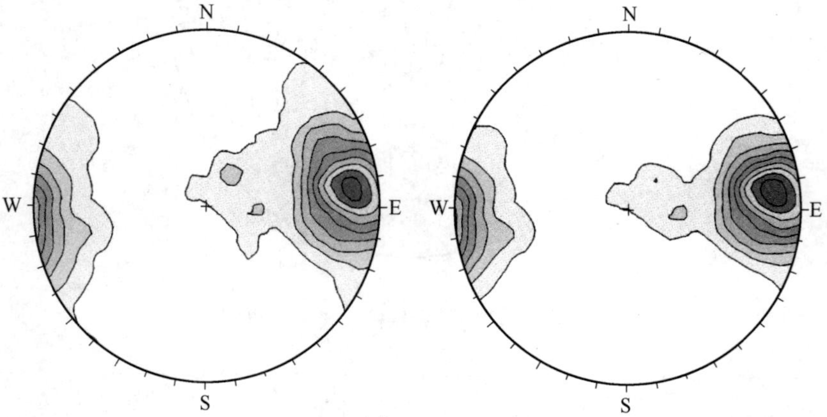

(a) (b)

图 6-34 太沙基修正前后极点密度等值线图

(a) 修正前；(b) 修正后

(4) 确定优势结构面组。根据 Dips 软件绘制出的极点云图，找出极点集中分布区，通过设置一个扇形窗口，Dips 软件会对该窗口内所有极点的产状求均值，从而确定优势结构面，优势结构面代表了该区岩体中的主要结构面，如图 6-35 所示。

（5）边坡岩体稳定性分析。Dips 软件能分别对边坡的平面滑动、弯曲倾倒及楔体滑动等破坏模式进行稳定性分析，在进行以上三种破坏模式分析时，只需在软件中进行相应操作（操作方法详见软件使用手册），分析结果以图形和数据图表形式给出。

1）平面滑动破坏分析。根据边坡及结构面产状信息，绘制平面滑动破坏分析图，如图 6-36 所示，图中标示了平面滑动破坏分析中的关键影响因素，如边坡面、摩擦圆、潜在滑面极点包络线、边界限制线以及平面滑动破坏区等，以下进行详细说明：

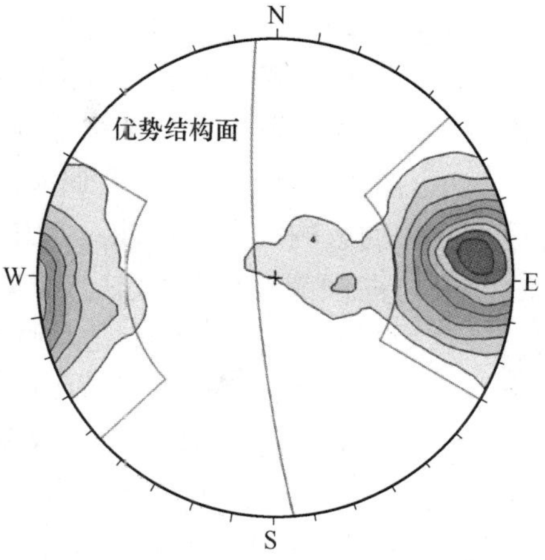

图 6-35　确定优势结构面的方法

①边坡面。基于赤平极射投影法绘制的边坡面产状大圆。

②摩擦圆。摩擦圆是根据结构面的摩擦角按照赤平极射投影原理作出的一个圆，在平面滑动破坏分析中需要考虑的是结构面的极点位置信息，所以摩擦角是从投影网的中心绘制，又称为极点摩擦圆。结构面极点位于该圆内则认为此结构面稳定，而位于圆周外侧的则认为其具有沿结构面滑动的可能性。

③潜在滑面极点包络线。与边坡面产状对应的全部潜在滑动面的极点所组成的区域边界线。

④边界限制线。大量工程实践表明，平面滑动破坏（或弯曲倾倒破坏）主要发生在结构面倾向和边坡面倾向成一定角度的范围内，通常情况下认为此角度为±(20°～30°)，由于侧向岩体限制，在此角度范围外的结构面极点产生破坏的可能性较低。

⑤平面滑动破坏区。由摩擦圆、潜在滑面极点包络线及边界限制线所围成的区域称为平面滑动破坏区。当结构面的极点落在该区域内，认为边坡有可能沿此结构面发生滑动。

此例中，边坡面产状为走向 N14°W、倾向 NE、倾角 52°，现场实测其摩擦角为 30°，边界限制角取±20°，可得如图 6-36 中所示的平面滑动破坏区。

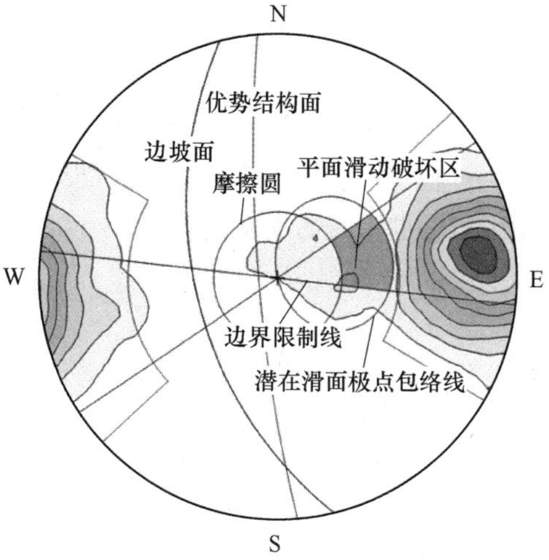

坡面产状	走向 N14°W、倾向 NE、倾角 52°		
摩擦角	30°		
边界限制线	±20°		
	临界点	总共	%
平面滑动	162	5160	3.14

图 6-36　平面滑动破坏分析示意图

根据软件的数据统计结果可知，落入平面滑动破坏区的结构面极点占总极点数目的 3. 14%，所以此边坡产生平面滑动破坏的可能性很低，但实际工程中不可忽视其危害，应在潜在危险区域采取一定的工程措施进行防护。

2）弯曲倾倒破坏分析。弯曲倾倒破坏分析如图 6-37 所示，图中标示了与弯曲倾倒破坏分析有关的影响因素。在此分析中，根据古德曼（Goodman）的建议取边界限制角为 ±30°。在弯曲倾倒破坏分析中，如果岩层没有层间的相对滑动，则不会发生倾倒破坏。古德曼认为若岩层发生滑动，边坡面与层面法线的夹角必须小于一个相当于边坡岩体摩擦角大小的倾斜角度，因此在分析图中添加一个按照赤平极射投影原理绘制的滑动限制平面（图 6-37）来代替该倾斜面，该滑动限制面的走向与边坡面一致，其倾角等于边坡面倾角减去摩擦角，在本例中其值为：52°-30°=22°。

图 6-37 中的弯曲倾倒破坏区是由边界限制线、滑动限制面以及投影网界限所围成的区域，任何落入该区域内的结构面极点均可能产生弯曲倾倒破坏，其极点数占总极点数的 11. 59%，占节理组 1 中极点总数的 18. 83%，表明该边坡发生弯曲倾倒破坏的可能性较大，危险性较高，工程中应引起足够重视。

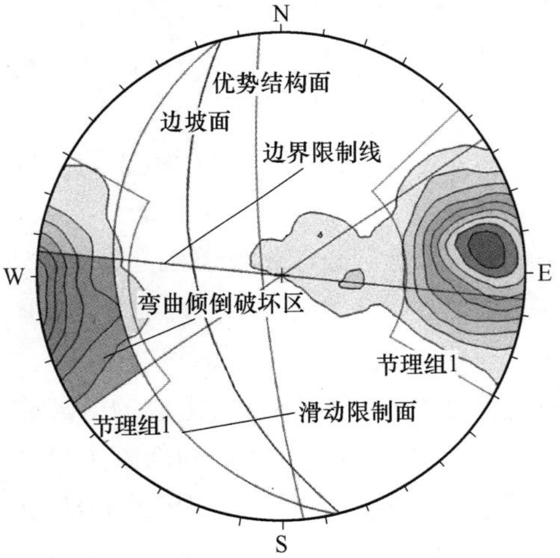

坡面产状	走向 N14°W、倾向 NE、倾角 52°		
摩擦角	30°		
边界限制线	±30°		
	临界点	总共	%
弯曲倾倒破坏(全部)	598	5160	11.59
弯曲倾倒破坏(节理组 1)	598	3177	18.83

图 6-37　弯曲倾倒分析示意图

3）楔体滑动破坏分析。楔体滑动破坏分析是根据可能产生滑动的结构面交线数目确定的。如图 6-38（a）所示，每个点均表示两个不同结构面交线的产状，默认情况下，Dips 软件会考虑所有的结构面交线。图 6-38（a）中边坡面的作用是为结构面交线提供了临空条件，任何表示交线产状的点如果落在边坡面大圆的外侧则满足此条件。在楔体滑动破坏分析中，由于研究对象是交线而不是平面滑动、弯曲倾倒破坏分析中的极点，因此摩擦圆是从投影网赤道平面大圆的圆周测绘，也称平面摩擦圆。

楔体滑动破坏区分为主要和次要破坏区两类，主要滑动破坏区是由平面摩擦圆的内侧与边坡面大圆外侧所构成的一个新月形区域，此区域内的交线都存在让楔体产生滑动破坏的可能性。但是如 6. 3. 2 节所述，楔体并不一定会沿着两结构面交线发生滑动，如果一个结构面存在比交线更合适的滑动方向，那么楔体也可能沿该结构面滑动，而与其相交的另一结构面仅发挥侧向切割面的作用，这一情况在主要和次要破坏区内均可能存在。次要滑动破坏区是由平面摩擦圆、边坡面大圆与一个辅助平面（倾向与边坡面一致且倾角与平面摩擦圆相同）大圆之间的区域构成，该区域内结构面交线的倾角均不超过平面摩擦角，这样虽然楔体不会沿交线滑动，但会沿两个相交结构面之一滑动，因为该结构面的倾角可能会比摩擦圆的倾角大。

通过观察图 6-38（b），可直观地发现代表交线的投影点大多集中于楔体滑动破坏区之外，统计表明，落入楔体滑动破坏区的结构面交线占总交线数目的 5.75%，可见此边坡发生楔体滑动破坏的可能性较小。

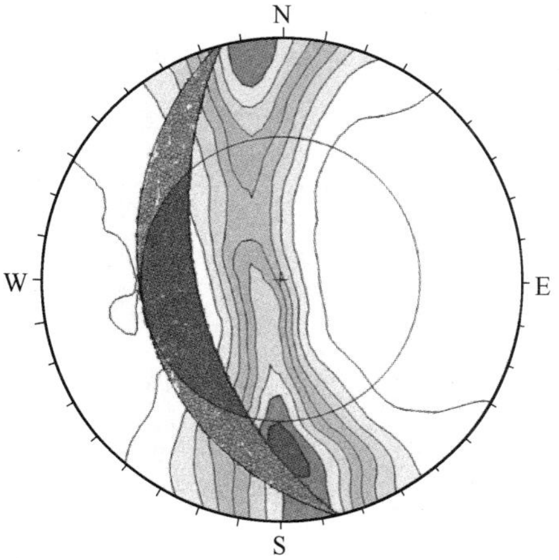

(a)

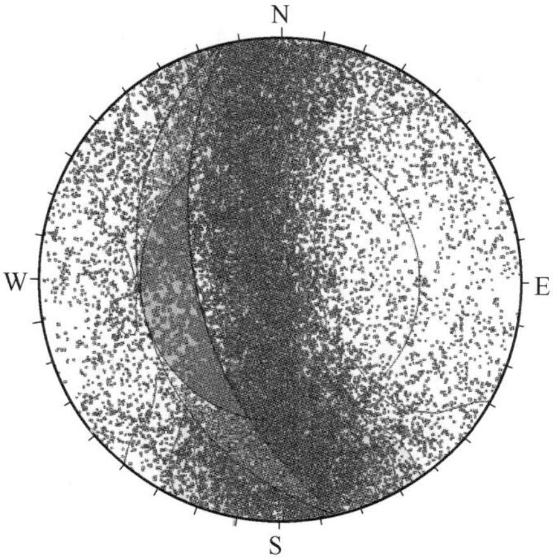

(b)

坡面产状	走向 N14°W、倾向 NE、倾角 52°		
摩擦角	30°		
	临界点	总共	%
楔体滑动破坏	764602	13301309	5.75

图 6-38　楔体滑动破坏分析示意图

实例分析表明，赤平极射投影是岩质边坡稳定性分析的重要工具，采用图解方法对边坡稳定性作出分析评价，可以避免繁杂的公式推算。使用 Dips 软件进行稳定性分析可以精确地作出边坡岩体结构面的赤平极射投影，节省大量的手工绘图以及统计分析时间，同时能保证统计数据的精确度，结果可靠性较高，是岩体工程分析的便捷高效辅助软件。

练　习　题

(1) 简述赤平极射投影法的基本原理。

(2) 试读出图 6-39 所示直线 *OA*、平面投影大圆 *KMN* 的产状。

(3) 如图 6-40 所示，投影图中已绘一平面投影大圆 *ABC*，及该平面上的两条直线 *OD*、*OF*，试读出两直线的夹角。

(4) 在投影网上绘制产状为走向 N50°E、倾向 NW、倾角 30°平面的法线。

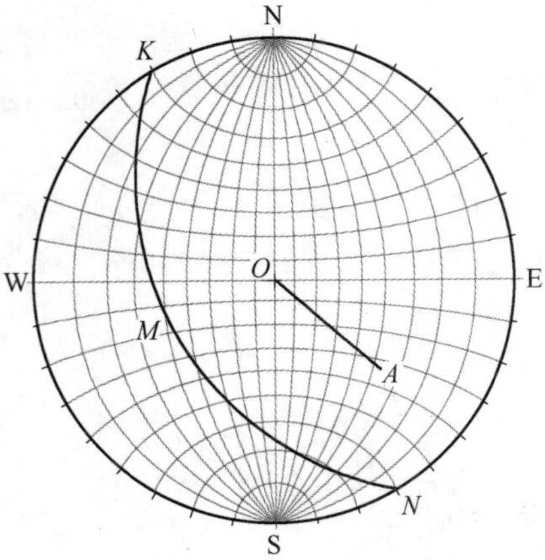

图 6-39　习题（2）图

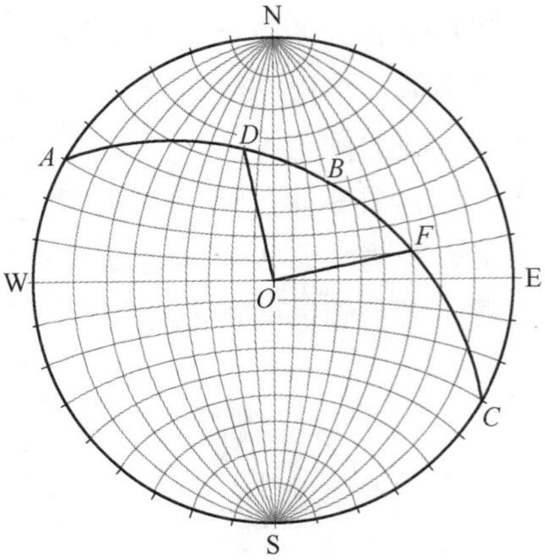

图 6-40　习题（3）图

（5）图 6-41 已给出一已知直线的投影 *DO*，求作一产状为走向 S50°E、倾向 NE、倾角 40°的平面 *ABC*，并作一平面包含 *DO* 并垂直于已知平面 *ABC*。

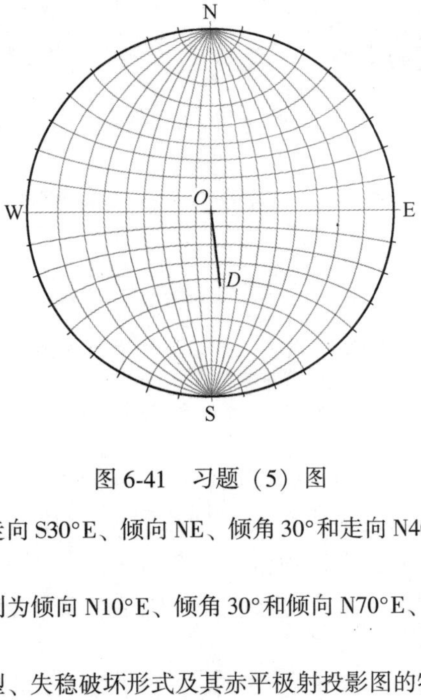

图 6-41　习题（5）图

（6）已知两岩层的产状分别为走向 S30°E、倾向 NE、倾角 30°和走向 N40°W、倾向 SW、倾角 60°，求两平面交线的产状。

（7）已知两相交直线的产状分别为倾向 N10°E、倾角 30°和倾向 N70°E、倾角 50°，求包含两直线的平面产状及两直线的夹角。

（8）简述边坡岩体主要结构类型、失稳破坏形式及其赤平极射投影图的特点。

（9）表 6-4 为两组结构面的产状和设计边坡走向、倾向，求边坡的稳定坡角。

表 6-4　习题（9）表

结构面/边坡面	走向	倾向	倾角
J_1	N60°E	SE	40°
J_2	N30°W	NE	30°
边坡面	N40°E	SE	—

7 边坡稳定性数值分析方法

本章主要内容：

本章主要介绍边坡稳定性分析的有限单元法和有限差分法的基本原理、强度折减法的基本概念、FLAC3D 软件特点等，并结合工程案例，采用有限差分法模拟分析了工程开挖、软弱结构面、不同处置方案等因素对边坡稳定性的影响。

学习要点：

了解主要的边坡数值分析方法及其特点，掌握边坡稳定性数值模拟的基本步骤，熟悉强度折减法的概念、特点及其优势，结合前述章节内容掌握影响边坡稳定性的主要因素。

虽然刚体极限平衡法为评价边坡稳定性的主要方法，但该理论未能充分考虑边坡岩土体自身的应力-应变关系，所求岩土体条块之间的内力或岩土体条块底部的反力均不能代表边坡的实际工况。因此，极限平衡法所得结果并不能完全适用于实际工程情况，为更好完成边坡稳定性分析工作，数值分析方法不失为一种有效的计算手段。

数值分析法主要应用于求解岩土体的应力、应变分布特征及其发展过程。随着计算机性能的增强，各类数值计算方法迅速发展。例如以有限单元法（FEM，如 ANSYS、ABAQUS 软件）、边界元法（BEM，如 EXAMINE 3D 软件）、有限差分法（FDM，如 FLAC 软件）、无单元法为代表的连续介质分析法；以离散元法（DEM，如 UDEC 软件）、关键块体法、颗粒元法（PFC，如 PFC 3D 软件）、不连续变形分析法（DDA）为代表的非连续介质分析法。各类数值分析方法已广泛应用于各类边坡工程中，其计算分析结果为边坡设计及灾害防治工作提供了重要的参考依据。

本章以目前应用最为广泛的两种数值分析方法，即有限单元法和有限差分法为例，简要介绍其计算分析的基本原理及过程，并结合边坡工程实例展开详细分析。

7.1 边坡稳定分析有限单元法

有限单元法是综合现代数学、力学理论、计算机技术等学科的一种用于连续物理场分析的数值计算工具，其基本思想是将问题的求解域离散化，得到有限个彼此之间相连的单元。在单元内假设近似解的模式，通过适当方法，建立单元内部点的待求量与单元节点量之间的关系。

有限单元法是将边坡体离散成有限个单元体，或理解为用有限个单元体所构成的离散化结构代替原有连续体结构，通过分析单元体应力和应变来评价整个边坡稳定性的方法。

该方法是目前在边坡工程中应用最广泛的数值分析方法之一，其主要优点包括：

（1）可用于非均质问题的求解；

（2）可用于非线性材料、各向异性材料的求解；

（3）可适应复杂边界条件，边界条件与有限元模型具有相对独立性；

（4）可用于计算应力变形、渗流、固结、流变、动力和温度问题等。

7.1.1 有限单元法基本原理

有限单元法于20世纪60年代发展起来，是一种将微分方程（组）简化为线性代数方程组从而求解问题的数值分析方法，对非均质、非线性、复杂边界问题具有很强的适用性。

有限单元法以最小势能原理为理论基础，计算过程中将连续体对象进行离散化，成为由若干较小单元组成的连续体，离散后相邻单元彼此连接，并保持原有连续性质。单元边线的交点称为节点，计算时一般以节点位移作为未知量。有限单元法的特点是把有限个单元逐个分析处理，每个单元要满足其自身的几何方程、平衡方程和本构方程，形成单元的几何矩阵、应力矩阵和刚度矩阵，然后根据位移模式、单元边线和节点位移协调条件组合成整体刚度矩阵，参考边界条件和荷载条件后对节点位移进行求解。求得节点位移后，对每个单元逐一进行单元应力和应变计算，最终得到整个计算对象的位移场、应力场和应变场。有限单元法计算分析过程可概括为6个步骤：

（1）结构离散化。结构离散化是有限元分析的前提，其任务是将计算对象视为连续体后再划分成有限个单元体，并在单元体的指定点设置节点，相邻单元体只在节点处相互连接，离散后所得新结构和原结构形状相同、材料相同、荷载和边界条件相同。常用于离散结构的单元形式有平面三角形单元、平面四边形等参单元、空间四面体单元和空间六面体等参单元等，每种形态的单元又可以有不同的节点数。为有效逼近实际连续体，应选择合适的单元类型、确定合适的单元数量和密度。一般情况下，单元划分越细则对变形情况的表述越精确，即越接近实际，但计算量也越大。

（2）形函数选择。形函数（也称位移函数）的选择是有限元法分析中的关键问题，其决定了单元内部各点的位移模式，目前常选择多项式作为形函数。

根据所选择的形函数即可导出用节点位移表示单元内任意点位移的关系式，其矩阵形式（以平面三节点三角形单元为例）为：

$$\{w\} = [N]\{\delta\}^{\mathrm{e}} \tag{7-1}$$

式中 $\{w\}$ ——任意点的位移分量列阵，$\{w\} = [w_x - w_z]^{\mathrm{T}}$；

$\{\delta\}^{\mathrm{e}}$——单元节点（i，j，m）的位移列阵，$\{\delta\}^{\mathrm{e}} = [w_x, w_{zi}, w_{xj}, w_{zj}, w_{xm}, w_{zm}]^{\mathrm{T}}$；

$[N]$ ——形函数矩阵，$[N] = \begin{bmatrix} N_i & 0 & N_j & 0 & N_m & 0 \\ 0 & N_i & 0 & N_j & 0 & N_m \end{bmatrix}$。

$[N]$ 是节点坐标的函数，对于三节点三角形单元可将其假定为线性模式，因此可变为：

$$\begin{cases} w_x(x, z) = N_i(x, z)w_{xi} + N_j(x, z)w_{xj} + N_i(x, z)w_{xm} \\ w_z(x, z) = N_i(x, z)w_{zi} + N_j(x, z)w_{zj} + N_i(x, z)w_{zm} \end{cases} \tag{7-2}$$

（3）建立单元应力和节点位移之间的关系。利用几何方程和式（7-1）导出用节点位移表示单元应变的关系式，即：

$$\{\varepsilon\} = [B]\{\delta\}^{e} \tag{7-3}$$

式中 $\{\varepsilon\}$ ——x，z 平面单元内任意点的应变列阵，$\{\varepsilon\} = [\varepsilon_x, \varepsilon_z, \gamma_{xz}]^{T}$；

$[B]$ ——应变矩阵：

$$[B] = \begin{bmatrix} \frac{\partial N_i}{\partial x} & 0 & \frac{\partial N_j}{\partial x} & 0 & \frac{\partial N_m}{\partial x} & 0 \\ 0 & \frac{\partial N_i}{\partial z} & 0 & \frac{\partial N_j}{\partial z} & 0 & \frac{\partial N_m}{\partial z} \\ \frac{\partial N_i}{\partial z} & \frac{\partial N_i}{\partial x} & \frac{\partial N_j}{\partial z} & \frac{\partial N_j}{\partial x} & \frac{\partial N_m}{\partial z} & \frac{\partial N_m}{\partial x} \end{bmatrix} \tag{7-4}$$

利用物理方程和式（7-3）可导出单元应力的关系式，即：

$$\{\sigma\} = [D][B]\{\delta\}^{e} \tag{7-5}$$

式中 $\{\sigma\}$ ——单元内任意点的应力列阵；

$[D]$ ——与单元材料性质有关的弹性矩阵或弹塑性矩阵。

对于平面弹性应变问题有：

$$[D] = \frac{E(1-\mu)}{(1+\mu)(1-2\mu)} \begin{bmatrix} 1 & \frac{\mu}{1-\mu} & 0 \\ \frac{\mu}{1-\mu} & 1 & 0 \\ 0 & 0 & \frac{1-2\mu}{2(1-\mu)} \end{bmatrix} \tag{7-6}$$

式中 E——弹性模量；

μ——泊松比。

（4）建立单元上的节点力和节点位移间的关系。利用虚功原理，单元节点力和节点位移之间的关系式可表示为单元平衡方程，即：

$$\{F\}^{e} = [k]^{e}\{\delta\}^{e} \tag{7-7}$$

式中 $\{F\}^{e}$——单元等效节点力列阵；

$[k]^{e}$——单元刚度矩阵。

对于任意单元（i，j，m），每个节点都存在 x 轴方向和 z 轴方向的两个分力，因此，$\{F\}^{e}$ 和 $[k]^{e}$ 分别为：

$$\{F\}^{e} = \iint [B]^{T}[\sigma]\,\mathrm{d}x\mathrm{d}z \tag{7-8}$$

$$[k]^{e} = \iint [B]^{T}[D][B]\,\mathrm{d}x\mathrm{d}z \tag{7-9}$$

（5）建立整体平衡方程。集合所有单元的刚度矩阵，求得结构整体刚度矩阵 $[K]$。同时集合作用于各单元的等效节点力矩阵，形成总体荷载矩阵 $[R]$。最终整个结构的平衡方程表示为：

$$[K]\{\delta\} = \{R\} \tag{7-10}$$

（6）求解未知节点位移和单元应力。考虑一定的边界条件，求解式（7-10）即可得到所有未知节点位移。在线性问题中，可根据方程组的具体特点，选择合适的计算方法，一次求解式（7-10）即可得到解答；对于非线性问题，则要通过一系列的步骤，并采用逐步修正刚度矩阵或荷载矩阵的方法，或采用增量法，才能获得各节点的正确位移。最后，利用式（7-3）、式（7-5）和已求出的节点位移计算各单元的应变和应力。

7.1.2 有限元强度折减法基本原理

有限元强度折减法与有限元荷载增加法统称为有限元极限分析法，其本质均为采用数值分析手段求解极限状态的分析法。有限元极限分析法中安全系数的定义依据岩土工程出现破坏状态的原因不同而不同。例如，多数情况下边坡岩土体受环境影响，致使其强度降低从而导致边坡失稳破坏。这类工程宜采用强度储备安全系数，即通过不断降低岩土强度使有限元计算最终达到破坏为止。最终得到强度降低的倍数即为强度储备安全系数，此类有限元极限分析方法称为有限元强度折减法。

近年来，有限元强度折减法在各类工程中得到广泛应用，实际工程经验证明其在岩土工程分析中的可行性与优越性，尤其在边坡稳定性分析领域优势突出。

7.1.2.1 有限元强度折减法概念与折减安全系数

有限元强度折减法不断降低边坡岩土体抗剪强度参数，直至达到极限破坏状态为止，计算过程中根据弹塑性有限元计算结果得到边坡滑动破坏面和强度储备安全系数。

对于摩尔-库仑材料，强度折减安全系数可表示为：

$$\tau = \frac{c + \sigma\tan\varphi}{F} = \frac{c}{F} + \frac{\sigma\tan\varphi}{F} = c' + \sigma\tan\varphi' \tag{7-11}$$

即

$$F = \frac{c}{c'} = \frac{\tan\varphi}{\tan\varphi'} \tag{7-12}$$

强度折减安全系数的定义与边坡稳定分析中极限平衡条分法安全系数的定义是一致的，均属于强度储备安全系数。但对实际边坡工程而言，它们都表示整体滑面的安全系数，即滑面的平均安全系数，而不是某个应力点的安全系数。

Griffith 等（1999）采用有限元强度折减法计算所得结果与传统方法得到的边坡安全系数比较接近，表明采用此法分析边坡稳定性是可行的。国内学者在提高计算精度方面做了大量工作，使该方法计算精度得到较大提高，并将其应用于岩质边坡和边（滑）坡支挡结构的计算中，扩大了有限元强度折减法的应用范围。

7.1.2.2 有限元强度折减法的优点

有限元强度折减法在理论体系上比极限平衡法更为严格，全面满足了静力平衡、应变相容及岩土体的非线性应力-应变关系，因此采用有限元强度折减法分析边坡稳定性具有下列优点：

（1）求解安全系数时，不需要假定滑动面的形状和位置，也无需进行条分，自动计算潜在滑动面，滑动破坏自然地发生在岩土体剪切带位置、塑性应变和位移突变的区域。

（2）能够模拟岩土体与各种支挡结构的共同作用，可考虑开挖施工过程对边坡稳定性的影响，并能根据岩土介质与支挡结构的共同作用计算各种支挡结构的内力、边坡的新滑面及其安全系数。

（3）能够对具有复杂地貌、地质条件的边坡进行计算，不受边坡几何形状、边界条件和材料不均匀性等条件的限制。

（4）能够模拟边坡渐进破坏过程，并提供应力、应变和位移等信息及其变化。

7.1.2.3 边坡整体失稳判据

极限平衡法是超静定问题，无论采用何种极限平衡方法时都需作出一些假定。然而，有限元强度折减法可通过岩土体的本构关系，使计算变为静定问题，不作任何假定即可求出边坡的安全系数，但计算过程中边坡失稳判据的确定较为关键。

在求解边坡稳定性问题时，边坡是否处于失稳状态可以参考以下三点判定：

（1）数值计算不收敛。采用强度折减法进行边坡稳定性分析时，可通过判断计算是否收敛作为是否发生失稳的判据。数值方法通过强度折减使边坡达到极限破坏状态，滑动面上的位移和塑性应变将产生突变，且此位移和塑性应变的大小不再是一个定值，程序无法从数值方程组中找到一个既能满足静力平衡又能满足应力-应变关系和强度准则的解。此时，不管是从力的收敛标准，还是从位移的收敛标准来判断数值计算都不收敛。此判据认为，在边坡破坏之前计算收敛，破坏之后计算不收敛，其表征滑动面上岩土体无限流动，因此可把静力平衡方程是否有解、数值计算是否收敛作为边坡失稳破坏的判据。

（2）坡面位移突变。边坡的变形破坏始终具有一定的位移特性，因此计算的位移结果是边坡失稳最直观的表达。目前以位移作为失稳判据的方法，是在计算过程中建立某个部位的位移或者最大位移与折减系数的关系曲线，以曲线上的拐点作为边坡处于临界破坏状态的临界点。也就是说，当折减系数增大到某一特定值时，某一部位的位移突然增大，则认为边坡发生失稳。

（3）塑性区贯通。由于岩土体是弹塑性的，当应力达到一定程度时，岩土体便会发生塑性破坏，岩土体的塑性破坏与塑性区出现扩展及其分布紧密相关。边坡破坏时，其塑性变形区域必然是贯通的。因此，采用强度折减法进行边坡稳定性分析时，随着折减系数的不断增大，边坡各个部位必然会逐步发生不同程度的塑性变形。所以，如果发生塑性变形的区域互相贯通，则说明边坡已经发生整体失稳。

7.2 边坡稳定分析有限差分法

7.2.1 有限差分法基本原理

岩土工程问题的数值解是在满足基本方程（平衡方程、几何方程、本构方程）和边界条件下推导的。由于基本方程和边界条件多为微分方程形式，因此，将基本方程近似用差分方程（代数方程）表示，把求解微分方程的问题转换成求解代数方程的问题，即为差分法计算的核心思想。

有限差分法是一种直接将微分问题变为代数问题的近似数值解法，数学概念直观、表达简单，是发展较早且比较成熟的数值分析方法，其通过泰勒级数展开等方法，以网格节点上的函数值的差商代替控制方程中的导数，从而建立以网格节点上的值为未知数的代数方程组。对于有限差分格式，根据格式精度可划分为一阶格式、二阶格式和高阶格式；根据差分的空间形式可划分为中心格式和逆风格式；根据时间因子的影响还可划分为显格式、隐格式、显隐交替格式等。基本的差分表达式主要有4种形式：一阶向前差分、一阶向后差分、一阶中心差分、二阶中心差分等，其中前两种格式为一阶计算精度，后两种格式为二阶计算精度。在时间和空间条件下对这几种不同差分格式进行组合，可得到多种不同的差分计算格式。

7.2.1.1　有限差分法公式

建立差分公式前先要对求解域划分差分网格。如图 7-1 所示，在 $x-y$ 平面上作分别平行于 x 轴和 y 轴的两组平行线：$x_i=x_0+ih$、$y_j=y_0+jl$，i，j 为整数。其中（x_0-y_0）为 $x-y$ 平面上任意一点，它可在区域 V 内，亦可在 V 外。h 为 x 方向步长，l 为 y 方向步长。该两组平行线的交点称为节点，两组平行线在 V 内组成的网格称为差分网格，若 $l\neq h$ 称为矩形网格，$l=h$ 则称为正方形网格。沿 x 和 y 方向距离均不超过一个步长的两节点称为相邻节点。位于边界 S 上的节点称为边界节点，位于 V 内的节点称为内节点，位于 V 和 S 以外的节点称为外部虚拟节点，如图 7-1 所示。除特殊情况外，一般只考虑位于 V 内和 S 上（简记为 $V-S$）的节点，即内部节点和边界节点。节点（x_i，y_j）简记为（i，j），函数在此点的值简记为 $f_{i,j}$。

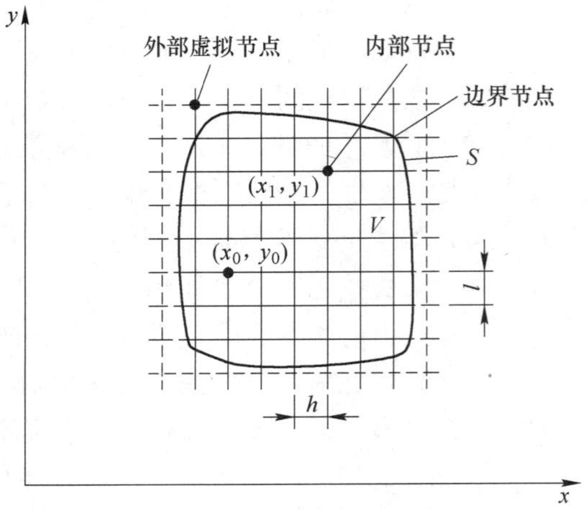

图 7-1　差分网格的划分

导数的差分公式可从函数的 Taylor 级数展开式导出，以二元函数 $f(x,y)$ 为例，在点（x_i，y_j）附近，函数 $f(x,y)$ 沿 x 方向可以展为 Taylor 级数如下：

$$f(x,y)=f_{i,j}+\frac{\partial f}{\partial x}(x-x_i)+\frac{1}{2!}\frac{\partial^2 f}{\partial x^2}(x-x_i)^2+\frac{1}{3!}\frac{\partial^3 f}{\partial x^3}(x-x_i)^3+\frac{1}{4!}\frac{\partial^4 f}{\partial x^4}(x-x_i)^4+\cdots \tag{7-13}$$

在式（7-13）中，分别取 $x=x_i+h$，$x=x_i-h$，假定 h 为充分小，可得：

$$f_{i+1,j}=f_{i,j}+h\left(\frac{\partial f}{\partial x}\right)+\frac{h^2}{2}\frac{\partial^2 f}{\partial x^2} \tag{7-14}$$

$$f_{i-1,j}=f_{i,j}-h\left(\frac{\partial f}{\partial x}\right)+\frac{h^2}{2}\frac{\partial^2 f}{\partial x^2} \tag{7-15}$$

联立求解 $\frac{\partial f}{\partial x}$ 及 $\frac{\partial^2 f}{\partial^2 x}$，得差分公式：

$$\frac{\partial f}{\partial x}=\frac{f_{i+1,j}-f_{i-1,j}}{2h} \tag{7-16}$$

$$\frac{\partial^2 f}{\partial x^2}=\frac{f_{i+1,j}-2f_{i,j}+f_{i-1,j}}{h^2} \tag{7-17}$$

式（7-16）和式（7-17）是基本的中心差分公式，由其导出其他中心差分公式：

$$\frac{\partial^3 f}{\partial x^3}=\frac{\partial^2}{\partial x^2}\left(\frac{\partial^2 f}{\partial x^2}\right)=\frac{f_{i+2,j}-2f_{i+1,j}+2f_{i-1,j}-f_{i-2,j}}{2h^3} \tag{7-18}$$

$$\frac{\partial^4 f}{\partial x^4}=\frac{\partial^2}{\partial x^2}\left(\frac{\partial^2 f}{\partial x^2}\right)=\frac{f_{i+2,\ j}-4f_{i+1,\ j}+6f_{i,\ j}-4f_{i-1,\ j}+f_{i-2,\ j}}{h^4} \tag{7-19}$$

计算过程中常用的差分公式见表 7-1。

表 7-1 有限差分公式表

一次中心差分	$\frac{\partial f}{\partial x}=\frac{f_{i+1,j}-f_{i-1,j}}{2h}$ $\frac{\partial^2 f}{\partial x^2}=\frac{f_{i+1,j}-2f_{i,j}+f_{i-1,j}}{h^2}$ $\frac{\partial^3 f}{\partial x^3}=\frac{f_{i+2,j}-2f_{i+1,j}+2f_{i-1,j}-f_{i-2,j}}{2h^3}$ $\frac{\partial^4 f}{\partial x^4}=\frac{f_{i+2,j}-4f_{i-1,j}+6f_{i,j}-4f_{i+1,j}+f_{i-2,j}}{h^4}$
二次中心差分	$\frac{\partial f}{\partial x}=\frac{-f_{i+2,j}+8f_{i+1,j}-8f_{i-1,j}+f_{i+2,j}}{12h}$ $\frac{\partial^2 f}{\partial x^2}=\frac{-f_{i+2,j}+16f_{i+1,j}-30f_{i,j}+16f_{i-1,j}-f_{i-2,j}}{12h^2}$ $\frac{\partial^4 f}{\partial x^4}=\frac{-f_{i+3,j}+12f_{i+2,j}-39f_{i+1,j}+56f_{i,j}-39f_{i-1,j}+12f_{i-2,j}-f_{i-3,j}}{6h^4}$
一次向前差分	$\frac{\partial f}{\partial x}=\frac{f_{i+1,j}-f_{i,j}}{h}$ $\frac{\partial^2 f}{\partial x^2}=\frac{f_{i+2,j}-2f_{i+1,j}+f_{i,j}}{h^2}$ $\frac{\partial^3 f}{\partial x^3}=\frac{f_{i+3,j}-3f_{i+2,j}+3f_{i+1,j}-f_{i,j}}{h^3}$ $\frac{\partial^4 f}{\partial x^4}=\frac{f_{i+4,j}-4f_{i+3,j}+6f_{i+2,j}-4f_{i+1,j}+f_{i,j}}{h^4}$
二次向前差分	$\frac{\partial f}{\partial x}=\frac{-f_{i+2,j}+4f_{i+1,j}-3f_{i,j}}{2h}$ $\frac{\partial^2 f}{\partial x^2}=\frac{-f_{i+3,j}+4f_{i+2,j}-5f_{i+1,j}+2f_{i,j}}{h^2}$ $\frac{\partial^3 f}{\partial x^3}=\frac{-3f_{i+4,j}+14f_{i+3,j}-24f_{i+2,j}+18f_{i+1,j}-5f_{i,j}}{2h^3}$ $\frac{\partial^4 f}{\partial x^4}=\frac{-2f_{i+5,j}+11f_{i+4,j}-24f_{i+3,j}+26f_{i+2,j}-14f_{i+1,j}+3f_{i,j}}{h^4}$
一次向后差分	$\frac{\partial f}{\partial x}=\frac{f_{i,j}-f_{i-1,j}}{h}$ $\frac{\partial^2 f}{\partial x^2}=\frac{f_{i,j}-2f_{i-1,j}+f_{i-2,j}}{h^2}$ $\frac{\partial^3 f}{\partial x^3}=\frac{f_{i,j}-3f_{i-1,j}+3f_{i-2,j}-f_{i-3,j}}{h^3}$

续表 7-1

二次向后差分	$\frac{\partial f}{\partial x}=\frac{3f_{i,j}-4f_{i-1,j}+f_{i-2,j}}{2h}$ $\frac{\partial^2 f}{\partial x^2}=\frac{2f_{i,j}-5f_{i-1,j}+4f_{i-2,j}-f_{i-3,j}}{h^2}$ $\frac{\partial^3 f}{\partial x^3}=\frac{5f_{i,j}-18f_{i-1,j}+24f_{i-2,j}-14f_{i-3,j}+3f_{i-4,j}}{2h^3}$

7.2.1.2 有限差分格式

将差分公式代入基本控制方程后得到的方程称为差分方程（或差分格式）。同一微分方程结合定解条件可以建立各种不同形式的差分格式，而构造同一个差分格式也存在不同的途径。一个差分格式能在实际中使用，要求差分方程的解能无限逼近微分方程的解，同时每一步计算的舍入误差不会随着迭代次数的增加导致结果有无限增大的偏差，即要保证差分方程的收敛性和稳定性。常用差分格式本章不再详述。

7.2.2 快速拉格朗日法

岩土介质是一种被众多节理裂隙等弱面切割的地质体，其力学问题往往涉及非线性大变形问题，有限元法和边界元法均无法求解，只能借助于拉格朗日法。拉格朗日法是一种分析非线性大变形问题的数值方法，其依然遵循连续介质假设，利用差分格式，按时步积分求解，随着构形变化不断更新坐标，允许介质有较大变形。

三维快速拉格朗日法是一种基于三维显式有限差分法的数值分析方法，可以模拟岩土或其他材料的三维力学行为。三维快速拉格朗日分析将计算区域划分为若干单元，每个单元在给定边界条件下遵循指定线性或非线性本构关系。如果单元应力使材料屈服或产生塑性流动，则单元网格可以随着材料变形而变形，非常适合于模拟大变形问题。三维快速拉格朗日分析采用了显式有限差分格式求解场的控制微分方程，并应用了混合单元离散模型，可准确模拟材料的屈服、塑性流动、软化直至大变形，尤其在材料的弹塑性分析、大变形分析以及模拟施工过程等领域有其独到的优点。

快速拉格朗日法基本原理和步骤包括：

（1）空间导数的有限差分近似。快速拉格朗日分析采用混合离散方法，一般将区域离散为常应变六面体单元的集合体，又将每个六面体看作以六面体角点为节点的常应变四面体的集合体，应力、应变、节点不平衡力等变量均在四面体上进行计算，六面体单元的应力、应变取值为其内四面体的体积加权平均。该方法既避免了常应变六面体单元常会遇到的位移剪切锁死现象，又使四面体单元的位移模式可充分满足某些本构关系的要求，如不可压缩塑性流动等。

以四面体为例，其节点编号为1~4，第 n 面表示与节点 n 相对的面，设其内一点的速率分量为 v_i，由高斯公式得：

$$\int_V v_{i,j}\mathrm{d}V=\int_S v_i n_j \mathrm{d}S \tag{7-20}$$

式中，V 为四面体的体积；S 为四面体的外表面；n_j 为外表面的单位法向向量分量。对于常应变单元，v_i 为线性分布，n_j 在每个面上为常量。对式（7-20）积分得：

$$Vv_{i,j} = \sum_{f=1}^{4} \bar{v}_i^{(f)} n_j^{(f)} S^{(f)} \tag{7-21}$$

式中，上标（f）指面 f 的相关变量值；$\bar{v}_i$ 指 i 速度分量的均值。若速度呈线性变化，则：

$$\bar{v}_i^{(f)} = \frac{1}{3} \sum_{l=1,l\neq f}^{4} \bar{v}_i^{(l)} \tag{7-22}$$

式中，上标 l 指节点 l 的值。

将上式代入式（7-21），有：

$$Vv_{i,j} = \frac{1}{3} \sum_{l=1}^{4} \bar{v}_i^{l} \sum_{f=1,\ f\neq l}^{4} n_j^{(f)} S^{(f)} \tag{7-23}$$

在式（7-20）中，若 $v_i = 1$，应用高斯法则可得：

$$\sum_{f=1}^{4} n_j^{(f)} S^{(f)} = 0 \tag{7-24}$$

所以，式（7-23）两边同除以 V，则有：

$$v_{i,j} = \frac{1}{3V} \sum_{l=1}^{4} v_i^l n_j^{(l)} S^{(l)} \tag{7-25}$$

而应变速率张量的分量形式为：

$$\xi_{ij} = -\frac{1}{6V} \sum_{l=1}^{4} (v_i^l n_j^{(l)} + v_j^l n_i^{(l)}) S^{(l)} \tag{7-26}$$

（2）节点运动方程。一定时域内，静力平衡问题可通过以下的平衡方程求解得到：

$$\sigma_{ij,j} + \rho B_i = 0 \tag{7-27}$$

式中，ρ 为介质密度；$B_i = \rho\left(b_i - \frac{\mathrm{d}v_i}{\mathrm{d}t}\right)$；$b_i$ 为介质单位质量的体积力。

根据虚功原理，作用于单个四面体上的节点力 $f_i(i = (1,\ 4))$ 与四面体应力和等效体力相平衡。引入节点虚速度 δv_i（它在四面体中产生线性速度场 δv 和常应变速率 $\delta\xi$），则节点力 F^l 和体力 B 产生的外力功功率等于内部应力 σ_{ij} 产生的内力功功率。

外力功功率可表示为：

$$E = \sum_{n=1}^{4} \delta v_i^n f_i^n + \int_V \delta v_i B_i \mathrm{d}V \tag{7-28}$$

而内力功功率：

$$I = \int_V \xi_{ij} \sigma_{ij} \mathrm{d}V \tag{7-29}$$

由式（7-26），对常应变速率的四面体有：

$$I = -\frac{1}{6} \sum_{l=1}^{4} (\delta v_i^l \sigma_{ij} n_j^l + \delta v_j^l \sigma_{ij} n_i^l) S^{(l)} \tag{7-30}$$

应力张量是对称张量，定义矢量 T_i：

$$T_i^l = \sigma_{ij} n_j^l S^{(l)} \tag{7-31}$$

则

$$I = -\frac{1}{3} \sum_{l=1}^{4} \delta v_i^l T_i^l \tag{7-32}$$

式（7-27）代入式（7-28），有：

$$E=\sum_{n=1}^{4}\delta v_i^n f_i^n+E^b+E^I \tag{7-33}$$

式中，E^b和E^I分别为体力ρb_i和惯性力所作的外力功功率。若四面体内体力ρb_i为常数，则有：

$$E^b=\rho b_i\int_V \delta v_i \mathrm{d}V \tag{7-34}$$

$$E^I=-\int_V \rho\delta v_i\frac{\mathrm{d}v_i}{\mathrm{d}t}\mathrm{d}V \tag{7-35}$$

根据有限差分近似，速度场在四面体内线性变化。为描述它，引进一个参考坐标系（它的坐标原点在四面体的中心上），则有：

$$\delta v_i=\sum_{n=1}^{4}\delta v_i^n N^n \tag{7-36}$$

式中$N^n(n=1，4)$为线性函数：

$$N^n=c_0^n+c_1^n x'_1+c_2^n x'_2+c_3^n x'_3 \tag{7-37}$$

其中，c_0^n，c_1^n，c_2^n，$c_3^n(n=1，4)$为下述方程的解：

$$N^n(x_1'^j,\ x_2'^j,\ x_3'^j)=\delta_{nj} \tag{7-38}$$

式中，δ_{nj}为克罗内克尔增量（Kronecker delta）。通过中心点的定义，所有形如$\int_V x'_j\mathrm{d}V$的积分均为0，将式（7-36）、式（7-37）代入式（7-33）得：

$$E^b=\rho b_i\sum_{n=1}^{4}\delta v_i^n c_0^n V \tag{7-39}$$

由克雷姆定律，解式（7-38）得：

$$c_0^n=\frac{1}{4} \tag{7-40}$$

将上式代入式（7-39），有：

$$E^b=\sum_{n=1}^{4}\delta v_i^n\frac{\rho b_{iV}}{4} \tag{7-41}$$

同理，将式（7-36）代入式（7-35）得到：

$$E^I=-\sum_{n=1}^{4}\delta v_i^n\int_V N^n\frac{\mathrm{d}v_i}{\mathrm{d}t}\mathrm{d}V \tag{7-42}$$

将式（7-40）和式（7-41）代入式（7-42）得：

$$E=\sum_{n=1}^{4}\delta v_i^n\left(f_i^n+\frac{\rho b_i V}{4}-\int_V N^n\frac{\mathrm{d}v_i}{\mathrm{d}t}\mathrm{d}V\right) \tag{7-43}$$

对任何虚速度，外虚功率E等于内虚功率I：

$$-f_i^n=\frac{T_i^n}{3}+\frac{\rho b_i V}{4}-\int_V N^n\frac{\mathrm{d}v_i}{\mathrm{d}t}\mathrm{d}V \tag{7-44}$$

在四面体范围内，加速度场空间变化是微小的，则有：

$$\int_V \rho N^n\frac{\mathrm{d}v_i}{\mathrm{d}t}\mathrm{d}V=\left(\frac{\mathrm{d}v_i}{\mathrm{d}t}\right)^n\int_V \rho N^n\mathrm{d}V \tag{7-45}$$

ρ 为不变量，则上式可写为：

$$\int_V \rho N^n \frac{\mathrm{d}v_i}{\mathrm{d}t}\mathrm{d}V = \frac{\rho V}{4}\left(\frac{\mathrm{d}v_i}{\mathrm{d}t}\right)^n \tag{7-46}$$

用假想的节点质量 m^n 代替上式中的质量 $\rho V/4$，则式（7-44）可写为：

$$-f_i^n = \frac{T_i^n}{3} + \frac{\rho b_i V}{4} - m^n\left(\frac{\mathrm{d}v_i}{\mathrm{d}t}\right)^n \tag{7-47}$$

对于等效体系，可以建立平衡状态，要求在每个节点上静态等效载荷之和为零，可写出全部节点上牛顿定律表达式：

$$F_i^{<l>} = M^{<l>}\left(\frac{\mathrm{d}v_i}{\mathrm{d}t}\right)^{<l>} \quad (l = 1,\ n_n) \tag{7-48}$$

式中，n_n 为介质中的节点总数，节点质量定义为：

$$M^{<l>} = [[m]]^{<l>} \tag{7-49}$$

不平衡力 $F^{<l>}$ 定义为：

$$F_i^{<l>} = \left[\left[\frac{T_i}{3} + \frac{\rho b_i V}{4}\right]\right]^{<l>} + P_i^{<l>} \tag{7-50}$$

当介质达到平衡时，不平衡力等于 0。

（3）增量形式的本构方程。快速拉格朗日分析中，假定时间 Δt 内速度为常数，增量形式的本构方程可表示为：

$$\Delta\breve{\sigma}_{ij} = H_{ij}^*(\sigma_{ij},\ \xi_{ij}\Delta t) \tag{7-51}$$

式中，$\Delta\breve{\sigma}_{ij}$ 称为共转（co-rotational）应力增量；H_{ij}^* 为一给定的函数。共转（co-rotational）应力速率张量 $\breve{\sigma}_{ij}$ 等于给定参考系的介质内一点应力的偏导数和以瞬时角速度 Ω 的转动，数学表达式为：

$$[\breve{\sigma}]_{ij} = \frac{\mathrm{d}\sigma_{ij}}{\mathrm{d}t} - w_{ij}\sigma_{ij} + \sigma_{ij}w_{kj} \tag{7-52}$$

式中，w 为转动速率张量。

利用有限差分方程，可以得到转动速率张量的分量形式：

$$w_{ij} = -\frac{1}{6V}\sum_{l=1}^{4}(v_i^l n_j^{(l)} - v_j^l n_i^{(l)})S^{(i)} \tag{7-53}$$

式中符号同前。

（4）时间导数的有限差分近似。由本构方程式（7-51）和变形速率与节点速率之间的关系式（7-26），式（7-45）可表示为一般的差分方程：

$$\frac{\mathrm{d}v_i^{<l>}}{\mathrm{d}t} = \frac{1}{M^{<l>}}F_i^{<l>}(t,\ \{v_i^{<1>},\ v_i^{<2>},\ v_i^{<3>},\ \dots,\ v_i^{<p>}\}^{<l>},\ k) \quad (l = 1,\ n_n) \tag{7-54}$$

式中，$\{v_i^{<1>},\ v_i^{<2>},\ v_i^{<3>},\ \dots,\ v_i^{<p>}\}^{<l>}$ 是指在计算过程中全局节点 l 节点速度值的子集式（7-48）。在时间间隔 Δt 中，实际节点的速度假定是线性变化的，式（7-54）左边导数用中心有限差分估算。

$$v_i^{<l>}\left(t+\frac{\Delta t}{2}\right)=v_i^{<l>}\left(t-\frac{\Delta t}{2}\right)+\frac{1}{M^{<l>}}F_i^{<l>}(t,\ \{v_i^{<1>},\ v_i^{<2>},\ v_i^{<3>},\ \dots,\ v_i^{<p>}\}^{<l>},\ k) \tag{7-55}$$

类似地，节点的位置也用中心有限差分进行迭代：

$$x_i^{<l>}(t+\Delta t)=x_i^{<l>}(t)+\Delta t v_i^{<l>}\left(t+\frac{\Delta t}{2}\right) \tag{7-56}$$

因此，节点位移也有如下关系：

$$u_i^{<l>}(t+\Delta t)=u_i^{<l>}(t)+\Delta t v_i^{<l>}\left(t+\frac{\Delta t}{2}\right) \tag{7-57}$$

（5）阻尼力。为使运动方程获得静态或准静态（非惯性）解，快速拉格朗日分析的静力分析中，在式（7-46）中加入非黏性阻尼力。则式（7-48）变为：

$$F_i^l+\ell_i^l=M^l\left(\frac{\mathrm{d}v_i}{\mathrm{d}t}\right)^l \quad (l=1,\ n) \tag{7-58}$$

式中，ℓ_i^l为阻尼力，$\ell_i^l=-\alpha|F_i^l|\mathrm{sign}(v_i^l)$，$\alpha$为阻尼系数，其默认值为0.8。令

$$\mathrm{sign}(y)=\begin{cases}+1, & y>0\\ -1, & y<0\\ 0, & y=0\end{cases} \tag{7-59}$$

7.3 FLAC 3D 简介及应用示例

7.3.1 FLAC 3D 软件简介

与有限元方法相比，有限差分法能更好地考虑岩土体的不连续性和大变形特征，求解速度较快，其中最具代表性的软件是FLAC 3D，可较好地模拟岩土或其他材料的真实力学行为，特别是材料达到屈服极限后产生的塑性流动，已广泛应用于边坡、基坑、隧道、地下硐室、采矿工程设计及评价等诸多领域，尤其适用于岩土体破坏后的大变形及峰后特性等问题的分析。

FLAC 3D 主要应用于岩土工程领域，其内置的本构模型反映了岩土材料的力学特性，可计算岩土类材料的高度非线性（包括应变硬化、软化）、不可逆剪切破坏和压密、黏弹（蠕变）、孔隙介质的固-流耦合、热-力耦合以及动力学行为等。材料通过单元和区域表示，根据计算对象的形状构成相应网格，每个单元在外载荷作用和边界约束条件下，按照约定的线性或非线性应力-应变关系产生力学响应。

为模拟实际岩土工程材料，FLAC 3D 5.0 提供了15种材料模型，可分为三大类：空模型组、弹性模型组和塑性模型组。

（1）空模型用于表征材料被开挖，空网格内的应力自动设置为0，其对应的材料在后续模拟研究中可被定义为不同的材料模型，用于模拟开挖后回填。

（2）弹性模型组的主要特点是：卸载条件下变形可以完全恢复；应力-应变规律是线

性的且与路径无关。该组模型包括各向同性弹性、正交各向同性弹性模型和横观各向同性弹性模型。

（3）塑性模型组共包含 11 种本构模型，卸载条件下变形无法完全恢复。分别为德拉克-普拉格模型、摩尔-库仑模型、遍布节理模型、应变硬化/软化模型、双线性应变硬化/软化模型、双屈服模型、修正剑桥黏土模型、霍克-布朗模型、修正霍克-布朗模型、Cysoil 模型和简化 Cysoil 模型。

此外，FLAC 3D 还将其他本构模型作为可选功能提供给用户，包括 8 种蠕变模型、2 种考虑材料孔压的本构模型等。

FLAC 3D 允许输入多种材料类型，亦可在计算过程中改变局部材料参数，增强了程序使用的灵活性。用户可根据需要针对性地修改或编写本构模型源代码，从而开发新的本构模型。此外，FLAC 3D 还提供结构单元（如锚杆、锚索、桩等）用于模拟工程加固，以方便评价支护效果。

本节将结合实例采用 FLAC 3D 软件进行边坡稳定性数值模拟分析。

7.3.2 边坡稳定性 FLAC 3D 计算实例

7.3.2.1 工程背景

山西平朔煤矿是我国最大的露天煤矿，其中东露天煤矿是继安太堡、安家岭露天矿之后，平朔公司开发建设的第三座特大型露天煤矿。矿山 2009 年正式开工建设，在首采区剥离过程中曾发生多次较大规模的边坡失稳灾害，滑动方向基本垂直边帮开挖线，滑坡的产生与粉质黏土、岩层产状、地下水等因素有关。

东露天矿 2011 年 11 月中旬发生的滑坡规模较大，滑坡体平面呈扇形，横宽 236m，纵长 206m，滑坡总体坡度 26°~28°，滑体体积约 78 万立方米，如图 7-2 所示。

图 7-2 平朔东露天矿东北帮滑坡

整理滑坡区域相关的钻孔资料以及剥离揭露的岩层情况，滑坡区域共布置三个剖面以揭露滑坡区域岩层的产状信息，具体剖面位置如图 7-3 所示，其中剖面Ⅲ代表主滑方向，其岩层分布及产状如图 7-4 所示。

7.3.2.2 FLAC 3D 数值计算模型

根据勘察资料及现场滑坡情况，对剖面Ⅲ进行适当简化。按照实际尺寸和岩土层条件建立网格单元，将模型网格分为未开挖网格和开挖网格两类，并按岩土类别进行分组。三

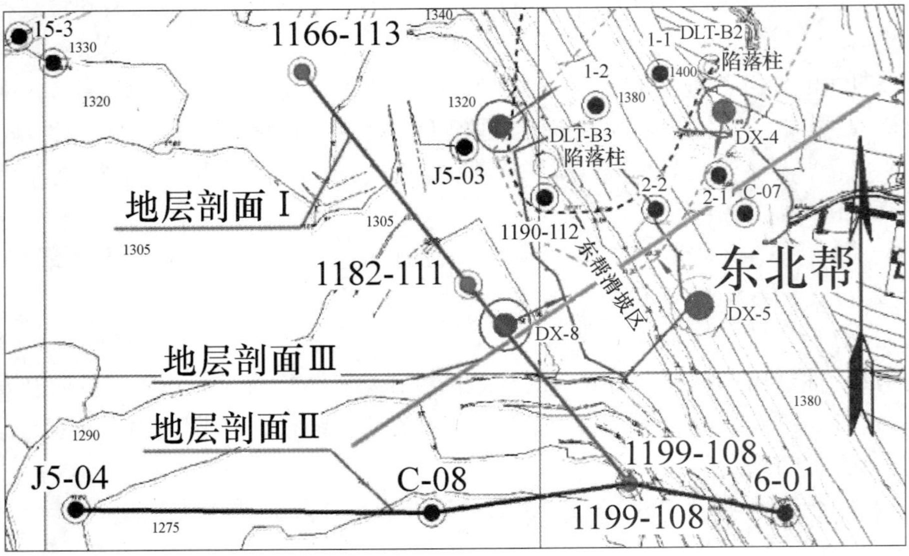

图 7-3　滑坡区域地层剖面位置图

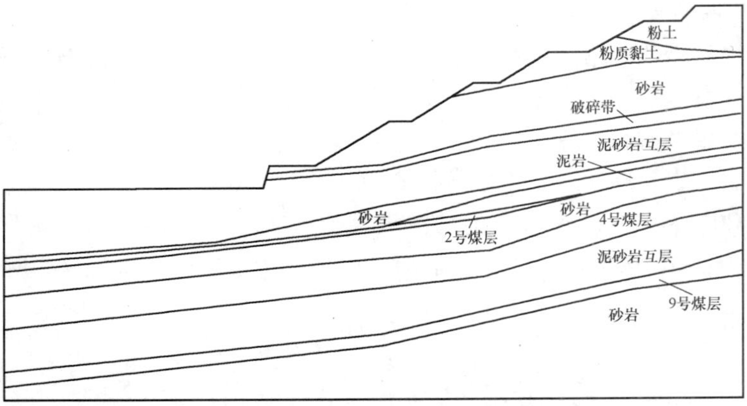

图 7-4　滑坡区域剖面Ⅲ地层分布图

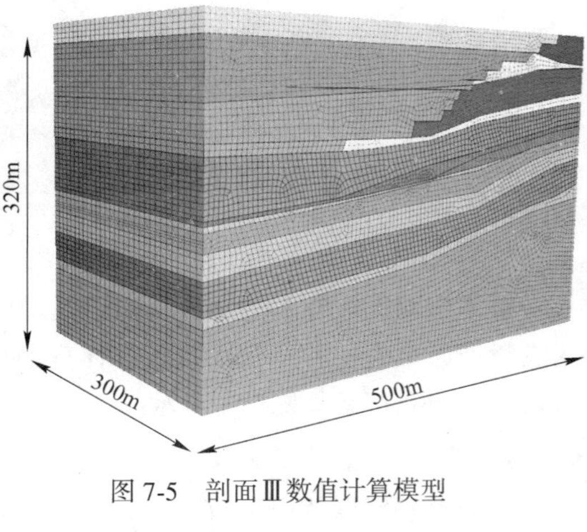

图 7-5　剖面Ⅲ数值计算模型

维数值计算模型如图 7-5 所示，模型 X、Y、Z 方向长度分别为 500m、300m、320m，岩土层包括粉土、粉质黏土、泥岩、砂岩、破碎风化带、煤层等，全部岩土体均采用 Mohr-Coulomb 模型；模型底部为固定约束，左右边界施加沿 X 轴方向的固定约束，前后边界施加沿 Y 方向的固定约束。

根据地质勘察报告及室内试验结果确定岩土体计算参数，如表 7-2 所示。

7.3.2.3　剖面Ⅲ边坡稳定性模拟分析

剖面Ⅲ位于滑坡区域中心部位，滑坡发生时已开挖至 1290 平台，剖面初始计算模型如图 7-6 所示。

表 7-2 剖面Ⅲ边坡岩土体物理力学参数

岩土层	重度 γ/kN · m^{-3}	弹性模量 E/MPa	泊松比 μ	黏聚力 c/kPa	内摩擦角 φ/(°)
粉土	14.3	46	0.25	21.0	19.0
粉质黏土	15.9	65	0.36	26.4	18.9
砂岩 1	22.5	1284	0.26	100.0	23.0
破碎风化带	22.0	1103	0.15	24.0	15.0
泥砂互层	20.2	4317	0.19	262.0	28.4
2 号煤层	16.0	1421	0.18	9.8	15.0
砂岩 2	22.5	6452	0.17	305.0	28.4
泥岩	23.4	1296	0.14	220.0	28.4
4 号煤层	16.0	1421	0.18	28.1	30.0
9 号煤层	16.0	1421	0.18	28.1	30.0
回填碎石	22.0	6452	0.17	0	32.0
滑坡砂岩散体	20.0	1000	0.20	40.0	20.0

在模型建立之初，先进行初始应力场分析，再计算边坡开挖对岩土体扰动情况，其具体计算步骤如下：

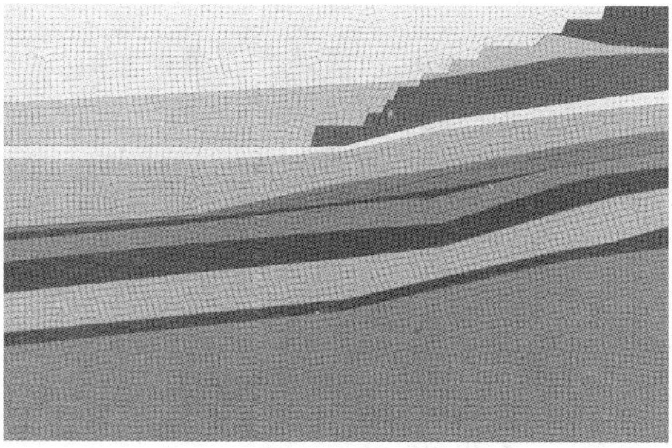

图 7-6 剖面Ⅲ初始计算模型

(1) 对边坡地质环境进行 FLAC 3D 数值建模，设置重力加速度为 9.8m/s^2，计算在初始状态下边坡的自重应力和位移。

由于边坡靠近地表，不考虑构造应力的影响。应力场以岩土体的自重应力为主，其分布如图 7-7 所示。由图可知，模型初始应力场分布主要受岩土体自重影响，初始应力从上到下持续增长，靠近地表处岩土体初始应力接近于 0，最大初始应力出现在计算模型底部，约为 6.98MPa。

(2) 将初始应力场下单元位移和速度清零。

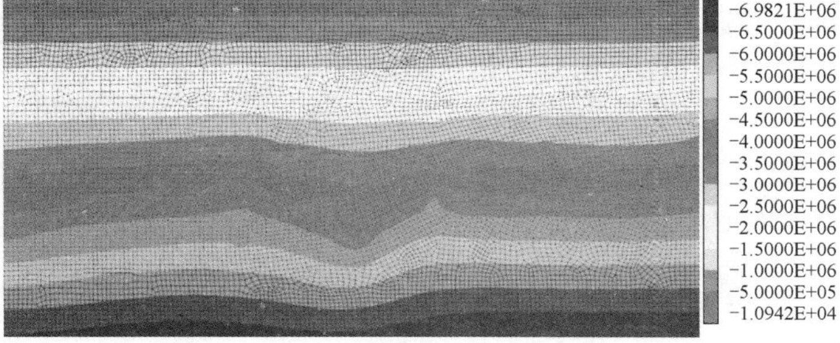

图 7-7 剖面Ⅲ初始地应力场分布图

（3）计算边坡开挖导致的边坡单元位移和应力分布。通过分析开挖后的边坡位移、应力、主应力分布特征、塑性区分布、剪应变增量等计算结果，评价边坡稳定状况。

图7-8为坡体在开挖至1290平台后的位移分布情况。由于破碎风化带及其上部风化砂岩的存在，该边坡台阶按原设计角度67°开挖后，边坡稳定性急剧降低。由图可知，坡体最大位移值达到29cm，出现在风化带及上部砂岩所在区域。可见边坡将发生整体性的失稳破坏，与现场情况较为一致。

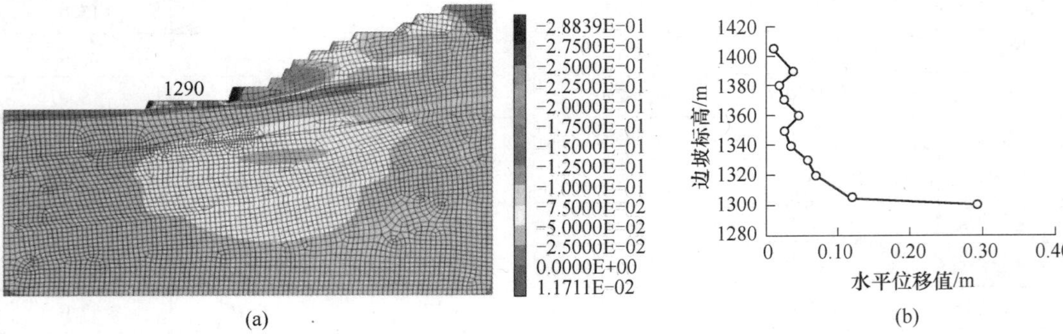

图7-8 剖面Ⅲ坡体位移分布图

（a）坡体水平向位移分布云图；（b）坡体水平向位移沿坡高分布图

图7-9为开挖后边坡最大、最小主应力分布情况。边坡体整体处于受压状态，压应力由边坡表面至内部呈增长趋势，最大压应力值为6.64MPa。风化砂岩坡体表面存在拉应力，最大拉应力值为0.02MPa，岩体单元抗拉强度低，受拉应力作用易产生塑性屈服。

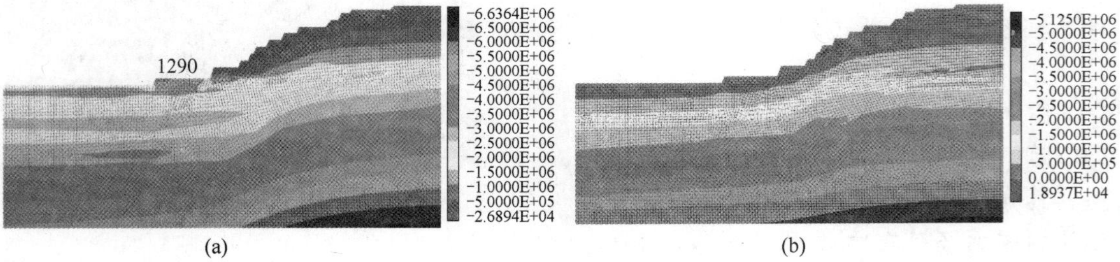

图7-9 剖面Ⅲ最大主应力（a）与最小主应力（b）分布图

图7-10为边坡塑性区分布情况。计算表明，边坡体上部土层大部分区域处于剪切破坏状态，破坏区向坡体表面发展。在坡体表面，屈服首先在台阶转角应力集中处出现。地表砂岩由于风化严重、强度较低，且受开采后岩体位移演化规律的影响，表层岩土体产生小范围拉伸破坏。

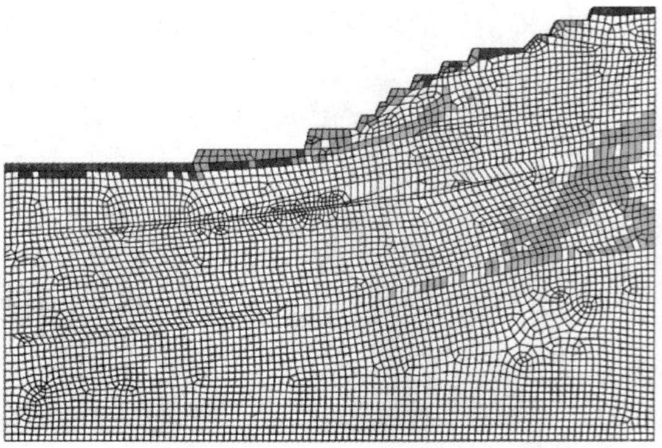

图7-10 剖面Ⅲ塑性区分布图

图7-11为剖面Ⅲ剪应变增量云图。由图可知，从1290平台以上风化带开始至上部1380平台之间形成了贯通的剪应

变增量连通区域，表明该区域的剪应变增长较快，与塑性区分布情况较为对应。同时该区域存在较大的位移，表明该区域稳定性下降迅速，上部岩土体将出现大规模滑动。

数值计算结果表明：在最终状态下，剖面Ⅲ边坡岩土体变形较大，主要为1290平台以上岩土体沿水平方向的滑动，最大位移值约29cm。下部砂岩层，位移值较小。在上部岩土体中，大部分单元处于剪切屈服状态，且在岩土体内部形成了贯通的塑性破坏区和剪应变增长区域。

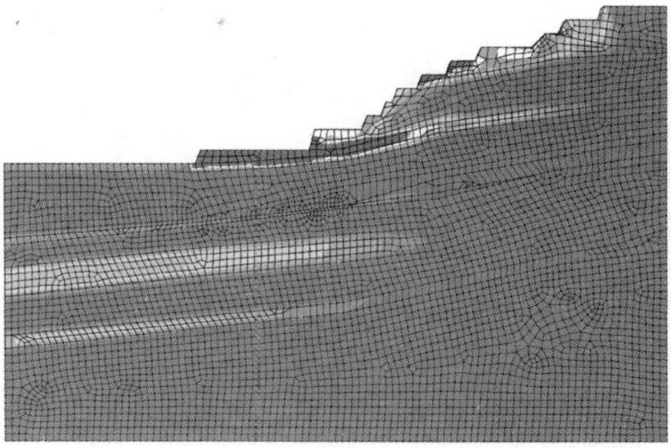

图7-11　剖面Ⅲ剪应变增量云图

综上所述，由于破碎风化带及风化砂岩的存在，边坡整体稳定性急剧下降，在开挖至1290平台后，由于破碎风化带的揭露，诱发了边坡的整体性滑动。

7.3.2.4　建议处治方案

为处治东北帮滑坡以确保露天矿的安全生产，根据东北帮滑坡现状，初步拟定的处治方案如下：

（1）在东露天矿现有回填滑坡区的基础上，对1305m至1340m区间滑坡体进行整平，清除坡面及平台上散体，如图7-12所示；

（2）在清塌缓坡基础上进行后续开挖。开挖后滑坡区域保持1290平台宽度不变（自北向南平台宽约10~50m之间），调整1275平台宽度以保证1275平台及1290平台宽度总和为76m，1275m以下同原设计方案，如图7-13所示。

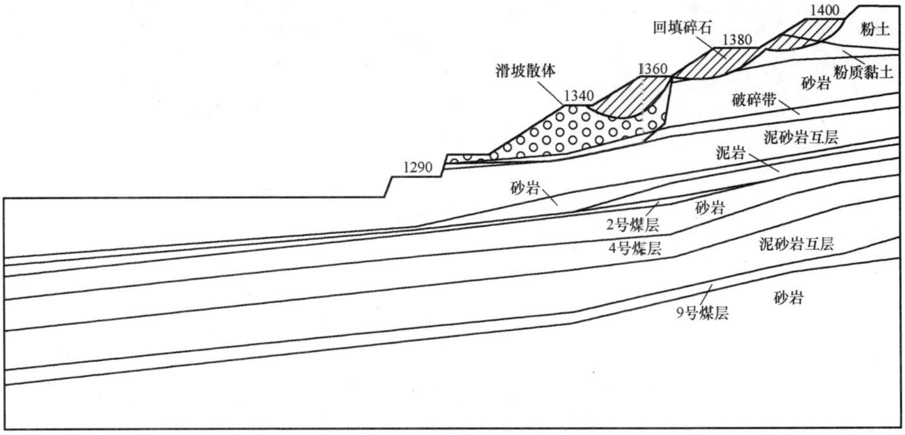

图7-12　清塌缓坡示意图

7.3.2.5　剖面Ⅲ边坡处治效果模拟分析

根据工程地质勘察揭露岩土层分布情况及边坡稳定性数值模拟结果，考虑现场岩土层力学性质的变化特点，并结合边坡开挖后的稳定情况，采用“清塌缓坡、预留宽平台”的处治方案，采用数值模拟的方法，验证处治效果。

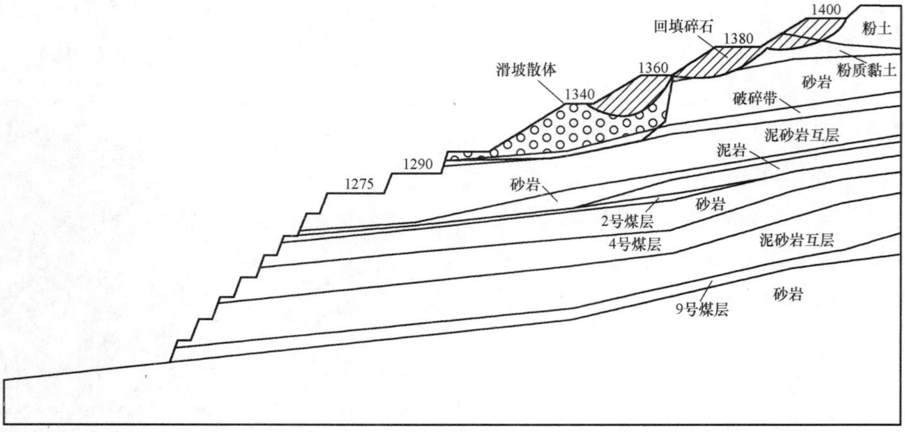

图 7-13 清塌缓坡后继续开挖示意图

（1）清塌缓坡稳定性分析。图 7-14 为清塌缓坡前后的计算模型对比图，图 7-15 为清塌缓坡后坡体位移分布情况。由图可知，坡体最大位移值由原来 29cm 降低到 4.4cm，主要出现在坡脚局部风化带区域。计算表明边坡坡角放缓后，整体稳定性有较大程度的提高。

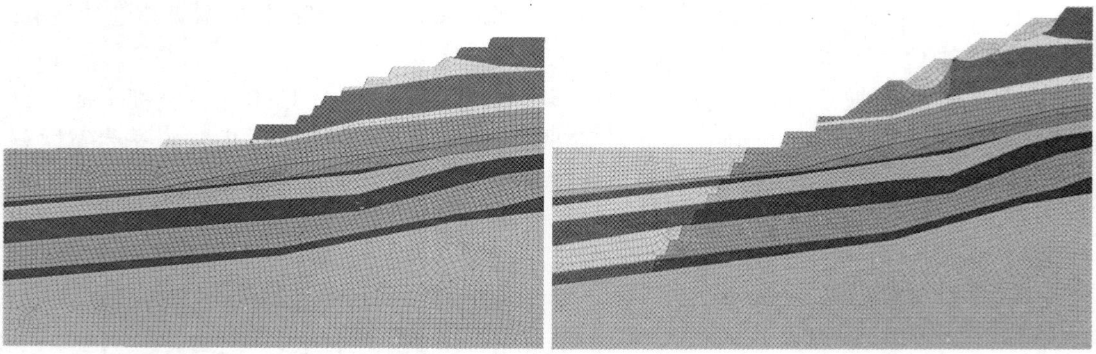

(a) (b)

图 7-14 边坡坡角调整前后计算模型对比

（a）原边坡；（b）放坡后

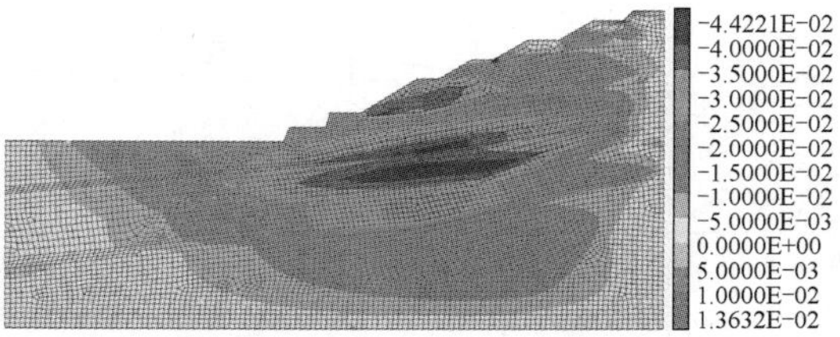

图 7-15 缓坡后坡体位移分布图

图 7-16 为开挖后边坡最大、最小主应力分布情况。边坡整体处于受压状态，压应力由边坡表面至内部呈增长趋势，最大压应力为 6.54MPa，与原设计差别不大。坡角放缓后，最小主应力中不存在拉应力，而原设计中风化砂岩坡体表面存在 0.02MPa 拉应力，可见坡角放缓改善了边坡的应力状态。

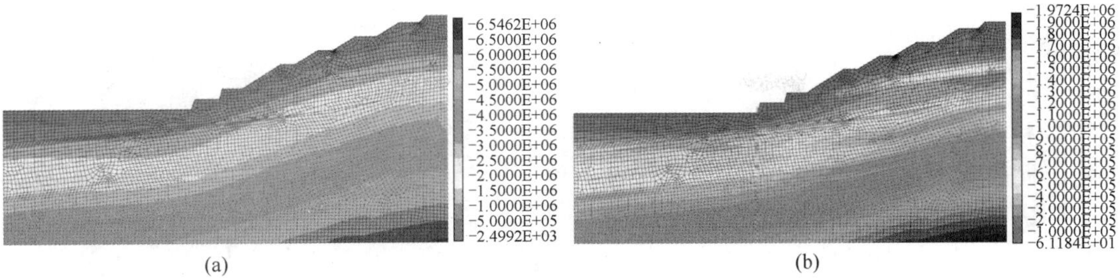

图 7-16　缓坡后最大主应力（a）与最小主应力（b）分布图

图 7-17 为边坡塑性区分布情况。坡角放缓后，整个边坡范围内，在风化带及深部岩体区域仍存在塑性区。

图 7-18 为剪应变增量云图。坡角放缓后，整个边坡范围内，坡体表面强度较弱的风化带及粉质黏土区域仍存在较大的剪应变增量。

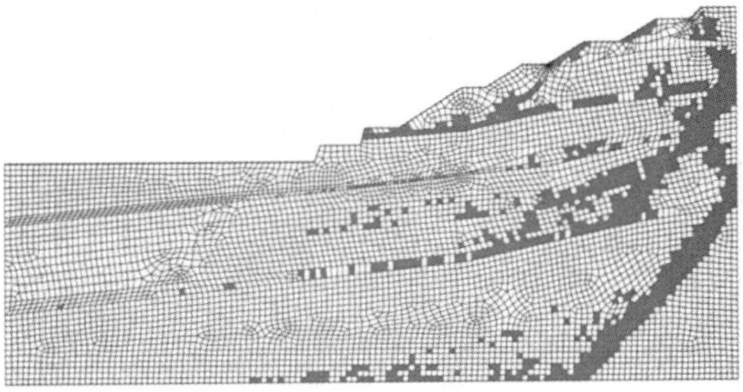

图 7-17　缓坡后塑性区分布图

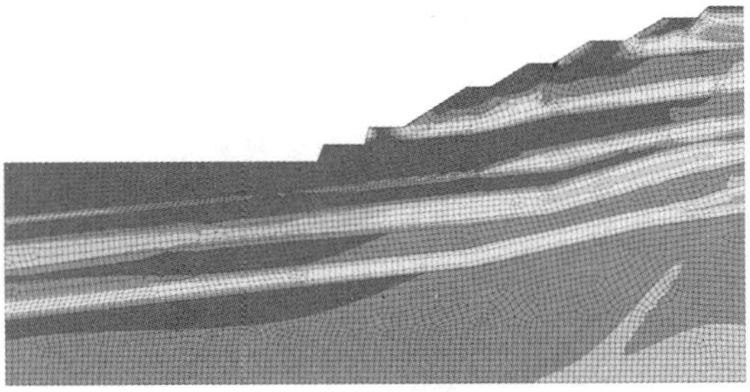

图 7-18　缓坡后剪应变增量云图

（2）深部开挖稳定性分析。按建议的处治方案进行后续开挖，开挖后滑坡区域保持现有 1290 平台宽度不变（自北向南平台宽约 10~50m 之间），调整 1275 平台宽度以保证 1275 平台及 1290 平台宽度之和为 76m，1275m 以下采用边坡原设计方案。

边坡坡体位移、塑性区分布及剪应变增量云图分别如图 7-19~图 7-21 所示。由图 7-19 可知，下部开挖后，坡体最大位移有一定增加，由 4.4cm 增加到 8.1cm，主要出现在边坡下部 2 号、4 号、9 号煤层区域，其他区域稳定性较好；由图 7-20、图 7-21 可知上部边坡破碎风化带范围内塑性区、剪应变增量均有小幅增加，整体看，下部开挖对上部坡体稳定性影响有限，整体边坡稳定性较好，但下部开挖至 2 号、4 号、9 号煤层时应加强现场的监测，确保软弱煤层的揭露不会诱发边坡失稳。

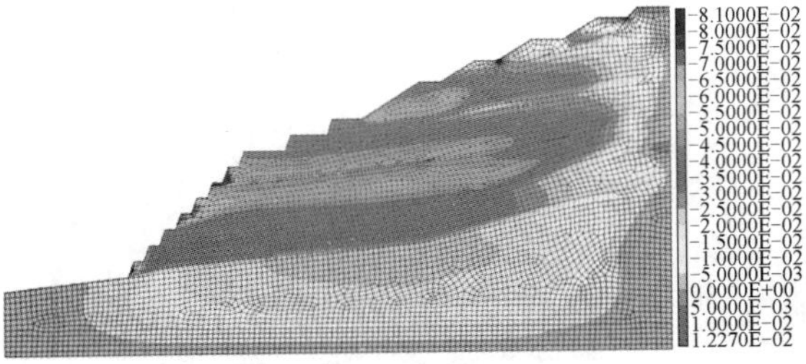

图 7-19　深部开挖后坡体位移分布图

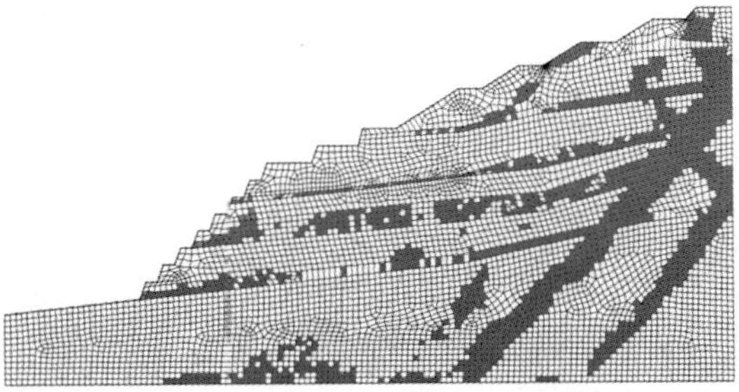

图 7-20　深部开挖后塑性区分布图

数值计算结果表明，边坡按建议方案进行处治，其整体稳定性得到了提高，除风化带局部区域及煤层区域的位移、剪应变增量和塑性区较大外，其他区域均保持稳定。同时，下部开挖对上部边坡稳定性有一定影响，但影响程度有限，需要注意的是，下部开挖至 2 号、4 号、9 号煤层时应加强现场的监测，确保软弱煤层的揭露不会诱发边坡失稳。

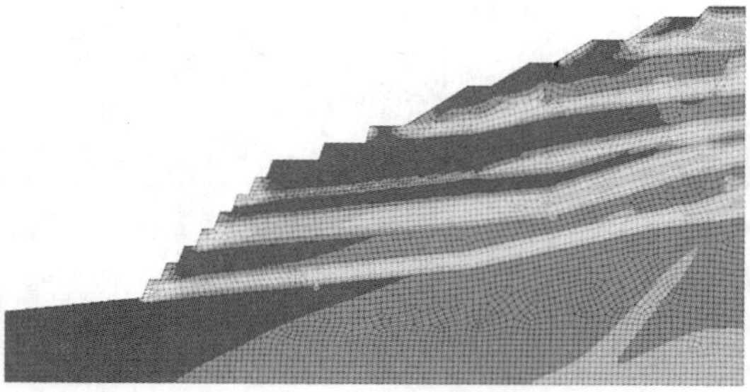

图 7-21　深部开挖后剪应变增量云图

综上分析结果，采取建议的“清塌缓坡、预留宽平台”处治方案后，边坡整体稳定性有较大程度提高。

练　习　题

(1) 岩土工程中目前使用的主要数值计算方法都有哪些？
(2) 简述边坡工程分析中有限单元法的主要优点。
(3) 简述有限单元法的计算分析步骤。
(4) 简述有限元强度折减法的主要优点。
(5) 有限元强度折减法计算边坡稳定性时，边坡的失稳判据包括哪些方面？
(6) 简述有限差分格式的定义及分类标准。
(7) 简述快速拉格朗日法的定义和主要步骤。
(8) 简述 FLAC 3D 软件提供的材料模型，材料模型可分为几大类，每一类型的特征是什么？
(9) 简述使用 FLAC 3D 软件进行边坡稳定性计算的主要步骤。

8 岩土体力学参数确定

本章主要内容：

本章针对土质边坡，介绍土体抗剪强度参数 c 和 φ 值及不同类型参数的测定方法，并结合土坡的稳定性分析合理地选择参数，以期达到最优工程效果；针对岩质边坡，结合边坡工程岩体特点，简要介绍结构面和节理岩体的强度特性，重点阐述结构面和节理岩体力学参数的确定方法，包括经验折减法、经验关系法和数值模拟法等。

学习要点：

了解土体抗剪强度参数及其不同类型参数的测定方法，重点掌握各种形式边坡中参数的选择；了解节理岩体强度特性，重点掌握结构面和节理岩体力学参数的确定方法。

8.1 土体力学参数确定

8.1.1 概述

土是一种摩擦材料，工程中常用黏聚力和内摩擦角描述岩土的抗剪强度，即岩土的天然强度参数。Coulomb(1773) 基于砂土直接剪切试验，提出了土的抗剪强度定律，通常表示为

$$\tau_f = \sigma \cdot \tan\varphi \tag{8-1}$$

推广到黏性土，有

$$\tau_f = c + \sigma \cdot \tan\varphi \tag{8-2}$$

式中，τ_f 为土的抗剪强度；σ 为剪切面上的法向应力；c 和 φ 分别称为黏聚力和内摩擦角，也称为抗剪强度指标或强度参数。

针对更一般的情况，Mohr(1900) 提出材料的抗剪强度 τ_f 与法向应力 σ 之间存在着函数关系，即

$$\tau_f = f(\sigma) \tag{8-3}$$

这就是 Mohr 强度包络线，通常是一条曲线，可采用常规三轴试验的方法求得。如果 Mohr 强度包络线是直线，则 Mohr 公式便与 Coulomb 公式等价，尽管它们的物理背景不同。

式（8-1）和式（8-2）中的 σ 为总应力，c 和 φ 称为岩土的总应力强度指标，由于水不能承受剪应力，故作用于剪切面上的水压力不影响土的强度。换句话说，抗剪强度的摩擦分量只能由作用于土骨架上的应力提供。根据有效应力原理，Terzaghi 将饱和土的 Coulomb 强度公式写成

$$\tau_f = c' + \sigma' \tan\varphi' \tag{8-4}$$

式中，σ'为作用于剪切面上的法向有效应力；c'、φ'分别为有效应力强度指标。

此外，工程中在进行土压力或者边坡稳定性分析时，有时为了简化计算，常用等效内摩擦角的概念。土体的等效内摩擦角是考虑黏聚力在内的假想“内摩擦角”，也称为似内摩擦角或综合内摩擦角。黏性土综合内摩擦角 φ_d 的确定方法一般包括 3 种。

（1）半经验法（使用中较为方便）：

$$\varphi_d = 30° \sim 35° \tag{8-5}$$

（2）根据土抗剪强度相等的原理计算：

$$\tan\varphi_d = \tau'/(\gamma H) = (\gamma H \tan\varphi + c)/(\gamma H) = \tan\varphi + c/(\gamma H)$$

即

$$\varphi_d = \arctan(\tan\varphi + c/(\gamma H)) \tag{8-6}$$

（3）根据土压力相等的原理计算。为计算方便，φ_d 可按地面水平、墙背竖直、光滑的简单边界条件确定。假定黏性土土压力与换算后的砂性土土压力相等，即：

$$\begin{aligned} E_a &= \frac{1}{2}\gamma H^2 \tan^2\left(45° - \frac{\varphi}{2}\right) - 2cH\tan\left(45° - \frac{\varphi}{2}\right) + 2c^2/\gamma \\ &= \frac{1}{2}\gamma H^2 \tan^2\left(45° - \frac{\varphi_d}{2}\right) \end{aligned} \tag{8-7}$$

按上式即可求出 φ_d 的值。

8.1.2　土体强度参数选用对土坡稳定性分析的影响

在进行边坡稳定性分析时，分析结果是否可靠很大程度上取决于土体抗剪强度参数的正确选用，如果使用过高的强度指标值进行边坡的设计分析，就有发生滑坡的可能。因此，在实际工程中应尽可能结合土坡实际受力情况、填料性质和排水条件等，合理选用土的抗剪强度指标 c 和 φ（或 c'和 φ'）。

此外，土体抗剪强度指标测量值随试验方法的不同而变化很大。研究表明，当强度指标相同时，采用不同计算方法计算得到的安全系数最小仅差 10%，如瑞典条分法和毕肖普法；而对同一土坡按毕肖普法进行计算时，采用不同试验方法得到的强度指标，却可能导致土坡安全系数的差异达到 60%。如表 8-1 所示为某一软黏土边坡采用不同试验方法得到的抗剪强度指标及安全系数，由表可知，固结快剪强度指标相应的安全系数较快剪高 58%左右，说明抗剪强度指标对安全系数的影响大于计算方法的影响。

表 8-1　某软黏土边坡的抗剪强度指标及安全系数

项目	不排水剪	快剪	固结快剪	有效强度指标
φ/(°)	0	5	19	30
c/kPa	26.7	11	7	0
F_s	1.13(123%)	0.92(100%)	1.45(158%)	1.54(167%)

因而，应尽可能结合边坡的实际加载情况、土体的物理力学性质和排水条件等具体情况，合理地选用土体的抗剪强度指标。理论上采用有效强度指标计算安全系数更为合理，故在重要工程中应采用有效强度进行核算。目前，限于实验设备及技术条件，我国还未普

遍采用有效强度分析法。此外，由于对有效应力和总应力法的评价仍存在较大分歧，因此，在具体的工程实践中，部分单位仍平行使用这两种分析方法，也有些单位根据自己的具体条件和使用经验而有所侧重和选择。

8.1.3 土体强度参数测定与种类

土的抗剪强度指标黏聚力 c 和内摩擦角 φ，通常在试验室内采用直剪试验和三轴试验测定。需要注意的是，在不同的试验条件、不同的应力应变状态下，抗剪强度指标通常都是不同的。在实际工程分析与研究中，应尽量选择与实际加载条件、力学状态相近的抗剪强度指标。

（1）有效应力指标与总应力指标。按是否考虑孔隙水压力，土的抗剪强度指标可分为总应力指标和有效应力指标两种。根据有效应力原理，土的抗剪强度是由土的有效应力所决定的，孔隙水压力不会对土体的抗剪强度产生贡献。有效应力是真正作用在土骨架上的应力，有效内摩擦角是真实反映土体内摩擦特性的指标。因此，理论上有效应力法才能真正反映土体抗剪强度的实质，使用有效应力强度指标最为合理。但是采用有效应力法分析时，需要同时掌握总应力和孔隙水压力的情况，但在实际工程中孔隙水压力很难得到，因此有效应力法并不能完全取代总应力法。

（2）剪切试验强度指标。在测定土的抗剪强度指标时，直剪试验分为慢剪、固结快剪和不固结快剪三种。三种试验条件下测得的抗剪强度分别为 c_s 和 φ_s、c_{cq} 和 φ_{cq} 以及 c_q 和 φ_q，对应的试验方法及指标见表 8-2。一般来说，三种试验条件下测定的强度指标满足 $c_q>c_{cq}>c_s$、$\varphi_q<\varphi_{cq}<\varphi_s$。

表 8-2 直剪试验方法和强度指标

试验类型	试验方法	强度指标
慢剪 (slow shear)	施加正应力充分固结，慢速剪切，保证无超静孔压	c_s、φ_s
固结快剪 (consolidated quick shear)	施加正应力充分固结，快速剪切，3~5min 内破坏	c_{cq}、φ_{cq}
快剪 (quick shear)	施加正应力后不固结，立即快速剪切，3~5min 内破坏	c_q、φ_q

（3）三轴试验条件下的强度指标。在测定土的强度指标时，三轴试验按是否排水和固结，分为固结排水试验、固结不排水试验和不固结不排水试验 3 种。3 种三轴试验条件下测得的抗剪强度分别为 c_d 和 φ_d、c_{cu} 和 φ_{cu}、c_u 和 φ_u，主要的试验指标列于表 8-3 中。一般认为三轴试验指的是三轴压缩试验，或称三轴剪切试验。一般情况下，$\varphi_u<\varphi_{cu}<\varphi_d$，$c$ 值也各不相同。

表 8-3 三轴试验的试验条件、孔压变化和强度指标

试验条件	孔隙水压力 u 的变化		剪切破坏时的应力		指标
	剪切前	剪切过程中	总应力	有效应力	
CD 试验	$u_1=0$	$u=u_2=0$ (任意时刻)	$\sigma_{1f}=\sigma_3+\Delta\sigma$ $\sigma_{3f}=\sigma_3$	$\sigma'_{1f}=\sigma_3+\Delta\sigma$ $\sigma'_{3f}=\sigma_3$	c_d φ_d

续表 8-3

试验条件	孔隙水压力 u 的变化		剪切破坏时的应力		指标
	剪切前	剪切过程中	总应力	有效应力	
CU 试验	$u_1=0$	$u=u_2\neq 0$ （不断变化）	$\sigma_{1f}=\sigma_3+\Delta\sigma$ $\sigma_{3f}=\sigma_3$	$\sigma'_{1f}=\sigma_3+\Delta\sigma-u_f$ $\sigma'_{3f}=\sigma_3-u_f$	c_{cu} φ_{cu}
UU 试验	$u_1>0$	$u=u_1+u_2\neq 0$ （不断变化）	$\sigma_{1f}=\sigma_3+\Delta\sigma$ $\sigma_{3f}=\sigma_3$	$\sigma'_{1f}=\sigma_3+\Delta\sigma-u_f$ $\sigma'_{3f}=\sigma_3-u_f$	c_u φ_u

8.1.4 一般边坡土体抗剪强度参数选用原则

前述简单介绍了土的总应力指标与有效应力指标，以及不同试验条件下的土体直剪试验强度指标和三轴试验强度指标。土抗剪强度指标的选用是一个很复杂的问题，既与理论上的合理性有关，又与使用习惯有关，且涉及试验技术条件与使用者的经验。对于一般的土坡稳定性分析，选用抗剪强度参数时应遵循以下几个基本原则：

（1）凡是可以确定孔隙水压力时，都应当使用有效应力指标；当同时采用有效应力指标和总应力指标时，应根据现场土体可能的固结排水情况，选用不同的试验强度指标。

（2）在选用仪器上，由于三轴仪的诸多优点，应优先采用，特别是在重要的工程中。直剪试验设备简单，操作方便，在应用其进行抗剪强度试验时，应根据土类及固结排水条件合理选择强度指标。

（3）对总应力强度指标的选用，原则上讲，验算正常使用情况宜采用固结不排水或固结快剪强度指标；施工期间土坡稳定性验算，宜采用不排水或快剪强度指标，但其又与土坡的受力情况、土层渗透性、土层厚度及施工速度等因素有关。

（4）对于正常固结状态的天然坡，原则上采用快剪或固结快剪试验均可得到符合天然条件的强度指标，但快剪试验易受取样、切样等扰动的影响，而不排水或快剪则在固结过程中可部分抵消扰动的影响，所以宜采用固结不排水或固结快剪强度指标。

（5）对于填方土坡，当其渗透系数小、土层厚、施工速度快时，多倾向采用不排水或快剪强度指标，反之则多倾向采用固结不排水或固结快剪强度指标。对于挖方坡，因挖方的卸荷作用，坡内土体会逐渐膨胀，强度随之降低，该情况与填方坡相反。

（6）对于土坡的动力稳定性分析，其抗剪强度指标应优先通过动力试验测定。若动力试验给出的动态强度高于相应的静态强度，取静态强度值。无试验条件时，黏性土和紧密砂砾等非液化土建议采用有效应力强度指标；堆石、砂砾石等粗粒无黏性土则采用对数函数或指数函数表达的非线性静态抗剪强度指标。

综上，各类强度指标的适用情况分述如下。

（1）固结排水（慢剪）强度指标的选择。如果边坡土体在现有的应力状态下平衡并固结完成，上部填方或结构的施工速度较慢，或处于正常运行期，可以满足排水条件，此时可采用固结排水强度指标，常用三轴固结排水试验测定土体的有效应力指标。图 8-1 所示的工况适合采用 CD 试验强度指标，其中图（a）是黏土地基上慢速填方的边坡工程，土层不仅有充足的时间固结稳定，孔隙水压力也能有效消散，图（b）是处于稳定渗流期的土坝。

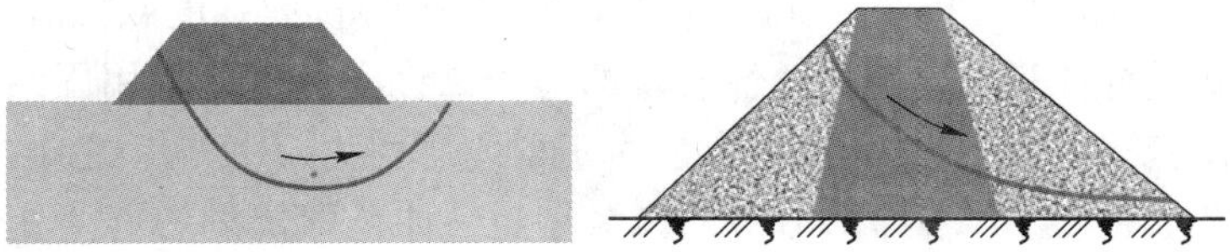

(a) (b)

图 8-1 CD 试验强度指标适用的实际工况

（a）黏土地基上分层慢速填方；（b）稳定渗流期的土坝

（2）固结不排水（固结快剪）强度指标的选择。如果边坡土体在现有的应力状态下平衡并固结完成，然后很快施加荷载或进行施工，此时可采用固结不排水强度指标。对于饱和粉细砂边坡可能产生液化和流滑的条件，也应采用固结不排水强度指标进行工程分析与计算。图 8-2 所示工况适合采用 CU 试验强度指标，其中图（a）是在填方或地基固结稳定后迅速施工新填方，图（b）是土坝竣工后正常使用很长时间并蓄水后，库水位突然下降时的情况，图（c）是在天然土坡上快速施工填方的情况。

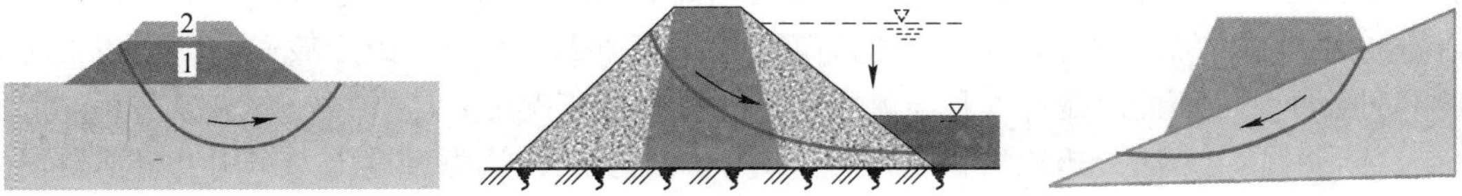

(a) (b) (c)

图 8-2 CU 试验强度指标适用的实际工况

（a）填土固结后快速施工上层填方；（b）土坝水位骤降；（c）天然土坡上快速填方

（3）不固结不排水（快剪）强度指标的选择。在黏土边坡工程问题中，若施工或施加荷载的速度很快，引起的超静孔隙水压力不能消散，土体也不能固结，此时可采用不固结不排水强度指标。图 8-3 所示工况适合采用 UU 试验强度指标，其中图（a）是在软土地基上快速进行填方的情况，图（b）是土坝快速施工，竣工后心墙未固结时的情况。

实际上，快速施工条件下大多数土体都处于部分固结状态，采用不固结不排水强度指标进行分析偏于安全。

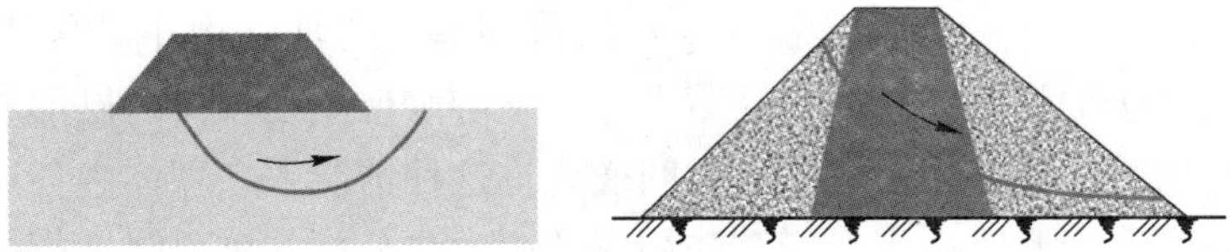

(a) (b)

图 8-3 UU 试验强度指标适用的实际工况

（a）软土地基上快速填方；（b）土坝快速施工心墙未固结

8.1.5 考虑渗流条件边坡土体抗剪强度参数选用

鉴于地下水渗流对边坡稳定性具有重要影响，以下针对有地下水渗流时土体抗剪强度指标的选用进行详细说明。

（1）渗流边坡中有效应力分析法和总应力分析法的强度参数选择。当边坡中有稳定渗流时，应采用有效应力分析法，此时边坡滑动面处土体抗剪强度或抗滑力采用有效应力强度指标 c' 和 φ' 进行计算。对于渗透性较差的饱和黏性土，也可采用固结不排水指标 c_{cu} 和 φ_{cu} 计算。边坡安全系数定义为抗滑力（力矩）与下滑力（力矩）之比，或抗剪强度 τ_f 与抗剪强度发挥度 τ 之比。若计算中将土和水作为整体，即抗滑力（力矩）和 τ_f 按有效应力计算，有效应力由总应力减孔隙水压力得到，而下滑力（力矩）和 τ 按总应力计算，这就是所谓水土合算原则；若计算中将土骨架和水分开考虑，即土采用有效重度，将水的作用以渗透力考虑，则为水土分算原则。工程上对于稳定渗流作用下的无黏性土边坡进行稳定分析时常采用水土分算，对稳定渗流作用下的黏性土边坡常采用水土合算。

对于快速施工的粉土和黏性土边坡，因为边坡内孔隙水压力来不及消散，可采用总应力法分析其稳定性，即不考虑孔隙水压力，抗滑力和下滑力都采用总应力，使用不排水剪强度指标 c_u 和 φ_u 计算。

（2）施工期边坡稳定性分析的强度参数选择。土石坝、路堤和河堤等在施工期填土逐渐加高，下部黏性填土受到上部填土的自重压力作用，会出现超静孔隙水压力且不易消散。特别是对于黏性大、含水量高的土更是如此。这种情况下，随边坡高度增加，剪应力不断加大，填土的有效应力和抗剪强度却增加不多，因而易于导致土坡失稳。刚竣工时为最不利条件，因而此时是边坡稳定性分析的一种控制工况。

当采用总应力法分析边坡稳定性时，对于黏性填土，认为自重压力作用下来不及发生渗流固结，压密只是由于未充水部分孔隙体积的减少，抗剪强度指标应该从坡体上直接取土试验，采用直剪试验的快剪指标或三轴试验的不排水剪指标。直剪试验因为试件薄、排水条件得不到严格控制，对于渗透系数 $k>1\times10^{-7}$cm/s 的土难以保证不排水条件，故应慎重使用；而三轴试验对排水条件能严格控制，对各种渗透性的土均可采用。对于无黏性土，渗透系数很大，应认为在填筑过程中土已基本完成固结，可选用直剪试验的慢剪或三轴试验的排水剪指标。

当采用有效应力方法分析边坡稳定性时，有效应力法必须先计算施工期填土内超静孔隙水压力的分布及发展变化情况，然后才能进行稳定计算。施工期孔隙水压力的估算包括两部分内容：一是估算不排水条件下孔隙水压力的发生，称起始孔隙水压力的计算；二是估算施工期间孔隙水压力的消散，即孔隙水压力随时间的发展。

（3）稳定渗流期土坡稳定性分析。稳定渗流期是施工期间由于填筑土体内所产生的超孔隙水压力已经全部消散，水库长期蓄水，上下游水位差在坝体内已形成稳定渗流，坝体内的渗流网得以唯一确定，而且不随时间变化。这种情况下，坝体内各点的孔隙水压力均可由渗流网确定，因此，原则上应该采用有效应力法分析，抗剪强度指标都应采用有效强度指标 c' 和 φ'。

（4）水位骤降期土坡稳定性分析。

1）总应力法。水位骤降前，在原水位情况下渗流已经稳定，固结已完成。骤降快速发生，来不及排水，故总应力法应采用固结不排水强度指标或固结快剪指标。

这里的固结是指原水位下的固结，与下降前的稳定渗流相比，一方面由于强度指标改为固结不排水剪强度指标，安全系数公式中的分子减小了，另一方面，水位下降又使下滑力增加，即安全系数公式中的分母增加。因此，安全系数会比稳定渗流情况降低很多，这也是为什么水位骤降常引起滑坡的主要原因。

2）有效应力法。水位骤降也可采用有效应力法分析，此时的有效应力为水位下降后的有效应力，强度指标为有效强度指标 c' 和 φ'。

由于是水位骤降，水压力没有达到稳定，就存在超静水压力，但对这样的情况很难区分"静"水压力和超静水压力。可设法确定水位骤降后滑面上总的水压力 u''，滑面上某点在水位骤降前的稳定水压力为 $u' = \gamma_w h_w$，若求出水压力改变量为 $\Delta u = u'' - u'$，则可求得 u''。

8.1.6 填方和挖方边坡土体抗剪强度参数选用

填方和挖方形成的边坡稳定性分析是工程中的常见问题，以下针对填方与挖方土坡稳定性分析中的参数选用进行简单介绍。

（1）填方土坡稳定性分析的强度参数选用。图 8-4（a）为一填方土坡，假设土坡由同种饱和黏性土构成，土中 a 点的应力状态由图 8-4（b）描述。a 点的剪应力随填土高度的增加而增大，并在竣工时达到最大值。初始孔隙水压力 u_0 等于静水压力 $\gamma_w h_0$。由于黏土具有低渗透性，因此在施工期间的体积变化量或排水量极小，可假定在施工过程中不发生排水，孔隙水压力 u 也不消散，假定黏土是在不排水条件下受荷的。一直到竣工以前孔隙水压力随填土增高而增大，如图 8-4（b）所示。按照 $\Delta u = B[\Delta\sigma_3 + A(\Delta\sigma_1 - \Delta\sigma_3)]$（$A$、$B$ 为斯开普顿孔压系数，对饱和土有 $B=1$），除非 A 是较大的负值，孔隙水压力 u 总是正值。竣工时抗剪强度与施工开始时的不排水强度 s_u 相等。

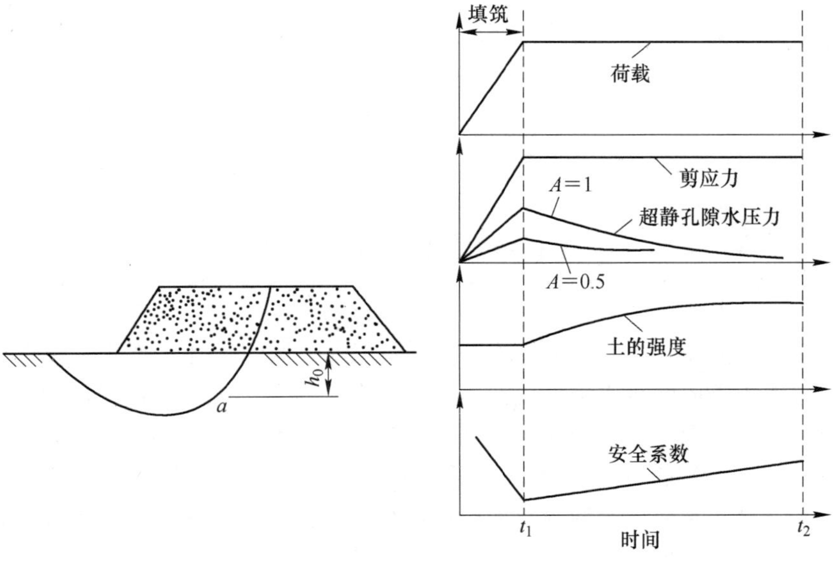

图 8-4　填方土质边坡的稳定性分析

（a）饱和黏性土上的土堤；（b）填方土堤的稳定性状态

竣工以后，总应力保持不变，而超静孔隙水压力 u 则由于固结而逐渐消散。固结使孔隙水压力下降，同时使有效应力与抗剪强度增加。经过较长的一段时间，在时间 t_2 时，超静孔隙水压力 $u=0$。只要孔隙水压力已知（有效应力已知），任何时间的抗剪强度都可由有效应力指标 c'、φ' 估算得到。由于在时间 t_2 时超静孔隙水压力为零，因此有效应力可根据外荷载、土体重量及静水压力算出。

因此，竣工时土坡稳定性采用总应力法和不排水强度 s_u 分析，土坡的长期稳定性则采用有效应力法和有效应力指标 c'、φ'进行分析。

根据图 8-4（b）可清楚地看出，在时间 t_1，即施工刚结束时，土坡的安全系数最小。

（2）挖方土坡的稳定性分析。图 8-5（a）为一挖方土坡，假设土坡由同一种饱和黏性土组成。挖方使 a 点的平均上覆压力减小，并引起孔隙水压力降低，即出现负值的超静孔隙水压力，如图 8-5（b）所示。根据孔隙压力的变化量 $\Delta u = B[\Delta\sigma_3 + A(\Delta\sigma_1 - \Delta\sigma_3)]$（因土体完全饱和，$B=1$），可知其降低值取决于孔隙压力系数 A 以及应力变化的大小，开挖过程中土体的小主应力 σ_3 要比大主应力 σ_1 下降得多，$\Delta\sigma_3$ 为负值，而 $\Delta\sigma_1-\Delta\sigma_3$ 为正值。

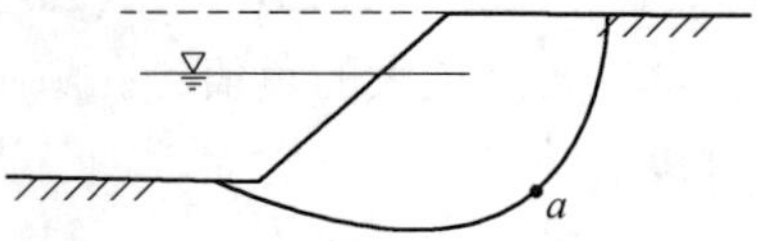

(a)

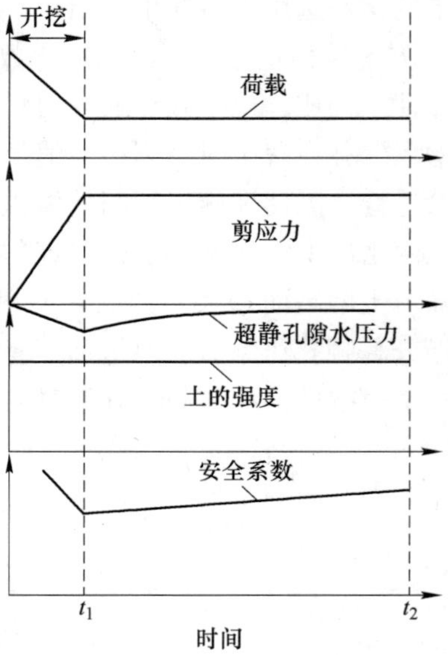

(b)

图 8-5　挖方土质边坡的稳定性分析

（a）饱和黏性土中的挖方；（b）开挖边坡的稳定性状态

a 点的剪应力在施工结束时达到最大值。假定施工期间土处于不排水状态，则竣工时土的抗剪强度等于土的不排水强度 s_u。负的超静孔隙水压力随时间增长而消散，同时伴随着黏性土的膨胀和抗剪强度的下降。在开挖较长时间后土中负的超静孔隙水压力完全消散，$\Delta u=0$。因此，竣工时土坡的稳定性采用总应力法和不排水强度 s_u 进行分析；而土坡的长期稳定性则采用有效应力法和有效应力指标 c'、φ'进行分析。需要注意的是，最不利情况为土坡的长期稳定性。

8.1.7　相关规范的土体抗剪强度参数选用规定

（1）《岩土工程勘察规范》（GB 50021）的规定。滑坡勘察时，土的强度试验宜符合下列要求：

1）采用室内、野外滑面重合剪，滑带宜作重塑土或原状土多次剪试验，并求出多次剪和残余剪的抗剪强度；

2）采用与滑动受力条件相似的方法；

3）采用反分析方法检验滑动面的抗剪强度指标。

《岩土工程勘察规范》（GB 50021）说明：采用室内或野外滑面重合剪，或取滑带土作重塑土或原状土多次重复剪，求取抗剪强度。试验宜采用与滑动条件相类似的方法，如快剪、饱和快剪等。当用反分析方法检验时，应采用滑动后实测主断面计算。对正在滑动的滑坡，稳定系数可取 0.95~1.00，对处在暂时稳定的滑坡，稳定系数可取 1.00~1.05。可根据经验，给定 c、φ 中的一个值，反求另一值。

（2）《建筑地基基础设计规范》（GB 50007）的规定。地基稳定性可采用圆弧滑动面法进行验算，抗剪强度参数宜根据土（岩）的性质和当地经验，可采用试验和滑坡反算相结合的方法，合理地确定滑动面上的抗剪强度。

（3）《碾压式土石坝设计规范》（SL 274）的规定。

1）土石坝各种计算工况。土体的抗剪强度均应采用有效应力法，按式（8-8）计算：

$$\tau_f = c' + (\sigma - u)\tan\varphi' = c' + \sigma'\tan\varphi' \tag{8-8}$$

黏性土施工期应同时采用总应力法，按式（8-9）计算：

$$\tau_f = c_u + \sigma\tan\varphi_u \tag{8-9}$$

黏性土库水位降落期应同时采用总应力法，按式（8-10）计算：

$$\tau_f = c_{cu} + \sigma_c'\tan\varphi_{cu} \tag{8-10}$$

式中，c_u、φ_u 为不排水剪总强度指标；c_{cu}、φ_{cu} 为固结不排水剪总强度指标；σ_c' 为库水位降落前的法向有效应力。

粗粒土非线性抗剪强度指标可按式（8-11）计算：

$$\varphi = \varphi_0 - \Delta\varphi\lg\left(\frac{\sigma_3}{p_a}\right) \tag{8-11}$$

式中，φ 为滑动面土体摩擦角；φ_0 为 1 个大气压力下的摩擦角；$\Delta\varphi$ 为 σ_3 增加一个对数周期下 φ 的减小值；σ_3 为土体滑动面的小主应力；p_a 为大气压力。

2）《碾压式土石坝设计规范》（SL 274）附录 D 中有关边坡稳定性分析的规定。抗剪强度的确定，直剪和三轴压缩试验应按照《土工试验规程》（SL 237）的规定进行，抗剪强度指标的测定和应用方法可按表 8-4 选用。

表 8-4　抗剪强度指标测定和应用

控制稳定的时期	强度计算方法	土类		使用仪器	试验方法与代号	强度指标	试样起始状态
施工期	有效应力法	无黏性土		直剪仪	慢剪（S）	c'、φ'	填土用填筑含水率和填筑容重的土，坝基用原状土
				三轴仪	固结排水剪（CD）		
		黏性土	饱和度小于 80%	直剪仪	慢剪（S）		
				三轴仪	不排水剪测孔隙压力（UU）		
			饱和度大于 80%	直剪仪	慢剪（S）		
				三轴仪	固结不排水剪测孔隙压力（CU）		
	总应力法	黏性土	渗透系数小于 10^{-7}cm/s	直剪仪	快剪（Q）	c_u、φ_u	
			任何渗透系数	三轴仪	不排水剪（UU）		

续表 8-4

控制稳定的时期	强度计算方法	土类		使用仪器	试验方法与代号	强度指标	试样起始状态
稳定渗流期和水库水位降落期	有效应力法	无黏性土		直剪仪	慢剪（S）	c'、φ'	同上，但要预先饱和，而浸润线以上的土不需饱和
				三轴仪	固结排水剪（CD）		
		黏性土		直剪仪	慢剪（S）		
				三轴仪	固结不排水剪测孔隙压力（CU），或固结排水剪（CD）		
水库水位降落期	总应力法	黏性土	渗透系数小于 10^{-7}cm/s	直剪仪	固结快剪（R）	c_{cu}、φ_{cu}	
			任何渗透系数	三轴仪	固结不排水剪（CU）		

注：施工期总应力法抗剪强度为坝体填土非饱和土，对于坝基饱和土，抗剪强度指标应改为 c_{cu}，φ_{cu}。

稳定渗流期应用有效应力法，施工期和库水位降落期应同时用有效应力法和总应力法，以较小的安全系数为准。如果用有效应力法确定填土施工期孔隙压力的消散和强度增长时，则不必用总应力法相比较。

（4）《港口工程地基规范》（JTS 147−1）的规定。港口工程边坡稳定性计算中，抗力分项系数选取与采用的抗剪强度指标有关，如表 8-5 所示。

表 8-5 港口工程边坡稳定分项系数

强度指标	采用计算方法	r_R	说 明
直剪固结快剪	简化毕肖普法	黏性土坡 1.2~1.4	固结度与计算情况相适应
		其他土坡 1.3~1.5	
	瑞典条分法	1.1~1.3	
有效剪	有效应力法	1.3~1.5	孔隙水压力采用与计算情况相应数值
十字板剪、无侧限抗压强度、三轴不固结不排水剪	$\varphi_u=0$ 法	十字板剪取 1.1~1.3 或 1.2~1.4；其他方法可根据经验取值	考虑因土体固结引起的强度增长
直剪快剪	瑞典条分法	根据经验取值	—

8.1.8 土坡稳定性数值分析中的弹性力学参数选用

除抗剪强度参数外，在进行土坡稳定性分析中还涉及其他力学参数，如数值模拟中用到的弹塑性参数，一般的弹塑性本构模型中塑性参数种类与选取的本构模型有关，弹性模量、泊松比等弹性参数比较常用，本节以邓肯-张非线性模型的弹性模量-泊松比模型参数或弹性模量-体积模量模型参数为例，简单介绍在土坡稳定性数值分析中弹性参数的选用与确定方法。

8.1.8.1 E_t-v_t 模型的参数确定

E_t-v_t 模型中切线弹性模量和切线泊松比的表达式分别为：

$$E_t = Kp_a\left(\frac{\sigma_3}{p_a}\right)^n\left[1 - \frac{R_f(\sigma_1 - \sigma_3)(1 - \sin\varphi)}{2c\cos\varphi + 2\sigma_3\sin\varphi}\right]^2$$

$$v_t = \frac{G - F\lg(\sigma_3/p_a)}{\left\{1 - \dfrac{D(\sigma_1 - \sigma_3)}{Kp_a\left(\dfrac{\sigma_3}{p_a}\right)^n\left[1 - \dfrac{R_f(\sigma_1 - \sigma_3)(1 - \sin\varphi)}{2c\cos\varphi + 2\sigma_3\sin\varphi}\right]}\right\}^2} \tag{8-12}$$

式中，c 为黏聚力；φ 为内摩擦角；R_f 为破坏比；p_a 为大气压（101.4kPa）；常规三轴压缩试验条件下，K 和 n 为表征（$\sigma_1 - \sigma_3$）$- \varepsilon_1$ 双曲线型关系曲线初始切线模量 E_i 与围压 σ_3 关系的材料常数，G 和 F 为表征初始泊松比 v_i 与围压 σ_3 关系的材料常数，D 是表征轴向应变 ε_1 与侧向应变$-\varepsilon_3$ 关系的材料常数。

E_t-v_t 模型表达式中共有 c、φ、R_f、K、n、G、F 和 D 共 8 个材料常数，一般通过常规三轴压缩试验（部分参数也可通过其他试验方法）确定。下面介绍基于常规三轴压缩试验确定各材料常数的基本步骤及方法。

（1）确定 c 和 φ。通常在常规三轴排水剪切试验条件下对至少三组同种土样分别在不同围压 σ_3 作用下进行试验。试验完成后确定偏差应力 $\sigma_1-\sigma_3$ 的峰值（无峰值则通常以轴向应变为 15%的应力状态代表峰值）作为破坏点。可在 $\tau-\sigma$ 坐标平面上绘制不同围压 σ_3 对应的极限应力圆，绘制至少三个应力圆的公切线得到该土样的抗剪强度包络线，此强度线的倾角和在 τ 轴上的截距分别为土样的内摩擦角和黏聚力。也可根据主应力形式的摩尔-库仑强度准则确定土样的内摩擦角和黏聚力，即

$$\sigma_1 = N_\varphi\sigma_3 + 2c\sqrt{N_\varphi}$$

$$N_\varphi = \tan^2\left(45° + \frac{\varphi}{2}\right) \tag{8-13}$$

通过拟合不同围压 σ_3 条件下的破坏状态主应力 σ_1 与 σ_3 的关系直线得到斜率和截距分别为 N_φ 和 $2c\sqrt{N_\varphi}$，再计算 c 和 φ。

（2）确定 K、n 和 R_f。由于邓肯-张模型假定了土体的偏差应力与轴向应变满足双曲线关系，在常规三轴试验条件下可表示为：

$$\sigma_1 - \sigma_3 = \frac{\varepsilon_1}{a + b\varepsilon_1} \tag{8-14}$$

式中，a、b 为试验常数。

将常规三轴试验结果按 $\dfrac{\varepsilon_1}{\sigma_1 - \sigma_3} - \varepsilon_1$ 关系总结，可以拟合得到表征二者关系的直线，则 b 为该拟合直线的斜率，a 为该拟合直线在 $\dfrac{\varepsilon_1}{\sigma_1 - \sigma_3}$ 上的截距。

常规三轴试验条件下 $d\sigma_2 = d\sigma_3 = 0$，则偏差应力-轴向应变双曲线的切线模量为：

$$E_t = \frac{d(\sigma_1 - \sigma_3)}{d\varepsilon_1} = \frac{a}{(a + b\varepsilon_1)^2} \tag{8-15}$$

试验的起始阶段 $\varepsilon_1 = 0$，则初始切线模量 $E_i = 1/a$，即 a 为双曲线初始切线模量的倒数。

初始切线模量 E_i 与试验围压 σ_3 满足

$$E_i = Kp_a\left(\frac{\sigma_3}{p_a}\right)^n \tag{8-16}$$

因此，得到不同围压 σ_3 作用下的 E_i 后，拟合 $\lg(E_i/p_a)-\lg(\sigma_3/p_a)$ 关系直线，即可得到 n 和 K 分别为拟合直线的斜率及其在 $\lg(E_i/p_a)$ 轴上的截距。

如果 $\varepsilon_1 \to \infty$，则极限偏差应力 $(\sigma_1-\sigma_3)_{ult}=1/b$，即 b 为双曲线渐近线对应的极限偏差应力的倒数。

由于试验条件下一般不能使轴向应变达到无限大，通常只能确定强度值 $(\sigma_1-\sigma_3)_f$（有峰值时取峰值应力状态，无峰值时取轴向应变为15%的应力状态代表峰值应力状态）。此时将破坏比 R_f 定义为土的强度与极限偏差应力的比值，即 $R_f=\dfrac{(\sigma_1-\sigma_3)_f}{(\sigma_1-\sigma_3)_{ult}}$。因此可得：

$$R_f = b(\sigma_1-\sigma_3)_f \tag{8-17}$$

（3）确定 D。邓肯假定常规三轴压缩试验条件下轴向应变 ε_1 与侧向应变 $-\varepsilon_3$ 也满足双曲线关系，即：

$$\varepsilon_1 = \frac{-\varepsilon_3}{f+D(-\varepsilon_3)} \tag{8-18}$$

或

$$-\varepsilon_3/\varepsilon_1 = f + D(-\varepsilon_3) = f - D\varepsilon_3 \tag{8-19}$$

因此，将试验得到的数据 $(-\varepsilon_3/\varepsilon_1,\ \varepsilon_3)$ 进行直线拟合，从而确定直线的截距 f 与斜率 $-D$。

根据式（8-19）可知，当 $-\varepsilon_3 \to 0$ 时，$(-\varepsilon_3/\varepsilon_1)_{-\varepsilon_3\to 0}=f=v_i$，$v_i$ 即为初始泊松比，D 为 ε_1-ε_3 关系渐近线的倒数。

（4）确定 G 和 F。试验表明，土样的初始泊松比 v_i 与试验的围压 σ_3 有关，在半对数坐标系 $(v_i-\lg(\sigma_3/p_a))$ 中，可认为二者满足线性关系，表达式为：

$$v_i = f = G - F\lg(\sigma_3/p_a) \tag{8-20}$$

因此，拟合 $v_i-\lg(\sigma_3/p_a)$ 的关系直线，得到拟合直线的截距和斜率的绝对值分别为 G 和 F。

至此，即确定了邓肯-张 E_t-v_t 模型的8个材料常数。

8.1.8.2　E_t-B 模型的参数确定

E_t-B 模型中切线弹性模量和体积模量的表达式为：

$$\begin{aligned} E_t &= Kp_a\left(\frac{\sigma_3}{p_a}\right)^n\left[1-\frac{R_f(\sigma_1-\sigma_3)(1-\sin\varphi)}{2c\cos\varphi+2\sigma_3\sin\varphi}\right]^2 \\ B &= K_b p_a\left(\frac{\sigma_3}{p_a}\right)^m \end{aligned} \tag{8-21}$$

式中，切线弹性模量中参量的意义与 E_t-v_t 模型一致，体积模量中 K_b 和 m 为材料常数。

E_t-B 模型表达式中共有 c、φ、R_f、K、n、K_b 和 m 共7个材料常数。前5个参数确定方法与 E_t-v_t 模型一致，以下介绍与体积模量有关的材料常数确定方法。

三轴试验条件下，可通过下式计算不同围压 σ_3 作用时的体积模量 B：

$$B=\frac{(\sigma_1-\sigma_3)_{70\%}}{3(\varepsilon_v)_{70\%}} \tag{8-22}$$

式中，$(\sigma_1-\sigma_3)_{70\%}$、$(\varepsilon_v)_{70\%}$ 为 $\sigma_1-\sigma_3$ 达到 70%（$\sigma_1-\sigma_3)_f$ 时的偏差应力及体应变试验值。

拟合 $\lg(B/p_a)$-$\lg(\sigma_3/p_a)$ 的关系直线得到截距和斜率分别为材料常数 K_b 和 m。

8.2 岩体力学参数确定

8.2.1 概述

工程岩体是由完整岩块和分布于其内部的结构面共同组成的复杂地质体，其力学性质与岩体中的结构面、结构体及其赋存环境密切相关。由于岩体结构的原因，岩体强度等参数不是固定不变的，而是随试件尺寸增大而降低。此外，岩体变形破坏等特征也受岩体结构产状与工程开挖空间关系的影响，并随环境因素的变化而变化。

自然界中构成边坡的岩体被断层、层面、挤压带和节理裂隙等一系列结构面切割。当滑坡发生时，失稳岩体将沿结构面或由结构面与岩桥组合形成的滑面滑动。不同滑面区域，对应不同的强度指标，相应的参数确定方法也不相同。鉴于此，本章将系统阐述结构面、节理岩体的强度等参数的常用确定方法。

8.2.2 结构面抗剪强度计算方法

结构面是岩体中原生、构造和次生结构面的总称，包括岩层层面、断裂面、节理面等不连续面，它在岩体中变化非常复杂。结构面的存在，使岩体呈现出构造上的不连续性和不均质性，岩体力学性质也与结构面的特性密切相关。结构面的力学特点包括：垂直于结构面方向，不能受拉，但能承受较大的压力；平行于结构面方向，能抵抗一定的剪应力作用。因此，实际工程中结构面一般不承受拉应力，岩体破坏以沿某些软弱结构面的滑移破坏为主。

试验研究表明，结构面在剪切过程中的力学机制比较复杂，影响结构面抗剪强度的因素是多方面的，主要根据抗剪试验确定结构面的抗剪强度指标。结构面抗剪强度一般可用库仑（Coulomb）准则表示：

$$\tau_f=c_j+\sigma_n\tan\varphi_j \tag{8-23}$$

式中，σ_n 是作用在结构面上的法向应力；φ_j 为内摩擦角，可表示成 $\varphi_j=\varphi_b+i$，φ_b 是岩石平坦表面基本摩擦角，i 是结构面粗糙度角。

试验表明，低法向应力剪切时，结构面存在剪切位移和剪胀效应；高法向应力剪切时，凸台被剪断，结构面抗剪强度最终变成残余抗剪强度。在剪切过程中，凸台起伏形成的粗糙度以及岩石强度对结构面的抗剪强度起着重要作用。考虑到上述三个基本因素（法向应力 σ_n、粗糙度 JRC、结构面壁面岩石抗压强度 JCS）的影响，Barton 和 Choubey（1977）提出另一种结构面抗剪强度公式：

$$\tau_f=\sigma_n\tan\left[\phi_b+JRC\log_{10}\left(\frac{JCS}{\sigma_n}\right)\right] \tag{8-24}$$

式中，JRC 为结构面粗糙度系数，取值一般介于0~20之间，粗糙起伏结构面为20，平坦起伏结构面为10，平坦近平滑结构面取5，其具体描述见图8-6；JCS 是结构面两侧岩石的抗压强度，如结构面两侧邻近的岩体完全没有风化，则 JCS 等于岩石的单轴抗压强度 σ_c，如结构面壁面及邻近的岩体风化，则 JCS 可以近似取 $\sigma_c/4$。

式（8-24）中 $\left[JRC\log_{10}\left(\frac{JCS}{\sigma_n}\right)\right]$ 相当于结构面上的粗糙度角 i，当法向应力等于 JCS 时，$JCS/\sigma_n=1$，$i=\left[JRC\log_{10}\left(\frac{JCS}{\sigma_n}\right)\right]=0$，表明结构面凸台剪断；当法向应力较低时，$(JCS/\sigma_n)$ 较大，粗糙度角 i 在结构面剪切强度中占很大比重。一般情况下 Barton 公式适用于中-高应力状态下结构面的抗剪强度计算。

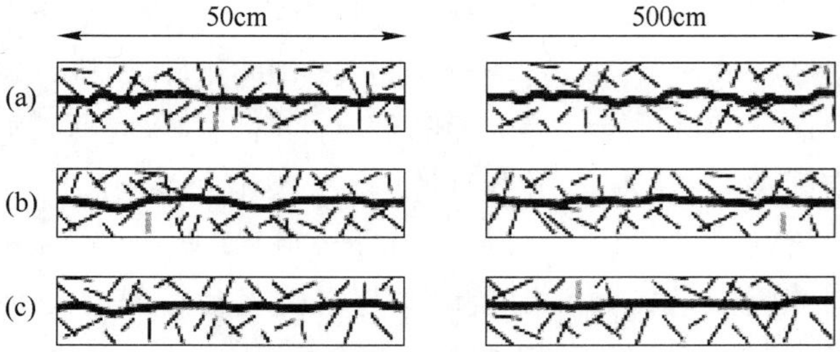

图8-6 结构面状态及 JRC 取值

（a）粗糙起伏结构面 $JRC=20$；（b）平坦起伏结构面 $JRC=10$；（c）平坦近平滑结构面 $JRC=5$

8.2.3 结构面抗剪强度经验确定法

岩体结构面抗剪强度指标一般根据室内不连续面剪切试验、现场原位试验等方法综合确定，试验方法应符合国家标准《工程岩体试验方法标准》（GB/T 50266）的有关规定。当不具备试验条件时，对于二、三级边坡可按表8-6和折算后的室内试验指标按经验方法综合确定。

表8-6 边坡岩体结构面抗剪强度标准值

结构面类型	结构面结合程度	内摩擦角 φ/(°)	黏聚力 c/MPa
硬性结构面	胶结的结构面，结合好	>35	0.25~0.15
	无充填的结构面，结合一般	35~27	0.15~0.10
	岩块岩屑型，结合差	27~18	0.10~0.05
软弱结构面	岩屑夹泥型，结合很差	18~12	0.05~0.02
	泥膜、泥化夹层型，结合极差	<12	0.02~0.002

注：1. 无经验时取表中的低值；2. 软岩、极软岩取表中较低值；3. 岩体结构面连通性差取表中的高值；4. 岩体结构面浸水时取表中的较低值；5. 表中数值已考虑结构面的时间效应。

岩体结构面的结合程度可按表8-7确定。

表8-7 结构面的结合程度

结合程度	结合状况	起伏粗糙程度	结构面张开度/mm	充填情况	岩体状况
结合良好	铁硅钙质胶结	起伏粗糙	≤3	胶结	硬岩或较软岩

续表 8-7

结合程度	结合状况	起伏粗糙程度	结构面张开度/mm	充填情况	岩体状况
结合一般	铁硅钙质胶结	起伏粗糙	3~5	胶结	硬岩或较软岩
	铁硅钙质胶结	起伏粗糙	≤3	胶结	软岩
	分离	起伏粗糙	≤3（无填充时）	无充填或岩块、岩屑充填	硬岩或较软岩
结合差	分离	起伏粗糙	≤3	干净无充填	软岩
	分离	平直光滑	≤3（无填充时）	无充填或岩块、岩屑充填	各种岩层
	分离	平直光滑	—	岩块、岩屑夹泥或附泥膜	各种岩层
结合很差	分离	平直光滑、略有起伏	—	泥质或泥夹岩屑充填	各种岩层
	分离	平直很光滑	≤3	无充填	各种岩层
结合极差	结合极差	—	—	泥化夹层	各种岩层

注：1. 起伏度：当 $R_A \leqslant 1\%$，平直；当 $1\% < R_A \leqslant 2\%$ 时，略有起伏；当 $R_A > 2\%$ 时，起伏；其中 $R_A = A/L$，A 为连续结构面起伏幅度（cm），L 为连续结构面取样长度（cm），测量范围 L 一般为 1.0~3.0m；

2. 粗糙度：很光滑，感觉非常细腻如镜面；光滑，感觉比较细腻，无颗粒感觉；较粗糙，可以感觉到一定的颗粒状；粗糙，明显感觉到颗粒状。

8.2.4 岩体强度确定方法

岩体强度是指岩体抵抗外力破坏的能力，包括抗压强度、抗拉强度和抗剪强度。但对于裂隙岩体来说，其抗拉强度很小，同时岩体抗拉强度测试技术难度大，所以目前对岩体抗拉强度的研究较少，本节从岩体抗压强度和抗剪强度的确定方法方面展开讨论。

岩体是由岩块和结构面组成的地质体，因此其强度必然受岩块和结构面强度及其组合方式的控制。一般情况下，岩体强度不同于岩块强度，也不同于结构面强度。如果岩体中结构面不发育，呈完整结构，则岩体强度大致等于岩块强度；如果岩体将沿某一结构面滑动时，则岩体强度完全受该结构面强度控制。上节已对结构面强度的确定方法进行了简单介绍，本节着重讨论被各种节理、裂隙切割的裂隙（节理化）岩体强度参数的确定问题。

岩体强度是岩体工程设计的重要参数。研究表明，裂隙岩体的强度介于岩块强度和结构面强度之间，其受岩石材料性质的影响及结构面特征（数量、方向、间距、性质等）和赋存条件（地应力、水、温度等）的控制。由于现场试验规模、仪器、试样扰动等因素影响，岩体真实强度难以完全通过试验获取。常用的岩体力学参数估算方法主要包括经验折减法、经验关系法和数值模拟法等。

8.2.4.1 经验折减法

该方法的实质是用某种简单的试验或结构面统计指标对岩块强度进行修正，作为岩体强度的估算值。

A 岩体抗剪强度参数折减法

根据《建筑边坡工程技术规范》（GB 50330），当无试验资料和缺少当地经验时，结合边坡岩体完整程度，天然状态或饱和状态岩体内摩擦角标准值可根据天然状态或饱和状态岩块的内摩擦角标准值，按表 8-8 中的系数折减确定。

表 8-8 边坡岩体内摩擦角折减系数

边坡岩体完整程度	内摩擦角折减系数
完整	0.95~0.90
较完整	0.90~0.85
较破碎	0.85~0.80

注：1. 全风化层可按成分相同的土层考虑；
2. 强风化基岩可根据地方经验适当折减。

通过对裂隙岩体的统计研究，发现岩体与岩块的内摩擦角相差较小，而黏聚力差别较大，岩体黏聚力折减法主要包括：

（1）M. Gergi 黏聚力折减法：

$$c_m = c[0.114e^{-0.48(i-2)} + 0.02] \tag{8-25}$$

式中 c——岩块黏聚力，kPa；
c_m——岩体黏聚力，kPa；
i——岩体结构面密度，条/m。

（2）费辛柯黏聚力折减法：

$$c_m = \frac{c}{1 + \alpha \ln \dfrac{h}{l}} \tag{8-26}$$

式中 h——岩体破坏高度，在边坡分析中可采用边坡高度，m；
l——结构面间距，m；
α——岩石特征系数，取决于岩石强度和岩体结构面分布特征，按表 8-9 选取。

表 8-9 岩石特征系数 α 建议取值

岩石类别和裂隙特征	岩块黏聚力/MPa	岩石特征系数 α
不密实或含轻微裂隙的砂-黏土质沉积岩，强风化、全高岭土化岩浆岩	0.4~0.9	0.5
密实砂-黏土质岩石，主要为直交裂隙	1.0~2.0	2
强高岭土化的岩浆岩	3.0~8.0	2
密实的砂-黏土质岩石，发育有斜交裂隙的高岭土化岩浆岩	3.0~8.0	3
中硬层状岩石，主要为直交裂隙	10~15	3
	15~17	4
	17~20	5
坚硬岩石，主要为直交裂隙	20~30	6
	>20	7
坚硬岩浆岩，主要为直交裂隙	>30	10

另外，岩体等效内摩擦角也是边坡工程设计中常用的强度参数，其值可按当地经验确定，当缺乏当地经验时，可按表 8-10 取值。

表 8-10 边坡岩体等效内摩擦角标准值

边坡岩体类型	Ⅰ	Ⅱ	Ⅲ	Ⅳ
等效内摩擦角 φ_d/(°)	$\varphi_d>72$	$72\geqslant\varphi_d>62$	$62\geqslant\varphi_d>52$	$52\geqslant\varphi_d>42$

注：1. 适用于高度不大于 30m 的边坡；当高度大于 30m 时，应作专门研究。

2. 边坡高度较大时宜取较小值；高度较小时宜取较大值；当边坡岩体变化较大时，同等高度段应分别取值。

3. 已考虑时间效应；对于Ⅱ、Ⅲ、Ⅳ类岩质临时边坡可取上限值，Ⅰ类岩质临时边坡可根据岩体强度及完整程度取大于 72°的数值。

4. 适用于完整、较完整的岩体；破碎、较破碎的岩体可根据地方经验适当折减。

B 岩体抗拉、抗压强度参数折减法

节理、裂隙等结构面是影响岩体强度的主要因素，其分布情况可通过弹性波速考察。弹性波穿过岩体时，遇到结构面发生绕射或被吸收，传播速度将有所降低。结构面越多，波速降低幅度越大，而小尺寸试件含结构面少，传播速度较大。因此根据弹性波在岩体和岩石试块中的传播速度比，可判断岩体中结构面发育程度，此比值的平方即为岩体完整性系数，以 K_v 表示：

$$K_v = \left(\frac{V_{pm}}{V_{pr}}\right)^2 \tag{8-27}$$

式中 V_{pm}——岩体纵波速度，km/s；

V_{pr}——完整岩石纵波速度，km/s。

进而可据此计算岩体抗压、抗拉强度：

$$\sigma_{mc} = K_v\sigma_c \tag{8-28}$$

$$\sigma_{mt} = K_v\sigma_t \tag{8-29}$$

式中 σ_{mc}，σ_{mt}——分别为岩体的单轴抗压、抗拉强度；

σ_c，σ_t——分别为岩石的单轴抗压、抗拉强度。

8.2.4.2 经验关系法

工程中常采用岩体分级方法确定岩体内摩擦角、黏聚力等参数的经验值，并用试验的方法加以校正。经验关系法是通过建立岩体力学参数与岩体分类指标之间的经验关系估算岩体强度和变形参数的一种方法，常用岩体分类方法如表 8-11 所示。

表 8-11 岩体分类方法汇总表

分类法	提出者
Q 分类法（Rock Mass Quality）	Barton，et al（1974）
RMR 分类法（Rock Mass Rating）	Bieniawski（1976）
MRMR 法（Mining Rock Mass Rating）	Laubscher（1977）
RMS 分类法（Rock Mass Strength）	Selby（1980）
SMR 分类法（Slope Mass Rating）	Romana（1985）
SRMR 法（Slope Rock Mass Rating）	Robertson（1988）
BQ 分类法（Index of Rock Mass Basic Quality）	林韵梅（1988）
GSI 分类法（Geologic Strength Index）	Hoek（1994）
CSMR 分类法（Chinese System for SRMR）	陈祖煜（1995）
RMi 分类法（Rock Mass Index）	Palmström（1995）
M-RMR 法（Modified Rock Mass Classification）	Unal（1996）

以下介绍几种比较有影响的、综合性的边坡工程岩体分类法，包括岩体地质力学分类法（RMR）、地质强度指标分类法（GSI）以及岩体基本质量指标分类法（BQ）等。

A 岩体地质力学分类

岩体地质力学分类指标 RMR 由南非科学和工业研究委员会宾尼亚夫斯基（Bieniawski）1976 年提出，并于 1979 年进行修正。RMR 由岩块强度、RQD、节理间距、节理条件及地下水等 5 种指标组成。分类时，各种指标的数值按表 8-12A 的标准评分，求和得总分 RMR；对于隧道、地基、边坡工程，需按表 8-12B 的规定对总分做适当的修正；最后按总分对照表 8-12C 和表 8-12D 得到所研究岩体的类别及相应的岩体强度指标（c，φ）值。

表 8-12 RMR 系统分类表（1979 年）

A 分类参数和等级

参数			数值变化范围						
1	完整岩石强度/MPa	点荷载强度指标	>10	4~10	2~4	1~2	点荷载强度较低时宜用单轴抗压强度		
		单轴抗压强度	>250	100~250	50~100	25~50	5~25	1~5	<1
	评分值		15	12	7	4	2	1	0
2	岩芯质量指标 RQD/%		90~100	75~90	50~75	25~50	<25		
	评分值		20	17	13	8	3		
3	节理间距/cm		>200	60~200	20~60	6~20	<6		
	评分值		20	15	10	8	5		
4	节理状态		节理面很粗糙、不连续，张开宽度为零，不风化	节理面稍粗糙，张开宽度小于 1mm，微风化	节理面稍粗糙，张开宽度小于 1mm，强风化	镜面或夹泥厚度小于 5mm 或张开宽度 1~5mm，节理连续	夹泥厚度大于 5mm 或张开宽度大于 5mm，节理连续		
	评分值		30	25	20	10	0		
5	地下水状态（选择一项评价即可）	每 10m 长的隧道涌水量 /$L \cdot min^{-1}$	0	<10	10~25	25~125	>125		
		裂隙水压力与最大主应力比值	0	<0. 1	0. 1~0. 2	0. 2~0. 5	>0. 5		
		表现状态	完全干燥	潮湿	湿	可形成水滴	可形成水流		
	评分值		15	10	7	4	0		

B 按节理方向修正评分值

节理走向和倾向		非常有利	有利	一般	不利	非常不利
评分值	隧道和矿山	0	-2	-5	-10	-12
	地基	0	-2	-7	-15	-25
	边坡	0	-5	-25	-50	-60

续表 8-12

C 按总评分确定的岩体级别分类					
评分值	100~81	80~61	60~41	40~21	<20
分级	Ⅰ	Ⅱ	Ⅲ	Ⅳ	Ⅴ
质量描述	非常好	好	一般	差	非常差
D 岩体质量评价					
分级	Ⅰ	Ⅱ	Ⅲ	Ⅳ	Ⅴ
平均稳定时间	15m 跨度、20a	10m 跨度、1a	5m 跨度、7d	2.5m 跨度、10h	1m 跨度、30min
岩体黏聚力/kPa	>400	300~400	200~300	100~200	<100
岩体内摩擦角/(°)	>45	35~45	25~35	15~25	<15

B 岩体基本质量指标分类法

岩体基本质量分级是我国《工程岩体分级标准》(GB/T 50218) 中采用的岩体分类方法，适用于各种类型岩石工程的岩体分级需要，采用两步分级方法：先确定岩体的基本质量，再结合具体工程的特点（地应力、地下水和结构面产状）等确定岩体级别。

该分级标准采用了定性与定量相结合的方法，认为岩体的基本质量由岩石的坚硬程度和岩体的完整程度两个主要因素确定，同时考虑地下水状态、初始地应力、工程轴线或走向的方位与主要结构面产状的组合关系，进行岩体基本质量的修正。

（1）岩体基本质量指标 BQ 的计算：

$$BQ = 100 + 3R_c + 250K_v \tag{8-30}$$

式中 R_c——岩石单轴饱和抗压强度，MPa；

K_v——岩体完整性指数。

注意使用上式时，应遵循下列限制条件：

1）当 $R_c>90K_v+30$ 时，应以 $R_c=90K_v+30$ 和 K_v 代入计算 BQ 值；

2）当 $K_v>0.04R_c+0.4$ 时，应以 $K_v=0.04R_c+0.4$ 和 R_c 代入计算 BQ 值。

岩石坚硬程度的定量指标——岩石单轴饱和抗压强度 R_c，应采用实测值。当无条件取得实测值时，也可采用实测的岩石点荷载强度指数 $I_{s(50)}$ 进行换算：

$$R_c = 22.82I_{s(50)}^{0.75} \tag{8-31}$$

岩体完整程度的定量指标——岩体完整性指数 K_v，也应采用实测值。当无条件取得实测值时，也可根据岩体体积节理数 J_v，按表 8-13 确定对应的 K_v 值。

表 8-13 采用岩体体积节理数 J_v 确定 K_v 值及岩体完整程度

J_v/条·m^{-3}	<3	3~10	10~20	20~35	≥35
K_v	>0.75	0.75~0.55	0.55~0.35	0.35~0.15	≤0.15
岩体完整程度	完整	较完整	较破碎	破碎	极破碎

（2）按 BQ 值进行岩体基本质量分级，如表 8-14 所示。

（3）岩体基本质量指标 BQ 值的修正。对工程岩体进行初步定级时，可按表 8-14 确定的岩体基本质量级别作为岩体级别。但对岩石边坡工程详细定级时，则应根据控制边坡稳定性的主要结构面类型与延伸性、边坡内地下水发育程度以及结构面产状与坡面间关系等影响因素，对岩体基本质量指标 BQ 进行修正，并根据获得的工程岩体质量指标［BQ］值，再按表 8-14 确定岩体级别。

表 8-14　岩体基本质量分级表

岩体基本质量级别	岩体基本质量的定性特征	岩体基本质量指标（BQ）
Ⅰ	坚硬岩，岩体完整	>550
Ⅱ	坚硬岩，岩体较完整 较坚硬岩，岩体完整	451~550
Ⅲ	坚硬岩，岩体较破碎 较坚硬岩，岩体较完整 较软岩，岩体完整	351~450
Ⅳ	坚硬岩，岩体破碎 较坚硬岩，岩体较破碎~破碎 较软岩，岩体较完整~较破碎 软岩，岩体完整~较完整	251~350
Ⅴ	较软岩，岩体破碎 软岩，岩体较破碎~破碎 全部极软岩及全部极破碎岩	≤250

边坡工程岩体质量修正指标［BQ］，可按式（8-32）计算：

$$[BQ] = BQ - 100(K_4 + \lambda K_5) \tag{8-32}$$

$$K_5 = F_1 \times F_2 \times F_3 \tag{8-33}$$

式中　λ——边坡工程主要结构面类型与延伸性修正系数，可按表 8-15 确定；

K_4——边坡工程地下水影响修正系数，可按表 8-16 确定；

K_5——边坡工程主要结构面产状影响修正系数，可按表 8-17 确定；

F_1——反映主要结构面倾向与边坡倾向间关系影响的系数；

F_2——反映主要结构面倾角影响的系数；

F_3——反映边坡倾角与主要结构面倾角间关系影响的系数。

表 8-15　边坡工程主要结构面类型与延伸性修正系数 λ

结构面类型与延伸性	修正系数 λ
断层、夹泥层	1.0
层面、贯通性较好的节理和裂隙	0.9~0.8
断续节理和裂隙	0.7~0.6

表 8-16　边坡工程地下水影响修正系数 K_4

边坡地下水发育程度	BQ				
	>550	550~451	450~351	350~251	≤250
潮湿或点滴状出水，$p_w<0.2H$	0	0	0~0.1	0.2~0.3	0.4~0.6
线流状出水，$0.2H<p_w\leq 0.5H$	0~0.1	0.1~0.2	0.2~0.3	0.4~0.6	0.7~0.9
涌流状出水，$p_w>0.5H$	0.1~0.2	0.2~0.3	0.4~0.6	0.7~0.9	1.0

注：1. p_w 为边坡坡内潜水或承压水头（m）；

2. H 为边坡高度（m）。

表 8-17 边坡工程主要结构面产状影响修正系数

序号	条件与修正系数	影响程度划分				
		轻微	较小	中等	显著	很显著
1	结构面倾向与边坡坡面倾向间的夹角/(°)	>30	30~20	20~10	10~5	≤5
	F_1	0.15	0.40	0.70	0.85	1.0
2	结构面倾角/(°)	<20	20~30	30~35	35~45	≥45
	F_2	0.15	0.40	0.70	0.85	1.0
3	结构面倾角与边坡坡面倾角之差/(°)	>10	10~0	0	0~-10	≤-10
	F_3	0	0.2	0.8	2.0	2.5

注：表中负值表示结构面倾角小于坡面倾角，在坡面出露。

工程岩体的级别按表确定后，可按表 8-18 选用岩体的物理力学参数。

表 8-18 不同质量级别岩体物理力学参数建议取值

岩体基本质量级别	重度/kN·m^{-3}	内摩擦角/(°)	黏聚力/MPa	变形模量/GPa	泊松比
Ⅰ	>26.5	>60	>2.1	>33	<0.20
Ⅱ	>26.5	60~50	2.1~1.5	33~16	0.20~0.25
Ⅲ	26.5~24.5	50~39	1.5~0.7	16~6	0.25~0.30
Ⅳ	24.5~22.5	39~27	0.7~0.2	6~1.3	0.30~0.35
Ⅴ	<22.5	<27	<0.2	<1.3	>0.35

C 地质强度指标分类法

Hoek 与世界各地地质工作者经过多年共同研究，于 1994 年提出了地质强度指标 GSI 分类体系，依据岩体结构特征和结构面状态特征进行岩体质量评价。随研究的深入，Hoek 等人多次修改完善了 GSI 分类系统，该系统已在工程适用范围以及量化评分等方面得到进一步发展，并广泛应用于岩土和地质工程领域。

实际工程中，GSI 的准确取值往往依赖有丰富经验的岩土工程师，对于经验欠缺的研究人员则很难准确把握。2013 年，Hoek 在最新地质强度指标分类系统（图 8-7）的基础上，采用数据拟合等手段，建立 GSI 与节理状态 $JCond_{89}$（Bieniawski，1989）以及岩石质量指标 RQD（Deere，1963）的关系式：

$$GSI = 1.5JCond_{89} + RQD/2 \tag{8-34}$$

$JCond_{89}$的取值见表 8-19，从节理迹长、裂隙宽度、粗糙度、充填类型以及风化程度等 5 个方面综合评价节理条件状态；RQD 的取值可以从钻孔岩芯获取。

如果已经获取了岩体 RMR 值，还可由 RMR 值换算得到 GSI 值。当岩体质量较好（GSI>25）时，GSI 可直接按 1976 年版的 RMR 系统确定，$GSI = RMR_{76}$；如果使用 1979 年版的 RMR 系统，则 $GSI = RMR_{79} - 5$。对于质量较差的岩体（GSI<25），采用 RMR 系统进行评分基本上是不可行的，因此 GSI 与 RMR 的数值关系不适用于低强度岩体。

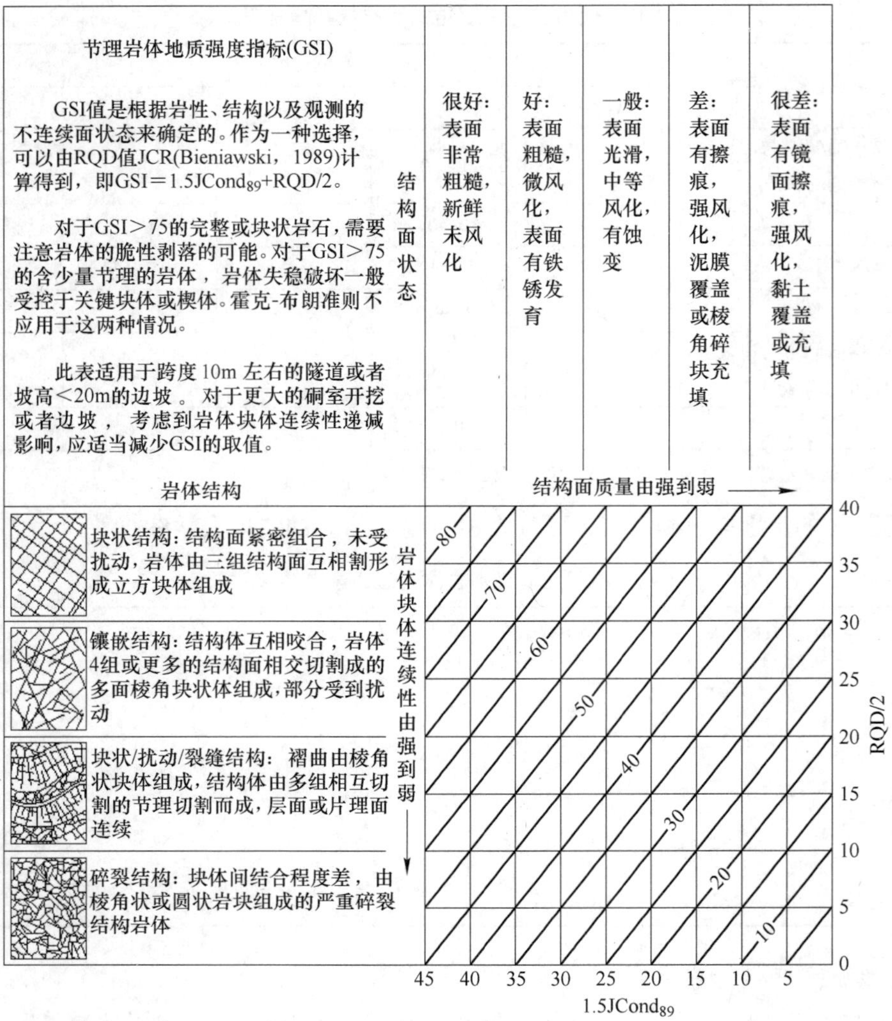

图 8-7 修正的 GSI 系统（Hoek，2013）

表 8-19 节理状态（$JCond_{89}$）评价

A 节理状态评价及评分					
节理状态	节理面很粗糙，节理不连续，节理闭合，节理面岩石未风化	节理面略粗糙，张开宽度<1mm，节理面岩石微风化	节理面略粗糙，张开宽度<1mm，节理面岩石强风化	节理面光滑或含厚度<5mm 软弱夹层，或者张开宽度 1~5mm，节理连续	含厚度>5mm 的软弱夹层，或张开宽度>5mm，节理连续
评分	30	25	20	10	0
B 节理状态参数及分值					
节理迹长	<1m	1~3m	3~10m	10~20m	>20m
评分	6	4	2	1	0
裂隙宽度	闭合	<0. 1mm	0. 1~1. 0mm	1~5mm	>5mm
评分	6	5	4	1	0

续表 8-19

B 节理状态参数及分值					
粗糙度	很粗糙	粗糙	略粗糙	光滑	镜面擦痕
评分	6	5	3	1	0
充填情况	无充填	硬质充填 <5mm	硬质充填 >5mm	软质充填 <5mm	软质充填 >5mm
评分	6	4	2	2	0
风化程度	未风化	微风化	中风化	强风化	全风化
评分	6	5	3	1	0

确定地质强度指标 GSI 值后，便可借助 Hoek-Brown 强度准则（以下简称 H-B 准则）进行岩体力学参数分析。H-B 准则可估算完整岩石或节理岩体的剪切强度，自提出以来便迅速发展成为岩石工程领域应用最广泛的准则之一。经过 30 余年的发展，共进行 7 次较大改进，尤以 2002 年改进的 H-B 准则应用最广，即：

$$\sigma_1 = \sigma_3 + \sigma_{ci}\left(m_b \frac{\sigma_3}{\sigma_{ci}} + s\right)^a \tag{8-35}$$

式中，σ_{ci} 为岩块单轴抗压强度，MPa；m_b、s、a 为表示岩体特性的半经验参数，可表示为地质强度指标 GSI 的函数：

$$\left.\begin{aligned} m_b &= m_i \exp\left(\frac{\text{GSI} - 100}{28 - 14D}\right) \\ s &= \exp\left(\frac{\text{GSI} - 100}{9 - 3D}\right) \\ a &= \frac{1}{2} + \frac{1}{6}\left(e^{-\text{GSI}/15} - e^{-20/3}\right) \end{aligned}\right\} \tag{8-36}$$

式中，GSI 为地质强度指标，取值参照图 8-7；m_i 为岩石材料常数，由完整岩石三轴压缩试验获取，也可参照表 8-20 选取；D 为考虑岩体受人为因素或自然因素扰动的弱化因子，取值参考表 8-21。

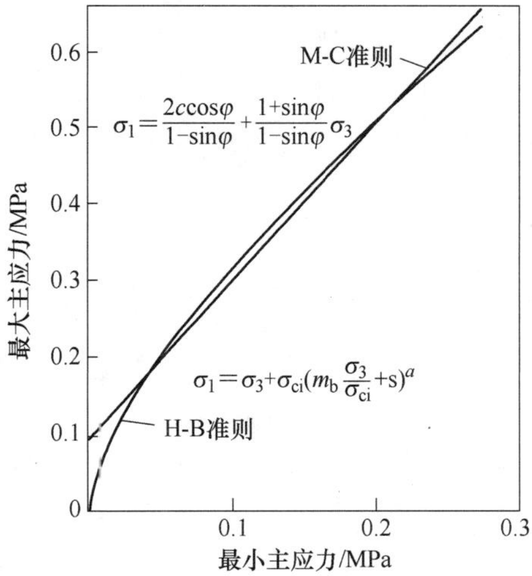

图 8-8 H-B 准则的最大最小主应力关系及其等效 M-C 准则

边坡稳定性分析主要是潜在滑移面的抗剪强度计算，因此有必要建立 H-B 强度准则和 M-C 强度准则间的等效关系。对于 H-B 准则所对应的岩体最大、最小主应力状态，采用面积逼近方式拟合主应力坐标下对应的 M-C 屈服面，如图 8-8 所示。

H-B 强度准则对应的等效内摩擦角和等效黏聚力计算公式如下：

$$\varphi = \arcsin\left[\frac{6am_b(s+m_b\sigma_{3n})^{a-1}}{2(1+a)(2+a)+6am_b(s+m_b\sigma_{3n})^{a-1}}\right] \tag{8-37}$$

$$c = \frac{\sigma_{ci}[(1+2a)s+(1-a)m_b\sigma_{3n}](s+m_b\sigma_{3n})^{a-1}}{(1+a)(2+a)\sqrt{1+[6am_b(s+m_b\sigma_{3n})^{a-1}]/[(1+a)(2+a)]}} \tag{8-38}$$

式中，$\sigma_{3n}=\sigma_{3max}/\sigma_{ci}$，其中 σ_{3max} 为最小主应力上限值，与岩体工程类型有关，对于边坡

工程岩体，可由式（8-39）确定：

$$\frac{\sigma_{3\max}}{\sigma_{cm}} = 0.72\left(\frac{\sigma_{cm}}{\gamma H}\right)^{-0.91} \tag{8-39}$$

对于地下工程岩体，可由式（8-40）确定：

$$\frac{\sigma_{3\max}}{\sigma_{cm}} = 0.47\left(\frac{\sigma_{cm}}{\gamma H}\right)^{-0.94} \tag{8-40}$$

式中，H 为坡高或隧道埋深；γ 为岩体重度；σ_{cm} 为节理岩体的整体强度，当 $\sigma_t<\sigma_3<\frac{\sigma_{ci}}{4}$ 时，可由下式确定：

$$\sigma_{cm}=\sigma_{ci}\cdot\frac{[m_b+4s-a(m_b-8s)](m_b/4+s)^{a-1}}{2(1+a)(2+a)} \tag{8-41}$$

表 8-20　按岩石类型、结构确定完整岩石常数 m_i

岩石类型	岩组		岩石结构 粗粒（>2mm）	中粒（0.6~2mm）	细粒（0.2~0.6mm）	极细粒（<0.2mm）
沉积岩	碎屑岩类		砾岩[①] 角砾岩[①]	砂岩 15±7	杂砂岩（16±5）	粉砂岩 7±2 黏土岩 4±2
						页岩 6±2
						泥灰岩（7±2）
	非碎屑岩类	碳酸盐类		粗晶石灰岩（12±3）	亮晶石灰岩（10±2） 白云岩（9±3）	微晶石灰岩（9±2）
		蒸发岩类			石膏 8±2	硬石膏 12±2
		有机质岩类				白垩岩 7±2
变质岩	非片状构造			大理石 9±3 角页岩（19±4） 变质砂岩（19±3）	石英岩 20±3	
	微片状构造			混合岩（29±3）	角闪岩 26±6	

续表 8-20

岩石类型	岩组		岩石结构			
			粗粒 (>2mm)	中粒 (0.6~2mm)	细粒 (0.2~0.6mm)	极细粒 (<0.2mm)
变质岩	片状构造			片麻岩 28±5 片岩 12±3	千枚岩 (7±3)	板岩 7±4
火成岩	深成岩	浅色	花岗岩 32±3	花岗闪长岩 (29±3)	闪长岩 25±5	
		深色	苏长岩 20±5	辉长岩 27±3	粗粒玄武岩 (16±5)	
	浅成岩			橄榄岩 (25±5) 斑岩 (20±5)	辉绿岩 (15±5)	
	喷出岩	熔岩		流纹岩 (25±5)	玄武岩 (25±5) 石英安山岩 (25±3)	黑曜岩 (19±3) 安山岩 25±5
		火山碎岩屑	集块岩 (19±3) 角砾岩 (19±5)		凝灰岩 (13±5)	

注：1. 不同材料的取值范围取决于结晶构造的粒度和咬合状态，取值越高，对应的结晶颗粒咬合越紧密且摩擦越大；

2. 表中数据是在完整岩石试样上垂直于层面或片理面进行试验得到的（括号内为经验估计值），若沿弱面破坏，则 m_i 值会有显著差别。

①砾岩、角砾岩的 m_i 取值范围较宽，取决于胶结成分的性质和胶结程度，变化范围可介于砂岩与细粒沉积物之间（可能小于 10）。

表 8-21 扰动系数 *D* 建议值

开挖面形态	岩体及施工条件	建议 *D* 值
	高质量控制爆破或使用 TBM 开挖，巷道围岩扰动很小	$D=0$

续表 8-21

开挖面形态	岩体及施工条件	建议 D 值
	岩体状况较差，机械或人工开挖（无爆破），巷道围岩扰动很小； 软弱岩体挤压变形过大导致巷道底鼓，需设置临时仰拱，否则开挖对岩体的扰动较大	$D=0$ $D=0.5$（无仰拱）
	坚硬岩石隧道，爆破质量差，围岩存在 2~3m 的局部破坏区	$D=0.8$
	边坡采用小规模爆破或控制爆破，岩体破坏程度较轻，但应力卸载对边坡岩体产生一定程度的扰动	$D=0.7$ 爆破效果好 $D=1.0$ 爆破效果差
	大型露天矿边坡，大规模生产爆破及上覆岩体开挖产生的应力卸载，边坡岩体受到显著扰动； 软岩条件下，采用机械方式开挖，边坡岩体扰动较小	$D=1.0$ 生产爆破 $D=0.7$ 机械开挖

因此，在 Hoek-Brown 强度准则中，只要确定岩石的单轴抗压强度 σ_{ci}、岩石材料参数 m_i、地质强度指标 GSI 和开挖扰动系数 D 等四个参数即可计算岩体强度参数。

8.2.4.3 数值试验法

数值试验法是近年发展的确定节理岩体力学参数的一种有效途径，该方法的基本思路为：首先建立岩体结构模型，在考虑岩块和结构面力学行为的基础上，利用数值方法在模型上施加荷载模拟力学试验的过程，以此来确定节理岩体的力学参数。本节以等效岩体技术为例对数值试验法进行简要说明。

（1）等效岩体技术简介。等效岩体技术提供了一种新的岩体强度计算与数值试验分析方法，该方法是以颗粒流理论为基础，以 PFC 软件为工具，采用颗粒体模型和光滑节理模型分别表征岩体中的岩块和节理，构建与现场岩体结构几何、力学效应等效的数值模型。

等效岩体技术的构建思路见图 8-9 所示，首先通过室内试样力学试验结果，确定颗粒体模型和光滑节理模型的细观力学参数。其次，通过现场节理地质调查，运用概率统计理论对节理等各类地质结构面的几何特征参数进行偏差校正并建立概率分布模型；基于校正后的节理概率统计结果，采用 Monte-Carlo 随机模拟方法建立随机节理三维网络模型，并将其嵌入到颗粒体模型中，便可构建能充分反映工程岩体节理分布特征的等效岩体模型。最后通过对等效岩体模型进行各种荷载组合条件下的加卸载数值试验，即可获取节理岩体的尺寸效应、各向异性、破裂过程、峰后状态等力学行为。

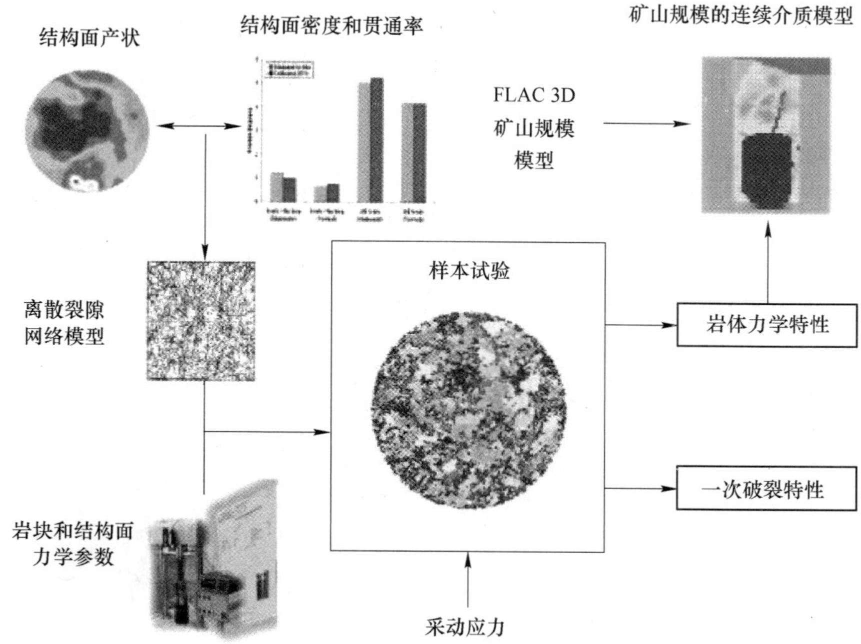

图 8-9 等效岩体技术工作流程示意图

(2) 节理三维网络模型构建。岩体结构依赖于节理的空间分布，节理多为透入性结构面，其分布具有随机性，因此可借助统计学的方法进行研究，特别是对节理的形态参数(产状、间距、迹长等) 进行概率学的描述和分析，进而研究岩体的工程性质，该方法即为岩体节理三维网络随机模拟。

随机节理三维网络模型的构建一般包含节理岩体测区确定、现场节理地质采样调查、节理产状优势组划分、节理采样偏差校正、节理地质参数概率模型建立、节理网络模型 Monte-Carlo 随机模拟及模拟结果检验等过程。图 8-10 为采用 Monte-Carlo 随机模拟方法生成的随机节理三维网络模型。

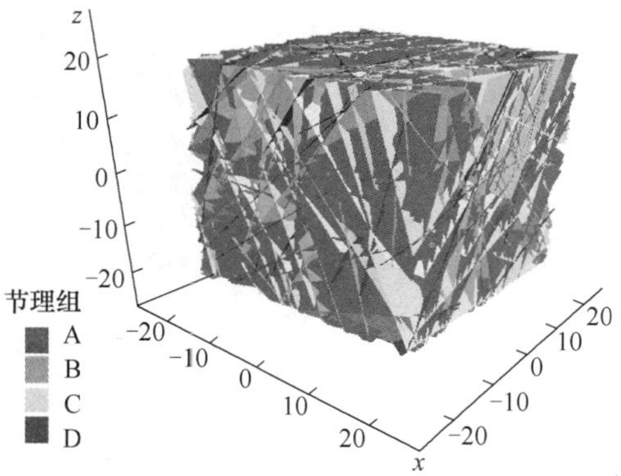

图 8-10 随机节理三维网络模型

(3) 模型细观力学参数确定。颗粒流理论采用细观力学参数表征颗粒及黏结的力学性质，对数值模型进行计算分析时，先赋予模型初定的细观力学参数，进行数值试样试验，岩石压缩和节理直剪试验结果分别如图 8-11 和图 8-12 所示，并将计算得到的试样宏观力学参数与室内试验结果对比。通过不断调整细观力学参数，确定最终用于实际计算模型的细观力学参数。

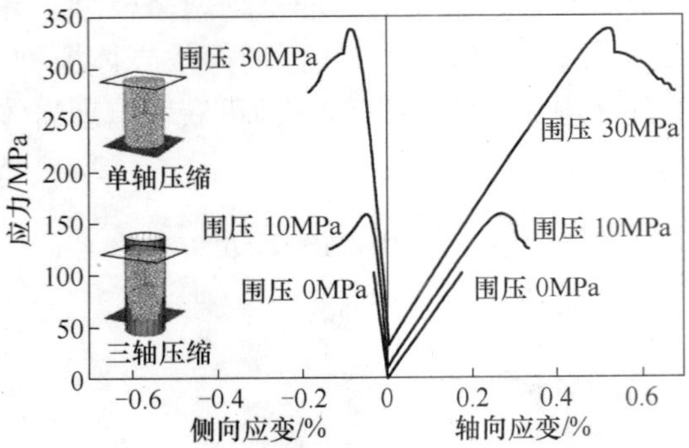

图 8-11　岩块压缩数值试验结果图

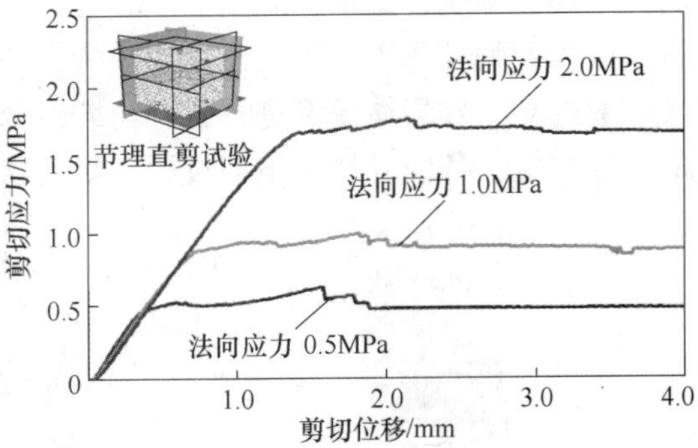

图 8-12　节理直剪数值试验结果图

（4）等效岩体模型构建。在确定细观力学参数的基础上，构建岩石颗粒体模型，并将随机节理三维网络模型嵌入其中，确保两者的几何中心重合，此模型即为能充分反映现场节理空间分布特征各类尺度（试验室尺度、现场原位试验尺度、工程尺度）的等效岩体模型，如图 8-13 所示。

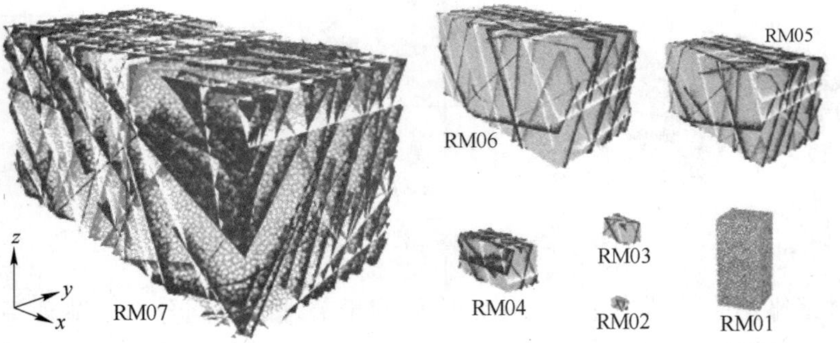

(a)

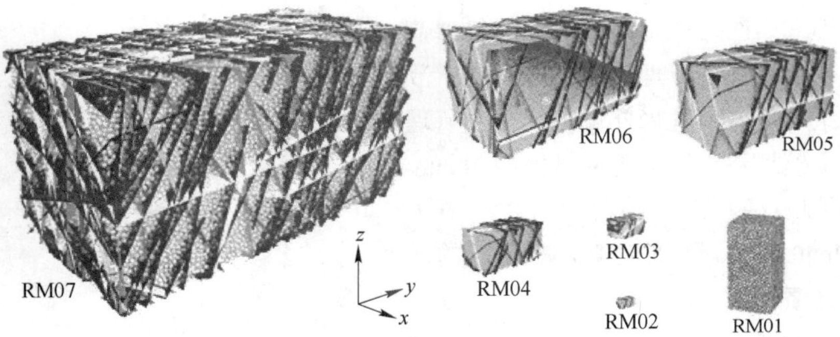

(b)

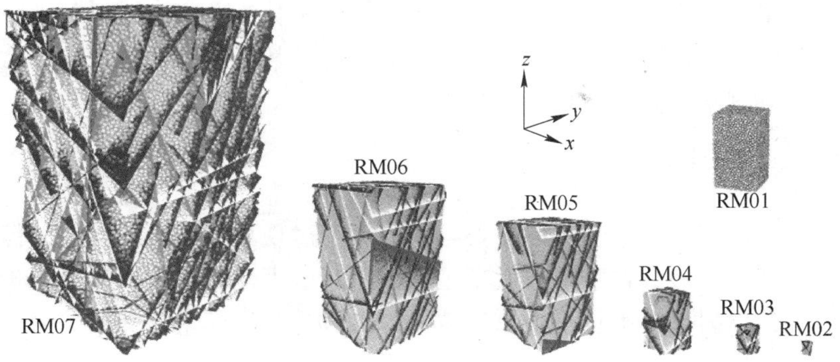

(c)

图 8-13　多尺度等效岩体模型

(a) x 向等效岩体模型；(b) y 向等效岩体模型；(c) z 向等效岩体模型

(5) 等效岩体模型的应用。对等效岩体数值模型开展各类数值试验，可实现节理岩体力学特性的量化研究，并能较为准确、方便地量化获取节理岩体峰前力学性质（弹性模量、起裂强度、抗压强度等）及峰后力学性质（脆性、剪胀角、损伤率、残余强度等）。图 8-14 为沿 x、y、z 三个不同方向对各类等效岩体模型进行单轴压缩加载，得到的应力-应变曲线，体现了节理岩体的尺寸效应及各向异性。

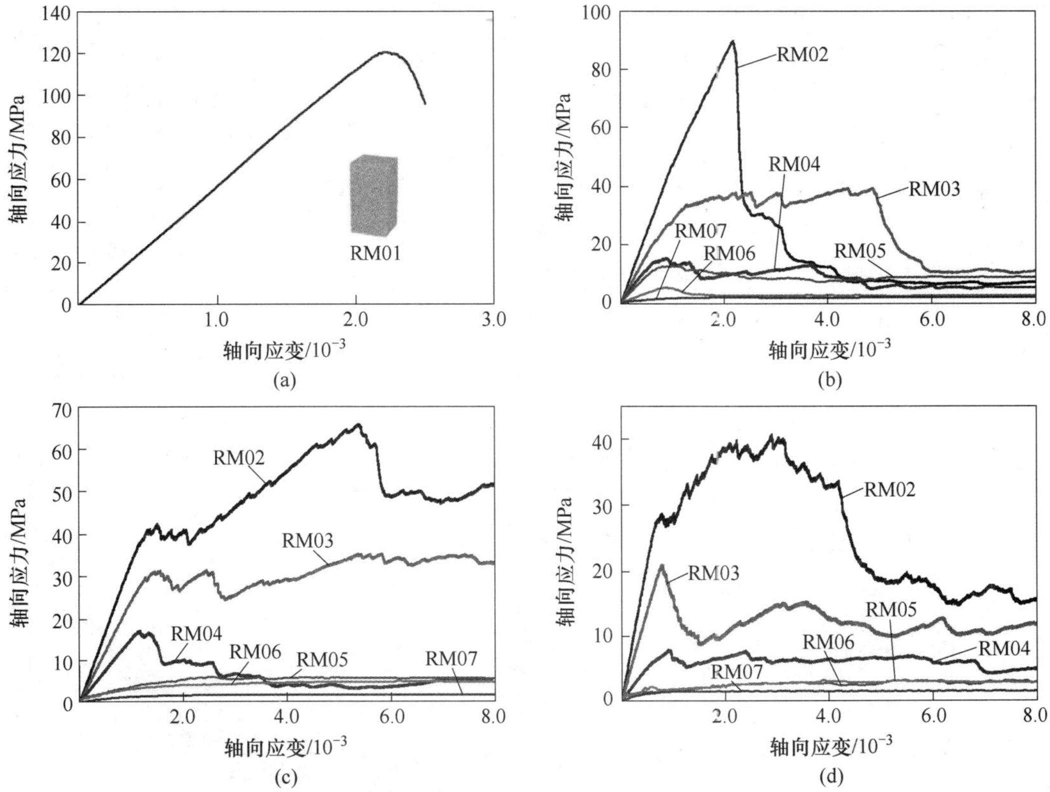

图 8-14　等效岩体模型单轴加载应力-应变曲线

(a) 岩块单轴压缩试验结果；(b) 沿 x 向单轴压缩试验结果；(c) 沿 y 向单轴压缩试验结果；(d) 沿 z 向单轴压缩试验结果

等效岩体技术是一种全新的节理岩体宏观力学参数计算方法，可代替部分节理岩体现场原位试验，大幅降低试验费用，弥补现有试验研究及数值计算的不足，为节理岩体力学性质的科学分类、判别与验证等提供新的技术手段。

8.2.5 岩体变形模量估算方法

变形模量是描述岩体变形特性的重要参数，可通过现场荷载试验确定，但由于荷载试验周期长、费用高，一般只在重要或大型工程中采用。因此，在岩体质量评价和大量试验资料的基础上，建立岩体分类指标、纵波波速等参数与变形模量之间的关系，是高效、经济地估算岩体变形模量的重要手段。

8.2.5.1 由岩体分类指标估算

研究表明，用地质力学分类系统对岩体评分，根据评分结果可近似估算岩体变形模量，国内外很多学者在研究岩体变形模量实测资料的基础上，提出多种变形模量 E_m 与岩体分类指标间的经验关系式，如表 8-22 所示，与现场实测数据的拟合情况如图 8-15 所示。

表 8-22 E_m 与岩体分类指标间经验关系式汇总表

曲线	经验关系式	提出者
1	$E_m = 2\mathrm{RMR} - 100$	Bieniawski
2	$E_m = 10^{(\mathrm{RMR}-10)/40} = 25\lg Q$	Serafim and Pereira
3	$E_m = E_i/100[0.0028\mathrm{RMR}^2 + 0.9\exp(\mathrm{RMR}/22.82)]$, $E_i = 50\mathrm{GPa}$	Nicholson and Bieniawski
4	$E_m = E_i\{0.5[1 - \cos(\pi \cdot \mathrm{RMR}/100)]\}$, $E_i = 50\mathrm{GPa}$	Mitri 等
5	$E_m = 0.1(\mathrm{RMR}/10)^3$	Read 等
6	$E_m = 10Q_c^{1/3}$, $Q_c = Q\sigma_{ci}/100$, $\sigma_{ci} = 100\mathrm{MPa}$	Barton
7	$E_m = (1 - D/2)\sqrt{\sigma_{ci}/100} \times 10^{(\mathrm{RMR}-10)/40}$, $D = 0$, $\sigma_{ci} = 100\mathrm{MPa}$	Hoek 等
8	$E_m = E_i(s^a)^{0.4}$, $E_i = 50\mathrm{GPa}$, $s = \exp[(\mathrm{GSI} - 100)/9]$, $a = 1/2 + 1/6[\exp(-\mathrm{GSI}/15) - \exp(-20/3)]$, $\mathrm{GSI} = \mathrm{RMR}$	Sonmez 等
9	$E_m = E_i s^{1/4}$, $E_i = 50\mathrm{GPa}$, $s = \exp[(\mathrm{GSI} - 100)/9]$	Carvalho
10	$E_m = 7(\pm 3)\sqrt{Q'}$, $Q' = 10[(\mathrm{RMR} - 44)/21]$	Diederichs and Kaiser

2006 年，Hoek 和 Diederichs 通过对中国 494 组岩体变形模量实测数据的统计分析，建立了岩体变形模量与地质强度指标（GSI）的回归关系式。

（1）简化 Hoek-Diederichs 关系式：

$$E_m(\mathrm{MPa}) = 100000\left[\frac{1 - D/2}{1 + e^{(75+25D-\mathrm{GSI})/11}}\right] \tag{8-42}$$

（2）通用 Hoek-Diederichs 关系式：

$$E_m = E_i\left[0.02 + \frac{1 - D/2}{1 + e^{(60+15D-\mathrm{GSI})/11}}\right] \tag{8-43}$$

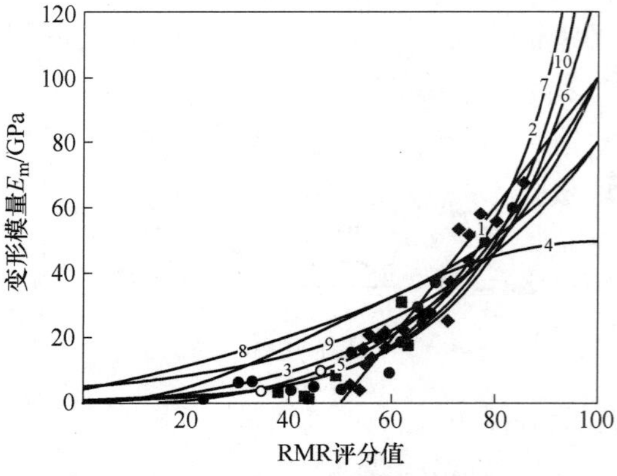

图 8-15 RMR 指标与变形模量 E_m 之间的关系

式中，E_i 为完整岩石变形模量（MPa），无实测值时，可用 $E_i = MR \cdot \sigma_{ci}$ 进行估算，其中 MR 为模量比，取值参照表 8-23。

简化 Hoek-Diederichs 关系中仅包含 GSI 和 D 两个变量，适用于缺乏完整岩石力学参数的情况，当扰动系数 $D=0$ 时拟合效果较好；而通用关系式包含了完整岩石的变形模量参数，计算精度较高，适用范围广。

表 8-23 模量比 *MR* 的选取

岩石类型	类别	岩组	岩石结构			
			粗粒	中粒	细粒	极细粒
沉积岩	碎屑岩类		砾岩 300~400 角砾岩 230~350	砂岩 200~350	粉砂岩 350~400 杂砂岩 350	黏土岩 200~300 页岩 150~250① 泥灰岩 150~200
	非碎屑岩类	碳酸盐岩	结晶石灰岩 400~600	亮灰岩 600~800	泥晶灰岩 800~1000	白云岩 350~500
		蒸发岩		石膏 (350)②	硬石膏 (350)②	
		有机岩				白垩 1000+
变质岩	无片状构造		大理岩 700~1000	角页岩 400~700 变质砂岩 200~300	石英岩 300~450	
	微片状构造		混合岩 350~400	角闪岩 400~500	片麻岩 300~750①	
	片状构造			片岩 250~1100①	千枚岩/云母片岩 300~800①	板岩 400~600①
火成岩	深成岩	浅色	花岗岩③ 300~550 花岗闪长岩③ 400~450	闪长岩③ 300~350		
		黑色	辉长岩 400~500 苏长岩 350~400	粗粒玄武岩 300~400		
	浅成岩		斑岩 (400)②		辉绿岩 300~350	橄榄岩 250~300
	喷出岩	熔岩		流纹岩 300~500 安山岩 300~500	英安岩 350~450 玄武岩 250~450	
		火山碎屑岩	集块岩 400~600	火山角砾岩 (500)②	凝灰岩 200~400	

①高度各向异性岩石：当法向应变和（或）荷载平行于软弱结构面时，*MR* 取高值；当法向应变和（或）荷载垂直于软弱结构面时，*MR* 取低值，单轴试验荷载施加方向应和现场情况一致。

②括号内的数据是根据地质信息得到的估计值。

③酸性花岗岩类：粗粒时 *MR* 取高值，细粒时取低值。

8.2.5.2 由纵波波速估算

由于声波测试技术对岩体扰动程度低，可真实反映岩体的赋存环境特征，并可由纵波波速 V_p 直接估算岩体变形模量 E_m。

为了获取岩体纵波波速 V_p 与 Q 指标之间更普遍、更一般的关系，1993 年 Barton 通过对挪威、瑞典、中国大陆和香港等地区大量工程数据的分析，总结出以下关系：

$$Q = 10^{\frac{V_p - 3500}{1000}} \tag{8-44}$$

联立上式与表 8-22 中的关系式 2 可得 V_p 与 E_m 之间的关系式：

$$E_m = \frac{V_p - 3500}{40} \tag{8-45}$$

另将 V_p 与 RMR 之间的关系式：

$$\text{RMR} = 14.9688V_p - 3.7838(SRF = 1) \tag{8-46}$$

$$\text{RMR} = 14.0458V_p + 4.2398(SRF \neq 1) \tag{8-47}$$

代入表 8-22 中的关系式 2，可得 V_p 与 E_m 之间的关系式如下：

$$E_m = 10^{0.3742V_p - 0.3446}(SRF = 1) \tag{8-48}$$

$$E_m = 10^{0.3512V_p - 0.1440}(SRF \neq 1) \tag{8-49}$$

式中，SRF 为岩体质量指标 Q 中的应力折减系数。

事实上，岩体受扰动程度及所处的地应力场环境均是影响纵波波速的重要因素，进而影响变形模量的取值。因此，今后采用更合理的方法测定纵波波速是求取准确岩体变形模量的关键。

练 习 题

(1) 土的抗剪强度指标可以分成哪些种类？

(2) 边坡稳定性分析中，选取土体强度参数时应遵循哪些基本原则？

(3) 边坡稳定性分析中，当有地下水渗流存在时，如何进行土体强度参数的选择？

(4) 某边坡内部存在一结构面，倾角 $\beta = 35°$，平均埋深 $h = 20$m，结构面长度 $l = 10$m，岩体容重 $\gamma = 26$kN/m^3，现场测得 $JRC = 5$，$JCS = 8600$kPa，试求该结构面上的粗糙度角 i。

(5) 简述岩体基本质量指标分类法（BQ 法）及岩体地质力学分类法（RMR 法）。

(6) 简述 Hoek-Brown 强度准则及其岩体强度估算流程。

(7) 如何通过室内三轴试验确定邓肯-张模型的参数？为确定邓肯-张模型参数，对一种砂土进行了一组常规三轴压缩试验，$\sigma_3 = 100$kPa、300kPa 和 500kPa 时，得到双曲线参数 a 分别为 1/408000kPa^{-1}，1/108700kPa^{-1} 和 1/17100kPa^{-1}，试确定该砂土模型的模量数 K 和模量指数 n（大气压取 100kPa）。

(8) 某一粉砂岩边坡，未受扰动，坡高 $H = 100$m，岩体重度 $\gamma = 23$kN/m^3，$m_i = 10$，GSI = 45，单轴抗压强度 $\sigma_c = 50$MPa，试按 Hoek-Brown 经验公式计算岩体内摩擦角和黏聚力。

(9) 简述等效岩体技术及其工作流程。

(10) 简述常用的岩体变形模量经验确定法。

9 边坡防护与加固

本章主要内容：

本章主要介绍边坡工程防护与加固措施，详细介绍防治原则、坡面防护、落石防护、边坡支挡、边坡锚固与抗滑桩设计计算及边坡疏排水等内容。

学习要点：

了解边坡防治原则及防治措施，重点掌握主被动防护网、挡土墙、边坡锚固等措施的结构类型及作用机理，并熟练掌握挡土墙及边坡锚固的设计计算。

9.1 概　　述

边坡变形破坏过程及其产生的不良地质环境均可对人类活动产生十分严重的危害，甚至会引起生态环境的失调和破坏，从而造成更大范围和更为深远的影响。因此，为了消除边坡失稳可能造成的危害、保障生命财产和重要设施的安全，完善边坡防护与加固理论、掌握相关技术手段必不可少。

边坡防护与加固的手段种类繁多，按侧重点不同可分为解决裸露边坡表层稳定问题的坡面防护和增加边坡稳定性防止滑塌的抗滑支挡工程（挡土墙、锚固、抗滑桩等）。除岩土体本身的稳定性外，水对边坡稳定性的影响同样不容忽视，因此边坡疏排水也是防护工作中的重点内容，按排水工程的适用对象不同可分为坡面排水工程和地下排水工程。

作为边坡工程治理的重要环节，防护与加固设计以确定边坡工程治理方案、措施以及投资预算为主要内容。经稳定性分析后，当边坡存在失稳可能时，一方面要加强监测，另一方面还应根据边坡岩土体的工程性质、环境因素、地质条件、植被完整性、地表水汇集等因素进行综合治理，遵循边坡防治原则，采用相关防治措施以改善边坡的稳定性。

9.2 边坡灾害防治原则及措施

9.2.1 防治原则

边坡灾害防治原则主要包括防治方案确定原则及处治措施确定原则。

（1）防治方案确定原则。边坡防治的实质是边坡变形破坏的防治，防治原则应以防为主、及时治理，并应根据工程措施的技术可行性和必要性、经济合理性、工程重要性及社会效应等诸多方面制定具体的处治方案。

1）以防为主就是要尽量做到防患于未然。所谓防，主要包括两方面内容：

第一，要正确地选择建设场地，合理地制定人工边坡的布置和开挖方案。例如在高地应力区开挖人工边坡时，应注意合理布置边坡方向，尽可能使边坡走向与地区最大主应力方向基本一致，露天采矿宜采用椭圆形矿坑，其长轴应平行于最大主应力方向。对于稳定性极差，且治理难度大、耗资多的边坡地段（例如可能发生滑动的大型滑坡区、崩塌区），应以绕避为宜。

第二，结合边坡工程实际条件及稳定性分析评价，全面查清可能导致边坡稳定性下降的因素。事前采取必要措施消除或改变这些因素，并力图变不利因素为有利因素，以确保边坡稳定。

2）及时治理就是要针对边坡已出现变形破坏的具体状况，及时采取必要的措施增加其稳定性。当边坡变形迹象已十分明显或已进入加速变形阶段时，仅采取消除或改变主导因素的措施已不足以制止破坏发生，此时，必须及时采取降低边坡下滑力、增加边坡抗滑力的有效措施（如削方、支挡、喷锚、土质改良等），以迅速改善边坡的稳定状况。

3）考虑工程的重要性是制定处治方案必须遵循的原则。对于威胁永久性工程安全的边坡变形和破坏，应采取全面、严密的处治措施，以确保边坡具有较高的安全系数。对于一般工程或临时工程，则可采取较简易的处治措施，以保证边坡在营运期间处于稳定状态。

（2）处治措施确定原则。主要包括以下几个方面：

1）处治措施的选择必须建立在工程地质勘察和边坡破坏机制分析的基础之上。

2）处治措施应针对引起滑坡的主导因素进行制定，原则上应一次根治，不留后患。

3）对工程建设中随时可能产生危害的边坡，应先采用立即生效的工程措施，然后再实施其他工程。

4）对性质复杂、规模巨大、短期内不易查清或工程建设进度不允许完全查清后再处治的滑坡或变形体，应在保证工程建设安全的前提下，作出全面的处治规划，采用分期治理的方法，使后期工程既可获得必需的资料，又能争取到一定的建设时间，保证整个工程的安全和效益。

5）一般情况下，对边坡处治（特别是滑坡和变形体的处治）的时间应以旱季为宜，施工方法和程序应以避免造成坡体产生新的变形破坏为原则。

9.2.2 防治措施

边坡防治工程措施往往是一套严密而复杂的系统工程，有效的设计和施工方案，必须建立在对边坡结构特征、外形特征及变形破坏形成演化机制系统分析的基础之上。根据上述防治原则，防治措施可归纳为以下几个方面：

（1）对边坡进行深入的调查研究。

1）详细勘察现场，收集整理和分析历史资料，访问有关人员，以尽可能全面地了解事态的进程和发展规律。

2）研究现场的监测结果，以圈定变形区的范围及分析变形的发展进程，识别潜在滑体的破坏模式。如果之前没有观测网应立即补建，并使之逐步完善，此举不仅为了解边坡失稳过程和制定稳坡方案所必需，而且还将被用于评价稳坡效果及长期监测。

3）如果潜滑地段的工程水文地质条件尚不清楚，则需要进行补充勘察，否则所制定的稳坡方案可能忽视关键问题而事倍功半。

（2）消除、削弱或改变使边坡稳定性降低的各种因素。采取的技术措施可分为两类。一类是针对导致边坡外形或表面状态改变的因素而采取的措施，主要是保证边坡不受地表水的冲刷或海、湖、水库等波浪产生的冲蚀，如修筑导流堤（顺坝或丁坝）、水下防波堤（破浪堤）等。另一类措施是针对改变边坡岩土体强度和应力状态的因素采取的，主要是保证边坡有较高的安全系数，如锚固、抗滑桩等工程。

（3）降低下滑力、提高抗滑力。边坡防治的技术措施主要是从提高抗滑力和降低下滑力从而提高安全系数入手的。以重力作用下的平面失稳为例，其安全系数计算公式为：

$$F(F_f) = \frac{cL + W\cos\beta\tan\varphi}{W\sin\beta} \tag{9-1}$$

由上式可知，为增加边坡的安全系数，提高其稳定性，可采取以下措施：

1）减小对岩土体的损伤以免 c、φ 值降低，例如制定合理的爆破方案等；也可设法提高岩土体 c、φ 值，例如采用注浆法加固岩土体等。

2）采取防排水措施使边坡岩土体中的潜水位尽可能降低，既提高坡体的抗滑力又降低下滑力，是稳定边坡最为有效和经济的方法。

3）向潜在滑体提供锚固力，提高抗滑力、降低下滑力。

4）坡趾是边坡的重点薄弱环节之一，必要时可用“压脚法”加固，此法仅适用于小规模的土质边坡，对高大的岩质边坡需大量回填，适用性不强。

5）减载或削坡，在坡顶进行挖方以降低坡高称为减载，挖缓坡面减小坡角称为削坡。

总之，边坡处治措施的选择不仅要遵循防治原则，还要结合变形破坏的方式、类型等工程实际条件。工程中常用的防治技术手段按照变形破坏方式的不同而不同，如表 9-1 所示。

表 9-1 边坡变形破坏方式与防治措施

变形破坏方式	防 治 措 施
风化、剥蚀	坡面防护：砌石、喷射混凝土、植被防护等
水流侵蚀	冲刷防护：植物、抛石、浆砌片石、石笼等
落石、崩塌	支撑、防护网、锚固等
坡体变形	锚固、抗滑桩、排水等
滑坡	锚固、挡墙、抗滑桩、排水、减载压重等

9.3 边坡坡面防护

边坡坡面防护主要是解决与人类工程活动（如公路、铁路、电站建设等）有关的裸露边坡表层稳定问题。坡面防护虽不属于边坡防治的主体工程，但却是在边坡处于稳定状态下，使边坡坡面免受自然条件下的风化、侵蚀、雨水冲刷等影响，从而确保边坡稳定所必不可少的辅助工程，是边坡防治工程的重要组成部分。

9.3.1 坡面防护原则

边坡坡面防护的种类和方法多种多样，但不论采用哪种方法，防护工程都应遵循以下原则：

（1）因地制宜。所谓因地制宜，一方面，选择坡面防护方法时要结合边坡的地形地貌、水文地质条件。另一方面，要根据边坡坡面的具体条件和实际情况确定合适的防护标准以制定适宜的防护措施，从而兼顾防护工程的有效性和经济性。

（2）就地取材。为节省运输费用，降低防护工程造价，在选用防护材料时，尽量利用当地材料，就地采集。例如，对于适宜植物生长的土质边坡，应优先选用植被防护坡面；在盛产石料的地区，应尽量利用石料砌筑防护坡面。

（3）经济适用。在力求节省工程费用和其他开支的同时要达到经济耐久以及养护工作量最小的要求。有些防护措施是长期实践中总结的行之有效的经验，应进一步认真总结并提高其应用水平。对于可实现一定的经济效益和社会效益的新材料、新技术和新方法，应积极组织实施并推广。

（4）兼顾景观。坡面防护的意义不仅局限于保护边坡，还应当与环境相衬，合理美观，因此应尽可能选择符合环境要求并与周围景观相协调的坡面防护方法与措施，以弥补对生态环境和景观造成的破坏。

9.3.2 坡面防护类型

坡面防护的常用方法可分为两大类，即植被防护和工程防护。

（1）植被防护。植被防护的手段通常为植树、种草或二者结合。在边坡上种植植被能有效地减缓边坡上的水流速度，避免日晒。植物的根系可固着边坡表层土壤以减轻冲刷，从而达到保护边坡坡面的目的。另外，植被防护还可绿化环境，与周边景观相协调，符合环保要求。因此，针对适合种植的土质边坡，植被防护通常作为首选的坡面防护措施。

（2）工程防护。对不适宜植物生长的土质边坡、碎（砾）石边坡和风化严重、节理裂隙发育的岩质边坡等，只能采取工程防护措施，如采用砂、石、水泥、石灰、炉渣等材料修建人工构筑物防护。

工程防护的类型很多，包括灌浆及勾缝、抹面、喷浆及喷射混凝土（图9-1）、喷锚网、干砌片石、浆砌片石（图9-2）、挡土墙以及土工合成材料防护等。各类坡面防护方法均有其各自的优缺点和适用条件，需要结合具体的工程实际情况进行选择。

图9-1 喷射混凝土防护

图9-2 浆砌片石防护

9.3.3 坡面防护设计

用于坡面防护的技术措施纷繁复杂，在此不一一列举，仅就适用条件、材料的选择和施工工艺对最常用的几种坡面防护措施作简单介绍。

9.3.3.1 植被防护

A 种草

(1) 适用条件。用于适宜草类生长的土质路堑和路堤的边坡，且边坡的高度不高，坡度不大（坡度不宜陡于1∶1）。当边坡土层不宜种草时，可在坡面上先铺一层厚为5~10cm的种植土，使其与坡面结合牢固。若边坡坡度陡于1∶2，在铺种植土前将边坡挖成台阶形，如图9-3所示。另外，对于经常或长期浸水的边坡，草籽易被冲走，此法不宜使用。

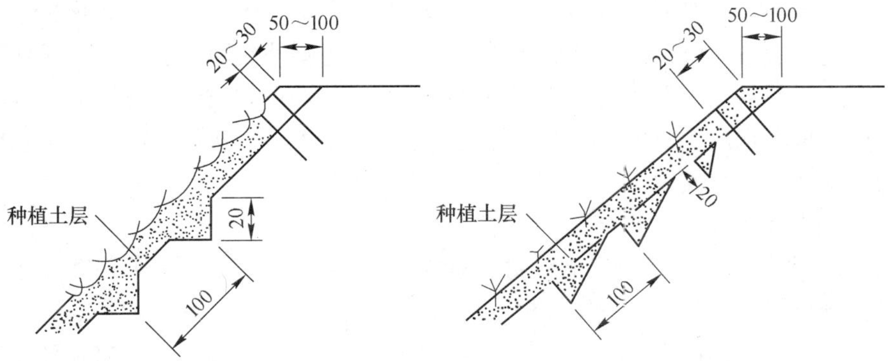

图9-3 种草护坡

(2) 草种选择。草种的选用要结合边坡的土壤环境和当地的气候条件，选择容易生长、根部发达、茎干低矮、枝叶茂盛、生长能力强的多年生草种，常采用的草种包括：白茅草，根深而粗壮；毛鸭嘴及鱼肩草，根深，固结边坡能力强；两耳草、果园草及雀稗，茎叶茂密，富于覆盖；鼠尾草，繁殖快；无芒雀麦，根系固土范围直径可达半米，-30℃下能安全越冬。

草种选择应结合当地土质和自然环境条件，必要时需先进行试验，而后选定。

(3) 施工工艺。草籽播种可根据情况进行撒播或沟（行）播。

撒播是最简单易行的方法，先清除坡面的杂物并铺撒一层种植土和化肥，再遍洒透水，待土松散后即自上而下每隔30cm左右，扒开表土均匀播撒草籽，草籽埋入深度应不小于5cm，然后推平表土拍实，并用草帘遮盖，若遇干旱要适当喷水保湿。此法常用于比较松软的土质边坡。

沟（行）播一般在比较坚硬的土质边坡上采用，沟间距50cm左右，沟深10~14cm，先在沟底撒一层1cm厚的肥料，其上加入5~10cm厚的种植土，再盖上表土。

路堤的路肩和路堑的顶部边缘应埋入与表层齐平的带状草皮，草皮厚5~6cm，宽20~25cm。

播种时间的选择很重要。南方温暖潮湿地区常年适于草籽的发芽、生长，播种时期选择范围较大；北方寒冷干燥地区，播种时间应选择在春、秋两季，避开低温和高温的不利季节，不可在干燥的风季和暴雨季节播种。

加强管理，经常检查成活率，必要时应进行补充播种。

B 植树

(1) 适用条件。植树适宜于各种土质边坡和风化极严重的岩质边坡，坡度一般应缓于1∶1.5。

(2) 树种选择。树种应选择根系发达，枝叶茂盛，能迅速生长、分蘖的低矮树种，如紫穗、怪柳、枸杞、沙棘等。冲刷防护宜用杨柳或不怕水淹的灌木类，高速公路的土质边坡和路肩不得种植乔木。

(3) 施工工艺。植树时树坑深一般为25cm，直径20cm，株距30~60cm，行距80~150cm，应视树种不同而定。

9.3.3.2 喷浆及喷射混凝土

(1) 适用条件。主要适用于易风化的软岩及裂隙和节理发育、坡面不平整、破碎较严重的岩质挖方边坡，既可防止坡面进一步风化，又可促使裂隙间破碎岩石得到砂浆充填而加固。对于坚硬易风化但风化不严重的边坡，喷浆防护可在坡面形成保护层以防止进一步风化。但此法不宜用于成岩作用差的黏土岩边坡，也不可直接用于涌水地段，在泄水后保证坡面无水回流方可使用。

(2) 材料及配比。

水泥：采用不低于32.5级的普通硅酸盐水泥。当存放过久或保管不善，有受潮结块等现象时应进行强度检验，并以实际标号进行配比。

石灰：采用新出窑烧透的块灰，欠火或过火者不宜采用，其质量指标应符合有关规范的规定。

砂子：重力喷浆应使用纯净的细砂，粒径为0.1~0.25mm。机械喷浆或喷混凝土应使用纯净的中粗砂，粒径为0.25~0.5mm，含水率以4%~6%为宜。

混凝土粗骨料：应使用纯净的卵石或碎石，最大粒径不大于25mm。大于15mm的颗粒控制在20%以下，针、片状颗粒不超过15%。

速凝剂：可直接掺入水泥砂浆和混凝土中，配制成聚合物砂浆和聚合物混凝土，能极大地增加接触面的黏聚力和抗拉、抗折强度，提高抗渗性，并兼有界面处理和促凝等作用。

(3) 施工工艺。施工前对坡面的裂缝、凹坑应先勾缝、填补，以使坡面平顺整齐，岩体坡面浮土杂质、碎块等要用水冲洗干净，并保持湿润。

选择适宜的喷射机械和相应的配套设备，作业前应进行试喷，以确定合适的水灰比。喷射作业应自下而上进行，喷嘴应垂直于坡面，并与坡面保持1.0m左右的距离。当喷射混凝土厚度大于6cm时，应分两次喷射，保证厚度均匀，并按有关规定预留试件。喷层周边与未防护坡面的衔接处做好封闭处理，防止雨水侵入。输料管长以20~30m为宜，喷射工作压力一般为150~170kPa。喷嘴供水压力要比工作压力大50~100kPa，保持水与干拌和料均匀混合。喷射体初凝后，应立即洒水养护，并持续7~10d。可在喷射层中加设1层钢筋网或高强聚合物土工格栅，以减小干缩裂缝对强度的影响，使坡面防护强度高于单纯喷浆或混凝土。

9.3.3.3 浆砌片石

（1）适用条件。适用于坡度缓于1∶1的各种岩质和土质边坡，坡面因风化剥落、地表水冲刷、易发生流泥冲沟及表层溜坍等灾害时可采用浆砌片石护坡，石材丰富地区最为合适。

对于傍河路基，当河水流速较大（大于4m/s），波浪作用较强，以及可能有流水、漂浮物等冲击作用时，可结合其他防护措施达到更好的防护效果。

对路基过分潮湿或冻害严重的土质边坡，未做排水、防水处理则应慎用，以免引起砌体在边坡变形中产生开裂而破坏。若事先已做好排水措施，则可考虑采用浆砌片石护坡。

（2）材料选择。浆砌片石护坡所用的水泥砂浆强度一般为M5，受流水冲刷或位于寒冷地区应提高为M7.5或M10。石料应采用不易风化的坚硬岩石或大块卵石，厚为0.25~0.5m。护坡地面设0.1~0.15m的碎石或砂砾组成的垫层，在一定条件下，也可采用与垫层等效的土工织物代替。

（3）施工工艺。浆砌片石护坡视岩土情况设置砌石基础，其埋深至少为护坡厚度的1.5倍，在冰冻地区应设置在冰冻线以下，砌石护坡应每隔10~15m设置宽2cm的伸缩缝（或沉降缝），用沥青麻筋或竹筋填塞。当为路堤边坡时，应待路堤沉降完成后再施工。对土质边坡的泄水孔墙背，应在0.5m×0.5m范围内设置反滤层以防淤塞。砌体石料密度一般不小于2.0t/m^3。

9.3.3.4 喷锚网联合防护

（1）适用条件。当坡面岩体已严重风化或岩体受切割破碎严重，喷浆或喷射混凝土防护强度不足时，为加强防护效果，应采用喷锚网联合防护。喷射混凝土与钢筋网封闭坡面，锚杆既可加固坡面一定深度内岩体，也可承受少量松散体产生的侧压力。

（2）材料选择。可用1∶3水泥砂浆固定锚杆，当要求锚杆立即起防护作用时，可采用早强锚固卷，施工简单，快速可靠。预制铁丝网直径一般采用2mm，绑扎铁丝直径0.5mm，铁丝网框条一般采用直径6.5mm的圆筋，锚杆可用16~20mm的螺纹钢筋。

（3）施工工艺。铁丝网框条采用直径6.5mm的钢筋时，应先拉直再加工焊接成框。喷浆及喷射混凝土厚度要均匀，勿使锚网外露。

9.4 落石防护——主被动网

9.4.1 柔性防护系统基本概念

地质灾害柔性防护系统是以阻止或延缓灾害性地质作用的发生，或者避免或减轻其带来的危害为根本防护理念的防护系统。该系统以柔性网为主要特征承力构件，通过加固（如主动系统）、拦挡（如被动系统）和引导（如维护系统）等基本形式来防治落石、浅表层滑动或泥石流等坡面地质灾害。与之相关的主要术语见表9-2。

表9-2 常用坡面地质灾害柔性防护系统的主要术语

术语	术语解释和说明
主动防护系统	采用系统化排列布置的锚杆或其与支撑绳相配合的固定方式，将柔性网覆盖在具有潜在地质灾害的边坡上，从而实现边坡上潜在不稳定体加固的一种柔性防护系统。简称主动系统，亦称主动加固系统

续表 9-2

术语	术语解释和说明
被动防护系统	由柔性网、钢柱、连接构件构成的用于拦挡落石的栅栏式承载结构。简称被动系统，亦称拦石网
维护系统	采用上沿或边沿锚杆和支撑绳固定方式，将柔性网悬挂在具有潜在落石的边坡上，从而实现限制落石运动范围的一种柔性防护系统
落石防护系统	以改变落石运动路径和速度，或在落石运动路径上的特定位置对落石进行拦截为目的的各类柔性防护系统的统称
柔性网	柔性防护系统的面状承力构件和主要特征构件，通常首先承受来自岩土体等防护对象的荷载。一般用钢丝、钢绞线或钢丝绳编织而成，按其承载能力和使用方式，分为承载柔性网和非承载柔性网两类
柔性锚杆	包括钢丝绳锚杆和复合柔性锚杆，其外露段均由钢丝绳弯折而成，弯折环套内通常嵌有衬套结构（比如索具套环）。在拦挡系统中与拉锚绳、支撑绳等相连时，也称为拉锚锚杆
消能件	拦挡系统中与钢丝绳类连接构件相连，用以在特定荷载条件下通过变形吸能主体的位移释放和能量的吸收与消散来控制荷载的变化，从而避免其荷载传递路径上其他构件发生过载破坏，对系统起过载保护作用的构件。常用的消能件有减压环和 U 形消能件等
减压环	变形吸能主体为环形钢管的一类消能件。环管两端叠置区由压制箍环固定，工作时钢丝绳穿过环管，通过钢丝绳所受拉力驱使环管环径减小来向外释放位移并发生横截面塑性变形，从而实现其过载保护功能
U 形消能件	变形主体为 U 形钢带或钢筋的一类消能件。U 形件的弯曲部位连接到一销轴上，工作时钢丝绳与 U 形件的一端相连，通过钢丝绳所受拉力驱使 U 形件的自由段经销轴发生塑性弯曲变形、移动和重新展直来向外释放位移，从而实现其过载保护功能
防护能级	标准试验条件下拦石网或拦挡系统能成功拦挡或消散的落石最大动能标准值。现有标准化定型拦石网的标称防护能级主要有 100~8000kJ，一般通过认证试验或定型试验确定

9.4.2 主动防护系统

（1）主动系统结构形式与类型。主动防护系统可实现坡面孤危石及浅表层岩土体的加固，避免落石或局部崩塌的发生，抑制浅表层岩土体的变形移动或运动，阻止或缓解各种自然营力对坡面的侵蚀作用。

主动防护系统是通过将柔性网尽可能地紧贴坡面来实现的，由柔性网、锚杆和连接构件三部分组成，根据锚杆和柔性网网片的布置方式，可分为矩阵式锚固的网片单元式布置系统和梅花形锚固的网片连续布置系统，如图 9-4 所示。

（2）主动系统构成特征。从理论上讲，主动系统的各构成部分可根据具体工程需求进行设计和生产，但在目前技术水平下，还无法完全用理论计算的方法实现，且根据计算结果进行的产品设计，其质量与成本难以控制，尤其是柔性网。事实上，在迄今为止的主动防护系统技术范畴内，锚杆规格及其布置形式已逐渐开放，但柔性网的定型化采用始终未变，具体的锚杆和柔性网参数可参照《SNS 系统边坡主动防护工程施工及验收规范》（HFYY-SNS-Z003）选定。

9.4.3 被动防护系统

严格意义上，将“被动防护系统”称为“拦石网”更为准确，按构成形式和防护能

(a)

(b)

图 9-4 主动防护系统结构类型

（a）矩阵式锚固系统；（b）梅花形锚固系统

级划分，常用拦石网型号有数十种，但从基本结构和功能特征上看，除下部基础外，其上部结构都是由钢柱、连接构件和柔性网构成的栅栏式落石拦挡结构，如图 9-5 所示，被动

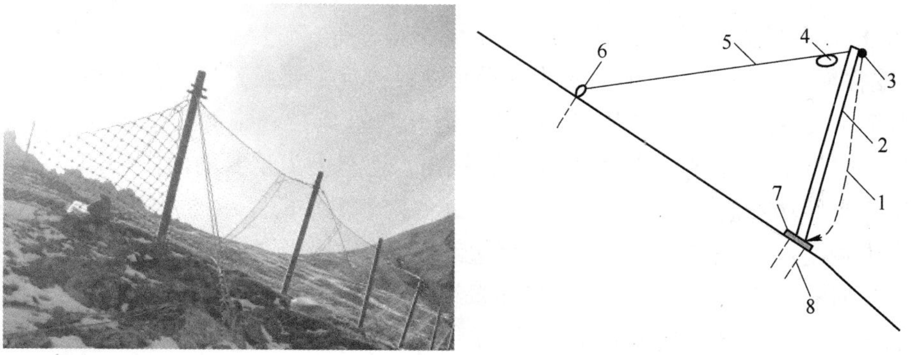

图 9-5 被动防护系统及其基本构成

1—柔性网；2—钢柱；3—支撑绳；4—消能件；5—上拉锚绳；6—拉锚锚杆；7—基座；8—地脚螺栓锚杆

防护系统的类型通常也按其结构或功能特征来划分。除上述三大基本构成部分外，绝大部分拦石网还包含了消能件这一重要构件，该构件可吸收大部分落石冲击动能，避免整个系统遭受毁灭性破坏。

（1）钢柱。钢柱是被动系统的支撑结构，其主要作用是保证系统及其柔性网的直立，并展开和支承支撑绳、拉锚绳等连接构件。在连续布置的拦石网中，按钢柱所处位置不同通常分为端部钢柱、中部钢柱和分段处钢柱，前者指位于整道拦石网两端的两根钢柱，后者指整道拦石网支撑绳采用多段布置方式时位于各段支撑绳分段处的钢柱，除上述两类之外的钢柱即为中间柱。按柱体与基础间的连接形式，被动防护系统也被分为图 9-6 所示的两大体系，即与基座采用铰接形式的铰接钢柱体系、直接固定于基座或埋入基础的固定钢柱体系。

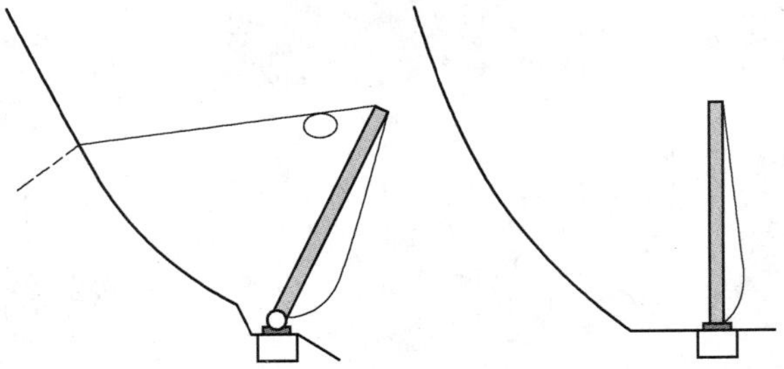

图 9-6　钢柱与基础连接形式示意图

（2）连接构件。连接构件包括拉锚绳、拉锚锚杆和支撑绳这三类具有特定结构性能的构件，及其他起连接作用的构件，如缓冲绳、缓冲卡环等专用连接件和绳夹、卸扣、螺栓等辅助连接件。

1）拉锚绳。拉锚绳是指连接于拉锚锚杆与钢柱间的钢丝绳，根据其位置和功能的不同分为上拉锚绳、下拉锚绳、侧拉锚绳和中间加固拉锚绳，其主要作用均是对整个系统进行定位和加固，以实现系统按设计方位的直立安装，并避免其遭受落石冲击时发生整体倾倒和严重弯曲。

2）拉锚锚杆。被动防护系统中的拉锚锚杆采用的都是柔性锚杆形式，且一般均采用钢丝绳锚杆，其功能是实现各种拉锚绳、支撑绳与地层的固定连接，从而将荷载传递给稳定地层。根据与其连接的钢丝绳构件功能的不同以及在系统中所处的相对位置，相应地分为上拉锚杆、下拉锚杆、侧拉锚杆和中间加固拉锚杆等。

3）支撑绳。支撑绳均沿柔性网的展开面设置，且主要沿其展开边界设置，根据其位置不同分为上支撑绳、下支撑绳、端部支承绳（边垂绳）和中部支撑绳（横向约束绳或加强绳）。其功能不仅局限于实现柔性网的悬挂，还有更为重要的两点作用：一是充分实现系统整体柔性功能的发挥，使落石冲击荷载向两侧更大的区域传递消散，降低直接冲击荷载的集中强度；二是实现对柔性网的周边约束，使柔性网在遭受落石冲击时始终保持底部封闭和足够的残余有效防护高度，确保系统防护功能得以充分发挥。

（3）柔性网。柔性网是被动防护系统的核心构成部分，是整个系统中唯一的面状拦挡结构，其主要功能是实现对落石的直接拦截，因此通常首先遭受落石的直接冲击，并在通过自身的弹性和塑性变形消散部分落石动能的同时，还将动能的剩余部分以冲击荷载的形式分散传递到钢柱、支撑绳、拉锚绳、消能件等构件上，并最终通过锚杆传递给稳定地层。

（4）消能件。通过改变上述各类构件的几何尺寸或材料特性来改变其承载能力，足以使拦石网实现各种规模的落石防护，然而当落石冲击动能极大时，如果没有消能件的存在，防护系统结构的参数是不经济也不现实的。因此，消能件的出现与采用是被动系统发展历程上的一次飞跃。本质上，消能件的功能是其受到落石冲击的荷载较高时，通过自身变形或位移的方式来吸收或消散能量，同时限制整个系统中的荷载峰值，从而对整个系统起过载保护作用，避免其他构件过早地发生不可恢复的严重变形或破坏，减少系统维护工作量，并在维护前使系统保持足够程度的残余防护能力。

9.5 边 坡 支 挡

边坡支挡工程（挡土墙）是边坡防治措施中一种重要的技术手段，其通常可在避免超挖、放坡的同时有效地解决边坡稳定性问题，此法符合经济合理的防治原则，为越来越多的边坡工程所采用。

挡土墙是依靠其自身重量来抵抗滑体的推力，从而支撑边坡岩土体、防止边坡变形失稳的一种重要防治措施。本节从岩土压力、结构类型和设计计算三方面着重介绍挡土墙工艺。挡土墙结构类型很多，图 9-7 为一种典型的挡土墙形式及其受力分析图解。

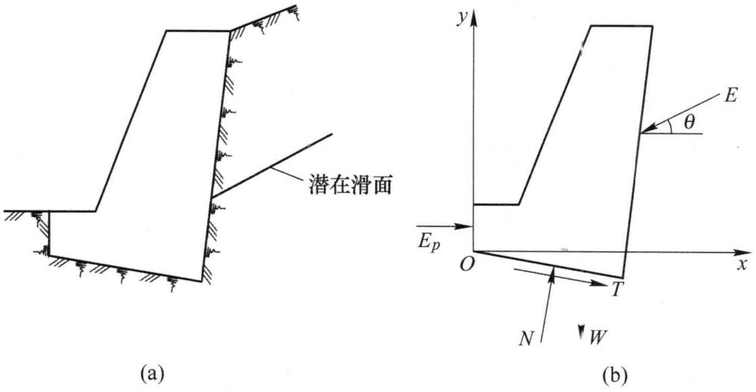

图 9-7 典型的抗滑挡土墙形式及其受力分析

9.5.1 岩土压力

各类挡土墙在支挡土体的同时必然会受到岩土体侧向压力的作用，即岩土压力问题。岩土压力的计算是挡土墙设计计算的主要依据，而形成岩土压力的主要荷载一般包括岩土体自身重量引起的侧向压力、水压力以及影响区范围内的构筑物荷载、施工荷载、交通荷载等。

9.5.1.1 土压力

一般而言，土压力的大小及其分布规律与挡土墙侧向位移的大小和方向、土的性质、挡土墙高度等因素有关，根据挡土墙侧向位移的大小和方向，土压力可分为静止土压力、主动土压力和被动土压力 3 种，如图 9-8 所示。

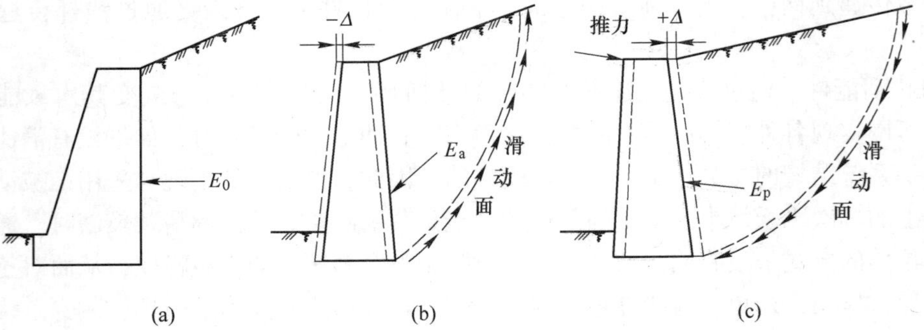

图 9-8 三种类型土压力示意图
（a）静止土压力；（b）主动土压力；（c）被动土压力

A 静止土压力

如图 9-8（a）所示，若刚性的挡土墙保持原来的位置静止不动，则作用在挡土墙上的土压力称为静止土压力。作用在单位长度挡土墙上静止土压力的合力用 E_0(kN/m) 表示，静止土压力强度用 p_0(kPa) 表示。

$$p_0 = K_0(\sum \gamma_i h_i + q) \tag{9-2}$$

式中 p_0——静止土压力强度，kPa；

γ_i——第 i 层土的重度，kN/m^3；

h_i——第 i 层土的厚度，m；

q——地面均布荷载，kPa；

K_0——静止土压力系数。

静止土压力系数 K_0 宜由试验确定，当无试验条件时，可按下式估算：

正常固结土： $$K_0 = 1 - \sin\varphi' \tag{9-3}$$

超固结土： $$K_0 = (1 - \sin\varphi')^{1/2} \tag{9-4}$$

式中，φ'为土的有效内摩擦角。

B 主动与被动土压力

如图 9-8（b）所示，若挡土墙在墙后填土压力作用下，背离填土方向移动，此时作用在墙上的土压力将由静止土压力逐渐减小，当墙后土体达到极限平衡状态，并出现连续滑动面而使土体下滑时，土压力减到最小值，称为主动土压力。主动土压力合力和强度分别用 E_a(kN/m) 和 p_a(kPa) 表示。

如图 9-8（c）所示，若挡土墙在外力作用下，向填土方向移动，这时作用在墙上的土压力将由静止土压力逐渐增大，直到土体达极限平衡状态并出现连续滑动面，墙后土体将向上挤出隆起，此时土压力增至最大值，称为被动土压力。被动土压力合力和强度分别用 E_p(kN/m) 和 p_p(kPa) 表示。

a 朗肯土压力理论

假设条件：挡墙墙背垂直；墙后土体表面水平并无限延伸；墙背面光滑，即不考虑墙与土间的摩擦力。

朗肯土压力理论计算主动与被动土压力强度按下式计算：

$$p_a=(q+\sum\gamma_i h_i)K_a-2c\sqrt{K_a} \tag{9-5}$$

$$p_p=(q+\sum\gamma_i h_i)K_p+2c\sqrt{K_p} \tag{9-6}$$

式中 p_a，p_p——朗肯主动与被动土压力强度，kPa，当主动土压力为负值时取零；

K_a，K_p——朗肯主动与被动土压力系数。

主动土压力系数：

$$K_a=\tan^2(45°-\varphi/2) \tag{9-7}$$

被动土压力系数：

$$K_p=\tan^2(45°+\varphi/2) \tag{9-8}$$

b 库仑土压力理论（计算简图见图 9-9）

假设条件：墙背俯斜、倾角为 α、墙为刚性；墙后填土为砂土（$c\approx0$）、填土表面坡角为 β；墙背粗糙、墙土间的摩擦角为 δ。

库仑主动与被动土压力按下式计算：

$$E_a=\frac{1}{2}\gamma H^2K_a \tag{9-9}$$

$$E_p=\frac{1}{2}\gamma H^2K_p \tag{9-10}$$

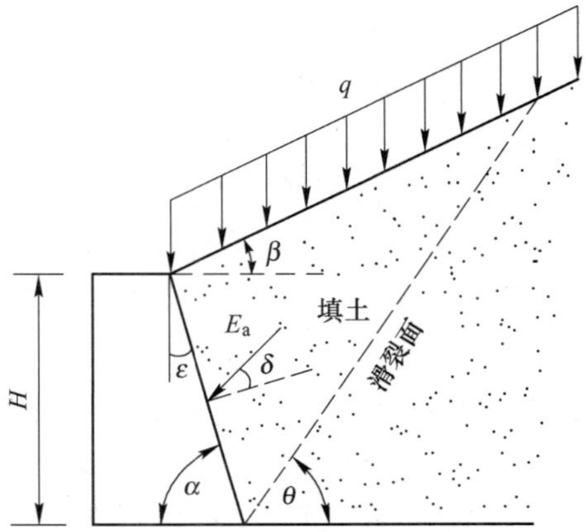

图 9-9 库仑土压力计算简图

式中 E_a，E_p——库仑主动与被动土压力，kN/m；

γ——填土范围内土层的平均重度，kN/m³；

H——挡墙高度，m；

K_a，K_p——库仑主动与被动土压力系数。

主动土压力系数：

$$K_a=\frac{\cos^2(\varphi-\varepsilon)}{\cos^2\varepsilon\cdot\cos(\delta+\varepsilon)\left[1+\sqrt{\dfrac{\sin(\delta+\varphi)\cdot\sin(\varphi-\beta)}{\cos(\delta+\varepsilon)\cdot\cos(\varepsilon-\beta)}}\right]^2} \tag{9-11}$$

被动土压力系数：

$$K_p=\frac{\cos^2(\varphi+\varepsilon)}{\cos^2\varepsilon\cdot\cos(\varepsilon-\delta)\left[1-\sqrt{\dfrac{\sin(\delta+\varphi)\cdot\sin(\varphi+\beta)}{\cos(\varepsilon-\delta)\cdot\cos(\varepsilon-\beta)}}\right]^2} \tag{9-12}$$

9.5.1.2 岩体压力

（1）静止岩体压力强度按式（9-2）计算，静止岩体侧压力系数按下式计算：

$$K=\frac{\nu}{1-\nu} \tag{9-13}$$

式中，ν 为岩体的泊松比，宜采用实测数据或根据当地经验确定。

（2）主动岩体压力强度计算。

1）沿外倾结构面潜在滑动时，其主动岩体压力按式（9-5）计算，主动岩体压力系数按下式计算：

$$K_a=\frac{\sin(\alpha+\beta)[k_q\sin(\alpha+\theta)\sin(\theta-\varphi_s)-\eta\sin\alpha\cos\varphi_s]}{\sin\alpha\sin(\alpha-\delta+\theta-\varphi_s)\sin(\theta-\beta)} \tag{9-14}$$

$$\eta = \frac{2c_s}{\gamma H}$$

$$k_q = 1 + \frac{2q\sin\alpha\cos\beta}{\gamma H\sin(\alpha + \beta)}$$

式中 θ——外倾结构面倾角，(°)；

c_s——外倾结构面黏聚力，kPa；

φ_s——外倾结构面内摩擦角，(°)；

δ——岩体与挡墙墙背的摩擦角，(°)，取 $(0.33 \sim 0.5)\varphi$。

当有多组外倾结构面时，岩体侧向压力应计算各组结构面的主动岩体压力并取其大值。

2）对于沿缓倾的外倾软弱结构面潜在滑动，如图 9-10 所示，其主动岩体压力按下式计算：

$$E_{ak} = G\tan(\theta - \varphi_s) - \frac{c_s L\cos\varphi_s}{\cos(\theta - \varphi_s)} \quad (9\text{-}15)$$

式中 θ——缓倾的外倾软弱结构面倾角，(°)；

c_s——外倾软弱结构面黏聚力，kPa；

φ_s——外倾软弱结构面内摩擦角，(°)；

G——潜在滑体自重，kN/m；

L——滑裂面长度，m。

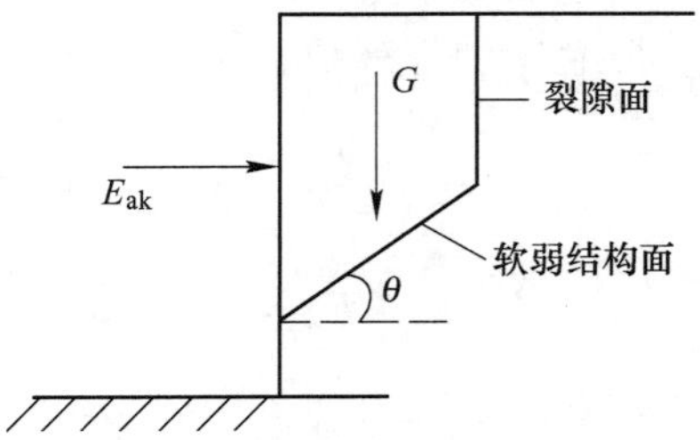

图 9-10 岩质边坡四边形滑裂时主动土压力计算示意图

（3）侧向岩体压力和破裂角计算应符合下列规定：

1）当岩质边坡无外倾结构面时，以岩体等效内摩擦角按侧向土压力方法计算侧向岩体压力，破裂角按（45°+φ/2）确定，Ⅰ类岩质边坡取 75°左右。

2）当有外倾硬性结构面时，侧向岩体压力应首先以外倾硬性结构面的参数按式（9-14）计算主动岩体压力系数，将计算岩体压力和以岩体等效内摩擦角按侧向土压力方法计算的结果对比，取较大值。除Ⅰ类边坡岩体外，破裂角取外倾结构面倾角和（45°+φ/2）两者中的较小值。

3）当边坡沿外倾软弱结构面破坏时，侧向岩石压力系数按式（9-14）计算，破裂角取该外倾结构面的视倾角和（45°+φ/2）两者中的较小值，同时分别按式（9-14）和式（9-15）进行验算。

9.5.2 挡土墙类型及构造

挡土墙类型的划分方法较多，除按挡土墙结构形式划分外，还有按设置位置、建筑材料、施工方法以及所处环境条件等进行划分。如按建筑材料可分为石、混凝土及钢筋混凝土挡土墙等，按所处环境不同可分为一般地区挡土墙、浸水地区挡土墙与地震地区挡土墙等。

通常以挡土墙的结构形式分类为主，主要有：重力式挡土墙（包括衡重式挡土墙）、薄壁式挡土墙（包括悬臂式和扶壁式挡土墙）、加筋式挡土墙、锚杆式和锚定板式挡土墙、竖向预应力锚杆式挡土墙、土钉式及桩板式挡土墙等，以下对常用的三种类型挡土墙进行详细介绍。

9.5.2.1 重力式挡土墙

图 9-11 重力式挡土墙实例

(1) 墙身。重力式挡土墙（图 9-11）按结构形式可分为仰斜式、垂直式、俯斜式、凸形折线式和衡重式，如图 9-12 所示。其墙高适用范围：俯斜式、直立式的墙高不大于 6m，仰斜式的墙高不宜大于 12m，衡重式的墙高宜为 3~12m。墙背坡度一般采用 1：0.25 仰斜，仰斜墙背坡度不宜缓于 1：0.3，俯斜墙背坡度一般为 1：(0.25~0.40)，衡重式或凸折式挡土墙，下墙墙背多采用 1：(0.25~0.30) 仰斜，上墙墙背坡度受墙身强度控制，根据上墙高度采用 1：(0.25~0.45) 俯斜。

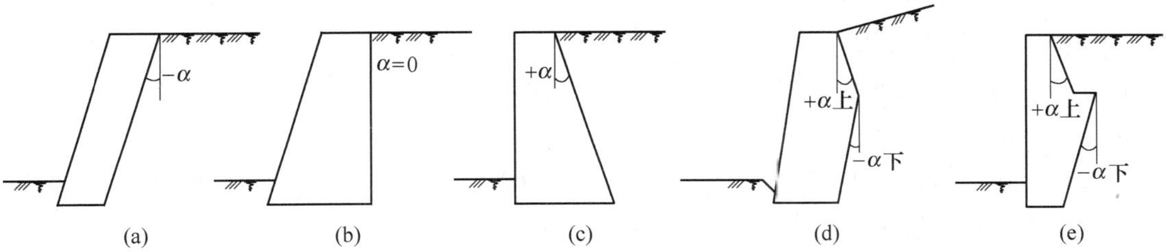

图 9-12 重力式挡土墙断面形式

(a) 仰斜式；(b) 垂直式；(c) 俯斜式；(d) 凸形折线式；(e) 衡重式

同时，还应考虑墙趾处的地面横坡。墙面坡度影响挡土墙的高度，横向坡度越大影响越大，地面横坡较陡时，墙面坡度一般为 1：(0.05~0.20)，墙矮时也可采用直立，地面横坡平缓时，墙面适当放缓，但一般不缓于 1：0.35，仰斜式挡土墙墙面坡度采用 1：0.05，因此，在地面横坡较陡的山区，采用衡重式挡土墙较为经济，衡重式挡土墙上墙与下墙宽度之比一般采用 1：1.5。挡土墙断面形式不宜变化过多，以免造成施工困难。

(2) 沉降缝与伸缩缝。为避免地基不均匀沉降而引起墙身开裂，需根据地基地质条件和墙高、墙身断面等的变化情况设置沉降缝。挡土墙可按折线布置，并在转折处以沉降缝隔开。

为防止圬工砌体因收缩硬化和温度变化而产生裂缝，应设置伸缩缝。设计中一般将沉降缝与伸缩缝合并布置，沿挡墙纵向每隔 10~15m 设置一道，岩石地基不宜超过 25m，缝宽 20~30mm，从墙顶到墙底。

(3) 基础。挡土墙常采用浅基础，只有在特殊情况下才采用桩基。

大部分挡土墙直接修建在天然地基上。当地基较弱、地形平坦、墙身较高时，为减少地基基底压应力或增加抗倾覆稳定性，可在墙趾处设置台阶，以拓宽基底，台阶宽度视基底需要而定，但不得小于 20cm，台阶高宽比可采用 (1.5~2)：1。

地基为较弱土层时，可用砂砾、碎石、矿渣或灰土等质量较好的材料换填，以提高地基承载能力。基础埋置深度应按地基性质、承载力要求、冻胀影响、地形和水文地质条件等因素确定。

（4）排水措施及防水层。挡土墙排水的作用在于疏干墙后土体的地下水和地表水下渗后的积水，以免墙后积水致使墙身受额外的静水压力，减少季节性冰冻地区填料的冻胀压力，消除黏性土填料浸水后的膨胀压力。挡土墙的排水措施通常由地面排水和墙身排水两部分组成。

地面排水主要是防止地表水渗入墙后土体或地基，其措施包括：1）设置地面排水沟接引地表水；2）夯实回填土顶面和地表松土防止雨水下渗，必要时可设铺砌层；3）路堑挡土墙墙趾前的边沟应予以铺砌加固，以防边沟水渗入基础。

墙身排水主要是为了排除墙后积水，通常在墙身的适当高度处布置一排或数排泄水孔。泄水孔的尺寸可视泄水量大小分别采用 0.05m×0.1m、0.1m×0.1m、0.15m×0.2m 的矩形孔或直径为 0.05～0.2m 的圆孔。泄水孔间距一般为 2～3m，干旱地区可适当增大，多雨地区应适当减小，浸水挡土墙则应高出地下水位 0.3m，下排泄水孔进水口底部应铺设 0.3m 厚的黏土层并夯实，以防水渗入基础。泄水孔的进水口部分应设置粗颗粒反滤层以防孔道淤塞，干砌挡土墙可不设泄水孔。

9.5.2.2 薄壁式挡土墙

薄壁式挡土墙一般采用钢筋混凝土结构，属轻型挡土墙。薄壁式挡土墙包括悬臂式和扶壁式两种形式。一般情况下，墙高在 6m 内采用悬臂式，6m 以上不超过 15m 采用扶壁式。悬臂式和扶壁式挡土墙的结构稳定性是依靠墙身自重和墙踵板上方填土的重力来保证，而且墙趾板也显著增大了抗倾覆稳定性，并大大减小了基底应力。

（1）悬臂式挡土墙。挡土墙高度在 6m 以下时一般选用悬臂式挡土墙，其一般形式如图 9-13 所示，由立壁（墙面板）和墙底板（包括墙趾板和墙踵板）组成，呈倒“T”字型，具有三个悬臂，即立壁、墙趾板和墙踵板。具体结构要求如图 9-14 所示。

图 9-13 施工中的悬臂式挡土墙

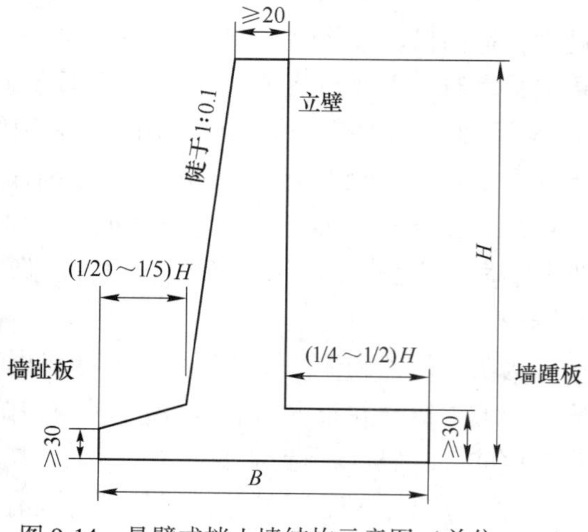

图 9-14 悬臂式挡土墙结构示意图（单位：cm）

1）为便于施工，立壁内侧（即墙背）宜做成竖直面，外侧（即墙面）坡度应陡于 1∶0.1，一般为 1∶(0.02～0.05)，具体坡度值应根据立壁的强度和刚度要求确定。当挡土墙较低时，立壁可做成等厚度，墙顶宽度不宜小于 0.2m；当墙较高时，宜在立壁下部将截面加宽。

2）墙底板一般水平设置，底面水平。墙趾板的顶面一般从与立壁连接处向趾端倾斜。墙踵板顶面水平，也可做成向踵端倾斜。墙底板厚度不宜小于 30cm。墙趾板宽度应根据挡墙抗倾覆稳定性、基底应力（即地基承载力）和偏心距等条件确定，一般可取墙高的 1/20~1/5。墙踵板宽度由挡墙抗滑稳定性确定，并具有一定的刚度，其值应为墙高的 1/4~1/2，且不应小于 50cm。墙底板的总宽度一般为墙高的 0.5~0.7 倍。当墙后地下水水位较高，且地基为承载力很小的软弱地基时，墙底板的总宽度可增大到 1 倍墙高或者更大。

3）材料等级：悬臂式挡土墙的混凝土等级不小于 C20，钢筋可选用Ⅰ~Ⅳ级，受力钢筋的直径不小于 12mm。

4）对钢筋混凝土保护层厚度的要求：立壁外侧大于 30mm，立壁内侧大于 50mm，墙底板大于 75mm。

悬臂式挡土墙分段长度不应大于 15m，段间设置伸缩缝和沉降缝。

（2）扶壁式挡土墙。扶壁式挡土墙由墙面板（立壁）、墙趾板、墙踵板及扶肋（扶壁）组成，如图 9-15、图 9-16 所示。实际上它是在悬臂式挡土墙的基础上，沿墙方向每隔一定距离加设扶肋而成。扶肋起加筋作用，以改善立壁和墙踵板的受力条件，提高结构的刚度和整体性，减小立壁的变形。

图 9-15　扶壁式挡土墙实例

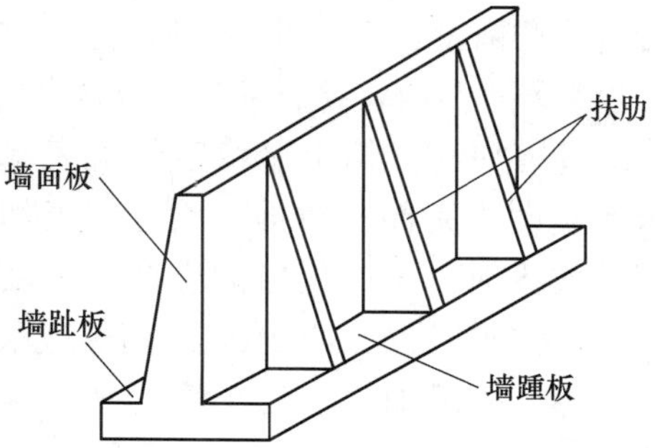

图 9-16　扶壁式挡土墙结构示意图

扶壁式挡土墙宜整体浇筑，也可采用预制件装配，其具体结构要求如下：

1）扶壁式挡土墙墙高不宜超过 15m，一般为 9~10m，分段长度不应超过 20m，每段宜设 3 个或 3 个以上的扶肋；扶肋间距应根据强度要求确定，一般为 1/4~1/2 墙高；扶肋厚度一般为扶肋间距的 1/10~1/4，但不应小于 30cm。

2）墙面板宽度与扶肋间距成正比，墙面板顶宽不得小于 20cm，可采用等厚的垂直面板。

3）墙趾板宽宜为墙高的 1/20~1/5，墙踵板宽一般为墙高的 1/4~1/2 且不小于 50cm，底板宽应满足稳定要求，底板厚度不宜小于 30cm。

4）钢筋保护层要求与悬臂式挡土墙相同。

9.5.2.3　加筋土挡土墙

加筋土挡土墙分为有面板加筋土挡土墙和无面板加筋土挡土墙。有面板加筋土挡土墙在工程中应用较为广泛，即在土中加入拉筋，利用拉筋与土之间的摩擦作用，改善土体的变形条件，提高土体的工程特性，从而达到稳定土体的目的。无面板加筋土挡土墙通过反包式土工格栅的加筋锚固作用，约束土体的侧向变形，保证土体的稳定，该类挡土墙可较好地适应地基变形。

与其他类型挡土墙相比，加筋土挡土墙突出的特点是填料本身也为墙体的一部分，因此，填料的选择、拉筋材料的质量以及填料、筋带、面板之间的紧密、稳定结合是应特别重视的设计施工要素。

（1）有面板加筋土挡土墙结构。加筋土挡土墙墙面宜采用钢筋混凝土预制件，厚度不应小于80mm。墙面的平面线形可采用直线、折线和曲线，相邻墙面间的内夹角不宜小于70°。墙面应设置混凝土基础，其宽度不应小于0.4m，厚度不应小于0.2m，基础埋置深度不应小于0.6m。基底不宜设置纵坡，可设为水平或结合地形设为台阶形。拉筋材料宜采用土工格栅、复合土工带或钢筋混凝土板带。在满足抗拔稳定条件下，拉筋长度应符合下列规定：

1）墙高大于3.0m时，拉筋长度不应小于0.8倍墙高，且不小于5m。当采用不等长的拉筋时，同长度拉筋的墙段高度不应小于3.0m，相邻不等长拉筋的长度差不宜小于1.0m。

2）墙高小于3.0m时，拉筋长度不应小于3.0m，宜采用等长拉筋。

3）采用预制钢筋混凝土带时，每节长度不宜大于2.0m。

筋带与面板的连接应坚固可靠，并与面板有相同的耐腐蚀性能。双面加筋土挡土墙的筋带应错开铺设，避免重叠。加筋土挡土墙宜采用渗水性良好的中粗砂、砂砾或碎石填筑，填料与筋材直接接触部分不应含有尖锐棱角的块体，填料最大粒径不应大于100mm。

对危害加筋土挡土墙稳定的地表水或地下水，应设置完善的防排水设施。当加筋区填筑细粒土时，墙面板内侧应设置宽度不小于0.3m的反滤层。冰冻地区加筋体应采取防冻胀措施。多级加筋土挡土墙的平台顶部应设不小于2%的排水横坡，并用厚度不小于0.15m的C15混凝土板防护。当采用细粒填料时，上级墙的面板基础下应设置宽度不小于1.0m、厚度不小于0.5m的砂砾或灰土垫层，见图9-17。

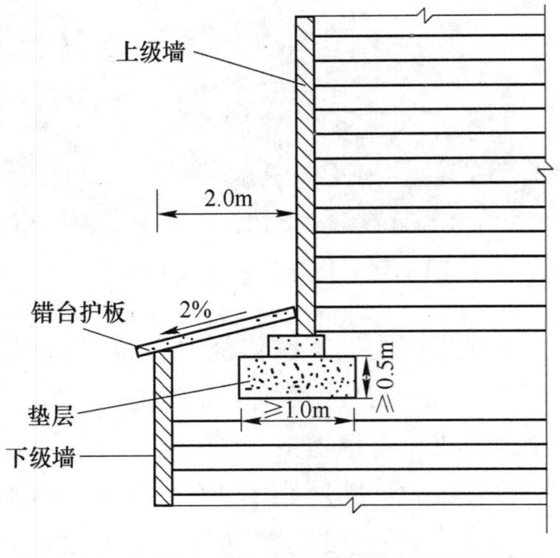

图9-17　加筋土挡土墙平台与垫层横断面图

（2）无面板加筋土挡土墙结构。无面板加筋土挡土墙高度大于10m时，应设置多级加筋土挡土墙；当挡土墙基础受水流影响可能产生冲刷时，洪水位以下浸水墙体应采用重力式挡土墙。土工格栅宜采用高密度聚乙烯（HDPE）土工格栅、聚酯（PET）焊接土工格栅。土工格栅加筋层间距、筋材长度、加筋坡面坡率等应通过外部稳定性和内部稳定性计算确定。加筋土挡土墙填料和排水设计应符合有面板加筋土挡土墙的有关规定。当地基软弱、承载能力不足时，应对地基土进行换填处理，并设置砂砾、碎石垫层。反包式土工格栅筋材应采用统一的水平回折反包长度，其长度应大于下式计算值，且不宜小于2m。

$$L_0=\frac{D\sigma_{hf}}{2(c'+\gamma h_i\tan\varphi')} \tag{9-16}$$

式中 L_0——计算拉筋的水平回折包裹长度，m；

D——拉筋的上下层间距，m；

σ_{hf}——反包水平的土体压应力，kPa；

c'，φ'——拉筋与填料之间的黏聚力（kPa）、内摩擦角（°），填料为砂类土时取 $\varphi'=(0.5\sim0.8)\varphi$；

γ——填料重度，kN/m^3；

h_i——墙顶（路肩挡土墙包括墙顶以上填土高度）距第 i 层墙面板中心的高度，m。

9.5.3 挡土墙设计计算

9.5.3.1 重力式挡土墙

重力式挡土墙承受的是潜在滑体的滑坡推力（剩余下滑力），如图 9-18 所示，其大小可采用 9.5.1 节中岩土压力的计算方法求解。其设计计算过程主要包括抗滑稳定性验算、抗倾覆稳定性验算、地基承载力验算和墙身强度验算。

（1）抗滑移稳定性。土质边坡采用重力式挡土墙高度不小于 5m 时，主动土压力宜按 9.5.1 节计算的主动土压力乘以增大系数确定。挡土墙高度为 5~8m 时增大系数宜取 1.1，挡土墙高度大于 8m 时增大系数宜取 1.2。

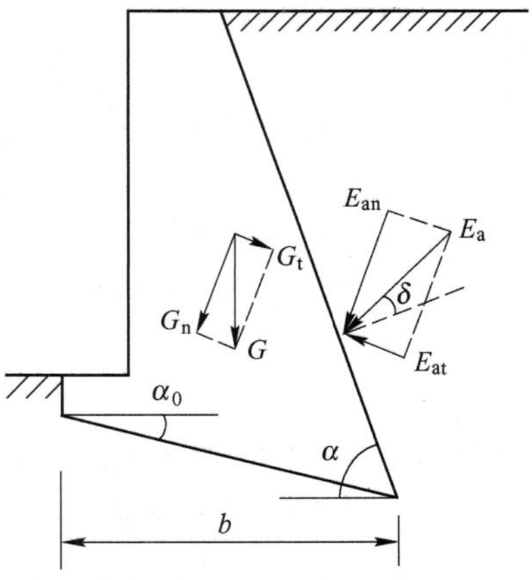

图 9-18 挡土墙抗滑稳定性验算模型

图 9-18 为重力式挡土墙计算模型，其抗滑稳定性应按式（9-9）验算。

$$F_s=\frac{(G_n+E_{an})\mu}{E_{at}-G_t} \tag{9-17}$$

$$G_n=G\cos\alpha_0 \tag{9-18}$$

$$G_t=G\sin\alpha_0 \tag{9-19}$$

$$E_{at}=E_a\sin(\alpha-\alpha_0-\delta) \tag{9-20}$$

$$E_{an}=E_a\cos(\alpha-\alpha_0-\delta) \tag{9-21}$$

式中 F_s——挡土墙抗滑安全系数，一般不小于 1.3，地震工况时不小于 1.1；

E_a——每延米挡墙主动岩土压力合力，kN/m；

G——挡土墙每延米自重，kN/m；

α——墙背与墙底水平投影的夹角，(°)；

α_0——挡土墙底面倾角，(°)；

δ——墙背与岩土间的摩擦角，(°)；

μ——挡土墙底与基岩土体的摩擦系数，宜由试验确定，也可按表 9-3 选用。

表 9-3　岩土与挡土墙底面摩擦系数经验值

岩土类别		摩擦系数 μ
黏性土	可塑	0.20~0.25
	硬塑	0.25~0.30
	坚硬	0.30~0.40
粉土		0.25~0.35
中砂、粗砂、砾砂		0.35~0.40
碎石土		0.40~0.50
极软岩、软岩、较软岩		0.40~0.60
表面粗糙的坚硬岩、较硬岩		0.65~0.75

（2）抗倾覆稳定性。图 9-19 为重力式挡土墙的抗倾覆稳定性计算模型，应按式（9-14）验算：

$$F_t = \frac{Gx_0 + E_{az}x_f}{E_{ax}z_f} \tag{9-22}$$

$$E_{ax} = E_a\sin(\alpha - \delta) \tag{9-23}$$

$$E_{az} = E_a\cos(\alpha - \delta) \tag{9-24}$$

$$x_f = b - z\cot\alpha \tag{9-25}$$

$$z_f = z - b\tan\alpha_0 \tag{9-26}$$

式中　F_t——挡土墙抗倾覆安全系数，一般不小于 1.4，地震工况时不小于 1.3；

b——挡土墙底面水平投影宽度，m；

x_0——挡土墙中心到墙趾的水平距离，m；

z——岩土压力作用点到墙踵的竖直距离，m。

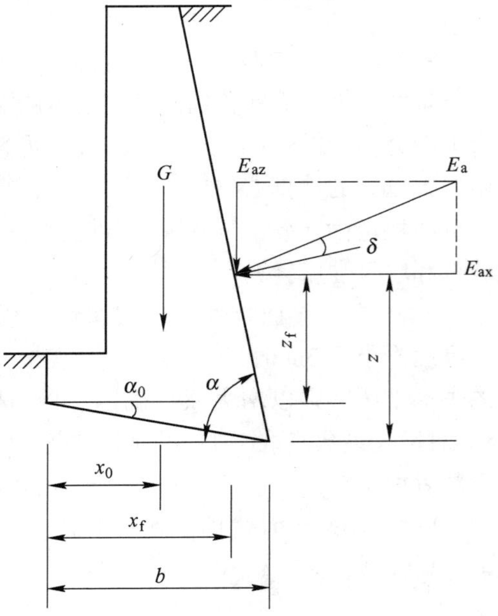

图 9-19　挡土墙抗倾覆稳定性验算模型

（3）地基承载力验算及墙身强度验算。必要时应参照基础工程设计和混凝土设计原理进行地基承载力验算及墙身强度验算。进行地基承载力验算时，应先求出作用在基底的总竖向力，并通过力矩平衡求出合力作用点，进而求得基底合力偏心距，再根据不同偏心情况下的基底应力计算公式分别求得最大值和平均值，验算二者分别满足地基承载力验算公式即可。验算墙身强度时，则应取 1~2 个控制截面，分别进行其在自重及岩土压力同时作用下的正截面偏心压缩承载力验算、弯曲承载力验算及斜截面抗剪承载力验算，具体计算方法可参照相关规范。

【例题 9-1】　已知某浆砌块石挡土墙，墙背竖直光滑，墙后填土水平，墙高 5m，顶宽 0.5m，底宽 1.7m，浆砌块石的重度 $\gamma_1 = 22\text{kN/m}^3$，填土的物理力学参数：重度 $\gamma_2 = 18\text{kN/m}^3$、内摩擦角 $\varphi = 38°$、黏聚力 $c = 0$、摩擦系数 μ 取 0.6，试验算该挡土墙的稳定性（图 9-20）。

解：（1）土压力计算。按朗肯土压力计算合力（不考虑增大系数）：

$$E_a = \frac{1}{2}\gamma_2 H^2 K_a$$
$$= \frac{1}{2} \times 18 \times 5^2 \times \tan^2\left(45° - \frac{38°}{2}\right)$$
$$= 53.5\text{kN/m}$$

土压力合力作用点距墙趾 $z_f = \frac{H}{3} = 1.67\text{m}$。

（2）挡土墙自重及重心计算。将挡土墙的截面分成一个三角形和一个矩形，其重量分别为：

$$G_1 = A_1\gamma_1 = \frac{1}{2} \times 1.2 \times 5 \times 22 = 66\text{kN/m}$$

$$G_2 = A_2\gamma_1 = 0.5 \times 5 \times 22 = 55\text{kN/m}$$

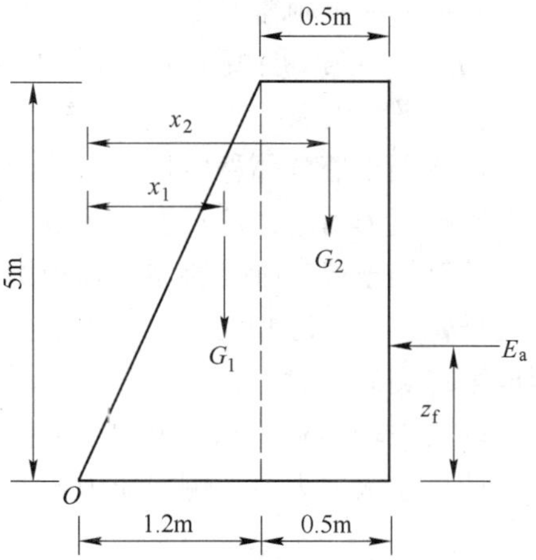

图 9-20　重力式挡土墙计算示意图

G_1、G_2作用点距墙趾 O 点的水平距离：

$$x_1 = \frac{2}{3} \times 1.2 = 0.8\text{m}$$

$$x_2 = 1.2 + \frac{1}{2} \times 0.5 = 1.45\text{m}$$

（3）抗滑稳定性验算：

$$F_s = \frac{(G_1 + G_2)\mu}{E_a} = \frac{(66 + 55) \times 0.6}{53.5} = 1.35 > 1.3$$

（4）抗倾覆稳定性验算：

$$F_t = \frac{G_1x_1 + G_2x_2}{E_a z_f} = \frac{66 \times 0.8 + 55 \times 1.45}{53.5 \times 1.67} = 1.48 > 1.4$$

综上，该挡土墙设计验算合格。

9.5.3.2　薄壁式挡土墙

与重力式挡土墙的设计计算类似，薄壁式挡土墙的设计计算也包括抗滑稳定性、抗倾覆稳定性、地基承载力和墙身强度验算。其中，仍以抗滑稳定性和抗倾覆稳定性验算为主。由于薄壁式挡土墙的结构相对复杂，因此在进行设计计算时还需结合相关规范考虑诸多设计原则。

（1）抗滑稳定性验算：
$$F_s = \frac{\mu \sum_{i=1}^{n} G_i}{E_a}$$

式中　F_s——抗滑安全系数，一般不小于 1.3，地震工况时不小于 1.1；

$\sum_{i=1}^{n} G_i$——每延米总竖向力，kN/m。

（2）抗倾覆稳定性验算：
$$F_t = \frac{\sum_{i=1}^{n} G_i x_i}{\sum_{i=1}^{n} E_{ai} z_{fi}}$$

式中 F_t——抗倾覆安全系数，一般不小于1.4，地震工况时不小于1.3；

E_{ai}——第 i 层填土每延米土压力合力，kN/m。

（3）设计原则。

计算挡土墙整体稳定性和立板内力时，可不考虑挡土墙墙前底板以上土体的影响；在计算墙趾板内力时，应计算底板以上填土的自重。

计算挡土墙实际墙背和墙踵板的土压力时，可不计填料与板间的摩擦力。

悬臂式挡土墙和扶壁式挡土墙的侧向主动土压力宜按第二破裂面法进行计算。当不能形成第二破裂面时，可用墙踵下缘与墙顶内缘的连线或通过墙踵的竖向面作为假想墙背计算，取其中较不利状态的侧向压力作为设计控制值。

计算立板内力时，侧向压力分布可按图9-21或根据经验分布确定。

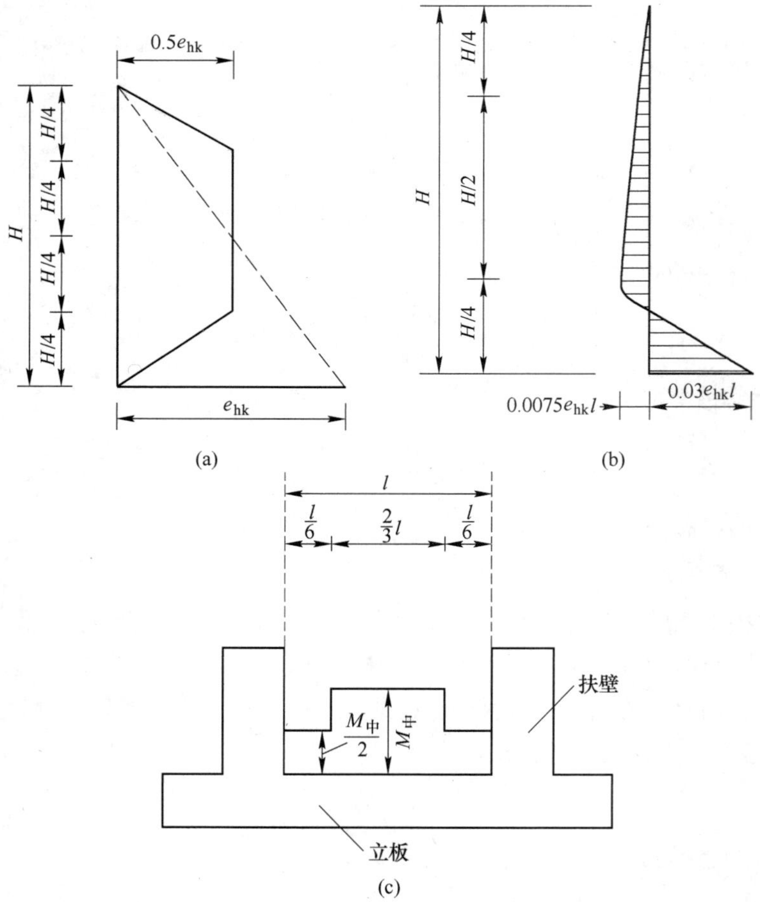

图9-21 扶壁式挡土墙侧向压力分布图

（a）侧压力分布图；（b）立板弯矩纵向分布图；（c）立板弯矩横向分布图

$M_中$—板跨中弯矩；H—墙面板的高度；e_{hk}—墙面板底端内填料引起的法向土压力；l—扶壁之间的净距

悬臂式挡墙的立板、墙趾板和墙踵板等结构构件可取单位宽度按悬挑构件进行计算。

对扶壁式挡土墙，根据其受力特点可按下列简化模型进行内力计算：1）立板和墙踵板可根据边界约束条件按三边固定、一边自由的板或以扶壁为支点的连续板进行计算；2）墙趾底板可简化为固定在立板上的悬臂板进行计算；3）扶壁可简化为T形悬臂梁进行计算，其中立板为梁的翼缘，扶壁为梁的腹板。

悬臂式挡土墙和扶壁式挡土墙的结构构件截面设计应按《混凝土结构设计规范》（GB 50010）的有关规定执行。

挡土墙结构应进行混凝土裂缝宽度的验算。迎土面的裂缝宽度不宜大于 0.2mm，背土面的裂缝宽度不宜大于 0.3mm，并应符合《混凝土结构设计规范》GB 50010 的有关规定。

悬臂式挡土墙和扶壁式挡土墙的地基承载力和变形验算应按有关规范执行。

【例题 9-2】 已知某悬臂式挡土墙，填土表面水平，墙体几何参数见图 9-22（单位：mm），墙身重度 $\gamma_1 = 25\text{kN/m}^3$，上有均布荷载 $q = 10\text{kN/m}^2$，填土重度 $\gamma_2 = 17\text{kN/m}^3$、内摩擦角 $\varphi = 30°$、黏聚力 $c = 0$，墙底板与地基摩擦系数 $\mu = 0.45$，试验算该挡土墙的稳定性。

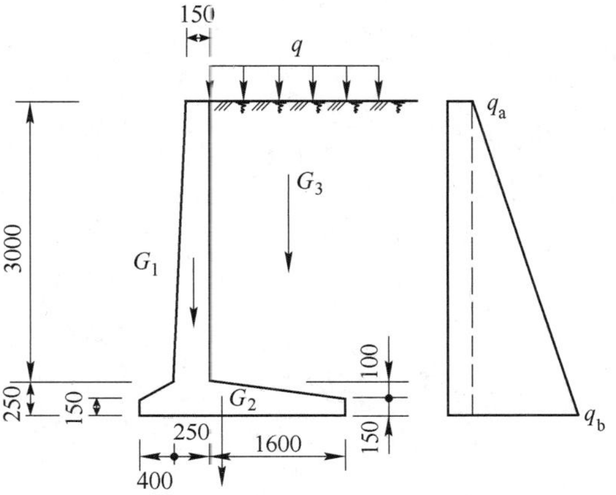

图 9-22 悬臂式挡土墙计算示意图

解：（1）土压力计算。由于地面水平，墙背竖直且光滑，土压力系数采用朗肯理论公式计算：

$$K_a = \tan^2\left(45° - \frac{\varphi}{2}\right) = 0.333$$

考虑地面静荷载 q 的作用，地面处水平压力：

$$q_a = qK_a = 10 \times 0.333 = 3.33\text{kN/m}^2$$

底板底部水平压力：

$$\begin{aligned} q_b &= (\gamma H + q) \times K_a \\ &= (17 \times 3.25 + 10) \times 0.333 \\ &= 21.73\text{kN/m}^2 \end{aligned}$$

土压力合力（不考虑增大系数）：

$$E_{a1} = q_a \times 3.25 = 10.82\text{kN/m}$$

$$z_{f1} = \frac{3.25}{2} = 1.625\text{m}$$

$$E_{a2} = \frac{1}{2}(q_b - q_a) \times 3.25 = 29.9\text{kN/m}$$

$$z_{f2} = \frac{3.25}{3} = 1.08\text{m}$$

（2）竖向荷载计算。

1）立板自重：

$$G_1 = \frac{0.15 + 0.25}{2} \times 3 \times 25 = 15\text{kN/m}$$

作用点距墙趾水平距离：

$$x_1 = 0.4 + \frac{\frac{0.1 \times 3}{2} \times \frac{2 \times 0.1}{3} + 0.15 \times 3 \times \left(0.1 + \frac{0.15}{2}\right)}{\frac{0.1 \times 3}{2} + 0.15 \times 3} = 0.55\text{m}$$

2）底板自重：

$$G_2 = \left(\frac{0.15 + 0.25}{2} \times 0.4 + 0.25 \times 0.25 + \frac{0.15 + 0.25}{2} \times 1.6\right) \times 25 = 11.56\text{kN/m}$$

作用点距墙趾水平距离：

$$x_2 = \left[\frac{0.15 + 0.25}{2} \times 0.4 \times \left(\frac{0.4}{3} \times \frac{2 \times 0.25 + 0.15}{0.25 + 0.15}\right) + 0.25 \times 0.25 \times (0.4 + 0.125) + \frac{0.15 + 0.25}{2} \times 1.6 \times \left(\frac{1.6}{3} \times \frac{2 \times 0.15 + 0.25}{0.15 + 0.25} + 0.65\right)\right] \div 0.4625 = 1.07\text{m}$$

地面均布荷载及填土重：

$$G_3 = (10 + 17 \times 3) \times 1.6 = 97.6\text{kN/m}$$

$$x_3 = 0.65 + 0.8 = 1.45\text{m}$$

（3）抗滑稳定性验算：

$$F_s = \frac{\mu \sum G}{E_a} = \frac{0.45 \times (15 + 11.56 + 97.6)}{10.82 + 29.9} = 1.37 > 1.3$$

（4）抗倾覆稳定性验算：

$$F_t = \frac{\sum Gx}{\sum E_a z_f} = \frac{15 \times 0.55 + 11.56 \times 1.07 + 97.6 \times 1.45}{10.82 \times 1.625 + 29.9 \times 1.08} = 3.25 > 1.4$$

综上，该挡土墙设计验算合格。

9.5.3.3 加筋土挡土墙

（1）抗滑稳定性验算。加筋土挡土墙的滑动一般有两种可能，一种是水平推力克服了加筋体“基底”与地基之间的摩擦力而沿底面滑动（图 9-23a），另一种是修筑在边坡上的加筋土挡土墙自身可能与滑体一起产生滑动（图 9-23b）。

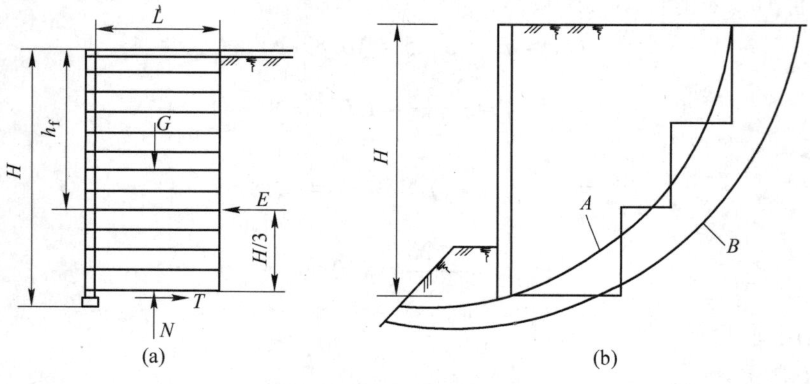

图 9-23 加筋土挡土墙抗滑稳定性验算模型

（a）水平滑动；（b）圆弧滑动

对于第一种滑动，设计时须保证抗滑安全系数 F_s 不小于 1.3，计算附加应力时，F_s 不小于 1.2，抗滑安全系数 F_s 应按下式计算：

非浸水
$$F_s=\frac{[\sum N+(\sum E_x-E'_x)\tan\alpha_0]\mu+E'_x}{\sum E_x-\sum N\cdot\tan\alpha_0} \tag{9-27}$$

浸水
$$F_s=\frac{(\sum N-\sum N_w+\sum E_x\cdot\tan\alpha_0)\mu}{\sum E_x-(\sum N-\sum N_w)\tan\alpha_0} \tag{9-28}$$

式中 $\sum N$——作用于基底上的总垂直力，kN；

$\sum E_x$——墙后主动土压力的总水平分力，kN；

E'_x——墙前土压力的水平分力，kN；

$\sum N_w$——墙前的总浮力，kN；

α_0——基底倾斜角，(°)；

μ——基底与地层间的摩擦系数。

对于第二种滑动，可采用圆弧滑动面法验算，具体有两种圆弧滑动面法，均为考虑破裂圆弧产生在加筋土结构内部而穿过拉筋的情况。其中一种方法研究圆弧滑动范围内分条的平衡，和常用的条分法类似，但计入了拉筋的抗拔力，称为条块法，另一种方法研究滑动圆弧所围定的整个滑动区的稳定，称为整体法，具体计算过程在此不详细介绍。

（2）抗倾覆稳定性验算。设计时须保证抗倾覆安全系数 F_t 不小于 1.4。计算附加应力时，F_t 不小于 1.3，抗倾覆安全系数 F_t 应按下式计算：

$$F_t=\frac{\sum M_y}{\sum M_0} \tag{9-29}$$

式中 $\sum M_y$——稳定力系对墙趾的总力矩，kN·m；

$\sum M_0$——倾覆力系对墙趾的总力矩，kN·m。

9.6 边 坡 锚 固

自 1911 年美国首先在矿山巷道采用岩石锚杆支护以来，锚固技术已经历了一百多年的发展。20 世纪 40 年代，美国和苏联开始在井下巷道普遍使用锚杆支护，随后锚杆支护技术在煤矿、金属矿山、水利隧道等地下工程中得到广泛应用。

锚杆支护大致经历了以下发展历程：1945~1950 年，研发机械式锚杆并应用；1951~1960 年，采矿业广泛采用机械式锚杆，并开始对锚杆支护系统进行研究；1961~1970 年，研发树脂锚杆并在矿山得到应用；1971~1980 年，研发缝管式锚杆、胀管式锚杆并应用，研究新的支护方法，包括长锚索支护；1981~1990 年，混合锚头锚杆、组合锚杆、桁架锚杆、特种锚杆等开始应用，树脂锚杆材料获得改进；20 世纪 90 年代以来，岩土锚固的理论研究、技术创新和工程应用得到进一步发展，理论研究主要围绕地层锚固的荷载传递机理，以及不同类型注浆锚杆用于不同地层时杆体与注浆体、注浆体与地层间的黏结应力及其分布状态等内容展开。

近年来，随着我国土木、水利及建筑工程建设的蓬勃发展，岩土锚固技术发展迅速，岩土锚杆的品种已有 60 余种，土层锚杆最大承载力达 1500kN，岩石锚杆最大承载力达 200MN，锚杆最大长度超过 80m。在岩土工程中应用锚固技术，能充分发挥和提高岩土体的自身强度和自稳能力，显著缩小结构物体积并减轻结构自重，有效控制岩土工程（体）的变形。岩土锚固由于其可控、可测及可靠的突出特点，已经成为提高岩土工程稳定性和解决复杂岩土工程问题最为经济、有效的方法之一，在我国水利水电、交通、矿山、城市基础设施等工程建设中发挥着越来越重要的作用。

9.6.1　概述

岩土工程的研究对象是复杂地质体，在漫长的地质年代里，由于地质构造运动、自然风化和人类活动等作用，形成了大量诸如断层、层理、节理、软弱夹层、溶沟、溶槽等地质缺陷。在一定的时间和条件下，岩土体可能处于相对稳定的平衡状态；若条件改变，原有的平衡状态就可能遭到破坏，如在岩土工程开挖与施工过程中，其原有应力场重新分布，从而导致岩土体发生变形，进而产生坍落、塌陷、岩崩、滑坡及地面沉降等地质灾害。

为预防和治理此类灾害，工程上常将一种受拉杆件埋入岩土体，用以调动和提高岩土体的自身强度和自稳能力，这种受拉杆件称为锚杆或锚索（以下统称为锚杆），其所起的作用即为锚固。运用数学、力学和工程材料等科学知识解决岩土工程中的锚固设计、计算、施工和监测等方面问题的技术和工艺称为锚固工程。

目前，锚固工程几乎遍及矿山、土木、水利等工程领域，主要包括边坡工程、井巷及隧道工程、道路基础加固、深基础和地下结构工程、结构抗倾覆、既有结构物补强与加固等方面，其中主要边坡锚固类型如图 9-24 所示。

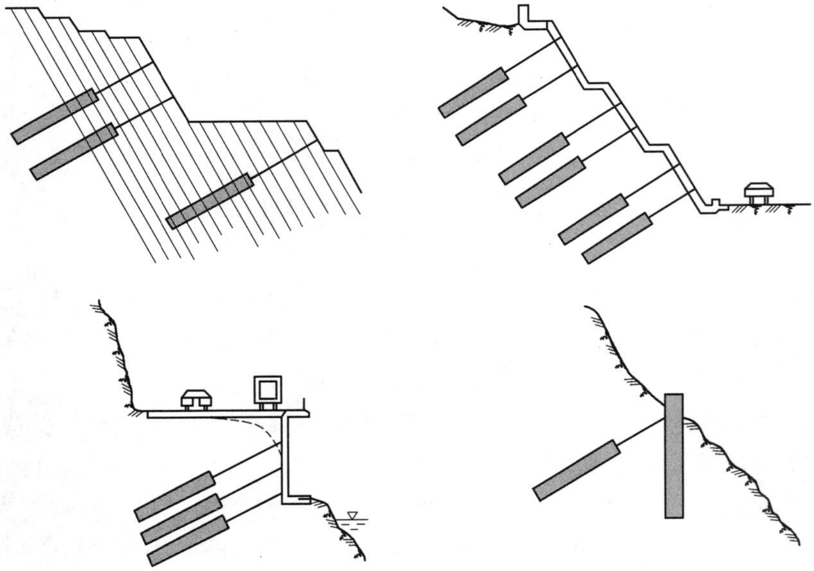

图 9-24　边坡工程中锚固技术的应用

9.6.2　锚杆类型

边坡工程中使用的锚杆（图 9-25）是一种安设在岩土层深处的受拉杆件，其一端与工程构筑物相连，另一端锚固在岩土层中，必要时需对其施加预应力，以承受岩土压力、水压力或风荷载等所产生的拉力，再将拉力传递到深部稳定岩土层中，达到有效承受结构荷载及防止边坡变形失稳的目的。

预应力是人为对锚杆施加的张应力，从而对边坡施加主动压力。因此，预应力锚杆不同于非预应力锚杆，后者只有当岩土体产生变形时才承受张力，且张力随位移增大而增大，故这种张力主要只对变形体起悬吊作用。所以，预应力锚杆属于主动加固措施，而非预应力锚杆属于被动加固措施。在边坡锚固工程中，前者比后者应用更为广泛。

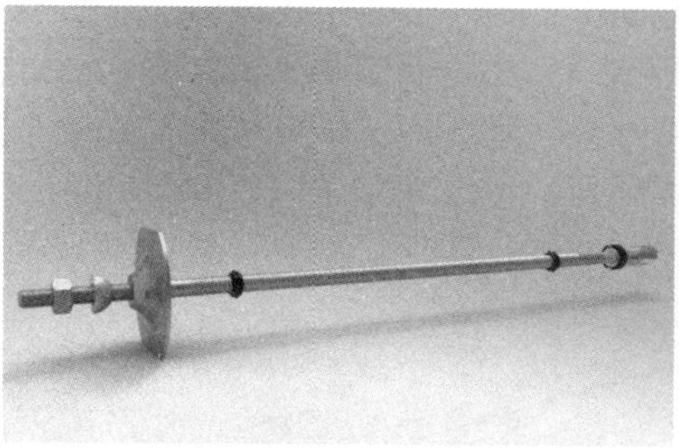
(a)

(b)

图 9-25　锚杆（索）示意图
（a）锚杆；（b）锚索

为满足不同地质条件、岩土性质和工况下工程结构的需要，已研制了各种各样的锚杆，并同时衍生出各种类型的锚固技术和方法。工程上常按以下方法分类：

（1）按应用对象划分，包括岩石锚杆、土层锚杆；

（2）按是否预先施加应力划分，包括预应力锚杆、非预应力锚杆；

（3）按锚固机理划分，包括黏结式锚杆（水泥砂浆锚杆、树脂锚杆）、摩擦式锚杆（缝管式、水胀式及楔缝式锚杆）、端头锚固式（机械式）锚杆和混合式锚杆；

（4）按锚固体传力方式及荷载分布条件划分，包括压力型锚杆、拉力型锚杆、压力分散型锚杆和拉力分散型锚杆；

（5）按锚固部分大小划分，包括全长锚固式锚杆和端部锚固式锚杆；

（6）按锚固体形态划分，包括圆柱型锚杆、端部扩大型锚杆和连续球型锚杆，以下按该类划分方式分别介绍。

圆柱型黏结式锚杆如图 9-26 所示，其具有结构简单、制造安装方便等特点，黏结材料

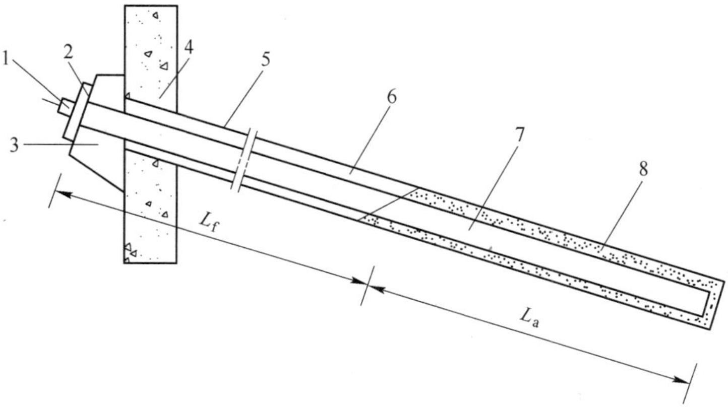

图 9-26　圆柱型锚杆（预应力）示意图
1—锚具；2—承压板；3—台座；4—支挡结构；5—钻孔；6—二次注浆防腐处理；7—预应力筋；8—圆柱型锚固体；L_f—自由段长度；L_a—锚固段长度

通常为水泥砂浆，适用于黏性土、砂土、粉砂土等相对密度较大且含水量较小、抗剪强度相对较高的土层或设计承载力较低的岩层。

端部扩大型锚杆的结构特点是在锚杆底部把孔径扩大，形如一倒埋的销钉，如图9-27所示，其不仅可提供黏结力，端头肩部还能增加岩土体对锚杆的抗拔阻力，从而提高锚杆的锚固力和极限抗拔力。该类锚杆主要适用于松软土层，并要求其具有较高承载力。

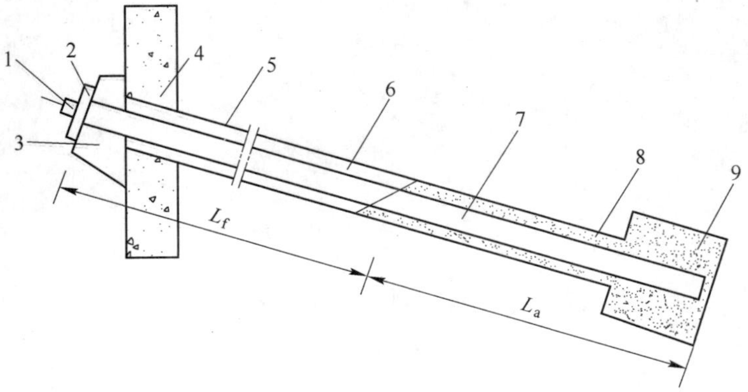

图9-27　端部扩大型锚杆（预应力）示意图

1—锚具；2—承压板；3—台座；4—支挡结构；5—钻孔；6—二次注浆防腐处理；7—预应力筋；8—圆柱型锚固体；9—端部扩大体；L_f—自由段长度；L_a—锚固段长度

连续球型锚杆是通过分段扩张法或分段高压注浆法使锚杆锚固段形成一连串球状体，如图9-28所示，使之与周围土体有更高的嵌固强度。该类锚杆适用于淤泥、淤泥质土层，并要求有较高锚固力的情况。

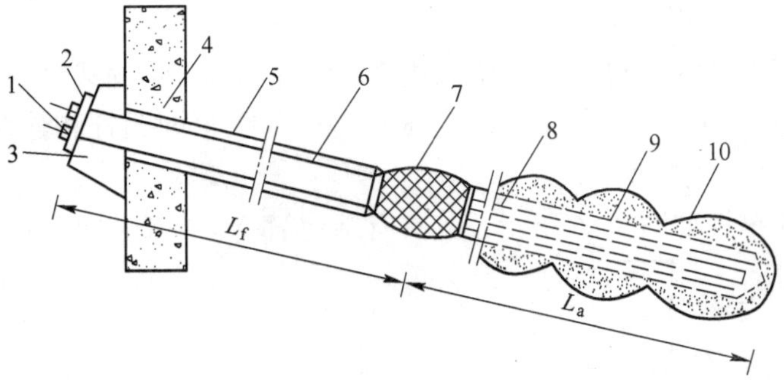

图9-28　连续球型锚杆（预应力）示意图

1—锚具；2—承压板；3—台座；4—支挡结构；5—钻孔；6—套管；7—止浆密封装置；8—预应力筋；9—注浆套管；10—连续球型锚固体；L_f—自由段长度；L_a—锚固段长度

对于风化岩及土质边坡，拉力分散型和压力分散型锚杆（统称为荷载分散型锚杆）应用较为广泛，以下分别进行介绍。

拉力型锚杆指受力时锚固段注浆体处于受拉状态的锚杆，如图9-29（a）所示，其主要特点是锚杆受力时锚固段浆体受拉并通过浆体将拉力传递至周围地层，结构简单，目前使用范围最广。

压力型锚杆指受力时锚固段注浆体处于受压状态的锚杆，如图9-29（b）所示，其主要特点是利用承载体使锚杆受力时锚固段浆体受压，并通过浆体将拉力传递至周围地层，防腐性能较好，但由于注浆体承压面积受到钻孔直径的限制，故不能得到高承载力的锚杆。

荷载分散型锚杆也称单孔复合锚杆，指在一个钻孔中，由若干拉力型或压力型单元锚杆组合而成的复合锚固体系，如图 9-29（c）、（d）所示，其能将锚固力分散作用于锚杆总锚固段的不同部位（即各单元锚杆的锚固段）上，主要包括拉力分散型锚杆（图 9-30）和压力分散型锚杆（图 9-31）两种，其工作时能充分利用地层固有强度，其承载力随锚固

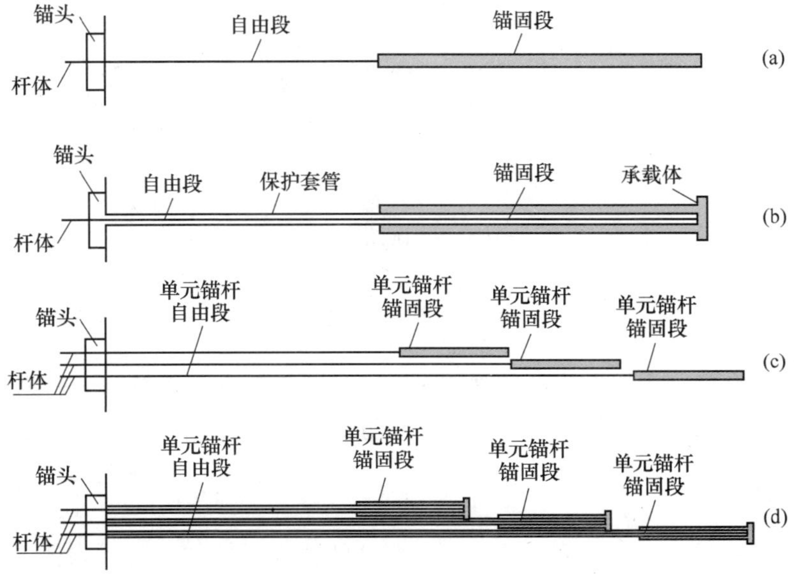

图 9-29　拉力型、压力型及荷载分散型锚杆（预应力）结构示意图

（a）拉力型锚杆；（b）压力型锚杆；（c）拉力分散型锚杆；（d）压力分散型锚杆

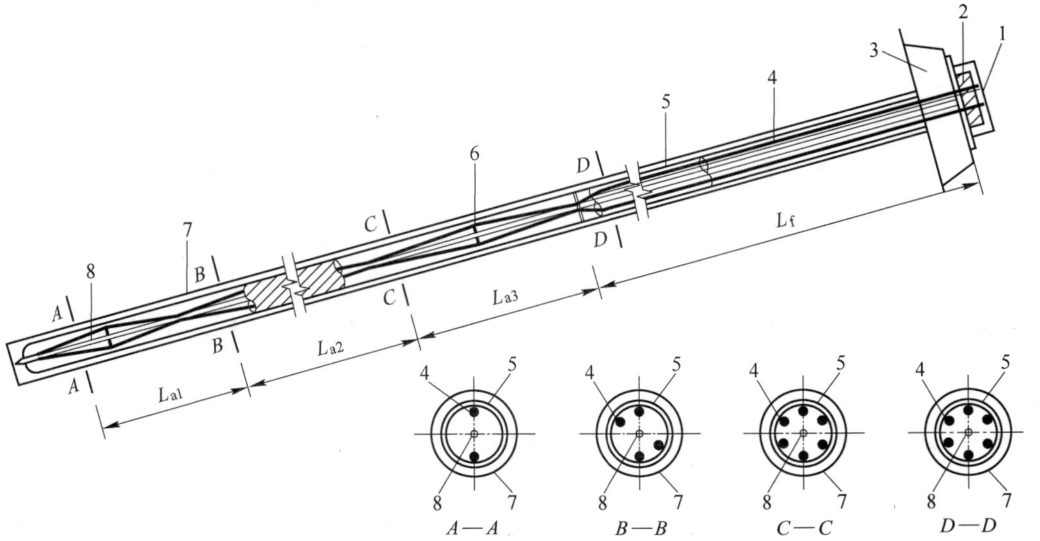

图 9-30　拉力分散型锚杆（预应力）示意图

1—保护罩；2—锚具；3—台座；4—钢绞线；5—光滑套管；6—隔离架；7—钻孔孔壁；8—注浆管；

$L_{a1} \sim L_{a3}$—1、2、3 单元锚杆的锚固段长度；L_f—自由段长度

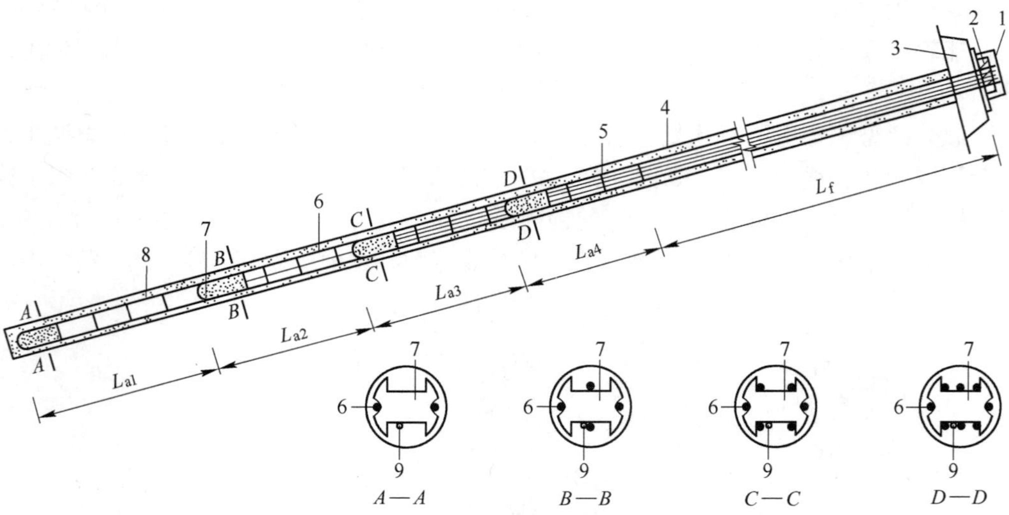

图 9-31 压力分散型锚杆（预应力）示意图

1—保护罩；2—锚具；3—台座；4—钻孔孔壁；5—隔离环；6—钢绞线；7—承载体；8—水泥浆体；9—注浆管；L_{a1} ~ L_{a4}—1、2、3、4 单元锚杆的锚固段长度；L_f—自由段长度

段长度增加成比例提高。拉力分散型锚杆适用于锚杆承载力要求较高的软岩或土体工程，压力分散型锚杆适用于锚杆承载力要求较高或防腐等级要求较高的软岩或土体工程。

9.6.3 锚杆结构

工程上所指的锚杆，通常是对受拉杆件所处的锚固系统的总称。如图 9-32 所示，锚杆一般由锚头、杆体（拉杆）及锚固体（段）三个基本部分组成，其各部分的作用如下。

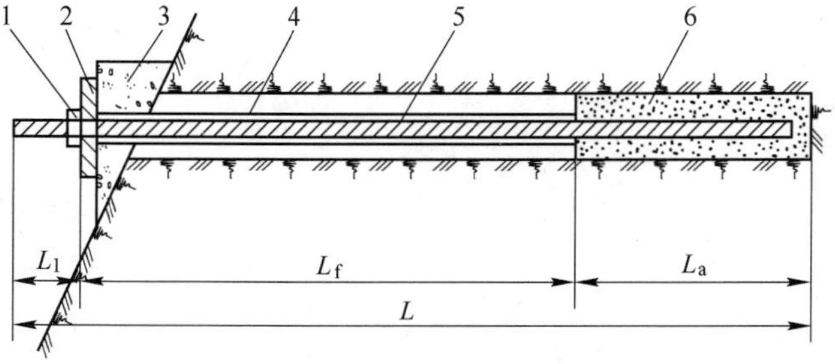

图 9-32 预应力锚杆结构示意图

1—锚具；2—承压板；3—台座；4—套管；5—杆体；6—锚固体；L_1—张拉段长度；L_f—自由段长度；L_a—锚固段长度；L—锚杆长度

（1）锚头。锚头是构筑物与拉杆的连接部分，其作用是将来自构筑物的作用力有效地传递给拉杆。通常拉杆是沿水平线向下倾斜方向设置，因此与作用在构筑物上的侧向岩土压力不在同一方向上。为能牢固地将来自构筑物的力传递给拉杆，一方面必须保证构件材料具有足够的强度，相互作用的构件能紧密地固定连接，另一方面又必须能将集中力分散开，故锚头一般由台座、承压板和锚具等部件组成。工程上一般通过锚头实现对锚杆施加预应力，并将锚固力传递给边坡岩土体。

（2）杆体。锚杆杆体要求位于锚固结构的中心线上，其作用是将来自锚头的拉力传递给锚固体。杆体通常要承受一定的荷载，故一般采用抗拉强度较高的钢材制成。工程上通常利用其弹性变形的特性，在锚固过程中对锚杆施加预应力。

（3）锚固体。锚固体（段）位于锚杆尾部，与岩土层紧密相连，其作用是将来自拉杆的力通过锚固体与周围岩土层间的摩擦阻力（或支承抵抗力）传递给稳固的地层。在边坡锚固中，锚固体是锚杆支护设计的关键，其关系到锚固工程的成败。

广义上讲，锚索是高承载力的锚杆，其强度、锚固深度、单锚锚固力均较大。锚杆主要处于张拉状态，剪切次之，一般不能承受弯曲作用，而锚索只存在张拉状态。类似地，锚索结构也可分为三个主要部分，即锚头、锚索体和锚固体，如图 9-33 所示。其中，锚头由垫板、锚环、锚塞和混凝土墩组成，锚索体由高强度钢丝、钢丝束或钢绞线制成，锚固体主要包括定位环、止浆塞、扩张环及导向帽等。

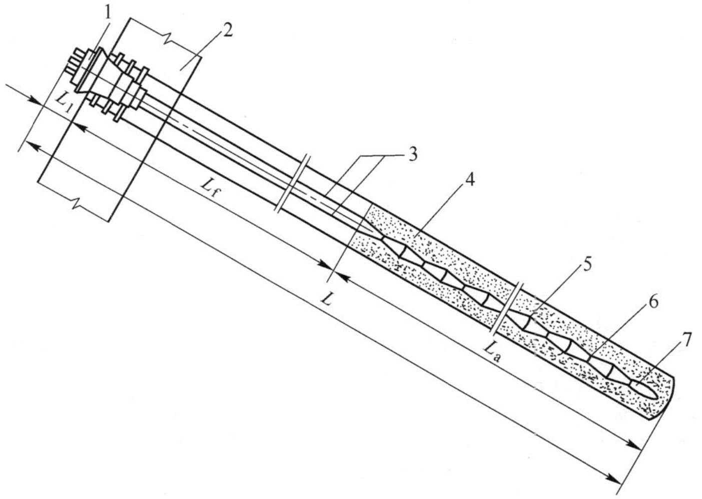

图 9-33　预应力锚索结构示意图

1—锚具；2—锚台（钢筋框架梁）；3—钢绞线；4—锚固体；5—扩张定位环；6—收缩定位环；7—导向帽；L_1—张拉段长度；L_f—自由段长度；L_a—锚固段长度；L—锚杆长度

9.6.4　锚固作用机理

边坡锚固的基本原理是依靠锚杆周围稳定地层的抗剪强度来传递结构物（被加固物）的拉力，以稳定结构物或保持边坡开挖面自身的稳定。由于边坡岩土体的复杂性，目前对锚固作用机理研究仍不够深入，但以下几种机理已得到工程和学术界的普遍认同。

（1）悬吊作用机理。悬吊作用机理认为，锚杆支护是通过锚杆将软弱、松动、不稳定的岩土体悬吊在深部稳定的岩土体上，以防止其离层滑脱。该作用机理在地下结构锚固工程中表现得尤为突出，如图 9-34 所示。

（2）组合梁作用机理。该机理把薄层状岩体视为一种梁（简支梁或悬臂梁），在没有锚固时，其只是简单地叠合。由于层间抗剪力不足，在荷载作用下，每层均产生各自的弯曲变形，上下缘分别处于受压和受拉状态，如图 9-35（a）所示。若采用锚杆将其紧固成组合梁，各层相互挤压，层间摩擦阻力大幅增加，内应力和挠度减小，从而增加了组合梁的抗弯强度，如图 9-35（b）所示。

当把锚杆埋入岩土体一定深度，简单叠合的数层梁形成组合梁，从而提高了岩土层的承载能力。锚杆提供的锚固力愈大，各岩土层间的摩擦阻力愈大，组合梁整体化程度愈高，其强度也愈大。

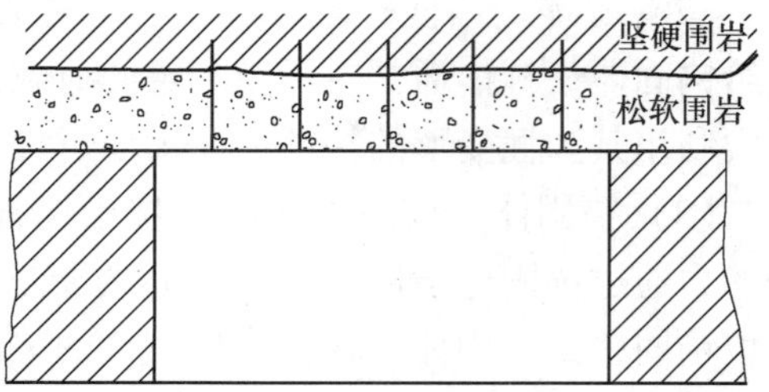

图 9-34 锚杆的悬吊作用

（3）挤压加固作用机理。兰格（T. A. Lang）通过光弹实验证实了锚杆的挤压加固作用。在弹性体上安装具有预应力的锚杆时，弹性体内形成以锚杆两头为顶点的锥形体压缩区，若将锚杆以适当间距排列，可使相邻锚杆的锥形体压缩区相互重叠，即形成一定厚度的连续压缩带，工程上称之为挤压加固作用，如图 9-36 所示。工程实践表明，通过锚杆的加固，即使毫无黏结力的碎石也能被加固成能承受相当大荷载的整体结构。

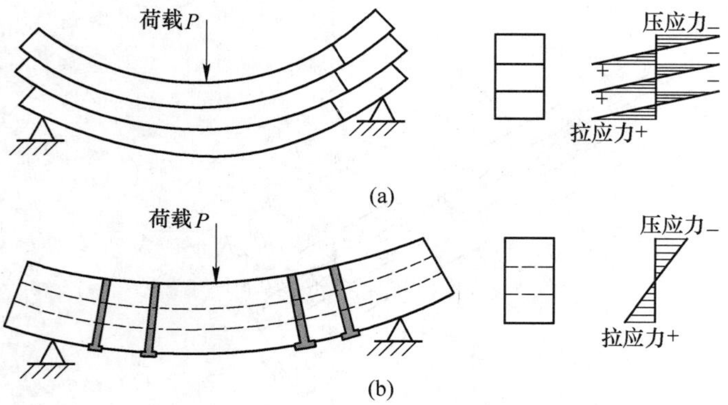

图 9-35 锚杆的组合梁作用
（a）单层梁模型；（b）组合梁模型

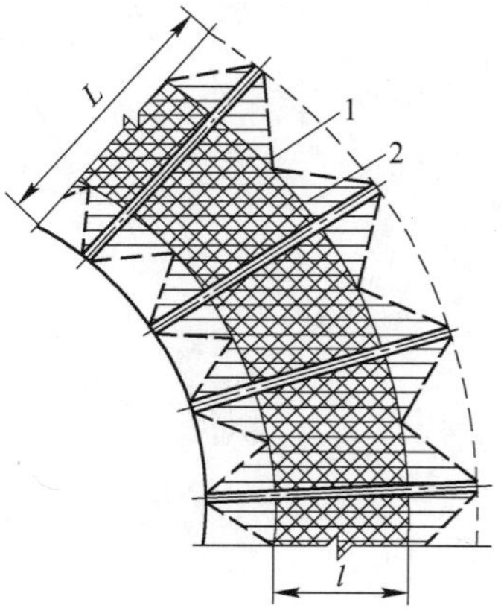

图 9-36 锚杆的挤压加固作用
1—连续压缩带（厚度 l）；2—锥形体压缩区

上述锚杆的锚固作用机理在实际工程中并非孤立存在，往往是多个作用同时存在并产生综合作用，只是在不同地质条件下某种作用占主导地位。

9.6.5 锚固要素分析

边坡锚固通常采用水泥砂浆（或水泥浆、化学浆液、树脂等）将一组杆体（钢筋或钢丝束等）锚固在边坡地层的钻孔深处，从而达到锚固效果。实际锚固工程中，水泥砂浆锚杆占绝大多数。

（1）锚杆基本力学参数如下：

1）抗拔力。锚杆在拉拔试验中承受的极限拉力，即锚固力。

2）握裹力。锚杆杆体与黏结材料间的最大抗剪力。

3）黏结力。锚杆黏结材料与孔壁岩土间的最大抗剪力。

4）拉断力。锚杆杆体的极限抗拉能力。

（2）砂浆锚固传力过程。取锚固段为隔离体，当锚固段受力时，拉力首先由杆体周边砂浆的握裹力传递到砂浆中，然后通过锚固段钻孔周边的黏结力（或摩阻力）传递到锚固的地层中，如图 9-37 所示。

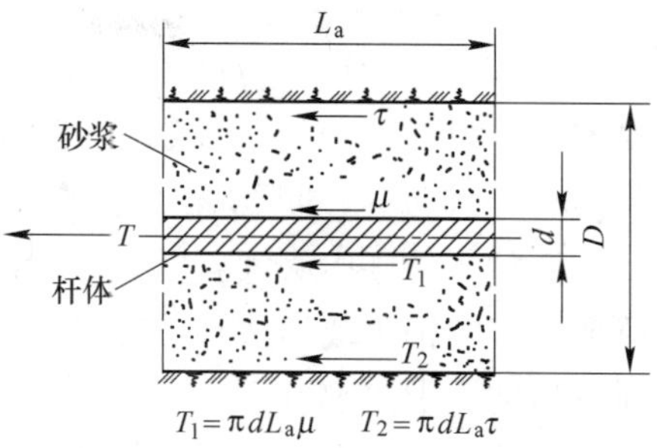

图 9-37　砂浆锚固传力过程示意图

因此，若杆体受拉力作用，除杆体本身需有足够的截面积承受拉力以外，还必须同时满足以下三个条件，锚杆的抗拔作用才能有效发挥：

1）锚固段砂浆对杆体的握裹力需能承受极限应力；

2）锚固段砂浆对地层的黏结力需能承受极限应力；

3）锚固段周围岩土体在最不利条件下仍能保持整体稳定性。

边坡锚固的典型破坏形式主要有五种，即沿砂浆体与杆体的接触面破坏、沿砂浆与地层的接触面破坏、锚杆杆体受拉断裂、锚固段砂浆体剪切破坏、锚固段地层（土层或破碎岩体）剪切破坏等。其中，前两者是最主要的破坏形式，因此条件 1）、条件 2）是影响砂浆锚杆抗拔力的主要因素。

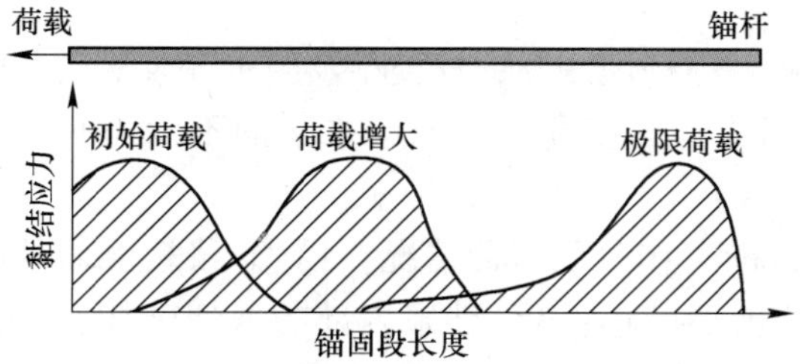

图 9-38　拉力型锚杆黏结应力沿锚固段的分布

大量试验资料表明，锚杆受力时，沿锚固段全长的黏结应力分布极不均匀。如图 9-38 所示，当锚固段较长时，初始荷载作用下，黏结应力峰值在临近自由段处，而锚固段下端的相当长度上，则不出现黏结应力；随着荷载增大，黏结应力峰值向锚固段根部转移，但其前方的黏结应力则显著下降；当达到极限荷载时，黏结应力峰值传递到接近锚固段根部，在锚固段前部较长的范围内，黏结应力值进一步下降，甚至趋近于零。因此，能有效发挥锚固作用的黏结应力分布长度是有一定限度的，随锚固段长度的增加，平均黏结应力逐渐减小。

（3）锚固段砂浆对杆体的握裹力。在较完整岩层中灌注的水泥砂浆抗压强度，一般不低于 30MPa。若严格按照规定的灌浆工艺施工，岩层孔壁的黏结力通常大于砂浆的握裹力。因此，岩层锚杆的抗拔力 T_u 和最小锚固长度 $L_{a,min}$ 一般取决于砂浆的握裹力，即：

$$T_u \leqslant \pi d L_a \mu \tag{9-30}$$

式中　T_u——锚杆的极限抗拔力；

d——杆体的直径；

L_a——锚杆的有效锚固长度；

μ——砂浆对杆体的平均握裹应力。

实际情况下，锚孔内砂浆握裹应力的分布情况相当复杂，一般应用中，仅考虑平均握裹应力，其值可按式（9-31）估算。

$$\mu = n\xi f'_{ms} \tag{9-31}$$

式中　n——钢筋或钢绞线根数；

ξ——界面黏结强度降低系数，采用 2 根或 2 根以上钢筋或钢绞线时，取 0.7~0.85；

f'_{ms}——锚固段砂浆与筋体间的黏结强度设计值。

通过岩层锚杆拉拔试验数据，由式（9-30）及式（9-31）可知，一般在岩层中所需的锚固长度仅需 1~2m。当采用热轧螺纹钢筋作为锚杆杆体时，在完整硬质岩层的锚杆中，其黏结（握裹）应力传递深度通常不超过 2m。

但是，使用中必须判明如下情况：锚固段岩体是否稳定、是否可能发生滑坡或塌方、节理切割的锚固段岩块在受拉条件下是否产生松动等。考虑到上述不利因素，建议灌浆锚固段达到岩层内部（不包括风化层）的长度应不小于 4. 5m。

必须指出，上述关于平均握裹应力和最小锚固长度的讨论仅适用于锚固在岩层中的锚杆。当锚固在土层中时，锚孔砂浆的黏结力小于砂浆对杆体的握裹力，故土层锚杆的最小锚固深度将受锚孔砂浆黏结力、土层性质等因素的影响。此外，如锚固位于风化岩层中，杆体应力、砂浆握裹力的分布与未风化岩层情况也有所不同。

（4）锚固段砂浆对孔壁的黏结力。在强风化岩层和土层中，锚杆的极限抗拔能力取决于锚固段砂浆对地层所能产生的最大黏结力（摩阻力），即：

$$T_u \leqslant \pi D L_a \tau \tag{9-32}$$

式中 D——锚杆锚固段的钻孔直径；

τ——锚固段周边的抗剪强度。

锚固段周边抗剪强度 τ 的取值受地层性质、锚杆埋深、锚杆类型及施工灌浆等诸多因素的影响，即使在地层同一深度，τ 也可能因锚杆类型和施工灌浆方法的不同而有较大差异。

锚固段砂浆与孔壁接触面的剪切破坏，可能存在以下三种情况：1）砂浆接触面外围地层的剪切破坏；2）沿砂浆和孔壁接触面的剪切破坏；3）砂浆内部的剪切破坏。一般而言，土层强度低于砂浆强度，所以情况 3）通常不可能发生。假设情况 2）发生，即沿砂浆和孔壁接触面的剪切破坏，此时 τ 可按式（9-33）估算：

$$\tau = f_{mg}\psi \tag{9-33}$$

式中 f_{mg}——锚固段砂浆与地层间的黏结强度标准值；

ψ——锚固长度对黏结强度的影响系数。

若施工灌浆工艺好，则情况 2）发生可能性较小，此时锚固段砂浆对孔壁的黏结力主要取决于情况 1）接触面外围的土层抗剪强度，即：

$$\tau = c + \sigma\tan\varphi \tag{9-34}$$

9.6.6 锚固设计计算

对于拟采用锚杆支护的边坡工程项目，在规划设计阶段应作技术经济分析，充分考虑锚杆的特性、锚杆与被锚固体的安全性、经济性和施工可行性等。边坡锚固工程设计前应进行一般调查、岩土工程勘察和专项技术研究等工作。

一般调查应包括工程地形、地貌及周围土地利用和规划情况、施工条件、环境条件（道路、交通、气象等）、与工程相关的法规及标准、工程以前的挖方或填方记录、临近建筑物状况及对锚固工程的影响程度、地下埋设物等。

岩土工程勘察应查明地层的工程和水文地质条件，重点应获取以下指标参数：岩土体重度、抗剪强度等物理力学指标，地下水分布状况和孔隙水压力，锚固地层的地质构造和整体稳定性，具有传力结构时地基的反力系数，隧道和地下洞室的围岩分级，地层的可钻性、可注性、对施工方法的适应性，地层和地下水的腐蚀性等。

当锚固地层为特殊地层（如膨胀性地层、松散破碎围岩、湿陷性黄土和高应力地层等）或采用新型锚杆时，应进行专项技术研究。

锚固设计计算主要包括以下内容。

9.6.6.1 基本要求

在调查研究和岩土工程勘察工作基础上，锚固工程应采用理论计算、工程类比和监控量测相结合的设计方法，合理发挥岩土体的固有强度和自承能力。在锚杆设计前，应依据调查及勘察结果，对所采用的锚杆安全性、经济性进行评估，对施工可行性做出判断。

锚杆设计时，应确保锚杆和被锚固结构在承受施工荷载和使用荷载作用时安全系数符合相关规范的规定，且不应产生影响结构正常使用的变形。锚杆的设计服务年限不应低于边坡的设计服务年限，其防腐保护等级和构造应达到相应的要求。若锚杆承受反复荷载时，反复荷载的变化幅度应小于锚杆拉力设计值的 20%。对于特殊条件下采用的锚杆，必须在充分调查研究和试验基础上进行设计。

锚杆按其服务期限可分为临时锚杆和永久锚杆。使用期限在 2 年以内的，可按临时锚杆设计；使用年限超过 2 年的，应按永久锚杆设计。设计永久锚杆时，必须先进行锚杆基本试验，并避免锚固段布设在未经处理的下列土层中：有机质土层，其会引起锚固体的腐蚀破坏；液限 $W_L>50\%$的土层，其高塑性会引起明显蠕变，从而导致锚固力损失或丧失；相对密度 $D_r<0.3$ 的松散地层，其单位面积上的摩阻力极低，难以满足工程所需的锚固力。

9.6.6.2 设计流程

以预应力锚杆为例，锚固工程设计主要包括锚固力（斜坡、挡墙、锚拉桩等）计算、锚杆布置及安设角度确定、锚杆杆体材料选择及确定、锚杆结构设计、锚头及防腐设计、整体稳定性验算等内容，其基本流程如图 9-39 所示。

边坡锚固工程应尽量采用动态设计，及时掌握和分析边坡开挖全过程中所揭示的地质状况及边坡监测反馈的信息资料，当发现有与原设计不符的不良地质或变形异常情况，应对原设计进行复核、修改和补充。此外，还需规定支护施作时机及其施作程序，支护施工应遵循分级分区实施的原则，随开挖随锚喷，最大限度地减少开挖裸露面积及时间。

9.6.6.3 边坡锚固力计算

边坡锚固力计算过程中，首先需按照规范确定边坡设计安全系数，其次针对不同的破坏形式，计算单位长度边坡所需的锚固力。

边坡锚固力计算可采用极限平衡法，但对于重要或复杂边坡的锚固设计，宜同时采用极限平衡法与数值分析法。一般而言，对可能产生圆弧滑动的锚固边坡，宜采用简化毕肖普法、摩根斯坦-普赖斯法或简布法计算，也可采用瑞典法计算；对可能产生直线滑动的锚固边坡，宜采用平面滑动面解析法计算；对可能产生折线滑动的锚固边坡，宜采用传递系数隐式解法、摩根斯坦-普赖斯法或萨玛法计算；对岩体结构复杂的锚固边坡，可配合采用赤平极射投影法进行分析。

本节主要讨论平面破坏、双平面破坏、圆弧型破坏等边坡失稳模式，其他破坏模式，如折线形破坏、楔形破坏、倾倒破坏等模式下的边坡锚固力，可参考第五章的相关内容进

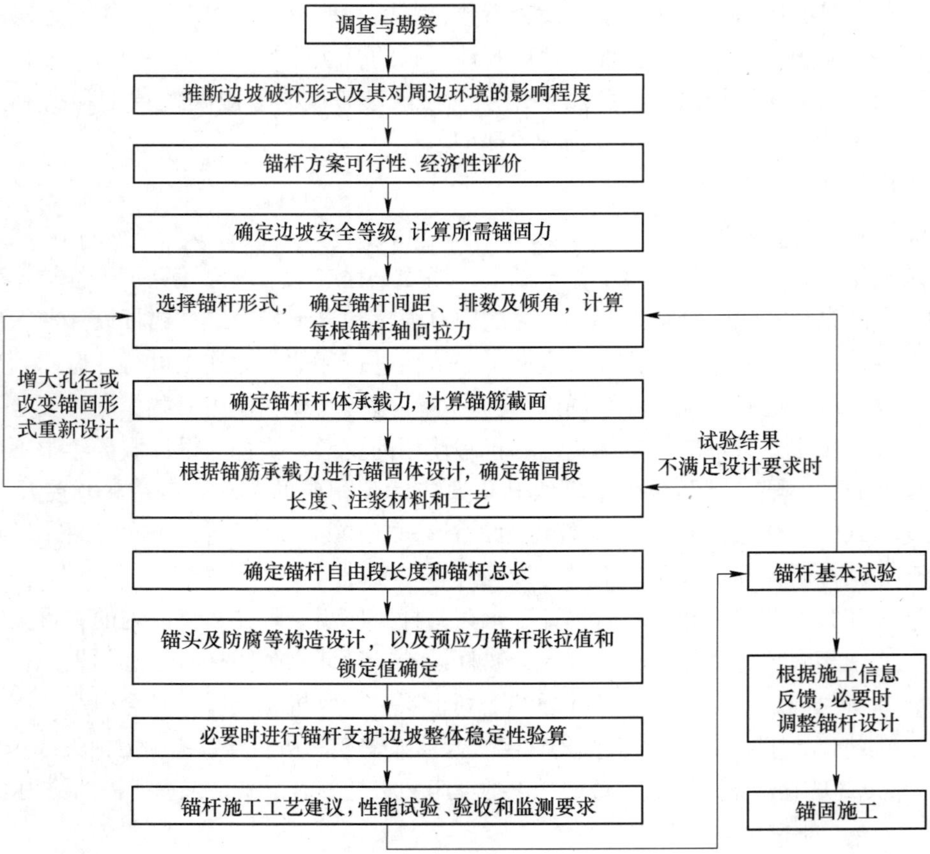

图 9-39 边坡锚固工程设计基本流程（以预应力锚杆为例）

行分析计算。

（1）单平面破坏模式。当边坡存在一组出露于坡面的软弱结构面，其走向与坡面走向近似，倾角小于坡面倾角、但大于弱面的内摩擦角，边坡易产生单平面破坏，多出现在岩质边坡中，通常分为坡顶有拉裂缝和无拉裂缝两种情况。但大多数单平面破坏边坡在破坏前坡顶会出现不同程度的拉裂缝，如图 9-40 所示。

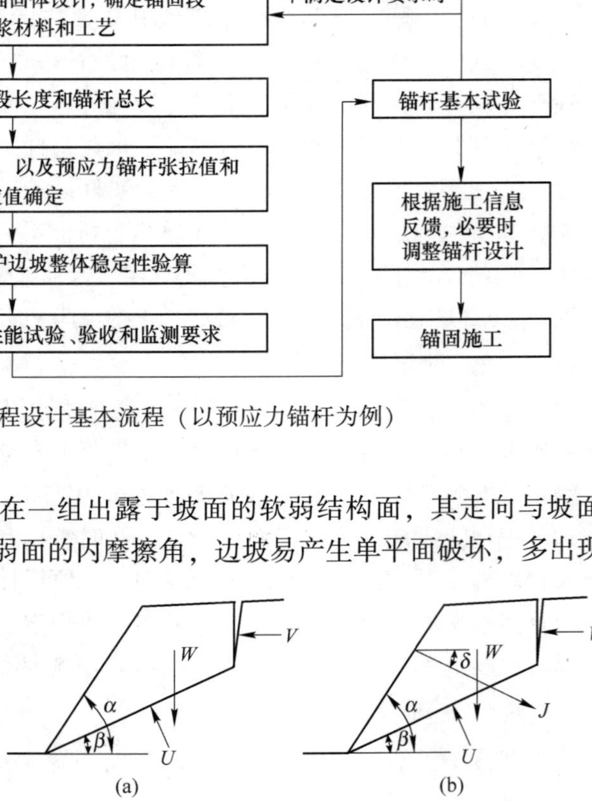

图 9-40 边坡平面破坏受力分析图

如图 9-40（a）所示，沿边坡走向取单位厚度，假设坡顶裂缝垂直，根据极限平衡原理，边坡安全系数为：

$$F_f = \frac{\text{抗滑力}}{\text{下滑力}} = \frac{cL + (W\cos\beta - U - V\sin\beta)\tan\varphi}{W\sin\beta + V\cos\beta} \tag{9-35}$$

如图 9-40（b）所示，对于验算为不稳定（$F_f<[F]$）的边坡，对于预应力锚杆支护，假设锚固力 J 与水平面夹角 δ，锚杆穿过边坡潜在滑面，则加固后边坡安全系数为：

$$F_f = \frac{\text{抗滑力}}{\text{下滑力}} = \frac{cL + [W\cos\beta - U - V\sin\beta + J\sin(\beta+\delta)]\tan\varphi}{W\sin\beta + V\cos\beta - J\cos(\beta+\delta)} \tag{9-36}$$

由式（9-36）可求得使边坡安全系数达到设计安全系数［F］时，所需施加的锚固力为：

$$J=\frac{[F](W\sin\beta+V\cos\beta)-(W\cos\beta-U-V\sin\beta)\tan\varphi-cL}{\sin(\beta+\delta)\tan\varphi+[F]\cos(\beta+\delta)} \quad (9\text{-}37)$$

（2）双平面破坏模式。双平面破坏模式是最简单的多平面破坏模式，其在岩质边坡或下伏有折线形基岩的土坡也较为常见。双平面破坏边坡受力分析如图9-41所示。

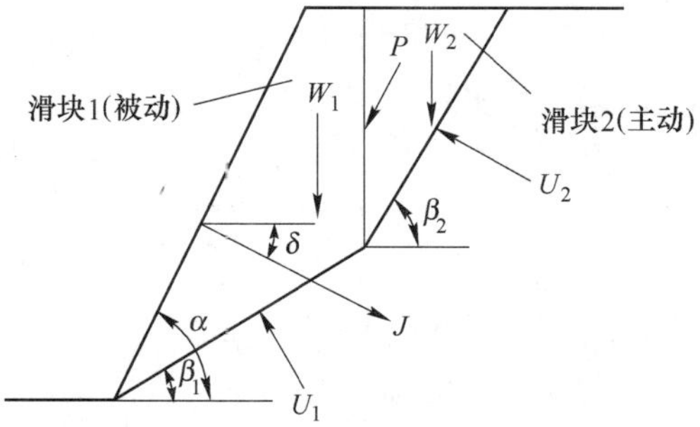

图9-41　边坡双平面破坏受力分析图

若不考虑所施加的锚固力 J，采用剩余推力法，假定主动滑块处于极限平衡状态，则可求得边坡安全系数为：

$$F_{\mathrm{f}}=\frac{被动滑块抗滑力}{被动滑块下滑力}$$

$$=\frac{c_1L_1+[W_1\cos\beta_1+P\sin(\beta_2-\beta_1)-U_1]\tan\varphi_1}{W_1\sin\beta_1+P\cos(\beta_2-\beta_1)} \quad (9\text{-}38)$$

式中，$P=W_2(\sin\beta_2-\cos\beta_2\tan\varphi_2)+U_2\tan\varphi_2-c_2L_2$。

若考虑作用于边坡上的预应力锚杆锚固力 J，则边坡安全系数为：

$$F_{\mathrm{f}}=\frac{c_1L_1+[W_1\cos\beta_1+P\sin(\beta_2-\beta_1)-U_1+J\sin(\beta_1+\delta)]\tan\varphi_1}{W_1\sin\beta_1+P\cos(\beta_2-\beta_1)-J\cos(\beta_1+\delta)} \quad (9\text{-}39)$$

因此，边坡达到设计安全系数［F］时，所需施加的锚固力为：

$$J=\frac{W_1(\sin\beta_1[F]-\cos\beta_1\tan\varphi_1)}{\cos(\beta_1+\delta)[F]+\sin(\beta_1+\delta)\tan\varphi_1}+\frac{P[\cos(\beta_2-\beta_1)[F]-\sin(\beta_2-\beta_1)\tan\varphi_1]+U_1\tan\varphi_1-c_1L_1}{\cos(\beta_1+\delta)[F]+\sin(\beta_1+\delta)\tan\varphi_1} \quad (9\text{-}40)$$

（3）圆弧型破坏模式。圆弧型破坏模式常发生于土质及碎裂岩质边坡中，如图9-42所示，可采用瑞典条分法计算边坡安全系数。

$$F_{\mathrm{m}}=\frac{抗滑力矩}{下滑力矩}=\frac{cL+\tan\varphi\sum(W_i\cos\alpha_i-U_i)}{\sum W_i\sin\alpha_i} \quad (9\text{-}41)$$

当预应力锚杆的锚固力作用于潜在滑面后，边坡安全系数为：

$$F_{\mathrm{m}}=\frac{cL+\tan\varphi\left[\sum(W_i\cos\alpha_i-U_i)+J\cos\delta\right]}{\sum W_i\sin\alpha_i-J\sin\delta} \quad (9\text{-}42)$$

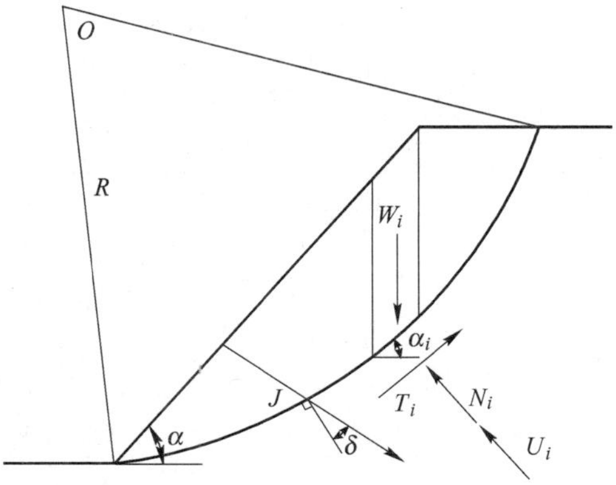

图9-42　边坡圆弧型破坏受力分析图

式中，δ 为锚固力与潜在滑面法线的夹角。

由此可推导边坡满足设计安全系数［F］时，所需施加的锚固力为：

$$J=\frac{[F]\sum W_i\sin\alpha_i-\tan\varphi\sum(W_i\cos\alpha_i-U_i)-cL}{[F]\sin\delta+\cos\delta\tan\varphi} \tag{9-43}$$

必须注意的是，以式（9-37）、式（9-40）及式（9-43）计算得到的结果均为单位厚度边坡所需的锚固力。

9.6.6.4 锚杆设计锚固力确定

根据工程实际需求，同时结合工程类比法，可初步选定锚杆排数和锚杆间距，单根锚杆设计锚固力（设计轴向拉力）应根据边坡锚固力、锚杆排数及间距确定，即：

$$N_k=\frac{J\cdot l}{n} \tag{9-44}$$

式中 N_k——单根锚杆拉力标准值，kN；

J——边坡锚固力，kN；

l，n——分别为锚杆水平间距和排数。

预应力锚杆拉力设计值（设计锚固力，或设计轴向拉力）与锚杆拉力标准值之间存在下列关系：

对于永久锚杆，

$$N_d=1.35\gamma_w N_k \tag{9-45}$$

对于临时锚杆，

$$N_d=1.25N_k \tag{9-46}$$

式中 N_d——单根锚杆拉力设计值，kN；

γ_w——工作条件系数，一般情况取 1.1。

9.6.6.5 锚杆选型

（1）锚杆类型。锚杆类型应根据工程要求、锚固地层性质、锚杆极限受拉承载力、不同类型锚杆的工作特征、现场条件、施工方法等综合因素，按表 9-4 选取。同时，预应力锚杆设计的承载能力极限状态还应符合下列要求：

$$T_{uk}\geqslant KN_k \tag{9-47}$$

式中 T_{uk}——锚杆极限受拉承载力，kN；

K——综合安全系数。

表 9-4 不同类型预应力锚杆工作特性与适用条件

序号	锚杆类型	锚杆工作特性与适用条件
1	拉力型锚杆	锚固地层为硬岩、中硬岩或非软土层； 单锚的极限受拉承载力为 200~10000kN； 当锚固段长度大于 8m（岩层）或 12m（土层）时，锚杆极限抗拔承载力的提高极为有限或不再提高； 锚杆长度可达 50m 或更大
2	压力型锚杆	锚固地层为腐蚀性较高的岩土层； 单锚的极限受拉承载力不大于 300kN（土层）或 1000kN（岩石）； 当锚固段长度大于 8m（岩层）或 12m（土层）时，锚杆极限抗拔承载力的提高极为有限或不再提高； 良好的防腐性能； 锚杆长度可达 50m 或更大

续表 9-4

序号	锚杆类型	锚杆工作特性与适用条件
3	压力分散型锚杆	锚固地层为软岩、土层或腐蚀性较高的地层； 锚杆极限抗拔承载力可随锚固段长度增大成比例增加； 单位长度锚固段承载力高，且蠕变量小； 良好的防腐性能； 锚杆长度可达 50m 或更大
4	拉力分散型锚杆	锚固地层为软岩或土层； 锚杆极限抗拔承载力可随锚固段长度增大成比例增加； 单位长度锚固段承载力高，且蠕变量小； 锚杆长度可达 50m 或更大
5	后（重复）高压灌浆锚杆	适用于土层或软岩中的临时性或永久性锚杆； 单位长度锚固段抗拔承载力可提高 1.0 倍以上； 可对锚固段周边地层实施多次高压灌浆
6	可拆芯式锚杆	锚固于岩石或土层中的临时性锚杆； 锚杆预应力筋材需拆除的工程

（2）杆体材料。锚杆采用的材料和部件应满足锚杆的设计和稳定性要求，相互之间不得产生不利影响。锚杆杆体应选用抗拉强度高的材料，如钢绞线、高强度钢丝或高强度精轧螺纹钢筋等。

锚杆杆体采用的钢绞线应符合现行国家标准的有关规定，对拉锚杆及压力型锚杆宜采用无黏结钢绞线，除修复外，钢绞线不得连接；锚杆杆体采用钢筋时，杆体宜采用预应力螺纹钢筋，当锚杆极限承载力小于 200kN 且锚杆长度小于 20m 时也可采用普通钢筋，锚杆连接构件均应能承受 100% 的杆体极限抗拉承载力。在实际工程设计中，对于腐蚀性地层的永久锚杆，其锚杆杆体直径应增大 2~3mm，以增大锚杆的耐腐蚀性。锚杆杆体材料选型可参考表 9-5。

表 9-5 锚杆杆体材料选型（建筑边坡）

锚杆类别	杆体材料	锚杆轴向拉力 N_k/kN	锚杆长度/m	应力状况	备 注
土层锚杆	普通螺纹钢筋	<300	<16	非预应力	锚杆超长时，施工安装难度较大
	钢绞线 高强度钢丝	300~800	>10	预应力	锚杆超长时施工较方便
	预应力螺纹钢筋 （直径 18~25mm）	300~800	>10	预应力	杆体防腐性好，施工安装方便
	无黏结钢绞线	300~800	>10	预应力	压力型、压力分散型锚杆
岩层锚杆	普通螺纹钢筋	<300	<16	非预应力	锚杆超长时，施工安装难度较大
	钢绞线 高强度钢丝	300~3000	>10	预应力	锚杆超长时施工较方便

续表 9-5

锚杆类别	杆体材料	锚杆轴向拉力 N_k/kN	锚杆长度/m	应力状况	备　注
岩层锚杆	预应力螺纹钢筋（直径 25~32mm）	300~1100	>10	预应力或非预应力	杆体防腐性好，施工安装方便
	无黏结钢绞线	300~3000	>10	预应力	压力型、压力分散型锚杆

（3）浆体材料。水泥宜采用普通硅酸盐水泥，其质量应符合《硅酸盐水泥、普通硅酸盐水泥》（GB 175）的规定，对防腐有特殊要求时，可采用抗硫酸盐水泥，不得采用高铝水泥。此外，水泥强度等级不应低于 32.5，压力型和压力分散型锚杆应采用强度等级不低于 42.5 的水泥。预应力锚杆锚固段注浆体的抗压强度，应根据锚杆结构类型和锚固地层按表 9-6 确定。

表 9-6　预应力锚杆锚固段注浆体的抗压强度

锚固地层	锚杆类型	抗压强度标准值/MPa
土层	拉力型和拉力分散型	≥20
	压力型和压力分散型	≥30
岩石	拉力型和拉力分散型	≥30
	压力型和压力分散型	≥35

9.6.6.6　锚杆布设

锚杆布设原则上应根据实际地层情况以及锚杆与其他支挡结构联合使用的具体情况确定，必须充分了解边坡的地质状况，确定边坡变形破坏的模式后，才能决定锚杆布设位置。锚杆布设的总体原则是对边坡滑体产生最佳的抗滑效果，一般应满足以下基本要求。

（1）锚杆间距和长度，应根据锚固工程周围地层的整体稳定性确定。

（2）锚杆间距除必须满足锚杆的受力要求外，还应大于 1.5m，以避免因“群锚效应”而降低锚固力。当所采用的间距小于 1.5m 时，应将相邻锚杆的倾角调整至相差 3°以上。（岩土锚杆通常是以群体的形式出现的，若锚杆布置较为密集，地层中受力区的重叠会引起应力叠加和锚杆位移，从而使锚杆极限抗拔力不能有效发挥，即群锚效应。锚杆极限抗拔力会因群锚效应而减小，群锚效应与锚杆间距、直径、长度及地层形状等因素有关。）

（3）锚杆与相邻基础或地下设施间的距离应大于 3.0m。

（4）锚杆锚固段应在潜在滑面以外的稳定岩土体内，且上覆土层厚度不宜小于 4.5m，避免坡顶反复荷载的影响，同时不会因较高注浆压力而使上覆土层隆起。

（5）根据锚杆的作用原理，对于不同类型工程，锚杆倾角是不同的，确定锚杆倾角应有利于满足工程抗滑、抗塌、抗倾或抗浮的要求。但就控制注浆质量而言，若锚杆倾角过小时，注浆料因泌水和硬化而产生的残余浆渣会影响锚杆的承载力，故锚杆应避免与水平面成-10°~+10°的倾角，10°范围内锚杆的注浆应采取保证浆液灌注密实的措施。

（6）为使钢绞线间有适宜的间距，保证钢绞线被足够的水泥浆所包裹，以满足钢绞线与注浆体间黏结强度的要求，锚杆钻孔直径应满足锚杆抗拔承载力和防腐保护要求，压力型或压力分散型锚杆的钻孔直径尚应满足承载体尺寸的要求。

（7）预应力锚杆的布置间距应根据边坡地层性态、所需提供的总锚固力及单锚承载力设计值确定。一般条件下，Ⅰ、Ⅱ、Ⅲ类岩体边坡预应力锚杆间距宜为3.0~6.0m，Ⅳ类岩体及土质边坡预应力锚杆间距宜为2.5~4.0m。

（8）锚杆的布设角度，对基坑或近于直立的边坡而言，需考虑邻近状况、锚固地层位置及施工方法。一般锚杆的倾角不小于13°，也不应大于45°。倾角愈大，抵抗滑体滑动的能力将相应地减弱，故锚杆布设角以15°~35°为宜。

对倾倒破坏的边坡，预应力锚杆的设计布设角度宜与岩体层理面垂直。对滑动破坏的边坡，预应力锚杆的布设角度应发挥锚杆的抗滑作用，在施工可行条件下，锚杆倾角宜按下式计算：

$$\delta = \beta - \left(45^\circ + \frac{\varphi}{2}\right) \tag{9-48}$$

式中 δ——锚杆倾角，(°)，为预应力锚杆与水平面夹角（正值为仰角，负值为俯角）；

β——滑面（软弱结构面）倾角，(°)；

φ——滑面（软弱结构面）内摩擦角，(°)。

对于不同的边坡破坏模式，预应力锚杆的布设方式可参照图9-43确定，即：当边坡失稳模式为滑动破坏时，应将锚杆布置在潜在滑动体的中、下部；当边坡失稳模式为倾倒破坏时，应将锚杆布置在潜在倾倒体的中、上部；当存在软岩层或风化带，可能导致边坡变形破坏时，锚杆应穿过软岩层或风化带布置，并采用混凝土锚固墩封闭。

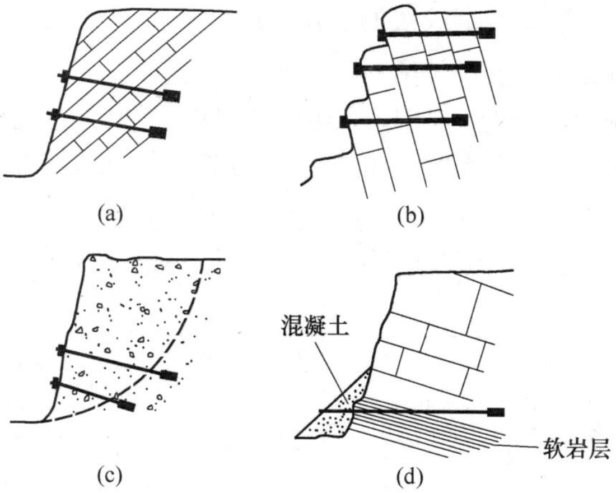

图9-43 预应力锚杆布设方式示意图

（a）平面滑动模式；（b）倾倒破坏模式；（c）圆弧滑动模式；

（d）锚杆与混凝土共同加固软弱风化带

当滑面由单一不连续面控制且岩体较完整时，锚杆间距并不重要，而当岩体较破碎时，锚杆布置应能使岩体内形成一个连续的挤压带。如图9-44所示，锚头与锚固段之间形成一个约90°的压力锥体，锥体范围内岩石相互挤压，形成一个整体，从而阻止岩体变形。基于挤压加固作用原理，布置锚杆时应使之在纵横方向均有一定数量，使每根锚杆周围形成彼此联结的压缩锥体，并有一定的相互压叠。为使锚杆间边坡表面的岩体不发生脱落，可用钢筋混凝土框架梁及布设在锚头与横梁间的金属网支撑，通过横梁将力传递到锚杆上。

9.6.6.7 锚杆结构设计

预应力锚杆结构的设计计算主要包括三个方面，即：锚杆杆体的抗拉承载力计算、锚杆锚固段注浆体与杆体的抗拔承载力计算、注浆体与地层间的抗拔承载力计算。一般而言，前者用以确定锚杆杆体的截面面积，后两者则用于确定锚杆锚固段长度。此外，对于压力型或压力分散型锚杆，还应进行锚固段注浆体横截面的受压承载力计算。

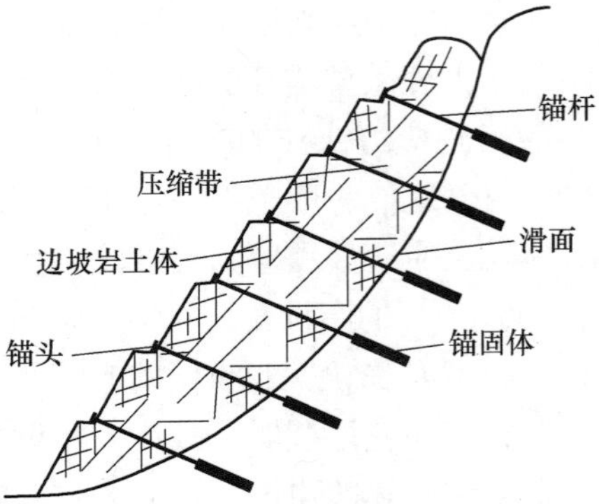

图 9-44 锚杆群形成的压缩带

(1) 杆体截面面积。锚杆杆体的截面面积可按式（9-49）或式（9-50）确定，锚杆杆体的张拉控制应力 σ_{con} 还应满足表 9-9 的要求。

对于钢绞线或预应力螺纹钢筋，

$$A_s \geqslant \frac{N_d}{f_{py}} \tag{9-49}$$

对于普通钢筋，

$$A_s \geqslant \frac{N_d}{f_y} \tag{9-50}$$

式中 A_s——锚杆杆体的截面面积，m^2；

f_{py}——预应力螺纹钢筋或钢绞线的抗拉强度设计值，N/mm^2；

f_y——普通钢筋抗拉强度设计值，N/mm^2。

根据《混凝土结构设计规范》（GB 50010）的规定，预应力钢筋或钢绞线的抗拉强度设计值 f_{py} 可按表 9-7 采用，普通钢筋的抗拉强度设计值 f_y 可参考表 9-8。

表 9-7 预应力筋强度设计值、标准值

种类		符号	公称直径 d/mm	屈服强度标准值 f_{pyk}/N·mm^{-2}	极限强度标准值 f_{ptk}/N·mm^{-2}	抗拉强度设计值 f_{py}/N·mm^{-2}
中强度预应力钢丝	光面 螺旋肋	Φ^{PM} Φ^{HM}	5、7、9	620	800	510
				780	970	650
				980	1270	810
预应力螺纹钢筋	螺纹	Φ^{T}	18、25、32、40、50	785	980	650
				930	1080	770
				1080	1230	900
消除应力钢丝	光面 螺旋肋	Φ^{P} Φ^{H}	5	—	1570	1110
				—	1860	1320
			7	—	1570	1110
			9	—	1470	1040
				—	1570	1110

续表 9-7

种类		符号	公称直径 d/mm	屈服强度标准值 f_{pyk}/N·mm^{-2}	极限强度标准值 f_{ptk}/N·mm^{-2}	抗拉强度设计值 f_{py}/N·mm^{-2}
钢绞线	1×3（三股）	Φ^S	8.6、10.8、12.9	—	1570	1110
				—	1860	1320
				—	1960	1390
	1×7（七股）		9.5、12.7、15.2、17.8	—	1720	1220
				—	1860	1320
				—	1960	1390
			21.6	—	1860	1320

注：极限强度标准值为 1960N/mm^{2}的钢绞线作后张预应力配筋时，应有可靠的工程经验；当预应力筋强度标准值不符合本表规定时，其强度设计值应进行相应地比例换算。

表 9-8　普通钢筋强度设计值、标准值

种类	符号	公称直径 d/mm	屈服强度标准值 f_{yk}/N·mm^{-2}	极限强度标准值 f_{stk}/N·mm^{-2}	抗拉强度设计值 f_y/N·mm^{-2}
HPB300	Φ	6~14	300	420	270
HRB335	Φ	6~14	335	455	300
HRB400 HRBF400 RRB400	Φ Φ^F Φ^R	6~50	400	540	360
HRB500 HRBF500	Φ Φ^F	6~50	500	630	435

表 9-9　锚杆杆体张拉控制应力

锚杆类型	σ_{con}		
	钢绞线	预应力螺纹钢筋	普通钢筋
永久	$\leqslant 0.55f_{ptk}$	$\leqslant 0.70f_{pyk}$	$\leqslant 0.70f_{yk}$
临时	$\leqslant 0.60f_{ptk}$	$\leqslant 0.75f_{pyk}$	$\leqslant 0.75f_{yk}$

注：钢绞线强度标准值 f_{ptk}、预应力钢筋强度标准值 f_{pyk} 参考表 9-7 选取；普通钢筋强度标准值 f_{yk} 可参考表 9-8 选取。

对于压力型或压力分散型锚杆，必须对锚固段注浆体的承压能力进行验算，由于承载体面积小于锚固段注浆体横截面面积，注浆体工作时实际上呈局部受压状态，即锚杆锚固段注浆体是在有侧限条件下工作的。有侧限的注浆体抗压强度增大系数 η 与注浆体周边的岩土体弹性模量有关，应通过试验确定。压力型和压力分散型锚杆锚固段注浆体的承压面积应按式（9-51）验算。

$$N_d \leqslant 1.35A_p\left(\frac{A_m}{A_p}\right)^{0.5}\eta f_c \tag{9-51}$$

式中 A_p——锚杆承载体与锚固段注浆体横截面的净接触面积；

A_m——锚杆锚固段注浆体的横截面面积；

η——有侧限锚固段注浆体的强度增加系数，由试验确定；

f_c——锚固段注浆体的轴心抗压强度设计值。

（2）锚杆锚固段长度。锚固段长度可根据计算和工程类比法确定，对于Ⅰ、Ⅱ级边坡应同时采用现场拉拔试验验证。锚杆或单元锚杆的锚固段长度可由式（9-52）和式（9-53）确定，并取两者间的较大值。

按锚固体与杆体间的黏结强度计算，

$$L_a \geqslant \frac{N_d}{n\pi d\xi f'_{ms}} \tag{9-52}$$

按锚固体与地层间的黏结强度计算，

$$L_a \geqslant \frac{F_a N_d}{\pi D f_{mg}\psi} \tag{9-53}$$

式中 L_a——锚杆锚固段长度，m；

n——钢筋或钢绞线根数；

d——钢筋或钢绞线的直径，mm；

D——锚杆锚固段的钻孔直径，mm；

F_a——锚固段注浆体与地层间的黏结抗拔安全系数，可按表9-13取值；

f'_{ms}——锚固段注浆体与杆体间的黏结强度设计值，MPa，通过试验确定，当无试验资料时，可按表9-10取值；

f_{mg}——锚固段注浆体与地层间的黏结强度标准值，MPa，一般通过试验确定，当无试验资料时，可按表9-11取值；

ξ——界面的黏结强度降低系数，采用2根或2根以上钢筋或钢绞线时，取0.70~0.85；

ψ——锚固段长度对极限黏结强度的影响系数，由试验确定，当无试验资料时，可按表9-12选取。

表9-10 锚杆锚固段灌浆体与杆体间的黏结强度设计值

锚杆类型	杆体预应力筋种类	灌浆体抗压强度/MPa			
		20	25	30	40
临时	预应力螺纹钢筋	1.4	1.6	1.8	2.0
	钢绞线、普通钢筋	1.0	1.2	1.35	1.5
永久	预应力螺纹钢筋	—	1.2	1.4	1.6
	钢绞线、普通钢筋	—	0.8	0.9	1.0

表 9-11 锚杆锚固段注浆体与周边地层间的极限黏结强度标准值 (MPa)

岩土类别			极限黏结强度标准值
岩石	坚硬岩		1.5~2.5
	较硬岩		1.0~1.5
	软岩		0.6~1.2
	极软岩		0.6~1.0
砂砾	*N* 标贯值	10	0.1~0.2
		20	0.15~0.25
		30	0.25~0.30
		40	0.30~0.40
砂	*N* 标贯值	10	0.10~0.15
		20	0.15~0.20
		30	0.20~0.27
		40	0.28~0.32
		50	0.30~0.40
黏性土	软塑		0.02~0.04
	可塑		0.04~0.06
	硬塑		0.05~0.07
	坚硬		0.08~0.12

注：1. 表中数值为锚杆黏结段长 10m（土层）或 6m（岩石）的灌浆体与岩土层间的平均极限黏结强度经验值，灌浆体采用一次注浆；若对锚固段注浆采用带袖阀管的重复高压注浆，其极限黏结强度标准值可显著提高，提高幅度与注浆压力大小关系密切。

2. *N* 值为标准贯入试验锤击数。

表 9-12 锚固段长度对黏结强度的影响系数建议值

锚固地层	土层					岩石				
锚固段长度/m	18~14	14~10	10	10~6	6~4	12~9	9~6	6	6~3	3~2
ψ 值	0.6~0.8	0.8~1.0	1.0	1.0~1.3	1.3~1.6	0.6~0.8	0.8~1.0	1.0	1.0~1.3	1.3~1.6

锚杆锚固体的黏结抗拔安全系数是锚杆极限抗拔力与锚杆设计拉力值（工作荷载）的比值，其取决于锚杆的服务年限、使用条件、结构设计中的不稳定因素和风险性等。锚杆筋体与锚固段注浆结石体以及地层与锚固段注浆结石体之间的黏结抗拔安全系数，可根据岩土锚固工程破坏的危害程度和锚杆的使用年限按表 9-13 确定。

表 9-13 锚杆锚固段注浆体与地层间的黏结抗拔安全系数

锚固工程安全等级	破坏后果	安全系数	
		临时锥杆（<2 年）	永久锚杆（≥2 年）
Ⅰ	危害大，会构成公共安全问题	1.8	2.2
Ⅱ	危害较大，但不致出现公共安全问题	1.6	2.0
Ⅲ	危害较轻，不构成公共安全问题	1.5	2.0

注：蠕变明显地层中的永久锚杆锚固体的最小抗拔安全系数宜取 3.0。

一般而言，拉力型与压力型锚杆的锚固段长度宜为3~8m（岩石）和6~12m（土层）。在软岩或土层中，当拉力或压力型锚杆的锚固段长超过8m（软岩）和12m（土层）仍无法满足极限抗拔承载力要求或需要更高的锚杆极限抗拔承载力时，宜采用压力分散型或拉力分散型锚杆。压力分散型与拉力分散型锚杆的单元锚杆锚固段长度宜为2~3m（软岩）和3~6m（土层）。

（3）锚杆自由段长度。锚杆自由段长度应根据锚杆与滑面、边坡坡面的交点间距确定。若锚杆自由段长度过短，对锚杆施加初始预应力后，锚杆的弹性位移较小，一旦锚头出现松动等情况，可能会造成较大的预应力损失，因此锚杆自由段长度一般不应小于5.0m。此外，自由段应穿过潜在滑面至少1.5m，并将锚固段布设于合适的地层内，以保证锚固系统的整体稳定性。

9.6.6.8 锚杆杆体对中器设计

锚杆杆体对中器的主要作用包括两方面：（1）杆体处于锚固体砂浆中部，当杆体受力时，锚固体能均匀受力；（2）杆体周围砂浆厚度均匀且满足防腐要求，保护层厚度不得小于10mm。

除应满足上述功能要求外，锚杆杆体对中器设计应可平顺地安放到锚固孔中。典型的三种钢筋锚杆对中器如图9-45所示，钢绞线锚杆对中器如图9-46所示。在实际工作中，可根据现场条件，因地制宜地进行设计。

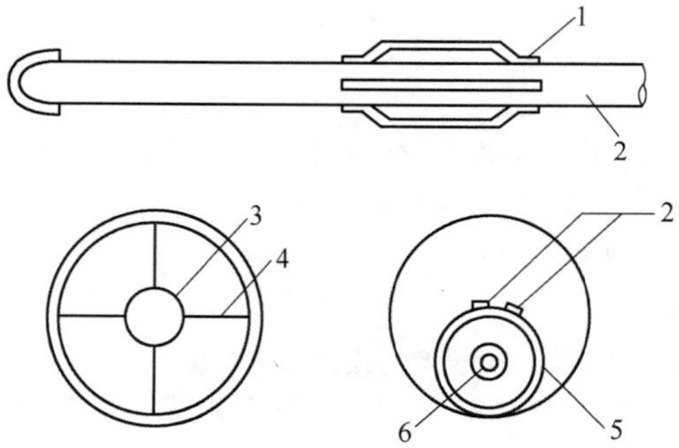

图9-45 典型钢筋锚杆对中器示意图

1—支承滑条；2—锚杆杆体；3—锚杆通管；4—支撑条；5—钢管；6—灌浆管

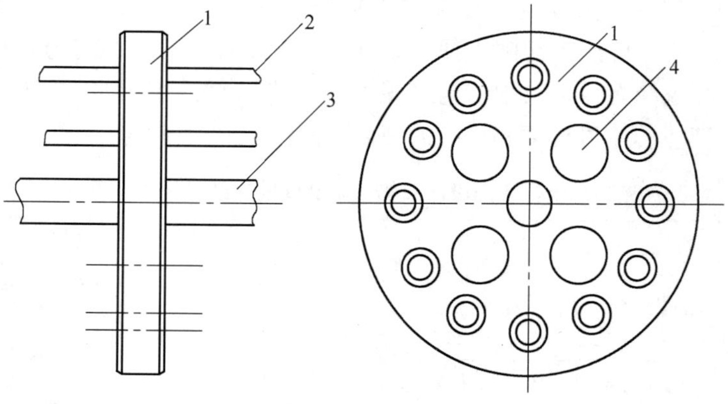

图9-46 钢绞线锚杆对中器示意图

1—对中器；2—钢绞线；3—注浆管；4—减重孔

9.6.6.9 锚杆初始预应力及张拉

锚杆的初始预应力（锁定荷载）是指进行锚杆锁定时，作用于锚头上的拉力，其大小原则上可按锚杆设计轴向拉力值作为预应力值而加以锁定，但在实际工程中，初始预应力应视锚杆的使用目的及地层状态而加以调整。

对地层和被锚固结构位移控制要求较高的工程，锚杆初始预应力值宜为锚杆拉力设计值；对地层和被锚固结构位移控制要求较低的工程，锚杆初始预应力值宜为锚杆拉力设计值的0.70~0.85倍；对显现明显流变特征的高应力低强度岩体中隧洞和洞室支护工程，初始预应力宜为锚杆拉力设计值的0.5~0.6倍；对用于特殊地层或被锚固结构有特殊要求的锚杆，其初始预应力可根据设计要求确定。

锚杆张拉需有序进行，张拉顺序应避免邻近锚杆的相互影响。正式张拉前，可取0.1~0.2的拉力设计值，对锚杆预张拉1~2次，使杆体完全平直、各部位接触紧密；锚杆张拉时，注浆体与台座混凝土的抗压强度值不应小于表9-14的规定；锁定时，张拉荷载应考虑锚杆张拉作业时预应力筋内缩变形、自由段预应力筋的摩擦引起的预应力损失的影响。此外，锚头台座的承压面应平整，并与锚杆轴线方向垂直。

表9-14 锚杆张拉时注浆体与台座混凝土的抗压强度值

锚杆类型		抗压强度值/MPa	
		注浆体	台座混凝土
土层锚杆	拉力型	15	20
	压力型和压力分散型	25	20
岩石锚杆	拉力型	25	25
	压力型和压力分散型	30	25

9.6.6.10 锚杆传力结构与锚头设计

对不同性状的地层选择适宜的传力结构形式与尺寸，其目的是能将锚固力均匀地作用边坡坡体，并能满足在持续的恒定锚固力作用下，不致出现传力结构的损坏及地层的明显变形。传力结构应与坡面结合紧密，在传力结构上方与坡面结合处，应设置顺畅的防排水设施，严防雨水积聚导致传力结构底部出现掏空现象。

表层为土层或软弱破碎岩体的边坡，宜采用框架梁型钢筋混凝土传力结构；Ⅰ、Ⅱ类及完整性好的Ⅲ类岩质边坡宜采用墩座或地梁型钢筋混凝土传力结构；有条件时应优先采用预制的传力结构。设置预制式传力结构可最大限度地缩小开挖面的裸露面积与裸露时间，有利于保护岩土体的固有强度和自稳能力，增强边坡的整体稳定性，并可显著缩短边坡的建设周期。

锚头的结构构造和形状尺寸应根据锚杆的设计荷载、岩土地层条件、支挡结构和施工条件确定，并保证有足够的强度和刚度，不得产生有害变形，从而有效地保持锚杆预应力值的恒定。

锚杆头部一般由台座、承压板（钢垫板）及紧固器组成，如图9-47所示。台座通常由钢筋混凝土或钢板组成，其中放置承压板的外表面必须设计成与锚杆垂直。承压板需用高强度钢板制成，不会因锚杆预应力而使之变形过大，导致台座表面受力不均匀而发生破

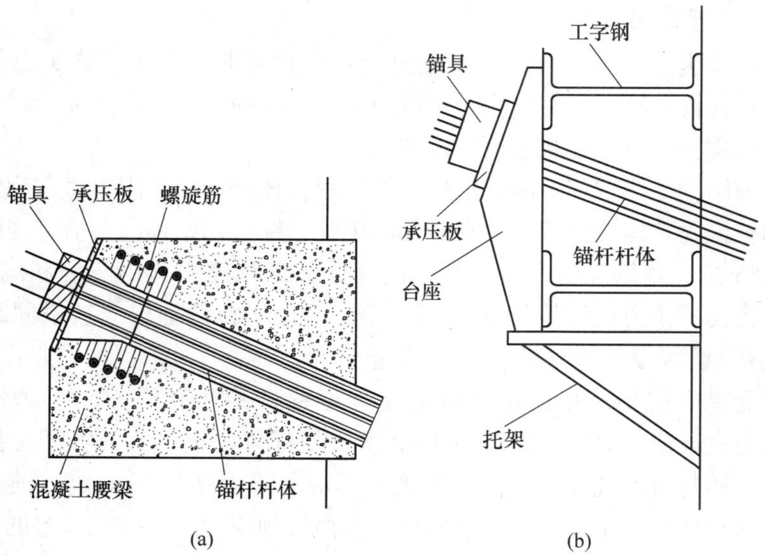

图 9-47 锚杆传力结构与锚头构造示意图

（a）钢筋混凝土腰梁与锚头构造图；（b）型钢组合腰梁与锚头构造图

坏。紧固器又称为锚具，预应力钢筋的锚具普遍使用螺母，螺母尺寸应根据钢筋的直径、螺纹规格和预应力大小确定。对于钢绞线锚具，国内常用的有 JM、QM 和 OVM 系列，根据使用钢绞线根数的多少可分为 4 孔、7 孔、9 孔、12 孔、15 孔等不同形式，也可根据设计要求定制。

根据现场施工条件及设计拉力，必须对每一个工点的不同情况进行锚头个别设计。设计时，对台座应符合钢筋混凝土设计规范要求，锚具和承压板应满足机械零件设计要求，锚具罩应采用钢材或塑料制作加工，锚具罩应完全罩住锚杆头和预应力筋的尾端，与支承面的接缝应采用水密性接缝。

9.6.6.11 *防腐保护构造设计*

腐蚀是指锚杆金属部分与其周围介质发生化学或电化学反应而导致的金属破坏。影响锚杆杆体腐蚀的因素除自身物理力学性质、地下水和地层水化和电学性质外，地层的化学成分对腐蚀的产生和发展具有重要影响，特别是当地层中存在钠盐、钙盐和镁盐（一般酸性的碳酸盐、硫酸盐或氯盐）时会大大加速腐蚀。由于该类盐的可溶性高，易于被土壤中的水分解，导致锚杆金属电化学反应加剧。

岩层中锚杆的使用寿命取决于锚具及杆体的耐久性，而影响其耐久性的最直接和最主要的因素是腐蚀，所以对锚固工程中的锚杆特别是永久锚杆必须进行防腐设计。锚杆的防腐保护等级和措施，应根据锚杆的设计使用年限和所处地层的腐蚀性程度确定。当在地层的检测和调查中发现下列一种或多种情况时，应判定该地层具有腐蚀性：pH 值小于 4.5；电阻率小于 2000Ω · cm；出现杂散电流或可造成对水泥浆体与杆体的化学腐蚀。

防腐设计前，需对锚杆的腐蚀环境进行充分调查，以此为依据选择适当的防护方法。锚杆由锚固段、自由段和锚头组成，各部分防腐设计应遵循下列原则：防腐方法不能影响锚杆各部件的功能，对锚杆的不同部位要进行不同的防腐结构设计；防腐方法的确定还必须避免防腐材料在施工期间受损，并保证其具有良好的稳定性。

腐蚀环境中的永久锚杆应采用Ⅰ级防腐保护构造设计，腐蚀环境中的临时锚杆和非腐蚀环境中的永久锚杆应采用Ⅱ级防腐保护构造设计；非腐蚀环境中的临时锚杆可采用Ⅲ级防腐保护构造设计。锚杆的Ⅰ、Ⅱ、Ⅲ级防护构造应满足表 9-15 的要求，具体构造可参考《岩土锚杆与喷射混凝土支护工程技术规范》（GB 50086）。

表 9-15 锚杆Ⅰ、Ⅱ、Ⅲ级防腐保护构造设计

防腐保护等级	锚杆类型	预应力锚杆和锚具防腐保护构造要求		
		锚头	自由段	锚固段
Ⅰ级	拉力型、拉力分散型	采用过渡管，锚具用混凝土封闭或钢罩保护	采用注入油脂的护套或无黏结钢绞线，并在护管或无黏结钢绞线束外再套有光滑管	采用注入水泥浆的波形管
	压力型、压力分散型	采用过渡管，锚具用混凝土封闭或钢罩保护	采用无黏结钢绞线，并在无黏结钢绞线束外再套有光滑套管	采用无黏结钢绞线
Ⅱ级	拉力型、拉力分散型	采用过渡管，锚具用钢罩保护或涂防腐油脂	采用注入油脂的护套或无黏结钢绞线	注浆
	压力型、压力分散型	采用过渡管，锚具用混凝土封闭或钢罩保护	采用无黏结钢绞线	采用无黏结钢绞线
Ⅲ级	拉力型、拉力分散型	采用过渡管，锚具涂防腐油脂	采用注入油脂的保护套管或无黏结钢绞线	注浆

9.6.6.12 锚固系统整体稳定性验算

锚固系统有多种破坏形式，设计时必须仔细校核各种可能的破坏形式。因此，除锚杆抗拉力应满足设计要求外，还必须验算锚杆和边坡岩土体组成的锚固系统整体稳定性。锚固系统的外部稳定性可采用圆弧滑动法或折线滑动法验算，内部稳定性可采用 Kranz 法验算。

【例题 9-3】 图 9-48 为存在一组软弱结构面和拉裂缝的砂岩边坡，其几何参数如图所示，竖直张裂缝 BC 地下水浸润线深度为 4.2m，滑面充水且最大水压力位于 C 点。砂岩重度 $\gamma_s=18\text{kN/m}^3$，滑面 CO 黏聚力 $c=8\text{kPa}$，内摩擦角 $\varphi=22°$，其与拉裂缝连通。假设边坡设计安全系数为 1.3，试采用永久锚杆，并按Ⅰ级边坡安全等级设计该边坡锚固工程参数。

解：（1）边坡安全系数计算。可以看出，边坡失稳形式可能为沿着软弱结构面的单平面破坏。

滑体体积 $S=\frac{1}{2}\times(8+50)\times28-\frac{1}{2}\times50\times50\tan25°=229.1154\text{m}^2$

滑体重力 $W=\gamma_s S=18\times229.1154=4124.0772\text{kN/m}$

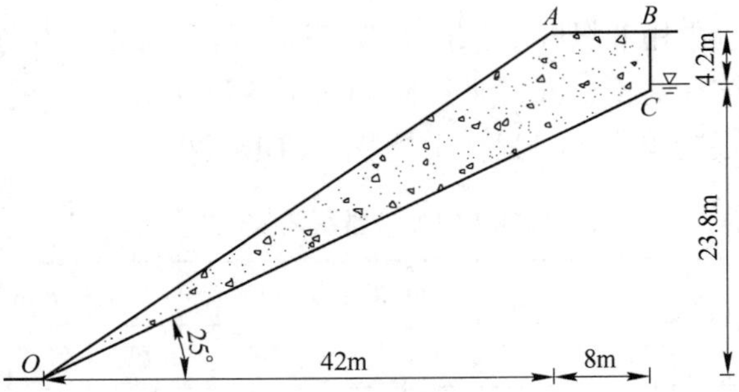

图 9-48 边坡模型示意图

滑面水压力：

$$U=\frac{1}{2}\gamma_w h_w L=\frac{1}{2}\times 10\times(23.8-50\tan25°)\times\frac{50}{\cos25°}=133.6789\text{kN/m}$$

顶部拉裂缝水压力：

$$V=\frac{1}{2}\gamma_w h_w^2=\frac{1}{2}\times 10\times(23.8-50\tan25°)^2=1.1743\text{kN/m}$$

由式（9-35），得边坡安全系数：

$$\begin{aligned}F&=\frac{cL+(W\cos\beta-U-V\sin\beta)\tan\varphi}{W\sin\beta+V\cos\beta}\\&=\frac{8\times50\div\cos25°+(4124.0772\cos25°-133.6789-1.1743\sin25°)\tan22°}{4124.0772\sin25°+1.1743\cos25°}\\&=1.088<1.3\end{aligned}$$

故该边坡需进行加固。

（2）边坡锚固力计算。由式（9-48）得，最优锚固角：

$$\delta=\beta-\left(45°+\frac{\varphi}{2}\right)=25°-(45°+\frac{1}{2}\times22°)=-31°$$

即锚固力与水平面夹角为31°。

由式（9-37），得边坡所需锚固力：

$$\begin{aligned}J&=\frac{[F](W\sin\beta+V\cos\beta)-(W\cos\beta-U-V\sin\beta)\tan\varphi-cL}{\sin(\beta+\delta)\tan\varphi+[F]\cos(\beta+\delta)}\\&=\frac{1.3(4124.0772\sin25°+1.1743\cos25°)-8\times50\div\cos25°}{\sin(25+31)°\tan22°+1.3\times\cos(25+31)°}-\\&\quad\frac{(4124.0772\cos25°-133.6789-1.1743\sin25°)\tan22°}{\sin(25+31)°\tan22°+1.3\times\cos(25+31)°}\\&=348.3405\text{kN/m}\end{aligned}$$

（3）确定锚杆安全系数及单根锚杆轴向拉力设计值。由于边坡安全等级为Ⅰ级，且选用永久锚杆，查表9-13，锚杆锚固体抗拔安全系数取2.2。设计锚杆间距为$l=4$m，排数$n=4$，则：

单根锚杆拉力标准值 $N_k=\frac{Jl}{n}=\frac{348.3405\times4}{4}=348.3405\text{kN}$

故单根锚杆拉力设计值 $N_d = 1.35\gamma_w N_k = 517.2857\text{kN}$

（4）锚杆结构设计。查表 9-5，可选取钢绞线、预应力螺纹钢筋或无黏结钢绞线。查表 9-7，初选屈服强度标准值为 1080MPa 的预应力螺纹钢筋，其抗拉强度设计值为 900MPa，则：

1）杆体截面面积。由式（9-49）得，

$$A_s \geqslant \frac{N_d}{f_{py}} = \frac{517.2857 \times 10^3}{900 \times 10^6} = 5.7476 \times 10^{-4}\text{m}^2 = 574.7619\text{mm}^2$$

故每排锚杆总截面面积不应小于 574.7619mm^2。

选取 $\phi 32\text{mm}$ 的预应力螺纹钢筋，其单根截面面积为：

$$A_g = \pi d^2/4 = \pi \times 32^2 \div 4 = 804.2477\text{mm}^2 > A_s$$

故满足要求。

2）锚杆锚固段长度。按锚固体与筋体间的黏结强度计算，取 $n=1$，$\xi=1$，假设锚固段灌浆体抗压强度能达到 30MPa，查表 9-10，取 $f'_{ms} = 1.4\text{MPa}$，由式（9-52）得：

$$L_a \geqslant \frac{N_d}{n\pi d\xi f'_{ms}} = \frac{517.2857}{1 \times \pi \times 32 \times 1 \times 1.4} = 3.6754\text{m}$$

按锚固体与地层间的黏结强度计算，取 $D = 110\text{mm}$，$\psi = 1.5$，查表 9-11 取 $f_{mg} = 0.8\text{MPa}$，查表 9-13，取 $F_a = 2.2$，由式（9-53）得：

$$L_a \geqslant \frac{F_a N_t}{\pi D f_{mg} \psi} = \frac{2.2 \times 517.2857}{\pi \times 110 \times 0.80 \times 1.5} = 2.7443\text{m}$$

由于岩石锚杆的锚固长度宜采用 3~8m，故取锚固段长度为 4.0m。

3）锚杆自由段长度。根据锚杆与滑面、边坡坡面的交点的距离确定，锚杆自由段长度不小于 5m，且自由段应穿过潜在滑面至少 1.5m，并将锚固段选在合适的地层内。

（5）锚固工程设计。设计 4 排预应力螺纹钢筋，倾角为 31°，锚固段长度为 4.0m，如图 9-49 所示，其中 1 号、2 号、3 号及 4 号锚杆总长度依次为 9.0m、9.0m、10.0m、10.0m（本题锚杆总长度指锚固段长度和自由段长度之和，未包括张拉段长度）。

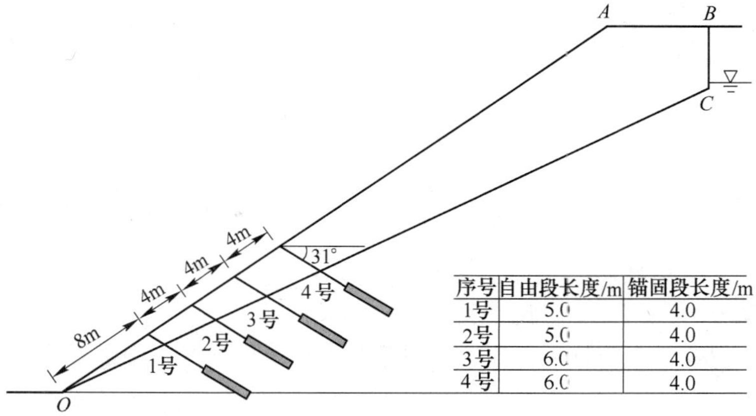

图 9-49 边坡锚固工程设计示意图

9.7 抗 滑 桩

抗滑桩作为边坡预加固或滑坡防治的主要技术措施，因其优越性而应用于各类工程建设中。20 世纪 40 年代，主要通过修建挡土墙、加强排水和改良土层等技术措施进行滑坡整治，后因大型挡土墙造价昂贵且抗滑能力有限，逐渐采用抗滑桩加固边坡，并在日本、欧美等国得到应用和推广。1967 年，美国旧金山某公路开挖导致山体滑动，通过采用混凝土灌注桩加固，取得良好成效；1968 年，比利时某公路由于路基加宽、扩建施工导致牵引式滑坡，后通过两排抗滑桩进行整治；20 世纪 70 年代以后，奥地利、日本、美国、挪威等国采用抗滑桩、锚索等结合治理铁路滑坡；至 20 世纪末期，荷兰、意大利、俄罗斯、巴西等国也大量采用钻孔灌注型抗滑桩治理滑坡。

我国最早于 20 世纪 50 年代在宝成铁路建设中，采用钢筋混凝土桩整治岩石顺层滑坡；1966 年修建成昆铁路时，采用挖孔灌注排式单桩整治滑坡，初步建立起相应的抗滑桩设计计算方法；20 世纪 70 年代至 80 年代，抗滑桩在国内迅速推广。近几十年来，铁路、公路、水利、建筑、矿山等工程建设中大量采用抗滑桩，在其设计、计算、施工等方面积累了丰富的经验。

经过数十年的发展，抗滑桩加固技术已经成为一种常用且有效的滑坡治理技术，在各种滑坡工程的加固治理和高边坡防护中发挥着重要作用。由于抗滑桩在治理滑坡及维护边坡稳定上的突出优点，已广泛应用于矿山、铁路、公路、工业与民用建筑基坑、港口等边坡工程中，且抗滑桩的单桩截面大于 3.5m×7.0m，单桩长度超过 50m。

9.7.1 概述

抗滑桩是将桩插入滑面以下的稳固地层内，利用稳定地层岩土的锚固作用以平衡滑坡推力，从而稳定滑坡的一种结构物，如图 9-50 所示。除边坡加固及滑坡治理工程外，抗滑桩还可用于桥台、隧道等加固工程。

抗滑桩具有以下优点：

（1）抗滑能力强，支挡效果好。一根桩通常可以承担数千至上万千牛的滑坡推力，而且可多排桩联合使用，适用于各类滑坡工程。

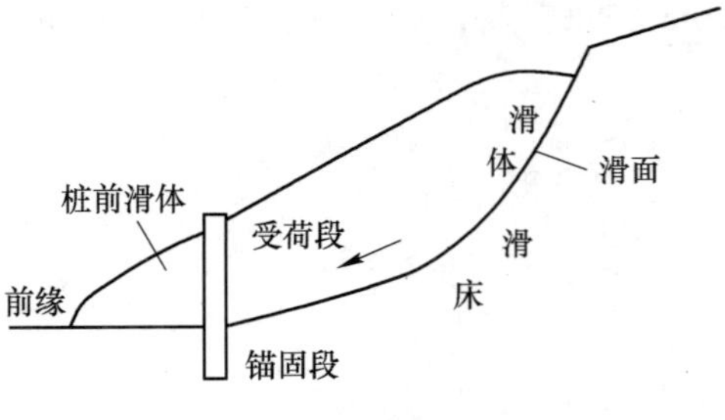

图 9-50 抗滑桩处治滑坡示意图

（2）对滑体稳定性扰动小，施工安全。抗滑挡土墙的施工挖基，虽采用分段跳槽开挖，仍会削弱滑体支撑力，往往导致滑坡活动加剧，对施工产生不利影响。而抗滑桩开挖截面较小，加之桩坑的钢筋混凝土护壁支撑，对滑体扰动较小，施工相对比较安全。

（3）设桩位置灵活。根据工程需要，可将桩设在滑体前缘、中部或后部，并可单排或多排布设。

（4）能及时增加滑体抗滑力，确保滑体的稳定。一般抗滑桩分多批次施工，每一批次的施工时间约 1~1.5 个月，可迅速增加滑体抗滑力并控制滑体滑动。

（5）桩坑可作为勘探井，验证滑面位置和滑动方向，以便调整设计，使其更符合工程实际。

（6）预防滑坡可先做桩后开挖，防止滑坡发生。在一些古滑坡和易滑坡地段，如顺层边坡和高边坡地段，通常采用先做桩后开挖的方法，能有效防止古滑坡复活及因开挖坡体松弛而形成滑坡。

9.7.2 抗滑桩类型

抗滑桩按不同的分类标准可划分为若干种类型，如表 9-16 所示。实际工程应用中，应根据滑坡类型及规模、地质条件、滑床岩土性质、施工条件和工期要求等因素具体选择适宜的桩型。

表 9-16 抗滑桩类型划分

序号	划分方式	抗滑桩类型
1	桩身材质	木桩、钢桩、混凝土桩、钢筋混凝土桩等
2	桩身横截面形状	圆形、管形、方形、矩形、十字形、H 形、箱形、多边形等
3	桩身纵截面形状	柱状桩、板桩、楔形桩、锥形桩等
4	成孔工艺	打入桩、钻孔桩、挖孔桩
5	施工工艺	预制桩、灌注桩
6	结构形式	单排或多排式单桩、承压台式桩、排架桩等
7	桩头约束条件	普通柱、锚拉桩等
8	桩身变形状况	刚性桩、弹性桩
9	桩身受力状态	全埋式桩、悬臂桩、埋入式桩

（1）成孔工艺。钻孔桩指用机械设备在设桩处钻孔而形成的抗滑桩，桩身直径通常为 500~1000mm。在滑坡治理工程中，钻孔桩使用较少，一方面由于桩径小，抗滑力较低，另一方面使用大型钻孔机械在滑体上施工不利于滑坡的稳定，而且施工工艺复杂。挖孔桩指在设桩处人工开挖成矩形或圆形的桩孔，再用钢筋混凝土浇注形成桩身，矩形边长通常为 2~4m，其在边坡防治中普遍采用。

（2）桩身材质。木桩仅适用于小型土质（如黏土、黄土等）滑体的阻挡，或临时支挡土体推力。由于其强度低、抗水性能差，一般较少采用，只能作为临时支挡措施。钢桩包括钢管桩、钢轨桩、钢杆桩、钢钎桩和钢板桩等。单纯使用钢桩，应注意防锈、防腐，以免桩体失效。混凝土桩和钢筋混凝土桩在滑坡治理工程中应用较为广泛，且工程上多采用钢筋混凝土桩。

（3）桩身受力状态。当桩前滑面以上岩土体少或无岩土体时，可以按悬臂式桩进行内力计算。当桩前滑面以上岩土体较厚时，可以作为全埋式桩进行内力计算。

（4）桩身变形状况。桩的有关计算应同时考虑桩体自身的变形，并根据滑面以下桩身长度的不同来判定桩的性质。刚性桩相对刚度视为无限大，其在水平方向的极限承载力和变形大小只取决于岩土性质和抗滑力大小，而与桩的实际刚度无关。

常见的抗滑桩形式如图 9-51 所示。其中，（a）和（b）是使用最多的全埋式桩和悬臂桩；(c) 为埋入桩，即在滑体较厚且较密实的情况下，只要滑坡不产生新的滑面而从桩顶剪出，桩可不延伸到地面以节约圬工；(d) 为承压台式桩，为使两排桩协调受力和变形，在桩顶用承压台连接，可使桩间土体与桩共同受力；(e)、(f) 和 (g) 均属刚架桩，能有效发挥两桩的共同作用，从而减少桩的埋深和圬工，节约造价，但是施工略复杂，尤其是排架桩中部横梁施工不便，故应用较少；(h) 为锚拉桩，即在桩顶或桩的上部施作若干锚索锚固于滑面以下的稳定地层中，相当于在桩上增加了一个或多个横向支点和抗力，降低了桩的弯矩和剪力，从而减小桩身截面和埋深。

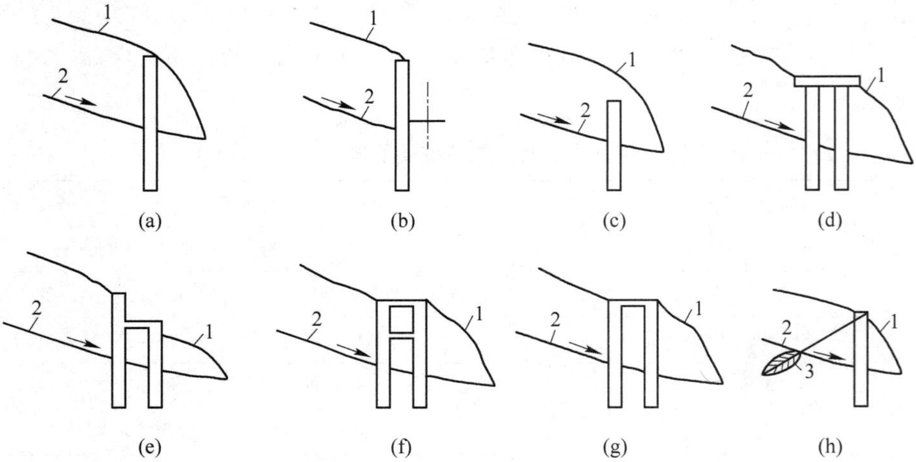

图 9-51 常见的抗滑桩形式

(a) 全埋式；(b) 悬臂式；(c) 埋入式；(d) 承台式；(e) 椅式桩或 h 形桩；(f) 排架桩；(g) 刚架桩；(h) 锚拉桩
1—原地面；2—滑面；3—锚索

9.7.3 抗滑桩破坏形式

尽管滑坡问题具有复杂性和易变性，但滑坡岩土体强度一般总是以滑面为界，上部小而下部大，滑坡推力完全来自滑面以上，因此可以粗略判断：桩下部“锚固”在滑面以下稳定地层中，在上部推力作用下，桩身呈弯曲变形，其变形状态大致可分为三种，即弹性、弹塑性、破坏状态。

滑面附近桩的弯矩通常最大，桩身容易开裂，以致破坏。但由于实际地质条件复杂及设计缺陷等，其他破坏形式也常有发生。总体而言，抗滑桩的破坏形式主要包括以下几种：

(1) 抗滑桩间距过大、滑体含水量高并呈流塑状，滑动土体从桩间挤出；

(2) 抗滑桩抗剪能力不足，桩身在滑面处被剪断；

(3) 抗滑桩抗弯能力不足，桩身在最大弯矩处被拉断；

(4) 抗滑桩锚固深度及锚固力不足，桩被推倒；

(5) 抗滑桩桩前滑面以下岩土体软弱，抗力不足，产生较大塑性变形，使桩体位移过大而超过允许范围；

(6) 抗滑桩超出滑面的高度不足或桩位选择不合理，桩虽有足够强度，但滑坡从桩顶以上剪出。

对于流塑性地层，滑体介质与抗滑桩的摩阻力低，土体易从桩间挤出。此时，可在桩间设置连接板或联系梁，或采用小间距、小截面的抗滑桩。因流塑体的自稳性差，当地下水丰富时，开挖截面过大的抗滑桩易造成坍塌，对处于滑移状态的边坡，还可能会加速边坡的滑移速度，甚至造成边坡失稳。

9.7.4 抗滑桩设计

9.7.4.1 基本要求

抗滑桩是一种被动抗滑结构，只有当边坡产生一定的变形后，才能充分发挥作用。因此，抗滑桩宜用于潜在滑面明确、对变形控制要求不高的土质边坡、土石混合边坡和碎裂状、散体结构的岩质边坡。

抗滑桩宜布置在滑体下部且滑面较平缓的地段。当滑面长、滑坡推力大时，可与其他加固措施配合使用，或可沿滑动方向布置多排抗滑桩，多排抗滑桩宜按梅花型布置。此外，抗滑桩设计还应满足以下要求：

(1) 通过桩的作用可将下滑力传递到滑面以下稳定地层中，使滑体边坡安全系数达到规定值，保证滑体不越过桩顶，不从桩间挤出。

(2) 桩身有足够的稳定性。桩的截面、间距及埋深适当，锚固段的横向应力在容许值内。

(3) 桩身有足够的强度。钢筋配置合理，能够满足截面内力要求。

(4) 保证安全，施工方便，经济合理。

因此，抗滑桩设计主要是确定桩的平面布置、锚固深度、截面尺寸和结构强度等。一般而言，设计过程中涉及的问题较为复杂，必须做好各项调查、分析和研究工作。对于大型滑坡工程，需要多方比较，以便做出正确、合理的设计方案。

9.7.4.2 设计流程

(1) 研究滑坡原因、性质、范围、厚度，分析滑坡的稳定状态、发展趋势；

(2) 根据滑坡地质剖面及滑面处岩土体的抗剪强度指标，计算滑坡推力；

(3) 根据地形、地质及施工条件等确定设桩位置及范围；

(4) 根据滑坡推力大小、地形及地层性质，拟定桩长、锚固深度、桩截面尺寸及桩间距；

(5) 确定桩的计算宽度，并根据滑体的地层性质，选定地基系数；

(6) 根据选定的地基系数及桩的截面形式、尺寸，计算桩的变形系数及其锚固深度，据此判断按刚性桩或弹性桩进行设计；

(7) 根据桩底的边界条件采用相应的公式计算桩身各截面的变位、内力及桩侧应力(桩周岩土抗力) 等，并计算最大剪力、弯矩及其位置；

(8) 校核地基强度，若桩身作用于地基的弹性应力 (横向压应力) 超过地层容许值或小于容许值过多时，则应调整桩的埋深、截面尺寸或间距，重新计算，直至达到相关要求；

(9) 根据计算结果，绘制桩身的剪力图和弯矩图；

(10) 对于钢筋混凝土桩，根据上述计算结果进行配筋设计。

9.7.4.3 作用力系

作用于抗滑桩的外力主要包括滑坡推力、桩前滑体抗力（滑面以上桩前滑体对桩的抗力）、锚固段地层抗力（滑面以下地层对桩的抗力）、桩侧摩阻力和黏着力以及桩底反力等，其均为分布力。

抗滑桩截面及桩周面积通常较大，桩与地层间的摩阻力、黏着力大，由此产生的平衡弯矩对桩显然有利，但由于其计算较为复杂，一般不予考虑。

抗滑桩桩底反力（基底应力）主要由自重引起，而桩侧摩阻力、黏着力又减小或抵消了部分自重。研究表明，桩底反力一般较小，加之在完整岩层中，桩底还可能出现拉应力，情况更为复杂。因此，为简化计算，通常忽略桩底反力，按此计算稍偏安全，但对整个设计影响不大。

9.7.4.4 滑坡推力

作用于抗滑桩上的滑坡推力，与滑坡性质、滑体厚度、滑面形状以及桩的位置、间距等因素相关。一般先用工程地质法的各种手段，对滑坡稳定性进行分析，然后辅以力学计算。由于桩间土拱对滑坡推力的影响机理尚不清晰，通常假定每根桩所承受的滑坡推力等于桩距（相邻两根桩中心的距离）范围之内的滑坡推力。剩余下滑力的计算有两种模式，分别通过加大下滑力、折减抗滑力进行计算。

A 计算基本假定

（1）在沿滑动主轴方向的地质纵断面图上，按滑面的产状和岩土性质划分为若干铅直条块，由后向前计算各条块分界面上的剩余下滑力即是该部位的滑坡推力；

（2）每段滑体的下滑力方向与其所在条块的滑面平行；

（3）横向按单位宽度计算，不考虑两侧的摩擦阻力；

（4）视滑体为连续而无压缩的介质，由后向前传递下滑力并作整体滑动，不考虑滑体内部的局部应力作用。

B 滑体上的作用力

第 i 个条块滑体上的作用力如图 9-52 所示，其可分为基本力系和特殊力系两类。基本力系包括滑体自重 W_i、上一条块传递来的剩余下滑力 E_{i-1}、下一条块产生的支撑力 E_i、滑床反力 N_i、滑面的抗滑力 T_i；特殊作用力系只有在可能出现的情况下，才列入计算，其主要包括作用在条块上的外部荷载 P_i、动水压力 D_i（滑体饱水或其下部饱水且与滑带水相连通时考虑）、滑床上产生的浮托力 S_i、滑头水系有压力水头时的浮托力 S_i' 及地震力 E_{si} 等。

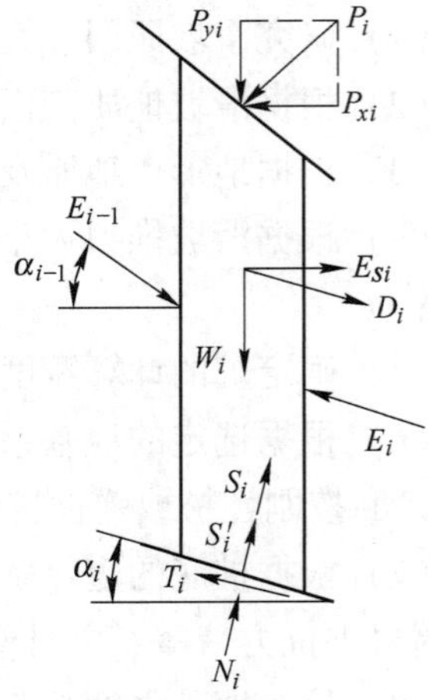

图 9-52 剩余下滑力计算示意图

C 各作用力的计算

（1）重力 W_i：

$$W_i = W_{i1} + W_{i2} = \gamma A_{i1} + \gamma_{sat} A_{i2} \qquad (9\text{-}54)$$

式中 W_i——第 i 个条块重力，kN/m；

W_{i1}——第 i 个条块非浸水部分重力，kN/m；

W_{i2}——第 i 个条块浸水部分重力，kN/m；

A_{i1}——第 i 个条块非浸水部分面积，m^2；

A_{i2}——第 i 个条块浸水部分面积，m^2。

（2）动水压力 D_i 和浮托力 S_i：

$$D_i = \gamma_w \Omega_i n_i \sin\alpha_i \tag{9-55}$$

$$S_i = \gamma_w \Omega_i (1 - n_i) \cos\alpha_i \tag{9-56}$$

式中 D_i——第 i 个条块中动力水头产生的动水压力，kN/m；

S_i——第 i 个条块中动力水头产生的浮托力，kN/m；

Ω_i——第 i 个条块的饱水面积，m^2；

n_i——第 i 个条块土的孔隙度；

α_i——第 i 个条块的滑面倾角，(°)。

（3）承压水浮托力 S'_i：

$$S'_i = \gamma_w H_{w0} l_0 \tag{9-57}$$

式中 S'_i——第 i 个条块所受的承压水浮托力，kN/m；

H_{w0}——第 i 个条块所受的承压水水头高度，m；

l_0——有效滑面长度，m。

（4）地震力 E_{si}：

$$E_{si} = K_c W_i \tag{9-58}$$

D 通过加大下滑力计算

（1）滑床反力 N_i 和滑面抗滑力 T_i：

$$N_i = (W_i + \sum P_{yi})\cos\alpha_i + \sum P_{xi}\sin\alpha_i - S_i - S'_i - E_{i-1}\sin(\alpha_i - \alpha_{i-1}) - E_{si}\sin\alpha_i \tag{9-59}$$

$$T_i = c_i l_i + N_i \tan\varphi_i \tag{9-60}$$

式中 P_{xi}——第 i 个条块上作用的水平外荷载总值，kN/m；

P_{yi}——第 i 个条块上作用的竖直外荷载总值，kN/m；

α_{i-1}——第 $i-1$ 个条块滑面倾角，(°)；

E_{i-1}——第 $i-1$ 个条块的剩余下滑力，kN/m，方向指向下滑方向并平行于第 $i-1$ 个条块滑面，当 $E_{i-1} \leqslant 0$ 时取 $E_{i-1}=0$。

（2）剩余下滑力 E_i：

$$\begin{aligned} E_i &= F_1 W_i \sin\alpha_i - F_2 \sum P_{xi}\cos\alpha_i + F_3 \sum P_{yi}\sin\alpha_i + F_4 D_i + F_5 E_{si}\cos\alpha_i - \\ &\quad T_i + E_{i-1}\cos(\alpha_i - \alpha_{i-1}) \\ &= F_1 W_i \sin\alpha_i - F_2 \sum P_{xi}\cos\alpha_i + F_3 \sum P_{yi}\sin\alpha_i + F_4 D_i + F_5 E_{si}\cos\alpha_i - \\ &\quad [(W_i + \sum P_{yi})\cos\alpha_i - \sum P_{xi}\sin\alpha_i - S_i - S'_i]\tan\varphi_i - c_i l_i + \\ &\quad E_{i-1}[\cos(\alpha_{i-1} - \alpha_i) - \sin(\alpha_{i-1} - \alpha_i)\tan\varphi_i] \end{aligned} \tag{9-61}$$

式中，E_i 为第 i 个条块的剩余下滑力（kN/m），方向指向下滑方向并平行于第 i 个条块滑面：若 $E_i \leqslant 0$，则在给定的安全系数下，不会发生滑动；若 $E_i > 0$，则在给定的安全系数下，会发生滑动。F_1、F_2、F_3、F_4、F_5 分别为考虑各类荷载影响的抗滑计算安全系数，选用方法可参照表 9-17。

表 9-17 考虑各类荷载影响的抗滑安全系数计算选用方法

项目	F（抗滑安全系数）	1	备 注
F_1	计算断面非反坡	计算断面为反坡	重力
F_2	外荷载产生作用的方向与整体滑坡下滑方向相同	外荷载产生作用的方向与整体滑坡下滑方向相反	外荷载水平分力
F_3	外荷载产生作用的方向与整体滑坡下滑方向相同	外荷载产生作用的方向与整体滑坡下滑方向相反	外荷载竖直分力
F_4	动水压力产生作用的方向与整体滑坡下滑方向相同	动水压力产生作用的方向与整体滑坡下滑方向相反	动水压力
F_5	$E_{si} \geqslant 0$	$E_{si}<0$	地震力

（3）剩余下滑力传递系数χ_i：

$$\chi_i = \cos(\alpha_{i-1} - \alpha_i) - \sin(\alpha_{i-1} - \alpha_i)\tan\varphi_i \tag{9-62}$$

E 通过折减抗滑力计算

（1）滑床反力 N_i 按式（9-59）计算，滑面抗滑力 T_i：

$$T_i = \frac{c_i l_i + N_i \tan\varphi_i}{F} \tag{9-63}$$

（2）剩余下滑力 E_i：

$$\begin{aligned} E_i &= W_i\sin\alpha_i - \sum P_{xi}\cos\alpha_i + \sum P_{yi}\sin\alpha_i + D_i + E_{si}\cos\alpha_i + \\ &\quad E_{i-1}\cos(\alpha_i - \alpha_{i-1}) - T_i \\ &= W_i\sin\alpha_i - \sum P_{xi}\cos\alpha_i + \sum P_{yi}\sin\alpha_i + D_i + E_{si}\cos\alpha_i - \\ &\quad [(W_i + \sum P_{yi})\cos\alpha_i - \sum P_{xi}\sin\alpha_i - S_i - S'_i]\tan\varphi_i/F - \\ &\quad c_i l_i/F + E_{i-1}[\cos(\alpha_{i-1} - \alpha_i) - \sin(\alpha_{i-1} - \alpha_i)\tan\varphi_i/F] \end{aligned} \tag{9-64}$$

（3）剩余下滑力传递系数χ_i：

$$\chi_i = \cos(\alpha_{i-1} - \alpha_i) - \sin(\alpha_{i-1} - \alpha_i)\tan\varphi_i/F \tag{9-65}$$

F 滑坡推力计算

计算滑坡推力时，首先根据试验资料、经验数据等进行综合分析，拟定各条块滑面的 c_i、φ_i 值，或整个滑面的平均 c、φ 值，令 $F=1$，按式（9-61）或式（9-64）依次计算各条块的剩余下滑力，并要求滑坡前缘出口的剩余下滑力等于或趋近于零。若不为零，则需调整 c、φ 值，重复计算，直至等于或趋近于零为止，如图 9-53 中曲线 a 所示，即反算求得 c、φ 值，进而综合确定滑面（带）的强度指标。

其次，根据工程要求，选定安全系数 F，再按式（9-61）或式（9-64）重新计算各条块的剩余下滑力，即为设计下滑力，如图 9-53 中曲线 b 所示。滑坡前缘出口处的最终不平衡下滑力 E_n（如图 9-53 中 E_5 所示），其为抗滑桩设计的主要依据之一。最后，根据选定的桩位、桩间距，计算作用在每根桩上的滑坡推力。

关于安全系数的选用，主要从工程的重要性、可能的环境变化和影响、对滑坡的了解程度、资料的可靠性、滑动后果和相关规范要求等综合考虑。当 $F>1$ 时，通过折减抗滑力计算的滑坡推力比通过加大下滑力计算的结果小；当 $F=1$ 时，两种方法的计算结果一

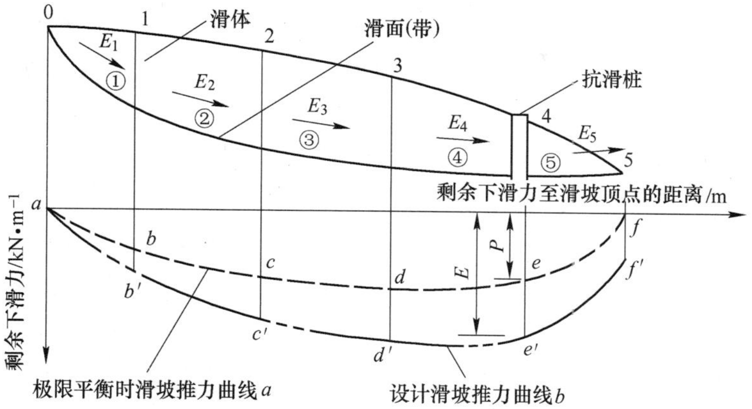

图 9-53 滑坡推力计算过程及推力曲线示意图

E—桩后滑坡推力；P—桩前滑体抗力

致。计算时应注意：当滑面为折线且相邻两条块的底面倾角相差较大时，应在两条块之间增加分块密度，才可得到较为准确的计算结果。目前通过折减抗滑力计算滑坡推力应用较为广泛，其也属于《铁路路基支挡结构设计规范》（TB 10025）推荐采用的计算方法。

G 滑坡推力分布形式

滑坡推力分布及其作用点位置，与滑坡类型、部位、地层性质、变形状况及地基系数等因素有关。当滑体沿断面高度均匀向下变形、地基系数为常数时，推力呈矩形分布；当地基系数沿断面高度呈线性变化时，则推力呈三角形分布；当地基系数在顶部呈线性变化、底部为常数时，则推力呈梯形分布。

部分滑坡实测资料表明，当滑坡为堆积层、破碎岩层时，下滑力自上而下呈三角形分布，由于滑体与滑床间存在摩擦，其下滑力有所减小，因而整个分布图形接近于抛物线形。一般而言，若滑体变形是均匀向下蠕滑，当滑体是一种黏聚力较大的地层（如黏土、土夹石等），其推力分布图形可近似按矩形考虑；若滑体是一种以内摩擦角为主要抗剪特性的堆积体，其推力分布图形可近似按三角形考虑，甚至按二次曲线考虑；介于此两者间的情况，可假定为梯形。实际工程中，一般根据具体情况采用三角形、梯形或矩形分布，如图 9-54 所示。

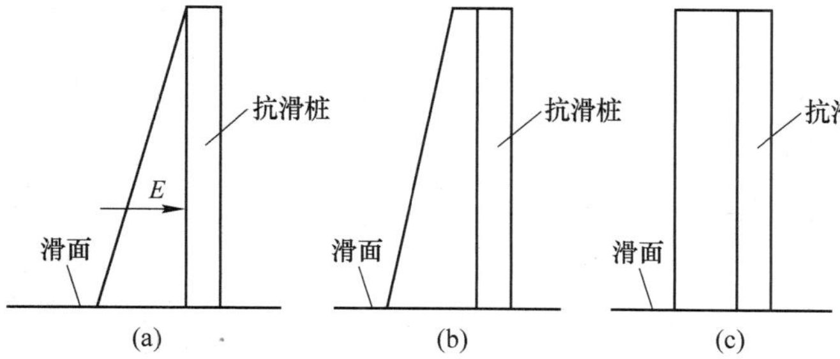

图 9-54 滑坡推力分布形式

（a）三角形分布；（b）梯形分布；（c）矩形分布

9.7.4.5 桩周岩土抗力

设置抗滑桩后，当抗滑桩受到滑坡推力作用产生变形时，一部分滑坡推力传递到桩前滑体（滑面以上），另一部分通过桩体传递到锚固段地层（滑面以下）。抗滑桩周围岩土体对抗滑桩的抗力作用称为桩周岩土抗力，其中滑面以上的称为桩前滑体抗力（或受荷段地层抗力），滑面以下的为锚固段地层抗力。

A 地基系数

地基系数，又称地基弹性抗力系数，其物理意义是指使单位面积的地层变位一单位值时所需的力（kPa/m）。一般认为地基系数 C 值随深度 y 按幂函数规律变化，即：

$$C = m(y_0 + y)^n \tag{9-66}$$

式中 m——地基系数随深度变化的比例系数；

y_0——与岩土类别有关的数值，可取 0、0.5、1、…；

n——与岩土类别有关的常数。

m、y_0、n 一般通过试验确定，根据所取的 n 值不同，按式（9-66）绘出的地基系数 C 随深度 y 的变化图形，如图 9-55 所示。

（1）当 $n=0$ 时，C 值为常数，$C=K$，其图形为矩形，如图 9-55（a）所示。通常按这种规律变化的计算方法称为“K”法。

（2）当 $0 < n < 1$ 时，C 值随深度呈外凸抛物线形变化，如图 9-55（b）所示。试验表明，n 值一般在 0.5~0.6 之间，建议选取 $n=0.5$。

（3）当 $n=1$ 时，C 值随深度呈梯形变化，如图 9-55（c）所示。若地基系数在地面处的 $y_0=0$ 时，则：

$$C = my \tag{9-67}$$

这种假定是我国铁路、公路桥梁规范中所采用的方法，称为“m”法。

（4）当 $n>1$，C 值随深度呈内凹抛物线形变化，如图 9-55（d）所示。

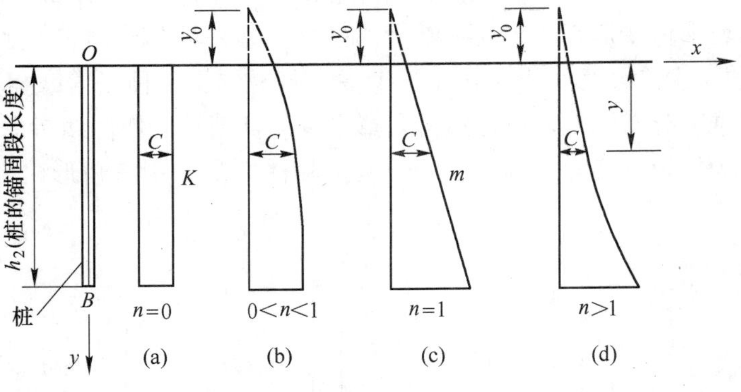

图 9-55 地基系数 C 随深度变化图

根据以往的试验资料和实践经验，关于地基系数变化规律的各种假定，其适用条件大致如下：

（1）地基系数为常数（即 $n=0$ 的“K”法）的假定，适用于较完整岩层和硬黏土，可按表 9-18 选取；

（2）地基系数与深度成正比例增加（即 $n = 1$ 的“m”法）的假定，适用于硬塑至半坚硬的砂黏土、碎石类土或风化破碎的岩层，无可靠资料时可按表 9-19 选取。当桩前滑面以上无滑体和超载时，地基系数应为三角形分布；当桩前滑面以上有滑体和超载时，地基系数应为梯形分布。

表 9-18 抗滑桩地基系数及地层物理力学指标

地层类型	内摩擦角 /(°)	弹性模量 E_0 /10^4kPa	泊松比 μ	地基系数 K /10^6kPa·m^{-1}	剪切应力 /kPa
细粒花岗岩、正长岩	>80	5430~6900	0.25~0.30	2.0~2.5	>1500
辉绿岩、玢岩		6700~7870	0.28	2.5	
中粒花岗岩		5430~6500	0.25	1.8~2.0	
粗粒正长岩、坚硬白云岩		6560~7000			
坚硬石灰岩	80	4400~10000	0.25~0.30	1.2~2.0	1500
坚硬砂岩、大理岩		4660~5430			
粗粒花岗岩、花岗片麻岩		5430~6000			
较坚硬石灰岩	75~80	4400~9000	0.25~0.30	0.8~1.2	1200~1400
较坚硬砂岩		4460~5000			
不坚硬花岗岩		5430~6000			
坚硬页岩	70~75	2000~5500	0.15~0.30	0.4~0.8	700~1200
普通石灰岩		4400~8000	0.25~0.30		
普通砂岩		4600~5000			
坚硬泥灰岩	70	800~1200	0.29~0.38	0.3~0.4	500~700
较坚硬页岩		1980~3600	0.25~0.30		
不坚硬石灰岩		4400~6000			
不坚硬砂岩		1000~2780			
较坚硬泥灰岩	65	700~900	0.29~0.38	0.2~0.3	300~500
普通页岩		1900~3000	0.15~0.20		
软石灰岩		4400~5000	0.25		
不坚硬泥灰岩	45	30~500	0.29~0.38	0.06~0.12	150~300
硬化黏土		10~300	0.30~0.37		
软片岩		500~700	0.15~0.18		
硬煤		50~300	0.30~0.40		
密实黏土	30~45	10~300	0.30~0.37	0.03~0.06	100~150
普通煤		50~300	0.30~0.40		
胶结卵石		50~100	—		
掺石土			—		

表 9-19 抗滑桩随深度增加的土质地基系数

序号	土类型	竖直方向 m_0 /kPa·m^{-2}	水平方向 m /kPa·m^{-2}
1	$0.75<I_L<1.0$ 的软塑黏土及粉质黏土、淤泥	1000~2000	500~1400
2	$0.5<I_L<0.75$ 的软塑粉质黏土及黏土	2000~4000	1000~2800
3	硬塑粉质黏土及黏土、细砂及中砂	4000~6000	2000~4200
4	坚硬的粉质黏土及黏土、粗砂	6000~10000	3000~7000
5	砾砂、碎石土、卵石土	10000~20000	5000~14000
6	密实的大漂石	80000~120000	40000~84000

注：1. I_L为土的液性指数，其地基系数 m_0 和 m 值，相应于桩顶位移 0.6~1.0cm；
2. 有可靠资料和经验时，可不受本表限制。

在抗滑桩计算中，通常是以滑面为界，将桩分成两段来选取式（9-66）中的 n 值及其计算方法。地基系数与地层的物理力学性质有关，随深度变化的规律较为复杂且变化幅度大，地基系数的准确确定方法仍有待进一步研究。

B 弹性抗力

在弹性限度内，与变位成正比的桩周岩土抗力称为弹性抗力，根据弹性理论，由地基系数计算桩周岩土作用于桩身的弹性抗力值及其分布。假定地层为弹性介质，桩为弹性构件，作用于桩侧任一点 y 处的弹性抗力 P_y，其计算公式为：

$$P_y = \sigma_y B_p = Cx_y B_p \tag{9-68}$$

式中 σ_y——地层 y 处的水平应力，kPa；

x_y——地层 y 处的水平位移值，m；

B_p——桩的计算宽度，m。

C 桩前滑体抗力

桩前滑体抗力与滑坡性质、桩前滑体规模等因素相关。试验表明，桩前滑体体积愈大，抗剪强度愈高，滑面愈平缓、粗糙，桩前滑体抗力愈大，反之愈小。此外，还与是否存在多层滑面有关。当抗滑桩在滑坡推力作用下产生变形，滑面以上桩前滑体抗力小于桩体所提供的极限抗力时，桩前滑体将产生隆起破坏，或沿桩前滑体中某一薄弱面产生剪切破坏。

桩前滑体抗力可由极限平衡时滑坡推力曲线（图 9-53）、桩前被动岩土压力或桩前滑体的弹性抗力（桩前剩余抗滑力）确定，设计时选用较小值。当桩前滑体可能滑动时，不应计其抗力作用。

（1）根据滑坡推力曲线确定桩前滑体抗力时，假定滑坡处于极限平衡状态，滑面以上的 c、φ 值根据反算法确定时，桩前滑体抗力和桩后滑坡推力的关系如图 9-53 所示。抗滑桩需要承受的推力（桩上设计荷载）为：

$$T = E - P \tag{9-69}$$

式中 T——抗滑桩需承受的推力或桩上设计荷载，kN/m；

E——桩后滑坡推力，kN/m；

P——桩前滑体抗力，kN/m。

当实际 c、φ 值大于反算 c、φ 值时，工程上仍习惯将反算 c、φ 值求得的设计滑坡推力与实际滑坡推力之差作为桩上设计荷载，其值偏大，故设计偏于安全；当实际 c、φ 值小于反算 c、φ 值，不能将反算 c、φ 值求得的设计滑坡推力与实际滑坡推力之差作为桩上设计荷载，应由实际 c、φ 值求得的设计滑坡推力与桩前剩余抗滑力之差作为桩上设计荷载，设桩后应检验剩余抗滑力是否会将桩前滑体推走。

(2) 以桩前被动土压力作为桩前滑体抗力时，可按朗肯被动土压力公式计算，具体内容可参考 9.5.1 节。

(3) 采用地基系数法时，将滑面以上桩身所受的滑坡推力作为已知设计荷载，然后根据滑面上下地层的地基系数，把整根桩视为弹性地基梁进行计算，不考虑滑面存在的影响。

应特别注意，若桩前滑体将被挖掉或可能滑动，则不存在桩前滑体抗力，此时应将滑坡推力直接作为桩上设计荷载。

试验表明，桩前滑体抗力的分布图形基本呈抛物线，抗力的最大值出现在滑体中部，靠近滑面的应力较小。当滑体为黏性土时，由于黏聚力影响，顶端抗力较滑体为松散介质时大，合力重心也较高，如图 9-56 所示。在工程设计中，桩前滑体抗力一般采用与滑坡推力相同的应力分布形式，也可采用抛物线分布形式。当采用抛物线分布时，可将抗力图形简化为一个三角形和一个倒梯形，如图 9-56 所示。

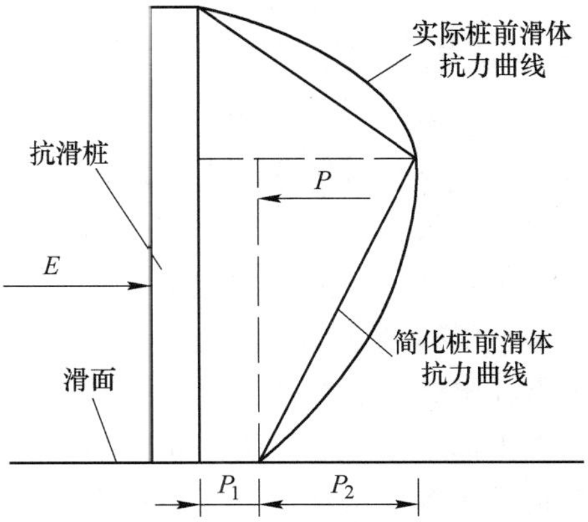

图 9-56　桩前滑体抗力分布形式

D　锚固段地层抗力

抗滑桩受到滑坡推力作用后，将滑坡推力传递到滑面以下抗滑桩周围地层中，此时桩下部的岩土体受力后产生变形。当应力与应变成正比例增加时，属弹性阶段；当超过弹性极限状态后应力增幅不大但应变骤变时，属塑性阶段；当应力不再增加但变形不止时，达到破坏阶段。

因此，滑床中桩前、桩后的岩土抗力，当变形在弹性阶段时按弹性抗力计算；当岩土体变形在塑性阶段时，抗力近似等于该地层的地基系数乘以相应的与变形方向一致的岩土体在弹性极限状态时的压缩变形量，或用该地层的横向容许承载力代替；当沿桩身的岩土体塑性变形较大或岩土体很松散时，全桩可用极限平衡法计算锚固段地层的抗力值。

锚固段地层抗力分两种情况：(1) 抗滑桩锚固在完整岩层中，此时把滑面以下的地层当作半无限的空间弹性体，抗滑桩处理为插入其中的一根杆件较为合适，因按空间弹性体计算较为复杂，故一般采用弹性力学中简便的链杆法计算，滑面处的抗力图形有明显的应力集中现象，如图 9-57 (a) 所示；(2) 抗滑桩锚固在破碎岩层或堆积层中，此时可将地层视为弹性介质，采用地基系数法较为合适，而滑面处抗力较小，如图 9-57 (b) 所示。

在一般情况下，锚固段桩前、桩后同一标高岩土的地基系数 C 值可视为一致；当桩前、桩后的地面有高差或桩前滑体薄桩后滑体厚，以及严重风化破碎的岩层、第四系松散的堆积层，C 值可以不同。

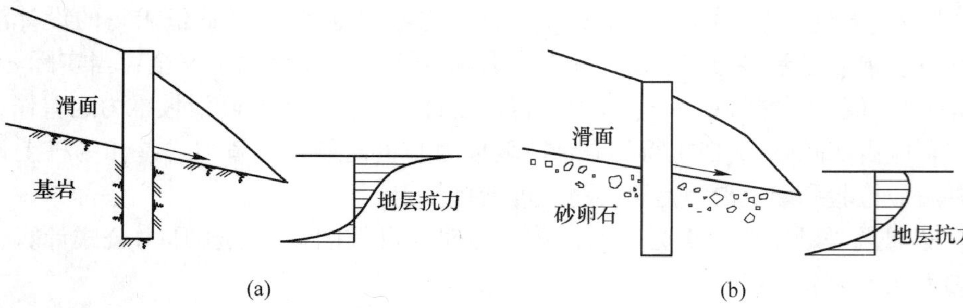

图 9-57 锚固段地层抗力分布示意图

对于同类断层破碎带、风化残积层及密实的地层，有受过历史荷载压密作用的一段，桩前、桩后的 C 值，可视为一致；松弛的一段，上部堆积层厚度不同，桩前、桩后的 C 值可以不同。

9.7.4.6 抗滑桩要素设计

A 桩的平面位置及其间距

抗滑桩的平面位置和间距，一般应根据滑坡的地层性质、推力大小、滑面坡度、滑体厚度和施工条件等因素综合考虑确定。

多数滑坡体上部滑面陡，张拉裂缝多，不易设桩且在此部位设桩并不能对潜在滑体的中下部发挥作用，故效果较差；中部滑面深，下滑力大，设桩的工程量大，施工较为困难；潜在滑体的下部，滑面较缓，下滑力较小或系抗滑地段，布设桩容易，且基本上能对整个潜在滑体起到抗滑作用，在工程实践中，多将抗滑桩布设在该部位。

在平面上，桩通常为一排，布置方向应与滑体滑动方向垂直或接近垂直。对于沿滑动方向很长的多级滑体或下滑力很大的滑体，设两排或多排抗滑桩分级处治较为合理，也可采用抗滑桩和其他措施联合处理。对于抗滑桩顶部有较陡坡度的滑体，为防止因设置抗滑桩后出现次生滑面而发生局部失稳，也往往需采用多排桩。当滑坡下滑力特别大时，在平面上可将桩按“品”字形交错布置成梅花形；必要时，也可用板将若干单桩的顶端联结起来，以此增大抗滑力；还可结合滑坡及施工条件等情况，经比较研究采用其他类型的抗滑桩。

群桩或排桩的桩间距应根据边坡地质条件，以及桩的结构、承载能力等比较确定。合理的桩距应使桩间滑体具有足够的稳定性，在下滑力作用下，不致从桩间挤出。初步选定时，桩的中心距可为 6~10m，且宜大于桩的横截面短边或直径的 2.5 倍。工程上，通常采用桩间土体与两侧被桩所阻止的土体摩擦力大于桩所承受的滑坡推力的方法进行估算；也可通过模型实验，考虑土拱效应，并结合实践经验获取桩间距值。一般而言，当滑体完整、密实或滑坡下滑力较小，桩距可取大值，反之取小值。通常滑坡主轴附近桩距小，两侧边部桩距大。

B 桩的横截面及其计算宽度

抗滑桩横截面形状对桩的抗滑作用有较大影响。目前主要采用矩形（包括方形）和圆形两种，但考虑到桩的受力条件和施工方便，抗滑桩一般采用矩形截面。当滑体滑动方向明确时，可采用矩形截面，其长边宜与滑动方向一致；当滑体滑动方向难以准确确定时，宜采用圆形截面。

抗滑桩的截面尺寸应根据单桩承受的滑坡推力大小、锚固段地层横向容许承载力和桩间距等因素确定，且桩最小边宽度不宜小于1.25m。初步选定时，矩形截面的短边边长可为1.5~3m，长边边长不宜小于短边的1.5倍；圆形截面的直径可为1.5~5m。

在水平荷载作用下，桩侧岩土体的受力状态为较复杂的空间问题。为简化计算而按平面问题考虑时，应将桩的实际宽度换算成与平面受力条件相当的宽度。

对于矩形桩：

$$B_{\mathrm{p}} = 1\left(1 + \frac{1}{b}\right)b = b + 1 \tag{9-70}$$

对于圆形桩：

$$B_{\mathrm{p}} = 0.9\left(1 + \frac{1}{d}\right)d = 0.9(d + 1) \tag{9-71}$$

式中 B_{p}——桩的正面计算宽度，m；

b——矩形桩正面边长，m，$b \geqslant 1$；

d——圆形桩直径，m，$d \geqslant 1$。

应该注意的是，只有在计算桩侧弹性抗力时，才用桩的正面计算宽度。计算桩底反力时，仍用桩的实际宽度。其次，上述公式未充分考虑桩两侧土体实际受力状态的空间问题，故计算值B_{p}可能偏小。

C 桩的锚固深度

桩的锚固深度与稳定地层的强度、滑坡推力、桩体刚度、截面和间距、是否及如何考虑桩前滑体抗力等因素有关。锚固过浅，稳定性差；锚固过深，施工困难。在同样条件下，锚固过深，桩的变位固然减小，但达到一定深度后，其优势将明显减少。因此，锚固不宜过深，通常采用缩小桩距或调整桩体截面尺寸等方法，以减小锚固深度。

抗滑桩锚固段应锚固于潜在滑面以下的稳定地层内，且不应产生新的深层滑动。初步选定时，锚固深度可为桩长的1/4~1/3，最终应根据计算确定。工程上通常从控制锚固段桩周地层的强度来考虑桩的锚固深度，即要求抗滑桩传递到滑面以下地层的横向压应力不大于地层的横向容许承载力。此外，当桩的位移需要控制时，应考虑最大位移不超过容许值。工程实践表明，土层或软质岩层中锚固深度约为1/3~1/2桩长，完整、较坚硬的岩层可采用1/4桩长。

D 桩底支承条件

抗滑桩的顶端一般为自由支承，而底端根据锚固程度不同，可分为自由支承、铰支承、固定支承三种，如图9-58所示，工程上通常采用前两种。

（1）自由支承。如图9-58（a）所示，在滑面以下桩的OB段，地层为土体、松软破碎岩体时，试验表明，在滑坡推力作用下，桩底有明显的位移和转动。此时，桩底按自由支承考虑，可令剪力$Q_{\mathrm{B}}=0$，弯矩$M_{\mathrm{B}}=0$。

（2）铰支承。如图9-58（b）所示，当桩底岩层完整时，并较OB段地层坚硬，但桩嵌入此层不深时，桩底按铰支承考虑，可令位移$x_{\mathrm{B}}=0$，弯矩$M_{\mathrm{B}}=0$。

（3）固定支承。如图9-58（c）所示，当桩底岩层完整且极坚硬，桩嵌入该层较深时，桩身B点处按固定端考虑，可令位移$x_{\mathrm{B}}=0$，转角$\varphi_{\mathrm{B}}=0$。此类抗滑桩经济性差，故不推荐采用。

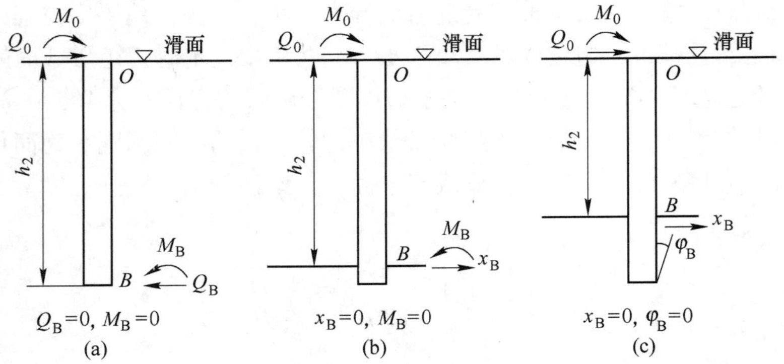

图 9-58 桩底支承条件示意图

（a）自由支承；（b）铰支承；（c）固定支承

E 刚性桩与弹性桩

抗滑桩按桩周岩土性质、桩体刚度等因素分为刚性桩和弹性桩，如图 9-59 所示。试验表明，当埋入滑面以下的计算深度（桩的锚固深度 h_2 与桩的变形系数 β 或 α 的乘积）为某一临界值时，可视桩的刚度为无限大，其在水平荷载作用下的极限承载能力，只取决于地层弹性抗力的大小，而与桩的刚度无关；对于计算深度为该临界值的桩，分别按刚性桩和弹性桩计算，二者的水平承载力及传递到地层的压力分布均比较接近。因此，通常将该临界值作为刚性桩、弹性桩的判断标准，变形系数计算方法如下。

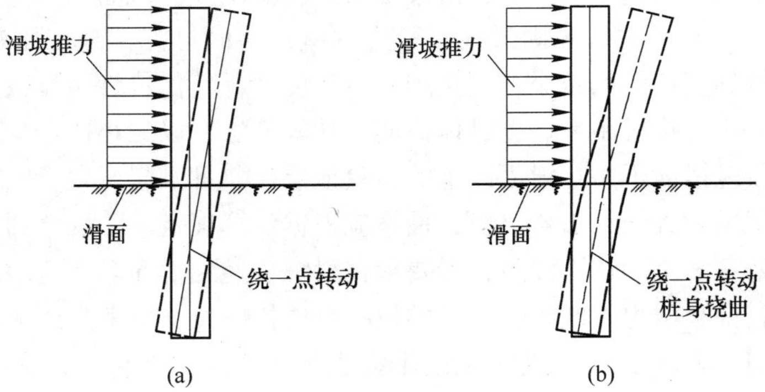

图 9-59 刚性桩与弹性桩变位示意图

（a）刚性桩；（b）弹性桩

（1）按“K”法（锚固段地基系数为矩形分布）计算：

$$\beta = \left(\frac{KB_p}{4EI}\right)^{\frac{1}{4}} \tag{9-72}$$

（2）按“m”法（锚固段地基系数为三角形分布）计算：

$$\alpha = \left(\frac{mB_p}{EI}\right)^{\frac{1}{5}} \tag{9-73}$$

式中 β——按“K”法计算的抗滑桩变形系数，m^{-1}；

α——按“m”法计算的抗滑桩变形系数，m^{-1}；

E——抗滑桩弹性模量，kPa；

I——抗滑桩截面惯性矩，m^4。

当$\beta h_2 \leqslant 1.0$或$\alpha h_2 \leqslant 2.5$时，抗滑桩属刚性桩，否则属弹性桩，h_2为抗滑桩的锚固长度（m）。锚固段地基系数为梯形分布时，可将桩分成若干小段，每小段内采用常数分布近似计算。

9.7.4.7 抗滑桩结构设计

抗滑桩桩身按受弯构件设计，当无特殊要求时可不做变形、抗裂及挠度等验算。桩身混凝土的强度等级宜为C30，桩身中的主筋宜采用HRB 400钢，箍筋可采用HRB 335钢或HRB 400钢。

抗滑桩结构设计可按现行国家标准《混凝土结构设计规范》（GB 50010）进行设计，其荷载分项系数的取值应符合《建筑结构荷载规范》（GB 50009）、《建筑地基基础设计规范》（GB 50007）及《建筑抗震设计规范》（GB 50011）的规定。一般情况下，永久荷载分项系数可采用1.35。

9.7.4.8 抗滑桩内力计算

目前关于抗滑桩内力的计算方法均只考虑桩周岩土的线弹性阶段，如悬臂桩法、地基系数法、矩阵分析法、有限元法等。吴恒立提出的计算推力桩综合刚度原理和双参数法，可考虑桩周岩土处于线弹性或非线弹性阶段，然而该方法均主要适用于桩顶作用有横向荷载或桩的外露部分作用有分布荷载的工况，如某些桥梁桩基、海洋平台桩基等，抗滑桩作用的主动外力——滑坡推力一般为滑面以上的分布荷载，有别于上述桩型。因此，工程中仍大量采用考虑桩周岩土在线弹性阶段的方法进行计算。

国外通常采用线弹性地基系数法计算抗滑桩内力，将滑面以上按悬臂桩考虑，并采用一般静力学方法求解其内力，而滑面以下采用有限差分法求解其内力。国内大多采用悬臂桩法和地基系数法，悬臂桩法是最早提出的一种方法，具有简单实用的优点，其将滑面以上视为悬臂梁，滑面以下视为Winkler弹性地基梁，由于其对桩的实际受力状况偏于安全的简化，因而对桩的内力计算结果是过于保守的；地基系数法把整根梁作为弹性地基梁来处理，通常认为其较接近抗滑桩的实际受力状况，根据地基系数的假定不同，该方法又分为“K”法、“m”法等。

悬臂桩法和地基系数法的基本原理简述如下：

（1）悬臂桩法。将滑面以上的桩身所承受的滑坡推力和桩前滑体抗力视为已知外力，将此两者作为作用在滑面以上桩身的设计荷载，然后根据滑面以下地层的地基系数计算其桩侧应力以及桩身各截面的变位、内力。

（2）地基系数法。将滑面以上桩身所承受的滑坡推力作为已知的设计荷载，然后根据滑面上、下地层的地基系数，把整根桩当作弹性地基上的梁来计算，因而没有考虑滑面的存在及影响。只有当求出的桩前滑体抗力小于或等于桩前实际的剩余抗滑力时才可行，否则计算不合理，应调整地基系数重新计算，直至桩前滑体抗力近似等于桩前实际的剩余抗滑力。

由于滑坡中桩与岩土间的相互作用非常复杂，目前各种计算方法均有其局限性，实际工程中应根据具体情况进行分析。对于悬臂式抗滑桩、桩前滑体可能滑动的全埋式抗滑桩，通常采用悬臂桩法，对于一般的全埋式抗滑桩，上述两种方法均可采用。由于《铁路路基支挡结构设计规范》（TB 10025）推荐使用悬臂桩法，且国内外应用均较广泛，将在 9.7.5 节详细介绍悬臂桩法计算过程。

9.7.4.9 地基强度校核

抗滑桩锚固深度的计算应根据地基的横向容许承载力确定。

(1) 锚固段为土层。当地层为土层或风化成土、砂砾状岩层时，桩底和滑面以下深度 $h_2/3$ 处的横向压应力不应大于地基的横向容许承载力。

1) 当地面无横坡或横坡较小时，地基中的横向容许承载力计算公式如下：

$$[\sigma_H] = \frac{4}{\cos\varphi}[(\gamma_1 h_1 + \gamma_2 y)\tan\varphi + c] \tag{9-74}$$

式中 γ_1——滑面以上土体容重，kN/m^3；

γ_2——滑面以下土体容重，kN/m^3；

h_1——设桩处滑面至地面的距离，m；

y——计算点至滑面的距离，m。

2) 当地面横坡 i 较大且 $i \leqslant \varphi_0$ 时，地基中横向容许承载力计算公式如下：

$$[\sigma_H] = 4(\gamma_1 h_1 + \gamma_2 y)\frac{\cos^2 i\sqrt{\cos^2 i - \cos^2\varphi_0}}{\cos^2\varphi_0} \tag{9-75}$$

式中，φ_0 为滑面以下土体的综合内摩擦角，(°)。

(2) 锚固段为岩层。地层为岩层时，桩的最大横向压应力 σ_{max} 应小于或等于地基的横向容许承载力。地基的横向容许承载力与岩石单轴抗压强度的对应关系可按表 9-20 选取。地基的横向容许承载力计算公式为：

$$[\sigma_H] = K_H \eta R \tag{9-76}$$

式中 K_H——水平方向换算系数，与岩层的完整程度、层理或片理产状、层间的胶结物与胶结程度、节理裂隙的密度和充填物有关，可取 0.5~1.0；

η——折减系数，根据岩层裂隙、风化及软化程度，可取 0.3~0.45；

R——岩石单轴抗压强度，kPa。

表 9-20 较完整岩层的单轴抗压强度、横向容许应力和地基系数

序号	抗压强度与容许应力/kPa		地基系数/$kPa \cdot m^{-1}$	
	单轴抗压强度	横向容许应力 $[\sigma_H]$	竖直方向 K_0	水平方向 K
1	10000	1500~2000	100000~200000	60000~160000
2	15000	2000~3000	250000	150000~200000
3	20000	3000~4000	300000	180000~240000
4	30000	4000~6000	400000	240000~320000
5	40000	6000~8000	600000	360000~480000
6	50000	7500~10000	800000	480000~640000
7	60000	9000~12000	1200000	720000~960000
8	80000	12000~16000	1500000~2500000	900000~2000000

注：$K=(0.6\sim0.8)K_0$。

对于矩形截面桩，$\sigma_{max} \leqslant [\sigma_H]$；

对于圆形截面桩，$\sigma_{max} \leqslant \frac{1}{1.27}[\sigma_H]$。

一般验算桩身横向压应力最大处，根据式（9-74）~式（9-76）计算 $[\sigma_H]$，若不满足 $\sigma_{max} \leqslant [\sigma_H]$ 或 $\sigma_{max} \leqslant \frac{1}{1.27}[\sigma_H]$，则调整桩的锚固深度或桩的截面尺寸、间距，直至满足要求为止。此外，上述公式只能作为计算桩的锚固深度及校核地基强度时的参考。

9.7.5 抗滑桩内力计算

滑面以上的桩身内力，应根据滑坡推力和桩前滑体抗力计算；滑面以下的桩身变位和内力，应根据滑面处的弯矩、剪力和地基的弹性抗力（锚固段地层抗力）进行计算。计算时，通常将抗滑桩位于滑面以上的部分称为受荷段，滑面以下部分称为锚固段，两部分单独计算。

9.7.5.1 受荷段桩身内力

若桩前滑体自身不能保持稳定，当桩受力时，其不能提供反向支承力，此时抗滑桩称为悬臂桩，抗滑桩受荷段仅承受滑坡推力，桩身内力可根据结构力学公式直接计算。

若桩前滑体自身能保持稳定，且具有一定的稳定强度，当桩受力后，桩前滑体能提供一定的反向支承力以稳定桩后滑体，这部分力称为桩前滑体抗力，其大小、分布规律及对桩的作用很复杂，当桩前滑体抗力采用与滑坡推力相同的分布形式（如三角形、矩形、梯形），桩身内力可根据结构力学公式计算。当采用抛物线分布时，可将抗力分布简化为一个三角形和一个倒梯形，如图 9-60 所示。

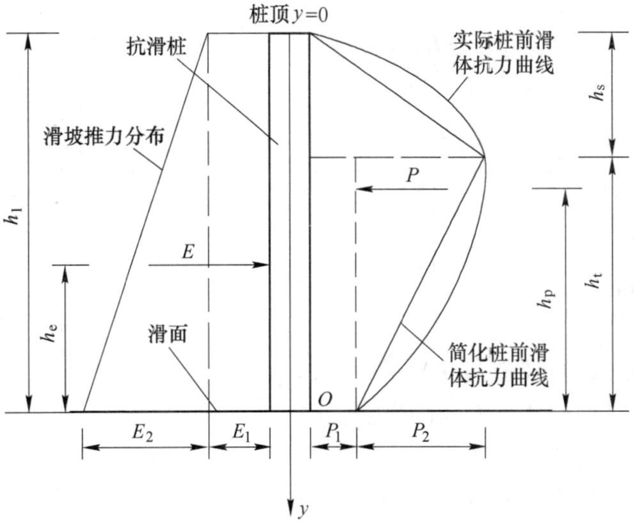

图 9-60 受荷段桩身内力计算模型

h_1—受荷段桩身长度；h_e—滑坡推力 E 作用点至滑面的距离；h_p—桩前滑体抗力 P 作用点至滑面的距离；h_s—桩前滑体抗力 P 最大应力处与桩顶的距离；h_t—桩前滑体抗力 P 最大应力处与滑面的距离

图 9-60 为受荷段桩身内力计算模型，其中 h_s 为桩前滑体抗力最大应力处与桩顶的距

离，其值随滑体黏聚力的增大而减小。试验表明，h_s一般等于受荷段桩长的 1/4～1/3，该值对计算结果影响不大，计算时根据滑坡推力分布情况按表 9-21 选取。

表 9-21 桩前滑体抗力最大应力位置与桩顶高度 h_s 参考值

滑坡推力图形	h_e/h_1	h_s
三角形分布	1/3	$h_1/2$
梯形分布	1/3～1/2	$h_1/2$～$h_1/5$
矩形分布	1/2	$h_1/5$

根据简化后滑面处弯矩和剪力相等的原理，得：

$$P_1 = \frac{2P(2 - h_s/h_1 - 3\eta_p)}{h_1 - h_s} \tag{9-77}$$

$$P_2 = \frac{2P[3h_s/h_1 - (h_s/h_1)^2 - 3 + 3\eta_p(2 - h_s/h_1)]}{h_1 - h_s} \tag{9-78}$$

式中 η_p——h_p/h_1，h_p比h_e一般高 10%～15%；

h_1——受荷段桩长，m。

计算受荷段桩身内力时，应首先确定桩前滑体抗力合力作用点高度 h_p，按式（9-77）、式（9-78）计算 P_1及 P_2，然后根据式（9-79）及式（9-80）计算桩身剪力 Q_y和弯矩 M_y。

当 $y \leqslant h_s$ 时，

$$\left.\begin{aligned} Q_y &= E_1 y + \frac{E_2 y^2}{2h_1} - \frac{(P_1 + P_2)y^2}{2h_s} \\ M_y &= \frac{1}{2}E_1 y^2 + \frac{E_2 y^3}{6h_1} - \frac{(P_1 + P_2)y^3}{6h_s} \end{aligned}\right\} \tag{9-79}$$

当 $y > h_s$ 时，

$$\left.\begin{aligned} Q_y &= E_1 y + \frac{E_2 y^2}{2h_1} - \frac{(P_1 + P_2)y^2}{2h_s} - (P_1 + P_2)(y - h_s) + \frac{P_2(y - h_s)^2}{2(h_1 - h_s)} \\ M_y &= \frac{E_1 y^2}{2} + \frac{E_2 y^3}{6h_1} - (P_1 + P_2)\left(\frac{y}{2} - \frac{h_s}{3}\right)h_s - \frac{P_1 + P_2}{2}(y - h_s)^2 + \frac{P_2(y - h_s)^3}{6(h_1 - h_s)} \end{aligned}\right\} \tag{9-80}$$

式中 Q_y——受荷段桩身任意截面的剪力，kN；

M_y——受荷段桩身任意截面的弯矩，kN · m；

y——桩顶至任意截面的距离，m。

根据式（9-79）及式（9-80），令 $P_1 = P_2 = 0$，可得到桩前滑体抗力为零时的受荷段桩身内力表达式，即：

$$\left.\begin{aligned} Q_y &= E_1 y + \frac{E_2 y^2}{2h_1} \\ M_y &= \frac{1}{2}E_1 y^2 + \frac{E_2 y^3}{6h_1} \end{aligned}\right\} \tag{9-81}$$

当桩前滑体抗力与滑坡推力分布形式一致时，可将滑坡推力与桩前滑体抗力之差作为新的“滑坡推力”（桩上设计荷载），代入式（9-81）即可求得受荷段桩身内力。

9.7.5.2 锚固段桩身内力

A 按刚性桩计算

刚性桩内力计算方法较多，目前较常用的是将锚固段桩身周围的地基介质视为弹性体以计算桩侧应力（锚固段地层抗力），从而计算锚固段桩身内力。

a 滑面处地基系数的确定

对于地基系数不随深度变化的弹性介质，如密实土层和岩层，由于其地基系数较滑体大得多，因此上部滑体的存在不会影响滑床的弹性性质，滑面处地基系数仍为常数。

对于地基系数 $C=A+my$ 的地层，A 值的大小与应力释放、地层性质和附加荷载等因素有关。应力释放需视地质年代中地层的沉积、卸荷、剥蚀、夷平和各种营力作用来考虑，即考虑超压密作用；附加荷载主要包括滑体自重及其上部建（构）筑物等。一般而言，A 及 A' 值可用换算法求得，如图 9-61 所示。

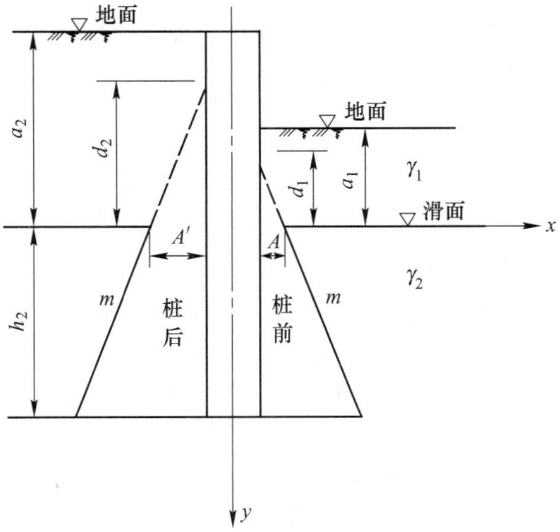

图 9-61 滑面处地基系数的确定

$$\left.\begin{aligned} A &= d_1 m = \frac{\gamma_1}{\gamma_2} a_1 m \\ A' &= d_2 m = \frac{\gamma_1}{\gamma_2} a_2 m \end{aligned}\right\} \quad (9\text{-}82)$$

式中 A，A'——桩前、桩后滑面处的地基系数，kPa/m；

a_1，a_2——桩前、桩后滑体的厚度，m；

d_1，d_2——桩前、桩后滑体的换算高度，m；

γ_1，γ_2——滑面以上、以下的岩土容重，kN/m^3。

当 $a_1=a_2$ 时，$A=A'$；当 $a_1<a_2$ 时，$A<A'$；当 $a_1=0$ 时，$A=0$。

b 桩身内力计算

在滑坡推力作用下，当桩埋入完整、坚硬岩石的表层时，将绕桩底转动，当桩埋入土层或软质岩层中时，将绕桩身某点转动。桩身内力的计算，根据滑面以下地层情况的不同有所区别。假设桩身埋入同一地层，滑面以下 m 值相同，桩底为自由端，计算分析如下：

如图 9-62 所示，滑面处岩土体的地基系数分别为 A、A'，桩身的剪力、弯矩分别为 Q_0、M_0。假定抗滑桩绕桩轴某点 O' 发生平面转动后，桩身处于静力平衡状态。

y 深度处，桩身变位：

$$x_y = (y_0 - y)\tan\varphi \approx (y_0 - y)\varphi \quad (9\text{-}83)$$

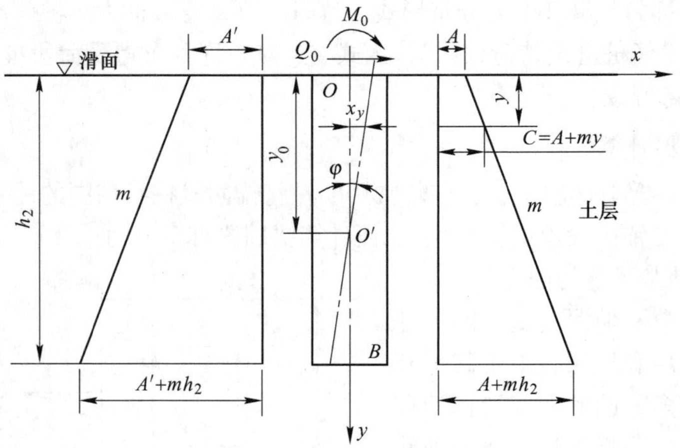

图 9-62　锚固段桩身内力计算模型（刚性桩）

当 $y \leqslant y_0$ 时，

$$\left.\begin{aligned}\sigma_y &= (A+my)(y_0-y)\varphi \\ Q_y &= Q_0-\frac{1}{2}B_pA\varphi y(2y_0-y)-\frac{1}{6}B_pm\varphi y^2(3y_0-2y) \\ M_y &= M_0+Q_0y-\frac{1}{6}B_pA\varphi y^2(3y_0-y)-\frac{1}{12}B_pm\varphi y^3(2y_0-y)\end{aligned}\right\} \tag{9-84}$$

当 $y \geqslant y_0$ 时，

$$\left.\begin{aligned}\sigma_y &= (A'+my)(y_0-y)\varphi \\ Q_y &= Q_0-\frac{1}{6}B_pm\varphi y^2(3y_0-2y)-\frac{1}{2}B_pA\varphi y_0^2+\frac{1}{2}B_pA'\varphi(y-y_0)^2 \\ M_y &= M_0+Q_0y-\frac{1}{6}B_pA\varphi y_0^2(3y-y_0)+\frac{1}{6}B_pA'\varphi(y-y_0)^3-\frac{1}{12}B_pm\varphi y^3(2y_0-y)\end{aligned}\right\} \tag{9-85}$$

由桩底支承条件 $Q_B=0$、$M_B=0$ 及 $y_B=h_2$，得：

$$Q_0=\frac{1}{2}B_pA\varphi y_0^2-\frac{1}{2}B_pA'\varphi(h_2-y_0)^2+\frac{1}{6}B_pm\varphi h_2^2(3y_0-2h_2) \tag{9-86}$$

$$M_0+Q_0h_2=\frac{1}{6}B_pA\varphi y_0^2(3h_2-y_0)-\frac{1}{6}B_pA'\varphi(h_2-y_0)^3+\frac{1}{12}B_pm\varphi h_2^3(2y_0-h_2) \tag{9-87}$$

式中　x_y——桩身任意截面的位移，m；
σ_y——桩身任意截面的桩侧应力，kPa；
Q_y——桩身任意截面的剪力，kN；
M_y——桩身任意截面的弯矩，kN · m；
φ——桩的转角，rad；
y_0——滑面至桩旋转中心的距离，m；
y——滑面至桩计算截面的距离，m。

联立式（9-86）及式（9-87），可求得 y_0 和 φ，然后将二者代入式（9-84）和式（9-

85)，即可求得锚固段桩身各截面的桩侧应力、剪力和弯矩。

上述公式的适用条件：滑面处地基系数 $A=0$，A'为一常数；$A=A'$；$A\neq A'$且 $m=0$。

B 按弹性桩计算

按弹性桩计算锚固段桩身内力，本质上是利用初参数方程求解锚固段桩身变位及内力。初参数指桩起始端的位移、转角、弯矩和剪力等物理量，即 $y=0$ 时的 x_0、φ_0、M_0、Q_0。桩的初参数解即为用桩的四个初参数表示弹性桩桩轴微分方程的通解及其他物理量的解答，因其均为方程，故称为初参数方程。

a 基本法

(1)"m"法。根据弹性地基上梁的挠曲微分方程，得：

$$EI\frac{\mathrm{d}^4x_y}{\mathrm{d}y^4}+P_y=0 \tag{9-88}$$

式中，P_y 为锚固段地层抗力，即地基作用于桩上的水平抗力，kN/m。

根据式（9-67）及式（9-68），得：

$$P_y=Cx_yB_\mathrm{p}=myx_yB_\mathrm{p} \tag{9-89}$$

将式（9-89）代入式（9-88），得：

$$EI\frac{\mathrm{d}^4x_y}{\mathrm{d}y^4}+myx_yB_\mathrm{p}=0 \tag{9-90}$$

引入变形系数 $\alpha=\sqrt[5]{\dfrac{mB_\mathrm{p}}{EI}}$，即 $mB_\mathrm{p}=EI\alpha^5$，式（9-90）可写成：

$$\frac{\mathrm{d}^4x_y}{\mathrm{d}y^4}+\alpha^5yx_y=0 \tag{9-91}$$

式（9-91）即为桩身受水平荷载作用时的挠曲微分方程，如图 9-63 所示，通过数学求解可得出一组幂级数的表达式，换算整理后得：

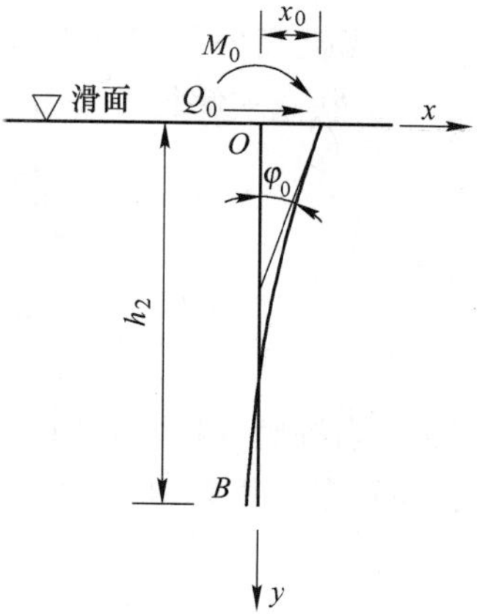

图 9-63 锚固段桩身内力计算模型（弹性桩）

$$\left.\begin{aligned}
x_y&=x_0A_1+\frac{\varphi_0}{\alpha}B_1+\frac{M_0}{\alpha^2EI}C_1+\frac{Q_0}{\alpha^3EI}D_1\\
\varphi_y&=\alpha\left(x_0A_2+\frac{\varphi_0}{\alpha}B_2+\frac{M_0}{\alpha^2EI}C_2+\frac{Q_0}{\alpha^3EI}D_2\right)\\
M_y&=\alpha^2EI\left(x_0A_3+\frac{\varphi_0}{\alpha}B_3+\frac{M_0}{\alpha^2EI}C_3+\frac{Q_0}{\alpha^3EI}D_3\right)\\
Q_y&=\alpha^3EI\left(x_0A_4+\frac{\varphi_0}{\alpha}B_4+\frac{M_0}{\alpha^2EI}C_4+\frac{Q_0}{\alpha^3EI}D_4\right)\\
\sigma_y&=myx_y
\end{aligned}\right\} \tag{9-92}$$

式中 x_y，φ_y，M_y，Q_y——锚固段桩身任意截面位移（m）、转角（rad）、弯矩（kN·m）、剪力（kN）；

x_0，φ_0，M_0，Q_0——滑面处桩的位移（m）、转角（rad）、弯矩（kN·m）、剪力

(kN)；

A_i，B_i，C_i，D_i——"m"法影响函数值（i=1，2，3，4），参考附录1；

E——抗滑桩的弹性模量，kPa；

I——桩的截面惯性矩，m^4。

其中，$A_1 = 1 + \sum_{k=1}^{\infty}(-1)^k \frac{\nabla(5k-4)}{(5k)!}(\alpha y)^{5k}$，$k=1, 2, 3, \cdots$

$$B_1 = \alpha y + \sum_{k=1}^{\infty}(-1)^k \frac{\nabla(5k-3)}{(5k+1)!}(\alpha y)^{5k+1},\ k=1, 2, 3, \cdots$$

$$C_1 = \frac{(\alpha y)^2}{2!} + \sum_{k=1}^{\infty}(-1)^k \frac{\nabla(5k-2)}{(5k+2)!}(\alpha y)^{5k+2},\ k=1, 2, 3, \cdots$$

$$D_1 = \frac{(\alpha y)^2}{3!} + \sum_{k=1}^{\infty}(-1)^k \frac{\nabla(5k-1)}{(5k+3)!}(\alpha y)^{5k+3},\ k=1, 2, 3, \cdots$$

当 $i=2, 3, 4$ 时，$A_i = \frac{d(A_{i-1})}{d(\alpha y)}$；$B_i = \frac{d(B_{i-1})}{d(\alpha y)}$；$C_i = \frac{d(C_{i-1})}{d(\alpha y)}$；$D_i = \frac{d(D_{i-1})}{d(\alpha y)}$

上式中，$\nabla(5k-4)$、$\nabla(5k-3)$、$\nabla(5k-2)$ 及 $\nabla(5k-1)$ 仅作为一种符号，以 $\nabla(5k-4)$ 为例，其所表示的意义为：

$$\nabla(5k-4) = (5k-4)\cdot[5(k-1)-4]\cdot[5(k-2)-4]\cdots(5\times1-4)$$

式（9-92）为"m"法的一般表达式。计算时，必须先求得滑面处的 x_0 和 φ_0，才能求锚固段桩身任意截面的位移、转角、弯矩、剪力和桩侧应力。为此，需根据下列三种边界条件分别确定：

1）当桩底为固定端时，$x_B=0$，$\varphi_B=0$，$M_B\neq0$，$Q_B\neq0$，将其代入式（9-92）的第1、2式，联立求解得：

$$\left.\begin{aligned} x_0 &= \frac{M_0}{\alpha^2 EI}\cdot\frac{B_1C_2-C_1B_2}{A_1B_2-B_1A_2} + \frac{Q_0}{\alpha^3 EI}\cdot\frac{B_1D_2-D_1B_2}{A_1B_2-B_1A_2} \\ \varphi_0 &= \frac{M_0}{\alpha EI}\cdot\frac{C_1A_2-A_1C_2}{A_1B_2-B_1A_2} + \frac{Q_0}{\alpha^2 EI}\cdot\frac{D_1A_2-A_1D_2}{A_1B_2-B_1A_2} \end{aligned}\right\} \tag{9-93}$$

2）当桩底为铰支端时，$x_B=0$，$M_B=0$，$\varphi_B\neq0$，$Q_B\neq0$，将其代入式（9-92）的第1、3式，联立求解得：

$$\left.\begin{aligned} x_0 &= \frac{M_0}{\alpha^2 EI}\cdot\frac{C_1B_3-B_1C_3}{B_1A_3-A_1B_3} + \frac{Q_0}{\alpha^3 EI}\cdot\frac{D_1B_3-B_1D_3}{B_1A_3-A_1B_3} \\ \varphi_0 &= \frac{M_0}{\alpha EI}\cdot\frac{A_1C_3-C_1A_3}{B_1A_3-A_1B_3} + \frac{Q_0}{\alpha^2 EI}\cdot\frac{A_1D_3-D_1A_3}{B_1A_3-A_1B_3} \end{aligned}\right\} \tag{9-94}$$

3）当桩底为自由端时，$M_B=0$，$Q_B=0$，$x_B\neq0$，$\varphi_B\neq0$，将其代入式（9-92）的第3、4式，联立求解得：

$$\left.\begin{aligned} x_0 &= \frac{M_0}{\alpha^2 EI}\cdot\frac{B_3C_4-C_4B_4}{A_3B_4-B_3A_4} + \frac{Q_0}{\alpha^3 EI}\cdot\frac{B_3D_4-D_3B_4}{A_3B_4-B_3A_4} \\ \varphi_0 &= \frac{M_0}{\alpha EI}\cdot\frac{C_3A_4-A_3C_4}{A_3B_4-B_3A_4} + \frac{Q_0}{\alpha^2 EI}\cdot\frac{D_3A_4-A_3D_4}{A_3B_4-B_3A_4} \end{aligned}\right\} \tag{9-95}$$

将上述各种边界条件下对应的 x_0 和 φ_0 代入式（9-92），即可得到锚固段桩身任意截面的变位和内力。

（2）“K”法。根据式（9-68）及式（9-88），得：

$$EI\frac{\mathrm{d}^4x_y}{\mathrm{d}y^4}+x_yKB_\mathrm{p}=0 \tag{9-96}$$

引入变形系数 $\beta=\sqrt[4]{\frac{KB_\mathrm{p}}{4EI}}$，即 $KB_\mathrm{p}=4EI\beta^4$，式（9-96）可写成：

$$\frac{\mathrm{d}^4x_y}{\mathrm{d}y^4}+4\beta^4x_y=0 \tag{9-97}$$

通过数学求解，得到锚固段桩身任意截面的位移、转角、弯矩、剪力和桩侧应力的计算公式：

$$\left.\begin{aligned}
x_y&=x_0\varphi_1+\frac{\varphi_0}{\beta}\varphi_2+\frac{M_0}{\beta^2EI}\varphi_3+\frac{Q_0}{\beta^3EI}\varphi_4\\
\varphi_y&=-4x_0\beta\varphi_4+\varphi_0\varphi_1+\frac{M_0}{\beta EI}\varphi_2+\frac{Q_0}{\beta^2EI}\varphi_3\\
M_y&=-4x_0\beta^2EI\varphi_3-4\varphi_0\beta EI\varphi_4+M_0\varphi_1+\frac{Q_0}{\beta}\varphi_2\\
Q_y&=-4x_0\beta^3EI\varphi_2-4\varphi_0\beta^2EI\varphi_3-4M_0\beta\varphi_4+Q_0\varphi_1\\
\sigma_y&=Kx_y
\end{aligned}\right\} \tag{9-98}$$

式中，φ_1、φ_2、φ_3、φ_4 为“K”法影响函数值，参考附录 2。

其中，$\varphi_1=\cos(\beta y)\cosh(\beta y)$

$$\varphi_2=\frac{1}{2}[\sin(\beta y)\cosh(\beta y)+\cos(\beta y)\sinh(\beta y)]$$

$$\varphi_3=\frac{1}{2}\sin(\beta y)\sinh(\beta y)$$

$$\varphi_4=\frac{1}{4}[\sin(\beta y)\cosh(\beta y)-\cos(\beta y)\sinh(\beta y)]$$

式（9-98）为“K”法的一般表达式，计算时也必须先求得滑面处的 x_0 和 φ_0，才能求锚固段桩身任意截面的位移、转角、弯矩、剪力和桩侧应力。为此，需根据下列三种边界条件分别确定：

1）当桩底为固定端时，$x_\mathrm{B}=0$，$\varphi_\mathrm{B}=0$，$M_\mathrm{B}\neq0$，$Q_\mathrm{B}\neq0$，将其代入式（9-98）的第 1、2 式，联立求解得：

$$\left.\begin{aligned}
x_0&=\frac{M_0}{\beta^2EI}\cdot\frac{\varphi_2^2-\varphi_1\varphi_3}{4\varphi_2\varphi_4+\varphi_1^2}+\frac{Q_0}{\beta^3EI}\cdot\frac{\varphi_2\varphi_3-\varphi_1\varphi_4}{4\varphi_2\varphi_4+\varphi_1^2}\\
\varphi_0&=-\frac{M_0}{\beta EI}\cdot\frac{\varphi_1\varphi_2+4\varphi_3\varphi_4}{4\varphi_2\varphi_4+\varphi_1^2}-\frac{Q_0}{\beta^2EI}\cdot\frac{\varphi_1\varphi_3+4\varphi_4^2}{4\varphi_2\varphi_4+\varphi_1^2}
\end{aligned}\right\} \tag{9-99}$$

2）当桩底为铰支端时，$x_\mathrm{B}=0$，$M_\mathrm{B}=0$，$\varphi_\mathrm{B}\neq0$，$Q_\mathrm{B}\neq0$，不考虑桩底弯矩的影响，将

其代入式（9-98）的第1、3式，联立求解得：

$$\left.\begin{aligned}x_0&=\frac{M_0}{\beta^2EI}\cdot\frac{4\varphi_3\varphi_4+\varphi_1\varphi_2}{4\varphi_2\varphi_3-4\varphi_1\varphi_4}+\frac{Q_0}{\beta^3EI}\cdot\frac{4\varphi_4^2+\varphi_2^2}{4\varphi_2\varphi_3-4\varphi_1\varphi_4}\\ \varphi_0&=-\frac{M_0}{\beta EI}\cdot\frac{\varphi_1^2+4\varphi_3^2}{4\varphi_2\varphi_3-4\varphi_1\varphi_4}-\frac{Q_0}{\beta^2EI}\cdot\frac{4\varphi_3\varphi_4+\varphi_1\varphi_2}{4\varphi_2\varphi_3-4\varphi_1\varphi_4}\end{aligned}\right\} \tag{9-100}$$

3）当桩底为自由端时，$M_B=0$，$Q_B=0$，$x_B\neq0$，$\varphi_B\neq0$，将其代入式（9-98）的第3、4式，联立求解得：

$$\left.\begin{aligned}x_0&=\frac{M_0}{\beta^2EI}\cdot\frac{4\varphi_4^2+\varphi_1\varphi_3}{4\varphi_3^2-4\varphi_2\varphi_4}+\frac{Q_0}{\beta^3EI}\cdot\frac{\varphi_2\varphi_3-\varphi_1\varphi_4}{4\varphi_3^2-4\varphi_2\varphi_4}\\ \varphi_0&=-\frac{M_0}{\beta EI}\cdot\frac{4\varphi_3\varphi_4+\varphi_1\varphi_2}{4\varphi_3^2-4\varphi_2\varphi_4}-\frac{Q_0}{\beta^2EI}\cdot\frac{\varphi_2^2-\varphi_1\varphi_3}{4\varphi_3^2-4\varphi_2\varphi_4}\end{aligned}\right\} \tag{9-101}$$

将上述各种边界条件下对应的 x_0 和 φ_0 代入式（9-98），即可得到锚固段桩身任意截面的变位和内力。

b 无量纲法

（1）“m”法。以桩底为自由端时为例，由基本法中的“m”法计算公式（9-95）得：

$$\left.\begin{aligned}x_0&=\left[\frac{Q_0}{\alpha^3EI}\right]\cdot a_{x0}+\left[\frac{M_0}{\alpha^2EI}\right]\cdot b_{x0}\\ \varphi_0&=\left[\frac{Q_0}{\alpha^2EI}\right]\cdot a_{\varphi0}+\left[\frac{M_0}{\alpha EI}\right]\cdot b_{\varphi0}\end{aligned}\right\} \tag{9-102}$$

式中 a_{x0}，$a_{\varphi0}$——$M_0=0$、$Q_0=1$ 时，桩在滑面处位移、转角的无量纲系数；

b_{x0}，$b_{\varphi0}$——$M_0=1$、$Q_0=0$ 时，桩在滑面处位移、转角的无量纲系数。

其中，$|a_{x0}|=\dfrac{B_3D_4-D_3B_4}{A_3B_4-B_3A_4}$；$|a_{\varphi0}|=|b_{x0}|=\dfrac{A_3D_4-D_3A_4}{A_3B_4-B_3A_4}$；$|b_{\varphi0}|=\dfrac{A_3C_4-C_3A_4}{A_3B_4-B_3A_4}$。

由于在基本法和无量纲法中，“m”法对锚固段地层抗力的方向正负取值上有差异，故标明绝对值号。

将式（9-102）代入式（9-92），整理后得：

$$\left.\begin{aligned}x_y&=\left[\frac{Q_0}{\alpha^3EI}\right]a_x+\left[\frac{M_0}{\alpha^2EI}\right]b_x\\ \varphi_y&=\left[\frac{Q_0}{\alpha^2EI}\right]a_\varphi+\left[\frac{M_0}{\alpha EI}\right]b_\varphi\\ M_y&=\left[\frac{Q_0}{\alpha}\right]a_{\mathrm{m}}+[M_0]b_{\mathrm{m}}\\ Q_y&=[Q_0]a_{\mathrm{Q}}+[\alpha M_0]b_{\mathrm{Q}}\\ \sigma_y&=myx_y\end{aligned}\right\} \tag{9-103}$$

式中，a_x、b_x、a_φ、b_φ、a_{m}、b_{m}、a_{Q}、b_{Q} 为无量纲系数。

其中，

$$\left.\begin{aligned}
a_x &= A_1 \mid a_{x_0} \mid - B_1 \mid b_{x0} \mid + D_1 \\
b_x &= A_1 \mid b_{\varphi 0} \mid - B_1 \mid b_{\varphi 0} \mid + C_1 \\
a_\varphi &= A_2 \mid a_{x0} \mid - B_2 \mid b_{x0} \mid + D_2 \\
b_\varphi &= A_2 \mid a_{\varphi 0} \mid - B_2 \mid b_{\varphi 0} \mid + C_2 \\
a_m &= A_3 \mid a_{x0} \mid - B_3 \mid b_{x0} \mid + D_3 \\
b_m &= A_3 \mid a_{\varphi 0} \mid - B_3 \mid b_{\varphi 0} \mid + C_3 \\
a_Q &= A_4 \mid a_{x0} \mid - B_4 \mid b_{x0} \mid + D_4 \\
b_Q &= A_4 \mid a_{\varphi 0} \mid - B_4 \mid b_{\varphi 0} \mid + C_4
\end{aligned}\right\} \tag{9-104}$$

式（9-103）即为当桩底为自由端时，采用无量纲“m”法求解锚固段桩身位移、转角、弯矩、剪力和桩侧应力的公式。将“m”法影响函数值（见附录1）代入式（9-104）即可求得全部的“m”法无量纲系数。当桩底为固定端、铰支端时，由式（9-93）、式（9-94）按上述方法仍可得到与式（9-103）及式（9-104）相同形式的公式。

（2）“K”法。以桩底为自由段时为例，由基本法中的“K”法计算公式（9-101）得：

$$\left.\begin{aligned}
x_0 &= \frac{Q_0}{\beta^3 EI}\cdot\Phi_1 + \frac{M_0}{\beta^2 EI}\cdot\Phi_2 \\
\varphi_0 &= -\frac{Q_0}{\beta^2 EI}\cdot\Phi_2 - \frac{M_0}{\beta EI}\cdot\Phi_3
\end{aligned}\right\} \tag{9-105}$$

式中，Φ_1、Φ_2、Φ_3 为 $Q_0=1$、$M_0=1$ 时，桩在滑面处位移、转角的无量纲系数。

其中，$\Phi_1 = \dfrac{\varphi_2\varphi_3 - \varphi_1\varphi_4}{4\varphi_3^2 - 4\varphi_2\varphi_4}$；$\Phi_2 = \dfrac{4\varphi_4^2 + \varphi_1\varphi_3}{4\varphi_3^2 - 4\varphi_2\varphi_4} = \dfrac{\varphi_2^2 - \varphi_1\varphi_3}{4\varphi_3^2 - 4\varphi_2\varphi_4}$；$\Phi_3 = \dfrac{4\varphi_3\varphi_4 + \varphi_1\varphi_2}{4\varphi_3^2 - 4\varphi_2\varphi_4}$。

将式（9-105）代入式（9-98），整理后得：

$$\left.\begin{aligned}
x_y &= \frac{Q_0}{\beta^3 EI}a_x + \frac{M_0}{\beta^2 EI}b_x \\
\varphi_y &= \frac{Q_0}{\beta^2 EI}a_\varphi + \frac{M_0}{\beta EI}b_\varphi \\
M_y &= \frac{Q_0}{\beta}a_{\mathrm{m}} + M_0 b_{\mathrm{m}} \\
Q_y &= Q_0 a_{\mathrm{Q}} + \beta M_0 b_{\mathrm{Q}} \\
\sigma_y &= K x_y
\end{aligned}\right\} \tag{9-106}$$

式中 a_x，a_φ，a_{m}，a_{Q}——$Q_0=1$ 时引起桩身各截面的变位和内力的无量纲系数；

b_x，b_φ，b_{m}，b_{Q}——$M_0=1$ 时引起桩身各截面的变位和内力的无量纲系数。

其中，

$$\left.\begin{aligned}
a_x &= \Phi_1\varphi_1 - \Phi_2\varphi_2 - \varphi_4 \\
b_x &= \Phi_2\varphi_1 - \Phi_3\varphi_2 + \varphi_3 \\
a_\varphi &= -4\Phi_1\varphi_4 - \Phi_2\varphi_1 + \varphi_3 \\
b_\varphi &= -4\Phi_2\varphi_4 - \Phi_3\varphi_1 + \varphi_2 \\
a_m &= -4\Phi_1\varphi_3 + 4\Phi_2\varphi_4 + \varphi_2 \\
b_m &= -4\Phi_2\varphi_3 + 4\Phi_3\varphi_4 + \varphi_1 \\
a_Q &= -4\Phi_1\varphi_2 + 4\Phi_2\varphi_3 + \varphi_1 \\
b_Q &= -4\Phi_2\varphi_2 + 4\Phi_3\varphi_3 - 4\varphi_4
\end{aligned}\right\} \tag{9-107}$$

式（9-106）即为当桩底为自由端时，采用无量纲“K”法求解锚固段桩身位移、转角、弯矩、剪力和桩侧应力的公式。将“K”法影响函数值（见附录2）代入式（9-107）即可求得全部的“K”法无量纲系数。当桩底为固定端、铰支端时，由式（9-99）、式（9-100）按上述方法仍可得到与式（9-106）及式（9-107）相同形式的公式。

c 滑面处地基系数不为零时的处理

与按刚性桩计算类似，当滑面处的地基系数不为零而是某一数值 A 时，由于“m”法是按滑面处地基系数为零的情况求解的，故前述相关计算公式不能直接使用，必须做相应处理。此时滑面以下深度 y 处岩土体的地基系数表达式为 $C=A+my$，即滑面以下的地基系数为梯形变化。为利用已求得的初参数方程，即式（9-92）及式（9-103），可采用换算法进行计算，如图 9-64 所示。

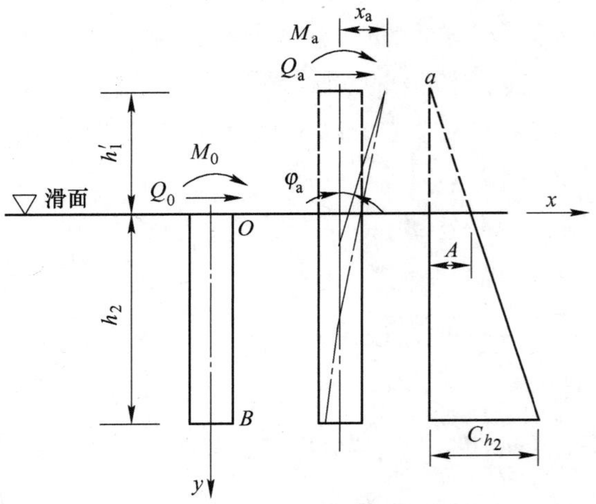

图 9-64 滑面处地基系数不为零时的计算模型（弹性桩）

（1）将地基系数的变化图形向上延伸至 a 点，延伸部分为虚线，其高度为 $h_1'=\dfrac{Ah_2}{C_{h_2}-A}$。

（2）自虚点 a 向下计算即可直接使用“m”法影响函数值（见附录1），但需重新确定 a 点的初参数 x_a、φ_a、M_a 和 Q_a。

（3）在 M_a 和 Q_a 的作用下，必须满足下列条件：

当 $y=0$ 时（滑面处），$M=M_0$、$Q=Q_0$；

当 $y=h_2$ 时（桩底处），$M_B=0$、$Q_B=0$（桩底为自由端）；

$x_B=0$、$\varphi_B=0$（桩底为固定端）；

$x_B=0$、$M_B=0$（桩底为铰支端）

桩底为自由端时，可建立下列方程，其余二者类似。

$$\left.\begin{aligned}
&\alpha^2EI\left(x_aA_3^0+\frac{\varphi_a}{\alpha}B_3^0+\frac{M_a}{\alpha^2EI}C_3^0+\frac{Q_a}{\alpha^3EI}D_3^0\right)=M_0\\
&\alpha^3EI\left(x_aA_4^0+\frac{\varphi_a}{\alpha}B_4^0+\frac{M_a}{\alpha^2EI}C_4^0+\frac{Q_a}{\alpha^3EI}D_4^0\right)=Q_0\\
&x_aA_3^{h_2}+\frac{\varphi_a}{\alpha}B_3^{h_2}+\frac{M_a}{\alpha^2EI}C_3^{h_2}+\frac{Q_a}{\alpha^3EI}D_3^{h_2}=0\\
&x_aA_4^{h_2}+\frac{\varphi_a}{\alpha}B_4^{h_2}+\frac{M_a}{\alpha^2EI}C_4^{h_2}+\frac{Q_a}{\alpha^3EI}D_4^{h_2}=0
\end{aligned}\right\}\tag{9-108}$$

式中 A_3^0——滑面处的系数 A_3 值；

$A_3^{h_2}$——桩底处的系数 A_3 值，其余类似。

通过式（9-108）求得 x_a、φ_a、M_a 和 Q_a 后，即可直接使用“m”法影响函数值表（见附录 1），计算锚固段桩身任意截面的变位和内力。

（4）对无量纲法而言，只需求得 M_a 和 Q_a，即可使用已求得的相关计算公式。

当 $y=0$ 时，可建立下列方程：

$$\left.\begin{aligned}
&\left[\frac{Q_a}{\alpha}\right]a_m^0+[M_a]b_m^0=M_0\\
&[Q_a]a_Q^0+[\alpha M_a]b_Q^0=Q_0
\end{aligned}\right\}\tag{9-109}$$

式中，a_m^0 为滑面处的系数 a_m，其余类似。

联立求解式（9-109），即得 M_a 和 Q_a 值，进而可求得锚固段桩身变位和内力。

9.7.6 锚拉桩

普通抗滑桩已得到广泛应用，但当治理大型和特大型滑坡时，由于滑体厚度和滑坡推力大，桩身截面、埋深大，导致工程造价高、施工困难。为此，我国于 20 世纪 80 年代开始研究在普通抗滑桩的桩顶或桩身布设预应力锚索，即锚拉桩，如图 9-65 所示。除在桩上施加预应力锚索外，锚拉桩还可在桩上布设锚杆或锚杆束（一般施加预应力），增加拉力以改善桩的受力状况并控制桩顶位移。

与普通抗滑桩相比，锚拉桩具有下列优点：改变普通抗滑桩的受力状态，减小桩身弯矩和剪力，从而减小桩身截面面积及埋深，节省材料并降低造价；锚索可控制桩顶位移量，由普通桩被动受力变为主动施力，使其成为主动抗滑结构，可有效减小滑体位移量，利于保证滑带（潜在滑带）的强度；能较快控制滑坡。

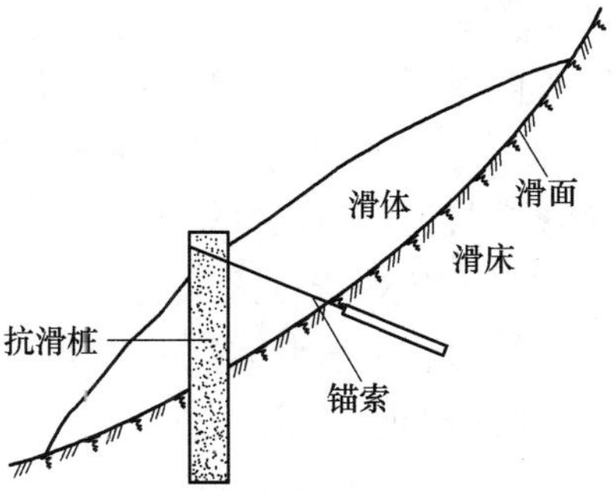

图 9-65 锚拉桩示意图

9.7.6.1 结构形式

锚拉桩的结构形式如图 9-66 所示，其中（a）为桩顶安设 2~4 根锚索，（b）为桩顶、桩身布设多排锚索。锚拉桩可与各种形式的抗滑桩结合使用：对于全埋式桩，通常在其桩顶部位布设 2~4 根锚索；对于悬臂较高的桩，可在桩身不同高度设置多排锚索，以改善锚索锚固段的受力条件。各排锚索应有不同的倾角，并应视滑面产状及锚索长度而定，一般采用 15°~30°，具体设计计算过程可参考 9.6 节及相关规范。图 9-67 为锚拉桩现场工程实例。

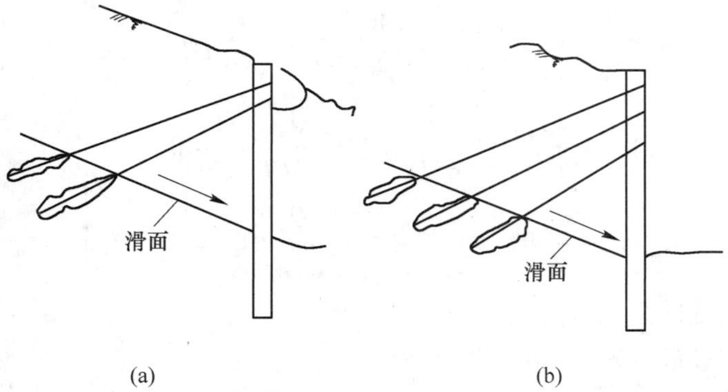

图 9-66　锚拉桩结构形式

图 9-67　锚拉桩现场工程实例

9.7.6.2　基本假定

在锚拉桩设计计算中，由于普通抗滑桩的刚度与锚索刚度相差较大，锚索的变形量对桩的内力影响较为显著，因此一定要控制锚索伸缩量，使之与桩的变形相协调，否则会使桩身实际承受的内力与设计值相差过大，甚至可能出现相反的值，即计算出现负弯矩的部位产生正弯矩，或者计算出现正弯矩处实际却为负弯矩。

因此，锚拉桩设计计算基本假定如下：

（1）锚拉桩可简化为受横向变形约束的弹性地基梁，根据变形协调原理，锚拉处桩的位移应与锚索伸长量相等，然后进行桩的内力计算。

（2）假定每根锚索承受相邻两桩（中心至中心）的滑坡推力，作用于桩上的力主要有滑坡推力、桩前滑体抗力、锚索拉力及锚固段地层抗力，不计桩体自重、桩底反力及桩与岩土间的摩阻力等。

9.7.6.3　桩身内力计算

如图 9-68 所示，假定抗滑桩受荷段桩身布设 n 根锚索，则桩为 n 次超静定结构。滑面处的弯矩 M'_0 及剪力 Q'_0 计算公式如下：

$$M'_0 = M_0 - \sum_{j=1}^{n} J_j L_j \tag{9-110}$$

$$Q_0' = Q_0 - \sum_{j=1}^{n} J_j \qquad (9\text{-}111)$$

式中 M_0，Q_0——桩上设计荷载 T 条件下，滑面处桩身弯矩（kN·m）和剪力（kN）；

J_j——第 j 根锚索拉力，kN；

L_j——第 j 根锚索锚拉点至 O 点的距离，m。

由位移变形协调原理，每根锚索伸长量 Δ_i 与该锚索所在点的桩位移 f_i 相等，建立位移平衡方程：

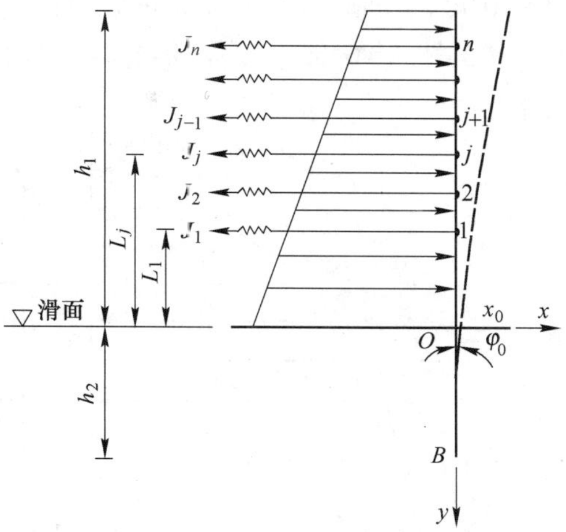

图 9-68 锚拉桩桩身内力计算模型

$$\Delta_i = f_i \qquad (9\text{-}112)$$

$$f_i = x_0 + \varphi_0 L_{fi} + \Delta_{iT} - \sum_{j=1}^{n} \Delta_{ij} \qquad (9\text{-}113)$$

$$\Delta_i = K_i(J_i - J_{i0}) \qquad (9\text{-}114)$$

式中 x_0——滑面处桩的位移，m；

φ_0——滑面处桩的转角，rad；

Δ_{iT}，Δ_{ij}——桩上设计荷载 T、其他排锚索拉力 J_j 作用于 i 点时的桩身该点位移，m；

L_{fi}——第 i 根锚索自由段长度，m；

J_{i0}——第 i 根锚索的初始预应力，kN；

K_i——第 i 根锚索的柔度系数，m/kN，即单位力作用下锚索的弹性伸长量，与刚度系数互为倒数。

其中：

$$\Delta_{ij} = J_j K_{ij}, \quad K_i = \frac{L_i}{N E_s A_g} \qquad (9\text{-}115)$$

式中 K_{ij}——第 j 根锚索拉力 J_j 作用于 i 点的位移系数，m/kN，可由结构力学的相关公式确定；

E_s——锚索的弹性模量，kPa；

A_g——每束锚索截面面积，m^2；

N——每根锚索的束数。

联立式（9-110）至式（9-115），结合 9.7.5 节的相关内容，即可计算锚拉桩桩身内力。

【例题 9-4】 如图 9-69 所示，某抗滑桩设置于滑坡体前缘，桩身附近滑面接近水平，滑体厚度 10m，滑面以上为风化极严重的砂砾岩、泥岩，其重度 18kN/m³，内摩擦角 30°，无黏聚力；滑面以下为风化较严重的泥岩、页岩，可按较密实的土层考虑，其重度 19kN/m³，内摩擦角 42°，无黏聚力。滑面处地基系数 $C = A = 75000$kPa/m，滑面以下地基系数随深度变化的比例系数 $m = 45400$kPa/m²。假定该处滑坡推力 $E_n = 1000$kN/m，桩前剩余抗滑力 $E_n' = 200$kN/m，桩体为钢筋混凝土（C30），初选钢筋混凝土的综合弹性模量

31.0×10^6kPa，桩体几何及布设参数为：桩长 $h=20$m，其中受荷段 $h_1=10$m，锚固段 $h_2=10$m；桩间距 $L=6.0$m。试采用“m”法计算该抗滑桩桩身内力。

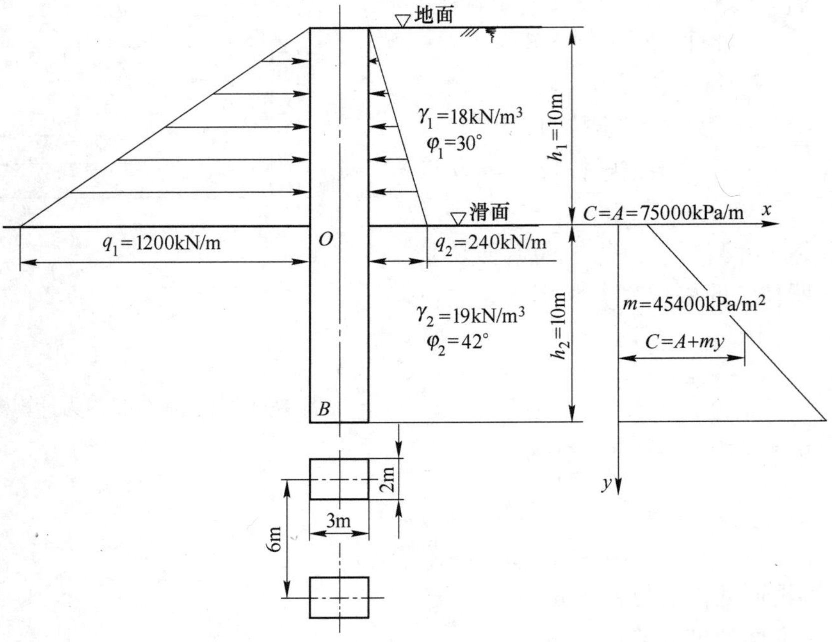

图 9-69　抗滑桩设计计算模型

解：（1）抗滑桩设计基础参数计算。

桩截面　$S=ba=2\times3=6.0\text{m}^2$

桩截面惯性矩　$I=\dfrac{1}{12}ba^3=\dfrac{1}{12}\times2\times3^3=4.5\text{m}^4$

桩截面模量　$W=\dfrac{1}{6}ba^2=\dfrac{1}{6}\times2\times3^2=3.0\text{m}^3$

桩的综合弹性模量（钢筋混凝土，采用 C30 混凝土）　$E=31.0\times10^6$kPa

桩的抗弯刚度　$EI=31.0\times10^6\times4.5=139.5\times10^6\text{kN}\cdot\text{m}^2$

桩的计算宽度　$B_p=b+1=3$m

桩的变形系数　$\alpha=\sqrt[5]{\dfrac{mB_p}{EI}}=\sqrt[5]{\dfrac{45400\times3}{139.5\times10^6}}=0.2500\text{m}^{-1}$

桩的计算深度　$\alpha h_2=0.2500\times10=2.5$

故按刚性桩或弹性桩计算均可，桩底支承条件按自由端考虑。

（2）桩上设计荷载计算。

每根桩的滑坡推力　$E=E_nL=1000\times6=6000$kN

每根桩的剩余抗滑力　$P'=E'_nL=200\times6=1200$kN

按朗肯土压力理论计算桩前被动土压力，

$$E_p=\frac{1}{2}\gamma_1h_1^2\tan^2\left(45°+\frac{\varphi_1}{2}\right)=\frac{1}{2}\times18\times10^2\times\tan^2\left(45°+\frac{30°}{2}\right)=2700\text{kN/m}$$

由于 $E_pL>P'$，故采用剩余抗滑力作为桩前滑体抗力，即 $P=P'$。

滑坡推力和桩前滑坡推力均按三角形分布，

$$q_1 = \frac{E}{0.5h_1} = \frac{6000}{0.5 \times 10} = 1200\text{kN/m}$$

$$q_2 = \frac{P}{0.5h_1} = \frac{1200}{0.5 \times 10} = 240\text{kN/m}$$

（3）受荷段桩身内力计算。由式（9-81）得，

剪力 $Q_y = \dfrac{(q_1 - q_2)y^2}{2h_1} = \dfrac{(1200 - 240)y^2}{2 \times 10} = 48y^2$

弯矩 $M_y = \dfrac{(q_1 - q_2)y^3}{6h_1} = \dfrac{(1200 - 240)y^3}{6 \times 10} = 16y^3$

滑面处桩身内力 $Q_0 = 48 \times 10^2 = 4800\text{kN}$，$M_0 = 16 \times 10^3 = 16000\text{kN} \cdot \text{m}$

（4）锚固段桩侧应力和桩身内力计算。

1）按刚性桩计算。

①滑面至桩转动中心距离及转角。由于滑面处桩前、桩后地基系数 $C=A$，根据式（9-86）及式（9-87）得，

$$Q_0 = \frac{1}{2}B_pA\varphi y_0^2 - \frac{1}{2}B_pA'\varphi(h_2 - y_0)^2 + \frac{1}{6}B_pm\varphi h_2^2(3y_0 - 2h_2)$$

$$= \frac{1}{2} \times 3 \times 75000 \times \varphi[y_0^2 - (10 - y_0)^2] + \frac{1}{6} \times 3 \times 45400 \times 10^2 \times \varphi(3y_0 - 20)$$

$$M_0 + Q_0h_2 = \frac{1}{6}B_pA\varphi y_0^2(3h_2 - y_0) - \frac{1}{6}B_pA'\varphi(h_2 - y_0)^3 + \frac{1}{12}B_pm\varphi h_2^3(2y_0 - h_2)$$

$$= \frac{1}{6} \times 3 \times 75000 \times \varphi[y_0^2(30 - y_0) - (10 - y_0)^3] +$$

$$\frac{1}{12} \times 3 \times 45400 \times 10^3 \times \varphi(2y_0 - 10)$$

解得，$y_0=6.9584\text{m}$，$\varphi=7.5085\times10^{-4}\text{rad}$

②桩身变位。由式（9-83）得，

$$x_y = (y_0 - y)\varphi$$

$$= (6.9584 - y) \times 7.5085 \times 10^{-4} = 52.2471 \times 10^{-4} - 7.5085 \times 10^{-4}y$$

③桩侧应力。由式（9-84）或式（9-85）的第1式得，

$$\sigma_y = (A + my)(y_0 - y)\varphi$$

$$= (75000 + 45400y)(6.9584 - y) \times 7.5085 \times 10^{-4}$$

$$= 391.8536 + 180.8883y - 34.0886y^2$$

令$\dfrac{d\sigma_y}{dy}=0$，得 $y=2.6532\text{m}$，即该处横向压应力最大。

④桩身剪力。由式（9-84）或式（9-85）的第2式得，

$$Q_y = Q_0 - \frac{1}{2}B_pA\varphi y(2y_0 - y) - \frac{1}{6}B_pm\varphi y^2(3y_0 - 2y)$$

$$= 4800 - \frac{1}{2} \times 3 \times 75000 \times 7.5085 \times 10^{-4} \times y(2 \times 6.9584 - y) -$$

$$\frac{1}{6}\times 3\times 45400\times 7.5085\times 10^{-4}\times y^2(3\times 6.9584-2y)$$

$$=4800-1175.5608y-271.3324y^2+34.0886y^3$$

令$\frac{dQ_y}{dy}=0$，得 $y=6.9584$m，即最大剪力在桩的转动中心处。

令 $Q_y=0$，得 $y=2.8684$m 及 $y=10$m。

⑤桩身弯矩。由式（9-84）或式（9-85）的第 3 式得，

$$M_y=M_0+Q_0y-\frac{1}{6}B_pA\varphi y^2(3y_0-y)-\frac{1}{12}B_pm\varphi y^3(2y_0-y)$$

$$=16000+4800y-\frac{1}{6}\times 3\times 75000\times 7.5085\times 10^{-4}\times y^2(3\times 6.9584-y)-$$

$$\frac{1}{12}\times 3\times 45400\times 7.5085\times 10^{-4}\times y^3(2\times 6.9584-y)$$

$$=16000+4800y-587.7804y^2-90.4441y^3+8.5221y^4$$

令$\frac{dM_y}{dy}=0$，得 $y=2.8684$m 及 $y=10$m，即在剪力为零处。

按刚性桩计算的锚固段桩身变位、内力及桩侧应力如表 9-22 所示，桩侧应力、桩身内力计算结果如图 9-70 所示，可据此进行抗滑桩结构设计。

表 9-22 锚固段桩身变位、内力及桩侧应力计算结果（刚性桩）

计算截面 y/m	水平位移 $x_y/10^{-4}$m	桩身剪力 Q_y/kN	桩身弯矩 M_y/kN·m	桩侧应力 σ_y/kPa	备 注
0.00	52.25	4800.00	16000.00	391.85	滑面处
1.00	44.74	3387.20	20130.30	538.65	
2.00	37.23	1636.26	22661.68	617.28	
2.6532	32.33	407.64	23330.77	631.82	横向压应力最大处
2.8684	30.71	0.08*	23374.62	630.24	弯矩最大处
3.00	29.72	-248.28	23358.28	627.72	
4.00	22.21	-2061.89	22188.75	569.99	
5.00	14.70	-3600.04	19326.29	444.08	
6.00	7.20	-4658.19	15148.62	249.99	
6.9584	0.00	-5032.59	10447.34	0.00	桩转动中心
7.00	-0.31	-5031.82	10238.00	-12.27	
8.00	-7.82	-4516.40	5381.20	-342.71	
9.00	-15.33	-2907.38	1569.54	-741.33	
10.00	-22.84	-0.25*	-1.14*	-1208.12	桩底

注：* 为计算误差，实际值应为 0。

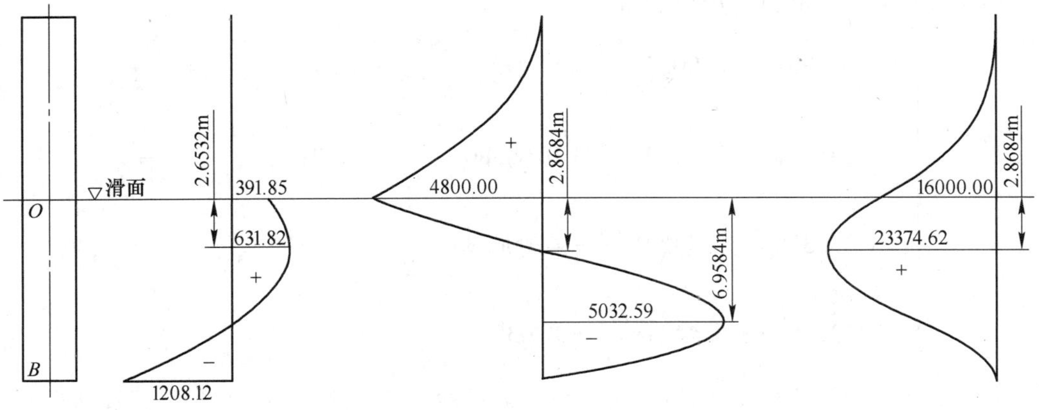

图 9-70 桩侧应力、桩身内力计算结果（刚性桩）

（a）桩侧应力 σ_y(kPa)；（b）桩身剪力 Q_y(kN)；（c）桩身弯矩 M_y(kN·m)

⑥地基强度校核。由式（9-74）得：

$h_2/3$ 处，即 $y=3.3333\text{m}$，$\sigma_{3.3333}=616.05\text{kPa}$

$$[\sigma_{3.3333}]=\frac{4}{\cos\varphi_2}(\gamma_1 h_1+\gamma_2 y)\tan\varphi_2$$

$$=\frac{4}{\cos42^\circ}(18\times10+19\times3.3333)\tan42^\circ=1179.30\text{kPa}>616.05\text{kPa}$$

h_2处，即 $y=10\text{m}$，$\sigma_{10}=-1208.12\text{kPa}$

$$[\sigma_{10}]=\frac{4}{\cos42^\circ}(18\times10+19\times10)\tan42^\circ=1793.19\text{kPa}>1208.12\text{kPa}$$

横向压应力最大处，即 $y=2.6532\text{m}$，$\sigma_{2.6532}=631.82\text{kPa}$

$$[\sigma_{2.6532}]=\frac{4}{\cos42^\circ}(18\times10+19\times2.6532)\tan42^\circ=1116.68\text{kPa}>631.82\text{kPa}$$

故各特征点地基强度均满足要求。

2）按弹性桩计算。以下仅采用基本法求解。

①虚点 a 的高度。根据滑面处地基系数不为零的处理方法，

$$h_1'=\frac{Ah_2}{C_{h_2}-A}=\frac{75000\times10}{(75000+45400\times10)-75000}=1.6520\text{m}$$

②虚点 a 的初参数。根据滑面处和桩底处的换算深度，查附录 1 “m” 法影响函数值，用内插法求得 A_i^0、B_i^0、C_i^0、D_i^0 及 $A_i^{h_2}$、$B_i^{h_2}$、$C_i^{h_2}$、$D_i^{h_2}$。

在滑面处，$y'=h_1'=1.6520\text{m}$，换算深度 $\alpha y'=0.25\times1.6520=0.413$，得：

$A_3^0=-0.01199$，$B_3^0=-0.00253$，$C_3^0=0.99967$，$D_3^0=0.41297$；

$A_4^0=-0.08585$，$B_4^0=-0.02397$，$C_4^0=-0.00380$，$D_4^0=0.99957$。

在桩底处，$y'=h_1'+h_2=11.6520\text{m}$，$\alpha y'=0.25\times11.6520=2.913$，得：

$A_3^{h_2}=-3.35033$，$B_3^{h_2}=-5.44201$，$C_3^{h_2}=-4.00059$，$D_3^{h_2}=-0.41775$；

$A_4^{h_2}=-2.13296$，$B_4^{h_2}=-6.44208$，$C_4^{h_2}=-8.03544$，$D_4^{h_2}=-5.61717$。

将上述参数代入式（9-108）得：

$$\begin{cases}-0.01199x_a-0.00253\dfrac{\varphi_a}{\alpha}+0.99967\dfrac{M_\alpha}{\alpha^2EI}+0.41297\dfrac{Q_a}{\alpha^3EI}=\dfrac{M_0}{\alpha^2EI}\\-0.08585x_a-0.02397\dfrac{\varphi_a}{\alpha}-0.00380\dfrac{M_a}{\alpha^2EI}+0.99957\dfrac{Q_a}{\alpha^3EI}=\dfrac{Q_0}{\alpha^3EI}\\-3.35033x_a-5.44201\dfrac{\varphi_a}{\alpha}-4.00059\dfrac{M_a}{\alpha^2EI}-0.41775\dfrac{Q_a}{\alpha^3EI}=0\\-2.13296x_a-6.44208\dfrac{\varphi_a}{\alpha}-8.03544\dfrac{M_a}{\alpha^2EI}-5.61717\dfrac{Q_a}{\alpha^3EI}=0\end{cases}$$

解得，$x_a=93.2231\times10^{-4}$ m，$\varphi_a=-16.2799\times10^{-4}$ rad，$M_a=6569.7129$kN · m，$Q_a=6213.1301$kN。

③桩身变位、内力及桩侧应力。由式（9-92）得：

$$y'=y+h'_1$$

$$\begin{aligned}x_{y'}&=x_aA_1+\frac{\varphi_a}{\alpha}B_1+\frac{M_a}{\alpha^2EI}C_1+\frac{Q_a}{\alpha^3EI}D_1\\&=93.2231\times10^{-4}A_1+\frac{-16.2799\times10^{-4}}{0.25}B_1+\\&\quad\frac{6569.7129}{0.25^2\times139.5\times10^6}C_1+\frac{6213.1301}{0.25^3\times139.5\times10^6}D_1\\&=(93.2231A_1-65.1196B_1+7.5352C_1+28.5047D_1)\times10^{-4}\end{aligned}$$

$$\begin{aligned}\varphi_{y'}&=\alpha\left(x_aA_2+\frac{\varphi_a}{\alpha}B_2+\frac{M_a}{\alpha^2EI}C_2+\frac{Q_a}{\alpha^3EI}D_2\right)\\&=0.25\times\left(93.2231\times10^{-4}A_2+\frac{-16.2799\times10^{-4}}{0.25}B_2+\right.\\&\quad\left.\frac{6569.7129}{0.25^2\times139.5\times10^6}C_2+\frac{6213.1301}{0.25^3\times139.5\times10^6}D_2\right)\\&=(23.3058A_2-16.2799B_2+1.8838C_2+7.1262D_2)\times10^{-4}\end{aligned}$$

$$\begin{aligned}M_{y'}&=\alpha^2EI\left(x_aA_3+\frac{\varphi_a}{\alpha}B_3+\frac{M_a}{\alpha^2EI}C_3+\frac{Q_a}{\alpha^3EI}D_3\right)\\&=0.25^2\times139.5\times10^6\times\left(93.2231\times10^{-4}A_3+\frac{-16.2799\times10^{-4}}{0.25}B_3+\right.\\&\quad\left.\frac{6569.7129}{0.25^2\times139.5\times10^6}C_3+\frac{6213.1301}{0.25^3\times139.5\times10^6}D_3\right)\\&=81278.8903A_3-56776.1513B_3+6569.7129C_3+24852.5204D_3\end{aligned}$$

$$\begin{aligned}Q_{y'}&=\alpha^3EI\left(x_aA_4+\frac{\varphi_a}{\alpha}B_4+\frac{M_a}{\alpha^2EI}C_4+\frac{Q_a}{\alpha^3EI}D_4\right)\\&=0.25^3\times139.5\times10^6\times\left(93.2231\times10^{-4}A_4+\frac{-16.2799\times10^{-4}}{0.25}B_4+\right.\end{aligned}$$

$$\left.\frac{6569.7129}{0.25^2\times139.5\times10^6}C_4+\frac{6213.1301}{0.25^3\times139.5\times10^6}D_4\right)$$

$$=20319.7226A_4-14194.0378B_4+1642.4282C_4+6213.1301D_4$$

$$\sigma_{y'}=my'x_{y'}$$

按弹性桩计算的锚固段桩身变位、内力及桩侧应力如表 9-23 所示，桩侧应力、桩身内力计算结果如图 9-71 所示。

此外，还可采用内插法近似求得弯矩、剪力最大值等特征截面位置，从而得到类似于按刚性桩计算的结果，此处不作介绍。

表 9-23　锚固段桩身变位、内力及桩侧应力计算结果（弹性桩）

计算截面 y/m	y'/m	$\alpha y'$	水平位移 $x_y/10^{-4}$m	桩身转角 $\varphi_y/10^{-4}$rad	桩身弯矩 M_y/kN·m	桩身剪力 Q_y/kN	桩侧应力 σ_y/kPa
0	1.652	0.413	67.31	-14.92	16000.00	4800.00	504.81
1	2.652	0.663	53.03	-13.61	19945.18	3056.36	638.51
2	3.652	0.913	40.15	-12.1	22040.38	1082.18	665.66
3	4.652	1.163	28.86	-10.5	22126.53	-843.78	609.52
4	5.652	1.413	19.12	-8.98	20439.07	-2507.01	490.61
5	6.652	1.663	10.86	-7.61	17263.3	-3736.63	328.05
6	7.652	1.913	3.81	-6.51	13134.75	-4437.55	132.46
7	8.652	2.163	-2.26	-5.75	8611.63	-4479.9	-88.65
8	9.652	2.413	-7.76	-5.28	4370.37	-3859.29	-340.13
9	10.652	2.663	-12.92	-5.1	1256.03	-2372.79	-624.86
10	11.652	2.913	-17.99	-5.07	0.41 *	0.13 *	-951.85

注：* 为计算误差，实际值应为 0。

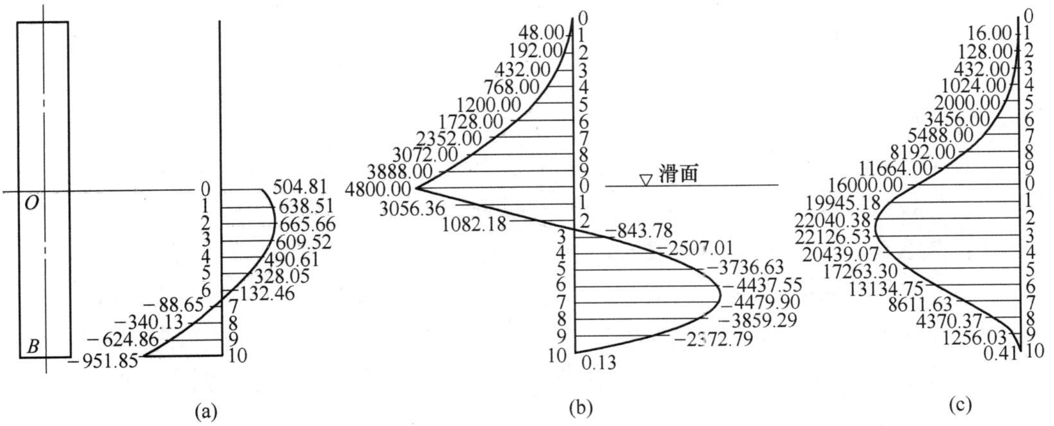

图 9-71　桩侧应力、桩身内力计算结果（弹性桩）

（a）桩侧应力 σ_y（kPa）；（b）桩身剪力 Q_y（kN）；（c）桩身弯矩 M_y（kN·m）

9.8 边坡疏排水

水是影响边坡稳定性的主要因素之一，其不利效应十分明显，主要表现在：（1）降低岩土体的有效应力及抗剪强度；（2）增大岩土体容重，增加下滑力；（3）基岩面不透水时，产生扬压力；（4）地下水渗流造成动水压力；（5）对岩土体的物理化学软化作用。

因此，尽量减少地表水向坡体渗透并排出坡体内的地下水，将对边坡稳定性发挥重要作用。大量生产实践和现场研究证明，对于因地表水大量入渗和地下水活动影响而稳定性欠佳的边坡，用疏干排水防治可取得良好效果。

治理地表水的原则：对于坡体以外的地表水，以拦截旁引为原则；对于坡体以内的地表水，则以防渗、尽快汇集排走为原则。

治理地下水的原则：采取排水措施降低地下水位，消除或减轻水对坡体的静水压力、托浮力和动水压力，以及地下水对岩土体的物理化学软化作用。

9.8.1 地表排水

设置地表排水系统排除地表水，对处治各类边坡工程皆为适用。合适的地表排水设施，特别是对于软弱或易受侵蚀的岩土体，能够改善因地表水作用导致的边坡稳定性降低。常见的地表排水措施包括排水沟、边沟、截水沟、急流槽和跌水等。

（1）排水沟。排水沟渠的设计要考虑防冲和防淤的要求，以公路设计规范为例，各种坡面排水沟渠的设计应符合以下要求：

1）沟渠纵坡坡度和出水口间距的设计，应使沟内水流的流速不超过沟渠最大允许流速，超过时应对沟壁采取冲刷防护措施；

2）为防止沟渠淤塞，沟底纵坡坡度一般不宜小于 0.5%，土质沟渠的最小纵坡为 0.25%，沟壁铺砌的沟渠最小纵坡为 0.12%；

3）沟渠顶面高度应高出设计水位 0.1~0.2m。

可以通过改变排水沟设置的方向调整水流速度。一般而言，当水流流速接近 2m/s 时，可以设置圆弧形排水沟改变水流方向，圆弧半径不应小于 3 倍排水沟宽度；对于流速大于 2m/s 的排水沟，可以增大圆弧半径；为使水面不溢出，也可通过给出足够高的出水高度实现排水沟方向的改变。

排水沟的形状一般设计为矩形、梯形或 U 形。为防止水流进入水渠等自然河沟中冲刷排水沟端部，排水沟端部往往加设一道隔水墙。

（2）截水沟。当边坡上方地表径流量较大时，应设置拦截地表径流的截水沟。截水沟应结合地形和地质条件沿等高线布置，将拦截的水顺畅地排向自然沟谷或水道。如果滑坡体界线基本明确，应在滑坡体周界外设置截水沟。对于设于道路的截水沟，通常设在路堑坡顶 5m 或路堤坡脚 2m 以外，当岩土体性质良好、路堑边坡不高或沟壁进行铺砌时，前者也可为 2m。

以公路排水规范为例，截水沟沟底纵坡宜为 1∶1.0~1∶1.5；沟底宽度和深度不宜小于 0.5m。当岩土体条件较差，有可能产生渗漏或变形时，应采取相应的防护措施。截水沟长度以 200~500m 为宜；超过 500m 时，可在中间适宜位置增设排水口，由急流槽或急流管分流排引。当自然边坡较缓时，宜采用梯形截水沟；当山体陡峭时，宜采用矩形截水沟。对于多级挖方边坡，每级边坡平台均应设置平台截水沟，平台截水沟常通过急流槽、接水沟将水引至排水沟或截水沟中。

（3）急流槽。急流槽是集中排泄路面积水、挖方边坡流水的重要措施，一般包括路堤急流槽、截水沟接边沟的路堑急流槽、截水沟接排水沟的急流槽等。

（4）跌水。跌水为人工排水沟渠的特殊形式，用于陡坡地段，沟底纵坡可达 1 : 0，是山区路基及边坡排水常见的结构物。由于纵坡大、水流湍急、冲刷作用严重，所以跌水必须用浆砌块石或混凝土砌筑，且应埋设牢固。较长陡坡地段的沟渠，为减缓水流速度，并予以消能，可采用多级跌水。

9.8.2 地下排水

地下排水系统的整体设计方案应根据边坡所处位置、边坡与建筑物关系、工程地质和水文地质条件确定，可选用渗沟、盲沟、排水洞、排水孔及集水井等形式。

（1）渗沟。渗沟按作用的不同，可分为支撑渗沟、边坡渗沟及截水渗沟三种。

1）支撑渗沟。适用深度（高度）为 2~10m，用以支撑不稳定滑坡体，兼起排除和疏干滑坡体内地下水的作用。支撑渗沟包括主干和支沟，主干平行于滑动方向，一般布置在地下水露头或地下水丰富区域，支沟应根据坡面汇水情况合理布置，可与滑动方向成 30°~40°交角，并可伸展到滑坡范围以外，以发挥拦截地下水的作用，如图9-72所示。

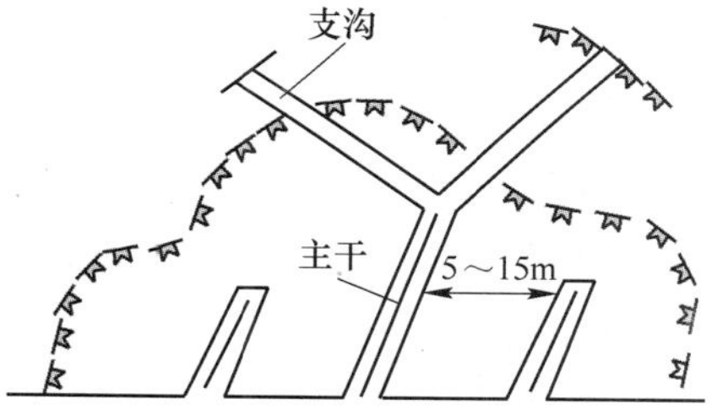

图 9-72 支撑渗沟平面布置图

支撑渗沟的平面形状，一般有“III”形和“YYY”形。渗沟横向间距的设计应视岩土体性质而定，可参考表 9-24。

表 9-24 渗沟横向间距参考值

岩土体性质	渗沟横向间距/m	岩土体性质	渗沟横向间距/m
黏土	6~10	亚黏土	10~15
重亚黏土	8~12	破碎岩层	15

支撑渗沟的深度一般不超过 10m、宽度一般为 2~4m，视渗沟深度、抗滑需要及便于施工等因素而定。

支撑渗沟的基底，应埋入滑动面以下 0.5m，并设置 2%~4%的排水纵坡，当滑动面较陡时，可修筑成台阶，台阶宽度视实际需要而定，一般不小于 2m，如图 9-73 所示。为进一步加强支撑作用，可在台阶底部设置浆砌片石的石牙。为防止淤积，渗沟进水侧壁及顶端应设置反滤层。在寒冷地区，渗沟出口应考虑防冻措施。

2）边坡渗沟。当滑坡前缘路基边坡上有地下水均匀分布或坡面有大片潮湿时，修建边坡渗沟，可以疏干并支撑边坡，同时阻止坡面径流和减轻坡面冲刷。

边坡渗沟的平面形式包括垂直、分支及拱形等。分支渗沟的主沟主要起支撑作用，而支沟则起疏干作用，分支渗沟可相互连接呈网状布置。拱形渗沟由于拱部易变形而失去作

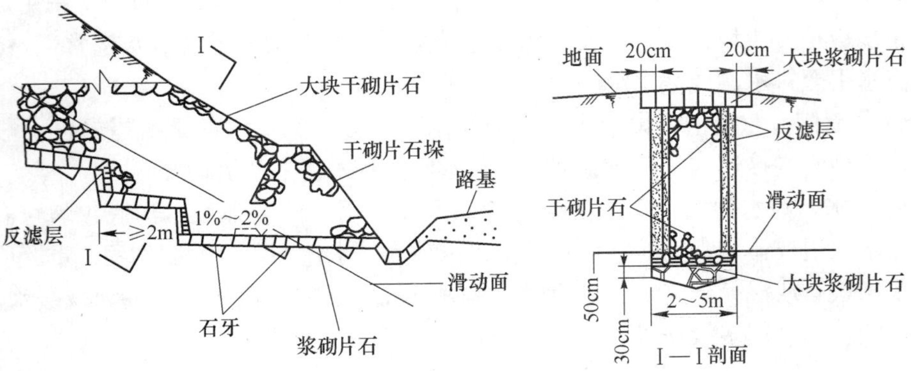

图 9-73 支撑渗沟结构示意图

用，故不宜推广使用。

边坡渗沟的间距取决于地下水分布、流量和边坡岩土体性质等因素，一般取值为 6~10m。边坡渗沟深度一般不小于 2m，宽度 1.5~2.0m。基底应设置于湿土层以下的稳定岩土层内，并铺设防渗层。另外，为加强对边坡的支撑作用，基底可修筑成台阶状。

3）截水渗沟。当有丰富的地下水进入坡体时，可在垂直于地下水水流方向上设置截水渗沟，以拦截地下水，并将其排出坡体外。

根据施工条件，截水渗沟应修筑在滑坡体周界 5m 以外的稳定岩土体上，平面上呈环形或折线形，深度一般不小于 10m。基底应埋入底部含水层以下的不透水层或基岩内，当基底未埋入完整基岩时，应采用浆砌片石修筑沟槽。渗沟的迎水沟壁应设反滤层，背水沟壁应设隔渗层。在不致冲刷四周孔壁圬工的前提下，尽量采用较陡的流水纵坡。

（2）盲沟。盲沟利用其透水性将地下水汇集到沟内，并沿沟排至指定地点，其水力特性属于紊流。盲沟类型应根据当地材料、岩土体性质等选择，如乱石盲沟、多孔管（花管）盲沟、无砂管盲沟或瓦管盲沟等。

（3）排水洞。排水洞是人工开挖的隧洞，通常在隧洞周圈布置一定深度的排水孔，形成一个有效降低地下水位的排水系统。由于岩体中的地下水属于裂隙渗流，因此此类排水系统可以有效截排地下水，降低边坡内部地下水位。

排水洞一般平行于边坡走向布置，必要时可在其他方向设置支洞，以穿过可能的阻水带，扩大可控制地下水的范围。对于较高边坡，通常需在不同高程布置若干条排水洞，以最大程度排出坡内地下水。

（4）排水孔。排水孔是地下排水的一种重要方式。排水孔施工简单、快速，而且可以控制较大范围的地下水，其布置方式主要包括：1）通过坡面（包括挡土墙面）打排水孔，以疏干地下水；2）与地下排水廊道（排水洞）或抽水井相连，以增大此类排水建筑物的控制范围。

排水孔的布置应满足下列要求：

1）排水孔应具有足够大的直径，保证水流通畅，以降低地下水位；

2）应保证进入排水孔的水全部流出孔外，因此，在坡面上一般宜仰角布置排水孔，坡度一般为 3%~10%；

3）排水管应具有足够的刚度和强度，在保证自身结构完整的同时，防止孔壁坍塌；

4）排水管一般为花管，通常用反滤材料保护，以防止其发生淤堵；

5）在坚硬岩体中打排水孔，可考虑不作任何保护，直接钻孔排水。

（5）集水井。当通过排水洞和排水孔汇集的地下水不能依靠重力排出坡外时，可考虑采用集水井排水工程。在滑坡体外相对稳定区域，选择地下水最集中位置，设置直径大于3.5m的竖井，并在井壁上设置短的水平钻孔，一般为2~3层，使附近地下水汇集到井中，并可采用附有浮动开关的水泵将水排至地表。

集水井深度一般为15~30m。对于不稳定区域，集水井深度应浅于滑动面；对于稳定区域或滑坡区域外，集水井应达到基岩，并深入基岩2~3m。

9.8.3　边坡疏排水实例

本节以小湾水电站左岸坝肩附近上游侧饮水沟堆积体边坡失稳处治工程为例，具体介绍疏排水工程方案及其实施效果。

9.8.3.1　工程概况

小湾水电站是澜沧江中下游河段水电梯级开发“两库八级”方案中的第二个梯级和龙头水库。电站建设过程中，其左岸坝肩附近上游侧饮水沟堆积体稳定性问题突出，严重威胁电站大坝的正常施工及其后期的安全运行。因此，2004年对饮水沟堆积体失稳边坡进行了处治，治理手段较为丰富，疏排水效果显著。

饮水沟堆积体总体积约400万立方米，倾倒破碎岩体与第四系堆积物混杂，边坡开挖过程中，堆积体产生明显变形（图9-74）。堆积体物质组成主要为块石、特大孤石夹碎石质土、碎石层或砂土，部分地段结构较松散，底界面起伏较大，部分较陡，并有软弱土层分布，加之丰富地下水活动的影响，是边坡产生变形的内在不利因素。堆积体下部开挖边坡较陡，特别是高、低缆机平台边坡上游端附近开挖较陡，切断了堆积体南侧部分阻滑岩体，加之疏排水措施滞后及工程爆破震动影响，是边坡产生变形和破坏的外在诱发因素。

图9-74　小湾水电站左岸坝肩上游侧饮水沟堆积体边坡

边坡工程治理采用了抗滑桩加锚索治理方案，辅以疏排水、减载、反压、护坡等综合措施，在此简要介绍其疏排水措施。该边坡排水措施主要包括地表排水（防水）工程与地下排水工程，其中地表排水工程包括坡面排水孔、截排水沟、坡面封闭等，地下排水工程主要为排水洞（支洞汇于主洞）。

9.8.3.2　排水系统

（1）地表排水系统。地表排水系统包括截水天沟及排水沟。

在开挖边坡台阶设置截水天沟，以截断开挖边坡上部地表径流，保护坡面和坡脚不受水流冲刷。天沟的断面形式、断面尺寸根据各坡面集雨面积估算，通过覆盖层地段的截水天沟以浆砌片石材料为主。截水沟的平、纵转角处设置曲线连接，其沟底纵坡为 0.5%，出水口与排水沟衔接（图 9-75）。

图 9-75 边坡台阶截水天沟

在边坡体内布置排水沟时，根据岩土体性质确定排水孔的孔径、孔深、间排距及上仰角度。充分利用滑坡范围内的自然沟谷排除地表水，对自然沟谷进行修整、加固和铺砌，防止天然冲沟进一步下切。根据沟线、地形、地质以及与山洪沟连接条件等因素设计排水沟纵坡，并通过在坡面设置纵横向的消能跌槽和防冲刷措施以形成有效的排水系统（图 9-76）。

图 9-76 坡表排水系统——排水沟

（2）地下排水系统。地下排水系统包括排水主洞、支洞及排水孔，其系统布置一方面考虑排水主洞须穿越潜在滑面下部岩体，另一方面考虑下伏基岩顺河向节理的透水性高于横河向节理组。因此排水主洞顺河向布置，并沿洞轴线间隔布置横河向扇形排水孔断面及穿越覆盖层与基岩接触带的排水支洞（图 9-77）。

根据排水孔的覆盖范围及其周边岩土体的渗水条件，上下排水主洞的高程差约 40~50m，高程 1245m 以上共布置 9 层排水主洞，主洞总长 3750m，并在各排水主洞中布置排水支洞 45 个。排水主洞尽量布置在弱风化岩体中上段，一方面可降低施工难度，另一方面可通过裂隙直接排水。排水孔孔径选择 100mm，间距选用 3m，孔深为 12~20m。一般地段只安装孔口管，内部不保护；节理密集带、断层及断层影响带中采用排水保护，排水孔内设置过滤管，过滤管采用外径 75mm 的 PVC 多孔管，外包土工滤布，以保证排水管的畅通。各排水孔穿越覆盖层或软弱破碎不良地质体时，采取有效防堵反滤措施，排水孔孔深应穿过堆积体接触带，以达到最佳排水效果。

图 9-77 地下排水系统——排水洞

9.8.3.3 疏排水工程实施效果

部分水位孔受降雨影响较为明显，地下水位与降雨关联性较强。随着边坡表面裂缝封闭和地下排水洞的形成，地下水位总体逐渐降低。随着疏排水措施的逐步实施，地下水位与坡体蠕变初期相比降低约 4m，表明边坡疏排水措施对降低地下水位的作用较为明显。

在疏排水工程的辅助下，边坡的锚索加固和抗滑支挡工程在提高边坡稳定性方面发挥了重要作用。各区表面变形速率相对于处治措施实施前减小约 72%～94%。深部变形监测成果表明各区均存在深部变形，支挡反压结构和预应力锚索发挥了关键作用，限制了变形的扩展，深部变形速率呈现衰减趋势，变形趋于平稳。随着综合治理措施的逐步实施，边坡变形在本阶段已基本进入变形收敛阶段，采取的加固、排水等工程措施是有效的。

练 习 题

(1) 简述边坡失稳防治方案及处置措施的确定原则。
(2) 简述降低下滑力、提高抗滑力的工程与技术措施。
(3) 简述边坡坡面防护的意义及主要原则。
(4) 简述各类坡面防护措施的适用条件。
(5) 简述落石主动防护系统与被动防护系统的区别与联系，柔性网在被动防护中起什么作用？
(6) 简述朗肯、库伦土压力理论的区别。
(7) 简述锚杆的定义及其主要类型，简述锚杆与锚索的异同。
(8) 简述拉力型锚杆与压力型锚杆的区别，与压力型锚杆相比，压力分散型锚杆有哪些优点？
(9) 简述锚固作用的机理、锚杆的结构组成及其在锚固工程中的作用。
(10) 预应力锚杆与非预应力锚杆的锚固作用有何区别，为什么？
(11) 简述边坡锚固工程失效的主要形式及其原因。
(12) 简述边坡锚固工程设计的基本流程，简述锚杆布设的基本要求。

(13) 什么是“群锚效应”?

(14) 如何判定地层是否具有腐蚀性，锚杆Ⅰ、Ⅱ级防护构造各有何要求?

(15) 简述抗滑桩的破坏形式，简述抗滑桩设计的基本流程及其要求。

(16) 滑坡推力主要有哪些计算方法，有何异同?

(17) 简述“m”法和“K”法的区别及其适用条件。

(18) 简述刚性桩和弹性桩的异同点。

(19) 简述悬臂桩法和地基系数法的基本原理。

(20) 与普通抗滑桩相比，锚拉桩有何优点?

(21) 简述边坡疏排水原则。

(22) 简述本章案例饮水沟堆积体疏排水工程中所涉及的处治方式及其作用。

(23) 图9-78为一软黏土边坡 $ABCDEF$，边坡外形尺寸如图所示（单位：m），边坡潜在滑面如图中阴影部分，其圆弧半径 $OD=28\text{m}$，土体重度 $\gamma_s=10\text{kN/m}^3$，黏聚力 $c=10\text{kPa}$，内摩擦角 $\varphi=15°$。假设边坡设计安全系数为1.3，不考虑地下水及地震等因素的影响，试采用永久锚杆，并按Ⅰ级边坡安全等级设计该边坡锚固工程参数。

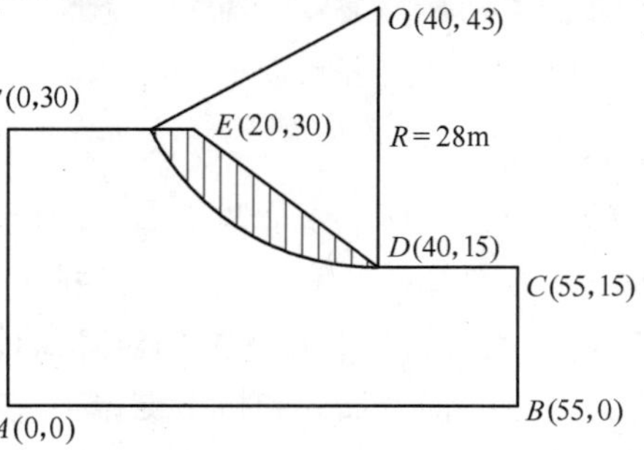

图9-78　习题（23）图

(24) 如图9-79所示，某浆砌块石挡土墙，墙背竖直光滑，墙后填土水平，上有均布荷载 $q=8\text{kN/m}^2$，墙高6m、顶宽0.6m、底宽1.8m，浆砌块石的重度 $\gamma_1=28\text{kN/m}^3$，填土的物理力学参数：重度 $\gamma_2=15\text{kN/m}^3$、内摩擦角 $\varphi=38°$、黏聚力 $c=0$，摩擦系数 μ 取0.6。试验算该挡土墙的稳定性。

(25) 已知某悬臂式挡土墙，填土表面水平，墙体几何参数见图9-80，墙身重度 $\gamma_1=22\text{kN/m}^3$，填土重度 $\gamma_2=17\text{kN/m}^3$，内摩擦角 $\varphi=30°$，黏聚力 $c=0$，墙底板与地基摩擦系数 μ 取0.45，试验算该挡土墙的稳定性。

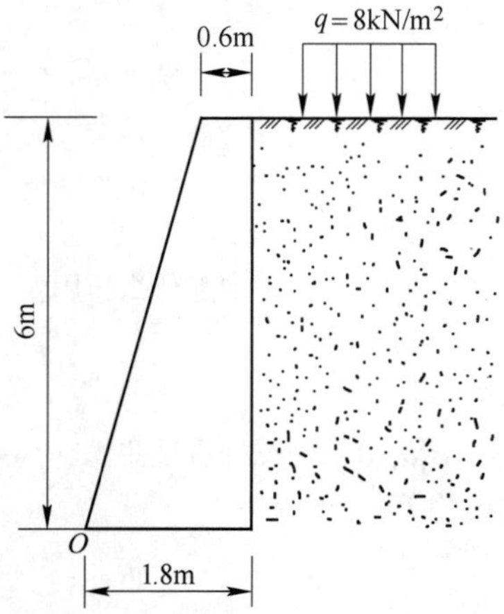

图9-79　习题（24）图

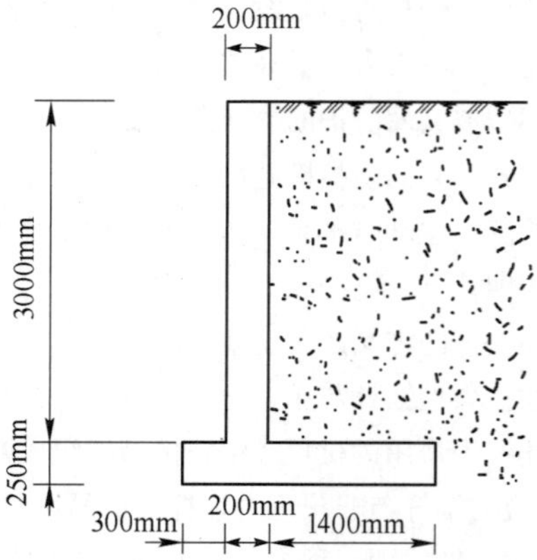

图9-80　习题（25）图

10 边坡工程稳定性监测技术

本章主要内容：

本章主要介绍边坡稳定性监测的基本内容、主要技术、相关仪器设备及监测系统，包括边坡位移监测、地下水监测、震动监测、加固工程结构物载荷监测与自动化监测系统等。

学习要点：

理解边坡监测目的，掌握边坡监测的基本内容，了解并熟悉基本边坡监测技术及其最新发展。

10.1 概　　述

边坡稳定性监测是对影响边坡稳定性的因素和表征稳定性变化的边坡状况反复观测，以研究边坡稳定程度及变化规律，是评价边坡设计性能与破坏风险、使风险最小化的重要工具。

需要认识到，经济合理的边坡设计，绝非是不发生任何滑塌的保守设计（事实上也很难做到），而是允许适量滑塌甚至局部性一定规模滑塌的实用设计，但决不允许发生毫无预见的突发灾害性滑塌。但由于岩土体特性的不均匀性，地质条件和力学作用机理的复杂性，以及这些影响因素本身的不确定性，边坡变形失稳机理非常复杂，且灾害性滑塌难以准确预见，而边坡稳定性监测可为灾害征兆识别提供宏观观察结果，并为边坡安全防范、稳定性分析与评判、滑塌灾害预报与加固技术应用提供基础分析数据。

边坡稳定性监测的主要任务包括：

（1）描述边坡现状，调查边坡、滑坡区域工程水文地质情况；

（2）确定边坡变形影响范围，识别潜在滑体的破坏机制和滑塌模式；

（3）确定监测技术方案，建立边坡监测网（测点、测站）；

（4）实施工程监测，提供可靠的第一手变形、应力等数据；

（5）制定防灾减灾和减少危害的技术措施，甚至修改边坡设计；

（6）评价滑坡治理的工程效果。

边坡稳定性监测一般分为两级：Ⅰ级监测是对总体边坡进行全面、定期检测，目的是测定边坡初始状态，较早发现不稳定区段，以便对不稳定边坡进行进一步观测、研究，为修改设计和治理边坡积累资料；Ⅱ级监测是对不稳定边坡进行监测，目的是确定不稳定区域范围，研究边坡破坏模式及破坏过程，预测边坡破坏发展趋势，制定合理处治方案，防止意外滑坡。

10.2 边坡位移监测

位移状态是边坡稳定性最直观、灵敏的反映，大量资料表明，除局部坍塌或大爆破引起的边坡破坏外，具有一定规模的滑坡从开始变形到最后破坏，均有明显的位移过程。视边坡条件不同，这一过程持续时间从几个月到几年不等，累计位移量从几分米到几米不等。通过边坡位移监测，可以争取足够的时间，以采取各种滑坡防治补救措施。

目前，边坡工程监测技术方面正由早期的人工皮尺简易工具监测手段过渡到仪器监测，并向着自动化、高精度及远程系统发展。早期，由于监测仪器和水平的限制，边坡安全监测一般采用宏观地质经验观测方法，即主要根据人工观测地表的变化特征、地下水的异变、周围动植物的异常等确定边坡的稳定状况；后期逐渐从定性向定量方向发展，开始出现了简易观测法，即在关键裂缝处通过做标记、树标杆等方法获取裂缝长度、宽度、深度的变化以及延伸方向；随着观测方法的发展进步和监测仪器的快速发展，深部监测、GPS、摄影测量等多种方法在边坡变形监测中得以应用。

为适应边坡工程的复杂监测条件，已开发了多类不同的监测仪器和监测方法，并逐渐从常规变形监测方法向变形监测新技术应用转变，常规变形监测方法一般包括位移计、收敛计、测斜类仪器、测缝计、沉降仪和大地测量技术，变形监测新技术包括数字化近景摄影测量、激光扫描测量、3S 技术（包括地球信息系统、全球定位系统、遥感遥测系统）、光电技术（包括时域发射系统、分布式光纤测量系统）等，具体如表 10-1 所示。

表 10-1 边坡变形监测方法及仪器

常规变形监测方法	大地测量技术	水准仪、经纬仪、全站仪
	位移计	电阻式位移计、钢弦式位移计、引张线式水平位移计、变位计、滑动测微计、三向位移计
	收敛计	收敛计
	测斜类	伺服加速度计式测斜仪、电阻应变片式测斜仪、固定式测斜仪、测斜仪的数字技术及无线传输技术、倾角计
	测缝计	差动电阻式测缝计、二向及三向测缝计
	沉降仪	横梁管式沉降仪、电磁式沉降仪
变形监测新方法	数字化近景摄影测量	各系数码摄像系统
	三维激光扫描测量	激光扫描仪
	3S 技术	RS 遥感遥测系统、GPS 全球定位系统、GIS 地球信息系统
	光电技术	时域反射系统、分布式光纤测量系统

总体看，边坡位移监测可分为边坡表面位移监测和边坡内部位移监测，其中边坡内部位移监测不仅有助于确定边坡的变形破坏模式，还有助于寻找可能存在的滑面位置等，在位移监测方案制定中应高度重视。相对而言，各主要监测方法中，边坡位移监测系统较易建立，且测值可靠，因此应用十分广泛。

为保证边坡位移监测的有效性和合理性，位移监测方案的设计原则应包括：（1）可靠性原则；（2）多层次原则。即采用多种手段进行监测，以便互相补充和校核；其次必要时应考虑表面和内部相结合的立体监测系统；（3）优先监测关键部位原则；（4）根据实际需要选择仪器种类、精度和量程的设计原则；（5）方便实用原则；（6）信息反馈高效的设计原则；（7）无干扰和少干扰的设计原则；（8）地质信息和仪器监测信息并重的设计原则；（9）有利于测点和仪器保护的设计原则；（10）经济合理的设计原则。

10.2.1　边坡表面位移监测

边坡表面测点的位移可采用传统方法监测，即采用前方交会、极坐标、视准线等方法观测水平位移，水准测量或三角高程测量观测竖直位移；采用边角测量和摄影测量方法进行三维测量，同时测得水平和竖直位移；采用收敛计测量测点沿钢尺方向的相对位移，也是一种常用的监测方法。此外，多功能、高效率的光机电算一体化的大地测量新仪器、新技术，已逐渐成为表面位移监测中的重要监测手段。

以下介绍几种边坡表面位移监测常用设备及方法。

10.2.1.1　收敛计

收敛计又称带式伸长计或卷尺式伸长计，可用于测量两个外露测点的相对位移，是一种简单有效、应用较为普遍的便携式仪器。在边坡表面位移监测中，主要用于监测固定在边坡及周边岩土体测点间的相对位移，可在施工期和竣工后定期观测边坡的表面位移。

收敛计主要由钢卷尺（铟瓦钢或高弹性工具钢）、百分表、测量拉力装置及与测点相连接的连接挂钩等部分组成，如图10-1所示。

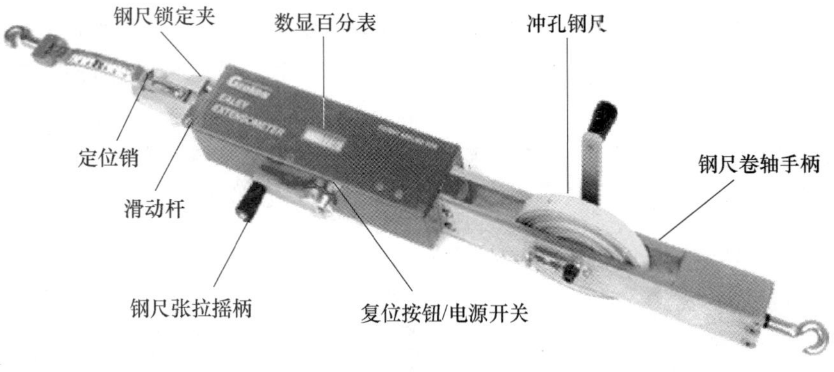

图10-1　收敛计结构示意图

10.2.1.2　全站仪

全站仪是边坡表面监测中最常用的测量仪器，可用来测量布设在边坡表面的反光棱镜的三维坐标。典型的全站仪是以电子测距仪与电子经纬仪的组合作为基本单元。全站仪读数（距离/角度）通常在工程区域内相对所有棱镜的最高点布设的固定仪器平台上进行，根据读数可计算出棱镜位置及位移情况。

边坡表面位移监测中，全站仪的主要用途包括：

（1）放样测量。在实地上测定出所要求的点。

（2）偏心测量。测定测站至通视但无法设置棱镜的点或者测定测站至不通视点间的距离和角度。

(3) 对边测量。在不搬动仪器的情况下，直接测量某一起始点与任意点间的斜距、平距和高差。

(4) 悬高测量。对不能设置棱镜的目标高度的测量。

(5) 后方交会测量。通过对多个已知点的测量定出测站点的坐标。

(6) 面积计算。通过仪器内存中三个或多个点的坐标数据，计算出由这些点的连线封闭而形成的图形面积，所用坐标数据可以是测量所得，也可以手工输入，且这两种方法可交替进行。

10.2.1.3 自动全站仪地表位移监测系统

自动全站仪又称测量机器人，如图 10-2 所示，是一种集自动目标识别、自动照准、自动测角与测距、自动目标跟踪、自动记录于一体的测量平台。

图 10-2 自动全站仪（测量机器人）

该监测方法只需在监测区域内布设一定数量的棱镜，在监测区域外放置测量机器人，即可定期自动完成目标识别、照准等测量工作，成本相对较低，监测精度可靠，且实施简单易行。

该监测系统可根据工程需要，搭建半自动或全自动监测系统，分别如图 10-3、图 10-4 所示。

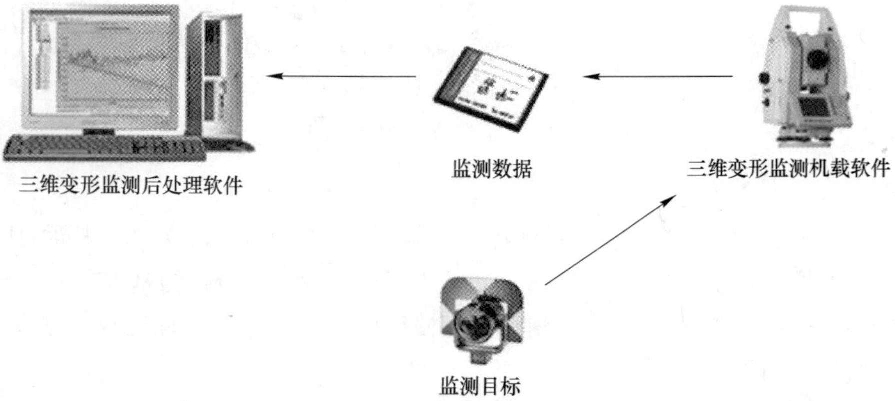

图 10-3 自动全站仪半自动模式

监测系统组成包括坐标系统、操纵器、换能器、计算机和控制器、闭路控制传感器、目标识别系统、目标捕获系统和集成传感器等八大部分。

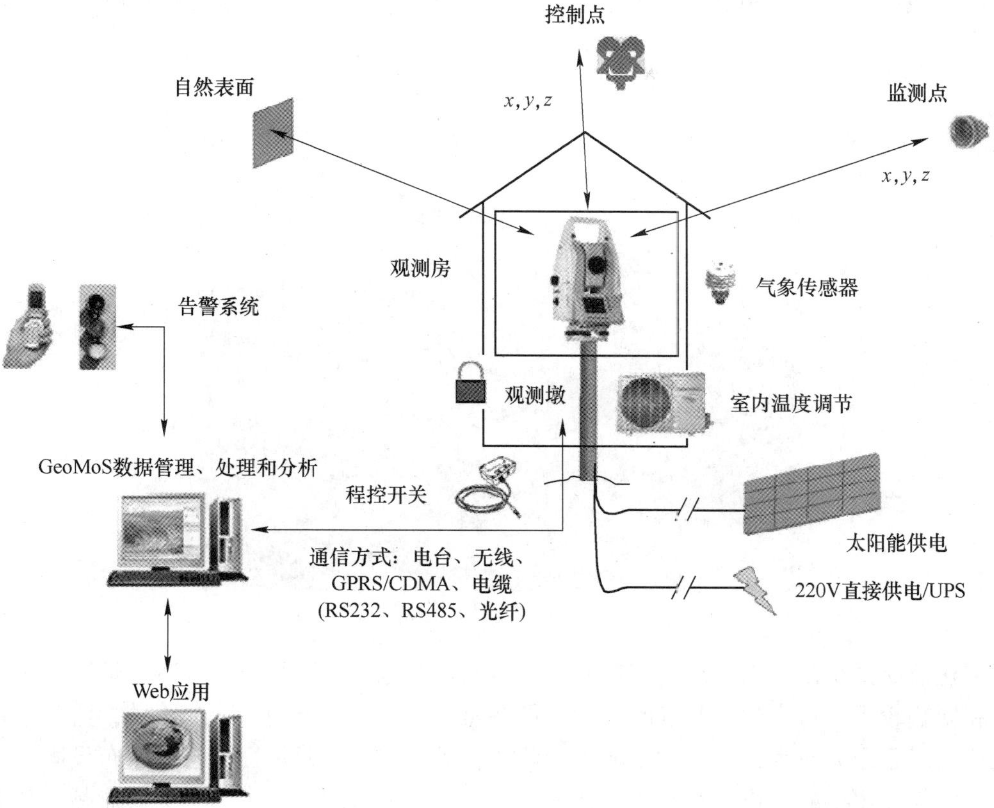

图 10-4　自动全站仪全自动模式

10.2.1.4　雷达监测系统

雷达技术是边坡表面位移监测的新技术，雷达是一种用于边坡表面位移监测的先进设备，无须利用反射镜即可测得±0.1mm 精度的位移。使用时系统生成图像，显示相对于整个边坡参考图像的空间变形，并可绘出图像中各点的变形。

如图 10-5 所示，雷达发出的信号自边坡顶部向底部，或从底部向顶部反复进行扫描，每一次扫描均采集相应数据，并可在浏览器上观察。比较两次扫描的数据可看出台阶表面的位移变化。

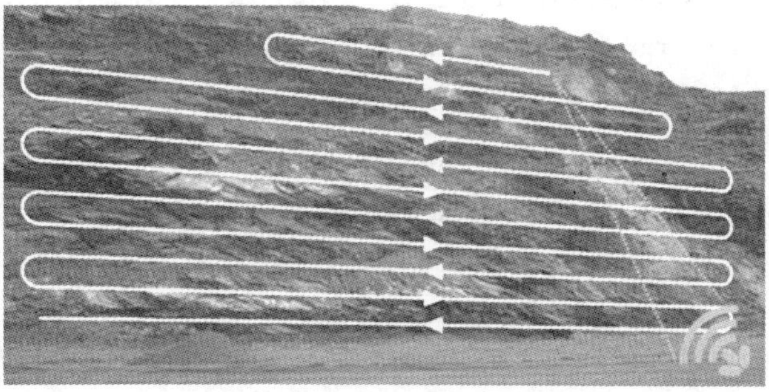

图 10-5　沿边坡水平方向的雷达扫描过程

雷达监测系统主要由雷达、无线传输转发器、初级监测点及配套软件组成。主要部件有雷达天线、摄像头、雷达电器盒、雷达计算机、通信天线、车载电源及拖车等，如图 10-6 所示。

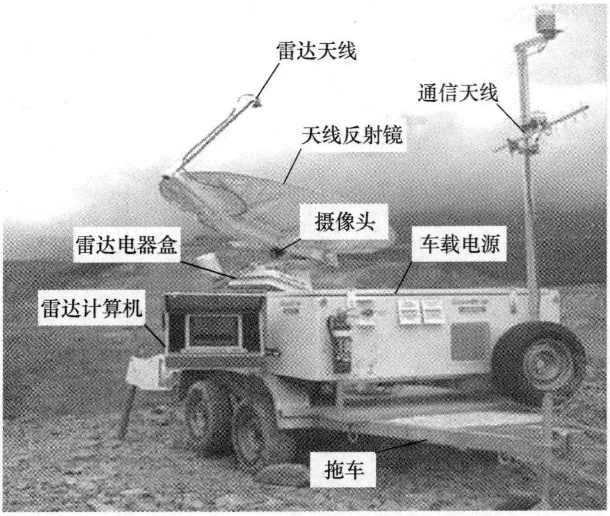

图 10-6 边坡监测雷达组成结构图

雷达监测系统能以毫米级精度对监测区域进行大范围快速扫描；雨雪、烟雾、灰尘的干扰和影响较小，可实现 24h 实时监测；可在监测现场实现方便、快捷移动；监测位置选取灵活，能远距离对存在隐患的区域进行监测；无需在边坡稳定性隐患区域布设固定监测设备，即使发生事故，也不会造成设备损失；可对边坡事故进行全过程连续监测，并能在后期对事故地段继续监测、评估；由软件对监测数据进行分析处理，操作简便、直观，监测结果精确、可靠；软件自动预警，能以图像、声音、短信等多种途径发出报警信号。

10.2.1.5 GPS 与北斗导航监测系统

A GPS 监测系统

GPS（Global Position System，全球定位系统）由空间部分（GPS 卫星星座）、地面控制部分（地面监控系统）、用户设备部分（GPS 信号接收机）等 3 部分组成，可进行全方位实时导航与定位，具有全天候、高精度、自动化、高效率等显著优点。采用双频接收机，可将 GPS 相位观测精度提高到毫米级。

（1）空间部分。由 24 颗卫星组成（21 颗工作卫星，3 颗备用卫星），卫星的分布使得在全球任何地方、任何时间都可观测到 4 颗以上的卫星，并能在卫星中预存导航信息。但因大气摩擦等原因，随着时间的推移，导航精度会逐渐降低。

（2）地面控制系统。由监测站（Monitor Station）、主控制站（Master Monitor Station）、地面天线（Ground Antenna）组成，主控制站位于美国科罗拉多州春田市（Colorado Spring）。地面控制站负责收集由卫星传回的讯息，并计算卫星星历、相对距离、大气校正等数据。

（3）用户设备部分。即 GPS 信号接收机，其主要功能是捕获到按一定卫星截止角所选择的待测卫星，并跟踪这些卫星的运行。当接收机捕获到跟踪的卫星信号后，就可测量出接收天线至卫星的伪距离和距离的变化率，解调出卫星轨道参数等数据。根据这些数据，接收机中的微处理计算机就可按定位解算方法进行定位计算，计算出用户所在地理位置的经纬度、高度、速度、时间等信息。接收机硬件和机内软件以及 GPS 数据的后处理软件包构成完整的 GPS 用户设备。

GPS 定位的基本原理是采用空间距离后方交会的方法，将高速运动的卫星瞬间位置作为已知的起算数据，以 GPS 卫星和用户接收机天线之间距离（或距离差）的观测值为基础，确定待测点的位置。如图 10-7 所示，在地面待测点上安置 GPS 接收机，可以测定 GPS 信号到达接收机的时间，进而得到待测点的准确坐标。

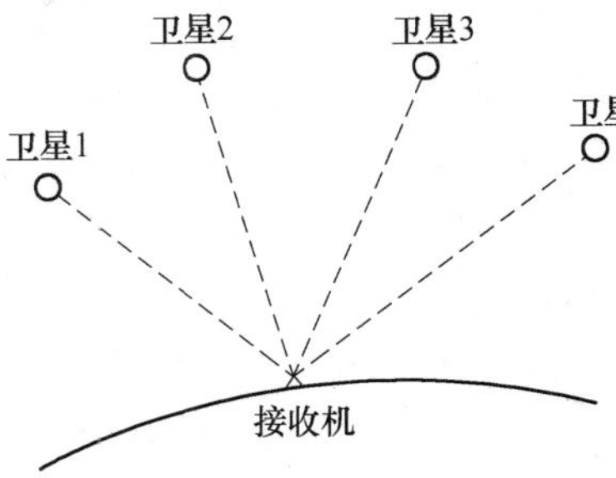

图 10-7 GPS 工作原理示意图

B 北斗导航监测系统

北斗卫星导航定位系统是我国自主研发的拥有自主知识产权的导航定位系统，也是目前世界上继美国的 GPS 和俄罗斯的 GLONASS 之后第三个投入运行的卫星导航定位系统，其具备定位导航与双向通信功能，无需其他通信系统支持或配合。北斗卫星导航定位系统采用与 GPS 系统相同的被动式定位原理，即北斗用户只需接收来自北斗卫星发送的导航定位信号，即可精確解算出全部所需参数。

基于北斗卫星导航定位系统的边坡监测系统，是将布设在边坡上的北斗终端所获取的信息，利用北斗系统的通信功能转送到数据解析处理子系统，再按照北斗系统的通信协议进行解析入库，数据综合管理子系统利用存储在数据库中的监测信息实现监测数据实时显示、历史监测数据统计分析等功能，整个系统的结构层次如图 10-8 所示。

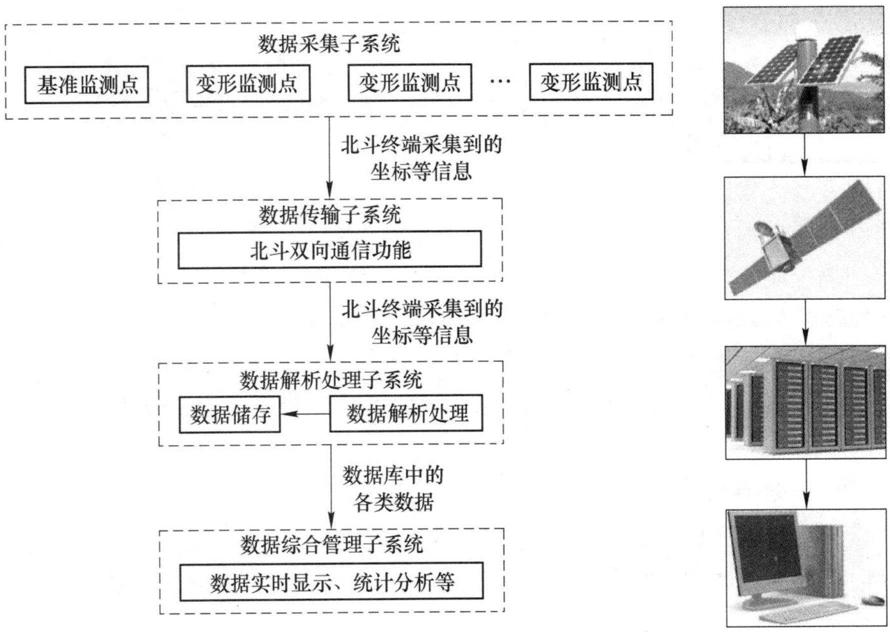

图 10-8 北斗导航监测系统结构示意图

北斗导航监测系统是实现边坡实时、全自动、高精度监测的有效手段，随着我国北斗卫星系统的发展，将会提供更为精确的监测信息。

10.2.1.6 CCD成像及三维激光扫描技术

CCD（Charge Coupled Device，电荷耦合器件）是一种可将光学信号转变成数字信号的微型图像传感器，结合无线收发模块用于边坡表面位移监测，可实现系统的远程控制，达到边坡监测过程数字化和无线化的目的。

CCD是由光敏单元、输入结构和输出结构等组成的一体化光电转换器件，其突出特点是以电荷作为信号载体。当入射光照射到CCD光敏单元上时，光敏单元中将产生光电荷，其与光子流速率、光照时间、光敏单元面积成正比。根据以上原理，可通过光敏单元接收到的标靶发出的电荷大小判断入射光源的位置变化情况，再与设定好的初始状态进行比较，进而给出边坡的具体位移参数。

实际监测中首先将专用光源标靶固定在待测边坡表面某选定测点处，使标靶与边坡牢固结合，即可将边坡位移或震动转换成特定波长的光源位移或震动，再通过光学解析系统将待测信号解析至CCD传感器，传感器通过检测标靶在CCD上成像的中心坐标的变化即可精确绘制被测边坡位移对时间的响应曲线。

三维激光扫描技术又称实景复制技术，其核心是激光发射器、激光反射镜、激光自适应聚焦控制单元、CCD技术和光机电自动传感装置。三维激光扫描技术能够快速、直接、高精度、非接触地获取研究对象表面空间三维数据，进而快速重构出边坡实体目标的三维模型及点、线、面、体、空间等各种制图数据，其独特的空间数据采集方式使其具有多方面的技术优势。与传统的测绘技术相比，三维激光扫描技术自动化提取信息程度高、表达对象细节信息能力强、受环境条件影响小、数据采集效率高。

三维激光扫描技术所获取的原始数据是由全离散的矢量距离点构成的，被称为"点云"。点云数据包含了大量的粗差和系统误差，不能被直接使用，此外，点云数据中还包含有大量的冗余信息，这些冗余信息对后续的三维建模和数据分析帮助不大，并且占用大量的存储空间。因此，该技术一般包括粗差剔除、模型拼接、参考系匹配、数据压缩、三维建模、应用分析等步骤。

在边坡表面位移监测中，三维激光扫描仪可在每个测站获取大量的点云数据，点云中每个点的位置信息均在扫描坐标系中以极坐标的形式描述。扫描前需在待扫描的边坡区域内布设"扫描控制点"，一般由GPS或者全站仪等传统测量手段获取控制点的大地坐标，将点云坐标转换为大地坐标，为边坡监测提供标准通用数据。获取数据后运用扫描数据处理软件进行坡体特征提取，生成边坡区域DEM（Digital Elevation Model，数字高程模型），并用软件生成描述边坡形态的地形图，为边坡变形监测与灾害预报提供基础数据，如图10-9、图10-10所示。

10.2.1.7 分布式光纤监测

光纤传感的基本原理是光纤中的光波参数，如光强、频率、波长、相位以及偏振态等会随外界信号参数的变化而变化，通过检测光纤中光波参数的变化可达到检测外界物理量的目的。

近年来兴起的光纤传感器具有抗电磁干扰、防水、抗腐蚀、耐久性长等特点。特别是分布式光纤传感器，其体积小、重量轻，便于铺设安装，将其植入监测对象中不存在匹配的问题，对监测对象的性能和力学参数等影响较小；光纤本身既是传感体又是信号传输介质，可实现对监测对象的远程分布式监测。分布式光纤传感技术最显著的优点就是可以测

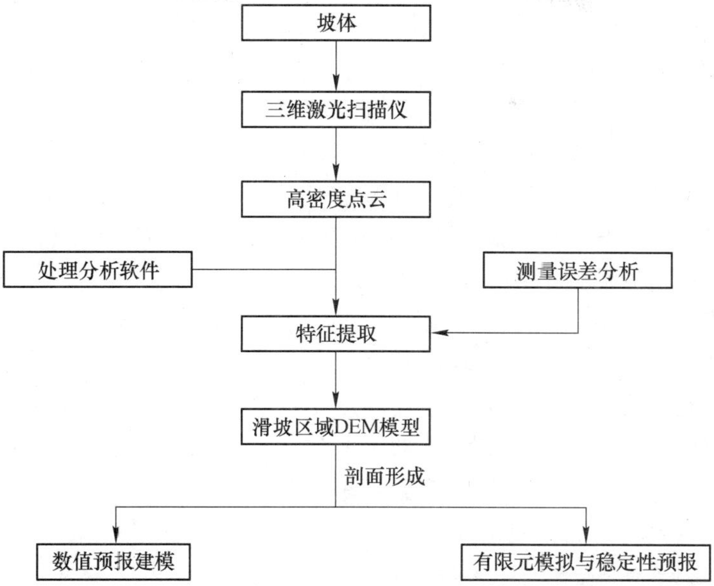

图 10-9　三维激光扫描监测流程图

图 10-10　软件处理后边坡位移云图

出光纤沿线任一点上的应变、温度和损伤等信息，实现对监测对象的全方位监测。

图 10-11 所示光纤网是若干个节点经由光纤或光缆连接而成的面状网络，通过特定的布设方法，可以仅凭一条光纤便将所有节点都连接起来，从而简化了数据线的接入问题。节点之间的光纤，也由于节点群的约束，对周围环境的变形非常敏感。

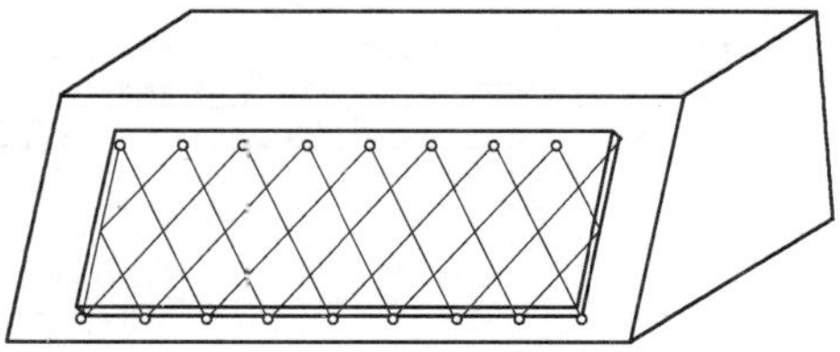

图 10-11　光纤传感网络布设示意图

根据边坡条件，节点被固定在土体表面以下一定位置（土质边坡），或直接附着在岩体表面（岩质边坡），固定方式可采取锚杆等方法。光纤或光缆通过专门的固定剂固定在节点上，将岩土体表面的各节点连接成网，用以监测边坡表面位移。

10.2.2　边坡内部位移监测

监测边坡内部位移可确定边坡岩土体内破坏面（带）的位置及破坏情况，一般可通过钻孔或边坡内的排水坑道观测。主要装置有土体位移计和倾斜仪。

10.2.2.1　土体位移计

土体位移计可用于测量岩石、土体等的钻孔轴向变形，也可埋入边坡土体中（土质边坡），在边坡内部位移监测中广泛使用。如图 10-12 所示，土体位移计的主要测量器件是一个振弦式应变计，连同一个配有滑动杆的精密线性弹簧。随着滑动杆伸缩，传递器件、弹簧张力以及振弦张力都会发生变化。张力变化量与拉伸量成正比。率定后可得出仪器的系数，该系数是振动频率和拉伸量的函数。

位移计的传感器固定在一个法兰端，通过一定长度的传递杆连至另一个法兰端。传感器和传递杆外套有一根给定长度（仪器长度）的塑料保护管（当仪器较长时则在中间增加伸缩节）来固定两个法兰端，确保连杆固定不动。当两法兰相对移动时，位移信号被传递杆传至传感器，由读数装置测得读数。通过选择不同的仪器长度和传感器的量程范围，可达到最佳灵敏度。若要达到最高分辨率，应选用仪器长度较大、量程较小的传感器；而针对变形较大的情况，应选择长度相对较短、量程较大的传感器。

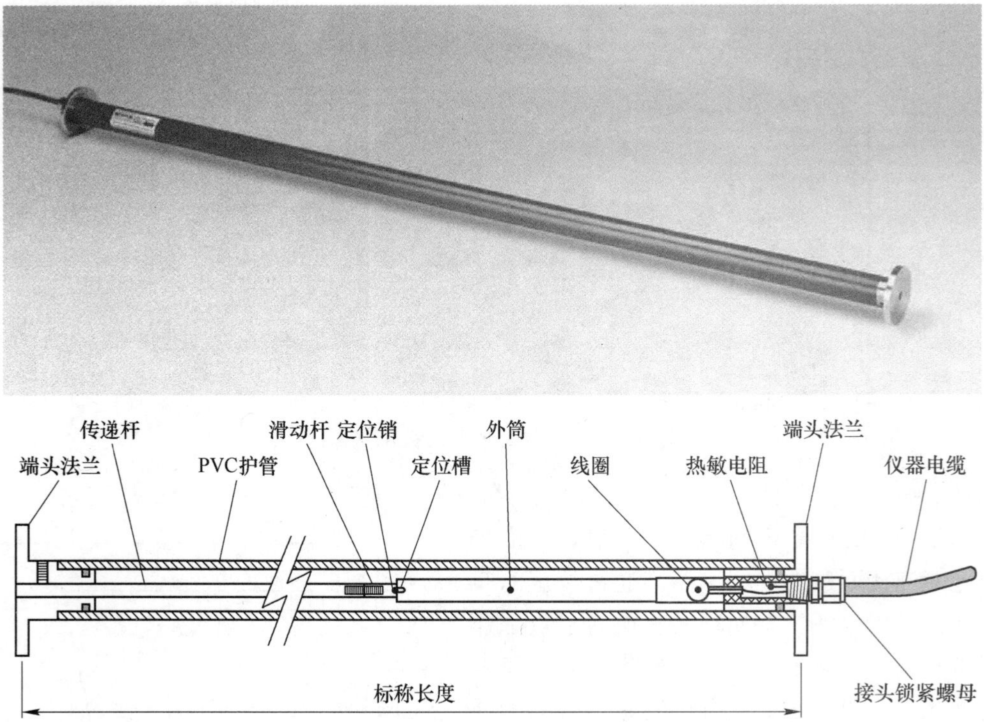

图 10-12　土体位移计结构示意图

10.2.2.2　多点位移计

多点位移计可在同一钻孔中沿其长度方向设置不同深度的测点 3~6 个（国外可多达 10 点），测量各测点沿长度方向的位移，适用于边坡不同深度的位移监测。

多点位移计主要由锚头、传递杆、护管、支承架、护筒、传感器、护罩以及灌浆管（或压力水管）等部件组成，如图 10-13 所示。传感器可选用人工测读的机械式测微仪表，也可用远程传输的电测传感器，如线性电位器式位移计、差动电阻式位移计、振弦式位移计等。

钻孔中各锚固点岩体所产生的位移，经传递杆传到基准端，各点位移量均可在基准端进行量测。

10.2.2.3　倾斜仪（倾角计）

倾斜仪可分为垂直测斜仪与水平测斜仪，通常在钻孔中测斜管内使用，通过测量测斜管轴线与铅垂线或水平线之间夹角变化量，监测土、岩石和建筑物的水平和垂直位移。倾斜仪又可分为活动型和固定型两种，活动型倾斜仪带有导向滑动轮，可在测斜管中逐段测出产生位移后轴线与铅垂线或水平线的夹角；固定型是把测斜仪固定在测斜管某个位置上，连续、自动、遥控测量监测仪器所在位置倾斜角的变化。

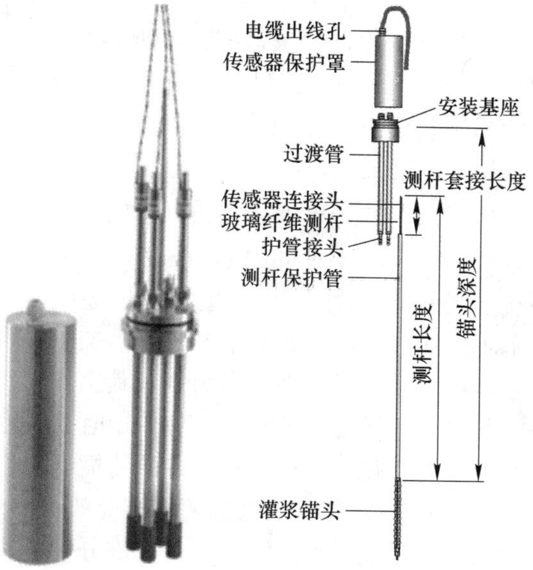

图 10-13　多点位移计结构图

倾斜仪传感器型式有多种，如伺服加速度计式、MEMS（微机电系统）式、电位器式、振弦式、电感式、差动变压器式等。

（1）伺服加速度计式倾斜仪。伺服加速度计式倾斜仪一般直接安装于工程结构上，或在任意垂直面或水平表面上用一个可调整的支架安装，如图 10-14 所示。

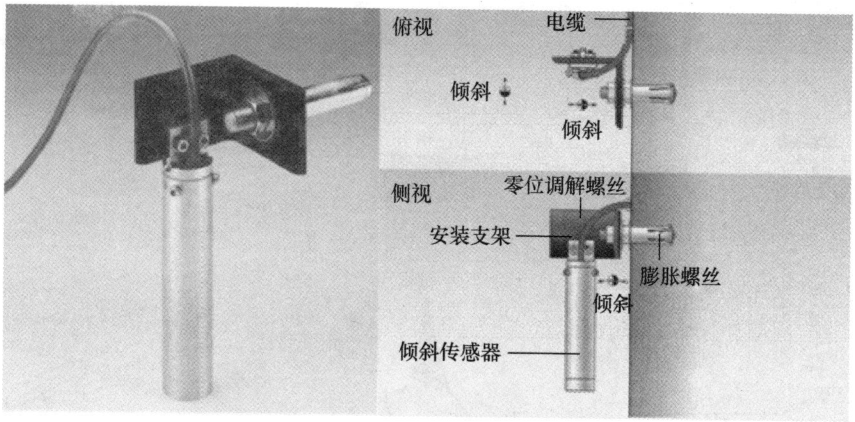

图 10-14　伺服加速度计式倾斜仪及安装

大多数倾斜仪均使用力平衡伺服加速度计，探头本身包括一个重力作用的垂摆，其位置传感器可以探测垂摆的位置，并且提供足够的伺服力使垂摆回到原来竖直时的零位置。从竖直零位置倾斜得越大，伺服力越大，因而摆块不能自由运动。伺服力的大小转变为电信号输出在读数装置上显示为倾斜量。

（2）串联固定式倾斜仪。串联固定式倾斜仪由一连串 MEMS（微机电系统）倾斜传感器安装在一定长度的不锈钢管内并用万向节连接在一起，如图 10-15 所示。带有张力的弹性滑轮组使得每点都能与通用的测斜管导槽良好结合定位。安装在测斜管内的所有传感器用电缆引出后连接至终端箱或数据记录仪采集数据。

当地面运动导致测斜管一个或多个部位产生倾角变化，记录这些点的倾斜值，即可绘制出纵断面的偏移曲线。每支测斜仪传感器均包含一个热敏电阻以记录温度，用于温度校正。

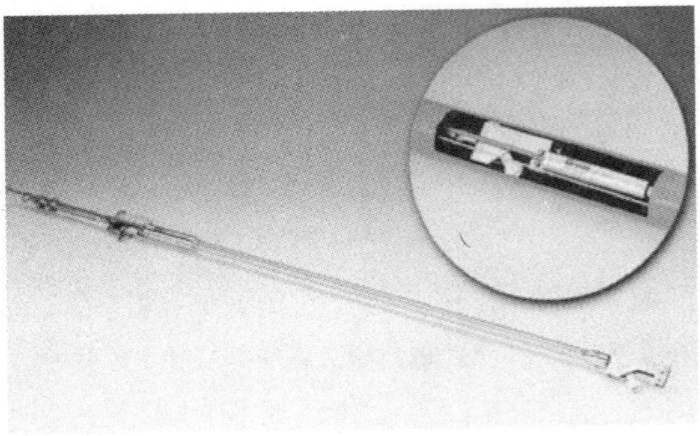

图 10-15 串联固定式倾斜仪

10.2.2.4 TDR 时域反射系统

TDR（Time Domain Reflection）监测系统主要由电脉冲信号发生器、传输线（同轴电缆）、信号接收器等组成。TDR 技术实质上是电磁波理论的运用，其工作原理是同轴电缆受到剪切或拉伸作用时，受力区域几何特性的改变将引起该区域同轴电缆特性阻抗的变化，电磁波在其中的传播将发生反射与透射。

一个完整的 TDR 滑坡监测系统一般由同轴电缆、TDR 时域反射仪、数据记录仪、远程通讯设备以及数据分析软件等几部分组成。在待监测的边坡上钻孔，并将同轴电缆安放在钻孔中，在钻孔中灌注水泥砂浆，使同轴电缆与周围岩土体紧密结合。由 TDR 时域反射仪激发电脉冲信号沿着同轴电缆从地表向下传播，边坡的位移和变形将使同轴电缆断裂或变形，从而引起同轴电缆阻抗发生变化，产生反射脉冲信号，反射信号在电缆的特性信号曲线上显示为一个脉冲峰尖，边坡变形的位置即能被精确确定。

图 10-16 所示为 TDR 监测系统及远程信息传输示意图。

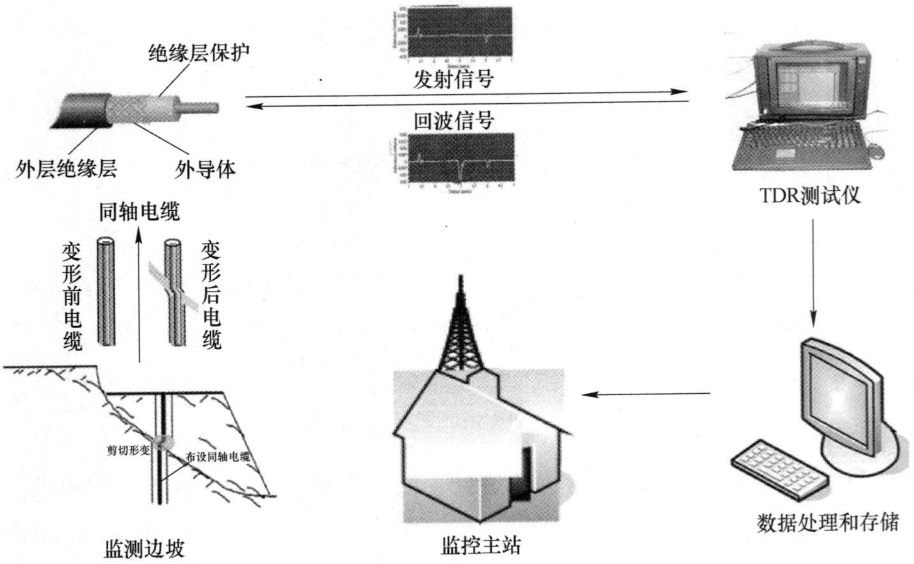

图 10-16 TDR 位移监测系统

TDR 系统价格低廉，检测时间短，提供数据较快捷（一般 3～5min 可以测读一个数据），能实现遥测，安全性高。但由于 TDR 系统对无剪切作用不敏感，使得其在倾斜、滑坡移动量和移动方向的监测上存在不足，需同时配合其他监测方法进行弥补。

10.3 地下水监测

地下水作为影响边坡稳定性的一个重要因素，会降低不连续面的抗剪强度，对坡体产生浮托力，诱发和加速坡体的滑移，是边坡变形破坏和滑坡灾害的主要内在或触发原因之一。因此，地下水动态长期监测是边坡监测的重要内容，其中渗流压力、渗流量是重点监测项目。其主要目的有：

（1）检验稳定性计算和分析时所预测的状态，如果实际地下水状态与预测结果有较大差异，则应重新评价边坡稳定性；

（2）监测水压变化，预报不稳定坡体的破坏状态；

（3）对于露天矿而言，使用早期地下水压、水量的观测资料，可预测边坡向下延深过程中的地下水状态；

（4）检验疏干效果。

地下水监测通过布置满足一定规则的观测点来监测边坡岩土体渗流压力和渗流量等指标。观测点位置和深度可根据地质情况、边坡潜在滑动面位置、排水设备型式、可能产生渗透变形情况、渗水部位、汇集条件、渗流量大小并结合所采用的观测方法等因素确定。对于比较均匀的岩土体，一般布置2~3个基面，每个基面设3~5个测点；对于非均质且地质构造比较复杂的岩土体，应根据岩土体分布情况在每一不同岩土体相应深度处布置2~3个基面，每个基面布置3~5个测点，且尽量将测点设在强透水层中，以观测各层中渗流压力变化。在观测点位置布置相应监测设备，直接或间接得出该测点渗流压力。

10.3.1 地下水监测仪器简介

用于渗流压力观测的仪器可统称为孔隙水压力计，可用于边坡工程地下水流情况监测。水压计型式有多种，一般分为竖管式、水管式、气压式和电测式四大类。电测式又依传感器不同分为振弦式、电阻应变片式和压阻式等。国内多采用竖管式、水管式和振弦式孔隙水压力计。

各类孔隙水压力计的优缺点如表10-2所示。

表10-2 各类孔隙水压力计性能比较表

水压计类型	优　点	缺　点
竖管式 测压管式	构造简单，观测方便，测值可靠，无需复杂的终端观测设备；使用耐久，无锈蚀问题；有长期运行记录	埋设复杂，钻孔费用高，易受施工干扰破坏；存在冰冻问题；竖管套管要尽量竖直放置，易堵塞失效；有时响应较慢
水管式 双水管式	有长期使用记录，响应快，观测直观可靠；能利用观测井集中测量；双管式还可测出负孔隙压力；相对竖管式不易受施工干扰破坏	存在冰冻及与水有关的微生物滋生堵塞问题，要用脱气水定期排气，长期运行失效率达30%；要在下游设观测井，费用高，施工有干扰，高程不能高过测头位置5~6m
振弦式	读数方便，维护简易，响应快，灵敏度高；能测负孔隙压力，能遥测实现自动化；测头高程与观测井高程无关，无冰冻问题；输出频率信号可长距离传输，电缆要求较低，使用寿命长	偶有零点漂移，有时会停振，对气压敏感，室外须有防雷击保护

续表 10-2

水压计类型	优点	缺点
电阻应变片式	响应快，灵敏度高；可长距离传输，以实现遥测自动化；加工制作简单，无冰冻问题；测头高程与观测井高程无关；能测负孔隙压力，适宜动态测量	对温度敏感，零点漂移可能较大；对温度电缆长度和连接方式的改变敏感；长期稳定性较差
气压式	测头高程与观测井高程无关，无冰冻问题；响应快，易于维护，测头费用低；可直接测出孔隙压力值	须防止湿气进入管内；使用时间较短，需熟练操作人员

图 10-17 是振弦式水压计结构图，适用于渗透系数小于 0.001m/d 的含水岩体，其各项性能均较为优异，主要部件用特殊钢材制造，适合各种恶劣环境使用。特别是在完善电缆保护措施后，可直接埋设在对仪器要求较高的碾压混凝土中。标准透水石是用带 50μm 小孔的烧结不锈钢制成，以利于空气从渗压计空腔排出。

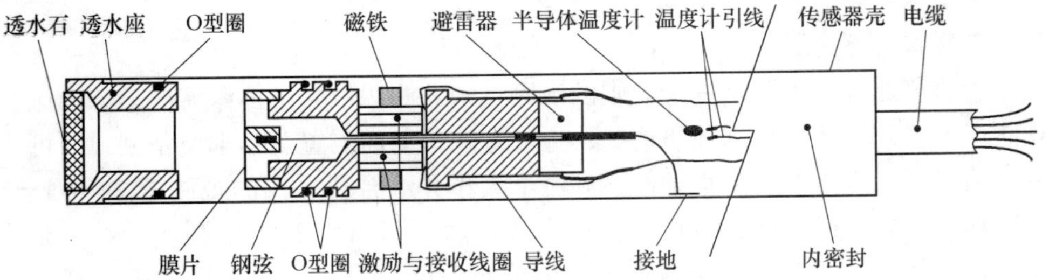

图 10-17　振弦式水压计结构图

除上述各类水压计以外，还有一种光纤光栅渗压计（图 10-18），主要用于长期测量测压管、钻孔、堤坝、管道和压力容器里的液体及孔隙水压力，其性能较优异，主要部件均用特殊钢材制造，有足够的强度，适合各种恶劣环境安装使用，特别是在完善光缆保护措施后，可直接埋设在对仪器要求较高的碾压介质中。

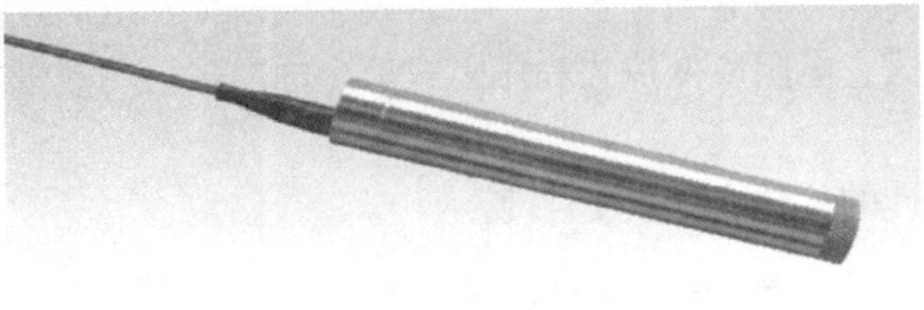

图 10-18　光纤光栅渗压计

仪器中有一个灵敏的不锈钢膜片，使用过程中，膜片上压力的变化引起膜片移动，该微小位移量可用光纤光栅元件测量，并传输到光纤光栅解调仪上，从而得到压力的变化情况。

为避免损坏传感器膜片，以过滤器（透水石）隔绝固体颗粒。标准透水石是 50μm 孔径的烧结不锈钢，如需要也可使用高通气透水石。所有暴露零部件都用耐腐蚀的不锈钢制成，若安装正确，该装置寿命较长，但若在盐水环境中，膜片和外壳应采用特殊材料。

应当定期地对水压进行监测，并辅以边坡涌水量、降水量监测，绘制边坡地下水等水头线图。边坡渗流量的监测应根据渗水部位、汇集条件、渗流量大小并结合所采用的观测方法进行布置观测点。渗流量监测仪器主要有量水堰、量水堰渗流量仪和管口渗流量仪等。

监测周期视工程水文地质条件的类型而定，一般在雨季、不稳定迹象出现地段、疏干系统开始工作期应加密观测次数。监测资料较完整时，可分别绘制涌水量、水头、影响半径以及边坡渗出段高度随潜水面下降值的变化曲线等。

10.3.2 地下水监测注意事项

（1）地下水位观测点，应以长期观测钻孔为主。

（2）当边坡内同时存在多个含水层时，应分层观测水位。

（3）地下水位监测点应布置在有代表性的剖面上，特别是稳定条件不利区段。包括设计边坡最高、最陡处，岩性软弱或有不利方向的结构面，水文地质条件不利地段等。

（4）剖面线数量及每一剖面上水压力计个数取决于地下水对边坡稳定性影响的重要性、水文地质结构的复杂程度、工程规模等。

（5）对矿山边坡而言，随边坡施工的进行，潜水位可能不断下降，导致部分水压计失效，需增补新水压计，以跟踪监测地下水位。

10.4 震动监测

震动监测包括爆破震动监测和岩石破裂监测，其中岩石破裂监测主要包括地音（声发射）和微震监测。

10.4.1 爆破震动监测

利用日常生产爆破，测量地震波在边坡岩体中的传播速度、加速度及其变化，可描述各部分岩体的相对完整性及其变化过程，进而推断边坡稳定性的变化。

（1）爆破震动监测系统。监测系统一般由传感器、监测仪、存储体、计算机等部分组成，如图 10-19 所示。在具体工程监测时，应根据实际需要，选用合适的监测系统，确定合理的量测范围。

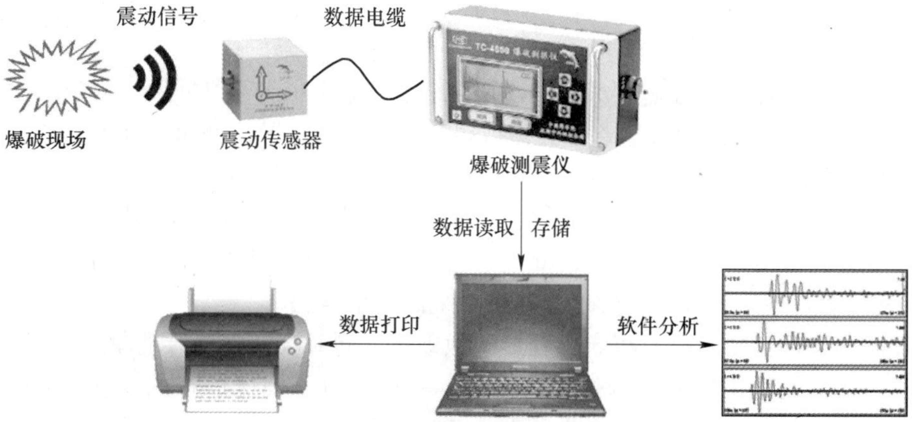

图 10-19 爆破震动监测系统示意图

（2）量程和灵敏度选择。震动监测中，仪器的可测量程范围和灵敏度选择对能否获取爆破震动的数据十分重要。要注意仪器的最小和最大可测范围。对于部分具有微积分变换过程的仪器，如位移摆型速度输出的拾振器（速度计），其可测范围更应注意，输入与输出之间是一个微分换能过程，在相同的输入量条件下，输出的大小与频率的一次方成正比。由于位移摆可测最大位移量程是常量，假定为 A_m，则根据微分关系，其可测最大速度量程为 $V_m=2\pi fA_m$，式中 f 为频率。

(3) 传感器安装要求。震动监测中，应合理选择测点的具体布置和传感器的安装位置。为保证正确的监测记录，对测振传感器的安装和固定，应注意以下几点：首先要注意传感器的安装和测点布置位置应反映被测对象的震动特征；其次应保证传感器与被测物体的良好固定，确保紧密接触；最后应保证连接导线的绝缘与屏蔽性能良好、连接插件与仪器接触紧密。

采用固定件固定传感器时，传感器与被测物体间将增加一个弹性垫层。固定件本身所产生的震动为寄生震动。故震动监测中，首先应尽量减少不必要的固定件，尽可能使传感器直接固定于被测物体上，仅在必要时才设置固定件。实际上由于监测需要和安装条件的限制，一定的固定件和连接方法总是不可避免的。

常用的传感器安装方法包括胶合剂等黏附、探针固定、直接安放等。不同的安装方法各有特点，适用于不同情况。如探针固定方法要求被监测信号频率不能太高，一般应小于1000Hz（岩土爆破震动频率一般不超过100Hz），适用于监测点多且不确定的场合。

10.4.2 地音（声发射）与微震监测

工程活动引起的震动现象可分为两种：一种是震动比较强烈、能量为 $10^2\sim10^8$ J（里氏震级-2.0~+2.5级），震动频率通常小于200Hz的事件，属于微震（简称MS）范畴；另一种是震动能量较弱，震动频率高，通常大于1000Hz的事件，则视为地音（简称AE）现象，实验室又称声发射现象。事实上，微震、地音（声发射）本质上是一致的，均为岩石破裂产生弹性波的传播现象，根据其能量、频率的不同而人为划分，无明确界线。

有效监测重点危险区域的地音现象，可在危险萌芽阶段对岩石破裂风险进行控制；精确的微震事件监测，则可对监测区域内的高能事件分布进行区域划分，有效判断岩体内的能量释放情况，以采取更具有针对性的处治措施。

10.4.2.1 地音监测

地音技术在边坡稳定性监测方面的应用源于20世纪30年代末的硬岩矿山声波试验研究，在利用AE技术预测边坡稳定性方面取得显著进展和成效。20世纪60年代末70年代初美国矿山局Paulsen等开始利用AE技术研究加州某露天矿的边坡稳定性，成功地监测预报了露天矿边坡的破坏过程。在国内，近年来武汉安全环保研究院利用AE技术对长江三峡大坝一些关键部位的岩石活动情况进行监测，为三峡大坝的建设提供了重要依据。图10-20为三峡船闸高边坡岩体变形地音监测系统结构示意图。

地音监测原理：岩石受力将产生变形和微破坏，同时会产生地音现象。地音信号的数量、强弱等指标的变化反映了岩体受力情况。一般而言，表征地音的参量有：分级事件数、总事件数、能率、地音信号频率、事件延时与事件到时差等，它们分别反映了地音信号或地音事件的不同特征。

对某一区域连续进行地音监测，并系统分析地音事件频度、能率、频率、延时等一系

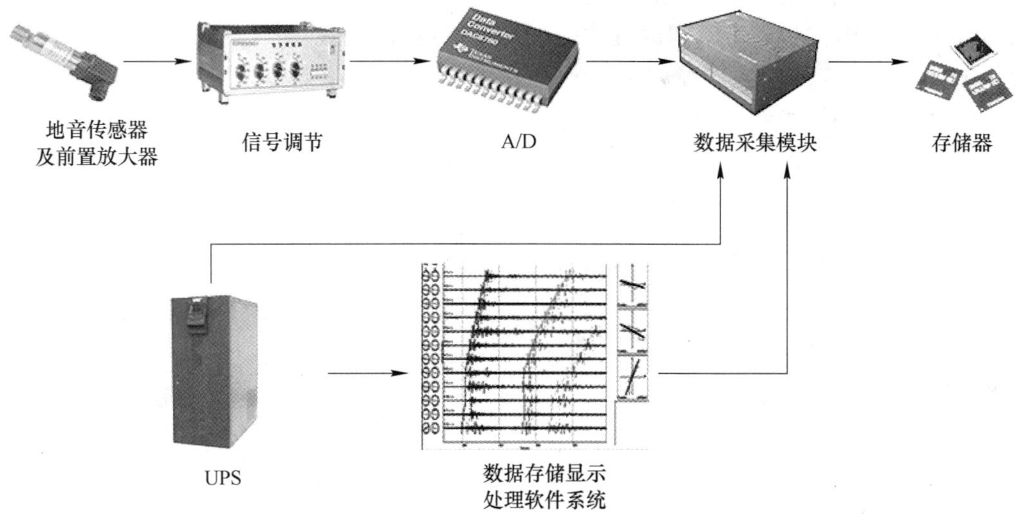

图 10-20 边坡地音监测系统结构示意图

列地音参量，找出地音活动规律，可判断岩体受力状态和破坏进程，评价岩体的稳定性。

地音的监测方法一般分为两类：一类是间断性的监测方法，采用不定期流动监测方式，根据地音参量的变化，判断岩石破坏趋势，评价岩体结构的稳定性，预报灾害发生，为安全生产提供可靠信息；另一类是连续监测方法，该方法一般使用大型的地音监测系统，可使用多个通道测量方式，测量范围大，并可实现地音信息的连续、实时监测与集中处理。

10.4.2.2 微震监测

近年来，作为一种岩体微破裂三维空间监测技术，微震监测技术得到了迅速发展。

（1）微震监测原理。在岩石承载过程中，其内在缺陷被压裂或扩展或闭合，此时产生能级很小的声发射，当裂纹扩展到一定规模、岩石承载接近其破坏强度的一半时，开始出现大范围裂隙贯通并产生能级较大的声发射，称之为“微震”或 MS。当承载接近岩石的极限强度时，微震事件的次数显著增加，直至岩石破坏。

边坡微震监测技术是利用岩体开挖或者受到施工扰动后本身发射出的弹性波来监测工程岩体稳定性的技术方法。这些微破裂以弹性能释放的形式产生弹性波，每一个微震信号都包含着岩体内部状态变化的丰富信息，并可被安装在有效范围内的传感器接收，利用多个传感器接收这种弹性波信息，通过反演方法就可以得到岩体微破裂发生的时刻、位置和性质，即地球物理学中所谓的“时空强”三要素，如图 10-21 所示。根据微破裂的强度、集中程度、破裂密度，则有可能推断岩石宏观破裂的发展趋势，这便是微震监测技术的核心思想。

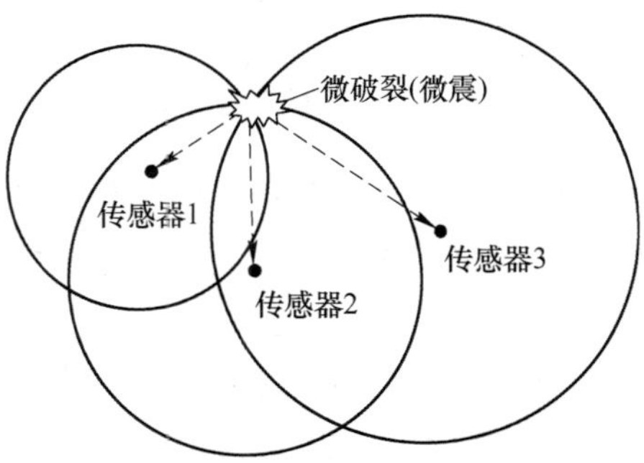

图 10-21 微震监测原理图

（2）微震监测系统组成。以锦屏一级水电站左岸边坡微震监测系统为例，微震监测系统主要包括加速度传感器、数字信号采集系统、数字信号处理系统、电缆光缆、数据通讯调制解调器以及三维可视化软件等。微震监测系统覆盖区域范围内，分布于不同高程的传感器可对边坡深部岩体卸荷产生的微破裂事件实施 24h 连续监测，获取大量微震事件的时空数据、误差、震级以及能量等多项震源参数，并对采集的数据进行滤波处理，提供震源信息的完整波形与波谱分析图，自动识别微震事件类型，通过滤波处理、设定阈值、带宽检波等方式排除噪声事件。图 10-22 为微震监测系统网络拓扑图。

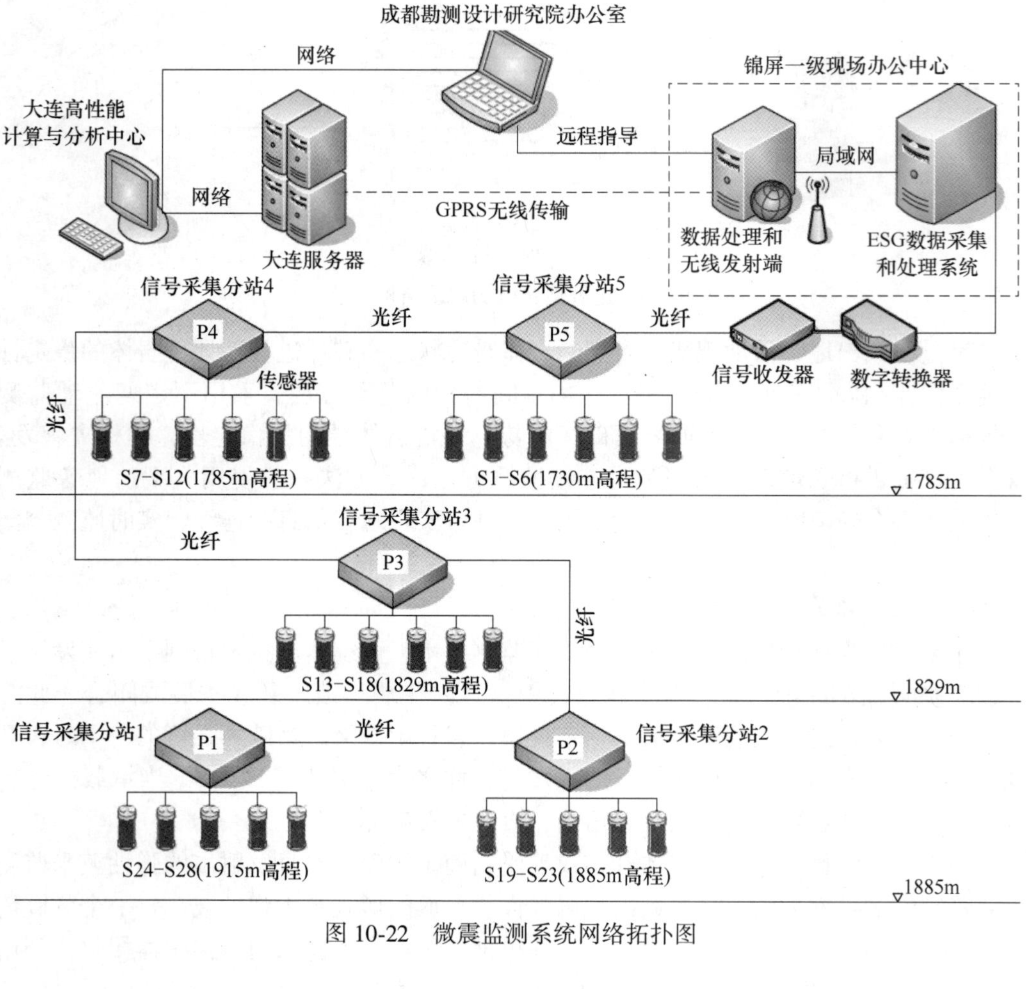

图 10-22 微震监测系统网络拓扑图

10.5 加固工程结构物荷载监测

某些具有滑动危险或已经失稳的边坡须采取适当的支护措施，且需在支护工程施工和运营时对支护结构进行监测。常用的支护结构有土钉、锚杆、预应力锚杆、抗滑桩、挡土墙等。

锚杆（锚索）荷载及挡土墙侧压力，一般采用测力计测量。常用的测力计有差动电阻式测力计、电阻应变测力计和钢弦测力计，可制成压缩式，也可制成拉伸式。测量结果及时绘制载荷-时间变化曲线，如果载荷变化，应及时分析产生变化的原因，为边坡支护方案的调整提供依据。

10.5.1 锚杆与土钉轴力监测

锚杆、土钉轴力量测的目的在于了解锚杆实际工作状态，结合位移量测，修正锚杆、土钉的设计参数。锚杆轴力量测传感器主要有振弦式锚杆测力计、差动电阻式锚杆测力计和电阻应变片式锚杆测力计。

（1）振弦式锚杆测力计。振弦式锚杆测力计主要有荷载盒式和锚杆式两种。荷载盒式测力计是由钢筒和布置在钢筒周边的3个或6个振弦式应变计组成，用应变计来测读作用在荷载盒上的荷载，然后把各应变计的读数取平均值，以减少不均匀和偏心荷载的影响。锚杆式测力计则由带中心孔的受力盒与分离式钢弦传感器组成，中心孔可配直径10~200mm、量程15~4500kN的锚杆进行应力监测，轴力由振弦式传感器的频率输出来测定。

（2）电阻应变片式锚杆测力计。电阻应变片式锚杆测力计是用一种高强度钢或不锈钢圆筒，沿周边粘贴8~16片高输出电阻应变片构成惠斯通全桥结构；当受荷载时，全桥输出阻值发生变化，用以测量其压缩或张拉的荷载。电阻应变片的上述布置可补偿温度影响和偏心加载。

用作监测的每根锚杆或土钉一般布置3~5个测点，观测锚杆受力状态和加固效果，了解应力沿杆体的分布规律。土钉或锚杆安装应力计时应符合安装技术要求。应力计采用螺纹或对焊和杆体连接。需要对焊的应力计，应在冷却下进行对焊，应力计与锚杆保持同轴。应力计安装前须进行标定。

10.5.2 预应力锚杆（索）监测

预应力锚杆（索）应力监测，其目的是为了分析锚杆的受力状态、锚固效果及预应力损失情况，因预应力的变化受到边坡变形和内在荷载变化的影响，通过监控锚固体系的预应力变化可以了解被加固边坡的变形与稳定情况。

在一般情况下，锚索测力计用于测量加载液压千斤顶上的力、荷载及锚索长期应力变化。锚索测力计属于负载传感器，常用于以下几方面：确认锚索测力计在测量锚索、岩石锚杆等过程中加在千斤顶上的液压荷载；提供对锚索、岩石锚杆及其他重型荷载的全过程监测；提供自动数据采集的电信号输出，以实现远程监测。

锚索测力计安装是在锚索施工前期进行的，其安装过程包括：测力计室内检定、现场安装、锚索张拉、孔口保护和建立观测站等。

（1）振弦式锚索测力计。振弦式锚索测力计用于锚索、岩石锚杆、锚栓或拱形支架的荷载以及其他重型荷载的测量。

振弦式锚索测力计本身为高强度合金钢圆筒，内置3、4或6只高精度钢弦式传感器。传感器可测量作用在锚索测力计上的总荷载，同时通过测读每只传感器，还可测量不均匀或偏心荷载，其结构如图10-23所示，典型安装如图10-24所示。

（2）光纤光栅锚索测力计。光纤光栅锚索测力计用于锚索或锚杆应力测量，其外形结构、内部光纤光栅应变传感器分布见图10-25。光栅与锚索测力计轴线平行，当荷载作用在锚索计上时，带动光栅产生压缩变形并导致光栅波长产生相应变化，从而获得应力变

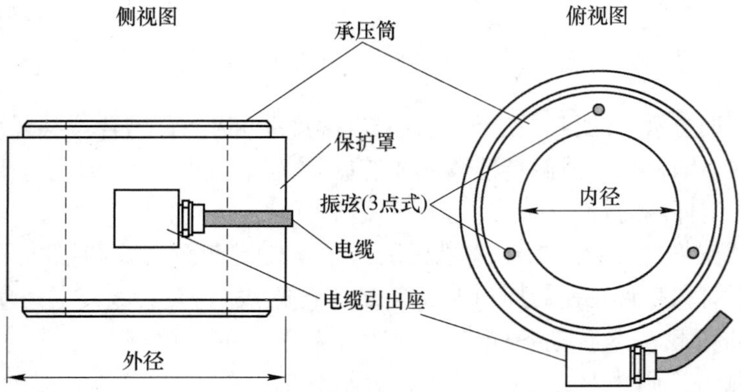

图 10-23 振弦式锚索测力计结构图

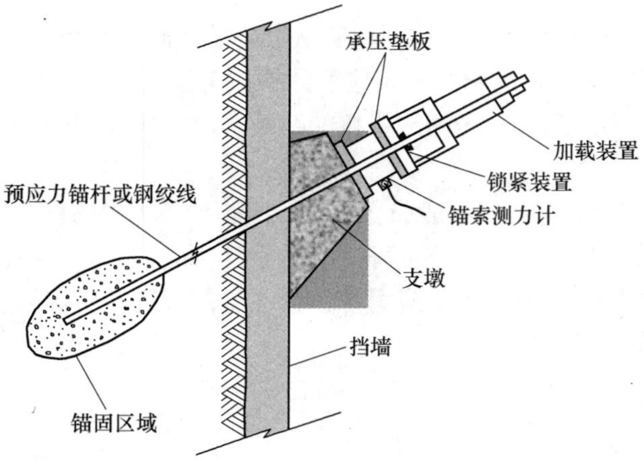

图 10-24 锚索测力计安装示意图

化。图中结构为 4 光栅传感器型（不包含测温光栅），其他如 3 光栅或 6 光栅传感器结构与此类似。

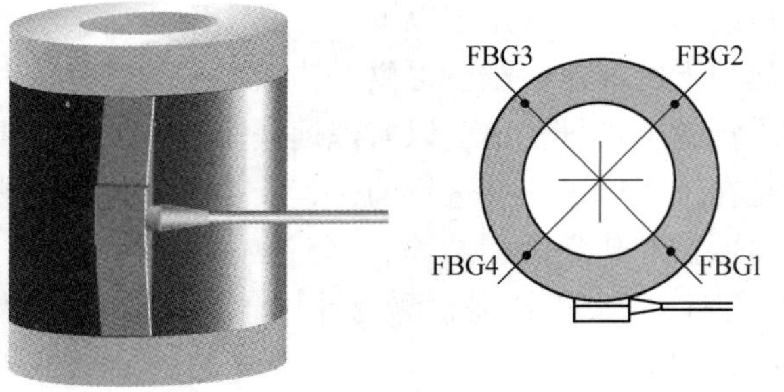

图 10-25 光纤光栅锚索测力计

由于光纤光栅具有对温度敏感的特性，一般光纤光栅锚索测力计内置有测温光栅，根据锚索测力计大小不同，通常有 4~7 条光纤光栅，其中一条用作测温以及温度补偿，其余几条用于应力测量。采用多根光栅的意义在于可在一定范围内消除偏心荷载的影响，以提高测量精度。

对于预应力锚杆的监测数量，永久性锚杆应为工程锚杆总量的5%～10%，临时性锚杆应为工程锚杆总量的3%，且均不得少于3根。

10.5.3　抗滑桩监测

抗滑桩是承受侧向荷载用于处治滑坡的支撑结构物，其穿过滑体在滑床的一定深度处锚固，发挥抵抗滑坡下滑力的作用。

抗滑桩监测主要包括两方面内容：一是监测抗滑桩的加固效果和受力状态，二是监测抗滑桩正面边坡坡体的下滑力和背面边坡坡体的抗滑力。

监测抗滑桩的受力状态常采用钢筋计和混凝土应力计。常用的钢筋计有振弦式和光纤光栅式等，其中，振弦式钢筋计与前述振弦式锚杆测力计相同。

（1）光纤光栅式钢筋计。光纤光栅钢筋计主要用来监测混凝土或其他结构中的钢筋应力，包括贴有光纤光栅的高强度钢体，焊接在两段钢筋端面之间。其一般用于焊接在钢筋混凝土结构的待测钢筋断面之间，如图10-26所示。

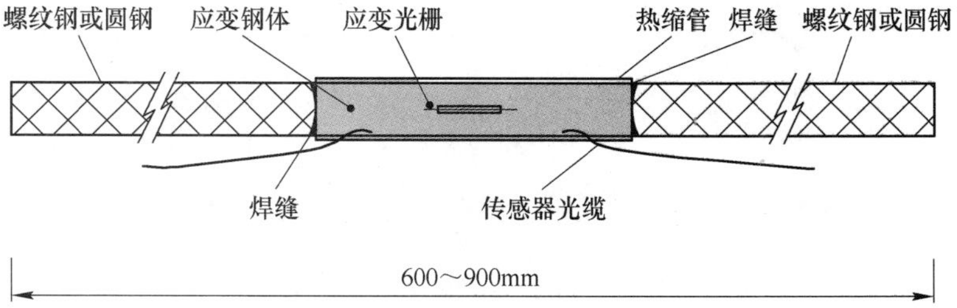

图10-26　光纤光栅式钢筋计

监测边坡下滑力及其分布可以在桩的正面和背面受力边界及桩的不同高度布置钢筋计，钢筋计应布置在受力最大、最复杂的主滑动面附近。

（2）混凝土应力计。混凝土应力计埋设在混凝土构筑物内，可直接测量混凝土内部拉、压应力。

如图10-27所示，应力计由一个微型振弦式压力盒和一个混凝土圆柱体串联构成。该混凝土圆柱与周围混凝土具有相同性质，但通过一根均匀多孔透水的塑料管材料与周围混凝土分离开，并由两个法兰将应力计与周围混凝土连接。该振弦式压力盒可克服结构混凝土因温度、湿度、负载等变化引起的弹性模量，收缩和膨胀变化引起的不确定应变变化，方便、准确地测量结构内部应力。

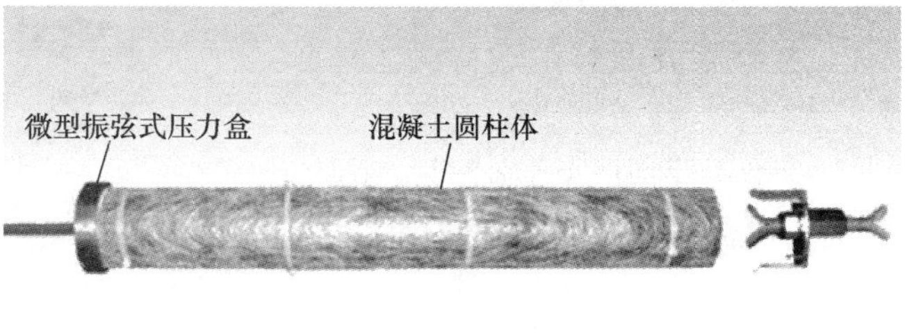

图10-27　振弦式混凝土应力计

10.5.4 挡土墙监测

挡土墙是支撑边坡土体、防止土体变形失稳的构造物。受土压力作用，挡土墙破坏的主要表现形式为倾覆或墙体自身破坏。因此，对挡土墙的监测，主要观测墙背土压力变化及挡土墙位移，其中挡土墙位移可采用精密水准仪、经纬仪等测得。

土压力计按所采用传感器不同分为振弦式、光纤光栅式等，其结构外形基本相同，因传感器不同内部结构有相应改变。

图 10-28 所示振弦式土压力计可用来测量填土对挡土墙表面的界面接触压力，或称“接触式”土压力计。背板较厚，放于结构外表面，以减少任何点荷载的影响，避免使土压力计弯曲，感应板较薄，用于测量土压力。

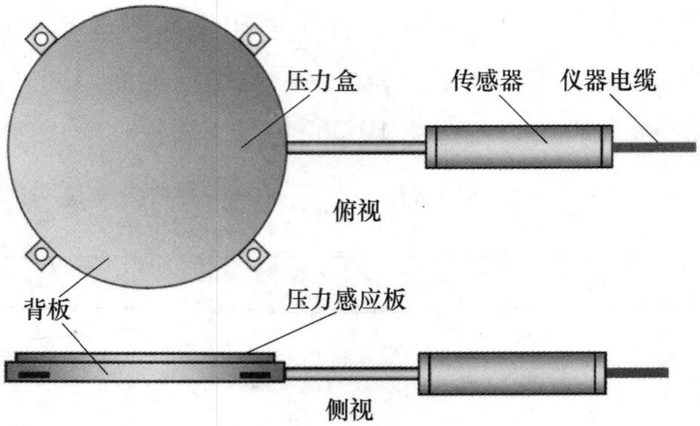

图 10-28 振弦式土压力计（压力盒）

挡土墙回填时，可在墙体结构中安装土压力计，也可直接在现有结构表面上安装土压力计。

结构浇筑混凝土时，可用钢钉或焊接法将土压力计挂耳固定于模板上定位，感应面朝向模板，并使背板与混凝土充分结合。在要浇筑的模板内部布置电缆，多余电缆可卷起后置于保护箱体内，将电缆挂在附近钢筋上，以免浇筑混凝土和振捣时遭受损坏。

在原有结构上安装，则将挂耳用水泥钢钉、膨胀螺栓、绑扎丝等将土压计背板紧贴结构表面固定于结构上，不论结构表面是否光滑，都须在土压力计与结构表面之间垫入少量砂浆。

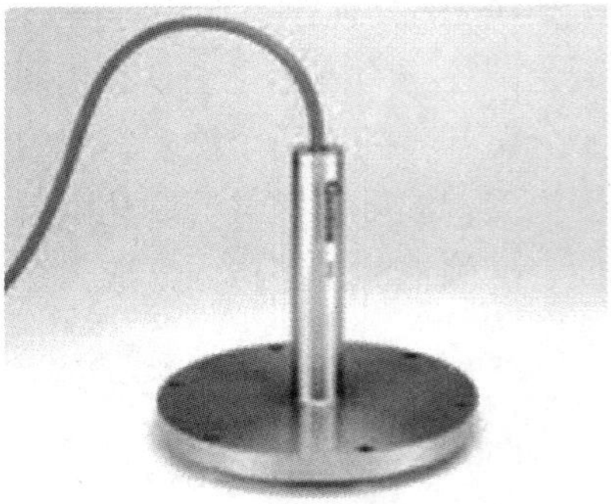
图 10-29 顶出式压力盒

图 10-29 所示为顶出式压力盒，土压力计置于一圆盘内，圆盘靠在挡土墙开挖侧面并以一液压千斤顶顶住而压入，保证压力盒监测面与附近待测土体充分接触。

振弦式土压力计长期稳定性好，结构牢固，操作方便，易实现自动化，在工程中得到广泛应用。

10.6 自动化监测系统

边坡工程往往工期长、涉及内容多、安全监测延续性要求高，且很多情况下人工监测不便，所以通常情况下应进行监测系统整体设计，并在条件许可的情况下，考虑提高监测系统的自动化水平。

10.6.1 自动化监测系统结构模式

自动化监测系统按采集方式分为集中式、分布式和混合式三种结构模式。

(1) 集中式自动化监测系统。集中式自动化监测系统，是将现场数据采集自动化、数据运算处理自动化及资料异地传输均集中在专设的终端监测室内进行。布设在各处的传感器经集线箱（或切换装置）与监测室内采集装置相连，通过集线箱切换对传感器进行巡测或选测。集线箱到采集装置之间传输电模拟量，抗干扰能力差，可靠性低，且不同传感器需用不同集线箱和专用测量装置，如图 10-30 所示。因此，集中式适用于仪器种类少、测点数量不多、布置相对集中和传输距离不远的中小型工程中。

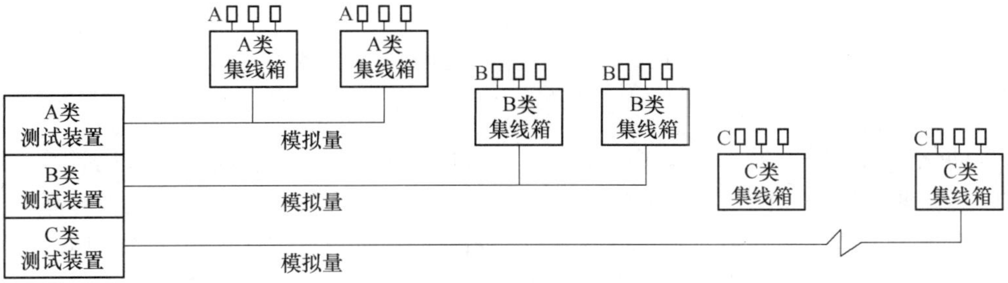

图 10-30 集中式安全监测系统结构框图

A，B，C—不同类型传感器

(2) 分布式自动化监测系统。分布式（集散式）自动化监测系统，是一种分散采集、集中管理的结构，是将测控单元（MCU）分布在传感器附近，而 MCU 具有模拟量测量、A/D 转换、数据自动存储和与上位机进行数据通讯等功能。每个测控单元可看作频率、脉冲、电压、电阻等某种测量信号的一个独立子系统，各子系统采用集中控制，所有监测数据经总线输入上位计算机集中管理。

分布式自动化监测系统的优点是：测控单元与传感器距离近，缩短了模拟量传输距离，即使一个子系统发生故障也不会影响整个系统运行。分布式采集方式适用于工程规模大、测点数量多且分散的监测系统。图 10-31 为分布式安全监测系统的结构框图。

(3) 混合式自动化监测系统。混合式是介于集中式和分布式之间的一种结构模式，它具有分布式布置的外形，而采用集中方式进行采集。设置在传感器附近的遥控转换箱类似 MCU，虽可汇集其周围传感器信号，但不具备 MCU 的 A/D 转换和数据存储功能。其传输的模拟信号汇于一条总线中，传输到监控站进行集中测量和 A/D 转换，然后将数字量送入计算机进行存贮处理。混合式监测系统较好地解决了模拟量的长距离传输问题，既有分散汇集大量传感器的灵活性和扩展性，又只需一套测量与控制装置。

10.6.2 自动化监测系统设计

自动化监测系统一般由监测传感器、数据采集装置、通信装置、监测计算机及外部设备、数据采集软件、信号及控制线路、通信及电源线路等组成。

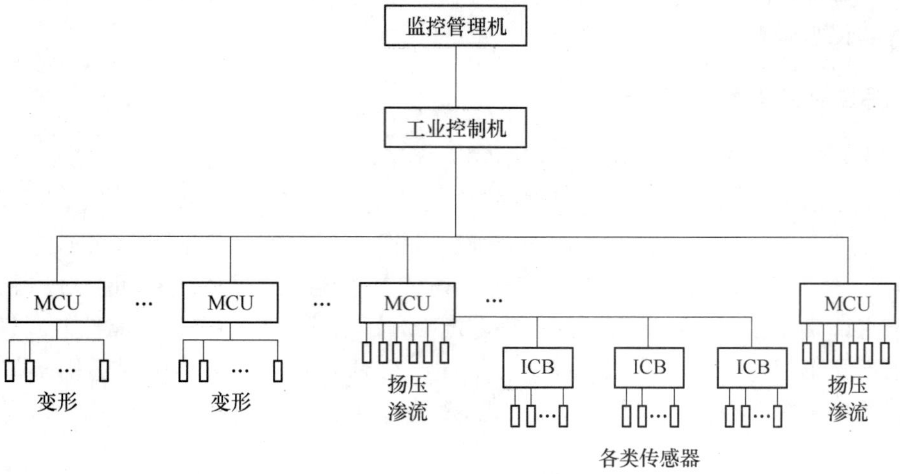

图 10-31　分布式安全监测系统结构框图

MCU—测控单元；ICB—智能转换箱

自动化监测系统可由一个或多个基本采集系统组成。采集系统的数据采集装置分散设置在靠近监测仪器的监测站，其采集计算机设置在监测管理站。根据工程规模和需要，该系统可设置一个监测管理中心站，可设置在监测现场，也可设置在远离现场的地区。通信网络可根据需要采用双绞线、电话线、无线和光纤等通信介质。监测管理中心站应配备满足工程安全监测所必需的计算机及相应外部设备，通常应配置服务器、工作站、打印设备、存储设备、网络设备、电源设备（如不间断电源、隔离稳压电源）等。

岩土工程的安全监测系统，是由许多仪器设备组成的协调整体，由此获取各种物理量，并对取得的信息进行转换和处理。该监测系统应有统一的时间和空间基准，并根据边坡类型和工作年限来确定。监测系统的控制单元是工程安全的控制单元，对边坡而言，应控制滑动面、切割面、临空面、边坡加固结构单元以及有关建筑和设施等对象。

图 10-32 为边坡自动化监测系统构成示意图，通过在潜在滑坡体适当位置布置专门的监测仪器，监测滑坡体表面裂缝、深层位移、倾斜变形、地下水位以及环境降雨量等。上述监测仪器通过专门的数据采集装置进行自动采集并记录，再通过 GPRS 或 GSM 无线传输方式将采集的数据发送到远程中心数据接收站，如图 10-33 所示。远程中心数据接收站只需要一台计算机配合相应通讯模块，通过配套的数据采集软件即可实现数据的现场采集、

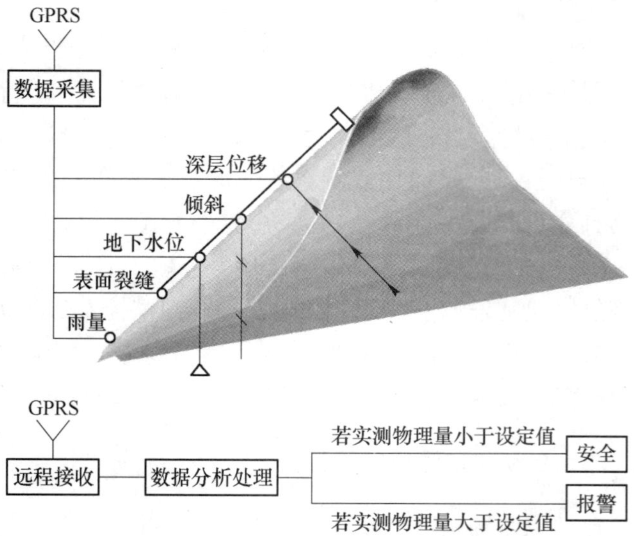

图 10-32　边坡自动化监测系统构成示意图

实时监控、异常测值报警等目的，从而远程监控该滑坡体表面裂缝开合位移、深层变形和相应变形速率，以及环境量变化等实时状况，对动态监控滑坡体变形发展及预测可能的破坏规模均具有重要意义。

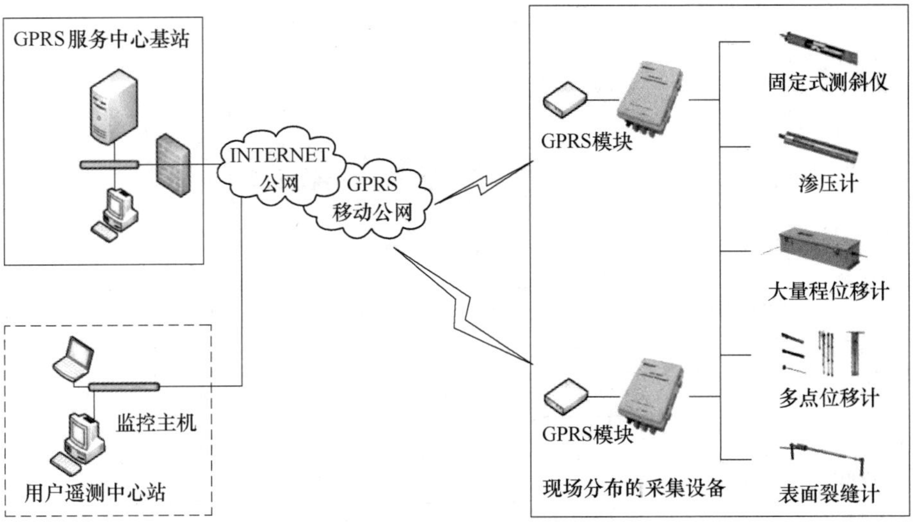

图 10-33　自动化监测系统远程监控示意图

练 习 题

(1) 简述边坡稳定性监测的主要任务。
(2) 简述边坡位移监测两大主要内容及监测方案布设原则。
(3) 简述边坡表面位移监测的主要仪器及其工作原理。
(4) 简述地下水监测的主要目的。
(5) 简述地音监测系统与微震监测系统原理与应用的异同。
(6) 简述加固工程结构物载荷监测主要内容。
(7) 简述边坡自动化监测系统的主要组成部分。

附　　录

附录 1　“*m*”法影响函数值

αy	A_1	B_1	C_1	D_1	A_2	B_2	C_2	D_2
0.0	1.00000	0.00000	0.00000	0.00000	0.00000	1.00000	0.00000	0.00000
0.1	1.00000	0.10000	0.00500	0.00017	0.00000	1.00000	0.10000	0.00500
0.2	1.00000	0.20000	0.02000	0.00133	−0.00007	0.99999	0.20000	0.02000
0.3	0.99998	0.30000	0.04500	0.00450	−0.00034	0.99996	0.30000	0.04500
0.4	0.99991	0.39999	0.08000	0.01067	−0.00107	0.99983	0.39998	0.08000
0.5	0.99974	0.49996	0.12500	0.02083	−0.00260	0.99948	0.49993	0.12499
0.6	0.99935	0.59987	0.17998	0.03600	−0.00540	0.99870	0.59981	0.17998
0.7	0.99860	0.69967	0.24495	0.05716	−0.01000	0.99720	0.69951	0.24493
0.8	0.99727	0.79927	0.31988	0.08532	−0.01706	0.99454	0.79891	0.31983
0.9	0.99508	0.89852	0.40472	0.12146	−0.02733	0.99016	0.89779	0.40462
1.0	0.99167	0.99722	0.49941	0.16657	−0.04165	0.98334	0.99583	0.49921
1.1	0.98658	1.09508	0.60384	0.22163	−0.06097	0.97317	1.09262	0.60345
1.2	0.97927	1.19171	0.71787	0.28757	−0.08631	0.95855	1.18756	0.71716
1.3	0.96908	1.28660	0.84127	0.36536	−0.11883	0.93817	1.27990	0.84002
1.4	0.95523	1.37910	0.97373	0.45587	−0.15973	0.91047	1.35865	0.97164
1.5	0.93681	1.46839	1.11484	0.55996	−0.21030	0.87366	1.45259	1.11145
1.6	0.91280	1.55346	1.26404	0.67841	−0.27193	0.82566	1.53020	1.25872
1.7	0.88201	1.63307	1.42060	0.81192	−0.34604	0.76413	1.59963	1.41248
1.8	0.84313	1.70575	1.58362	0.96108	−0.43412	0.68645	1.65867	1.57150
1.9	0.79467	1.76973	1.75190	1.12634	−0.53767	0.58968	1.70468	1.73422
2.0	0.73502	1.82294	1.92402	1.30798	−0.65821	0.47061	1.73456	1.89872
2.2	0.57492	1.88710	2.27217	1.72039	−0.95615	0.15129	1.73109	2.22300
2.4	0.34691	1.87449	2.60882	2.19530	−1.33888	−0.30271	1.61287	2.51873
2.6	0.03314	1.75474	2.90669	2.72360	−1.81478	−0.92598	1.33485	2.74971
2.8	−0.38548	1.49039	3.12845	3.28761	−2.38753	−1.75478	0.84178	2.86653
3.0	−0.92809	1.03679	3.22473	3.85829	−3.05316	−2.82403	0.06837	2.80404
3.2	−1.61194	0.34278	3.13221	4.39178	−3.79622	−4.16287	−1.05910	2.47914
3.4	−2.44967	−0.64750	2.77223	4.82566	−4.58492	−5.78813	−2.61941	1.78930

续附录1

αy	A_1	B_1	C_1	D_1	A_2	B_2	C_2	D_2
3.6	−3.44542	−1.99135	2.05038	5.07509	−5.36534	−7.69539	−4.69037	0.61270
3.8	−4.58980	−3.74207	0.85751	5.02907	−6.05453	−9.84716	−7.33918	−1.18938
4.0	−5.85329	−5.94095	−0.92675	4.54767	−6.53312	−12.15789	−10.60840	−3.76645
4.2	−7.17823	−8.60589	−3.42725	3.46084	−6.63771	−14.47566	−14.49625	−7.26771
4.4	−8.46929	−11.71596	−6.76190	1.57015	−6.15405	−16.56083	−18.93030	−11.82405
4.6	−9.58278	−15.19163	−11.02433	−1.34502	−4.81250	−18.06264	−23.73398	−17.52124
4.8	−10.31551	−18.87009	−16.25910	−5.51489	−2.28769	−18.49537	−28.58514	−24.36215
5.0	−10.39409	−22.47610	−22.42791	−11.15786	1.79474	−17.21722	−32.96967	−32.21617
5.2	−9.46672	−25.58918	−29.36578	−18.44757	7.84071	−13.41642	−36.12597	−40.75423
5.4	−7.09981	−27.60937	−36.72658	−27.46552	16.25497	−6.11121	−36.99502	−49.36951
5.6	−2.78320	−27.72502	−43.91853	−38.13644	27.38777	5.82694	−34.17277	−57.08507
5.8	4.05145	−24.88855	−50.03197	−50.14434	41.45479	23.61537	−25.88225	−62.45345
6.0	13.99309	−17.80855	−53.76463	−62.82830	58.42435	48.45246	−9.97907	−63.45715

αy	A_3	B_3	C_3	D_3	A_4	B_4	C_4	D_4
0.0	0.00000	0.00000	1.00000	0.00000	0.00000	0.00000	0.00000	1.00000
0.1	−0.00017	−0.00001	1.00000	0.10000	−0.00500	−0.00033	−0.00001	1.00000
0.2	−0.00133	−0.00013	0.99999	0.20000	−0.02000	−0.00267	−0.00020	0.99999
0.3	−0.00450	−0.00068	0.99994	0.30000	−0.04500	−0.00900	−0.00101	0.99992
0.4	−0.01067	−0.00213	0.99974	0.39998	−0.08000	−0.02133	−0.00320	0.99966
0.5	−0.02083	−0.00521	0.99922	0.49991	−0.12499	−0.04167	−0.00781	0.99896
0.6	−0.03600	−0.01080	0.99806	0.59974	−0.17997	−0.07199	−0.01620	0.99741
0.7	−0.05716	−0.02001	0.99580	0.69935	−0.24490	−0.11431	−0.03001	0.99440
0.8	−0.08532	−0.03413	0.99181	0.79854	−0.31975	−0.17060	−0.05119	0.98908
0.9	−0.12144	−0.05466	0.98524	0.89705	−0.40443	−0.24285	−0.08199	0.98032
1.0	−0.16652	−0.08329	0.97501	0.99445	−0.49881	−0.33299	−0.12493	0.96668
1.1	−0.22151	−0.12192	0.95975	1.09016	−0.60268	−0.44292	−0.18286	0.94634
1.2	−0.28736	−0.17260	0.93783	1.18342	−0.71574	−0.57451	−0.25886	0.91712
1.3	−0.36495	−0.23760	0.90727	1.27320	−0.83753	−0.72950	−0.35631	0.87637
1.4	−0.45514	−0.31934	0.86574	1.35821	−0.96746	−0.90954	−0.47883	0.82101
1.5	−0.55869	−0.42039	0.81054	1.43680	−1.10468	−1.11611	−0.63027	0.74745
1.6	−0.67628	−0.54348	0.73859	1.50695	−1.24808	−1.35043	−0.81466	0.65157
1.7	−0.80846	−0.69144	0.64637	1.56621	−1.39623	−1.61347	−1.03618	0.52871
1.8	−0.95562	−0.86715	0.52997	1.61162	−1.54728	−1.90579	−1.29909	0.37368
1.9	−1.11794	−1.07357	0.38503	1.63968	−1.69889	−2.22748	−1.60770	0.18071
2.0	−1.29532	−1.31361	0.20676	1.64629	−1.84818	−2.57800	−1.96620	−0.05652
2.2	−1.69331	−1.90568	−0.27087	1.57537	−2.12482	−3.35955	−2.84858	−0.69158
2.4	−2.14113	−2.66328	−0.94884	1.35201	−2.33901	−4.22816	−3.97323	−1.59150

续附录 1

αy	A_3	B_3	C_3	D_3	A_4	B_4	C_4	D_4
2. 6	−2. 62120	−3. 59990	−1. 87738	0. 91680	−2. 43695	−5. 14025	−5. 35541	−2. 82106
2. 8	−3. 10333	−4. 71751	−3. 10791	0. 19728	−2. 34558	−6. 02301	−6. 99007	−4. 44490
3. 0	−3. 54050	−5. 99981	−4. 68788	−0. 89127	−1. 96927	−6. 76472	−8. 84028	−6. 51971
3. 2	−3. 86405	−7. 40337	−6. 65295	−2. 44320	−1. 18727	−7. 20390	−10. 82226	−9. 08236
3. 4	−3. 97863	−8. 84653	−9. 01581	−4. 55689	0. 14717	−7. 11792	−12. 78668	−12. 13313
3. 6	−3. 75702	−10. 19606	−11. 75089	−7. 32525	2. 20465	−6. 21211	−14. 49634	−15. 61293
3. 8	−3. 03605	−11. 25190	−14. 77432	−10. 82106	5. 17298	−4. 11147	−15. 60095	−19. 37352
4. 0	−1. 61430	−11. 73063	−17. 91863	−15. 07545	9. 24375	−0. 35784	−15. 61050	−23. 14032
4. 2	0. 74657	−11. 24932	−20. 90227	−20. 04840	14. 58961	5. 58352	−13. 87018	−26. 46802
4. 4	4. 31469	−9. 31209	−23. 29456	−25. 58958	21. 32923	14. 30231	−9. 54133	−28. 69034
4. 6	9. 37248	−5. 30302	−24. 47806	−31. 38891	29. 47642	26. 39967	−1. 59546	−28. 86740
4. 8	16. 18898	1. 50929	−23. 61178	−36. 91681	38. 87054	42. 41401	11. 16907	−25. 73656
5. 0	24. 97623	11. 94853	−19. 60110	−41. 35574	49. 08509	62. 70634	30. 07446	−17. 67648
5. 2	35. 82509	26. 87946	−11. 08309	−43. 52697	59. 31370	87. 29438	56. 45843	−2. 69874
5. 4	48. 61601	47. 11770	3. 56014	−41. 82015	68. 23464	115. 62512	91. 49619	21. 51278
5. 6	62. 90107	73. 28704	26. 14335	−34. 13766	73. 85997	146. 27796	135. 92622	57. 48755
5. 8	77. 75522	105. 61026	58. 55356	−17. 87215	73. 38160	176. 59591	189. 65530	107. 74502
6. 0	91. 59823	143. 61937	102. 53238	10. 05694	63. 03608	202. 25181	251. 21978	174. 42061

附录 2　“*K*”法影响函数值

βy	φ_1	φ_2	φ_3	φ_4
0. 00	1. 0000	0. 0000	0. 0000	0. 0000
0. 05	1. 0000	0. 0500	0. 0013	0. 00002
0. 10	1. 0000	0. 1000	0. 0050	0. 0002
0. 15	0. 9999	0. 1500	0. 0113	0. 0006
0. 20	0. 9997	0. 2000	0. 0200	0. 0014
0. 25	0. 9993	0. 2500	0. 0313	0. 0026
0. 30	0. 9987	0. 2999	0. 0450	0. 0045
0. 35	0. 9975	0. 3498	0. 0613	0. 0072
0. 40	0. 9957	0. 3997	0. 0800	0. 0107
0. 45	0. 9932	0. 4494	0. 1012	0. 0152
0. 50	0. 9895	0. 4990	0. 1249	0. 0208
0. 52	0. 9878	0. 5188	0. 1351	0. 0234
0. 54	0. 9858	0. 5385	0. 1457	0. 0262
0. 56	0. 9836	0. 5582	0. 1567	0. 0293

续附录 2

βy	φ_1	φ_2	φ_3	φ_4
0. 58	0. 9811	0. 5778	0. 1680	0. 0325
0. 60	0. 9784	0. 5974	0. 1798	0. 0360
0. 62	0. 9754	0. 6170	0. 1919	0. 0397
0. 64	0. 9721	0. 6364	0. 2044	0. 0437
0. 66	0. 9684	0. 6559	0. 2174	0. 0479
0. 68	0. 9644	0. 6752	0. 2307	0. 0524
0. 70	0. 9600	0. 6944	0. 2444	0. 0571
0. 72	0. 9552	0. 7136	0. 2584	0. 0621
0. 74	0. 9501	0. 7326	0. 2729	0. 0675
0. 76	0. 9444	0. 7516	0. 2878	0. 0730
0. 78	0. 9384	0. 7704	0. 3030	0. 0790
0. 80	0. 9318	0. 7891	0. 3186	0. 0852
0. 82	0. 9247	0. 8077	0. 3345	0. 0917
0. 84	0. 9171	0. 8261	0. 3509	0. 0986
0. 86	0. 9090	0. 8443	0. 3676	0. 1057
0. 88	0. 9002	0. 8624	0. 3846	0. 1133
0. 90	0. 8931	0. 8804	0. 4021	0. 1211
0. 92	0. 8808	0. 8981	0. 4199	0. 1293
0. 94	0. 8701	0. 9156	0. 4380	0. 1379
0. 96	0. 8587	0. 9329	0. 4565	0. 1469
0. 98	0. 8466	0. 9499	0. 4753	0. 1562
1. 00	0. 8337	0. 9968	0. 4945	0. 1659
1. 01	0. 8270	0. 9750	0. 5042	0. 1709
1. 02	0. 8201	0. 9833	0. 5140	0. 1760
1. 03	0. 8129	0. 9914	0. 5238	0. 1812
1. 04	0. 8056	0. 9995	0. 5338	0. 1865
1. 05	0. 7980	1. 0076	0. 5438	0. 1918
1. 06	0. 7902	1. 0155	0. 5540	0. 1973
1. 07	0. 7822	1. 0233	0. 5641	0. 2029
1. 08	0. 7740	1. 0311	0. 5744	0. 2086
1. 09	0. 7655	1. 0388	0. 5848	0. 2144
1. 10	0. 7568	1. 0465	0. 5952	0. 2203
1. 11	0. 7479	1. 0540	0. 6057	0. 2263
1. 12	0. 7387	1. 0613	0. 6163	0. 2324
1. 13	0. 7293	1. 0687	0. 6269	0. 2386
1. 14	0. 7196	1. 0760	0. 6376	0. 2449

续附录 2

βy	φ_1	φ_2	φ_3	φ_4
1. 15	0. 7097	1. 0831	0. 6484	0. 2514
1. 16	0. 6995	1. 0902	0. 6593	0. 2579
1. 17	0. 6891	1. 0971	0. 6702	0. 2646
1. 18	0. 6784	1. 1040	0. 6813	0. 2713
1. 19	0. 6674	1. 1107	0. 6923	0. 2782
1. 20	0. 6561	1. 1173	0. 7035	0. 2852
1. 21	0. 6446	1. 1238	0. 7147	0. 2923
1. 22	0. 6330	1. 1306	0. 7259	0. 2997
1. 23	0. 6206	1. 1365	0. 7373	0. 3068
1. 24	0. 6082	1. 1426	0. 7487	0. 3142
1. 25	0. 5955	1. 1486	0. 7601	0. 3218
1. 26	0. 5824	1. 1545	0. 7716	0. 3294
1. 27	0. 5691	1. 1602	0. 7832	0. 3372
1. 28	0. 5555	1. 1659	0. 7948	0. 3451
1. 29	0. 5415	1. 1714	0. 8065	0. 3531
1. 30	0. 5272	1. 1767	0. 8183	0. 3612
1. 31	0. 5126	1. 1819	0. 8301	0. 3695
1. 32	0. 4977	1. 1870	0. 8419	0. 3778
1. 33	0. 4824	1. 1919	0. 8538	0. 3863
1. 34	0. 4668	1. 1966	0. 8657	0. 3949
1. 35	0. 4508	1. 2012	0. 8777	0. 4036
1. 36	0. 4345	1. 2057	0. 8898	0. 4124
1. 37	0. 4178	1. 2099	0. 9018	0. 4214
1. 38	0. 4008	1. 2140	0. 9140	0. 4305
1. 39	0. 3833	1. 2179	0. 9261	0. 4397
1. 40	0. 3656	1. 2217	0. 9383	0. 4490
1. 41	0. 3474	1. 2252	0. 9506	0. 4585
1. 42	0. 3289	1. 2286	0. 9628	0. 4680
1. 43	0. 3100	1. 2318	0. 9751	0. 4777
1. 44	0. 2907	1. 2348	0. 9865	0. 4875
1. 45	0. 2710	1. 2376	0. 9998	0. 4974
1. 46	0. 2509	1. 2402	1. 0122	0. 5075
1. 47	0. 2304	1. 2426	1. 0246	0. 5177
1. 48	0. 2095	1. 2448	1. 0371	0. 5280
1. 49	0. 1882	1. 2468	1. 0495	0. 5384
1. 50	0. 1664	1. 2486	1. 0620	0. 5490

续附录 2

βy	φ_1	φ_2	φ_3	φ_4
1. 51	0. 1442	1. 2501	1. 0745	0. 5597
1. 52	0. 1216	1. 2515	1. 0870	0. 5705
1. 53	0. 0986	1. 2526	1. 0995	0. 5814
1. 54	0. 0746	1. 2534	1. 1121	0. 5925
1. 55	0. 0512	1. 2541	1. 1246	0. 6036
1. 56	0. 0268	1. 2545	1. 1371	0. 6149
1. 57	0. 0020	1. 2546	1. 1497	0. 6264
$\pi/2$	0. 0000	1. 2546	1. 1507	0. 6273
1. 58	−0. 0233	1. 2545	1. 1622	0. 6380
1. 59	−0. 0490	1. 2542	1. 1748	0. 6496
1. 60	−0. 0753	1. 2535	1. 1873	0. 6615
1. 61	−0. 1019	1. 2526	1. 1998	0. 6734
1. 62	−0. 1291	1. 2515	1. 2124	0. 6854
1. 63	−0. 1568	1. 2501	1. 2249	0. 6976
1. 64	−0. 1849	1. 2484	1. 2374	0. 7099
1. 65	−0. 2136	1. 2464	1. 2498	0. 7224
1. 66	−0. 2427	1. 2441	1. 2623	0. 7349
1. 67	−0. 2724	1. 2415	1. 2747	0. 7476
1. 68	−0. 3026	1. 2386	1. 2871	0. 7604
1. 69	−0. 3332	1. 2354	1. 2995	0. 7734
1. 70	−0. 3644	1. 2322	1. 3118	0. 7863
1. 71	−0. 3961	1. 2282	1. 3241	0. 7996
1. 72	−0. 4284	1. 2240	1. 3364	0. 8129
1. 73	−0. 4612	1. 2196	1. 3486	0. 8263
1. 74	−0. 4945	1. 2148	1. 3608	0. 8399
1. 75	−0. 5284	1. 2097	1. 3729	0. 8535
1. 76	−0. 5628	1. 2012	1. 3850	0. 8673
1. 77	−0. 5977	1. 1984	1. 3970	0. 8812
1. 78	−0. 6333	1. 1923	1. 4089	0. 8953
1. 79	−0. 6694	1. 1857	1. 4208	0. 9094
1. 80	−0. 7060	1. 1789	1. 4326	0. 9237
1. 81	−0. 7433	1. 1716	1. 4444	0. 9381
1. 82	−0. 7811	1. 1640	1. 4561	0. 9526
1. 83	−0. 8195	1. 1560	1. 4677	0. 9672
1. 84	−0. 8584	1. 1476	1. 4792	0. 9819
1. 85	−0. 8980	1. 1389	1. 4906	0. 9968

续附录 2

βy	φ_1	φ_2	φ_3	φ_4
1. 86	−0. 9382	1. 1297	1. 5020	1. 0117
1. 87	−0. 9790	1. 1201	1. 5132	1. 0268
1. 88	−1. 0203	1. 1101	1. 5244	1. 0420
1. 89	−1. 0623	1. 0997	1. 5354	1. 0573
1. 90	−1. 1049	1. 0888	1. 5464	1. 0727
1. 91	−1. 1481	1. 0776	1. 5572	1. 0882
1. 92	−1. 1920	1. 0659	1. 5679	1. 1038
1. 93	−1. 2364	1. 0538	1. 5785	1. 1196
1. 94	−1. 2815	1. 0411	1. 5890	1. 1354
1. 95	−1. 3273	1. 0281	1. 5993	1. 1514
1. 96	−1. 3736	1. 0146	1. 6095	1. 1674
1. 97	−1. 4207	1. 0007	1. 6196	1. 1835
1. 98	−1. 4683	0. 9862	1. 6296	1. 1998
1. 99	−1. 5166	0. 9713	1. 6393	1. 2161
2. 00	−1. 5656	0. 9558	1. 6490	1. 2325
2. 01	−1. 6153	0. 9399	1. 6584	1. 2491
2. 02	−1. 6656	0. 9235	1. 6678	1. 2658
2. 03	−1. 7165	0. 9066	1. 6769	1. 2825
2. 04	−1. 7682	0. 8892	1. 6859	1. 2993
2. 05	−1. 8205	0. 8713	1. 6947	1. 3162
2. 06	−1. 8734	0. 8528	1. 7033	1. 3332
2. 07	−1. 9271	0. 8338	1. 7117	1. 3502
2. 08	−1. 9815	0. 8142	1. 7200	1. 3674
2. 09	−2. 0365	0. 7939	1. 7280	1. 3845
2. 10	−2. 0923	0. 7735	1. 7359	1. 4020
2. 11	−2. 1484	0. 7523	1. 7435	1. 4194
2. 12	−2. 2058	0. 7306	1. 7509	1. 4368
2. 13	−2. 2636	0. 7082	1. 7581	1. 4544
2. 14	−2. 3221	0. 6853	1. 7651	1. 4720
2. 15	−2. 3814	0. 6618	1. 7718	1. 4897
2. 16	−2. 4413	0. 6376	1. 7783	1. 5074
2. 17	−2. 5020	0. 6129	1. 7846	1. 5253
2. 18	−2. 5633	0. 5876	1. 7906	1. 5431
2. 19	−2. 6254	0. 5616	1. 7963	1. 5611
2. 20	−2. 6882	0. 5351	1. 8018	1. 5791
2. 21	−2. 7518	0. 5079	1. 8070	1. 5971

续附录 2

βy	φ_1	φ_2	φ_3	φ_4
2. 22	−2. 8160	0. 4801	1. 8120	1. 6152
2. 23	−2. 8810	0. 4516	1. 8166	1. 6333
2. 24	−2. 9466	0. 4224	1. 8210	1. 6515
2. 25	−3. 0131	0. 3926	1. 8251	1. 6698
2. 26	−3. 0802	0. 3621	1. 8288	1. 6880
2. 27	−3. 1481	0. 3310	1. 8323	1. 7063
2. 28	−3. 2167	0. 2992	1. 8355	1. 7247
2. 29	−3. 2861	0. 2667	1. 8383	1. 7430
2. 30	−3. 3562	0. 2335	1. 8408	1. 7614
2. 31	−3. 4270	0. 1996	1. 8430	1. 7798
2. 32	−3. 4986	0. 1649	1. 8448	1. 7983
2. 33	−3. 5708	0. 1296	1. 8462	1. 8167
2. 34	−3. 6439	0. 0935	1. 8473	1. 8352
2. 35	−3. 7177	0. 0567	1. 8481	1. 8537
2. 36	−3. 7922	0. 0191	1. 8485	1. 8722
2. 37	−3. 8675	−0. 0192	1. 8485	1. 8906
2. 38	−3. 9435	−0. 0583	1. 8481	1. 9091
2. 39	−4. 0202	−0. 0981	1. 8473	1. 9276
2. 40	−4. 0976	−0. 1386	1. 8461	1. 9461
2. 41	−4. 1759	−0. 1800	1. 8446	1. 9645
2. 42	−4. 2548	−0. 2221	1. 8425	1. 9830
2. 43	−4. 3345	−0. 2651	1. 8401	2. 0014
2. 44	−4. 4150	−0. 3089	1. 8373	2. 0198
2. 45	−4. 4961	−0. 3534	1. 8339	2. 0381
2. 46	−4. 5780	−0. 3988	1. 8302	2. 0564
2. 47	−4. 6606	−0. 4450	1. 8259	2. 0747
2. 48	−4. 7439	−0. 4920	1. 8213	2. 0930
2. 49	−4. 8280	−0. 5399	1. 8161	2. 1111
2. 50	−4. 9128	−0. 5885	1. 8105	2. 1293
2. 51	−4. 9984	−0. 6381	1. 8043	2. 1474
2. 52	−5. 0846	−0. 6885	1. 7977	2. 1654
2. 53	−5. 1716	−0. 7398	1. 7906	2. 1833
2. 54	−5. 2593	−0. 7920	1. 7829	2. 2012
2. 55	−5. 3477	−0. 8459	1. 7747	2. 2190
2. 56	−5. 4368	−0. 8989	1. 7660	2. 2367
2. 57	−5. 5266	−0. 9538	1. 7567	2. 2543

续附录 2

βy	φ_1	φ_2	φ_3	φ_4
2. 58	−5. 6172	−1. 0095	1. 7469	2. 2718
2. 59	−5. 7084	−1. 0661	1. 7365	2. 2892
2. 60	−5. 8003	−1. 1236	1. 7256	2. 3065
2. 61	−5. 8929	−1. 1821	1. 7141	2. 3237
2. 62	−5. 9862	−1. 2415	1. 7019	2. 3408
2. 63	−6. 0802	−1. 3018	1. 6892	2. 3578
2. 64	−6. 1748	−1. 3631	1. 6759	2. 3746
2. 65	−6. 2701	−1. 4253	1. 6620	2. 3913
2. 66	−6. 3661	−1. 4885	1. 6474	2. 4078
2. 67	−6. 4628	−1. 5527	1. 6322	2. 4242
2. 68	−6. 5600	−1. 6177	1. 6163	2. 4405
2. 69	−6. 6580	−1. 6838	1. 6327	2. 4566
2. 70	−6. 7565	−1. 7509	1. 5827	2. 4725
2. 71	−6. 8558	−1. 8190	1. 5648	2. 4882
2. 72	−6. 9556	−1. 8881	1. 5463	2. 5037
2. 73	−7. 0560	−1. 9581	1. 5271	2. 5191
2. 74	−7. 1571	−2. 0292	1. 5071	2. 5343
2. 75	−7. 2588	−2. 1012	1. 4865	2. 5493
2. 76	−7. 3611	−2. 1743	1. 4651	2. 5640
2. 77	−7. 4639	−2. 2484	1. 4430	2. 5786
2. 78	−7. 5673	−2. 3236	1. 4201	2. 5929
2. 79	−7. 6714	−2. 3998	1. 3965	2. 6070
2. 80	−7. 7759	−2. 4770	1. 3721	2. 6208
2. 81	−7. 8810	−2. 5553	1. 3470	2. 6344
2. 82	−7. 9866	−2. 6347	1. 3210	2. 6477
2. 83	−8. 0929	−2. 7151	1. 2943	2. 6608
2. 84	8. 1995	−2. 7965	1. 2667	2. 6736
2. 85	−8. 3067	−2. 8790	1. 2383	2. 6862
2. 86	−8. 4144	−2. 9627	1. 2091	2. 6984
2. 87	−8. 5225	−3. 0473	1. 1791	2. 7103
2. 88	−8. 6312	−3. 1331	1. 1482	2. 7220
2. 89	−8. 7404	−3. 2200	1. 1164	2. 7333
2. 90	−8. 8471	−3. 3079	1. 0838	2. 7443
2. 91	−8. 9598	−3. 3969	1. 0503	2. 7550
2. 92	−9. 0703	−3. 4872	1. 0158	2. 7653
2. 93	−9. 1811	−3. 5784	0. 9805	2. 7753

续附录 2

βy	φ_1	φ_2	φ_3	φ_4
2. 94	-9. 2923	-3. 6707	0. 9443	2. 7849
2. 95	-9. 4039	-3. 7642	0. 9071	2. 7942
2. 96	-9. 5158	-3. 8588	0. 8690	2. 8031
2. 97	-9. 6281	-3. 9545	0. 8299	2. 8115
2. 98	-9. 7407	-4. 0514	0. 7899	2. 8196
2. 99	-9. 8536	-4. 1493	0. 7489	2. 8273
3. 00	-9. 9669	-4. 2485	0. 7069	2. 8346
3. 01	-10. 0804	-4. 3487	0. 6639	2. 8414
3. 02	-10. 1943	-4. 4501	0. 6199	2. 8479
3. 03	-10. 3083	-4. 5526	0. 5749	2. 8538
3. 04	-10. 4225	-4. 6562	0. 5289	2. 8594
3. 05	-10. 5317	-4. 7611	0. 4817	2. 8644
3. 06	-10. 6516	-4. 8670	0. 4336	2. 8690
3. 07	-10. 7665	-4. 9741	0. 3844	2. 8731
3. 08	-10. 8815	-5. 0823	0. 3341	2. 8767
3. 09	-10. 9966	-5. 1917	0. 2828	2. 8798
3. 10	-11. 1119	-5. 3023	0. 2303	2. 8823
3. 11	-11. 2272	-5. 4139	0. 1767	2. 8844
3. 12	-11. 3427	-5. 5268	0. 1220	2. 8859
3. 13	-11. 4580	-5. 6408	0. 0662	2. 8868
3. 14	-11. 5736	-5. 7560	0. 0092	2. 8872
π	-11. 5919	-5. 7744	0. 0000	2. 8872
3. 15	-11. 6890	-5. 8722	-0. 0490	2. 8870
3. 16	-11. 8045	-5. 9898	-0. 1083	2. 8862
3. 17	-11. 9200	-6. 1084	-0. 1688	2. 8848
3. 18	-12. 0353	-6. 2281	-0. 2305	2. 8828
3. 19	-12. 1506	-6. 3491	-0. 2934	2. 8802
3. 20	-12. 2656	-6. 4711	-0. 3574	2. 8769
3. 21	-12. 3807	-6. 5943	-0. 4227	2. 8731
3. 22	-12. 4956	-6. 7188	-0. 4894	2. 8685
3. 23	-12. 6101	-6. 8442	-0. 5571	2. 8633
3. 24	-12. 7373	-6. 9710	-0. 6262	2. 8573
3. 25	-12. 8388	-7. 0988	-0. 6966	2. 8507
3. 26	-12. 9527	-7. 2277	-0. 7682	2. 8434
3. 27	-13. 0662	-7. 3578	-0. 8411	2. 8354
3. 28	-13. 1795	-7. 4891	-0. 9154	2. 8266

续附录 2

βy	φ_1	φ_2	φ_3	φ_4
3. 29	-13. 2934	-7. 6214	-0. 9909	2. 8171
3. 30	-13. 4048	-7. 7549	-1. 0678	2. 8068
3. 31	-13. 5168	-7. 8895	-1. 1460	2. 7957
3. 32	-13. 6285	-8. 0252	-1. 2256	2. 7839
3. 33	-13. 7395	-8. 1620	-1. 3065	2. 7712
3. 34	-13. 8501	-8. 3000	-1. 3888	2. 7577
3. 35	-13. 9601	-8. 4390	-1. 4725	2. 7434
3. 36	-14. 0695	-8. 5792	-1. 5577	2. 7282
3. 37	-14. 1784	-8. 7205	-1. 6441	2. 7122
3. 38	-14. 2866	-8. 8627	-1. 7321	2. 6953
3. 39	-14. 3941	-9. 0062	-1. 8214	2. 6776
3. 40	-14. 5008	-9. 1507	-1. 9121	2. 6589
3. 70	-17. 1662	-13. 9315	-5. 3544	1. 7049
4. 00	-17. 8499	-19. 2524	-10. 3265	-0. 7073
4. 30	-14. 7722	-24. 2669	-16. 8773	-4. 7501
4. 60	-5. 5791	-27. 5057	-24. 7117	-10. 9638
3π/2	0. 0000	-27. 8317	-27. 8272	-13. 9159
4. 80	5. 3163	-27. 6052	-30. 2589	-16. 4604
5. 10	30. 9997	-22. 4661	-37. 9619	-26. 7317
5. 40	70. 2637	-7. 6440	-42. 7727	-38. 9524
5. 70	124. 7352	21. 2199	-41. 1454	-51. 7563
6. 00	193. 6813	68. 6578	-28. 2116	-62. 5106
2π	267. 6972	133. 8476	0. 0000	-66. 9238
6. 60	349. 2554	231. 8801	57. 2528	-58. 6870
6. 90	404. 7145	347. 3499	143. 4927	-30. 1819
7. 20	407. 4216	469. 4772	265. 7664	31. 0281
7. 50	313. 3700	580. 6710	423. 9858	133. 6506
7. 80	65. 8475	642. 1835	609. 2596	288. 1681
8. 00	-216. 8647	628. 8779	737. 3101	422. 8713
8. 30	-867. 9091	473. 5998	907. 5542	670. 7544
8. 60	-1843. 2880	75. 6088	997. 2527	959. 4484
8. 90	-3172. 6917	-667. 9794	918. 3664	1252. 3561
9. 20	-4824. 0587	-1860. 5363	551. 4928	1481. 7611
3π	-6195. 8239	-3097. 9120	0. 0000	1548. 9560
9. 70	-7851. 7063	-5034. 4714	-1108. 6183	1408. 6174
10. 00	-9240. 8733	-7616. 1462	-2995. 7095	812. 3636

参考文献

[1] 陈祖煜．土质边坡稳定分析——原理、方法、程序［M］. 北京：中国水利水电出版社，2003.
[2] 陈祖煜，汪小刚，杨建，等．岩质边坡稳定：原理·方法·程序［M］. 北京：中国水利水电出版社，2005.
[3] Read J, Stacey P. Guidelines for Open Pit Slope Design［M］. Taylor & Francis Group, 2009.
[4] 孙玉科. 边坡岩体稳定性分析［M］. 北京：科学出版社，1988.
[5] E Hoek, J W Bray. 岩石边坡工程［M］. 北京：冶金工业出版社，1983.
[6] 水利部水利水电规划设计院 . SL386—2007 水利水电工程边坡设计规范［S］. 北京：中国水利水电出版社，2007.
[7] 中国冶金建设协会 . GB 50086—2015 岩土锚杆与喷射混凝土支护工程技术规范［S］. 北京：中国计划出版社，2015.
[8] 重庆市设计院． GB 50330—2013 建筑边坡工程技术规范［S］. 北京：中国建筑工业出版社，2014.
[9] 中国冶金建设协会 . GB 51016—2014 非煤露天矿边坡工程技术规范［S］. 北京：中国计划出版社，2014.
[10] 中华人民共和国住房和城乡建设部 . GB 50010—2010 混凝土结构设计规范［S］. 北京：中国建筑工业出版社，2010.
[11] 中冶集团建筑研究总院 . CECS 22—2005 岩土锚杆（索）技术规程［S］. 北京：中国计划出版社，2005.
[12] 铁道第二勘察设计院 . TB 10025—2006 铁路路基支挡结构设计规范［S］. 北京：中国铁道出版社，2009.
[13] 中华人民共和国建设部 . GB 50021—2001 岩土工程勘察规范［S］. 北京：中国建筑工业出版社，2009.
[14] 中华人民共和国住房和城乡建设部 . GB 50007—2011 建筑地基基础设计规范［S］. 北京：中国建筑工业出版社，2011.
[15] 黄河水利委员会勘测规划设计研究院 . SL274—2001 碾压式土石坝设计规范［S］. 北京：中国水利水电出版社，2004.
[16] 中交天津港湾工程研究院有限公司． JTS 147-1—2010 港口工程地基规范［S］. 北京：人民交通出版社，2010.
[17] 佴磊，徐燕，代树林．边坡工程［M］. 北京：科学出版社，2010.
[18] 李建林．边坡工程［M］. 重庆：重庆大学出版社，2013.
[19] 姜德义，朱合华，杜云贵. 边坡稳定性分析与滑坡防治［M］. 重庆：重庆大学出版社，2005.
[20] 饶运章．岩土边坡稳定性分析［M］. 长沙：中南大学出版社，2012.
[21] 张倬元．工程地质分析原理［M］. 北京：地质出版社，1981.
[22] 朱大勇，姚兆明. 边坡工程［M］. 武汉：武汉大学出版社，2014.
[23] 赵明阶，何光春，王多垠. 边坡工程处治技术［M］. 北京：人民交通出版社，2003.
[24] 蔡美峰. 岩石力学与工程［M］. 2 版. 北京：科学出版社，2013.
[25] 许强，裴向军，黄润秋. 汶川地震大型滑坡研究［M］. 北京：科学出版社，2009.
[26] 黄润秋. 汶川地震地质灾害研究［M］. 北京：科学出版社，2009.
[27] 张永兴. 边坡工程学［M］. 北京：中国建筑工业出版社，2008.
[28] Ning Lu, Jonathan W Godt. 斜坡水文与稳定［M］. 北京：高等教育出版社，2014.
[29] 赵树德，廖红建，徐林荣. 高等工程地质学［M］. 北京：机械工业出版社，2005.
[30]《工程地质手册》编委会. 工程地质手册［M］. 4 版. 北京：中国建筑工业出版社，2007.

[31] 王国体. 边坡稳定和滑坡分析应力状态方法 [M]. 北京：科学出版社，2012.
[32] 张永谋. 工程地质与土力学 [M]. 成都：西南交通大学出版社，2011.
[33] 王运敏. 现代采矿手册 [M]. 北京：冶金工业出版社，2011.
[34] 焦玉书. 金属矿山露天开采 [M]. 北京：冶金工业出版社，1989.
[35] 马建林. 土力学 [M]. 北京：中国铁道出版社，2011.
[36] 李镜培，梁发云，赵春风. 土力学 [M]. 北京：高等教育出版社，2008.
[37] 苏爱军. 滑坡稳定性评价原理与方法：条分法的改进 [M]. 武汉：中国地质大学出版社，2008.
[38] 杨进良. 土力学 [M]. 北京：中国水利水电出版社，2006.
[39] 刘佑荣，唐辉明. 岩体力学 [M]. 北京：化学工业出版社，2009.
[40] 孙玉科，古迅. 赤平极射投影在岩体工程地质力学中的应用 [M]. 北京：科学出版社，1980.
[41] 刘洋. 软基处理施工过程的数值模拟与应用 [M]. 北京：冶金工业出版社，2014.
[42] 孙书伟，林杭，任连伟. FLAC3D 在岩土工程中的应用 [M]. 北京：中国水利水电出版社，2011.
[43] 唐辉明，晏鄂川，胡新丽. 工程地质数值模拟的理论和方法 [M]. 武汉：中国地质大学出版社，2001.
[44] 龚晓南. 土工计算机分析 [M]. 北京：中国建筑工业出版社，2000.
[45] 王泳嘉，邢纪波. 离散单元法及其在岩土力学中的应用 [M]. 沈阳：东北大学出版社，1991.
[46] 王涛，韩煊，赵先宇，等. FLAC3D 数值模拟方法及工程应用 [M]. 北京：中国建筑工业出版社，2015.
[47] 彭振斌. 锚固工程设计计算与施工 [M]. 北京：中国地质大学出版社，1997.
[48] 闫莫明，徐祯祥，苏自约. 岩土锚固技术手册 [M]. 北京：人民交通出版社，2004.
[49] 郑颖人，陈祖煜，王恭先，等. 边坡与滑坡工程治理 [M]. 2 版. 北京：人民交通出版社，2010.
[50] 铁道部第二勘测设计院. 抗滑桩设计与计算 [M]. 北京：中国铁道出版社，1983.
[51] 铁道部第一勘测设计院. 路基：铁路工程设计技术手册 [M]. 修订版. 北京：中国铁道出版社，1992.
[52] 李海光. 新型支挡结构设计与工程实例 [M]. 北京：人民交通出版社，2011.
[53] 赵其华，彭社琴. 岩土支挡与锚固工程 [M]. 成都：四川大学出版社，2008.
[54] 采矿手册编委会. 采矿手册 [M]. 北京：冶金工业出版社，1988.
[55] 于润沧. 采矿工程师手册 [M]. 北京：冶金工业出版社，2009.
[56] 阳友奎，原振华，杨涛. 柔性防护系统及其工程设计与应用 [M]. 北京：科学出版社，2015.
[57] 赵成刚，白冰. 土力学原理 [M]. 修订本. 北京：清华大学出版社，2009.
[58] Rockscience Inc. Dips Manual [M]. Rockscience Inc, 2013.
[59] Abramson L W. Slope Stability and Stabilization Methods [M]. John Wiley & Sons, 2002.
[60] Wyllie, Duncan C. Rock slope engineering : civil and mining [M]. 4th ed. Spon Press, 2004.
[61] Goodman, Richard E. Methods of Geological Engineering in Discontinuous Rocks [M]. West Publishing Company, 1976.
[62] Highland L, Bobrowsky P T. The landslide handbook: a guide to understanding landslides [M]. Reston: US Geological Survey, 2008.
[63] Wyllie D C, Mah C. Rock slope engineering [M]. CRC Press, 2004.
[64] Söberg J. Analysis of Large Scale Rock Slopes [D]. 1999, 01. Division of Rock mechanics, Luleå University of Technology.
[65] 蒋瑶. 青海省玉树地区地震滑坡研究 [D]. 中国地质大学（北京），2014.
[66] 张翔. 甘肃舟曲锁儿头滑坡变形破坏机制及稳定性研究 [D]. 成都理工大学，2012.
[67] 肖术. 基于可靠度理论的露天矿节理岩体边坡稳定性及设计优化研究 [D]. 北京科技大学，2016.

[68] 中煤平朔集团有限公司，北京科技大学，等．东露天煤矿软弱层边坡失稳机理与防治方法研究及应用 [R]，2012. 05.

[69] 中国地质调查局．全国地质灾害通报（2014 年）[R]．中国地质调查局发展研究中心．

[70] Bobet A. Analytical solutions for toppling failure [J]. International Journal of Rock Mechanics & Mining Sciences, 1999, 36 (36): 971~980.

[71] Bishop A W. The use of the slip circle in stability analysis of slopes [J]. Géotechnique, 1955, 5 (1): 7~17.

[72] Bishop A W, Morgenstern N R. Stability coefficients for earth slopes [J]. Geotechnique, 1960, 10 (4): 129~153.

[73] Spencer E. Thrust line criterion in embankment stability analysis [J]. Geotechnique, 1973, 23 (1) .

[74] Spencer E. A method of analysis of the stability of embankments assuming parallel inter-slice forces [J]. Geotechnique, 1967, 17 (1): 11~26.

[75] Morgenstern N R, Price V E. The analysis of the stability of general slip surfaces [J]. Geotechnique, 1965, 15 (1): 79~93.

[76] Fredlund D G, Krahn J. Comparison of slope stability methods of analysis [J]. Canadian Geotechnical Journal, 1977, 14 (3): 429~439.

[77] Sarma S K. Stability analysis of embankments and slopes [J]. Journal of Geotechnical and Geoenvironmental Engineering, 1979, 23 (3): 423~433.

[78] Park H, West T R. Development of a probabilistic approach for rock wedge failure [J]. Engineering Geology, 2001, 59 (3-4): 233~251.

[79] Terzaghi R D. Sources of error in joint surveys [J]. Geotechnique, 1965, 15 (3): 287~304.

[80] Cundall P A, Strack O D L. A discrete numerical model for granular assemblies [J]. Géotechnique, 1979, 29 (01): 47~65.

[81] Goodman R E, Taylor R L, Brekke T L. A model for the mechanics of jointed rock [J]. Journal of Soil Mechanics & Foundations Div, 1968, 94 (SM3): 637~659

[82] Janbu N. Slope Stability Computations [J]. Publication of : Wiley & Sons, Incorporated, 1973: 47~86.

[83] Sjoberg J. Failure mechanisms for high slopes in hard rock. Slope Stability in Surface Mining. 2000: 71~80.

[84] Walton O R. Particle dynamics modeling of geological materials [J]. UCRL-52915, Lawrence Livermore Laboratory, University of California, Livermore, Calif, 1980.

[85] Army U S. Corps of Engineers [J]. Sacramento, California, 1970.

[86] Karakas A. Practical Rock Engineering [J]. Environmental & Engineering Geoscience, 2008, 14 (1): 55~57.

[87] Bieniawski Z T. 22 - Classification of Rock Masses for Engineering: The RMR System and Future Trends [J]. Rock Testing & Site Characterization, 1993: 553~573.

[88] Ching R K H, Fredlund D G. Some difficulties associated with the limit equilibrium method of slices [J]. Canadian Geotechnical Journal, 1983, 20 (4): 661~672.

[89] Andrew R D, Bartingale R, Hume H. Context Sensitive Rock Slope Design Solutions [R]. Environmental Impacts, 2011.

[90] Wightman W E, Jalinoos F, Sirles P, et al. Application of Geophysical Methods to Highway Related Problems [R]. Condition Surveys, 2004.

[91] J L Castillo. Non-linear dynamic stability analyses of a lined geomembrane rock fill dam [C] // Proc. 4th Itasca Symposium on Applied Numerical Modeling. Lima, Peru, 2016: 179~188.

[92] E. Yıldız & A. F. Gürdil. Seismic safety evaluation of Chardara Dam by non-linear time history analyses [C] // Proc. 4th Itasca Symposium on Applied Numerical Modeling. Lima, Peru, 2016: 225~232.

[93] Lowe J, Karafiath L. Stability of earth dams upon drawdown [C] //Proc. 1st Pan-Am Conf. On Soil Mech. And Founf. Engrg., Mexico City, 2, 537. 1960, 552.

[94] Fellenius W. Calculation of the stability of earth dams [C] //Transactions of the 2nd congress on large dams, Washington, DC. International Commission on Large Dams (ICOLD) Paris, 1936, 4: 445~463.

[95] Bray J W, Goodman R E. The theory of base friction models [C] //International Journal of Rock Mechanics and Mining Sciences & Geomechanics Abstracts. Pergamon, 1981, 18 (6): 453~468.

[96] 程良奎，胡建林，张培文．岩土锚固技术新发展 [C] // 中国岩土锚固工程协会第十九次全国岩土锚固工程学术研讨会．重庆，2010：98~101.

[97] 夏永学，蓝航，魏向志．基于微震和地音监测的冲击危险性综合评价技术研究 [C] // 全国岩石动力学学术会议暨国际岩石动力学专题研讨会．北京中国矿业大学交流中心，2011，36 (S2)：358~364.

[98] 陈祖煜．土坡稳定分析通用条分法及其改进 [J]. 岩土工程学报，1983，5 (4)：11~27.

[99] 郑颖人，时卫民．不平衡推力法使用中应注意的问题 [J]. 重庆建筑，2004 (2)：6~8.

[100] 郑颖人，时卫民，杨明成．不平衡推力法与 Sarma 法的讨论 [J]. 岩石力学与工程学报，2004，23 (17)：3030~3036.

[101] 陈祖煜．边坡稳定分析的通用条分法的原理和使用方法 [C] // 土石坝与岩土力学技术研讨会论文集，2001.

[102] 黄润秋．20 世纪以来中国的大型滑坡及其发生机制 [J]. 岩石力学与工程学报，2007，26 (3)：433~454.

[103] 张倬元．滑坡防治工程的现状与发展展望 [J]. 地质灾害与环境保护，2000，11 (2)：89~97.

[104] 黄润秋，赵松江，宋肖冰，等．四川省宣汉县天台乡滑坡形成过程和机理分析 [J]. 水文地质工程地质，2005，32 (1)：13~15.

[105] 殷跃平．中国地质灾害减灾回顾与展望——从国际减灾十年到国际减灾战略 [J]. 国土资源科技管理，2001，18 (3)：26~29.

[106] 赵艳，郭明珠，周智，等．水对边坡稳定性的影响及边坡的加固措施分析 [J]. 工业建筑，2006，36 (S1)：758~760.

[107] 夏元友，李梅．边坡稳定性评价方法研究及发展趋势 [J]. 岩石力学与工程学报，2002，21 (7)：1087~1091.

[108] 伍超，冉洪兴，郑永红，等．雅砻江唐古栋垮山堵江溃决洪水过程研究 [J]. 水动力学研究与进展 (A 辑)，1996，11 (6)：646~652.

[109] 金德山．云南元阳老金山滑坡 [J]. 中国地质灾害与防治学报，1998，9 (4)：99~102.

[110] 陈仁政．科学解读襄汾尾矿库溃坝事件 [J]. 知识就是力量，2008 (10)：14.

[111] 陈自生，孔纪名．1991 年 9 月 23 日云南省昭通市头寨沟特大滑坡 [J]. 山地学报，1991，9 (4)：265~268.

[112] 殷跃平．西藏波密易贡高速巨型滑坡特征及减灾研究 [J]. 水文地质工程地质，2000，27 (4)：8~11.

[113] 黄润秋，张伟锋，裴向军．大光包滑坡工程地质研究 [J]. 工程地质学报，2014，22 (4)：557~585.

[114] 蒋瑶，吴中海，李家存，等．2010 年玉树 7.1 级地震诱发滑坡特征及其地震地质意义 [J]. 地质学报，2014，88 (6)：1157~1176.

[115] 许强，董秀军．汶川地震大型滑坡成因模式 [J]. 地球科学：中国地质大学学报，2011，36 (6)：

1134~1142.
[116] 陈永波，王成华，樊晓一．湖北省千将坪大型滑坡特征及成因分析［J］. 山地学报，2003，21（5）：633~634.
[117] 廖秋林，李晓，李守定，等．三峡库区千将坪滑坡的发生、地质地貌特征、成因及滑坡判据研究［J］. 岩石力学与工程学报，2005，24（17）：3146~3153.
[118] 王治华，杨日红．三峡水库区千将坪滑坡活动性质及运动特征［J］. 中国地质灾害与防治学报，2005，16（3）：5~11.
[119] 李季，苏怀智，赵斌．龙羊峡近坝库岸滑坡成因机理研究［J］. 水电能源科学，2008，26（1）：115~118.
[120] 殷坤龙，韩再生，李志中．国际滑坡研究的新进展［J］. 水文地质工程地质，2000，27（5）：1~4.
[121] 段永侯．我国地质灾害的基本特征与发展趋势［J］. 第四纪研究，1999，19（3）：208~216.
[122] 蒋承菘．中国地质灾害的现状与防治工作［J］. 中国地质，2000（4）：3~5.
[123] 宋胜武，冯学敏，向柏宇，等. 西南水电高陡岩石边坡工程关键技术研究［J］. 岩石力学与工程学报，2011，30（1）：1~22.
[124] 曾亚武，田伟明. 边坡稳定性分析的有限元法与极限平衡法的结合［J］. 岩石力学与工程学报，2005，24（S2）：5355~5359.
[125] 王家臣，谭英显. 边坡稳定分析的各种条分法评价［J］. 露天采矿，1988（2）：20~24.
[126] 方玉树. 边坡稳定性分析条分法最小解研究［J］. 岩土工程学报，2008，30（3）：331~335.
[127] 朱大勇，邓建辉，台佳佳．简化 Bishop 法严格性的论证［J］. 岩石力学与工程学报，2007，26（3）：455~458.
[128] 张鲁渝，郑颖人．简化 Bishop 法的扩展及其在非圆弧滑面中的应用［J］. 岩土力学，2004，25（6）：927~929.
[129] 李志刚，曹磊．严格 Janbu 法不收敛原因及其改进的探讨［J］. 岩土力学，2008，29（4）：1053~1056.
[130] 朱大勇，李焯芬，黄茂松，等．对 3 种著名边坡稳定性计算方法的改进［J］. 岩石力学与工程学报，2005，24（2）：183~194.
[131] 朱本珍，周岳华，朱大勇，等．对 Janbu 普遍条分法计算方法的改进［J］. 防灾减灾工程学报，2003，23（4）：56~60.
[132] 林峰，黄润秋．滑坡推力计算的改进 Janbu 法［J］. 工程地质学报，2000，8（4）：493~496.
[133] 黄龙元，刘继红，常来山，等．Morgenstern-Price 改进法在边坡稳定性计算中的应用［J］. 辽宁科技大学学报，2002，25（2）：129~133.
[134] 郑荣跃，梧松．基于 Spencer 法的边坡稳定性可靠度指标分析［J］. 岩土力学，2006，27（1）：147~150.
[135] 林丽，郑颖人，孔亮，等．条分法的统一公式及其分析［J］. 地下空间与工程学报，2002，22（3）：252~255.
[136] 方玉树．边坡稳定性分析条分法条间力合理性研究［J］. 中国地质灾害与防治学报，2008，19（2）：80~86.
[137] 苏爱军，王建，周涛．条块间作用力倾角的假定及其对条分法计算结果的影响［J］. 地球科学，2013，38（1）：188~194.
[138] 苏永华，赵明华，张月英，等．利用差分法计算基于 Spencer 分析模式的边坡稳定可靠度［J］. 岩石力学与工程学报，2006，25（S1）：2751~2756.
[139] 张鲁渝．一个用于边坡稳定分析的通用条分法［J］. 岩石力学与工程学报，2005，24（3）：

496~501.

[140] 张鲁渝，郑颖人，时卫民．边坡稳定分析中关于不平衡推力法的讨论［J］. 岩石力学与工程学报，2005，24（1）：177~182.

[141] 王静．地下水对边坡稳定性的影响分析［J］. 陕西建筑，2011（10）：42~44.

[142] 欧泽锋．基于不平衡推力法的边坡稳定性计算［J］. 广东水利水电，2010（5）：21~23.

[143] 于全发，刘福臣，张伟．双滑块折线边坡稳定分析［J］. 水运工程，2009（2）：62~64.

[144] 王雄，张建华．水对边坡稳定的影响［J］. 山西建筑，2005，31（1）：62~64.

[145] 蒋斌松，蔡美峰，都浩．平面滑动边坡稳定性的解析计算［J］. 岩石力学与工程学报，2004，23（1）：91~94.

[146] 吴恒滨，何泽平，曹卫文．基于不同水压分布的平面滑动边坡稳定性研究［J］. 岩土力学，2011，32（8）：2493~2499.

[147] 陈祖煜，张建红．岩石边坡倾倒稳定分析的简化方法［J］. 岩土工程学报，1996，18（6）：92~95.

[148] 李景．基于有限差分法的露采高边坡稳定性研究［J］. 福建地质，2011，30（3）：261~266.

[149] 何翔，冯夏庭，张东晓．岩体渗流-应力耦合有限元计算的精细积分方法［J］. 岩石力学与工程学报，2006，25（10）：2003~2008.

[150] 万林海，金海元，吴伟功，等．有限差分强度折减法的应用分析［J］. 人民黄河，2005，27（9）：43~44.

[151] 刘凯欣，高凌天．离散元法研究的评述［J］. 力学进展，2003，33（4）：483~490.

[152] 吴顺川，周喻，高利立，等．等效岩体技术在岩体工程中的应用［J］. 岩石力学与工程学报，2010，29（7）：1435~1441.

[153] 吴顺川，周喻，高永涛，等．等效岩体随机节理三维网络模型构建方法研究［J］. 岩石力学与工程学报. 2012，31（S1）：3082~3090.

[154] 吴顺川，周喻，高永涛，等．自适应连续体/非连续体周期边界单元耦合技术在等效岩体中的应用研究［J］. 岩石力学与工程学报，2012，31（S1）：3117~3122.

[155] 金爱兵，孙金海，高永涛．边坡动力响应主导频率及其影响因素的模拟分析［J］. 北京科技大学学报，2011，33（3）：383~387.

[156] 包德荣，高永涛，肖术，等．国外某露天矿边坡爆破振动监测及数值模拟［J］. 现代矿业，2015，560（12）：121~125.

[157] 韩龙强，吴顺川，李志鹏．基于 Hoek-Brown 准则的非等比强度折减方法［J］. 岩土力学，2016，37（S2）：690~696.

[158] 李健，高永涛，吴顺川，等．露天矿边坡强度折减法改进研究［J］. 北京科技大学学报，2013，35（8）：971~976.

[159] 张院生，高永涛，吴顺川，等．排土场工后沉降及蠕变规律［J］. 工程科学学报，2016，38（6）：745~753.

[160] 高永涛，肖术，吴顺川，等．顺层岩质边坡变形破坏特征及稳定性数值模拟［J］. 工程科学学报，2015，37（11）：1403~1409.

[161] 程良奎．岩土锚固的现状与发展［J］. 土木工程学报，2001，34（3）：7~12.

[162] 刘新荣，梁宁慧，黄金国，等．抗滑桩在边坡工程中的研究进展及应用［J］. 中国地质灾害与防治学报，2006，17（1）：56~62.

[163] 徐钟馗，王桂林．SSR 在露天矿高台阶变形监测中的应用［J］. 露天采矿技术，2010（6）：1~3.

[164] 付相超，刘玉福．边坡稳定性雷达在黑岱沟露天煤矿的应用［J］. 露天采矿技术，2010（6）：28~30.

[165] 高杰，尚岳全，孙红月，等．CCD 微变形监测技术在边坡远程监控中的应用［J］. 岩土力学，

2011, 32 (4): 1269~1272.

[166] 邢正全, 邓喀中. 三维激光扫描技术应用于边坡位移监测 [J]. 地理空间信息, 2011, 9 (1): 68~70.

[167] 赵小平, 闫丽丽, 刘文龙. 三维激光扫描技术边坡监测研究 [J]. 测绘科学, 2010, 35 (4): 25~27.

[168] 隋海波, 施斌, 张丹, 等. 边坡工程分布式光纤监测技术研究 [J]. 岩石力学与工程学报, 2008, 27 (S2): 3725~3731.

[169] 谭捍华, 傅鹤林. TDR 技术在公路边坡监测中的应用试验 [J]. 岩土力学, 2010, 31 (4): 1331~1336.

[170] 邬晓岚, 涂亚庆. 滑坡监测的一种新方法——TDR 技术探析 [J]. 岩石力学与工程学报, 2002, 21 (5): 740~744.

[171] 李庶林, 尹贤刚, 郑文达, 等. 凡口铅锌矿多通道微震监测系统及其应用研究 [J]. 岩石力学与工程学报, 2005, 24 (12): 2048~2053.

[172] 徐奴文, 唐春安, 沙椿, 等. 锦屏一级水电站左岸边坡微震监测系统及其工程应用 [J]. 岩石力学与工程学报, 2010, 29 (5): 915~925.

[173] 张宗文, 王元杰, 赵成利, 等. 微震和地音综合监测在冲击地压防治中的应用 [J]. 煤炭科学技术, 2011, 39 (1): 44~47.

[174] 苏伯苓. 洒勒山滑坡机制研究 [J]. 石家庄经济学院学报, 1986, 9 (3-4): 327~346.